方志学新论　增订本

濬文
Revival

新论

增订本

巴兆祥 著

山西出版传媒集团 三晋出版社

大志学

序 一

方志学是一门历史悠久的学科，长期以来，历朝历代有众多的学者为之钻研，为之添砖加瓦。20世纪80年代开始，我国掀起了普修地方志的热潮，方志学研究出现了空前的繁荣，各种方志学论著纷纷问世，大大地丰富了方志学的学科内涵。巴兆祥同志新著《方志学新论》的出版又为此做出了重要贡献。

复旦大学历史系是国内最早从事方志学研究的单位之一，方志学研究梯队完整。二十多年来，他们的学术成果不断见之于报刊、图书，形成了较系统的学术体系，被方志学同仁誉为"复旦学派"。①

兆祥同志为国内首批方志学研究生，曾在我指导下，以方志发展史为研究方向，1987年以《明代地方志研究》为题，出色地完成了硕士学位论文。毕业留复旦大学任教后，始终致力于方志学及其应用问题的研究，在《文献》《中国地方志》《史学》（日本）等核心学术刊物发表方志学论文多篇，并出版了《方志学》（我领衔合著）《庆应义塾大学图书馆中国地方志目录》等著作多部，又主持2002年国家社科基金项目《中国地方志流播日本研究》、复旦大学三年行动计划青年重点项目《中国方志学史》等重要课题多项，研究成果涉及方志学的基本理论、方志史、方志目录学、方志史料整理、新方志编纂等诸多领域，成为复旦大学方志学科的新一代学术带头人。作为他的硕士导师，对他所取得的成就感到由衷的高兴。

本书是兆祥同志继《方志学》后在方志学研究领域的又一重要成果。书中所论不求体系完整，面面俱到，而将重点放在方志学基本理论、方志史、方志目录学、续修志书编写四大方面。所研究的问题不落俗套，较为新颖，如《一统志》与方志的关系、乡土志体式与创新、伪满方志、台湾方志演变、方志目录学的构建、流散日本的方志研究等，都是本书首次提出探究的论题。每个章节不是平面叙述，而是当作学术论文来写，都有深度和品位。有关续修新方志的论述，既有继承，又有创新，可供当前修志工作参考。尤其值得鼓励和提倡的是，本书学风严谨，立论有据，

---

① 黄苇等著：《方志学》，傅振伦序，复旦大学出版社，1993年。

博采文献资料,其引用资料之丰,学术规范遵守之严,在方志学论著中不多见。近来,方志学界有关发展方志学科,完善方志学学科体系之声不绝于耳。深信此书必能有功于志林,而且能传诸后代。是为序。

黄　苇
2003年秋于上海寓所

序 二

自20世纪80年代全国掀起纂修地方志高潮以来，冷落了多年的方志学未几成为一门热门的学科。由于新修方志工作的全面展开，培养修志干部、制定方志体例、重新认识方志的价值等等一系列有关方志学的理论和方法问题，成为学界的热门课题。新老方志学家纷纷撰文对新时代方志学的理论问题发表了自己的看法，全国性的、地方性的方志学刊物发表了不少有质量的论文，各出版社还出版了一批方志学专著、论集，将方志学这门古老的学问推向一个新的高潮。

至20世纪末，全国已出版新修省、市、县三级方志5000余种，培养了一大批新起的方志工作者。近年来不少地方已开始启动续修工作。看来，方志工作方兴未艾，目前有不少问题还需进一步探讨。20多年新修方志工作就有许多经验可以总结，比如新时代的方志的任务究竟是什么？新编方志如何为当前经济和文化建设服务？怎样扩大方志的应用面？续修方志的体例如何制定？总之，方志理论工作也要与时俱进，及时探讨和帮助解决方志工作者面临的许多实际问题。

本书作者巴兆祥同志自20世纪80年代中期就开始从事方志学研究，十余年来，在方志学理论、方志史、方志目录学、方志史料整理、新方志编纂诸领域，发表了一系列颇有价值的论文，并与其硕士生导师黄苇教授合作出版了《方志学》专著，在当代方志学研究领域里已蔚然成家。近年又继续在方志学有关问题上做进一步的深入，譬如，如何扩大方志应用问题，是当前方志工作继续良性发展的关键，他强调了方志在当今社会的价值，方志与开发旅游资源的关系，方志如何丰富地方史的研究等等，对扩大方志的应用提出了自己的看法。明清以来方志学的发展，也是他近年来研究的课题，因为从明清以来方志发展的轨迹可以评判今日新修地方志的意义。台湾地区方志编纂在我国是个特例，过去大陆方志学者在这方面研究不够，本书在这方面做了专门研究，其成果对充实我国方志史的内容有重要意义。前些年，兆祥同志曾去日本访问研究，特别注意中国地方志在日本的流传情况，还发现了海外孤本崇祯《嘉兴县志》和光绪《宁灵厅志草》，由此引起了他对日本所藏中国方志研究的兴趣，作了大量调查研究工作，写下了专题论文。方志本质上是一种工具书，要便于广大读者查阅，因此方志目录学是一门实用性学科，以往方志目录不少，但由于政区的变化、编纂目的不同，查阅有诸多不便。因此他又重新提出加强方志目录学研究的任务。同时又对新编方志的体例、篇目和续修等理论问题进行了探索，发表了自己的见解。以上种种，都是他近年方志学研究的重点，本书就是他这些研究成果的集结。我们从本书各章节的内容所包含的资料，可以看出他在做研究工作中所收集的材料是极为丰富的，真是不遗余力，甚至让人有穷尽之感，因此每每立论有据，不尚空泛，具有较高的学术价值。我想本书的出版对新方志学发展必会产生重要的影响。

我有幸先读到清样，兆祥同志嘱我为序，不便推托，写此短文，代为序。

邹逸麟
2003 年 10 月 23 日

目 录

序一 ··· 黄 苇 1
序二 ··· 邹逸麟 3

第一章 方志学概述 ··· 1
第一节 方志学的研究对象与任务 ································ 1
一、"方志学"名称的由来 ·································· 1
二、方志学的研究对象 ···································· 3
三、方志学的研究任务 ···································· 4
第二节 方志学的特点和研究方法 ································ 7
一、方志学的特点 ·· 7
二、方志学研究的意义 ··································· 11
三、方志学研究的方法 ··································· 12
第三节 方志学与其他学科的关系 ······························· 16
一、方志学与历史学 ····································· 17
二、方志学与地理学 ····································· 18
三、方志学与考古学、经济学 ····························· 20

第二章 方志应用的再探讨 ······································ 22
第一节 方志的价值 ·· 22
一、方志价值与功用 ····································· 22
二、方志资料的特点 ····································· 27
三、方志发挥作用的规律 ································· 29
第二节 方志与旅游 ·· 31

一、旅游客体的宝库 …………………………………… 31
　　二、发展旅游的重要依据 ……………………………… 34
　　三、高级导游书与游踪录 ……………………………… 36
　　四、旅游有助于方志发展 ……………………………… 38
第三节　以志证史——以望江西圩为例 ………………… 40
　　一、西圩的修筑及其规模 ……………………………… 40
　　二、明清时的修治概况 ………………………………… 42
　　三、管理制度与措施 …………………………………… 44

第三章　方志发展史专题 …………………………………… 46
　第一节　明代方志的兴盛 ………………………………… 46
　　一、关于明代方志的数量 ……………………………… 46
　　二、明代地方志的类型与流派 ………………………… 55
　　三、明代地方志的特点 ………………………………… 65
　第二节　高度成熟的清代方志 …………………………… 73
　　一、《大清一统志》与方志 …………………………… 73
　　二、乡土志的兴修 ……………………………………… 89
　第三节　民国方志的转型与创新 ………………………… 110
　　一、古代方志到近代方志的过渡 ……………………… 110
　　二、近代方志的成型 …………………………………… 114
　　三、伪满时期的修志活动 ……………………………… 127
　第四节　新方志的编修盛况与成就 ……………………… 133
　　一、新方志的创立 ……………………………………… 133
　　二、首轮修志的发展阶段 ……………………………… 138
　　三、二轮修志的开展 …………………………………… 141
　　四、新方志的成就与创新 ……………………………… 146

第五节　新方志选评 …… 158
一、《休宁县志》 …… 159
二、《蚌埠市志》 …… 161
三、《萧山市志》 …… 164
四、《黄山市志》 …… 171
五、《苏州市志（1986—2005）》 …… 177

第四章　方志目录学 …… 184
第一节　方志目录学的基本问题 …… 184
一、论题的提出 …… 184
二、方志目录学的研究内容 …… 187
三、方志目录的类型划分 …… 189
四、方志目录学的历史分期 …… 193
五、方志目录的发展特点和趋势 …… 197

第二节　民国方志目录学研究之进展 …… 200
一、方志目录编纂的进程 …… 200
二、成果类型 …… 204
三、成就与特色 …… 209

第三节　新中国成立后方志目录整理的成就 …… 213
一、馆藏方志专目 …… 213
二、馆藏方志联合目录 …… 223
三、方志考录与提要 …… 229
四、方志索引与修志目录 …… 234
五、对流散海外的方志整理 …… 238

第四节　张国淦与《中国古方志考》 …… 240
一、编纂出版原委 …… 240

二、版式与编纂特色 …………………………… 242
　　三、作用与影响 ………………………………… 246

第五章　中国地方志在日本 ………………………… 248
第一节　日本大学图书馆中国地方志资源的访查 ……… 248
　　一、缘起 ………………………………………… 248
　　二、方志资源状况 ……………………………… 249
　　三、所藏方志的来源 …………………………… 252
　　四、价值的评估 ………………………………… 255
第二节　孤本（崇祯）《嘉兴县志》研究 ……………… 258
　　一、有关著录问题的辨证 ……………………… 258
　　二、版式及流失日本源流 ……………………… 261
　　三、创、续之演变 ……………………………… 263
　　四、得与失 ……………………………………… 265
　　五、明代修志规范化的例证 …………………… 270
第三节　孤本（光绪）《宁灵厅志草》考 ……………… 272
　　一、纂修人、纂修时间和志书流散 …………… 273
　　二、内容 ………………………………………… 275
　　三、体例与编纂方法 …………………………… 277
　　四、价值与不足 ………………………………… 279

第六章　新志续修的理论探讨 ……………………… 282
第一节　新方志的体例与篇目 …………………… 282
　　一、新方志的体例 ……………………………… 282
　　二、体例与篇目的关系 ………………………… 286
　　三、新志的篇目设计 …………………………… 288

第二节 关于"续修" ………………………………… 290
- 一、如何理解"续修" ……………………………… 290
- 二、"续修"的断限 ………………………………… 293
- 三、"续修"的篇目 ………………………………… 296
- 四、学术规范问题 …………………………………… 299

第三节 续修志书如何体现地方特色 …………………… 300
- 一、地方特色的界定 ………………………………… 301
- 二、如何把握地方特色 ……………………………… 303
- 三、体现地方特色的方法 …………………………… 305

第四节 志间交叉重复问题的处理 ……………………… 309
- 一、说交叉重复 ……………………………………… 309
- 二、县志与县级市志、区志 ………………………… 310
- 三、县志与地级市志 ………………………………… 312
- 四、县（市）志与地区志、州志、盟志 …………… 314

第七章 第三轮志书编纂研究 ……………………………… 316

第一节 全面启动的前期调研与思考 …………………… 316
- 一、规划与启动概况 ………………………………… 316
- 二、学术探讨回顾 …………………………………… 319
- 三、顶层设计构想 …………………………………… 322
- 四、要处理好的几个关系 …………………………… 330

第二节 风俗志编纂 ……………………………………… 332
- 一、正名 ……………………………………………… 332
- 二、辨体 ……………………………………………… 336
- 三、创新 ……………………………………………… 340

第三节 宗教志编纂 ……………………………………… 343

一、首轮及二轮宗教志的检讨 …………… 343
　　二、三轮宗教志的建构 …………………… 345
　　三、宗教志编纂的导向 …………………… 350
　第四节　旅游志编纂 ………………………… 353
　　一、类目演变与研究进展 ………………… 353
　　二、编纂原则与新定位 …………………… 356
　　三、"后志"与"前志"的衔接 ………… 360
　　四、余论 …………………………………… 366
　第五节　方志志编纂 ………………………… 368
　　一、学术史回顾与方志志概念界定 ……… 368
　　二、新方志设置方志志已成共识 ………… 369
　　三、方志志的记载范围 …………………… 373
　　四、方志志的分工 ………………………… 376
　　五、方志志编修应注意的问题 …………… 379

主要参考文献目录 ………………………… 382
　一、古籍、方志、资料汇编 ………………… 382
　二、工具书 …………………………………… 384
　三、著作、论文集 …………………………… 386
　四、期刊论文、学位论文 …………………… 388
　五、电子数据库、网站 ……………………… 391

后记 …………………………………………… 392
增订后记 ……………………………………… 394

第一章
方志学概述

方志学是一门自成体系的专门学科。自方志产生以来，方志的编纂连绵不断，对方志编纂的思考、总结和利用也是持续不绝，尤其是自20世纪20年代以来更是方志学的发展、繁荣的时代。回顾和总结方志编纂与方志学研究的发展历程，对新世纪的方志编纂与方志学术研究无疑有重大的借鉴意义。因此，明确方志学的研究对象与任务，分析方志学的学科特点，阐述方志学与其他学科的关系，是我们全面系统地归纳、总结方志学成就和经验的基础和先导。

第一节　方志学的研究对象与任务

方志学作为一种专门的学问，是我国历朝历代方志社会实践的产物，是人们长期研究总结方志编纂活动与学术思想的积累和结晶，自有其自身特定的研究对象和研究任务。

一、"方志学"名称的由来

方志学，顾名思义是有关地方志的学问，是围绕地方志而形成的知识体系。方志学成为我国学术研究领域的一个专有名词，滥觞于宋朝。宋元丰七年，太常博士朱长文纂成《吴郡图经续记》3卷，并作序称："方志之学，先儒所重，故朱赣风俗之条，顾野王舆地之记，贾耽十道之录，称于前史。"首次将方志编纂与研究当作学问来看待。自此，对方志的学术研究愈益受到人们的重视，无论是方志纂修者，还是学者均好此道。如：元戴良《重修琴川志序》曰："古者，郡国有图，风土有记，所以备一方纪载。今之志书，即古之图记也。"①指出方志是由古代的舆图、地记发展而来。明卢廷选于《南昌府志序》中云："后世郡国之志，兼而有之。其叙土宇、山川，若物产、风化，往往模拟《湘中》，斟酌《三秦》，是地理书体也。至于英灵所钟，人伦所尚，《会稽》《益部》而后，宏奖不乏，又郡书体也。郡书详于人，地理书详于事，合事与人，以纪载一方，证向今曩，谓之志。"②他把方志看作是郡书、地理书的合流，记人、载事两不缺。清人李绂认为，地方志就是地方史，源头在周官小史、外史所掌邦国之志与四方之志。"志始见于《周礼》小史掌邦国之志，外史掌四方之志。志，固史之属也。春秋列国皆有史，后世郡县皆有志，而后征文考献，千载犹旦暮焉。……一邑之志与志天下，无以异也。"③特别是清乾嘉间著名学者章学诚，潜心方志研究，编纂方志十余部，著《文史通义》8卷，撰写《修志十议》《方志立三书议》《记与戴东原论修志》等方志论文数十篇，对方志的性质、源流、体例、章法、编纂方法诸问题进行了较全面、系统的论述，把方志的学术研究提高到前所未有的水平，被学术界公认为"方志学大师"。然而遗憾的是，章学诚却没有在朱长文等人的基础上提出"方志学"这一名词与概念。

民国建立后，"竟言整理国故，表扬国粹，于是方志之书，颇引起学者之注意。发为论著，时有精义"④。1924年，梁启超在《东方杂志》上发表《清代学者整理旧学之总成绩——方志学》，简明扼要地论述了方志发展史，并重点评价了章学诚在中国方志发展史上的贡献与地位，宣称："方志学之成立，实自实斋始也。"⑤在文中，梁启超第一次创立"方志学"这一学科名词。其后，于乃仁、瞿宣颖、李泰棻、朱士嘉等学者纷纷以"方志学"为名发表论著，这样"方志学"这个名称才得到国内学术界的广泛承认与使用，直至今日。

---

① 〔元〕戴良：《重修琴川志序》，见〔清〕庞鸿文等纂（光绪）《常昭合志稿》，卷末，总叙，清光绪三十年活字本。
② 〔明〕卢廷选：《南昌府志序》，转引自《江西地方志序跋凡例选录》，江西省省志编辑室，1986年，第40页。
③ 〔清〕李绂：《重修临川县志序》，见〔清〕李绂《穆堂别稿》，卷二十四，清道光十一年刻本。
④ 傅振伦著：《中国方志学通论》，自序，商务印书馆，1935年。
⑤ 梁启超著：《中国近三百年学术史》，清代学者整理旧学之总成绩——方志学，见朱维铮校注《梁启超论清学史二种》，复旦大学出版社，1985年。

二、方志学的研究对象

　　研究对象是学科存在和发展的前提。毛泽东同志在《矛盾论》中曾说："科学研究的区分，就是根据科学对象所具有的特殊的矛盾性。因此，对于某一现象的领域所特有的某一种矛盾的研究，就构成某一门科学的对象。……如果不研究矛盾的特殊性，就无从确定一事物不同于他事物的特殊的本质，就无从发现事物运动发展的特殊的原因，或特殊的依据，也就无从辨别事物，无从区别科学研究的领域。"①综观方志领域，它所具有的特殊的矛盾性，就是方志编纂及与之相关联的种种事物和形态，如修志诏令、檄文、方志批评、读志用志、方志理论、志目提要等等。方志编纂及其所关联的种种事物和形态，自然构成了方志学的研究对象。

　　有关方志学的研究对象，学术界已作了许多积极的探讨，如：

　　黄苇等《方志学》称："方志学的研究对象，简括地说，就是指我国千百年来纂修的各类方志及其书目和书目提要，历朝历代有关修志的诏令、章程、条例、规定和其他文献，还有古今直接或间接论述地方志书和修志诸问题的各种论著。"②

　　来新夏《方志学概论》称："方志学的研究对象是方志领域中所具有的特殊矛盾运动，换句话说，它是研究方志产生和发展规律的。"③

　　梁滨久《方志学的研究对象不可似是而非》宣称："我们可以把方志学的研究对象概括为方志、方志编纂和方志事业。方志学是研究方志、方志编纂与方志事业及其规律的一门学科。"④

　　林衍经《方志学综论》主张："方志学的研究对象，除了地方志所具有的特殊的矛盾性，还有地方志与其他事物的关系、联系，即矛盾的普遍性。"⑤

　　方志学者对方志学研究对象的表述虽然各异，但本质实是一致的。也就是说，方志是方志学研究的主体和中心，撇开了方志，方志学就不成为"方志之学"。除此而外，方志编纂者的编纂思想、方志编纂的组织管理、方志学术研究的总结等等都是方志学研究不可或缺的。总之，我们认为，方志学是研究方志编纂行为、编纂思想与学术活动及其发展规律的科学，它的研究对象主要指历朝历代的修志活动、

---

① 毛泽东著：《毛泽东选集》第一卷，人民出版社，1991年，第309页。
② 黄苇等著：《方志学》，复旦大学出版社，1993年，第1页。
③ 来新夏主编：《方志学概论》，福建人民出版社，1983年，第38页。
④ 郑正西、周永光主编：《中国地方志争鸣》，黄山书社，1988年，第91页。
⑤ 林衍经著：《方志学综论》，华东师范大学出版社，1988年，第2页。

方志学者的学术成果，以及方志应用等。用较为抽象性的语言来概括，即：方志学是以方志编纂及其关联的种种事物和形态为对象进行研究的学科。

三、方志学的研究任务

方志学的研究对象，决定了方志学的研究内容和研究任务。方志学是一门不断发展的学科，随着社会的进步和修志事业的发展，它不断提出了新的理论和研究内容。千百年来，我国方志学理论，从无到有，从少到多，不断在发展，方志学的研究范围也不断扩大。方志学的研究内容和任务主要包括下列八个方面。

（一）方志发展史的研究

地方志书源远流长，种类多，数量大，约为我国现存古籍的十分之一强，有极其宽广的记载范围。因此，方志的发生、发展、演变的历史过程，就成了历代方志学研究的首要课题。探索地方志书发生、发展和演变的历史过程，就是要研究其历史发展和演变诸问题，如全部发展过程可以分成几阶段，各历史阶段有什么明显特点和区别，何时定型，等等。同时，还要探索方志的发展规律和盛衰之由，总结历朝历代编纂地方志的经验教训，为编修新方志提供有益的历史借鉴，以利于修志事业的顺利发展。

（二）方志理论发展史的研究

这就是研究方志学自身形成、发展和演变的历史。具体说，即是以方志理论为研究对象，阐明方志学产生的历史条件、历史概貌，研究方志学家及其方志学论著，分析各方志学派及其间的联系和区别，探明方志学在各个历史时期同历史学、历史地理学等有关学科的相互关系，总结方志学发生、发展的规律，汲取其精华，了解其不足，从而借古鉴今。

研究方志学发展史，有两种方式和方法：一是从全国范围，综合各地的方志理论，来研究历朝历代方志学的发展状况；另一是从一个人或某一个学派着手，研究某一方志学家或某一学派的理论及其特色。前人和今人在这两方面都做过一些开拓性研究，如吴奈夫《明代学者方志理论研究述略》、仓修良《章学诚与文史通义》、黄苇《章学诚方志理论研究》、巴兆祥《王棻方志理论述评》等。但成果不多，还有许多领域有待开拓。研究方志学发展史，建立方志学史这门方志学的分支学科，已成了方志学研究的一个重要任务。

（三）整理和利用方志遗产

地方志是中华民族宝贵的文化遗产，我们应当加以继承和发扬。方志学的任务之一，就是要用逐步丰富和发展起来的方志理论，来进一步推动和指导对方志遗产的收集、整理和利用。主要做好如下几方面工作：第一，研究整理、利用地方志的原则和方法。第二，探索丰富馆藏方志和研究保护方志典籍的技术手段和库房管理方法。第三，编制各种方志目录与工具书。第四，重印、影印珍本地方志，校点整理历代名志佳作。第五，向地方志书要材料，辑录重要资料汇编。第六，方志辑佚。方志辑佚，工作量大，难度高，但功德无量。

（四）发展方志理论

方志学还是门很年轻的学科，钻研的人虽然不少，但多限于工作经验总结，理论分析、概括尚显不足。学术界对它的属性仍有争议，有的认为属于地理学，有的以为是历史学的一个分支，有的主张属行政管理学、文献学，有的认为属独立的学科。这都是方志学不够成熟的反映和结果。所以，一方面，要在前人成就的基础上，进一步系统地、全面地、深入地研究现存的旧方志，以及历代方志学论著；另一方面，要不断以已有的知识和理论去研究和分析已经编成出版的大量的社会主义新方志。在新的历史条件和社会条件下，用新的观点和方法，去进一步探明方志的性质、特征、功用、体例、体裁、章法，以及新方志编纂的宗旨、基本原则和方法，并阐述方志学的学科属性，方志学与历史学、地理学等学科的关系，从中概括出新的方志学理论，以进一步发展这一门学科，使之臻于完善，更具有科学性。

（五）修志事业管理

纂修新方志，任务繁重，是为子孙后代造福的千秋功业。其首要的是队伍建设。修志队伍健全与否，直接关系到方志事业的成败。修志队伍的建设，首先在于人才的选拔、配备和培养。培养修志人员的业务能力，也是研究方志学的一项任务。方志学理论研究者，应责无旁贷地通过著书立说、发表论文、总结经验、开培训班和研究班等方式，介绍方志情况，传播方志学理论，评议修志得失等，从而协助修志人员不断提高水平和能力，将新方志越修越好。尤其是在我国实行社会主义市场经济的今天，商品经济大潮愈来愈冲击着修志事业，如何健全和稳定修志队伍，不断提高修志人员的政治素质和业务素质，加强修志队伍的人力资源管理，显然已经成了方志学领域需要研究的重要课题。另一方面，方志编纂是个系统工程，牵涉的面很广，合理地调配人力、物力、财力对方志编纂的开展非常重要，方志学有义务研究方志实践中的管理原则与方法。

（六）续修地方志书的理论探讨

目前首轮、二轮新方志的编纂业已完成，编成的省、市、县志及乡镇志、专业志、部门志数以千、万计。持续不断地开展修志活动是中华民族的优良文化传统。2006

年5月18日，国务院总理温家宝签署国务院令第467号，颁布《地方志工作条例》，规定"地方志书每20年左右编修一次。每一轮地方志书编修工作完成后，负责地方志工作的机构在编纂地方综合年鉴、搜集资料以及向社会提供咨询服务的同时，启动新一轮地方志书的续修工作"。第三轮续修志书成了各地迫在眉睫的任务，现在不少地方已开始续修，有不少地方正在进行准备工作。与此同时，又由于我国处于高速发展时期，科学技术日新月异，电子信息技术对图书编纂的影响越来越大，志书的编纂如何适应信息时代读者的需求，有许多问题值得探讨。因此，方志学研究下一阶段的中心任务之一就是研究第三轮新方志续修编纂。它主要包括：（1）新方志编纂的得与失、经验和教训；（2）续修志书的编纂宗旨和原则；（3）续修志书的体例结构；（4）续修志书的编纂技巧与总纂技法；（5）续修志书的文体、文风；（6）续修志书的业务组织管理；（7）续修志书的实用化；（8）电子版续修志书制作的优点、难点问题。发展续修志书编纂理论是时代赋予我们的新使命，对这一研究应当予以足够的重视，以免重蹈首轮修志之初理论准备不足、不少地区的方志实践走了弯路的覆辙。

（七）地方年鉴理论研究

地方年鉴是反映地方年度情况的百科类的资料性工具书。它本是一种舶来品，源自欧洲，清末我国始有编纂，民国逐渐推广，如1934年上海通志馆就制定了"上海年鉴编辑计划"，次年编成《上海市年鉴（民国二十四年）》。20世纪80年代末90年代初，国内出现了年鉴出版热，"1991年达450种，到1996年9月已增至1000多种。其中地方年鉴就有近千种，且呈继续上升趋势"[①]。《关于地方志编纂工作的规定》要求，"各地在上届志书完成编纂后，要着手为下届志书续修积累资料"[②]。因地方综合年鉴是代表地方政府发布信息的，权威性强，且按年度编纂，资料的连续性好，具有为续修志书提供资料服务的功能。因而，随着各地首轮新志编纂工作的陆续完成，各级地方政府多把地方综合年鉴编辑列为方志部门在二轮修志书前或同时进行的中心工作，年鉴编纂理论研究也随之开展起来。2015年国务院办公厅发布《全国地方志事业发展规划纲要（2015—2020年）》，将地方综合年鉴列为"两全目标"之一，省、市、县三级综合年鉴的编纂与研究日益得到重视。所以，研究地方年鉴编纂理论，即明确地方年鉴的编纂宗旨、原则和方法，确定其科学分类，

---

① 许廷长：《我国年鉴等出版物大多不编索引的原因及对策》，《江苏地方志》1998年第1期。
② 《关于地方志编纂工作的规定中国地方志指导小组二届三次会议讨论通过》，《中国地方志》1998年第1期。

提高其实用性，实现地方年鉴的电子化，处理好志、鉴接轨关系，等等，就成了当前方志学研究的一项极为重要的任务。

（八）深入了解国外收藏、研究、利用中国地方志书的情况

中国地方志书，久为国外所重视。明末特别是晚清以来，欧、美及日本、澳大利亚等国的政府和学者一直在收集中国的地方志书，收藏数量相当多，有许多还是中国国内没有或少见的孤本和珍本。他们利用中国方志资料，探知中国自然环境和社会诸问题，有些已取得研究成果，有些很有学术价值。对他们收藏、研究、利用方志的情况，及其效果和影响，我们方志学理论工作者应不断了解，深入研究，以促进中外文化学术交流和方志学的发展。最近有人呼吁要重视对国外收藏方志情况的研究，是适时的，也富有远见。①

可见，方志学研究的范围十分广泛，研究任务非常繁重，有待于进一步探索的问题很多。特别是在当今第二轮社会主义新方志"普修"胜利结束，地方年鉴正在兴修，第三轮新志编纂即将大规模启动的历史条件下，有许多问题值得总结研究，更不断有许多新情况和新问题涌现出来，需要我们共同努力，及时予以研究、分析和解决。

第二节 方志学的特点和研究方法

一、方志学的特点

方志学既古老，又年轻。所谓古老，是因为自古代方志编纂肇始不久，人们便不断地探讨方志学理论；说其年轻，是指严格意义上的系统的方志学直到20世纪前叶才形成。虽然方志学与方志悠久的历史相比，严重"滞后"了；与中国传统史学、目录学等学科比较，它也显得稚嫩些，但已呈现自己的特色。20世纪80年代全国普修新方志以来，旧志整理与研究，方志理论研讨广泛开展，日渐活跃，涌现了一大批以新观点、新方法为指导的方志学论著，方志学的学科特征益见丰富而明显。

（一）理论与实践的两重性

这是方志学不同于其他人文学科的本质区别之一。方志学理论从萌芽、发展，到自成体系，经历了漫长的历史过程，凝聚着无数先哲的实践经验和他们的理论探究，

---

① 陈桥驿：《关于编纂〈国外图书馆收藏中国地方志孤（善）本目录〉的建议》，《中国地方志》2002年第1期。

许许多多方志学家不仅是方志的理论研究者,而且还是志书的编纂者。方志学自形成之初,即兼具理论性和实践性。随着我国方志事业的发展,一方面,方志学的理论日益系统化,具有一个逻辑严密的概念、命题体系,包括地方志的名称、种类、卷帙、类别、源流、内容、性质、特点、价值、功用、弊病、体例、体裁、章法、史志关系等;另一方面,它的实践性大大加强。这又有两层含义:其一,社会实践需要方志学理论的指导。当今,全国各地形成了修社会主义新方志和地方年鉴的热潮,第三轮新志编修也即将全面铺开,方志、年鉴编纂赋予方志学的重要使命,在于探讨社会主义社会与信息时代条件下,如何继承历代修志的优良传统,并大胆创新,研究新方志、地方年鉴的指导思想以及如何在编纂过程中予以运用和体现,探究新志、地方年鉴以及续修志书的质量标准、体例、篇目、详略、断限、文体、编纂方法,研讨新方志、地方年鉴、续修志书如何体现地方特色与时代特色,探索新方志、地方年鉴的电子化,研讨如何加强方志、地方年鉴的实用性问题,用以指导新方志、地方年鉴以及续修志书的编纂实践,服务于编纂实践。其二,方志学理论急需社会实践来丰富、完善。新方志编纂已达40余年,地方年鉴编辑也有30余年之久,实践清楚地表明,其中有许多经验教训值得总结,有许多命题值得进一步研讨,有许多问题值得理论概括,传统方志学理论的某些方面已不适应新方志、地方年鉴编纂实践的需要,凡此种种都迫切要求方志学在指导方志、地方年鉴编纂实践的同时,不断地以被实践证明了的理论来丰富、完善自己。只有在实践中不断发展、充实,方志学才更具理论价值和实践意义。

(二)政治性

方志学的政治性源于地方志工作的阶级性。编修地方志是中华民族的文化传统,自其产生之日起,至今已历经三个社会发展阶段。在不同的社会时期,地方志工作尽管千姿百态、千差万别,但所体现的阶级性则是一贯的。它具体表现为以下三方面:

1.体现当权者的意志。地方志历来有"官修"与"私纂"两种形式,从整个方志发展史看,隋以前以"私纂"为主,隋以后以"官修"为主。隋开皇十三年,"诏人间有撰集国史、臧否人物者,皆令禁绝"[①],正式奠定了我国官修志书的制度。此后,方志编纂多由地方官主修、主纂,或聘请学者、名士编纂,志书资料的选择、内容的裁定皆由地方官府主决,地方志成了名副其实的官书,反映了当权者的政治需要。它在隋、唐、宋、元、明、清是封建地方官府的意志"体现者",在今天则为人民

---

① 《隋书》,高祖纪下。

政府和人民大众的"代言人",是总结各地社会主义建设事业成就的载体。

2. 体现社会主导思想。社会是个由人组成的大系统,在这个系统之中,社会思想、思潮、理论繁多,其中必有一个是由统治阶级钦定的主导思想。社会生活中的种种规范准则,都由这个主导思想来构建,地方志也不例外。我国的旧方志绝大部分是封建时代修的,封建社会的统治思想是儒家思想。旧方志多以儒家思想为指导思想,按照地主阶级的利益、立场来记人载事,名宦、乡贤、忠烈、孝义、烈女等,宣扬"三纲五常",维护封建秩序的内容充斥其间。新方志则是在中国共产党领导下,在社会主义条件下编修的,自然以体现无产阶级、劳动大众的意志和利益的思想理论——马列主义、毛泽东思想、邓小平理论、"三个代表"重要思想、科学发展观、习近平新时代中国特色社会主义思想为指导,通过记载广大人民群众的活动,宣扬劳动人民的劳动创造,以维护马列主义、毛泽东思想、邓小平理论、"三个代表"重要思想、科学发展观、习近平新时代中国特色社会主义思想的指导思想地位。1985年《新编地方志工作暂行规定》明确指出:"编纂社会主义新方志,必须以马克思列宁主义、毛泽东思想为指导思想,必须坚持党的四项基本原则,坚持党的十一届三中全会以来和十二大所确定的路线、方针和政策,在政治上和党中央保持一致。……努力使社会主义新方志符合于把马克思主义基本原理同中国实际相结合起来,建设有中国特色社会主义的总要求。"[1]《关于地方志编纂工作的规定》也强调:"编纂地方志必须以马列主义、毛泽东思想和邓小平理论为指导,坚持实事求是的思想路线。"[2]《全国地方志事业发展规划纲要(2015—2020年)》要求"全面贯彻落实党的十八大和十八届二中、三中、四中全会精神"。这对保证新方志、续修志书的正确政治方向有重大的现实意义。

3. 为统治阶级服务。有用性为地方志的生命线,如果方志失去了"存史""资治""教化"的功能,也就丧失了存在的必要。无论是"资治"也好,还是"教化"也好,都是统治阶级利用方志所载的内容为治理国家服务。清章学诚曾多次宣称:"夫修志者,非示观美,将求其实用也。"[3]"史志之书,有裨风教者,原因传述忠孝节义,凛凛烈烈,有声有色。"[4]这里,章学诚强调的是,方志要为封建地主阶级利益服务。今天,我国属社会主义社会,方志的服务目标有了本质的转变,即为劳动大众服务,

---

[1] 《中国地方志通讯》1985年第4期。
[2] 《江苏地方志》1998年第2期。
[3] 〔清〕章学诚:《记与戴东原论修志》,见《章氏遗书》,卷十四,文物出版社,1985年。
[4] 〔清〕章学诚:《答甄秀才论修志第一书》,见《章氏遗书》,卷十五。

为社会主义制度服务。

地方志工作的这一特质，决定了方志学研究的特性有很强的政治性。因此，方志学研究须坚持"百花齐放、百家争鸣"与坚持四项基本原则同时并举，绝不允许违背党和国家的方针、政策。没有"政治性"的方志学是不存在的。

（三）综合性

方志学主要以地方志为研究对象。地方志向被誉为博物之书，在隋唐以前，记载较为单一，不够全面，至宋朝完成定型，于一方之疆域、沿革、山川、建置、城镇、乡里、物产、财赋、户口、兵事、民情、风俗、人物、艺文、名胜、古迹、异闻、琐事无不备载，内容十分丰富。现代社会，其生产、生活较之古代有了长足发展、进步，新志书的载述更为宏富，更加广博。一部志书少则有概述、大事记、地理、政治、经济、军事、教育、文化、卫生、体育、科技、社会、宗教、方言、地方文献、名胜古迹、人物和附录等篇章，而每一篇章内又分有许多门类，如政治篇包括党派权力机构、行政机构、群众组织、社会团体、统一战线、民政、人事劳动、公安司法等等内容。要使如此广博而繁杂的内容条理化、系统化、科学化，并加以记载，单靠一个人或运用某一门学科的知识来处理，是远难胜任的，它必须众手成志，必须有多方面的知识准备。也就是说，修志人员必须懂得并熟悉多方面的知识，不仅要有社会科学方面的知识，也得懂点自然科学方面的知识，还要掌握一些行业或部门的专业知识。如，记人口要用人口学的知识，记自然地理需运用地理学的原理与方法，对方志学的研究者而言，亦无不如此。由于地方志内容的广泛性，决定着方志学研究不能仅从历史学、文献学的角度来探讨，还必须广泛运用历史地理学、经济学、政治学、金融学、管理学、社会学、考古学、统计学、语言学、民俗学等学科的知识与方法进行综合研究。只有进行多学科的综合分析研究，才能使方志学的研究更加全面和扎实，更有利于方志发展规律的探寻。

（四）继承性

人类科学知识的创造与传播的重要方式为继承。没有继承，就不可能有科学知识的不断发展和进步。继承即是在前人研究成果的基础上，吸取其合理内核，加以创新。方志学的继承性有两大特征：第一，继承传统方志理论。传统方志理论发端于魏晋时代，历朝历代多有创新和发明，明清后发展更为迅速。我们继承传统方志理论，最主要的是扬弃清章学诚、戴震、王棻、李兆洛以及民国年间傅振伦、朱士嘉、李泰棻、王葆心等人的方志思想。他们的方志学观点与主张，有许多已被现代方志学者所吸收，构成方志学知识体系的基本内容。第二，继承其他学科的成果。方志为古今之总览，涉及自然地理、宗教、民俗、教育、管理、政治经济、数字统计等方面的专业内容。专业内容有它自己的个性，继承相关学科的研究成果，引进借鉴其理论知识及方法论，有助于增强志书的科学性，同时也极大地丰富了方志学的学科内容，体现了方志学的融合性和现代性。

二、方志学研究的意义

方志学研究的根本目的是推动我国的社会进步、经济繁荣，促进文化事业的发展昌盛。研究方志学具有重要的历史意义与现实意义：

（一）创建马克思主义方志学，构建新的学科体系

中国的方志学研究源远流长，取得了丰富的研究成果，章学诚是封建时代方志学研究的杰出代表，傅振伦、李泰棻、黎锦熙则是半殖民半封建社会方志学研究的带头人，他们的研究成果创建了传统方志学。新中国成立后，马列主义、毛泽东思想成了我们一切工作的行动指南。伴随着社会主义事业的发展，新方志编纂普遍开展，方志成果成批涌现。为编好新方志，方志工作者和相关学科的专家、学者进行了广泛的学术研究，以及工作经验体会的总结，发表、出版了诸如黄苇等《方志学》、仓修良《方志学通论》、来新夏《方志学概论》、刘柏修等《当代方志学概论》等难以计数的方志学研究论著。新志编纂所积累的实践经验和方志理论研究之风的盛行，为新方志学科的建立奠定了坚实的基础。所以，当前方志学研究的首要目的和意义，即以马列主义、毛泽东思想、邓小平理论、"三个代表"重要思想、科学发展观、习近平新时代中国特色社会主义思想为指导，运用辩证唯物主义和历史唯物主义的立场、观点、方法，研究总结修志经验与理论成果，构建马克思主义方志学的理论体系，为繁荣和建设有中国特色的人文社会科学添砖加瓦。

（二）继承和发扬中华民族的优良文化传统

中华民族是个富有创造性的民族，有着绚烂多彩的文化。地方志自秦汉产生以来，虽迭经王朝更替、世道治乱，从未中断过，编修地方志成了代代相传、绵延不绝的优良文化传统。这个传统已融入中华儿女的血液中、脑海里，成为我们民族的骄傲。在世界各国，还没有一种文化典籍像中国地方志那样历史悠久，绵延不断，种类繁多，卷帙汗牛充栋，内容翔实，资料宏富。开展方志学研究，有助于我们珍惜和爱护我们的祖先留下的这份丰富而珍贵的文化遗产，揭示方志文化的发展规律；也有助于总结方志遗产，继承方志编修传统，"取其精华，去其糟粕"，吸取现代社会科学的优秀成果，编纂出既具传统特色，又富时代特征的社会主义新方志，使方志传统得以继续发扬。

（三）促进方志人才的培养，提高新方志的质量

编修地方志是利国利民的百年大计，是社会主义建设事业的一部分，方志质量的高低关键在修志人员素质。"修志要在得人。"有什么样的修志人才，便会修出什么样的志书。再加上修志人员大多没有修志经验，缺乏方志知识，所以方志人才的培养任务艰巨。方志学研究的开展，不仅繁荣我国的学术研究，而且能极大提高修志人员的专业水平，确保新方志的质量。方志学研究在方志人才的培养上的作用主要有四点：（1）组织各种培训班、研讨班，聘请对方志学有研究的专家学者充任师资，讲授方志学的基本知识。（2）组织修志工作人员自学方志学的论著，增长方志知识，提高素养。（3）在高等院校开设方志学课程，让有方志事业心的学生参加有关专家、教授的课题组，尝试方志学研究，毕业后充实方志工作第一线，提高修志队伍的整体素质。（4）积极鼓励方志工作者在从事方志编纂的同时，开展方志学研究，通过学术研讨，增长自己的才干，从而推动新志编纂上一新台阶。

（四）促进中外文化交流

地方志记载了中华民族的历史创造，是中华民族悠久灿烂文化的历史见证。它的价值，不但为国人所重视，而且也为国外人士所关注。英国汉学家伟烈亚力曾说："在中国出现的一系列地方志，无论从它们的广度来看，还是从它们的有系统的全面性方面来看，都是任何国家的同类文献所能比拟的。"[①] "越是民族的，也就越是世界的。"地方志这种中国独有的文化遗产，已成了中外文化交流的桥梁，尤其随着方志学研究的深入，地方志愈益为世界瞩目，方志领域的中外文化交流更加频繁，像南开大学与日本独协大学的"中日地方史志比较研究"，1989年"（广州）中国地方志史国际学术讲座会"，2011年"方志文献国际学术研讨会"，2017年"走向世界的中国方志文化国际学术研讨会"，都是方志中外文化交流的成功范例。

三、方志学研究的方法

方法是理论研究达到目的手段，任何科学研究都离不开一定的方法论，并遵循方法论所规范的思维定式。对蓬勃发展的边缘学科——方志学而言，方法论的运用是取得更理想研究成果的保证。

---

① （英）李约瑟著：《中国科学技术史》第5卷第1分册"地学"，科学出版社，1976年，第44—45页。

（一）方志学研究应遵循的基本原则

1. 实事求是原则。就是我们通常所讲的客观原则，即要求方志学者无论进行学术研究，还是工作总结，均必须占有大量第一手资料，让资料说明问题，而不能凭空捏造。

2. 实践原则。方志学是一门应用学科，它的理论源自修志实践，同时又直接服务于方志编纂实践。方志学研究的基点是，从方志编纂实践出发，把方志编纂看作为认识地情、总结方方面面工作和学术研究成果的过程，促进方志编纂工作的发展与科学化，使之与社会前进的步伐相适应。方志学理论研究的正确与否，关键看它对方志编纂经验的总结、提炼水平如何，指导方志编纂实践的效果怎样。只有理论联系实际，方志学研究才会有实际意义。否则，理论再高深，也不会有多大的生命力。

3. 宏观、微观结合原则。宏观与微观本是物理学中有关空间范围的概念，现代哲学社会科学从自己的学科实际出发，"拿来"为我所用。所谓宏观，即从整体的角度、宽泛的范围，高屋建瓴地研究方志学的相关命题；所谓微观，就是"具体而微"，以较小的视角探讨方志学各个领域中细微、具体的问题，如某位人物、某部志书、某个地域，等等。宏观研究的特长是把握大势，揭示方志与方志学的本质和发展规律，但难免因资料印证不足，留有主观臆测之嫌。微观研究的优势在于，资料翔实，考辨细致，论述明晰，小中见大，不足是囿于论题，就事论事的多，广征博引而宏论的少。微观、宏观研究的有机结合，既能充分发挥各自的长处，又能克服自己的不足，把方志学研究推向新高度。

4. 特色原则。就是要求我们在研究地方志及相关事物和形态时，以方志学的特性为凭，因地制宜，因时制宜，从论著的选题、资料的收集、鉴别到论述，均力求个性鲜明，特色明显，力戒千书一面、千篇一律。

（二）方志学研究的方法

方志学的研究方法取决于方志学的研究对象和任务，同时也取决于它的指导思想，常见的有：

1. 比较分析法。

比较分析法属定性分析法，是将两个及两个以上的事物相对比，从而确定它们的相同点和不同点的逻辑分析法。

地方志和方志理论同为中华民族的文化创造。由于中华文化的统一性与多元性的影响，以及不同的区域有相异的自然条件、经济基础、历史文化传承，不同的方志学者有各自的师承和学术研究方法论，因而不同区域、朝代的地方志与方志理论，既互相联系，又互相区别；它们之间总是既有共同点，又有不同点。这种存在于地方志和方志理论中的相同点和不同点,是运用比较分析法,分析、探究它们的价值、贡献与缺陷的基础。通常运用比较分析法要从以下几个方面入手:

（1）纵向比较。即从时间脉络着手,比较地方志与方志理论的发展过程,分析其不同阶段的不同特点,确定地方志和方志理论在不同时间段上的价值与贡献。纵向比较多用于整体研究与同一区域的方志和方志理论发展研究,如明代地方志发展述略,安徽地方志考述,略论方志理论的历史分期等论题,就必须运用纵向比较法。

（2）横向比较。即对地方志和方志学家的方志主张作横向的排列对照,研究比照对象的相互关系,探讨它们的差异和特色,及其形成原因。横向比较又可分为两种情形:

其一,类型比较。多见于志书与其他典籍的比较,同地域的同种类志书或不同种类志书的比较,同时代的同流派志家或多流派志家的比较,不同性质专业志间的比较,等等。例如,傅振伦《地方志与政书》一文,即运用此方法研究方志与政书的关系,指出"地方志受了'三通'的启发,而开扩了篇目内容。且受了'三通'的影响,叙事必溯自往古,历叙沿革,且多详近略古……尤其是求其有用,以辅治道而资借鉴,亦实自'三通'发之"[①]。其二,区域比较。就是对比不同区域的地方志和方志理论,以探究其异同及相互间的影响。陈桥驿《中国〈慈溪县志〉与日本〈广岛新史〉的比较》就是开展这方面研究的范文。该文首先介绍中日两部史志编纂经过、内容、体例,然后从修志组织、结构和内容、行政区划、地方特色等方面探讨了慈溪、广岛市在地方史志修纂上的相似与不同之处及其特点。[②]

比较分析法的使用,应当要注意比较对象间的可比性,也就是要看比较的前提条件。比较还应多层次、多角度地进行,并注意比较的全面性,以及正确指导思想的指引。

2. 归纳法。

归纳法属人类思维的基本方法之一。通常人们将由资料综合分析而得出结论的研究方法称为归纳法。方志学作为人类学术研究的一个重要领域,自然也最常、最普遍采用此种研究方法。

归纳法的应用,面广,量多,在方志学研究领域,既可用于方志编纂,也可用之于方志发展史与方志理论探讨,也能在方志应用研究上采用。例如方志编纂中的

---

① 傅振伦:《地方志与政书》,《史志文萃》1986年第2期。
② 来新夏、(日)斋藤博主编:《中日地方史志比较研究》,南开大学出版社,1996年,第139—149页。

篇目制定，一般先由修志者根据自己所掌握的学科知识和对当地的了解情况虚拟一个征集资料的提纲，然后按提纲搜集资料，当资料搜集基本齐全后，再对资料进行综合排比分析，分门别类，制定出一个横排门类、层次明晰、归属得当的方志篇目。方志篇目的制定过程，实际上也就是归纳法的运用过程。再如方志应用，黄苇《从方志资料考察中国近代集镇墟场的兴衰存废问题》一文，以方志史料为基础，分四方面论述了集镇墟场的衰败，若干旧集镇墟场的扩展，并总结出中国近代集镇墟场兴衰存废的四个特点和规律，也成功地使用了归纳法。①

方志学研究中归纳法的运用，现代学者还曾把它细分为"枚举归纳法"和"统计归纳法"两种亚型。枚举归纳法"只考察事物的现象，不分析现象产生的原因，所以结论是或然性的，可能正确，也可能不准确"。考察的对象越多、越全面，"得出的结论可靠程度越高"。统计归纳法"也是通过考察某类事物现象的局部真实情况而作出的结论"②。

方志学要探讨的主要是志书编纂、方志发展历程、方志理论演变等理论与应用诸方面的问题，归纳法的使用须具备三要素：首先，要占有详尽的资料。这里说的详尽资料，是指大量地搜集、使用第一手资料，是在全面占有资料的基础上，紧紧地握住那些能反映事物全貌和本质特征的资料，而不是不加鉴别地堆砌资料。只有充分占有典型与一般资料，归纳出的结论才比较正确、客观。其次，要有开阔的视野。因为方志学的研究范围很广，涉及的问题相当复杂，假如没有广博的学识和广阔的视野，就很难发现论题，抓住反映事物本质的资料。再次，要善于抽象概括。方志学研究光有资料还是远远不够的，还得对资料进行深入全面的分析，从中引出正确的结论。这种结论，不是现象的简单罗列，而是理性的抽象与概括。不过，有一点要说明的是，志书编纂，除概述外，正文一般不直接叙述结论，而是只述不议，寓结论于客观的记述之中。

3. 系统论。

系统论是现代新兴的思维科学方法论，是一种运用"系统"的观念，从全局和整体上来研究事物的内在结构与联系，以及同外部因素相互影响的方法。它的核心即强调任何事物都是个由相互联系、相辅相成的诸要素构成的系统。

方志学界约在20世纪80年代中引进系统论，主要用于指导方志编纂、方志事业管理，也被借鉴于方志史与方志学史的研究。用系统论的方法进行方志学研究，

---

① 黄苇著：《方志论集》，浙江人民出版社，1983年，第225—251页。
② 梅森著：《方志学简论》，黄山书社，1997年，第38—39页。

一般要求有明确的目标，在探讨有关问题时，要注意把握"四性"[①]：

（1）整体性。把一部志书或一个课题看作整体系统，从资料搜集到体例设计、叙述（论述）都从这一特性出发。整体性要揭示的是，志书或课题的构成要素与系统的关系，局部与全局的关系，阐明构成要素的不分割。比如编一部歙县的县志，如果缺少地质、地貌、气候，没有记载明清时期的情况，就很难称得上是一部合格的"古今总览"了。

（2）有序性。指系统内的秩序原则，包括空间排列的有序性、时间排列的有序性和逻辑关系的有序性。空间排列的有序性，多指系统各要素所组成的结构与层次，如志书须将一地的古今人事物分门别类，横排门类，大类下分小类，也就是以纲统目，纲举目张。时间排列的有序性，指资料的排列，史实的叙述，按时间先后纵向而为。逻辑关系的有序性，要求课题论证的推理、归纳严密而准确，志书的门类划分，要有内在的联系，标准划一，门类的排列应主次分明，叙述条理清楚。

（3）动态性。用发展、变化的眼光看待系统，揭示系统的动态规律。社会在发展，事物在进步，不同的时代有不同的人事物，地方志应反映一个地方的全貌，尤其要注意人事物的发展变化。在体例门类设置上，方志更当探讨符合时代特征的篇目。

（4）相关性。即注意系统内部要素间的关系、内部要素与外部要素之间的关系。对地方志而言，一个地方的政治、经济、文化等等任何一个要素都是相关联的，志书编纂就要明确这种相关性，同时还得引进和借鉴其他典籍的编纂方法为我所用。

系统论的优点在于：简便易行、宏观，有利于方志学研究水平的提高，其中特别有助于修志人员整体观念的加强，志书整体性的完善。

以上分别是方志学研究中通常使用的方法，此外还有调查法、层次分析法、演绎法、统计法等。在实际研讨中，这些方法往往并不是单独使用而是综合使用的。随着现代科学的发展，方志学研究的方法论将更趋丰富。

第三节 方志学与其他学科的关系

方志学是一门交叉边缘学科。由于它的研究范围相当广泛，尤其是地方志书的内容涉及历史与现状、自然与社会、人文，方志学与相邻其他学科有着密不可分的

[①] 参阅董文安《地方志与系统论》，见杨静琦、于希贤主编《地方志与现代科学》，河南大学出版社，1989年。

关系。

一、方志学与历史学

历史学是与方志学最"亲缘"的学科之一。在相当长的时期里，二者几乎是密不可分的。历史学是以史料为依据研究历史进程的学科，有广义、狭义之分。广义的历史学泛指以一切自然环境与人类社会的发展变迁史为研究对象的学科，而狭义的历史学仅研究人类社会的发展历程。我国向重史学，早在商周时代就设有史官，专掌记事并管理历史著作，对史学的研究已备受时人青睐。孔子"述而不作，信而好古"，所编《春秋》开创了编年体史书的新纪元。秦汉统一，官、私修史学著作蔚然成风，司马迁著《史记》、班固著《汉书》新创纪传体，以人物为中心，上至天文，下至地理，中至人文无不记载，标志着"中国的历史学进入了一个新阶段，史学成为显学，……从此连绵不绝，留下了号称'汗牛充栋'的历史著作，其规模之宏大、品种之丰富、卷帙之浩繁、衔接之紧密，在世界文明史上绝无仅有"①。中国传统史学即属于广义的历史学范畴，正如清章学诚所云"六经皆史"，"盈天地间，凡涉著作之林，皆是史学"。②

地方志是一种独成体系的典籍。隋唐以前，多取用郡书、地理书、都邑簿、地志、地记、图经、图志等形成，体例不一，内容侧重地理，也有历史的内容。隋唐开始向正式方志过渡，内容涉及面渐广，历史方面记述大大增加，至少历史与地理并重。如唐陆广微《吴地记》，记沿革、分野、赋税、世系、城郭、户口、山水、湖泊、坛巷、桥梁、寺观、台阁、园宅，"内容丰富，体制也较合理，时间跨度上统合古今，是地方志书的雏形"③。所以，我国的传统目录学著作多在史部著录地方志书。例如，《隋书·经籍志》创经、史、子、集四部分类法，将方志列于史部地理类；其后之《新唐书·艺文志》《宋史·艺文志》《崇文总目》《通志·艺文略》《明史·艺文志》《四库全书总目》等皆因之。史部统括方志成了古典目录学的传统。明张萱编《内阁藏书目录》，突破传统分类法，设"志乘"部与经、史、子、集部并列，著录明正统至万历间皮藏的志书。这说明，地方志经长期的发展，到明清时期，内容更加广博，方志理论已得到相当的发展，方志学开始了与历史学分离的滥觞。

---

① 樊树志著：《国史概要》，导言，复旦大学出版社，1998年，第2页。
② 〔清〕章学诚：《报孙渊如书》，《章氏遗书》，卷九，《文史通义》外篇三。
③ 黄苇等著：《方志学》，复旦大学出版社，1993年，第433页。

方志学之所以与历史学最具"亲缘",是因为历史学对于方志学的研究十分重要。第一,我国的历史著作体例、体裁多种多样,主要有编年体、纪传体、纪事本末体、纲目体、政书体,以及图表等等。这些体例、体裁对志书影响很大。方志编纂讲求体例与体裁,宋以前,方志体例因人而异,没有统一的定式。宋朝方志定型,类似史书纪事本末体的志书平目体成了方志的基本体例,并以此为基础相继产生了纲目体,如南宋陈耆卿的《嘉定赤城志》;纪传体,如元张铉《至正金陵新志》;编年体,如明王启《赤城会通记》;政书体,如明周瑛(弘治)《兴化府志》;三书体,如清章学诚(乾隆)《永清县志》;等等。由于史学著述影响的深远,史学的撰著体裁如纪、表、志、传、图、考、书,不断为志书吸收、继承和充实,汇为一体,从而形成志书独特的著述形式。有的志家甚至还刻意模仿正史,如明冯继科(嘉靖)《建阳县志》,有图、县纪、表,列十志及世家、列传。这都是史学对方志学渗透的结果。第二,移植、借鉴史学理论。方志实践需要理论指导,方志理论多由史学理论借鉴发展而来,其中若干重大理论还是直接得自史学理论。如,现知最早的方志理论"夫书契有五善:达道义,章法戒,通古今,表功勋,而后旌贤能"①,即晋常璩借用汉荀悦的史学主张:"夫立典有五志焉,一曰达道义,二曰章法式,三曰通古今,四曰著功勋,五曰表贤能。于是,天人之际,事物之宜,粲然显著,罔不备矣。"②而提出的,阐明方志的编纂宗旨与要求。再如,方志"其载欲悉,其事欲核,其书欲直"③;志人物,生不立传,盖棺论定;修志者须具"才、学、识"三长,都是史学理论在方志学领域的运用。当然,方志学对史学的发展也有很大的促进作用,即为史学研究提供详细的资料,补史学文献之缺略。尤其是 20 世纪以来,方志编纂大规模进行,旧志的大批量重印,方志资料汇辑的出版,它对史学的贡献越来越大。

二、方志学与地理学

地理学也是跟方志学极具"亲缘"的学科之一。它以地理环境为研究对象,主要探讨人类社会活动与地理环境的关系。我国的地理学源远流长,先秦典籍《尚书·禹贡》,就是一篇著名的地理著作,《山海经》《诗经》《考工记》等也散见着丰富的地理知识。自汉班固编《汉书·地理志》后,正史地理志成了我国地理学著作的

---

① 〔晋〕常璩撰,刘琳校注:《华阳国志校注》,序志,巴蜀书社,1984 年。
② 《后汉书》,荀悦传。
③ 〔明〕刘鲁生修,李廷宝纂:(嘉靖)《曲沃县志》,刘鲁生序,《天一阁选刊续编》本。

主体。此外的地理学著作亦很丰富，如《禹贡地域图》《禹迹图》等地图，《水经注》《河源纪略》等水利书，《括地志》《元和郡县图志》等地理总志，等等。长期以来，我国的地理学一直是史学的附庸，因而《隋书·经籍志》《旧唐书·经籍志》《郡斋读书志》《直斋书录解题》《四库全书总目》等古典目录学著作都将地理学著作列于史部之中。只是到了明末清初，由于西方传教士的东来，翻译西书，测量经纬度，绘制新式地图，传播西方地理学知识，出现了近代地理学的萌芽，开始了地理学与史学分离的趋势。

地方志由于在相当长的时期里以记地为主，地理性质明显，故而传统观点都把方志看作地理书，属地理学的一部分，在目录学上著录于地理之类。但唐宋以后，地方志不以地理为限，多记典章制度与人物、文献，明清时期的方志记载更向"无所不载"发展，这样方志与历史书，尤其地理书有了较大的差异。因而，明朝中后期和清朝的许多私家藏书目录，一方面于经、史、子、集外另设"志书""图志"类，另一方面更多的是将方志与地理剥离，设置专门的方志门类，如明朱睦㮮《万卷堂书目》，史部十一置"地志"类。可见，方志学与地理学既渊源久远，又日见独立发展。

方志学与地理学（含历史地理学）保持密切的关系，在于二者的互动。第一，地理学促进方志内容、体例的发展进步。方志这种以政区为记载范围的地方性典籍，自产生之日起就不断吸收、借鉴其他学科和典籍的理论与方法，兼容性是方志学的传统。作为传统地理学主流的正史地理志有一个共同点：以政区为纲，叙地理沿革，方志颇受其影响，"述地也就专究沿革了"①。定型前之方志，载述各异，有的专记人物，有的专叙风土，有的偏于地理，门类不够全面。两宋因地理总志《太平寰宇记》的影响，方志的内容完成合流。《四库全书总目》称："其书采摭繁富，惟取赅博。于列朝人物，一一并登。至于题咏古迹，若张祐［祜］《金山诗》之类，亦皆并录。后来方志必列人物、艺文者，其体皆始于史。盖地理之书，记载至是书而始详，体例亦自是而大变。"②第二，地理环境是区域人群赖以生存的空间，为人们的生产、生活提供了资源条件，人群的活动又在一定程度上改变和影响了地理环境。所以，方志须设地理志以记载本地区的地理环境，反映区域人群和地理环境的关系。从地理学的角度看，这些内容是区域地理与历史地理的研究目标；从方志学的角度看，

---

① 史念海、曹尔琴著：《方志刍议》，浙江人民出版社，1986年，第12页。
② 《四库全书总目》，卷六十八，《太平寰宇记》，中华书局，1965年。

它又是方志编纂需要探讨的问题。地理志的编纂应当受益于地理学的成果和知识。[①]第三，方志为地理学研究提供了素材。方志为一方之志，自然是地理学研究取材的首选。这方面的例子不胜枚举。例如，被誉为历史地理学肇始之作的《汉书·地理志》，其编撰成篇，就有赖于当时藏于太史府、兰台的郡国地志。[②]

三、方志学与考古学、经济学

1. 方志学和考古学。考古学是考古发掘文物，研究文物材料，用以阐释人类社会历史的学科。我国现代考古学开始于20世纪初，近一个世纪以来，进行了许多重大的考古发现，取得了许多举世瞩目的科研成果，为揭开没有文字记载的原始社会和缺乏史料记载的历史之谜起到特殊的作用。方志学研究的核心为方志编纂，它要求方志吸收最新的学术成果，反映地方实际。对方志学研究而言，考古学的贡献是：（1）不少文物材料久埋地下，通过考古发掘出来，原始且直观地呈现在人们面前。方志多设文物志收录当地的考古材料，考古学成果不仅可以丰富文物志的内容，而且能更好地展示本地的文化创造。（2）人类的历史，既有文字记载的历史，还有更漫长的无文字历史。反映历史进程的主要手段为文献记载，但文献毕竟也存在一些缺漏，考古材料可以从不同侧面、不同形式反映历史，佐证文献资料，补文献资料之不足。考古材料是编修地方志必须利用的，方志取材考古材料，就是分门别类地记载本地古代社会的经济、文化、生活状况，表现本地的历史风貌。（3）反映地方特色是方志学研究的重要任务。地方特色多种多样，既有行业（专业）方面的，又有时代方面的。考古材料有助于地方志体现一个地方的古代特色。对考古学来说，方志学的重要性也很大。一方面，方志特别是旧方志的古迹志、金石志、文物志能为考古发掘提供线索，克服目前考古发现中的被动性和无意识性，增强目的性；另一方面，方志所载风俗、神话传说等资料能帮助考古学者阐释出土文物。因此，方志学与考古学的关系是十分密切的。

2. 方志学和经济学。经济学主要研究社会物质资料领域的经济活动状况、经济关系，包括政治经济学与部门经济学（工业经济学、农业经济学等）。其研究的基

---

① 参阅于希贤《地方志与地理学》，见杨静琦、于希贤主编《地方志与现代科学》，河南大学出版社，1989年。

② 史念海：《再论历史地理学与方志学》，见来新夏、（日）斋藤博主编《中日地方史志比较研究》，第60页。

本资料来源于人们的社会经济生活。旧方志虽然重人文，轻经济，但仍保存了较正史丰富得多的经济资料。例如，宋范成大《吴郡志》记载了农具和渔具的种类、式样以及农民开渠浚湖的事迹，弥足珍贵。到了近代，由于社会性质的急剧变化，交通的进步，经济交往的日趋频繁，方志对社会经济状况的记载篇幅越来越多，从而为经济学的研究提供了更加丰富的素材。现在，全国各地都把经济建设作为本地工作的重点，因此，新编地方志也重视经济内容，有的设经济志（编），有的分设有关经济问题的专志。从目前出版的志书看，经济方面内容少则占全书的30%，多则达50%甚至60%，可见新方志把经济问题看得何等的重要。新方志如何记载经济内容，尤其是1949年以来的曲折过程和建设成就呢？就得有经济学理论与方法来指导。现行志书经济部类的总体布局大都按生产、交换、分配、消费四环节来设置，即经济学理论在方志编纂研究中的运用成果。

除了上述与方志学关系特别紧密的学科外，档案学、政治学、语言学、社会学、教育学、民俗学等学科也与方志学存在着一定的联系。档案学向方志学研究提供资料，方志学则利用档案学理论管理归档的修志材料；政治学指导政治志编纂，方志学研究要显示志书的政治性；方志保存许多语言资料，能为语言学研究所取资，利用语言学能修饰志书文字表述，提高方言志的科学水平；方志要记载户口、民族、宗教、婚姻状况等社会生活内容，而社会学则以这些内容为研究对象，剖析社会诸问题。教育志需要借鉴教育学的理论方法与成果，教育学研究则要向方志搜集教育资料。民俗学主要研究民俗事象的产生、发展、变化规律，民俗志的编纂既是民俗学的理论应用，又是民俗研究的重要对象和珍贵资料。总之，方志学和历史学、地理学等人文社会科学、自然科学学科都有着密切的关系，这些关系的确立是方志学发展的基础，也是新方志具有较高科学性的保证。

第二章
方志应用的再探讨

方志作为一种地方文献，承担着记载和传播中国区域文明的重任。它总是延绵不断，并世代发展。地方志之生命力的根基，在于方志自身所特有的价值和功用。探讨方志价值的利用是方志学的基本研究任务之一。

第一节 方志的价值

一、方志价值与功用

方志记载面广，资料充实，内容丰富，可以满足人们考察利弊得失、鉴往知来、增长知识、研究问题等多方面的需要。这种社会客体对主体需要的满足，就是地方志价值和功用所在。由于地方志的价值是由社会客体对主体需要的满足来实现的，而主体的需要在不同的时间、地点，在不同的人群中，差异较大，因而对方志的价值和功用的看法也不同。

在明清，有人认为："国有史，郡有志。志以述事，事以藏往，藏往以知来，是故文献足征焉，劝戒不惑焉。"①有人主张："志有三要焉，一曰经政，二曰观风，三曰考艺。"②有人以为："夫志者，心之所志也，志民生之休戚也，志天下之命脉也，志前世之盛衰以为法鉴也，志异日之因革以为呼吁也。"③还有人主张："方域所以有志，非仅网罗遗佚，殚洽见闻，实赖以损益古今，兴革利病，政事所由考镜，吏治

---

① 〔明〕冯曾修，李汛纂：(嘉靖)《九江府志》，杨一清序，《天一阁选刊》本。
② 〔明〕程三省修，李登等纂：(万历)《上元县志》，李登后序，1948年《南京文献》本。
③ 〔清〕孙让修，李兆洛纂：(嘉庆)《怀远县志》，李兆洛序（原题康绍镛撰），《方志丛书》本。

于焉取资。所谓'前事不忘，后事之师'，顾可略欤？"① 在民国时期，对方志功用的认识有了深入，傅振伦在《中国方志学通论》中说："今案地方志所记一域之事，亦甚详悉，尤重现代，有裨实用。典章制度，旧事先例，并载书中。地方行政，即引为准绳。一切纠纷，咸取决于此。古人所谓'观民设教，体国经野'者，是诚足以当之。名为'地方官吏之资鉴'亦无不可也。"② 于乃仁归纳为三点"一曰备行政官吏之省览，俾发政施令得其宜也"；"二曰资学者治史，以最丰富之史料也"；"三曰启发后进，敬恭桑梓之心也"③，即类似今天所讲的"资治""存史""教化"。

20 世纪 80 年代，围绕新方志的编纂，开展了方志价值和功用的讨论，人们的认识又有了进一步的发展和深化。"方志的功用（'功能'），大家普遍认为：'资治''教育（即教化）''存史'三点，基本上概括了志书的功用。也有人认为，方志已成为我国文化遗产中的一个重要资料宝库，因此具有资料方面的作用。关于旧时地方志对统治者的用处，有人概括为十个方面：（1）巨细无遗，以为国史要删；（2）周知利害，以立一代纲纪；（3）详审山川，以决攻守之略；（4）备载方物，以筹国计民生；（5）登列丁亩，以定一方赋税；（6）博采风情，以利因地制宜；（7）考核典章，以知政治兴坏；（8）著录政绩，以察官吏贤否；（9）彰善瘅恶，以裨社会风教；（10）广征诗文，以见文化升降。在中国地方志协会 1986 年学术年会讨论中，对于'资治''教育''存史'的具体分析，又有多种不同看法。有的认为，这三者不是三分天下，而是有主有从，资治是志书原生的、唯一的或直接的功能，其他都是派生的、次要的。有的认为，教育、存史也是为了资治，资治不但为现实，而且为未来。有的认为，资治不是方志独有的特性，不能片面强调资治，用资治代一切。方志是资料性的著述，存史才是志书内在的原动力，如果没有反映一方基本情况的资料，也就谈不上资治、教育。有的认为，不必去争论志书三大功能的谁主谁次，谁先谁后，三者是志书功能的统一，并行不悖，而资治是目的。有的认为，方志的编纂成书阶段是'存史'过程，第二阶段是志书编成后发挥社会功用的过程，在这一阶段，任何功用都是资料（史料）能量的释放，不应说哪个功能原生，哪个功能派生。有的认为，资治、教育、存史是志书的功能，但看不出其特殊性，凡史书都有这三大功能，目前是借用这六个字，尚待更新。讨论中，还有一种意见认为：新方志的重要作用是服务于领导决策。有人将地方志的作用和软科学做了比较，认为地方志具有类似软科学的为决策服务、

---

① 〔清〕黄宅中修，邹汉勋纂：（道光）《大定府志》，林则徐序，清道光二十九年刻本。
② 傅振伦著：《中国方志学通论》，商务印书馆，1935 年，第 11 页。
③ 于乃仁：《方志学略述》，《建国学术》1940 年创刊号。

咨询等功用。"①

20世纪90年代中期，中国地方志指导小组倡导读志用志，对方志价值和功用的理解更侧重于为现实服务。如朱虹、徐建华等撰文《读志用志，让新编地方志更好地服务当代》《发掘潜能，投身于服务当代的伟大实践》，提出"积极主动地将用志工作推向社会，让社会各界都来了解志书，阅读志书，利用志书，使修志成果逐步转化为经济效益和社会效益"；"过去方志事业靠服务当代而起家，今后的生存发展仍然要靠服务当代而起步，服务当代是方志事业永恒的主题"；为适应市场经济，发展方志事业，必须"发掘潜能，拓展方志工作服务当代的广阔领域"。②林衍经指出，"地方志除'资政''教育''存史'三大功能外，还有兴利功能。兴利功能在志书为两个文明建设服务中得到充分体现，社会用志大潮的涌起为兴利功能的发挥带来机遇。"③

尽管学术界对方志的价值和功用的阐释不尽相同，但从各种观点的内涵看，基本上都没有超出"资治、存史、教化"的范围，因此仍用"资治、存史、教化"来概括方志的价值和功用还是比较妥当的。至于其具体表现，主要有以下几方面：

1. 地情指南。地方志作为一种地方历史记录纵贯古今许多历史阶段，横陈自然、社会、人文的各个方面。它记录了一个地方的自然状况以及人们认识自然、改造自然、创造物质文明和精神文明的成果，内容十分广泛和全面。我在《方志学》一书中曾将方志的内容分为天象、地理、政治、经济、军事、教育、文化艺术、医药卫生、科技、体育、社会生活、名胜古迹、人物、少数民族、自然灾害等15类，虽然就一部方志而言，其内容有详有略，涉及的面有多有少，但于一地的历史与现状都统括无遗。从各种地方文献的比较看，没有一种比地方志面广而资料具体丰富的，故此，要了解地情非首选方志不可。如，郁达夫在20世纪30年代每到一地游历考察，必阅读地方志以了解当地的人文历史情况，他在《南游日记》中写游天台山："向图书馆借得张联元觉庵所辑《天台山全志》，打算带去作导游之用。因张《志》成于康熙丁酉（引者注：五十六年），比明释传灯所编之《天台山方外志》年代略后，或者山容水貌，与今日的天台更有几分近似处。"④

2. 经济建设的参考依据。地方志是地情的载体，其所反映的地情多是历代方

---

① 来新夏主编：《中国地方志综览（1949—1987）》，黄山书社，1988年，第108页。
② 《中国地方志》1999年第2期。
③ 林衍经：《再论地方志的兴利功能》，《中国地方志》2001年第6期。
④ 转引自祝淑月《郁达夫与地方志》，《江苏图书馆学报》2000年第2期。

编纂者经过艰辛的调查研究得来，具体而翔实。其中，既有本地的优势、成功的经验，又有劣势、不足和失败的教训。它一方面能给各地的经济建设的可行性论证提供历史经验和现实依据，为领导机构和经济建设部门的决策起参谋作用。如安徽省全椒县《交通志》编写组在查阅和研究旧志资料后，发现利用古道改造合肥至浦口公路比改造现行合浦公路线经济合算，预计可缩短路程 21 千米，每年可节省客货运费 1000 万元，两年即可收回投资。此建议一提出，便引起安徽省交通厅领导的高度重视，并以此作为重点建设项目，收到很好的效果。①另一方面，利用方志资料于经济建设，产生直接的经济效益。这方面的例子不胜枚举，比如江苏邳州市是我国五大银杏生产基地之一，银杏长期处于自然生长状态，产量低、效益差。1986 年后，果农采用《邳县银杏志》记述的银杏母株高枝嫁接以改良品种、人工授粉等新技术，银杏的挂果时间大大提前，品质有了较大改良，产量和经济效益比原来提高了 3—5 倍。另外，邳州市北部蕴藏着丰富的石膏资源，20 世纪 80 年代仅有一家石膏矿，年开采量仅 20 吨。《邳县志》全面系统地记述了石膏资源的储量、质量、品种、分布，甚至各矿段矿石距离地表的深度等等也有记载。据此，邳州市北各乡镇投资建矿采矿，发展乡镇经济，同时邳州市政府也确立了以石膏开采加工为支柱工业的工业经济发展方向。到 1997 年，全市有石膏矿 13 家、石膏板材厂 1 家，年产值 1.6 亿元。②

3. 学术研究的可靠资料。人们看重地方志，主要在于它的资料。研究旧时代的学术问题，主要依据的资料有正史、实录、档案、地方志、笔记、谱牒等。而正史数量有限，实录着眼大问题，旧档案存量也不多，地方档案散佚严重，笔记过于散杂，谱牒利用不便，而地方志系征用正史、档案、笔记、谱牒等文献及实地调查编成，资料非常丰富，而其主要引用的地方档案因各种原因多已不存在，故价值尤为珍贵。新方志利用的现行档案虽然还在，但分散各地，多未对外开放利用，一般很难查阅征引，新方志的资料同样具有很高的价值。清章学诚所云，方志能"补史之缺""续史之无""参史之错""详史之略"，就是方志史料价值的体现。现在利用地方志进行学术研究已成共识，研究区域问题、人物等没有不用地方志的。如，间作稻是浙江重要的稻作制度，其始于何时？在一般农书上找不到答案，但明（隆庆）《平阳县志·风俗》却为研究者提供了满意的资料："春分平田，浸种，下秧，通田。春夏之交，先分早秧插田，疏其行列，俟数日后，乃插晚秧，曰补晚。浃旬余而耘，浃旬而再耘。及三耘，旱则手车引水灌之。及秋而获毕，以竹荡取河泥壅之，去早稻根，以培晚

---

① 《中国地方志综览（1949—1987）》，第 348 页。
② 杜吉华：《地方志与地方经济的发展》，《江苏地方志》1998 年增刊。

稻而漉之，及冬而获，名曰双收之田。"①

4. 宣传教育的生动教材。在旧时代，地方志是封建统治者施"教化"的工具，在今天，它在地情教育，尤其是在爱国主义教育、革命传统教育、德政教育方面的作用非常明显。一般可以认为，地方志的宣传教育作用有两方面：一是为编纂宣传教育材料提供素材，如"江苏句容县教育部门，根据县志资料编写的一本乡土教材，比较全面地记述了全县的历史、地理、经济、交通、风情民俗、名胜古迹以及革命烈士英雄业绩。这本教材在对广大的青年、学生进行爱国主义、共产主义和革命传统教育中，收到了良好的效果。江苏电视台还根据县志资料，在该县的宝华、春城、茅山拍摄了秦淮河源头外景，事真情实，备受欢迎"②。不仅如此，地方志还登上大学讲堂，成为有关历史、地理课程的教学参考用书。如乡土地理教育是许多大专院校的传统课程，教师在教授时多根据实际，将地方志中的内容融入各章节中。山东枣庄师专的乡土地理课就利用了省史志办编写的《山东各地概况》和县、市史志办编写的《滕县志》《枣庄市志》等方志资料，不仅丰富了教材内容，而且提高了教学效果。③二是直接阅读地方志，切身感受志书中所反映的乡土情怀、革命精神和善行义举，陶冶自己的情操。方志之所以成为宣传教育的生动教材，是因为它以地方性、广泛性、真实性等特点而见长。许多由地方志资料改编成的教育活动作品，如乡土教材、革命传统教育讲义甚至影片创作等，多富有强烈的说服力和感染力。

5. 中外交流的桥梁。地方志由于承担了传承和发展中华文明的历史职责，在国际上享有很高的知名度，各国竞相购买、收藏和利用，地方志成了中外文化交流的媒介和桥梁。如山东曲阜市在外事活动中，把《曲阜市志》《孔子故里志》作为珍贵礼品向客人馈赠，深受外宾欢迎。1993年11月6日，曲阜市政府代表团赴美国戴维斯市参加两市结为友好城市的签字仪式，带去的礼品就是两部《曲阜市志》。同年11月23日，日本多久市政府代表团来曲阜参加两市结为友好城市的签字仪式，曲阜市政府也馈赠两部《曲阜市志》。1994年9月，曲阜市政协、市委统战部举办海外联谊会，来自美、英、日、韩等国家的27名来宾参加。会议期间，每人获赠一部《曲阜市志》，客人们竞相翻阅。在曲阜的涉外活动中，《曲阜市志》《孔子故里志》发挥

---

① 〔明〕朱东光修，侯一元等纂：（隆庆）《平阳县志》，风俗，明隆庆五年刊清康熙间增钞本。
② 茆贵鸣：《论地方志工作与地方经济建设》，见江苏省地方志协会编《江苏当代方志论文选》，方志出版社，1995年，第107页。
③ 孙天胜：《地方志的乡土教育功能》，《中国地方志》2001年第6期。

了不可替代的重要作用。①

二、方志资料的特点

方志多重功用的发挥，主要源于方志具有丰富的资料。方志的资料性是方志的本质属性之一，是方志取得历史地位的基础。同样，认识、分析方志资料的独特性，也是我们利用方志的前提。

1. 系统性。方志素有"博物之书""一方之全书""地方百科全书"等誉称，其资料的系统性包括三方面：一是资料在涉及自然和社会内容方面的系统性。方志是对一个地区的自然、社会、人文诸方面历史和现状的全面、系统记录，凡是一个地方的主要方面的重要情况，都分门别类地加以载述，甚至那些细小而又有意义的奇闻逸事也有收录。其所包含的方面有疆域、沿革、城镇、乡村、山川、田亩、名胜、古迹、人口、民族、政治、军事、法制、公安、农业、工业、交通、贸易、财政、金融、税收、粮油、文化、教育、科技、艺术、体育、医药、卫生、宗教、社团、社会生活、风土民俗、方言土语、历史事迹、名人盛事等，十分的广泛和全面。二是指纵向的连续性，即任何事物的发展都要经历一定的时间阶段，总有来龙去脉，前因后果，方志有关本地的事物、事件、人物的记述都是按时间顺序纵述始终的，通过方志资料，人们可以看出事物、事件的完整发展过程，人物的一生经历和所作所为。这种方志资料在同事物发展源流的记述上的系统性，对研究者探究有关问题的历史真迹十分便利。三是指相关性。任何事物的存在、发展都不是孤立的，它们之间有着各种各样的联系，我们利用方志资料，既要注意一个地方的不同时期志书的资料构成了一个地方的资料系统，又要留意同一部志书的不同方面的资料具有一定的联系性，还要注意邻近地区的方志资料是否也有一定的相关性。

2. 复载性。方志不仅连续编纂，遵循统合古今的原则，而且又是独立成书刻印的，这样前后志书在资料上就有一个复载的问题。如西湖为杭州的名胜，从宋到今的《临安志》《杭州府志》《杭州市志》没有不记载的。对前后志的复载资料要辩证地看，有的系取材的角度不同，有的系侧重点不一，有的系详略差异，这些都是编纂方志时允许的，对这些复载的资料也是可以利用的。但也有一些志书记载有关事物时则是完全抄录前志，对这样的复载资料，我们利用时要尽量采用版本较早的方

---

① 参阅诸葛计《新编地方志资源开发与利用集例》，《中国地方志》2000年增刊。

志，因为后志在抄前志的过程中可能会出现差错。假如用了抄错的复载资料，导致的研究结论可能会面目全非。如顺治十三年刊《高淳县志》卷一记："顺治七年庚寅地震。八月十日恩诏，民间拖欠钱粮，前诏已免元、二、三年，今再免四□年。"但康熙二十二年刊《高淳县志》卷二十却抄成"顺治七年庚寅八月十日地震"，把地震时间与下诏的时间抄反了，结果造成（乾隆）《高淳县志》、（光绪）《高淳县志》、（民国）《江苏省通志稿》《清史稿》以讹传讹。①

3. 差异性。分地域差异和时代差异两方面。我国领土辽阔，各地的自然环境和历史发展差别很大，方志无不以特定区域为记载范围，基本不涉及其他地区，其记载的有关本地情况的资料自然多具有明显的地方特色。以集镇为例，江南地区的方志资料较详尽具体，如（民国）《宝山县续志·市镇》记县属各镇及村集，仅罗店镇即云："市镇最巨，为全邑冠。……其地东贯练祁，输运灵便，百货骈阗，……综计大小商铺六七百家，有典当、花行、米行、衣庄、酱园等业，尤以锡箔庄两家为巨擘。市街凡东西三里，南北二里，以亭前街、塘西街最为热闹，次则塘东街、横街等。乡民上市，每日三次。物产以棉花、布匹为大宗。"而内陆地区的方志多列集镇名称，记载简略，如（民国）《重修咸阳县志·地理志》也记市镇，但甚简："县北微东之北杜镇、微西之马庄镇，商号仅四五家。西北双照镇，无富商大贾，遇一、五、八日，小贩尚伙。西南之王道镇，惟于秋、冬日籴粜杂粮。若南贺镇，则屋少人稀，一穷困之荒村而已。"从中可见，江南和内陆地区商品经济发展水平存在着很大的差异，所以可以肯定地说，研究各种社会经济问题的地域不平衡性，离开方志资料是难以想象的。另一方面，社会在前进，时代在不断演变，尤其在改朝换代、商品经济发展、社会思想活跃之时，社会事物的发展变化尤为迅速和巨大，时代特色尤其鲜明。方志都是特定时代修成的，是时代的产物，方志对特定时代的史迹，特别是新生事物，必然加以反映。越是到近现代，方志资料的时代性越突出。如明清方志中有关"烈女"的记载连篇累牍，民国方志则大为减少，但大量增加了经济内容，并反映西方殖民主义者在华的侵略活动以及中国人民的革命斗争。方志资料的时代性差异构成了不同时代志书的特色所在。

4. 微观具体性。我国方志种类很多，有通志、府志、州志、厅志、县志、区志、市志、乡镇志，以及各类专志，其中，县志、州志、市志、府志和乡镇志为志书的主体，系方志资料的主要载体，读者利用的主要对象。其记载的空间范围或是县、市，

---

① 参阅谭其骧《地方史志不可偏废，旧志资料不可轻信》，见中国地方史志协会编《中国地方史志论丛》，中华书局，1984年。

或是州、府，甚至是乡镇、村里，都相当小，能够深入地调查搜集资料，把事物的发展脉络整理清楚，记载详尽。而方志的参加编纂者又多是本地人，熟悉本地掌故，相对较易获取地方上的资料信息。加上人们多把修方志看作为国史编纂积累资料，系国史的"具体而微"，故方志的编纂多崇尚详尽具体。从方志资料的实际看，无论是府志、州志，还是县志、市志和乡镇志，也确实如此，都以微观资料见长。方志中记载的事物基本上都详于国史，甚至不见国史记载。如《天工开物》为我国的科技名著，研究《天工开物》，就必须先研究其作者宋应星。有关宋应星的生平，《明史》未见记载，而在《分宜县志》《奉新县志》《南昌府志》《亳州志》《汀州志》中却有具体记载。因此，正如明人王世贞所云："古史之失在略，而今志之得在详也。"[①]

5. 可靠性。方志的编纂一般是严谨的，不仅有官府、地方乡贤参加，而且有著名学者参与其事。历代方志编纂者多要求志书真实可靠，选材精当，反对虚妄怪诞。清章学诚强调"志属信史"，要简、严、核、雅。方志学者的倡导在一定程度上提高了志书资料的可靠性。再者，方志资料一是来自政府案牍、地方文献、金石碑刻、谱牒家传、诗文集、信札、笔记等第一手材料；二是通过实地调查、采访、测绘得来的真实资料，这些资料都是原始材料，真实可靠程度是比较高的。对这些大量的原始材料，志书并非全部抄录，而是经过去伪存真、去粗取精等一番研究，选择最具有代表性、最能说明问题、最真实有据的材料编入志书，这又保证了入志资料的真实性。而且，本地人记本地事，较为准确，且时间、地域相距不远，有疑惑问题，也易考究。"地近则易核，时近则迹真。"[②]"以一乡之人修一乡之书，其见闻较确而论说亦较详也。"[③]

三、方志发挥作用的规律

方志的价值和功用举世公认，地方志能为社会各界所利用也毫无疑问，而且方志发挥作用也是有一定规律的。

首先，方志对所记载的地区发挥作用，然后扩展到其他地区。方志历来都是地方官府组织编修的，修志的主旨、体例结构、内容等都须得到地方官的首肯。一个地方的志书编修成功与否，都离不开各级地方官的重视和支持。志书修成后，在一

---

① 〔明〕林云程修，沈明臣等纂：（万历）《通州志》，王世贞序，《天一阁选刊》本。
② 〔清〕章学诚：《修志十议》，《章氏遗书》，卷十五，文物出版社，1985年。
③ 〔清〕戴枚修，董沛等纂：（光绪）《鄞县志》，张恕序，清光绪三年刻本。

定的时期内，其主要利用者为本地的政府部门和人民。地方官府可以利用方志中有关土地、赋税、水利、风土人情等资料进行施政参考，教育部门可以利用方志资料进行地情教育、爱国主义教育，经济部门可以用方志资料参与项目开发论证，当好企业的参谋。如1992年底，河南偃师市就根据新编《偃师县志》的资料，结合现状，确定了"闯百亿大关""再造偃师，实现小康"的五年发展规划。1997年底，偃师市又以县志的地情资料为基础制定新的五年发展规划。经过几年的运行，各项事业顺利发展，各种指标按期完成。①正因为地方志首先发挥作用的主要对象为本地政府和人民，当地政府和人民了解地情，进行科学决策、施政，都离不开方志，所以才有南宋淳熙年间朱熹知南康军，便向欢迎他的地方官索取方志；清代规定地方官"莅任初规"，便需"览志书"，以及当今中国地方志指导小组倡导各地要读志用志。在方志实现本地效用的同时，随着方志的发行和流通，方志逐渐成为社会财富，作为社会信息资源，为邻近地区及社会方方面面所利用。这时，不仅意味着地方志利用者的增多，而且意味着方志价值范围的扩大，方志功用的多样化。

其次，作用的多元化趋势。编纂地方志是一项大规模的系统工程，需要花大量的人力、物力、财力，牵动各方面的力量，引起社会各界的关注。如此兴师动众，不是为了编志而编志，而是为了致用。方志编纂之初，其所侧重的功用为"资治""教化"，使"官乎是郡邑者，可以备极其改革，省见其疾苦，景行其已行，察识其政治；使天下为士大夫者，读之足以兴，为郡邑者，读之足以劝"②。这也是历代地方官重视地方志的缘由所在。随着社会的发展，时间的推移，方志并不因为失去现实效用而降低其使用价值，相反其长远价值和全面作用更突出。一方面，地方政府和经济部门可以继续利用方志中资料，为地方施政和经济建设提供历史经验和教训；一方面，文人学者可利用地方志进行人文社会科学、自然科学的学术研究以及文学创作。此外，还可供学生进行爱家乡、爱祖国教育，供游人借以观赏风景名胜，供旅游企业开发旅游产品。

掌握方志作用发挥的规律，对社会各界都具有重要意义。对方志部门而言，就是全面、认真地搜集资料，使方志成为一个内容丰富、全面，资料翔实的信息宝库，为当今和后代利用、开发这个宝库奠定基础。而社会各界也应当明白自己的职责，既积极利用这一宝库，又热情地配合方志部门工作，为方志编纂添砖加瓦，为子孙后代积累财富。

---

① 参阅诸葛计《新编地方志资源开发与利用集例》，《中国地方志》2000年增刊。
② 〔明〕王道修，韩邦靖纂：(正德)《朝邑县志》，康海序，明正德十四年刻本。

第二节　方志与旅游

初看起来，地方志和旅游很难联系起来。但只要读一下唐代大诗人韩愈路过韶州，观赏当地风光时所作的脍炙人口的诗"曲江山水闻来久，恐不知名访倍难；愿借图经将入界，亦逢佳处便开看"，便可明白古人很早就利用地方志（图经）作为旅游观光的工具。

地方志不仅有省、府、州、县志，而且还有山志、水志、寺院志、风俗志、名胜志；不但纵述历史和现状，而且横叙自然、社会、人文，乃"一方之全史"。无论是全志也好，还是专志也好，都记载了一个地方各方面的情况，具体而微，故著名学者顾颉刚说，方志"在于备行政官吏之鉴览，以定其发施政令之方针……使在位者鉴览得其要，而发施得其宜"。方志"比较正史，则正史显得其粗疏；比较报纸，则报纸显得其散乱"[1]。正由于方志内容的广泛性，决定着地方志与旅游有着密切的联系，方志具有很强的旅游价值。

一、旅游客体的宝库

每一位旅游者的出游都带有他自己的目的和愿望，有的为了饱尝眼福，开拓视野，有的为了陶冶性情，方志正是满足游客这种心理需求的一种信息源。在我国浩如烟海的文化典籍中，寻觅、捕捉旅游信息，当首推地方志。方志记载的旅游客体有如下四大类：

（一）自然景观

1. 名山胜景。如《徽州府志》记载了黄山、清凉峰、齐云山、松萝山；《青阳县志》记载了九华山、凤凰松；《潜山县志》记载了天柱山；《登封县志》记载了嵩山、少室山；《华阴县志》记载了华山；《杭州府志》记载了天目山、孤山、天竺山、虎林山、飞来峰；《镇江府志》《丹徒县志》记载了焦山、北固山、金山；《灌县志》记载了青城山。

2. 幽洞岩谷。《石埭县志》载有蓬莱洞、鱼龙洞、归云洞、太极洞、仙岩洞、冰洞、桑塘洞、石燕洞；《休宁县志》载有古城岩；《毗陵志》《常州府志》载有张公洞、

---

[1] 朱士嘉编：《中国地方志综录》，顾颉刚序，商务印书馆，1935年。

善卷洞。如（成化）《毗陵志》卷十七记张公洞云："面皆飞崖绝壁，不可跻攀，……石色碧绿，……奇怪万状，时有石燕相飞。"

3. 秀水碧湖。《荆州记》叙及青草湖；《湘中记》叙及湘水、营水、桃水、宜水、浏水、汨水、资水；（民国）《杭州市新志稿》叙及西湖十景：苏堤春晓、曲院荷风、平湖秋月、断桥残雪、柳浪闻莺、花港观鱼、雷峰西照、双峰插云、南屏晚钟、三潭印月；《徽州府志》叙及杨之水、新安江、吉阳水、率水、浙溪；《巢县志》叙及巢湖。

4. 潭泉瀑潮。（民国）《歙县志》记述了黄山百丈泉、汤泉、法眼泉、天眼泉、瀑布泉、飞雨泉、澡瓶泉、丹泉、圣水泉、三味泉，新安江上的漳潭、定潭、深渡潭，浙江上的王潭、杏潭、徐潭；（民国）《杭州市新志稿》记述了六一泉、虎跑泉、真珠泉、龙井、吴山井、梅花泉、相国井。

5. 动植物。我国动植物资源丰富，珍稀禽兽鱼虫、奇花异草、古树遍布全国各地，它是科学考察、探究大自然奥秘的主要对象。方志于此记载不胜枚举。如《房山县志》记载了神农架原始森林及白鹊、白蛇、白猴、"红毛野人"。《京山县志》记了侧柏、银杏、马尾松、圆柏、罗汉松、朴树、枫香树等古树。

（二）人文景观

1. 古城镇。杭州为我国七大古都之一，《淳祐临安志》《咸淳临安志》记载了南宋都城临安的城池、坊巷、军营、衙门、户口等情况。嘉兴濮院镇为元以后的著名市镇，"肆廛栉比，华厦鳞次，机杼声轧轧相闻，日出锦帛千计，远方大贾携囊群至，众庶熙攘于焉集"①。《浙江通志》《嘉兴府志》《秀水县志》《濮院镇志》均有详细叙述。

2. 园林宅第。中国的园林有皇家、私人、寺庙之分，南北之别，方志多有记载。苏州园林冠绝天下，《吴郡志》记了姑苏台、东庄、馆娃阁、美女宫、如归亭、沧浪亭、放鹤亭、般若台、海云馆、夷亭、鲈乡亭、红梅阁、醉眠亭、复轩、南园、七桧堂、小隐堂、隐圃、乐圃、范家园、梧桐园、长洲苑。《苏州市志》记有拙政园、留园、网师园、畅园、怡园等。南京也有许多宅第祠堂，《至正金陵新志》记载了诸葛恪宅、陆机宅、谢宅、沈约宅、梁武帝宅。

3. 寺庙宫庵。西安乃著名历史文化名城，古时道、佛、回三教流行，《长安县志》叙记了广仁寺、崇圣寺、观音寺、报恩寺、普照寺、归元寺、奉恩寺、翠微寺、通真观、碧虚庵、极乐宫、玉清观、静修庵、开元观、波斯胡寺。（民国）《杭州市新志稿》记有城隍庙、胜果寺、灵隐寺、净慈寺、昭庆寺、凤林寺、清涟寺等。

---

① 〔清〕金淮纂：《濮川所闻记》，卷四，李培《翔云观碑记》，上海书店等，1992年，《中国地方志集成·乡镇志专辑》本。

4. 塔桥牌坊。《九江府志》录有思贤桥、太平桥、清平桥、三陂桥、大通桥;《赵州志》录有赵州桥;《歙县志》录有藩镇坊、许国石坊、龙兴独对坊等。新编《休宁县志》录有登封桥、蓝渡桥、夹溪桥、古城桥、古林桥、东亭桥、拱北桥、丁峰塔、古城塔、万峰塔、富琅塔、进士坊、柏府崇阶坊、大夫坊、紫宸近侍坊、孝子坊、龙源坊、恩谌松筠坊。

5. 陵墓遗址。《西安府志》记述了周公墓、太公墓、幽王陵、扁鹊墓、老子墓、蔺相如墓、始皇帝陵、孟姜女墓、萧何墓、杨贵妃墓、白居易墓、唐太宗昭陵等。新编《威海市志》记述了义和新石器时代遗址、刘公岛战国遗址、宋家洼古墓群等。新编《休宁县志》录有汪由敦墓、戴震墓、道家墓葬、僧家墓葬等。

6. 石刻题咏。我国几乎在在形胜,处处奇观,引得文人骚客游览观赏,挥毫赞颂。风景名胜与石刻题咏紧紧相连。如桂林七星岩,历代文人游客留下了许多名篇佳章,《临桂县志》录有宋尹穑《仙迹记》、范成大《碧虚亭铭》、刘牧《仙李洞诗》等。苏州也是历代文人学者必游之地,有关苏州的诗赋文章很多,《吴郡志》收有白居易《夜游西虎丘》《吴中好风景》、刘禹锡《题虎丘寺》、苏子美《游山》、苏轼《和太守王规父侍太夫人观灯》等诗赋。

7. 神话传说。风景名胜还与神话、传说密切相关。如安徽休宁县有古城岩这一名胜,与此联系的有朱元璋在古城岩遇险,朱升献"高筑墙,广积粮,缓称王"的安邦定国大计的故事。新编《休宁县志》除记载古城岩外,还录有"朱升的传说"。有许多名胜本不太出名,只因有神话传说,为人传咏,才名声大振,饮誉海内。杭州虎跑泉即如此。《杭州府志》《西湖游览志》都记载了"二虎跑地作穴,泉水涌出"的传说。

8. 民情风俗。"十里不同风,千里不同俗。"各地风俗习惯由于种种原因差别很大,尤其是少数民族地区的习俗、节会更具情趣。方志对婚丧嫁娶、节令盛会、风水礼仪等皆有记载。书目文献出版社出版的《民俗资料汇编》即取材于方志。各地在开展民俗旅游活动时也多参考方志中的民俗资料。

(三)土特名产

风味特产既为旅游者争相购买品尝的食品,也是招徕众多观光者的重要旅游资源,乃志书必不可少的内容。如(民国)《安徽通志稿》记载茶有祁红、屯绿、敬亭绿雪、松罗茶,果类有徽州雪梨、三潭枇杷、萧县葡萄,药材有霍山石斛、黄山灵芝、郎溪明党参,水产有黄山石鸡、娃娃鱼、凤台淮王鱼,工艺品有宣纸、徽墨、歙砚、舒席等。《宿县志》记载了符离集烧鸡、秦邮酥糖、香稻米、宿金蝎、半夏等。《休宁县志》记有松萝茶、白岳黄芽、大阜瀛石鸡、中华猕猴桃、香榧、梅干月饼、万安罗盘等。

（四）旅游设施

1. 饭店宾馆。它不仅是游客在旅途中的歇息之所，而且还是观赏景点。古代的驿站、会馆、酒店、寺院多具有这种功能。《乾道临安志》立有"馆驿"目，记载了樟亭驿、邮亭驿、仁和馆。（民国）《杭州市新志稿》记载了聚英、瀛洲、清华、杭州、环湖、西湖、天然、湖滨、新新、大陆等旅馆。新编《淳安县志》记载了千岛湖景区的主要旅游饭店，如松城饭店、鱼味馆、听松楼、湖滨楼等。

2. 娱乐休闲场所。它的多少是一地旅游业发达与否的重要标志。旧志对此有片段记载，但未有足够重视。新志则不然，影剧院、文化宫、游乐场、舞厅、网吧、公园等均在收录之列。

可见，方志所记旅游信息的范围十分广泛，内容相当宏富，资料非常翔实。如此广博的旅游信息，正是发展旅游业所需的，也是地方志服务旅游的基础。

二、发展旅游的重要依据

旅游业是我国国民经济的一个重要部门，近40余年来发展很快，备受各地重视。其赖以生存发展的物质基础和前提条件是旅游客体，也即旅游资源、旅游设施。

一地要发展旅游业首先必须了解本地的旅游资源。要摸清旅游资源，除实地调查外，最便捷的方法就是查阅方志。如前所述，方志为一巨大的旅游信息库，它可以提供多方面的资源信息：有已经开发利用的，有未被很好利用的，有潜在的；是自然风景，还是园林景观，宗教圣地，陵墓遗址，地方风情，传统节会；资源的分布状况如何；等等。利用方志资料做旅游开发的前期工作，主要是收集旅游的相关信息，分析景观资源的数量、结构，可利用的程度，地理条件等，从而确定兴办旅游业的可能性和合理性，为政府决策提供历史借鉴和现实依据。

历史文化名城扬州，历史上曾是一大都会，人文荟萃，商贾辐辏，店铺、酒楼、花肆比比皆是,青楼、浴池、茶社、园林、剧苑应有尽有。历代《扬州府志》《甘泉县志》《江都县志》记载了郝氏园、樱桃园、丽芳园、新园、席氏园、壶春园、东园、朱氏园、芍药园、冶春园、秋声园、崔氏别墅、居竹轩、平山堂、西溪草堂、竹西草堂、大明寺、法云寺、法华寺、隋炀帝墓等寺观、祠庙、园亭。寺观多为园中一景，与亭、轩、阁、馆交相辉映，水乳交融。扬州发展以园林为主的旅游业基础比较雄厚。

山西五台县东北境的五台山为我国著名佛教圣地。夏季，绿树葱茏，繁花似锦，游客云集。六月举行骡马节，更是热闹非凡。山中寺庙林立,香客终年不断。新编《五台县志》既载望海峰、叶斗峰、清凉石等五台名胜、八路军总部旧址、晋察冀军区司令部旧址、白求恩模范病室旧址等革命纪念地，又以台外、中心、北部、南部四区，详载现存的南禅寺、广济寺、佛光寺、显通寺等43座寺庙，且还记了万寿寺、铁瓦殿、栖贤寺等72座寺庙遗址。据此可谓，五台县旅游资源丰富而集中，景观以宗教名胜为主，自然风光为辅。发展以五台山为中心的旅游业，是该县主要的经济战略。

江苏太仓市东濒长江，南邻上海，经济繁荣。按新编《太仓县志》所叙，太仓的名胜古迹少而散，仅有州桥、周泾桥、皋桥三个省级文物保护单位和郑和纪念馆、张溥故居等29个县级文物保护单位，游客多为本地人，旅游收入在县财政中微不足道。若新建旅游点，就极不经济了。故太仓市不宜把旅游业作为自己的主要行业而盲目发展。

随着我国经济的发展，交通的发达，人民生活水平的提高，旅游渐成为普通老百姓的社会生活的重要组成部分，诸如结婚旅游、考察旅游、采风旅游、度假旅游、节日旅游，层出不穷，旅游热潮一浪高过一浪。尤其是近一二十年国家推出"假日经济"战略，外出旅游的人数激增，给现有的旅游景点造成很大的接待压力。这样，已开发的景点就无法适应旅游业飞速发展的需要，保护固有风景区的生态平衡，开发新的旅游资源，建设旅游新景点，规划新的旅游区，扩大游客接待量，也即成为许多地方迫切的现实需求，方志在这方面恰能发挥很好的作用。

齐云山乃皖南著名的旅游避暑胜地，以山奇、石怪、水秀、洞幽称胜。"危崖神奇峰，绝壁布幽洞，岩额泻银瀑，幻景变无穷。"①宫观道院，香客拥挤，香烟缭绕。1979年，休宁县政府根据《齐云山志》《徽州府志》《休宁县志》复建了被毁坏的玉虚宫、碧霞灵应宫、玄天太素宫、龙王庙等道观，供人游览和进行宗教活动。

贵州大方县杜鹃资源丰富，（道光）《大定府志》有"黄坪十里杜鹃"的记载。1985年省有关部门派人会同大方县、黔西县的方志人员，依据这则资料进行实地调查，发现两县境内有绵延50千米的杜鹃林带，有百合、青莲、紫玉盘等17种杜鹃花，以及不少珍稀动物，随后，省政府将此地带划为自然保护区对游客开放，定名"百里杜鹃"。

浙江建德市有著名景点灵栖三洞：灵泉洞、清风洞、蔼云洞。三洞虽古已有之，但淤塞湮没600余年，不为人知。市旅游部门为辟新景点反复查阅了《严州图经》《建德县志》，并按志书所提示方位寻找挖掘，终于找到了三洞。1979年动工整修洞府，

---

① 休宁县地方志编纂委员会编：《休宁县志》，安徽教育出版社，1990年，第512页。

疏浚地下暗河，1980 年到 1981 年陆续开放，备受国内外游客赞赏。1980 年接待游客 6 万人次，1986 年增至 36 万人次，年收入达 118 万元，创造了较好的经济效益和社会效益。①

三、高级导游书与游踪录

外出旅行一般都有一定的时间要求和线路限制，为更好地安排旅途生活，达到预期目的，旅游辅助读物必不可少。旅游须知、旅游指南类的普及读物当然可以满足游客的基本需求，但要全面、系统了解目的地的历史与现状，领略其特有的文化遗产和自然风光，还得借助方志。因为方志详尽记载了风景区的分布、景点情况、旅游交通设施、宾馆、饭店、购物中心、娱乐场所、卫生服务单位、旅游产品、旅游管理经营机构以及装点名胜古迹的诗词题记，能给不同层次的旅游者提供各方面的信息。一志在手，旅游无愁。视方志为一种高级导游书或旅游通览当不为过。

方志的导游价值早为人所识。宋著名学者司马光在宋敏求《河南志》序中云："使四方之人未尝至洛者得之，如游处已熟；后世闻今日洛都之盛者得之，如身逢目睹也。"②也就是说，方志能让旅游者足不出户而先披卷神游。今人乌以风也称："山志所以记山河之胜概，详人文之政迹，标营造之兴废，述特产之丰藏，使留心地理者展卷了然。……欲登游可以按图选景。"③1980 年元月，茅盾写了《夜半偶记》，认为地方志书源远流长，种类繁多，"搜罗材料之广博，超出正史、野史、前人笔记之所记载"，"似可组织人力，即以地方志中适合于旅游者之多方面兴趣而引人入胜者，编写导游指南"。④自古以来，利用方志进行旅游、吟诗作赋者多不胜数，例如：

北魏地理学家郦道元，一生考山观水，曾游历长江三峡、四川、湖北，多次往返于长城、秦岭间广大地区。如果把他所著《水经注》描绘三峡景观的内容："自三峡七百里中，两岸连山，略无阙处。重岩叠嶂，隐天蔽日，自非停午夜分，不见曦月。至于夏水襄陵，沿溯阻绝。……春冬之时，则素湍绿潭，回清倒影，绝𪩘多生怪柏，悬泉瀑布，飞漱其间，清荣峻茂，良多趣味。每至晴初霜旦，林寒涧肃，常有高猿

---

① 参阅《中国地方志综览（1949—1987）》，第 355、351、352 页。
② 〔宋〕司马光撰：《温国文正司马公文集》，卷六十五，《河南志序》，商务印书馆（上海），1919 年，《四部丛刊》景宋绍熙刻本。
③ 乌以风编著：《天柱山志》，自序，安徽教育出版社，1984 年。
④ 茅盾：《夜半偶记》，《光明日报》1981 年 8 月 16 日。

长啸，属引凄异，空谷传响，哀转久绝。故渔者歌曰：'巴东三峡巫峡长，猿鸣三声泪沾裳。'"①同清王谟《汉唐地理书钞》所辑盛弘之《荆州记》相比较，即可看出这段文字征引自《荆州记》，说明郦道元出游、考察多以方志按图索骥，著《水经注》也"因其方志所叙，就记其缠络焉"②。

明代大旅行家徐霞客，自幼"特好奇书，侈博览古今史籍及舆地志、山海图经，以及一切冲举高蹈之迹"③。22岁后，"不避风雨，不惮虎狼，不计程期"④，专事旅行，足迹遍及大半个中国。在他的旅行生涯中，他始终以《大明一统志》《衡州统志》《南程续记》《名胜志》《云南志》等方志为伴，每到一地还向当地官绅索求，以披"诸可游者"⑤。一次，他在桂林象鼻山下欣赏美景，听旁人说街上店铺中有《桂故》《桂胜》《百粤风土记》出售，便马上派仆人前去购买。有时，地方官绅不奉送，他就手自抄录。在云南腾越州境考察途中，他抄写了《腾志》。据今人研究，徐霞客利用地方志一是为了"导游"，进行实地考察；二是征引和分析方志资料撰写游记。"在整部《徐霞客游记》中，我们发现他明确提到的地方志及有关地方记载的书籍名称，共有22种，除上面的《大明一统志》等四种外，还有《元丰九域志》《舆地纪胜》《桂林掌故》《桂林胜迹》《西事珥》《百粤风土记》《百粤志》《广西府志》《新宁州记》《梧州府志》《南宁郡志》《都匀府志》《寻甸府志》《晋宁州志》《大理郡志》《永昌志略》《腾越州志》《腾永图说》等18种。此外，……他阅读和引用的这方面的书籍远过于上面提到的这些书名的种类。"⑥

现代文人郁达夫也喜旅游，地方志始终是他的旅游指南。"郁达夫每到一地，总要了解各个名胜古迹的渊源兴废及掌故逸事，其中地方志是他首选。游白岳齐云，翻读《安徽通志》、(康熙)《休宁县志》；游雁荡山，则《广雁荡山志》和《雁山全图》是必读的；游临安县玲珑山及钱王墓，认为武肃王的丰功伟烈，载在史册，除《吴越备史》之外，'就是新旧《临安县志》《杭州府志》等'；游天目山，则参考《临安志》《于潜志》《东山志》等方志。"⑦

---

① 〔北魏〕郦道元注，杨守敬、熊会贞疏：《水经注疏》，江水二，江苏古籍出版社，1989年。
② 《水经注疏》，渠。
③ 〔明〕陈函辉：《霞客先生墓志铭》，见〔明〕徐霞客著，朱惠荣校注：《徐霞客游记校注》，传志，云南人民出版社，1985年。
④ 〔明〕潘耒：《徐霞客游记序》，见《徐霞客游记校注》。
⑤ 《徐霞客游记校注》，粤西游日记。
⑥ 郑祖安、蒋明宏主编：《徐霞客与山水文化》，上海文化出版社，1994年，第392页。
⑦ 祝淑月：《郁达夫和地方志》，《江苏图书馆学报》2000年第2期。

方志还是一种珍贵的旅游史记。我国文人骚客、官僚士绅历来重视游览,旅行观赏同他们的仕途生涯、宦海沉浮、做学问紧密联系在一起。名山秀水,古迹园林,往往是他们咏物言志、借景抒怀的题材,佳山胜水、风景名胜,无不留有他们的诗赋、题记。如苏州虎丘:皮日休《虎丘寺西小溪闲泛》、赵嘏《虎丘赠鱼处士》、权德舆《酬陆四十虎丘对月》、白居易《夜游西虎丘》、刘禹锡《题虎丘寺》《登虎丘望海楼》等;天柱山:李白《江上望皖公山》、白居易《题天柱峰》、王安石《别潜阁》、苏轼《灵仙观》《游潜山叙寄苏子平》、王士禛《潜山道中雪》、姚鼐《寄天柱山人》等。方志乃一地古今总揽,与本地有关的人物、题咏、碑铭皆有收录,历代文人墨客、官僚士绅的游踪自然包罗无遗。如宋淳熙中,朱熹于武夷山建紫阳书院,收徒授学,闲暇时常与朋友、弟子入山漫游,吟诗作赋。《武夷山志》记载了朱熹与袁枢、潘友文等在武夷的浏览、唱和活动。宋范成大号"佳山水",游踪很广,自称"余生东吴,而北抚幽、蓟,南宅交、广,西使岷峨之下,三方皆走万里,所至无不登览"[①]。《姑苏志》《松江府志》《严州府志》《龙游县志》《括苍汇纪》《临桂县志》《广西通志》《成都府志》《灌县志》《三峡通志》《衡山县志》等志书均记载了他所到之处的游历情况。(康熙)《鸡足山志》、(乾隆)《腾越州志》、(光绪)《江阴县志》、(光绪)《常州府志》为大旅行家徐霞客立传,介绍生平、考察活动和著作。如果把这些志书中有关资料集中分析,自然能明了朱熹、范成大、徐霞客等人的旅游行踪和旅游成就。方志实为研究旅游史、旅行家游历活动的重要资料。

四、旅游有助于方志发展

风景名胜无处不有,旅游作品代有所出,比比皆是,为"无所不载"的方志编纂提供了丰富素材。历代方志编纂莫不大量征引游记、题咏等旅游作品。

中岳嵩山,峰峦耸翠,涧水澄澈,少室山、达摩影石、少林寺、塔林、嵩山书院、中岳庙等著名景观错落其间,文人游客纷至沓来。乾隆五十年,洪亮吉修《登封县志》,引用了李允中《奉祀嵩山夜宿少林寺》、程相《游少林寺》、朱衡《宿少林寺》、李化龙《嵩阳宫》、王铎《游嵩阳院观汉封三柏》、黄克晦《嵩阳宫三将军柏》、乾隆帝《谒岳庙》、顾嗣立《面壁石》《飞来碑》、许完《登五乳峰》、阎兴邦《嵩阳书院》、桑调元《测景台》等游历作品,丰富县志资料。

---

① 〔宋〕范成大原著,胡起望等校辑:《桂海虞衡志辑佚校注》,志岩洞,四川民族出版社,1986年。

"桂林山水甲天下。"伏波山位于漓江西岸，奇异嵯峨，幽岩贯穿。嘉庆七年，胡虔纂《临桂县志》，在记伏波山时，附录了范成大《鹿鸣燕劝驾诗》、张洵《蒙亭唱和（伏波岩）》、董传策《伏波岩》、苏潜《泛舟游还珠洞》等诗赋，为之点缀修饰，提高了县志有关伏波山记载的文化品位。

方志收录游记、诗赋，无论是单独成卷，还是分录宫室、名胜、古迹、寺观之下，皆一地之风雅。游者读之，不仅引人入胜，流连欣赏，而且倍增游兴。古人云："胜水佳山，非文莫状；幽光潜德，非文莫扬"，①确非虚语也。

地方志是中国文化的重要载体。旅游就本质而言，既是一种游玩活动，更是一种认知文化的考察活动，同时这种活动又为旅游目的地的文化发展增加了新内容。不少旅游者或当地人乐于在旅行后整理相关资料编纂志书，目的在于保存地方掌故和文化传承。我国历代山志、水志、名胜志、游览志即多出自旅游者之手，或旅游发展的推动。

宋旅行家范成大，乾道八年任广南西路经略安抚使，出知静江府，畅游桂林山水，细心观察自然风光。二年后入蜀，道中无事，"时念昔游，因追记其登临之处，与风物土宜"②，编成《桂海虞衡志》3 卷。淳熙九年，他解绶回乡，整日沉迷于姑苏园林、山水之间，绍熙三年纂修《吴郡志》。

安徽天柱山，巍峨秀丽，危崖罗列，岚蒸云蔚，雄奇兼备，汉元封五年，武帝南巡，封为"南岳"。今人乌以风酷爱林泉之胜，1938 年至 1958 年居于潜山，游山不下百次，"凡山中荒岩秘谷，人迹罕至之地，莫不穷搜周览，细心领会。岁月既久，则山川方位、峰峦形态、溪谷深浅、草木类别，及有关人物之历史，始豁然有契于心。"③随后，编就《天柱山志》。

湖南省的武陵源风景名胜区位于张家界市中部，澧水上游，包括张家界国家森林公园和索溪峪、天子山、杨家寨景区，是我国著名的旅游胜地。自 20 世纪 80 年代初大力发展旅游以来，旅游业取得了巨大的成绩，"1989—1997 年，即建立武陵源区以来的九年中，接待游客已逾 800 万人次。其中 1997 年游客 120 万人次，较上年增加 22 万人次；旅游收入 1.4 亿元，比上年增加 3000 万元"④。为更好地发展旅游，总结以往的经验教训，1989 年 8 月，湖南省地方志编纂委员会确定首编《武陵源风

---

① 〔明〕高廷愉纂修：(嘉靖)《普安州志》，卷九，艺文志序，《天一阁选刊》本。
② 《桂海虞衡志辑佚校注》，范成大自序。
③ 乌以风编著：《天柱山志》，自序。
④ 湖南省地方志编纂委员会编：《武陵源风景志》，概述，湖南人民出版社，1998 年。

景志》。几经努力,1998年完成编纂任务。志设概述、景区景点、自然环境、民俗风情、文学艺术、旅游服务、建设管理、大事简述、辑录等部分,内容非常丰富。

上举数例充分说明,我国方志,尤其是山水志、名胜志,屡屡编修的一个重要原因便是旅游促成的。今后,随着我国旅游产业的迅速发展,方志编纂特别是旅游志、山水志、名胜志将更加兴盛。

第三节 以志证史——以望江西圩为例

西圩位于安徽望江县东北约23千米处,是我国开发历史最悠久的著名圩田之一。它的兴废,关乎国计民生。"家住望江,命在西圩"[1]之谣谚,即其重要性的真实反映。有关西圩,清初顾祖禹《读史方舆纪要》卷二十六有论述:"县东北六十里,周三十余里,堤长三千九百七十余丈,阔十丈,高二丈,圩中田三万七千余亩。志云,孙吴时屯皖口,得谷数万余(斛),即此圩也。"后世学术著作多以此说明,在三国时期,皖西地区的水利建设取得了相当的成就。至于西圩的发展演变,均未有阐述。这里,依据方志资料做一系统研究,以明方志之史料价值。

一、西圩的修筑及其规模

西圩创于何时、何人,明以前史书未见记载。至明万历二十二年,龙子甲纂《望江县志》,始于"塘圩"载:"世传李丞相筑。"清张楷(康熙)《安庆府志·地理志》载:"相传三国东吴时,遣屯皖口,得谷数万斛,疑即此。"与清顾祖禹《读史方舆纪要》的观点相类似。龙子甲所说"李丞相",一时难考是何许人也,顾祖禹、张楷所说是目前发现有关西圩修筑时间最明确的史料。我们从方志资料认为,顾祖禹、张楷的看法有一定道理,但还不够全面。

首先,望江东北部属皖水冲积平原区,土质肥沃,宜于农耕,然又河道纵横,"地势卑下,潜太之山洪注焉,京皖之江涨汇焉"[2]。皖水"发源霍岳,经二百里,汇太湖、怀宁诸水,其流益大。至石牌分数水,一由驼龙沟走双河,汇黄马河,抵官庄渡,径

---

[1] 望江县地名办公室编:《望江县地名录》,1986年铅印本,第228页。
[2] 〔清〕尹继善等修,黄之隽等纂:(乾隆)《江南通志》,卷六十六,龙燮《修筑西圩记》,台湾商务印书馆1986年《景印文渊阁四库全书》本。后简称:《景印文渊阁四库全书》本。

圩（即西圩）西面转南，而东入埭沟；一由刺树墩南下张邺港，径圩之北转东汇埭沟；一径七圩中，走数十里，横冲圩之东北隅，流更激。是三水也，分而南者，包络数山，……独分而东走北者，流皆切圩堤，成大河"。这些河流，涸水季节虽仅如沟浍，然而一旦"山洪一发，则潮头高几丈，漫数百里，江涨助之，环抱如瀛海，居圩者如坐漏瓮中，卧不能帖席，一闻喧声，魄欲褫近"。①故围水抗旱排涝，保障农耕，为本区所必需。其次，围水护田滥觞于春秋、战国时的太湖地区，秦汉时已较成熟，促进了太湖地区经济的发展，并已逐渐向周边区域传播。②再次，江淮地区地处南北要冲，是汉末及三国时吴、魏交兵的主战场，望江东北区又处前线。拥据此域的魏或吴均派驻重兵，为就地解决军需粮秣供应，魏或吴都在此实行屯垦。建安十三年后，曹操占据皖城（今安徽潜山县），遣朱光、谢奇等相继"屯皖田乡""大开稻田"。十九年，吴将吕蒙见曹"皖田肥美，若一收孰，彼众必增，如是数岁，操态见矣，宜早除之"③。建议孙权征皖。孙权采纳了吕蒙的建议，亲统大军出征，一举虏魏庐江太守以下男女数万人，拜吕蒙为庐江太守，以皖城为中心立屯。垦殖屯种必兴水利，而本区域的自然条件决定着圩（围）田是其首选。所以，无论是魏还是吴，都曾于此广开圩田，且颇有业绩。晋咸宁四年突袭皖城，"焚其积谷百八十余万斛、稻苗四千余顷"④，即可为证。西圩应是当时众多圩田中规模较大、设施较完善的一座，而非独一仅有的。

  西圩的面积与范围，明以前史载不详，不得而知。明清时，"圩周围三十余里，岸三千九百七十余丈，脚阔十丈，高二丈，内包西湖、小陂、后湖，为田三万七千余亩"⑤。"居民千有余家，国赋参邑之半。"⑥面积大大超出当时皖西地区的圩田。明清皖西地区的圩田普遍较小，如宿松县杨人围仅5.4亩、石家围3.5亩、毛家河围10.2亩，大的也不过几十亩至百余亩，如宿松县金家围67.4亩、大河岸围70.9亩，皖中南部的圩田虽较大，大多占地数十至千余亩，但面积万亩以上者都很罕见。⑦关于它的界标，根据文献、图录及清胡鼎《筑西圩纪事诗》："重过古寺经旬宿，几度春郊策马行；塔影远从天际落，堤形高借屋檐撑；阴阴杨柳侵人碧，处处田畴带雨

---

① 〔清〕郑交泰等修，曹京等纂：(乾隆)《望江县志》，卷八，檀萃《西圩筑堤徒河记》，《方志丛书》本。
② 参阅魏嵩山著：《太湖流域开发探源》，第四章，江西教育出版社，1993年。
③ 《三国志·吴书》，吕蒙传。
④ 《晋书》，王浑传。
⑤ 〔明〕罗希益修，龙子甲纂：(万历)《望江县志》，卷一，明万历二十二年刻本。
⑥ (乾隆)《望江县志》，卷八中，沈镐《邑令马骏修西圩碑记》。
⑦ 参阅巴兆祥《江淮地区圩田的兴筑与管理》，《中国农史》1997年第3期。

耕"①，确定为：东南界石龙山，南濒埭沟，西近金铁岭，西北为妙光寺，北临黄城圩、长滩河。

考石龙山，（万历）《望江县志·山川》载："在县北五十里，接西圩东圩岸。其山之水，沿流入埭沟河至漳湖。"（乾隆）《望江县志·山川》作"县北六十里"，又名虞村山、石隆山。其即今望江县北约 30 千米呈东北—西南走向的十龙山。埭沟，（民国）《安徽通志稿·舆地考·水工》载："县北六十里"，"源有二，一由王马河，一出石隆山，自下保障圩，径抵柱圩、大城圩、龙兴圩，至炼塘圩入漳湖，关系田数万亩。"王马河即今怀宁县麻塘湖、陀龙沟来水，石隆山水为望江县十龙山水。又按之（乾隆）《望江县志·山川》："埭沟河自龙口河来，经南北两畈中入漳湖。"龙口河源出赛口乡宝珠山，北流注入埭沟。埭沟当为今望江县北之泥塘河。金铁岭，处埭河上游西，即今望江北约 26 千米的荷苞村的金铁岭。妙光寺，（万历）《望江县志》卷八："在县北八十里，梁承圣元年僧智如创造，后因兵废，洪武七年僧得修重造。"确址待定，似在望江县北约 22.5 千米的新坝村附近。黄城圩，在怀宁县东南约 10 千米，（康熙）《怀宁县志》卷四云："与望江西圩接壤"，圩内有许多如米筛、盘条、城坦、沙包、河湾等小圩，黄城系其总名。长滩河名仅见（乾隆）《望江县志》全境图，疑为今之津潭河。

二、明清时的修治概况

望江素有"泽国"之称，自然灾害濒仍，洪涝尤重。如万历三十六年夏大水，为"数百年所未有"，知县夏汸《忧涝》诗称："平原汇为泽"，"四顾无水端"，"向来卧牛冈，亦变为舟壑。"②康熙五十至五十三年连续四年水灾，五十五至五十九年又遭三涝。西圩滨江濒湖，常受洪水肆虐，田庐冲坏，修圩筑堤成了安庆府和望江县官员重要实政之一，有关西圩的修筑也不绝于书。

明洪武初年，张文显董畚锸，修西圩。永乐间，山东沾化马宾任知县，"兴学校，课农桑，筑西圩"③。至弘治中，西圩主"通畜泄"④的上、中、下三水门木板闸近乎腐烂，"而内外水涨，害禾病民"。圩民告之县府，县府委派张夔修葺。张夔，字舜

---

① 〔清〕马骏修，沈镐纂：(康熙)《望江县志》，卷三，清康熙五十四年刻本。
② (乾隆)《望江县志》，卷八。
③ (乾隆)《望江县志》，卷六。
④ (康熙)《望江县志》，卷三。

臣,浙江黄岩人,弘治间任望江县教谕。他详呈利害,得到巡抚吕钟、行委通判董璠、知县张奇、县丞何准、邑人曹规等人的"助济工食"与"往来督视",尽心筹划,"作二石闸,增筑堤岸,民始免患"①。他的功绩得到圩民的称颂。嘉靖十二年,四川遂宁县人朱轼任知县,次年修缮西圩。不久,圩堤崩坍。嘉靖四十四年,汉阳举人蔡几到任,"筑西圩,修桥梁,丈田亩"②。万历年间,西圩是屡修屡坏。如万历十五年,安庆府推官张程视察望江,率众重修西圩。十九年,"洪水冲啮其堤,知县罗希益修筑"③。天启间,西圩又遇涝为灾,县令方懋德"亲临圩堤,目击形势,始开闸泄水,下坂乃蒙利焉"④。

入清,西圩的修筑更加频繁。顺治四年,西圩溃决,檀志岳、吴之份等禀告兵备道石镇国、邑令赵汝玺,请修圩岸。赵汝玺檄令教谕江秉一掌理修复事宜,"而相度形势,督令障塞,则兵备道石公镇国之力尤多焉"⑤。顺治七年,"巨浸灌圩,司马大中丞李公深以为忧,屡谕修捍,卒获保全"。次年春,邑令王世允、典史刘应宗"为先事之防,遍加拦约,而蚁穴尽窒"⑥,迄后20余年,西圩是屡溃屡修。康熙十年,广东东莞举人刘天维知望江县,甫下车,问民疾苦,"留念圩堤",与圩中父老商榷形势,筹划修复方案,"委官修筑之","悉复旧址",一时"畚锸云集,不日竣工,坚固什倍于畴昔。由是水不能灾,农获有秋,而正供无缺额"⑦。百姓感其恩德,立石为记。康熙十六年夏水涝,"堤几决"。冬,邑令陈柿祚除采用传统的"缮土培基"外,还下令"植柳护堤"。二十一年秋水暴涨,邑令伊巘"深以圩决为忧","捐资给工,高广加二尺许",仿康熙十六年式样,"益柳三行,以遏波冲,圩民自此无水患矣"⑧。到康熙五十三年,知县马骏再次对西圩进行大规模的维修。他亲往圩区勘察,以为修圩有旧例可循,也有艰难深阻,不易为力之处,于是"摊工均累……破者完之,缺者补之,单者陪之,漏者塞之",百姓踊跃参加。未几竣工,马骏又令栽柳种菰,维护圩堤。这年,江潮猛涨,山洪暴发,"赖圩成而无恙,岁以有秋",时人称其"利兴弊革历有实政,而尤惓惓于我泽中之民"。乾隆时,由于皖河流域长期开垦,植被

---

① (万历)《望江县志》,卷一。
② (乾隆)《望江县志》,卷六。
③ (万历)《望江县志》,卷一。
④ (乾隆)《江南通志》,卷六十六,龙燮《修筑西圩记》。
⑤ (康熙)《望江县志》,卷三。
⑥ (乾隆)《望江县志》,卷二。
⑦ (乾隆)《江南通志》,卷六十六,龙燮《修筑西圩记》。
⑧ (康熙)《望江县志》,卷三。

遭破坏，水土流失严重，西圩周围的隶沟、长滩河等河流中上游已严重淤塞，泄洪能力大为下降，山洪暴发，水流横冲，堤岸溃决。二十九至三十一年，县令郑交泰捐俸银260余两，督修西圩。堤成，插柳万株。为改善圩区沟河的蓄泄能力，郑交泰又令疏浚堤外水道，"某领众，某领工，某某办木、办薪……甲日某里以众往，乙日某里以众往，丙日某里以众往"。"自是害水外徙，其利益滋，港涵其鱼，牧便于刍，而堤外之涵水淫淫，夏亢亦资邻民灌溉。"①此后，各届县府对西圩也多有修治，但规模已不如往昔。

三、管理制度与措施

西圩建成后，圩区成为望江县重要的经济区域，人口密集，"衣冠世族多萃于此"②。然一线堤岸安危，关系圩民祸福，"修筑懈弛，一经冲溃，便至田荒赋歉，民困不支"。所以，历代官府均十分重视圩堤维护和管理，并建立与完善管理制度。特别是明清时期，西圩的管理更严格，制度更完备。乾隆四年，县令刘璔"念圩堤关系紧要……修筑捍御理应不遗余力，以为未雨绸缪之计"，又为防不法之徒乘机"横罗需索，不惟民力难堪"，立西圩禁碑。乾隆三十三年，县令郑交泰又颁《示禁西圩条款》③，重申西圩管理制度与措施，严谕圩民遵守：

1. 建立管理机构，划分管辖区域。西圩设圩长1名，下分12甲区，每甲设甲长1名、坝夫1名。圩长"董率圩民岁加修筑，务期完固以保无虞"。圩堤修筑完成，呈请县府勘验检查。遇水患、水警，须造册申报。圩甲由圩田士绅、殷实人户充任，分区段管理，"凡遇坍卸……催令圩户按段挑修"。坝夫招募圩民任职，专司"巡缉"。

2. 实施限时"岁修"制度。除汛期修筑圩堤外，还规定每年11月15日至12月15日为岁修时限，上而圩长、圩甲、坝夫，下至圩民，"务须踊跃争先，将堤岸、堤基、闸门等处修筑完固，补栽柳树、菰荄，以保无虞"。如"有懒惰推诿者，该圩长、圩甲即行指名禀究"。

3. 修堤必栽柳植菰，以护养圩堤。江南圩田流行植桑护坡，(嘉靖)《江阴县志·河防记》就记载了民间"修圩莫修外，留得草根在；草积土自坚，不怕风浪喧"的歌谣，反映草皮对养护圩岸的重要性。西圩栽柳植菰异曲同工，也是利用植物根系，蟠结

---

① （乾隆）《望江县志》，卷八中，沈镐《邑令马骏修西圩碑记》、檀萃《西圩筑堤徒河记》。
② （乾隆）《江南通志》，卷六十六，龙燮《修筑西圩记》。
③ （乾隆）《望江县志》，卷八中，刘璔《西圩禁碑记》、郑交泰《示禁西圩条款》。下引同者，不另注。

圩泥，固坚堤岸。"盖柳根多稊，岁久成茵，劲涛逢茵则势柔而怒解；菰根积壤，茭叶成葑，岁久则堤如素生，不复决裂。"①

4. 严禁盗伐、攀折树木，拴系牛羊，践踏圩堤。"倘敢故违，一经圩长、坝夫禀报，即枷示堤旁，仍著令十倍补种，以儆顽玩。"

5. 重视护养圩区沟洫，以免溃决、冲毁圩岸。西圩区河道纵横交错，新开并疏通了九龙潭、陀龙沟、土坝沟、官庄渡支水等沟渠，"以分杀水势，圩甲、坝夫人等须加意防护，庶免冲决"。

6. 圩区管理者失职必究。西圩圩身绵长，诚恐牛羊践踏，日渐坍卸，堤傍树木被盗，圩长、圩甲、坝夫要时刻巡查，不得有贻误。如遇小坍卸，圩甲、坝夫即自行填补，"倘一人力不能修之处，鸣知圩长，业户按段挑筑"。"坝夫漠视偷安，禀侯责处另换。圩长、圩甲不行催同业佃修补，并处不贷。"遇修筑，胥吏人员勒索钱财，派累违规，一旦被"指名禀报"，即"按法痛处，决不宽贷"。

由于上述制度得到圩区官民的普遍信守，以及历代官府注重对西圩的维护和修治，致使西圩长盛不衰，成为我国开发历史最悠久的著名圩田之一。同时又因西圩的防洪、排涝、抗旱作用，圩区田地得到开发，给农业生产带来了生机，望江跃为皖西重要产粮区，"西圩几半矣"②，"民居、国赋惟堤（西圩）是赖"③。

---

① （乾隆）《望江县志》，卷八中，沈镐《邑令马骏修西圩碑记》。
② （康熙）《望江县志》，卷三。
③ （乾隆）《江南通志》，卷六十六，龙燮《修筑西圩记》。

第三章
方志发展史专题

方志的发展历史悠久，源远流长。早在秦汉时已正式产生，经过魏晋南北朝的发展、充实，到隋唐时形成雏形，并在赵宋完成定型。由于多种原因，宋元及其以前的方志多散佚，难窥全貌。这里以现存方志的主体，即元代以后的方志为研究对象，探讨方志的发展、演变。

第一节 明代方志的兴盛

中国地方志书发展至明代进入了兴盛时期，从洪武至崇祯（建文除外），从内地到边远地区均有志书编纂。除少数地区仅纂修一次外，大多数地区数次编纂，尤其是政治地位重要、经济文化发达、历史悠久之地，志事更为频繁，每每十年或数十年一修，出现了连续纂修、代代相传的盛况。[①]

一、关于明代方志的数量

有关明代修志数量，在1984—1987年笔者攻读方志学研究生期间曾经做过较长时间的调查。1988年发表《明代方志纂修述略》一文，根据当时的资料条件提出了约2892种的看法。这一数据有幸为方志同仁所认可，并在不少论著中一再被引用。[②]12年后的2000年，张升先生撰文对此提出质疑，认为："其一，明代曾修有

---

① 明代的修志过程，详见拙作《明代方志纂修述略》，《文献》1988年第3期。兹从略。
② 刘纬毅《中国地方志》（新华出版社1991年版）、王晓岩《方志演变概论》（辽沈书社1992年版）、吕志毅《方志学史》（河北大学出版社1993年版）、周迅《中国的地方志》（商务印书馆1998年版）、宋永平《明代云南方志纂修述略》（《中国地方志》1989年第2期）等。

的方志数应远远大于 2892 部；其二，要准确地统计出明代的方志数，目前来看几乎是不可能的。因此，我认为有必要对巴文的统计结果予以纠正。"① 拜读了张文后觉得张文的异议不无道理，但遗憾的是张文没有对明代方志的数量作出统计，所说的"远远大于 2892 部"也不知远到何处，大到几何，我们乐见在不久的将来张先生能将其统计结果贡献给学术界的同仁。

张文对笔者正统以后的数字未提出异议，因为正统后现存明代方志较多，笔者基本是根据这些明志和清代方志的序跋和艺文志以及文献书目来考录的，所录数字远远多于明张萱《内阁藏书目录》《千顷堂书目》《天一阁藏书目录》，与实际编修数可能出入不是很大。张文主要是以杨士奇《文渊阁书目》和《永乐大典》所录方志数作为论据的。张文认为，《文渊阁书目》卷十九旧志收录洪武间方志约 500 种，卷二十新志收录永乐至正统间方志为 570 种，合计 1000 种以上，"而巴兆祥统计的正统以前（包括整个正统年间所修）的方志仅有 182 种，可见巴文的统计结果与事实出入相当大"。其实，笔者统计的 182 种是有明确年代可考的，另还有具体年代不明的 291 种张文未统计进去。不过应当承认，笔者对正统以前的修志数估计偏少。

对明正统以前的志书数进行按年代统计难度相当大，一是现存明中前期的志书很少，也就难以通过方志本身的资料来考录出正常的修志数；二是《文渊阁书目》《永乐大典》著录本身有缺陷。《文渊阁书目》以"署"字号旧志类、"往"字号新志类著录地方志，所录方志只书志名，不著录编修时间、作者、版本，难以确定何年所修，有的书还同名数列，难考是复本还是另修。1998 年山东大学图书馆的李艳秋在缪荃孙推断的基础上，参以张国淦《中国古方志考》，考证出②，旧志类所收志书，不全为"洪武以后所修"，"大量的是明志，共 291 部，宋志有 203 部，元代纂修的地志有 45 部，另有 51 部时代不明"。明志之存于今世的有 1 种。新志类所收除 1 部为元志外，皆为永乐至正统六年的志书，共 568 部，有传本存于今世的仅有 7 种。至于《永乐大典》，张文认为，《永乐大典》收洪武间志书有 200 多种，永乐间的志书大概也有 200 多种。《永乐大典》现仅有残本存世，其辑录了大量的永乐六年以前的方志资料是肯定的，但在著录资料所出时，往往仅列志名，也基本不著录编修时间、作者、版本，这也给志书纂修时代的判别带来了很多困难。若要区分哪些为洪武志，哪些为永乐志，则难上加难。1985 年台湾文史哲出版社出版顾力仁先生著《〈永乐大典〉及其辑佚书研究》，书中除标明宋元及其以前纂修的志书外，辑录方志 626 种。

---

① 张升：《明代方志质疑》，《中国地方志》2000 年第 3 期。
② 李艳秋：《明代文渊阁地方志收藏考述》，《图书与情报》1998 年第 2 期。

从志书名称上判断，其中属于宋元方志的约有100余种，属于明志的约500种左右。就《文渊阁书目》《永乐大典》所录方志的研究而言，李文、顾书显然较张文不仅发表的时间早，而且推断也较合理、科学。那么究竟明代方志纂修了多少种呢？要作较全面的统计是非常困难的。随着时间的推移，研究的深入，明志的统计也会越接近历史的本来面目。2001年，四川大学出版社出版林平、张纪亮编纂《明代方志考》。该书存佚并录，约辑录方志2000余种，系迄今有关明代方志最全面的考录性著述。《明代方志考》在取材上，同样也是以方志序跋资料及《内阁藏书目录》《千顷堂书目》等目录为主，对《文渊阁书目》仅作参考，并吸收了近年的学术成果，所录也比较可信。

根据笔者原来的研究及近年主编《中华大典·历史地理典·方志总部》所掌握的资料，并参考《明代方志考》、李文、顾书，作一不完全的统计，明代修志约3470种。以当代行政区划计，北京55种，上海32种，天津12种，河北275种，山西217种，辽宁8种，陕西172种，甘肃45种，宁夏11种，青海1种，山东273种，江苏232种，浙江348种，安徽227种，江西229种，福建200种，湖北202种，湖南168种，河南271种，广东194种，广西67种，四川86种，贵州64种，云南81种，以浙江、河北、山东、江苏等传统经济、文化较发达地区修志为多；以朝代计，有年号可考的，洪武284种，永乐64种，洪熙1种，宣德23种，正统39种，景泰48种，天顺31种，成化147种，弘治183种，正德178种，嘉靖702种，隆庆86种，万历919种，泰昌1种，天启68种，崇祯198种，年代不明的有498种，以万历、嘉靖、洪武年间纂修为众。一个政区数度纂修志书的不在少数，如《贵州通志》10修，《通州志》9修，《常熟县志》7修，可谓"天下藩郡州邑，莫不有志"①。

有明一代，修成的志书虽数量极为可观，但流传至今的仅约1014种，约占明志总数的29.2%。正德年间，即有人称当时方志存者仅"十之五六"。②至清乾嘉间，明志的散佚更加严重。《续修四库全书提要》称，此时蜀中明代县志已"寥若晨星"。有的地区甚至散佚殆尽。尽管如此，明代大多数佚志的序、跋，在清志、民国志的"前志原委""艺文志""旧序""序录"中可以找到或有著录，这就为我们研究明代散佚志书提供了珍贵的历史资料。为便于了解明代散佚、现存志书情况，现根据已知材料，

---

① 〔明〕沈庠：《上元县志序》，见〔明〕程三省修，李登纂（万历）《上元县志》，卷十二，1948年，《南京文献》本。
② 〔明〕罗青霄纂修：(万历)《漳州府志》，卷首，陈珂《清漳志序》，台湾学生书局，1965年，《明代方志选》本。

按当代政区和明代年号顺次分别列表如下：①

表 3-1　散佚明代地方志分省、分种类统计表

省别 \ 种类	通志	府志	州志	县志	乡镇志	卫所志	关志	共计
北　京		7	8	30		1	2	48
上　海		3		9	5	1		18
天　津			3	6		2		11
河　北		26	31	114	1	6	8	186
山　西	1	23	24	108			5	161
内蒙古								
辽　宁						2	3	5
吉　林								
黑龙江								
陕　西	4	23	13	85		1		126
甘　肃		8	3	16		3		30
宁　夏						5		5
青　海						1		1
新　疆								
山　东	4	26	25	136	3	2		196
江　苏		18	20	69	17	1		125
浙　江		32	2	187	7	2		230
安　徽		24	18	111	1			154
江　西	1	25	2	150				178
福　建		25	8	83				116

---

① 《散佚明代地方志统计表》根据《北京历史文献佚书考略》《上海方志资料考录》《方志考稿（甲）》《陇右方志考》《浙江方志考》《江苏旧方志提要》《安徽佚志述略》《云南史料目录概说》《河南地方志佚书目录》《续修四库全书提要》《明史·艺文志》《文渊阁目》《千顷堂书目》《内阁藏书目录》《明代方志考》《稀见地方志提要》《天一阁明代地方志考录》《中国边疆图籍录》等历代目录，《天一阁藏明代方志选刊》及其《续编》《中国地方志集成》《日本藏中国罕见地方志丛刊》《故宫珍本丛刊》、台湾《中国方志丛书》《明代方志选》《新修方志丛刊》等所收方志序跋、艺文志以及《〈永乐大典〉及其辑佚书研究》等编成。暂难以确考属何年号编修者，均归入年代不明类。《现存明代地方志统计表》资料来源于《中国地方志联合目录》《中国方志详论丛书》，以及《安徽方志综合目录》《中国科学院图书馆馆藏方志目录》等部分省、市、自治区和高校图书馆方志目录。海南省、重庆市的志书仍并入广东省、四川省。

续表

省别＼种类	通志	府志	州志	县志	乡镇志	卫所志	关志	共计
台湾								
湖北	2	25	22	112		4		165
湖南		26	21	90				137
河南	4	10	19	139				172
广东（含海南）		27	6	111				144
广西	8	16	10	23				57
四川（含重庆）	1	13	9	39		1		63
贵州	5	22	6	15		8		56
云南	4	24	30	13		1		72
西藏								
总计	34	403	280	1646	34	41	18	2456

表 3-2 现存明代地方志分省、分种类统计表

省别＼种类	通志	府志	州志	县志	乡镇志	卫所志	关志	共计
北京		2	2	3				7
上海		2		10	1	1		14
天津			1					1
河北		17	14	53			5	89
山西	3	7	12	32			2	56
内蒙古								
辽宁						1	2	3
吉林								
黑龙江								
陕西	3	4	8	30	1			46
甘肃		5	3	4		3		15
宁夏			2			4		6
青海								
新疆								
山东	1	8	13	55				77
江苏	1	19	15	66	6			107
浙江	1	32	2	75	6	2		118

续表

省别\种类	通志	府志	州志	县志	乡镇志	卫所志	关志	共计
安 徽		16	19	38				73
江 西	3	20	2	26				51
福 建	3	23	4	52	1	1		84
台 湾								
湖 北	2	11	9	15				37
湖 南		12	6	13				31
河 南	2	11	14	72				99
广东（含海南）	4	14	2	30				50
广 西	2	6	2					10
四川（含重庆）	4	7	7	5				23
贵 州	5	1	2					8
云 南	5	2	2					9
西 藏								
总 计	39	219	141	579	15	12	9	1014

表 3-3 散佚明代地方志分期、分种类统计表

年代\种类	通志	府志	州志	县志	乡镇志	卫所志	关志	共计
洪 武	2	95	61	120	1	1		280
建 文								
永 乐		11	4	42			1	58
洪 熙				1				1
宣 德		4	1	15	1	1		22
正 统		7	4	19				30
景 泰		12	7	24		2		45
天 顺	1	3	3	17		2		27
成 化	3	29	15	81	1			129
弘 治	3	22	16	88		2	1	132
正 德	1	8	10	90	1	2		112
嘉 靖	4	29	35	276	3	2	2	351
隆 庆	1	4	3	45				53
万 历	7	34	47	454	7	11	1	561

续表

年代＼种类	通志	府志	州志	县志	乡镇志	卫所志	关志	共计
泰 昌								
天 启		4	6	28	2	1		41
崇 祯	2	15	14	89	4	1	1	126
年代不明	10	126	54	257	13	16	12	488
合 计	34	403	280	1646	34	41	18	2456

表 3-4 现存明代地方志分期、分种类统计表

年代＼种类	通志	府志	州志	县志	乡镇志	卫所志	关志	共计
洪 武		3	1					4
建 文								
永 乐		1	2	3				6
洪 熙								
宣 德		1						1
正 统		2	2	4			1	9
景 泰	1			2				3
天 顺		3		1				4
成 化	2	9		7				18
弘 治	2	22	9	16	1	1		51
正 德	2	26	7	29	1	1		66
嘉 靖	15	65	60	199	3	4	5	351
隆 庆	1	6	6	19	1			33
万 历	15	64	43	224	3	6	3	358
泰 昌				1				1
天 启	1	6	2	18				27
崇 祯		9	6	53	4			72
年代不明		2	3	3	2			10
合 计	39	219	141	579	15	12	9	1014

此四表说明：(1) 明代佚志为现存志书的2倍多，占全部明代方志的70.8%，也就是说，明代方志的一大半已经散佚掉了。(2) 战争、动乱频仍的南直隶、浙江、山东、广东等东南沿海，山西、陕西等边地以及湖广、河南等内地志书佚亡较为严重，佚志数量远远超过其他地区。(3) 与明代方志发展相适应，有年代可考的、散

佚的志书最多的要数明志鼎盛阶段（嘉靖至万历），共有 965 种，其次为明代前期（洪武到天顺）编纂的志书，散佚相当严重，约 800 种左右，沉寂阶段（天启至崇祯）也有 167 种。(4) 各种类型志书中，乡镇志、卫所志、关志数量少，散佚率高。就地区而论，河北、陕西、山东、安徽乡镇志，天津、河北、青海、山东、湖北、贵州卫所志，北京关志；就年代而言，洪武、宣德、天顺、成化、天启乡镇志，洪武、宣德、景泰、天顺、天启、崇祯卫所志，永乐、崇祯关志；另有年代不详的卫所志 16 种、关志 12 种全都亡佚。(5) 方志纂修本来就较少的广西、云南、贵州、宁夏 4 省区，所有县志均散佚。

明代佚志数量大，分布广，而又相对集中，究其原因，不外乎自然和人为造成的，具体有以下几方面①：

其一，"水、火、虫"向被称为书籍之"三厄"，也给明志带来灾难。如《项城县志》，创修于宣德年间，后因"河涨冲圮，……文献散佚"②。（正德）《城武县志》也以大水淹没城池而亡失。文渊阁是明朝的藏书机构，所藏地方志非常丰富。正统十四年，南京文渊阁失火，沈德符《万历野获编·访求遗书》记载，"凡宋元以来秘本一朝俱尽矣"。袁宏道《公安县志》就毁于火灾。至于明志因收藏者管理不善，为虫蛀而毁的，不胜枚举。明人王佐在论方志时曾称，"国朝旧志亦多蠹落"。③

其二，战乱使明代方志遭毁灭性破坏，这是明志亡佚的主要原因。在明末、清、民国方志中，每有关于"明志毁于兵燹，无由得览"④"兵火焚劫，无论典册图志，荡毁无存，即藏书旧家亦尽付灰烬"⑤之类的记载。明朝宣德后，国势转衰，内忧外患不断，战乱遍及全国。明中叶，"边郡多故，旧籍遂以放失"⑥，边地志书因而散佚。明代倭患波及北至辽东、南到广东等广大沿海地区，如黄标纂（嘉靖）《上海县志》、张鹤年纂（嘉靖）《寿宁县志》等俱毁于倭寇之乱。明末农民战争、清初开国战争波及面更广，史称："甲申之乱，古今图籍书史一大劫也。"⑦"明季兵燹，闾舍为墟，

---

① 参阅拙作《明代佚志述略》，《文献》1990 年第 4 期。
② 〔清〕张镇芳修、施景舜纂：(宣统)《项城县志》，卷三十二，马一乾序，《方志丛书》本。
③ 〔明〕唐胄纂修：(正德)《琼台志》，王佐《东岳行祠会修志序》，《天一阁选刊》本。
④ 〔清〕舒钧纂修：(道光)《石泉县志》，舒钧自序，清道光二十九年刻本。
⑤ 〔清〕唐咨伯修、杨端本纂：(康熙)《潼关志》，杨端本自序，清康熙二十四年刻本。
⑥ 〔明〕王有容修，田蕙纂：(万历)《应州志》，田蕙序，明万历二十七年刻本。
⑦ 陈登原著：《古今典籍聚散考》，上海书店，1983 年，第 224 页。

古籍荡然，僻远尤甚。"① "鼎革之交，简编放轶［佚］。"②诸如嘉靖二年、四十二年、崇祯五年《庐江县志》，崇祯四年《中部县志》，成化二十年、嘉靖十二年、三十九年、万历十二年《太湖县志》，嘉靖《桃源县志》等大量明代方志均毁于此役。另清康熙间平定"三藩之乱"和近代外国侵华战争也不同程度地造成明志破坏。天一阁以收藏明代方志著称于世，道光二十年英军入侵宁波，就劫走了不少志书。著名的上海东方图书馆庋藏方志相当丰富，当时国内除国立北平图书馆和故宫图书馆外，罕有与之匹敌的，亦于1933年1月29日毁于日军炮火，损失方志2641种，25682册，其中珍本明志就有14种220卷。

其三，明、清统治者人为禁毁。明、清两代实行文化专制政策，压制一切有损统治者利益的言行。明太祖时，杭州府儒学教授徐一夔以作贺表有"光天之下，天生圣人，为世作则"语被斩，所纂（洪武）《杭州府志》也因而佚失。明成祖诏令"有干犯靖难事者禁之"，许多志书横遭禁毁。方孝孺纂《宁海县志》，"惜忓于厉禁不传"。③建文朝志书迄今未有发现，似与永乐禁毁有关。清代文字狱对明代志书的破坏更为严重。康熙中，"方起明私史之狱，凡涉及明事者，争相焚弃"。④乾隆四十四年，传谕各督抚"将各省志及府、州、县志书，悉心核查，其中如有应禁诗文，而志内尚复采录并及其人事书目者，均详悉查明，概从芟节，不得草率从事，致有疏漏"⑤。次年，四库馆臣英廉上奏，四库馆已将各省进呈的明代方志等书籍内"有词义违碍者"，陆续查出，"分次奏缴销毁"，并要求逐一复查，"务将妄诞字句删毁净尽"⑥。相当数量的明志遭毁或被篡改、删节。据姚觐元《清代禁毁书目》载，钦定全毁明志有何三畏《云间志略》、罗万化《三楚文献录》、魏焕《九边考》、严谷《东林书院志》、林承霖《莆阳全书》、曹学佺《辽东名胜志》、（隆庆）《九边图说》等。

其四，个别人为谋取私利而销毁志书。这方面事例不少。如正统年间，浙江上虞县郭南居曹溪湖旁，欲以湖为己有，又冒郭子仪为祖，遂托修志，尽更旧本，改曹溪为宅李，又妄入汾阳裔孙。后为通判，以贫致富，乃重价购旧志予以焚毁，并毁其板。⑦

---

① 〔清〕贾待聘纂修：（康熙）《竹山县志》，贾待聘序，清康熙二十一年刻本。
② 〔清〕余良栋修，刘凤苞纂：（光绪）《桃源县志》，余良栋序，清光绪十八年刻本。
③ 〔清〕王瑞成等修，张浚纂：（光绪）《宁海县志》，王显谟序，清光绪二十八年刻本。
④ 〔清〕钱林纂：《文献征存录》，卷一，朱彝尊传，清咸丰八年刻本。
⑤ 〔清〕陶澍等纂修：（道光）《安徽通志》，卷首，诏谕，清道光十年刻本。
⑥ 《古今典籍聚散考》，第97页。
⑦ 〔明〕徐待聘修，葛晓纂：（万历）《新修上虞县志》，卷十八，人物志五，明万历三十四年刻本。

其五，修志者和阅志者喜新厌旧。"新志甫成，旧志遂废。"明人修志每想胜过前人，对旧志恒多抨击，这样相率厌弃旧志。新志所载必增前志，且新志易得，旧志难求，查阅者多取新弃旧。如此，旧志久不为人所用，而逐渐失传。

其六，明代方志大部分为官修，但也有许多文人学士、乡曲陋儒"常窃自汇集一方之事以谓之郡邑志"①。明代乡镇志更是如此。私纂志书，因个人财力所限，多未能锓梓，稿本、抄本不可能广为流传，也就难逃散佚之灾了。明代散佚志书中，尤其是乡镇志、卫所志，相当部分是私纂的志稿。

此外，有些诸如王绍徽《西安府志》等明代笔削未公、质量不高的志书，常为人所厌弃，当然也即难以久存了。

二、明代地方志的类型与流派

明代地方志，由于大量增多，加以除地方官绅外，还有许多文人学者参与编修。他们地位身份不同，学识眼光各异，对志书的性质、源流、体例、作用、编纂方法等各有看法，故修成志书的体例和风格也各不一样，因而形成为不同的类型和流别。②

（一）尚繁型与尚简型

明代现存方志1000余种，依详略不同，大体上可以分为尚繁、尚简两种类型。

尚繁型一般是指卷帙较繁、门目较多、篇幅较大的志书。所谓繁，就是极为详尽地记载一个地方疆域、沿革、山川、建置、城镇、乡里、物产、财赋、户口、兵事、民情、风俗、人物、艺文、名胜、古迹、异闻、琐事等内容，纤细毕举，无所不载。当时，主繁者认为，"古史之失在略，而今志之得在详"③；"事贵详，详则后有考焉"④；"志而不详，曷以志为？"⑤尚繁型志书载述详博，资料丰富，卷帙多，一般通志达六七十卷，府志三四十卷，县志二三十卷，大都多达几十万言。其分目也细，有多至数百目者。尚繁型志书有不少佳作，繁而不乱，详而不芜。因为，不少纂修人要求"纪述必详，去取必当"⑥，且在求详中做到求实求工。"夫志欲详，弗详弗备；志

---

① 〔清〕王祖畲等纂修：（宣统）《太仓州志》，卷末，旧序，张㮚《太仓州考序》，1919年刻本。
② 参阅拙作《明代地方志的类型与流派述略》，《江苏地方志》1992年第2期。
③ 〔明〕张涛修，谢陛纂：（万历）《歙县志》，汪录序，明万历三十七年刻本。
④ 〔明〕陈洪谟纂修：（嘉靖）《常德府志》，陆垹序，《天一阁选刊》本。
⑤ 〔明〕曾嘉诰修，汪心纂：（嘉靖）《尉氏县志》，卷五，周景濂序，《天一阁选刊》本。
⑥ 〔明〕商辂：《商文毅公文集》，卷四，《重修金华府志序》，明万历刻本。

欲实，弗实弗信；志欲文，弗文弗工也。"①

尚繁型代表作有：卢熊（洪武）《苏州府志》、朱昱（成化）《毗陵志》、夏时正（成化）《杭州府志》、周瑛（弘治）《兴化府志》、（正德）《漳州府志》、陈宣（弘治）《河南郡志》、黄仲昭（弘治）《八闽通志》、程文（弘治）《句容县志》、唐胄（正德）《琼台志》、顾清（正德）《松江府志》、黄佐（嘉靖）《广州志》《广东通志》《广西通志》、陆釴（嘉靖）《山东通志》、薛应旂（嘉靖）《浙江通志》、朱睦㮮（嘉靖）《河南通志》、杨慎等（嘉靖）《四川总志》、张时彻（嘉靖）《宁波府志》、徐师曾（嘉靖）《吴江县志》、骆问礼（隆庆）《诸暨县志》、张元忭（万历）《绍兴府志》、陈善（万历）《杭州府志》、何乔远《闽书》、郭子章《黔记》、于慎行（万历）《兖州府志》、徐渭（万历）《会稽县志》、叶秉敬（天启）《衢州府志》、冯任（天启）《成都府志》、王焕如（崇祯）《吴县志》、陈继儒（崇祯）《松江府志》等。兹举数例以明其详：

陆釴纂修（嘉靖）《山东通志》，共40卷，100万字。卷一为图考，卷二至三为建置、沿革，卷四为星野、疆域，卷五至六为山川，卷七为形势、风俗，卷八为物产、田赋、户口（民役附），卷九为封建（王府官附），卷十为职官，卷十一为兵防，卷十二为城池，卷十三为漕河（海运附），卷十四为桥梁（闸坝附），卷十五为公署，卷十六为学校（书院附），卷十七为科目（荐举附），卷十八为祠祀，卷十九为陵墓，卷二十为寺观，卷二十一为宫室，卷二十二为古迹，卷二十三为帝王（后妃附），卷二十四为圣贤（圣裔附），卷二十五至二十七为名宦，卷二十八至三十三为人物（外传附），卷三十四为流寓、仙释，卷三十五为孝义、列女，卷三十六为艺文，卷三十七至三十八为遗文，卷三十九为灾祥，卷四十为杂志，凡36目。内容浩博，记述详尽，较之元于钦《齐乘》多34卷、90余万字，增列形势，图考、物产、田赋、户口、兵防、封建、桥梁、漕河、学校、寺观、艺文等29目。此志详在载人，即记职官、选举、帝王、后妃、圣贤、圣裔、名宦、人物、流寓、仙释、孝义、列女，共用篇幅15卷10余目之多。此外，记载地理、田赋、户口、徭役也较全面，可补《齐乘》之缺略。后人于此志评价甚高。清《四库全书总目》卷七十三赞其"体例不务新奇，而详核有法"，"在地志之中，号为佳本。"

周希哲、张时彻纂修（嘉靖）《宁波府志》，共42卷，51门，50余万字。卷一至三为图、表，有舆地图、沿革表、秩官表、选举表3门，附任子；卷四至六为疆域志，有分野、形胜、风俗、山川4门；卷七至十为经制志，有官制、学校、公署、兵卫、

---

① 〔明〕邹璧纂修：（嘉靖）《太平府志》，邹璧序，明嘉靖十年刻本。

城隍、邮舍、都鄙、秩祀 8 门；卷十一至十三为物土志，有则壤、户口、物产、贡赋、徭役 5 门；卷十四至二十一为杂志，有机祥、坛庙、第宅、冢墓、寺观、古迹、遗事、艺文 8 门；卷二十二至二十四为书，有海防、河渠、兵政、田赋 4 门；卷二十五至四十二为传，有名宦、名臣、人物、理学、文学、忠节、死事、孝友、淳德、义行、清操、隽异、隐逸、流寓、列女、特艺、仙释 17 门；另附存疑。此志搜罗资料颇为丰富，凡历代国史、旧志、碑铭、志状、序记，以及稗官小说，均在捃摭之列，故载述甚为尽详。如，田赋不仅记官田、民田和秋税、夏税之数，而且还叙海涂田、哈㟒田、粮长没官改正田、为事没官田、经社田的征科米数，以及官员职田科米数，儒学地、学房基地、系官基地、官房基地的地租数等。又如，人物共有 17 类 3 表，约 20 万言，为全书各项内容之最。时人称其"创承故实，综核悉备，视旧籍盖不啻数倍详焉"①。后人也曰："是书……搜讨详备，网罗废失，于兹邦文献，陈力亦伟。"②

牛若麟修，王焕如纂（崇祯）《吴县志》，共 54 卷 35 目，记有建置、疆域、形胜、城池、乡都、市镇、山、水、古迹、户口、田赋、役法、风俗、祥异、官署、学宫、书院、坊巷、桥梁、仓庾、驿馆、邮铺、兵防、坛庙、祠庙、宅第、园林、僧坊、玄观、冢墓、物产、职贡、选举、宦迹、人物，较之杨循吉嘉靖志多 38 卷 14 目，内容更为全面，记载更为赡博。此志以载人为详，达 25 卷之多，几为全书之半。名胜古迹的记述也较丰富。后人称曰："其纪载之详，在明代县志中颇为少见。"③

但是，也有些繁型志书，过于追求繁富，致使载述杂乱，分类琐细，体例失之未能井然有则。如陈继儒崇祯三年纂《松江府志》58 卷，分 50 门，崇祯四年，又增补至 90 卷 60 门，"殊嫌琐赘"。④

尚简型志书，一般内容简要，篇目简略，份量轻，卷帙较少。它们简要记载一个地区历史、地理、政治、经济、军事、文化、社会、文献、人物等方面的主要情况，而不面面俱到，事事详载。据称："志者记也，记其地之沿革、风俗异宜，与政教、文献之大略尔"⑤；"其旨主简核"；"宁简勿蔓，宁严勿滥"⑥；"备则诬，诬则疑；略则实，

---

① 〔明〕周希哲修，张时彻纂：(嘉靖)《宁波府志》，范惟一序，《方志丛书》本。
② 《续修四库全书提要》，史部地理类，都会郡县之属——浙江，(嘉靖)《宁波府志》，台湾商务印书馆，1972 年。
③ 骆兆平编著：《天一阁藏明代地方志考录》，书目文献出版社，1982 年，第 31 页。
④ 上海师范大学图书馆编：《上海方志资料考录》，上海书店，1987 年，第 10 页。
⑤ 〔明〕康海撰：《对山文集》，卷三，《鄠县志序》，台湾伟文图书出版社，1976 年，《明代论著丛刊》本。
⑥ (宣统)《太仓州志》，卷末，旧序，祝允明《太仓州志序》。〔明〕邢侗撰：《来禽馆集》，卷一，《枣强县志序》，明万历刻本。

实则信"①;"繁之得者,遇简之得者,则简胜"②。

明代简型志书甚多,著名的有:无名氏(洪武)《无锡县志》、徐一夔(洪武)《杭州府志》、黄润玉(天顺)《宁波府简要志》、康海(正德)《武功县志》、韩邦靖(正德)《朝邑县志》、祝允明(正德)《兴宁县志》、胡缵宗(正德)《秦安志》、何景明(嘉靖)《雍大记》、赵时春(嘉靖)《平凉府志》、闻人诠(嘉靖)《宝应县志略》、毛凤韶(嘉靖)《浦江志略》、汪来《北地纪》、乔世宁(嘉靖)《耀州志》、王九思(嘉靖)《鄠县志》、吕楠(嘉靖)《高陵县志》、张光孝(隆庆)《华州志》、侯一元(隆庆)《乐清县志》、万廷谦(万历)《龙游县志》、唐枢(万历)《湖州府志》、刘九经(万历)《郿志》、孙丕扬(万历)《富平县志》、谢肇淛《滇略》、冯梦龙《寿宁待志》等。兹列举如下:

康海纂(正德)《武功县志》,是明代尚简型志书的代表作,分地理、建置、祠祀、田赋、官师、人物、选举7门,记上下千余年的沿革、山川、城郭、古迹、宅墓、风俗、官署、学校、津梁、驿站、市集、贡赋、寺观、祠庙、户口、物产、徭役、职官、乡贤、艺文等内容,只用2万余言。其载述之简明,文笔之精炼,素被推崇。清人石邦教称其"文简而明,事核而要,且义昭劝鉴,尤严而公,乡国之史莫良于此矣。"③清王士禛也赞其"文简事核,训词尔雅","志以简核为得体,康德涵《武功志》最称于世"。④《四库全书总目》卷六十八称:"体例谨严,……后来志乘,多以康氏为宗。"清人张洲誉其为"志乘之标则"。孙景烈赞曰:"斯诚邑乘之极则。"⑤民国寿鹏飞也称其"文字虽简,而体用悉赅"⑥。

韩邦靖纂(正德)《朝邑县志》更简。全志只2卷,分总志、风俗、物产、田赋、名宦、人物、杂记7篇,记朝邑人、事、物之大要,不以夸饰风土,附会攀附为事,不罗列物产品名而仅记其突出者,不附载序记、碑碣,总共不过六七千言。此志虽极简,但历来颇受赞誉。明人吕楠称:"《朝邑志》七篇,工部员外五泉韩汝庆之所

---

① 〔明〕宋佐、闻人诠纂修:(嘉靖)《宝应县志略》,宋佐后序,《天一阁选刊》本。
② 〔明〕胡应麟著:《少室山房笔丛》,卷十三,乙部史书占毕一,中华书局,1958年。
③ 〔明〕康海纂修:(正德)《武功县志》,附诸家评语,清乾隆二十六年刻本。
④ 〔清〕王士禛撰:《带经堂集》,卷六十五,《新城县新志序》,清康熙四十九年刻本。〔清〕王士禛撰:《池北偶谈》,卷十一,谈艺一,中华书局,1982年。
⑤ (正德)《武功县志》,张洲《康对山先生武功县志序》、孙景烈《新刊康对山先生武功县志序》,清乾隆二十六年刻本。
⑥ 寿鹏飞:《方志本义管窥》,《国学丛刊》1944年第14期。

编也,纪录质实,而文彩焕炳可诵。"①《四库全书总目》卷六十八赞曰:"上卷仅七页,下卷仅十七页,古今志乘之简,无有过于是书者。而宏纲细目,包括略备。盖他志多夸饰风土,而此志能提其要,故文省而事不漏也。"清人袁廷俊也称其"叙次雅洁"②。民国寿鹏飞誉此志为"百世之圭臬"③。

黄润玉纂,黄溥续纂(天顺)《宁波府简要志》,以旧志太冗,删除繁赘而成,仅 5 卷,列舆地、山川、城镇、河防、官府、学校、祠坛、赋役、邮驿、墟场、食货、人物、寺观、古迹、艺文 15 门,叙宁波之因革、风土、疆域、山水、湖泊、城池、市集、官署、书院、祠祀、驿传、铺舍、田粮、徭役、人物、寺观、文献等,记述简要。其较之杨寔(成化)《宁波郡志》少 5 卷,张时彻(嘉靖)《宁波府志》少 37 卷,是明代宁波府志中最简的一部。《四库全书总目》卷七十三称:"是编体例简洁,亦康海《武功县志》之亚。"

然而,也有部分简型志书过于刻意求简,以致无甚内容,降低了方志的实用价值。如:栗永禄(嘉靖)《寿州志》9 卷,记舆地、山川、建置、食货、官守、礼制、人物,"文字过求简约,征引或未及赅洽"④。王士性撰《豫志》仅 1 卷,5000 余字,30 条,记河南一省之山川、吏治、风俗、商旅、生产,极其简略。

(二)历史派、地理派与实用派

明代地方志,按纂修人的观点分,还有历史、地理、实用三派。

历史派在宋代已经存在,郑兴裔《广陵志》、周应合《至正金陵新志》是其代表作。历史派的特点是:其纂修人将方志看作历史书,他们多宣称"夫志,史一体也";"夫州郡之有志,犹国之有史"⑤;"志者,郡邑之史也";"夫志一方之史也"。史有多种,"有天下之史,有一郡之史;有万世之史,有一时之史"⑥,方志为其中之一。认为修志应遵循史法,按照史家法度进行编纂。"其法则具史而微";"作志,亦一家史法也"⑦。

---

① 〔明〕王道修,韩邦靖纂:(正德)《朝邑县志》,吕楠后序,台湾商务印书馆,1986 年,《景印文渊阁四库全书》本。
② 〔清〕吕懋勋修,袁廷俊纂:(光绪)《蓝田县志》,凡例,《方志丛书》本。
③ 寿鹏飞著:《方志通义》,1941 年铅印本,第 3 页。
④ 《续修四库全书提要》,史部地理类,都会郡县之属——安徽,(嘉靖)《寿州志》。
⑤ 〔明〕郑以伟撰:《郑文恪公剩稿》不分卷,《广信府志》序,《明代论著丛刊》本。〔明〕张居正撰:《张太岳集》,卷七,《刻滦州志序》,上海古籍出版社 1984 年影印本。
⑥ 〔明〕郜相修,樊深纂:(嘉靖)《河间府志》,樊深自序;〔明〕邵时敏修,汪心纂:(嘉靖)《皇明天长县志》,张天驷后序;〔明〕高廷愉纂修:(嘉靖)《普安州志》,高廷愉序;《天一阁选刊》本。
⑦ 〔明〕刘伯缙修,陈善等纂:(万历)《杭州府志》,旧序,夏时正序,《方志丛书》本。〔明〕马性鲁纂修:(正德)《顺昌县志》,马性鲁序,明正德十六年刻本。

其具体表现为：

在体例上，历史派志书体例多种多样，有纲目体、平目体、三宝体、纪传体、编年体，而以纪传体为主。此派志书，大都取法《史记》《汉书》，分纪、表、志、考、传，或列八志、十志，力求严谨、完备。"志，史例也，史家体裁各异，而郡邑之志因之，故志亦史也。编年纪事者，本《春秋》及宋司马氏。其各为表、志、纪、传者，准司马迁、班固书，期于文直事核，信今传后。"①有些历史派志书甚至刻意法效正史，时人即已指出："今之为志者，率仿史，乃至句摹字拟。"②

在内容方面，历史派多比较全面，"官守、人物，则实郡之特以重轻安危者，尤为志之总要"③，故方志当详职官、人物。

在笔法上，历史派多强调志属信史，"不得以一人私怒而掩其实"，"不得以一人私喜而奖其进"。④有些还善恶并载，意寓劝惩。

至于论断，此派好于志末、类后仿"太史公曰"，作"某某曰""某某论"，"有如史断之例"。⑤

历史派代表人物有：李东阳、谢铎、胡缵宗、田汝成、严嵩、黄佐、崔铣、薛应旂、张元忭、张时彻、童承叙、颜木、沈明臣、郭子章、叶秉敬、王志坚、谈迁等。代表作有：

《阙里志》《赤城新志》、(正德)《安庆府志》《赤城会通记》、(正德)《袁州府志》、(嘉靖)《沔阳志》《随志》、(嘉靖)《滦州志》、(嘉靖)《彰德府志》、(嘉靖)《定海县志》、(嘉靖)《惟扬志》、(嘉靖)《广西通志》、(嘉靖)《广东通志》、(嘉靖)《浙江通志》、(嘉靖)《宁波府志》、(嘉靖)《建阳县志》、《黔记》、(万历)《通州志》、(万历)《绍兴府志》、(天启)《衢州府志》、(天启)《凤阳新书》、《海昌外志》等。

(嘉靖)《浙江通志》72卷，胡宗宪修，薛应旂纂。胡宗宪，字汝贞，南直隶绩溪人，嘉靖进士，累官浙江巡抚、兵部右侍郎等职。薛应旂，字仲常，号方山，南直隶武进人，嘉靖进士，历官慈溪知县、建昌通判、浙江提学副使等。嘉靖三十年，薛应旂纂修《浙江通志》，历时十载，七易其稿，成书72卷。他认为："自汉以下，作史者率宗迁、固，其体例大都有五，曰纪、曰世家、曰志、曰表、曰传，皆国史也。其在一县则曰县志，

---

① 〔清〕李贤书修，吴怡等纂：(道光)《东阿县志》，卷首，旧序，贾三近序，清道光九年刻本。
② (嘉靖)《常德府志》，陆坤序。
③ 〔明〕陈相修，谢铎纂：(弘治)《赤城新志》，卷二，官守人物表，清光绪二十四年刻本。
④ 〔明〕韩晟修，毛一鹭纂：(万历)《遂安县志》，旧序，吴撝谦序，《方志丛书》本。
⑤ 〔明〕杨载鸣纂修：(嘉靖)《惠州府志》，姚良弼序，《天一阁选刊》本。

在一府则曰府志，在一省则曰通志。志之云者，止具史之一体，是盖外史之义宜然。"其内容"要以掌记时事，用垂法戒"。所纂《浙江通志》，设地理、建置、贡赋、祠祀、官师、人物、选举、艺文、经武、都会、杂志等11志，约70万言。地理志、建置志、贡赋志、祠祀志按地区记述，官师志、人物志、选举志、经武志、都会志依时序而载，艺文志、杂志则以类记。此志载11府之地，上下千百年之事，查阅诸史，参订群籍，"博采约收，微辞广义，以勒成一家之言"。志中载人物尤详，用31卷，约27万言，并据史法称："善可为法，恶可为戒者，皆其因年代先后，据事直书。"①艺文志法正史经籍志之例，分经、史、子、集4类，记书目、撰者，不录序记、题咏。后人称其"义例最为精严，足为后来楷法"②。

（天启）《衢州府志》16卷，林应翔修，叶秉敬纂。林应翔，字源滉，号负苍，福建同安人，天启二年任知府。叶秉敬，字敬君，浙江西安人，万历进士，累官荆西道布政使参议。叶秉敬称："史法肇自太史公，本纪、世家、列传重在纪人，八书重在纪事，十表重在纪年，一史之中实包三种。"又称："郡志者何？一郡之史也。"他还认为，编修方志须遵史法，应有纲有目，以纲统目，纲举目张。故其篇目，"其人则职官也，人物也，两分列传，配《史记》之纪传者也。其事则舆地也，兵戎也，礼典也，建置也，国计也，艺文也，翼教也，政事也，八大提纲，配《史记》之八书者也。随人随事，各自纪年，即十表亦隐然在其中"③。所纂《衢州府志》贯彻其方志为史的观点，置舆地、职官、兵戎、礼典、建置、国计、人物、艺文、翼教、政事等10志，分星野、圣宅、疆域、沿革、形胜、古迹、名宦、兵道、公署、土产等78目，作10总序、88分序、12图序。其中，职官、人物为全志的重点，各有3卷，"仿司马氏之纪传"；舆地、兵戎、礼典、建置、国计、艺文、翼教、政事8志，"仿司马氏之八书"，林应翔将其比作一郡之《史记》。④

（天启）《凤阳新书》8卷，袁文新修，柯仲炯纂。袁文新，福建瓯宁人，万历四十七年任凤阳知县。柯仲炯，生平不详。凤阳有志始于万历初，天启元年，袁文新、柯仲炯取旧志及勋戚谱牒、家乘，辑成此志。卷首为图，载中都山川、城池、陵墓、坟墓、第宅形胜图；卷一列本纪、世家，载太祖高皇帝本纪、中山王徐世家、东瓯王汤世家；卷二为列传，分叙国勋、名宦、乡贤、列女；卷三乃年表，分古今地理表、

---

① 〔明〕胡宗宪修，薛应旂纂：（嘉靖）《浙江通志》，例义，《天一阁选刊续编》本。
② 《续修四库全书提要》，史部地理类，都会郡县之属——浙江，（嘉靖）《浙江通志》。
③ 〔明〕林应翔修，叶秉敬纂：（天启）《衢州府志》，叶秉敬序，《方志丛书》本。
④ （天启）《衢州府志》，林应翔、叶秉敬序。

制建表、职臣表、豪士名表、帝王亲戚表；卷四至五为内篇，有星土、赋役、国费、宗祀、农政、武备、帝语、拾遗8篇；卷六至八为外篇，录诗、赋、记、序、奏议、书帖等，体例一如《史记》。

地理派以方志为地理书，记载的重点在地理情况。这一派主张方志渊源于《禹贡》《周礼·职方》。"《禹贡》奠高山大川，以别九州；《周礼·职方氏》辨九州之国，使同贯利，自古九州而已。秦汉以下，始分郡县，而各有舆图之志，此地理郡县之志远且详矣。"①方志的编纂要以《禹贡》《周官·职方》为法度。"志地理者，孰不宗之？"②他们认为，首重地理、建置、沿革乃方志之"第一义"③，"盖建立郡邑既定，然后山川、城郭、乡市之类有所附，田地、户口、贡赋之类有所统，由是建官而设属，由是敬神而爱民，由是育材而取士"④，故纂修方志当首重疆域、建置、沿革、山川等地理情况。此派于方志理论的阐发，不如历史派那么系统，但其人数众多，所修志书分布也很广。

地理派代表人物有薛敬之、何塘、程敏政、戴敏、卢希哲、陈文、汪舜民、赵瓒、沈朝宣、乔世宁、沈一贯、陈继儒等。著名志书有：（景泰）《云南图经志书》、（成化）《陕西通志》、（弘治）《贵州图经新志》、（弘治）《徽州府志》、（弘治）《黄州府志》、（崇祯）《松江府志》、（成化）《应州志》、（弘治）《易州志》、（嘉靖）《耀州志》、（弘治）《休宁县志》、（嘉靖）《仁和县志》等。

（景泰）《云南图经志书》，郑颙修，陈文纂。郑颙，浙江钱塘人，官云南巡抚、都察院右佥都御史。陈文，字安简，江西庐陵人，正统进士，授编修，官至礼部尚书、文渊阁大学士。明《云南通志》初修于洪武初年。景泰五年，"诏礼部重修天下地理志"，进士王毂实来云南"宣昭圣意"⑤。陈文博访耆宿，穷搜载籍，纂成《图经志书》10卷。卷一至六为地理志，卷七至十为艺文志。地理志分府、州，立建置沿革和事要二门，事要记郡名、至到、风俗、形胜、公廨、学校、井泉、堂亭、楼台、寺观、祠庙、古迹、墓葬、馆驿、名宦、人物、科甲等。艺文分元文、元诗、今文、今诗等。全书体例初备，但地理记述较为丰富，保存了许多云南地理状况、民情风俗方面珍贵史料。

---

① 〔明〕卢希哲纂修：（弘治）《黄州府志》，卷一，地理，《天一阁选刊》本。
② 〔明〕戴敏修，戴铣纂：（弘治）《易州志》，戴铣序，《天一阁选刊》本。
③ 〔明〕陈继儒：《白石樵真稿》，卷二，《松江府志·沿革序》，《上海杂志》公司，1935年，《中国文学珍本丛书》（第一辑）本。
④ 〔明〕彭泽修，汪舜民纂：（弘治）《徽州府志》，凡例，《天一阁选刊》本。
⑤ 〔明〕郑颙修，陈文纂：（景泰）《云南图经志书》，陈文序，抄本。

（嘉靖）《耀州志》11卷，李廷宝修，乔世宁纂。李廷宝，山西曲沃人，嘉靖三十一年任知州。乔世宁，字景叔，陕西耀州人，嘉靖进士，累官南京兵部主事、兵部郎中、四川按察司佥事。嘉靖三十六年，乔世宁受聘修志，设地理、建置、祠祀、田赋、官师、人物、选举、纪事、艺文9志，下分沿革、疆域、城池、山川、河渠、陵墓、公署、学校、书院、仓铺、祠庙、户口、赋税、差徭、风俗、市集、物产、书目等目。全书记述以简核为尚，重地理、人物。地理志既叙建置沿革，复置沿革表，进而明晰古今建置、地名之演变。所述严格遵守地域限制，凡旧属耀州而今不属者不书，即使是山川也是只写境内者，摒弃浮泛的分野。时人张蒙训称："其于山川、沿革、官师、人物之际详哉"，"郡邑之故，悉章章明备矣。"①近人王葆心指出："钱氏跋于氏《齐乘》，特阐古今地名似同而异之说，即明乔三石《耀州志》例所首先别析者。戴东原遂主以为修志之宗。"②

实用派介于历史派、地理派之间，主要从资治、教化的角度出发编纂志书，重在求实用。此派的志书众多，纂修人成份复杂，但以地方官绅为多。对方志编纂方法的论述不多，共同点是着眼方志的经世功用。"志者，言治之书也。夫纪成垂远，为治计也。"③"国邑之有志，本以经世。"④方志的内容要围绕经世选择资料，要把切于民风，关乎治理，反映民间疾苦、吏治得失的资料搜集齐备。"志有三要焉，一曰经政，二曰观风，三曰考艺。"⑤"其文则载乎事，其义则资乎治。"⑥修志者不仅要以修志为政务之首要，且要懂得如何为经世而修志。"志也者，经治之书也，匪司政者有经世之材，而载笔者有经治之识不足以与于斯。"⑦

此派的代表人物有周瑛、耿定向、徐渭、张钦、薛瑄、唐顺之、章懋、王有容、林魁、詹容、汪尚宁、管大勋、李登、王士翘、张溥等。代表作有：(弘治)《兴化府志》、(正德)《大同府志》、(正德)《漳州府志》(正德)《兰溪县志》、(嘉靖)《徽州府志》、(嘉靖)《山海关志》、(嘉靖)《龙溪县志》、(隆庆)《临江府志》、(万历)《会稽县志》、(万历)《居庸关志》、(万历)《上元县志》《西关志》等。

（正德）《大同府志》，张钦纂修。张钦，字敬之，号心斋，京师通州人，正德进士，

---

① 〔明〕李廷宝修，乔世宁纂：(嘉靖)《耀州志》，张蒙训序，清乾隆二十七年刻本。
② 朱士嘉编：《中国旧志名家论选》，《史志文萃》杂志社，1986年，第68页。
③ 〔明〕林魁等纂修：(嘉靖)《龙溪县志》，林魁序，《天一阁选刊》本。
④ 〔明〕赵锦修，张衮纂：(嘉靖)《江阴县志》，唐顺之序，《天一阁选刊》本。
⑤ (万历)《上元县志》，李登后序。
⑥ 〔明〕姚鸣鸾修，余坤等纂：(嘉靖)《淳安县志》，王子言序，《天一阁选刊》本。
⑦ (万历)《漳州府志》，卷首，雍澜《平和县志序》。

官至工部左侍郎。此志修于正德八年，18卷，今存14卷：卷五为兵卫、屯田、古迹、祥异，卷六为御戎，卷七至八为宦迹，卷九为宦迹、寓贤，卷十至十一为人物，卷十二为人物、圣朝制敕、古今文章，卷十三至十六为文，卷十七至十八为诗。资料丰富，载述精核。因大同为明九边之一，边地多事，故详载沿革、山川、关隘、城池、军马、墩台、边情、屯堡、岁用等边关军政诸事。即使是人物、诗文也多与边政有关。尤其别立烽堠一门，卷首列车营、战车诸图，"为他志所无之例"，故后人评其曰"尤详于武备"①。

（万历）《会稽县志》16卷，杨维新修，张元忭、徐渭纂②。杨维新，南直隶丹徒人，进士，万历元年任知县。张元忭，字子荩，浙江山阴人，隆庆进士，官至翰林侍读。徐渭，字文清，又字文长，号天池山人，浙江山阴人，工诗文，善书画，著有《徐文长集》等。徐渭认为，方志可供地方官施政参考，"邑之贵志，非特为令者取旧政之可师与贤才之可表，于以佐化理于一二而遂已也，盖将察风俗之美恶，稽物产之沃瘠，验户口稼穑之登耗，约徭赋之重轻，与山川水旱之所由，以出利而入弊，时调剂而张弛之"。故方志当设地、治、户、礼4书，以统纲目。户书、礼书乃"养与教之书"③，四书中尤应以户、礼为详。《会稽县志》纂于万历三年，即分地、治、户、礼4书。其中，地书3卷，包括沿革、分野、形胜、风俗、物产、山川；治书1卷，包括设官、作邑；户书4卷，包括户口、徭赋、水利、灾异；礼书8卷，包括官师、宦迹、选举、人物、祠祀、古迹、寺观。全书重点在户、礼两书，而户书所记又以徭赋为丰；礼书虽然有记人和载名胜古迹两部分，但详略各异，以传人为详。（万历）《绍兴府志》称其"文辞尔雅可观，而户书徭役特详核，为邑志最"④。清人平步青评曰："此书大辂椎轮，纲举目简，徭赋一门，最为详核。"⑤近人夏廷棫也赞曰："是志凡分地、治、户、礼四书，分书以挈纲领，盖为创格。"⑥

综上所述，尚繁、尚简型志书，以及历史、地理、实用诸派，在明代270余年间，自始至终都存在。但自康海、韩邦靖纂成《武功县志》《朝邑县志》后，尚简型志书影响增大，后来修志者多宗之。董谷（嘉靖）《海宁县志·凡例》云："自《武功志》

---

① 《四库全书总目》，卷七十三。
② 除"人物"出自张元忭之手外，余为徐渭所纂，体现徐氏方志思想。
③ 〔明〕徐渭：《徐文长逸稿》，卷十四，《二志序代》，《明代论著丛刊》本。
④ 〔明〕萧良干修，张元忭等纂：(万历)《绍兴府志》，卷五十，序志，《方志丛书》本。
⑤ 〔清〕平步青：《樵隐昔寱》，卷五，《答徐贻孙》，1917年刻本。
⑥ 《馆藏善本书题识》，《浙江省立图书馆馆刊》第4卷第3期。

出,一变体裁,……遂使继之者,各出己见,自成一家。"清(道光)《大定府志》林则徐序亦称:"自明代武功、朝邑二《志》以简洁称,嗣是载笔之儒,竞尚体要。"①故总的来说,明志普遍较简。至于派别,地理派在明以前一直很有影响。明代地理派虽承袭了唐宋元时的基本特点,正如后人所称,"至于有明,因修《一统志》而后征各省志书,俗人不学,相沿以方志为地理之记"②,但增加了不新内容,地理色彩有所减弱。历史派,明初尚不彰显,但到明中叶却有很大发展,影响也日渐扩大。实用派则始终较为风行。故有明一代,各种类型志书以及各种派别都同时并存,只是消长不同而已。

三、明代地方志的特点

明代方志的发展大体经历了起步、发展、鼎盛和转趋沉寂四个阶段,除建文朝未发现有志书外,其他各朝均有编纂,在志书的体例和编纂方法等各方面都有明显的进步,具有显著特色。③

(一)官定体例,统一格式

编修地方志是中华民族之优良文化传统,历朝历代统治者皆重视地方志的修纂工作,屡次颁布修志诏令。早在东汉时,汉光武帝刘秀就诏修风俗传,唐德宗建中元年令各地三年一造送图经,宋太祖开宝四年诏修天下图经,真宗景德四年敕修诸道图经,但由官府统一制定志书体例则始于明朝。

明承前代遗绪,于志书编修亦极为重视。洪武九年,诏天下州郡县纂修志书,十一年,又有旨令天下郡县纂修图志。永乐十年,朝廷为修《一统志》而颁降《修志凡例》16则,这是迄今发现最早由朝廷颁布的修志细则。兹录全文如次:④

建置沿革、分野　凡各布政司及各府、州、县治所,自《禹贡》《周职方》及历代相承建置废兴所隶之分,古今名号之更易,以及国朝之初叛乱僭据,归附先后,

---

① (清)邹汉勋修,黄宅中纂:(道光)《大定府志》,林则徐序,清道光二十九年刻本。
② 瞿宣颖编著:《方志考稿(甲)》,瞿宣颖序,上海书店,1990年,《民国丛书》(第二辑)本。
③ 参阅拙作《试论明代地方志的特点》,《贵州地方志》1992年第4期;《明代地方志述略》,《文献》1988年第3期。
④ 〔明〕李世芳修,叶文等纂:(万历)《寿昌县志》,卷首,《大明永乐十年颁降凡例》,明万历十二年刻本。

俱各详述始末，仍载天文所属之次。

  疆域、城池、里至　凡府、州、县所隶地理之广袤，所到疆域界限之远近，城池之大小高深，及历代修筑之由，俱合详载。至于里至所到，旧志多止本府、州、县所极之处，今合备载本处地理所至南京、北京之远近，及各府、县四至八到，与邻境州、县之相接，而路可通者载之，仍具各府、县城池、山川图。

  山川　古志所载诸处山川，有与今图册所载名号差异者，或前代所载小山、小水之有名，而所收有未尽者，当据见今名目补收之。或古今名人有所题咏，并宜附见。

  坊郭、乡镇　据见在所有坊巷、街市、乡都、村镇、保社之名收载之。若古有其名，而今已无者，则于古迹下收之，仍要见其今在某处。

  土产、贡赋　凡诸处所产之物，俱载某州、某县之下，仍取《禹贡》所赋者收之。有供贡者，则载上供之数。或前代曾有所产而后遂无者，或古所无而今有充贡者，皆据实备载之。若有所赋田亩、税粮，以洪武二十四年及永乐十年《黄册》田赋、贡额为准，仍载前代税额，以见古今多寡之数。

  风俗形势　凡天下州、县所定疆域、山川，既有间隔，习尚嗜好，民情风俗，不能无异，宜参以古人之所论，与近日好尚习俗之可见者书之。若其形势，如诸葛亮论金陵云："钟山龙蟠，石城虎踞"之类。

  户口　取前代所载本处户口之数，国朝洪武二十四年《黄册》所报，至永乐十年见在书之。

  学校　前代建设学校，兴废不一，须考旧志所载，其始因何人而立，后因何而废，及今之见立者在某处。如有名人贤士碑记所存，则备录之。或学所出有何人物，与其学之规模、制度、斋堂、射圃，并收录之。

  军卫　据见今治所在某郡县某处，创始于何年、月、日，中间有无更改，及前代并国朝守御将臣攻战勋绩之显著者，俱要收录。其有演武之处，亦宜详载。

  廨舍　自布政司、按察司、都司、盐运司、府州县及市舶司、馆驿、巡检司、仓场、库务、河泊所等衙门，及坛场、铺舍皆是，据今始于何年、月、日，起自何人，在郡邑某处，凡更易制度，俱宜详载。其有前代已废而不存者，俱于古迹下收之。古今碑记有存者，亦详录无遗。

  寺观、祠庙、桥梁　天下寺观、祠庙、桥梁，兴废不一，□遗迹、故址及见存者，宜详考收载。其有碑记亦□□之。有新创建者，则载其始自何人、何时。其寺观洪武年间有并归丛林而后复兴者，亦详载其由。

  古迹　城郭故址、宫室、台榭、陵墓、关塞、岩洞、园池、井泉、陂堰、景物，旧志图册所载有未尽者，并收录之。有虽载其名，而无事实及无其地者，须询究其详收录。

宦绩 自郡县建设以来至于国朝，宰佐、贰幕，官居任而有政绩及声望者，后或升擢显要，为郡邑之所称颂者，并收录之。其布政司、按察司、都司、盐运司等衙门，官有善政者，亦宜收录。

人物 凡郡、县名人、贤士、忠臣、孝子、义夫、节妇、文人、才子、科第、仕宦、隐逸之士，仗义以为保障乡间，尝有功德于民者，自古至今皆备录其始末。其有虽非本处之人，后或徙居其地者，亦附收之。

仙释 凡自古所传神仙、异人、名僧、高道、方俗之流，及有奇术、异行显迹可见者，或非本处之人，而尝游历止息于此，时有显验可证者，皆备录之。

杂志 如山林、岩穴、物产、祥瑞，及花木、鸟兽、人事、幽怪之类，乡人所传诵，有征验者，并收载之。

诗文 自前代至国朝词人题咏山川、景物，有关风俗、人事者，并收录之。

本《凡例》规定志书采用平目体，一般并列建置沿革、分野、疆域、城池、里至、山川、坊郭、乡镇、土产、贡赋、风俗形势、户口、学校、军卫、廨舍、寺观、祠庙、桥梁、古迹、宦绩、人物、仙释、杂志、诗文等24门，强调各门类既叙发展演变，更要重现状。其后六年，朝廷诏天下郡县修志，对原颁《凡例》稍事修订，调整门类，重新颁布，令各地遵行。

这两个修志细则的颁布，目的在于控制地方志编纂，改变洪武间志书杂乱之弊，划一各地志书的体例。时人明言，"敕内臣分行天下，颁降《凡例》，监督郡邑纂修志书，要在详悉，以成一代之令典"[①]。自此诸府、州、县志书"悉依今降条例书之"，[②]或略作变通。如（永乐）《乐清县志》分设建置沿革、分野、疆域、城池、里至、山川、坊郭、乡镇、土产、贡赋、田土、风俗、形势、户口、学校、廨舍、军卫、坛场、铺舍、寺院、宫观、祠庙、桥梁、古迹、宦迹、人物、仙释、杂志、诗文29门，全依十六年《修志凡例》，（永乐）《普安州志》、（永乐）《潮阳县志》亦如此。万历十二年，叶文等纂《寿昌县志》，以永乐十年《修志凡例》"实作志之则也"，"今修寿昌志惟据此为例焉，遵王制也"。[③]（弘治）《易州志》、（正德）《莘县志》、（嘉靖）《清流县志》、

---

① 〔明〕林大春纂修：(隆庆)《潮阳县志》，旧序，郑义《永乐十七年潮阳县志序》，《天一阁选刊》本。
② 〔明〕沈勖：(永乐)《普安州志序》，载龙尚学《贵州地方志序跋凡例选录》，贵州省地方志办公室，1984年，第55页。
③ （万历）《寿昌县志》，凡例。

（嘉靖）《仪封县志》、（万历）《丹徒县志》等则以《凡例》类目为基础，因地制宜。

在朝廷所颁《凡例》的推动下，一些省也尝试规划本省的志书编纂。嘉靖间，湖广布政司左参政丁明颁布《修志凡例》26则，用以指导湖广布政使司的志书编纂工作，这是已知最早为地方官府所拟的修志细则。对照永乐《修志凡例》，湖广《修志凡例》在志书体式上沿用朝廷钦定的平目体，在类目的设置上有所扩展，即图考、建置沿革、星野、郡名、城池、疆域、关梁、形胜、山川、名迹、风俗、物产、户口、田赋、徭役、藩封、秩官、公署、铺舍、水利、惠政、学校、社学、书院、选举、荐举、恩荫、兵防、秩祀、祠庙、陵墓、名宦、宦迹、乡贤、人物、孝义、贞节、逸士、侨寓、灾祥、方外、艺文等；在编纂方法上更具体，如地图，永乐《修志凡例》未作规定，本《凡例》："府、州、县各列画图，城池内备画各衙门、各城门及楼庙、仓铺之类。府图城外，备列所属州、县城池，并境内名山大川。州、县图城外，凡境内山川备列所在，各备书山水名目，及去州、县若干里，并大小险夷之状。图外各备书界至、里至。"①嘉靖、万历间的湖广志书多仿此例而作。如（嘉靖）《蕲水县志》即本此例而定建置沿革、星野、邑名、城池、疆域、关梁、形胜、山川、名迹、风俗、物产、户口、田赋、徭役、秩官、公署、铺舍、水利、惠政、学校、选举、兵防、秩祀、名宦、乡贤、人物、孝义、贞节、逸士、灾祥、方外、艺文等32目。

官定体例，一方面体现明统治者对修志重视，防止志书越轨，违背他们的需要；另一方面又促进了各地志书编纂进步，标志着我国方志发展进入一个新的历史阶段。

(二) 屡修总志，标树模楷

总志编纂历史悠久，像唐李吉甫《元和郡县图志》、宋乐史《太平寰宇记》、王存《元丰九域志》《大元一统志》皆为千古杰作。明7次官修总志，位居诸代之首。

洪武三年，为"昭同轨同文之盛"，使"功业永垂"，命儒臣魏俊民、黄箎等编《大明志书》，"类编天下州郡地理形势，降附颠末"。②凡12省、120府、108州、887县、3按抚司、1长官司，东至大海，南到琼崖，西至临洮，北到北平，都在记载范围之内。书久佚，卷数无考。

洪武十七年，刘基等撰成《大明清类天文分野书》24卷，记郡县建置沿革。二十七年，又诏修《寰宇通衢书》，专载全国交通水马驿程。永乐十六年，朝廷又诏修《天下郡县志》，"贻谋子孙，以嘉惠天下后世"，③令户部尚书夏原吉、翰林学士

---

① 〔明〕周瑶修，萧璞等纂：（嘉靖）《蕲水县志》，《天一阁选刊》本。

② 《明史》，艺文志。

③ 《大明一统志》，御制序，三秦出版社，1990年。

杨荣、金幼孜总其事，惜未能就绪。景泰七年，陈循等人奉敕编《寰宇通志》119卷，体法南宋祝穆《方舆胜览》，先两京后十三布政使司，记建置沿革、郡名、山川、形势、风俗、土产、城池、祀典、山陵、园囿、公廨、监学、书院、楼阁、馆驿、堂亭、池馆、台榭、桥梁、井泉、关隘、寺观、祠庙、陵墓、古迹、名宦、人物、科甲、题咏等。内容侧重名胜古迹，而地图、道里、户口之类，"有资军国，有益劝戒"[①]者多缺略不载，故遭时人非议，虽已刻毕，而未颁行天下。天顺二年，英宗又命吏部尚书李贤等人在《寰宇通志》基础上，依《大元一统志》体例重修，"俾繁简适宜，去取惟当，务臻精要"，"用昭我朝一统之盛"[②]。五年，成书90卷，英宗赐名《大明一统志》。成化中，朝廷又曾诏重修《大明一统志》，惜未成。

总志的不断编修，均伴随着不断诏修或征集志书，如为修《大明志书》，洪武三年诏令天下修地方志书；为编《天下郡县志》，永乐十六年"仍命礼部遣官遍诣郡县，博采事迹及旧志书"，令各郡县以志书上。[③]许多地方志书均应诏而纂，"爰自永乐中，上遣使谕本司纂修图志。乃即钦承上命，以国朝削平叛乱之由，创治之制，建置沿革、分野、疆域、城池、里至、山川、形胜、坊郭、屯堡、烽堠、土产、贡赋、户口、学校、军卫、廨宇、铺舍、坛场、寺观、桥道、驿程、宦迹、人物、杂志、诗文，谨集进呈，惟稿是存"[④]。所以，总志的连续纂修，大大推动和加快了明代各省、府、州、县志的编辑。同时，总志又为各地志书树立了榜样，有助于志书质量的提要。《大明一统志》成书后，志书多法之，或以此为范本斟酌损益。"凡纲目次第，则一遵《一统志》而加详焉。"[⑤]如弘治元年，巡按御史陈宽等修《辽东志》，"准今《一统志·凡例》，重加鬟括编次，繁者删之，缺者补之，讹者正之"[⑥]。陈策（正德）《饶州府志》分置建置沿革、郡名、形胜、风俗、山川、土产、藩封、公署、学校、书院、宫室、关梁、寺观、祠庙、陵墓、古迹、名宦、流寓、人物、列女、仙释21目，即按照《一统志》拟制。

（三）重视军事志书编修

朱元璋以兵马定天下，革元旧制，自京师至郡县，皆立卫所，外统于都司，内

---

① 〔明〕叶盛撰：《水东日记》，卷二十五，中华书局，1980年。
② 《大明一统志》，御制序，三秦出版社，1990年。
③ 《明太宗实录》，卷二〇一。
④ 〔明〕毕恭修，任洛重修：（嘉靖）《辽东志》，卷首，毕恭《辽东志书序》，辽海书社影印1934年《辽海丛书》铅印本。
⑤ 〔明〕刘熙修，何纪纂：（弘治）《衡山县志》，刘熙序，1924年铅印本。
⑥ （嘉靖）《辽东志》，卷首，董越《重刊辽东志书序》。

统于五军都督府。卫所为军事单位，但在辽东、四川、陕西、贵州等地，卫所大多既管军事，又兼营地面，实为一种行政区划。明创修卫所志，由卫所长官或兵部官员编纂，其内容主要是兵事、武备。"卫志之作，一以国朝兵制为主。"①据不完全统计，有明一代修有卫所志53种，分布于今天津、上海、河北、辽宁、宁夏、甘肃、青海、山东、浙江、福建、湖北、贵州、云南、四川等省（市）。较早之卫所志是（洪武）《靖海卫志》《金齿军民指挥司志》《澜沧军民指挥司志》《松潘军民指挥司志》、（天顺）《大田所志》。有的卫所还多次修纂，宁夏卫仅万历间即修有3次。明代战事频繁，边防尤要，而其中又以北方为重。明北方设有辽东、蓟州、宣府、大同、太原、榆林、宁夏、固原、甘肃九边，以拒蒙古。明北部边关志书，据不完全统计有27种，以（永乐）《辽东志》为最早。边关志多由镇将守臣或兵部职方官纂修，以边关要塞、重镇为记载范围。其内容、体例与一般府州县志差异不大，但侧重军备、险要、兵火，其他内容皆围绕着这一中心而载述。明统治者重视边关、卫所志书，目的是"尽知天下厄塞，土马虚实强弱之数"②，因而促进这两种军事性志书创修和发展。《山海关志》终明之世即有5修之多，可见纂修之勤。

（四）勇于创新

方志随社会进步而不断发展，明修志者在编辑志书时，既继承传统，又大胆创新。在志书种类方面，省志普遍称为通志，创修卫所志、边关志、州志。在类目方面，明志增设许多新门类，如（成化）《新昌县志》新立"氏族"，（弘治）《抚州府志》置"版册""文教""幽怪""兵氛"，（正德）《中牟县志》增"乡保""镇集""村寨"，（正德）《怀庆府志》设"稽古""英华"，（正德）《琼台志》设"气候""平乱""海道""破荒启土"，（嘉靖）《泗志备遗》立"帝运""礼教"，（嘉靖）《崇义县志》设"礼乐志""利泽志""崇表志"，（万历）《上虞县志》列"矿务""渔税""军政""匠班""地名""遗构"，《漳州府志》置"狱囚""词讼""赦宥"，等等。

在体例方面，弘治、正德年间，周瑛纂《兴化府志》《漳州府志》，创立"政书体"。该体志书以"吏、户、礼、兵、刑、工"分类，下统纲目。其内容以载典章制度为主。明代用此体的还有（嘉靖）《临武志》和李作舟《庄浪汇纪》等。嘉靖二十九年，陈棐纂《广平府志》，创"经纬体"。志以经纬分体，经集"皆形质疑定之目，所列者在物，乃主也，静也"，包括封域志、郡邑志、山川志、建置志、学校志、版籍志、坛宇志、

---

① 〔明〕张奎修，夏有文纂：（正德）《金山卫志》，凡例，明正德十二年刻本。
② 《明会要》，卷三十二，职官，兵部四司，中华书局，1956年。

古迹志；纬集"皆运动推行之号，所取者在事，乃宾也，动也"①，包括官秩志、选举志、宦业志、贤行志、列淑志、恩泽志、经历志、风俗志。先静后动，先主后宾，故经先纬后，间以图表。万历初，唐枢纂《湖州府志》，以孟子所云诸侯之宝有三：土地、人民、政事为总纲，土地类下列郡建、疆域、山川、乡镇、区亩、形胜、津梁、物产、古迹、陵庙10目，人民类下分户口、功贵、风俗、辟召、甲科、贡荫、逸遗、列女、流寓、方艺等目，政事类下置守令、赋役、学校、修筑、恤录、刑禁、兵屯、廨署、邮递、坛祠等目，创"三宝体"。其后王一龙（万历）《广平县志》继之，分土地、人民、政事、文献四类。清李元仲（康熙）《宁化县志》也本是体。

在笔法方面，方志历来隐恶扬善，寓褒贬于记述之中。至明中叶，部分修志者将史家褒贬笔法运之于方志，褒贬并用，善恶皆书。如（弘治）《中都志》人物设"酷吏"门，（正德）《琼台志》置"罪放"门，（万历）《章丘县志》设"奸雄"门，（万历）《广东通志》列"罪放""贪酷"门，不仅记善，而且记恶，以示讥贬，以明劝戒。康海《武功县志》褒贬并用，更是名噪一时。

（五）受明代文风的影响明显

明代文坛流风几变，主流是"复古"和"性灵"。复古运动起始于明初，至前后"七子"时声势浩大。"性灵"之风是钟惺、谭元春等人在批评复古之风，矫公安派俚俗之弊而产生的，讲求深幽孤峭。时人称，"近年以来，厌常喜新，慕奇好异"，"嗜古好奇"，"或借古之奇字奇句以饰今之事迹，或改今之官名、地名以就古之成语"。②流风所披，方志编纂也受影响，致使部分志书或"矫弊矜奇"，或"易名以矜古雅"。如莫旦（弘治）《吴江县志》置"乡贤祠诸公像""去思祠诸公像"，李让（弘治）《崇安县志》亦列16人"诸儒图像"。林鸾（嘉靖）《襄城县志》为有异于他志，不立目录，而置"志目便览图"。陈士元（嘉靖）《滦州志》模拟《春秋》笔法，自问自答。何景明为前"七子"之一，主张"文必秦汉，诗必汉唐"，故纂《雍大记》将复古之风带入志中，"叙事简以该，属辞古以奥，芟芜就质，力追秦汉"③，沿革志改称"考易"，艺文志而曰"志贲"，人物志称"志献"，名胜古迹志改名"考迹"。何乔远纂《闽书》，标目诡异，"扦圉志"载兵防，"文莅志"记职官、名宦，"闺阁志"叙列女，"萑苇志"述物产，"蓄德志"杂载丛谈、逸事、诗话，"我私志"载何氏宗族。后人称：

---

① 〔明〕陈棐纂修：（嘉靖）《广平府志》，陈棐序，《天一阁选刊》本。
② 〔明〕于慎行撰：《谷山笔麈》，卷八，诗文，中华书局，1984年。
③ 〔清〕赵廷健：《（乾隆）丹阳县志序》，见〔清〕徐锡麟纂修：（光绪）《丹阳县志》，旧序，《方志丛书》本。

此乃"标目诡异","文辞也好刊削，字句往往不可句读，盖不能出明人纤佻矫饰之习"①。董斯张（崇祯）《吴兴备志》亦如斯，后妃称"宫闱"，列女曰"笄帼"，流寓名"寓公"，琐事称"璅"，异闻名"诡"。又文人多喜铺陈词藻，故修志亦善驰骋辞彩。明代志书有相当部分注重文辞修饰，如韩邦靖（正德）《朝邑志》仅六七千言，行文相当优美，清章学诚称其"直是一篇无韵之《朝邑赋》"。康海（正德）《武功县志》训词尔雅，行文生动。其记洪武二十四年、永乐十年、弘治十五年、正德七年田亩，用顺笔，以一"凡"、二"增"、一"计"加以叙述；记户口，则从正德七年倒叙至洪武二十四年，连用三"视"字。清人孙景烈赞其为"妙文"。②

（六）乡镇志转盛

乡镇志是一乡、一镇、一里之志，具有具体而微的特色，是商品经济发展的产物。乡镇有志始于宋常棠《澉水志》，凡4种，元代一度沉寂，没有发现。明代经济文化大发展，经济、文化型市镇勃兴，如江浙苏州、松江、嘉兴、湖州4府嘉靖、万历间即有市镇166个，巨镇林立。市镇的兴起，促使了乡镇志兴盛。明代最早的乡镇志为洪武时曹宗儒所纂《贞溪编》。据不完全统计，明共撰成乡镇志49种，其中江苏23种、浙江13种、上海6种、山东3种、河北1种、陕西1种、安徽1种、福建1种；以年代计，洪武1种、宣德1种、天顺1种、成化1种、弘治1种、正德2种、嘉靖6种、隆庆1种、万历10种、天启2种，崇祯8种、年代不详者15种，以嘉靖、万历间发展幅度较大。这些乡镇志主要分布在长江三角洲及运河沿线。这种分布不平衡性是由各地开发早晚、政治地位高下和经济与文化发展程度诸因素决定的。清乡镇志持续发展即以此为基础。

（七）体例结构完整

方志的体例结构是随方志本身的发展，不断汲取历史书、地理书及其他著作的优点而逐步形成、完善的。其基干乃"横排门类，纵贯时间"。明志体例多种多样，有纲目体，分以政区为纲式，如（成化）《陕西通志》、（弘治）《贵州图经志书》，以事类为纲式，如（嘉靖）《仁和县志》、（万历）《会稽县志》等，以事类、政区为纲的混合式，如（正德）《云南志》、（嘉靖）《南畿志》等；有平目体，如（永乐）《乐清县志》、（正统）《大名府志》等，在明中前期较为流行；有纪传体，如（正德）《安庆府志》、（万历）《应天府志》，有些还刻意模仿正史，如（嘉靖）《建阳县志》分纪、表、十志及世家、列传，（天启）《凤阳新书》则置本纪、世家、列传、表、内外篇；

---

① 《四库全书总目》，卷七十四。
② （正德）《武功县志》，卷二，田赋志，孙景烈评文，清乾隆二十六年刻本。

有编年体，如（嘉靖）《随志》、（崇祯）《临平记》等，以及新创的三宝体、经纬体、政书体等。志书的结构相当完整，不仅有序、目录、图、正文、跋，而且有凡例、修志名氏、大事记等。凡例规定志书编纂细则与方法，除朝廷所颁外，基本上每部志书都有凡例。修志名氏已开列纂修人、参订人、参阅人、分校人、锓梓人、重校人等名单，如（万历）《绍兴府志》即如此。大事记当时多称"事纪"，或"郡邑纪""世历纪""历代年表"，年经事纬。有些志书还附"前委原委""修志本末""序志"，考旧志之得失，叙本志编纂始末。志书中舆图分量也明显增多，如（成化）《宁波府志》无图，嘉靖《宁波府志》则新设舆地图一类，其中绘有郡境图、郡治图、县境图、县治图、城图。（嘉靖）《嘉兴府图记》，自吴越分境以迄元，每朝一图，还有"明初一府三县图""宣德后七县图"，以及嘉靖时府及属县境图、卫所图、水利图。（万历）《绍兴府志》有图多达 101 幅。正文纪、志、书、考、类、谱、表、部、传诸体并用，统括纲目，层次明晰，结构严谨。

　　明代地方志之所以形成上述特点，是因为出于"资治""存史""教化"的需要，朝廷、官府、士绅和学者文人的重视，以及纂修人的学识、嗜好，史学、地理学等学科对方志学的影响、渗透，加之明经济繁荣、文化发达，有一套完整地方行政制度，为上述特点形成提供了必要条件和保证。所以，明志的特点既是明代方志事业兴盛的产物，又是兴盛的重要标志。

第二节　高度成熟的清代方志

　　当历史的车轮进入清代，由于社会各界的重视，中国古代方志到达了高度成熟，不仅数量浩繁，品种齐全，内容翔实，体例精审，而且名家辈出，名志众多，方志事业出现了前所未有的繁荣局面。

一、《大清一统志》与方志

　　《一统志》的编纂始于元代，明代继之，清代又进一步加以完善和发展。清代《一统志》的编纂，不仅次数之多、体例之完善，为历代之最，而且对方志编纂的促进也为元明所不及。

　　（一）三修《一统志》和清代的修志高潮

　　清代修志的频繁和发达，很大程度上跟《大清一统志》的编纂有关，是《大清一统志》的不断编纂推动了清代方志纂修的持续高潮。

　　向往和崇尚大一统，是中华民族千百年来逐渐形成的民族心理。同样，颂扬和体现大一统，也系中华儿女难以割舍的情怀。清政权自入主中原，掌握全国政权，便继承了中华大统，维护和发展中华大一统自然成了清朝政府的历史责任。而编纂《一统志》和各地的方志，正是清政府维持对全国各地的有效统治，维护大一统局面的重要举措和手段，也为反映清朝的大一统状况和清政府的功绩提供了一个载体。

　　康熙初年，随着清廷逐步控制住了全国政局，全国基本统一的局面已初步形成，纂修《大清一统志》也被提上了议事日程。有人提出早在康熙八年时，朝廷即诏谕天下各修志书，复命儒臣编纂《大清一统志》①，但查阅了相关资料，未见有记载，不知其有何依据。比较确切的时间，应在康熙十一年。这年保和殿大学士卫周祚上疏奏称："各省通志宜修，如天下山川、形势、户口、丁徭、地亩、钱粮、风俗、人物、疆域、险要，宜汇集成帙，名曰《通志》，诚一代之文献也。然迄今各省尚未编修，甚属缺典，何以裏我皇上兴隆盛治乎？除河南、陕西已经前抚臣贾汉复纂修进呈外，请敕下直省各督抚，聘集夙儒名贤，接古续今，纂辑成书，总发翰林院，汇为《大清一统志》。"②为编修《大清一统志》准备资料，康熙皇帝采纳了他的建议，"诏天下直省、府、州、县咸修辑志书，于是直省有司各设馆，饩集高才生以从事"③。当年及次年，就有《广东通志》30卷、《贵州通志》33卷、《绍兴府志》58卷、《续徐州府志》8卷、《高唐州志》12卷、《石屏州志》13卷、《临淄县志》16卷、《盱眙县志》32卷、《余杭县志》8卷、《富阳县志》12卷等约261种现存省府、州、县志问世。④"岁在壬子，上谕纂修通志，江南十百郡邑，所在奉命不敢后。"⑤不久，"三藩"叛乱，战争持续8年之久。清朝上下忙于平叛事务，此次因筹划《大清一统志》而兴的修志活动，尽管仍有山东省、湖南省、广西省、青州府、镇江府、长沙府、岳州府、衡州府、通州、溧水县、海宁县、桐乡县、会稽县、太湖县、石门县等约近140个政区完成了志书编纂，然多数地方则迁延未就。正如时人所云："本朝康熙癸丑，曾奉修志之檄，继值逆藩变乱，遂尔中辍。"⑥从区域上看，遭受"三藩"及

---

① 戴柏俊：《清代皇帝诏修〈大清一统志〉的最早及最晚时间》，《天津史志》1992年第1期。
② 〔清〕清万邦维修，卫元爵等纂：(康熙)《莱阳县志》，卷首，《奉上修志敕文》，清康熙十七年刻本。
③ 〔清〕高得贵修，张九征等纂：(康熙)《镇江府志》，张九征序，清康熙十三年刻本。
④ 据《中国地方志联合目录》统计，不包括乡镇志。下同，不另注。
⑤ 〔清〕王宜亨修，王效通等纂：(康熙)《通州志》，王宜亨序，清康熙十三年刻本。
⑥ 〔清〕白潢修，查慎行等纂：(康熙)《西江志》，白潢序，《方志丛书》本。

战乱蹂躏的云南、贵州、四川没有修成志书，福建仅修成2种，湖南3种，陕西5种，江西8种，广东9种，浙江11种，而京畿附近的河北省则成书较多，约有45种。

康熙二十年，平定"三藩"叛乱，清廷巩固了对中国大陆地区的统治。次年，再次诏谕各地为《一统志》而接续编修书。"今上御极之二十一年，命使臣纂修《一统志》，诏天下府、州、县各以其志来上。"①"往癸丑岁，皇帝允辅臣请，诏修《一统通志》，会军兴，停止。迩者，巨魁荡平，小丑俘馘，……因而踵兹成命，敕礼部檄下诸督抚大臣，汇修省志。省征于郡，郡征于县，俾各分条别类，编次成书，上之京师，备太史氏裁择。"②康熙二十二年，郑克塽降清，台湾归入清朝版图。为昭一统之盛，"以垂一统无疆之业"③，大学士明珠上奏《一统志》关系典制，自应催令速修。从前用兵之际，各省所修通志稍觉迟延，今兵事既息，俟各省修完送到之日，应即行纂修《一统志》书"④。康熙帝允其所奏，"岁癸亥（二十二年），我皇上特命儒臣纂修《大清一统志》，诏天下各进省志"，并要求通志三月成书。⑤限令既出，通志成书加速。云南省"于时，滇以逆孽初平，诸务草创，仅袭旧文，捃摭近事，遵部限而上之"⑥。由于通志限期修成的影响，省下于府，府下于县，府、县志的编纂实际上也遵守了三月成书的限令。如武进县，于康熙二十二年夏"复奉部文设局编纂，限三月告成"⑦。遵义府于康熙二十四年，"遵义令陈君瑄，奉下各修府、州、县志，以备《一统志》采择，迫于奏部，三月纂成"⑧。康熙二十一至二十四年间，修成和刊刻的通志有10种之多：刘梅等《山西通志》32卷、郭棻《畿辅通志》46卷、孙成等《盛京通志》32卷、于成龙等《江南通志》76卷、黄宗羲等《浙江通志》50卷、杜果等《江西通志》54卷、陈轼《福建通志》64卷、宫梦仁等《湖广通志》80卷、陈宏谟《湖南通志》174卷、郝浴《广西通志》40卷；府、州、县志则达194种，以湖南（37种）、浙江（33种）、江西（32种）、江苏（20种）为多，成书较集中的是康熙二十二年、

---

① 〔清〕张可立纂修：（康熙）《兴化县志》，张可立序，《方志丛书》本。
② 〔清〕刘诰等修，徐锡麟等纂：（光绪）《丹阳县志》，旧序，吴之彦序，《方志丛书》本。
③ 〔清〕于成龙等修，杜果等纂：（康熙）《江西通志》，高璜序，《方志丛书》本。
④ 中国第一历史档案馆整理：《康熙起居注》康熙二十二年四月十二日，中华书局，1984年。
⑤ 〔清〕范承勋修，吴自肃等纂：（康熙）《云南通志》，范承勋序，书目文献出版社，1988年，《北京图书馆古籍珍本丛刊》本。
⑥ （康熙）《云南通志》，范承勋序。
⑦ 〔清〕王其淦等修，汤成烈等纂：（光绪）《武进阳湖县志》，卷首，原序，陈玉璂序，清光绪五年刻本。
⑧ 〔清〕黄乐之修，郑珍等纂：（道光）《遵义府志》，贺长龄序，清道光二十一年刻本。

二十三年。

鉴于方志编纂已有相当的成果可资利用，康熙二十五年朝廷成立《一统志》馆，任命大学士勒德洪、左都御史陈廷敬等7人为总裁官，内阁学士徐乾学等6人为副总裁官，正式启动《大清一统志》的编纂工作。《一统志》馆的成立和朝廷重臣的主持，表明朝廷对《一统志》编纂的重视，这更加激发了各地编纂地方志的热情。"圣天子垂拱之余，命纂修一统全书，内外臣工咸奉厥职，大自藩省，下至郡邑，莫不有志，以供撷取。"①康熙二十五、二十六年有大批量的志书集中行刻，如《五台县志》8卷《临晋县志》10卷、《金县志》2卷、《狄道县志》不分卷、《清水县志》12卷、《徽州志》不分卷《宜兴县志》10卷、《桃源县志》4卷、《杭州府志》40卷、《仁和县志》28卷《鄞县志》24卷、《奉化县志》14卷、《韶州府志》18卷、《龙门县志》12卷、《番禺县志》20卷、《仁化县志》2卷、《乐昌县志》10卷、《保昌县志》8卷、《成都府志》35卷、《新津县志》1卷、《内江县志》2卷、《资县总志》8卷等。康熙二十九年，"今上……诏在廷诸臣纂修《一统志》"，云南总督范承勋、巡抚王继文以及藩臬诸公"凛承意旨纂修通志"，以康熙二十二年蔡毓荣志稿为蓝本，"广为搜罗，细加核定"②。在河南，巡抚阎兴邦应上谕而通令全省各府县修志。"我国家声教覃敷，车书一统，圣天子稽古右文，加意文献，敕天下纂辑通志，以广声名文物之盛，行且告成。大中丞阎公，开府天中，百废厘举，亦以志书为未备，檄行各属续修。"③康熙三十四年前后，河南府、县志相继梓行，成为全国修志最多的省份。云南经过多年的恢复发展，到康熙五十年左右有《富民县志》不分卷、《河西县志》6卷、《新平县志》4卷等30余种志书刻梓。兹因《一统志》两任实际主修人徐乾学和韩菼在康熙三十三年、四十三年相继逝世，以及其规模宏大，终康熙朝，《一统志》还是"久而未成"。

雍正即位，对《一统志》久修未果相当重视，采取了多种措施。雍正三年，重组《一统志》馆，"特简重臣，敦就功役"。④雍正六年，严令各省督抚将本省通志重加修辑，"如一年未能竣事，或宽至二三年内纂成具奏。……至于书中各项分类条目，仍照例排纂。其本朝人物一项，著照所请，将各省所有名宦、乡贤、孝子、节妇一应事实，即详

---

① 〔清〕刘俊声修，张桂芳纂：(康熙)《清水县志》，刘俊声序，清康熙二十六年刻本。
② 〔清〕傅天祥等修，黄元治等纂：(康熙)《大理府志》，诺穆图序，《北京图书馆古籍珍本丛刊》本。(康熙)《云南通志》，凡例。
③ 〔清〕王泽长修，姬之篑纂：(康熙)《偃师县志》，王泽长序，清康熙三十七年刻本。
④ 〔清〕李卫等修，陈仪等纂：(雍正)《畿辅通志》，唐执玉序，《景印文渊阁四库全书》本。

查确核，先行汇送《一统志》馆，以便增辑成书"①。次年，定省、府、州、县志60年一修，"文化稍高之区，或长吏及士绅有贤而好事者，未尝不以修志为务，旧志未湮，新志踵起"②。十年，再"特命词臣纂修《一统志》，分行各省修辑通志以备采择"③。雍正皇帝注重实政，治吏严酷，"仰见我皇上慎重名实，人文化成，欲垂万世之宪章，必谨一时之记载。属在臣工，敢不敬体圣心，勤敏将事"。"恪遵圣训，罔敢稍懈。"④在朝廷严谕督促下，各省相继开局修志，并檄所属府、州、县纂志。据统计，雍正七年至乾隆六年间，全国修有《江南通志》《福建通志》《河南通志》《广东通志》《江西通志》《湖广通志》《广西通志》《四川通志》《山东通志》《陕西通志》《山西通志》《甘肃通志》《盛京通志》《畿辅通志》《浙江通志》《贵州通志》《云南通志》等通志18种，是清代通志成书最多的时期。"省既开馆，延文学之士以黼黻之外，而各府、州、县皆同时兴举。"⑤至乾隆八年，初修《一统志》342卷告竣。

乾隆皇帝励精图治，崇尚文治武功，内地各省"户口日蕃，田赋日殷，府、州、厅、县建置分并，及人官、物土之盛日著"。在边疆，平定了准噶尔部、大小和卓木以及大小金川的叛乱，新疆设官分治，西南地区实施改土归流，"舆图日廓"，巩固和发展了统一的多民族国家。这样，初修《一统志》的内容已显陈旧，不能"昭一德同风、久道化成之至治"⑥。乾隆二十九年十一月，御史曹学闵奏称："西域新疆请增入《一统志》，并《志》成后，各省添设裁并府、厅、州、县，详悉续修刊刻。"乾隆御批："第念《一统志》自纂修竣事以来，迄今又二十余载，不独郡邑增汰，沿革随时，理宜一一汇订。且其中记载体例，征引详略，亦多未协。其尤甚者，《顺天》人物门内竟将国朝诸王载入，于事理更属纰缪。诸王事绩，自载《八旗通志》，原不得与隶籍京圻者同日而道。况八旗大臣等功纪太常者，则应见昭忠贤良诸祠。其在直省宣猷著绩者，又有各省名宦可入。……若其他考稽失实，与凡挂漏冗复者，谅均在所不免。亟应重加纂辑，以成全书。"并在当年"敕修《大清一统志》"⑦，开始了二修《一统志》。此次纂修，汲取了初修的教训"必待移取各省通志，而后从事，以致旷日持

---

① 《清世宗宪皇帝实录》，卷七十五。
② 梁启超著：《中国近三百年学术史》，清代学者整理旧学之总成绩——方志学，见朱维铮校注《梁启超论清学史二种》，复旦大学出版社，1985年。
③ 〔清〕陈钊镗修，李其馨等纂：(道光)《赵州志》，旧序，张允随序，1937年石印本。
④ 〔清〕谢旻等修，陶成等纂：(雍正)《江西通志》，刘均序，谢旻序，《方志丛书》本。
⑤ (道光)《赵州志》，旧序，张允随序。
⑥ 《钦定大清一统志》，凡例，《景印文渊阁四库全书》本。
⑦ 《钦定大清一统志》，卷首，上谕。《钦定大清会典事例》，卷一〇四九，中华书局，1991年。

久，艰于集事"，改变了做法，"此时特就已成之书，酌加厘核。即新疆幅员辽阔，而一切事实又有《西域图志》及《同文志》诸书为之蓝本，馆臣采撷排撰，实为事半功倍。即可令方略馆，按照各条厘定纂辑，一并纂出稿本，悉照《续文献通考》例，随缮随进，俟朕裁定"①。但编《一统志》必征取方志的传统已深入人心，方略馆在利用现有资料的同时，还是请求朝廷要各省进呈方志，而不少地方也自觉地编纂志书。"乾隆乙酉岁（三十年），圣天子以西陲底定，疆域式廓，乃命臣工重修《大清一统志》，将以垂示奕叶，为千古未有之典章。部牒至黔，分行下独阳，剋期待复。"②"皇上御宇之三十有一年，……俞部臣请，重修《一统志》，诏取直省志乘以进。"③河南乃续修通志，翌年五月书成80卷首4卷。乾隆三十七年，都统永贵、观察使固世衡纂《回疆志》4卷首1卷成书。四十二年，满洲正蓝旗人七十一撰《西域闻见录》8卷。四十七年，英廉增纂《皇舆西域图志》48卷，交武英殿刊行。到乾隆四十九年《钦定大清一统志》修竣时的20年间，全国共约编成志书291种。

　　清代三修《一统志》的准备工作开始于嘉庆六年。是年，"诏修《一统志》，征天下省、府、州、县志及近年增旧更制各条目"④。正式编纂则经方略馆奏请，于嘉庆十六年"将《大清一统志》移交补纂"⑤，经道光十六年"敕续纂《蒙古王公表传》《大清一统志》"⑥，迄道光二十二年完成，定名《嘉庆重修一统志》。《嘉庆重修一统志》被公认是清《一统志》中质量最好的一部，究其原因，有前两部《一统志》作为蓝本，纂修官学风更严谨，考订更精审，还有"部、院、寺、监并各直省来册"⑦可据，其中，即有大量为此而编纂的地方志。兹择数条资料如次：

　　（嘉庆）《灵山县志》梁灵序云："恭遇诏修《一统志》，令各直省具通志以进，粤中宪局檄催孔亟。"张孝诗序曰："（嘉庆二十四年）省局纂修通志，叠奉大宪檄催各县草志，以资采择，此亦宰斯邑者之不能稍缓须臾也。"

　　（道光）《兴义府志》黄统序："我朝土宇版章，增其式郭，萃天下郡国志以成《一统志》，典至巨也。若是乎郡国不可以无志，志不可以不详备。属在边徼，为尤急。诚以地居荒远，风土人情，必文献足征而始著。"

---

① 《钦定大清一统志》，卷首，上谕。
② 〔清〕刘岱修，艾茂等纂：(乾隆)《独山州志》，刘岱序，《贵州地方志序跋凡例选录》，第60页。
③ 〔清〕阿思哈等纂修：(乾隆)《续河南通志》，阿思哈序，清乾隆三十二年刻本。
④ 〔清〕周右修，蔡复午等纂：(嘉庆)《东台县志》，唐仲冕序，《方志丛书》本。
⑤ 《嘉庆重修一统志》，卷首，穆彰阿奏折，商务印书馆，1945年，《四部丛刊续编》本。
⑥ 《钦定大清会典事例》，卷一〇五一。
⑦ 《嘉庆重修一统志》，凡例。

陈寿祺《檄闽省郡邑采访通志事实（代）》："嘉庆中诏修《大清会典》《一统志》《国史》十四志，又创立儒林、文苑两传，方将广罗郡国以应地求，岂可阙略一方，听其废坠？闽中两志，距今远者百年，近亦六十余祀，故老凋零，篇籍遗散，若不急加讨论，日就湮落，诚恐文献无征，遂成旷绝。……其现行各府、县志，仍先由守令速购送省。"①

清《一统志》凡三修，为编纂《一统志》而下发的修志诏令，以及省发的修志檄文不下数十次，其对清代方志普遍编修的促进作用是显而易见的。据不完全统计，从康熙十一年到道光二十二年共约修成省、府、州、县志 3201 种，其中，三部《一统志》纂修期间约纂有 2519 种，约占现存清代方志 4889 种②的 51.5%，其具体分布情况如表 3-5《三修〈大清一统志〉期间所纂刻方志统计表》。③三部《一统志》的间隙，也有志书锓梓，约 682 种，它们也应视为《一统志》编纂影响下的产物，因为修志作为一种文化活动，不可能一蹴而就，必须有一定时间的准备积累和编纂过程。其间纂修二、三次志书的地方不在少数，有的地方甚至达 5 次之多，如浙江绍兴府分别于康熙十二年、二十二年、三十年、五十八年、乾隆五十七年修志，江西浮梁县在康熙十二年、二十一年、乾隆七年、四十八年、道光三年连修 5 志。不过，这些数字只能说明部分修志情况，还有大量的方志由于年代久远、战乱而散佚。如果按学术界通行的说法，清代方志存佚各半来估计，三部《一统志》纂修期间所修方志将达 6500 种左右。若按保守的存佚 3：1 的比例推算，这一时期修成的方志也将约 5000 种。由《大清一统志》编修而形成的修志高潮，其持续时间之长，成书之众，在中国古代方志史上是绝无仅有的。

表 3-5　三修《大清一统志》期间所纂刻方志统计表

省别＼时期	《大清一统志》（康熙十一年—乾隆八年）	《钦定大清一统志》（乾隆三十年—四十九年）	《嘉庆重修一统志》（嘉庆六年—道光二十二年）	合计
北京市	15	2	1	18
上海市	8	1	4	13
天津市	9	1	1	11
河北省	147	10	17	174
山西省	103	40	16	159

---

① 谭其骧主编：《清人文集地理类汇编》，第 3 册，浙江人民出版社，1986 年，第 445—446 页。
② 庄威凤：《〈中国地方志联合目录〉的特点及存在的问题》，《中国地方志通讯》1984 年第 2 期。
③ 不包括乡镇志。

续表

省别\时期	《大清一统志》（康熙十一年—乾隆八年）	《钦定大清一统志》（乾隆三十年—四十九年）	《嘉庆重修一统志》（嘉庆六年—道光二十二年）	合计
内蒙古自治区	1			1
辽宁省	13	2		15
吉林省			1	1
黑龙江	1		1	2
陕西省	61	35	33	129
甘肃省	35	8	14	57
宁夏回族自治区	1	1	4	6
青海省	1			1
新疆维吾尔自治区		3	6	9
山东省	121	21	40	182
江苏省	70	6	41	117
浙江省	114	19	39	172
安徽省	76	13	52	141
江西省	99	26	77	202
福建省	57	16	21	94
台湾省	11	2	10	23
河南省	121	13	31	165
湖北省	57	4	22	83
湖南省	79	11	63	153
广东省（含海南省）	130	12	56	198
广西壮族自治区	34	7	22	63
四川省	66	23	100	189
贵州省	11	2	15	28
云南省	76	13	21	110
西藏自治区	1		2	3
合 计	1518	291	710	2519

资料来源：《中国地方志联合目录》。

（二）《一统志》与清代方志事业的高度成熟

清代是古代方志的鼎盛时期，方志的体例、编纂方法都已相当完备。方志事业的高度成熟，固然是方志长期发展、演变的必然结果，然同清《一统志》的编纂也密切相关。

1. 体例的统一与示范。

《一统志》是方志精华的荟萃，方志是《一统志》的基础。"今方大修《一统志》，由县而州，而府而省，各籍其所属，以上于史馆，而邑志其根底也。"①离开了方志，《一统志》就会成为无本之木。为便于《一统志》汇编资料，早在康熙十一年朝廷就要求各省通志必须包括《一统志》所含的"山川、形势、户口、丁徭、地亩、钱粮、风俗、人物、疆域、险要"等内容，并"照河南、陕西通志款式，纂辑成书"。②贾汉复（顺治）《河南通志》、（康熙）《陕西通志》成了清《一统志》编修所认可的方志体式，自然成为各地效法的对象。就各地的编纂实践看，也确实如此。

康熙二十二年，两江总督于成龙奉命会同江苏巡抚余国柱、安徽巡抚徐国相等，在江宁开设通志馆纂修《江南通志》，同时"惟江西去江宁千有余里，控辖辽阔，不得身至其地。于是，发凡起例，定为程式，移檄江西布政使司兼摄抚臣事臣张所志，诹日设局，罗致文献，捃摭裒辑，鳞次栉比，务期典核。凡阅十旬，以所志录稿本授臣，臣又与江西新任抚臣安世鼎为之钩稽考核，芟繁补缺，荟为成书，剞劂进呈"。引文中所云的"程式"，就是贾汉复《河南通志》。"江西旧志分叙各府，纪述简略。今遵部文，体制、科条悉仿《河南通志》，较诸旧志稍加详备。"③同年，钱晋锡在浙江富阳县，"奉诏重加修纂。其条目……盖从部颁，仿《河南新志》例也"④。康熙三十一年一月，贵州巡抚卫既齐开局纂修省志，"延老成积学之士，各视所长，分任星野、舆图、农田、户口、山川、形胜、贡赋、物产、风俗、学校、兵防、武备等志，余独于名宦、乡贤二者，亲为考校"，十二月成书36卷。三十六年，新任贵州巡抚阎兴邦以为多有遗缺，予以补修。"志之纲目，旧俱照《河南》体例，今稍有增减，亦在所必纪者。为纲三十，类之相从者附见。"⑤甘肃本属陕西，康熙五年分置甘肃布政使司，雍正七年始修通志，"据旧时全陕志为蓝本"⑥。这里所指的"旧时全陕志"，当为贾汉复的（康熙）《陕西通志》。乾隆十一年，王烜出任甘肃静宁州知州，"爰思前牧黄公所纂《州志》

---

① 〔清〕劳必达修，陈祖范纂：（雍正）《昭文县志》，劳必达序，清雍正九年刻本。
② （康熙）《莱阳县志》，卷首，《奉上修志敕文》。
③ （康熙）《江西通志》，于成龙序，凡例。
④ 〔清〕钱晋锡：（康熙）《富阳县志·凡例》，见清蒋敬时纂：（光绪）《富阳县志》，卷二十四，《方志丛书》本。
⑤ 〔清〕卫既齐修，阎兴邦补修：（康熙）《贵州通志》，卫既齐序，凡例，清康熙三十六年刻本。
⑥ 《四库全书总目》，卷六十八。

迄今又三十载，其疆域、山川、官师、人物、选举诸类，又有变迁而损益者。因规本前志，重加修辑。文从其质，事取其该，义例考据悉以《通志》为断"①。也就是说，（乾隆）《静宁州志》体法（雍正）《甘肃通志》，而（雍正）《甘肃通志》又以（康熙）《陕西通志》为基础编纂的，可见钦定方志体式影响之深远。

我们再考察一下当时的志目，如表3-6《〈大清一统志〉、钦定省志程式与方志类目比照表》，从康熙到乾隆，方志的体例大多采用朝廷认可的平目体，类目与《一统志》基本相同，只是多了公署、选举、盐政、兵防、孝义、隐逸、方技、艺文等个别门类，或个别改称、归属的调整；较（顺治）《河南通志》则更相似，仅附类多些，以及个别门类归属的不同。因此，乾隆时有人称：康熙间，圣祖"特命督抚各修省志，其成式一以贾中丞秦、豫二《志》为准。雍正间，世宗因《一统志》历久未成，复诏各省纂修通志，仍如前式。是恪遵功令，不敢因仍旧志，昭法守也"②。这一就《大清一统志》编修对方志体例的影响所作的评价是比较准确的。正因为钦定体式的示范作用，才确保了志书体例的规范化，利于《大清一统志》按目取材。

表3-6 《大清一统志》、钦定省志程式与方志类目比照表

《大清一统志》	（顺治）《河南通志》	（康熙）《江西通志》	（乾隆）《沧州志》
图表 分野 建置沿革 形势 山川 风俗 土产 城池	图考 星野（祥异附） 建置沿革 疆域（形胜附） 山川（关梁、桥梁附） 风俗 物产 城池 公署	图考 星野（祥异附） 建置沿革 疆域（形势、封爵附） 山川 风俗（物产附） 城池 公署（学校、贡院、书院附） 选举	星野 沿革 疆域（形胜、山川、村庄） 礼制（风俗附） 物产 建置（城池、公署、驿递、铺舍、坊表、道路、坊集、津梁）

---

① 〔清〕王烜纂修：（乾隆）《静宁州志》，王烜序，《方志丛书》本
② 〔清〕徐时作修，胡淦等纂：（乾隆）《沧州志》，凡例，清乾隆八年刻本。

续表

《大清一统志》	(顺治)《河南通志》	(康熙)《江西通志》	(乾隆)《沧州志》
学校	学校	职官	学校
	选举（武勋附）		选举
职官	职官	户口（田赋、蠲恤附）	职官
	封建		
户口	户口		
田赋	田赋	古迹（寺观附）	赋役
		兵御（驿盐、漕运、关税附）	盐政
古迹	古迹（寺观附）	津梁	古迹（冢墓附）
关隘		水利	兵防
津梁		祠祀（丘墓附）	
堤堰	河防	名宦	
陵墓	陵墓	人物	
寺观	祠祀	流寓	祠祀（坛壝、祠庙、寺观附）
名宦	名宦	列女	人物（名宦、宦绩、武功、
人物	人物		忠义、儒林、文学、
流寓	流寓	孝义	孝友、义行、隐逸、
列女	列女	隐逸	寓贤、方技、仙释、
仙释		方伎	后妃、列女、节孝、
	帝王（后妃附）	艺文（御制、表、笺、疏、赋、	贤淑）
	孝友	诗、序、记、碑记等）	
	隐逸		
	方技		艺文（诰敕、奏疏、表、
	艺文		碑文、序、传、记、
			杂著、赋、诗等）
	杂辨（备遗附）		纪事
			遗闻

资料来源：《大清一统志》、（顺治）《河南通志》、（康熙）《江西通志》、（乾隆）《沧州志》。

2. 编纂方法的借鉴。

编纂《一统志》和修方志均属著述性工作，尽管所记述的区域有广狭之别，任务有繁杂程度的不同，然二者在编纂方法上有许多共通之处。《大清一统志》编纂之初，被"颁诸天下为式"的（顺治）《河南通志·凡例》所定的编纂方法，自然也成了方志编纂的范式。如图考，"皆重核订正，至星野、河渠与旧图迥别，务期详确"。建置沿革，"表、注相符"。古迹"见存者书，废置者亦书"。户口、田赋确定资料断限年代，"悉依顺治十二年刊定《赋役全书》及十五、十六年自首劝垦地亩粮数，细为开载。仍列历朝旧额于后，恐有损益，便于考镜也"。"旧志诗文俱载各条之下，惟赠言怀人诸作，则另载耳。今悉汇为一编，以便观览。仍各分体裁，复序世次，庶便展卷了然。""奏议、移文，独详本朝者，皆系地方利害，尽为载入，不厌其芜。"这些方面的规定多是可取的。《大清一统志》确定资料断限，援引资料均在首条注明作者、书目，再引"不重载姓氏"，建置沿革表、文结合，山川按东、东南、南、西南、西、西北、北、东北次序记叙，"名宦凡统辖全省及辖数府者载入统部，知府以下暨武职等官专管一郡一邑者，分载各府部，间有一人而各省俱载者，止就本省本任政绩纪录，不牵叙别省别任之事，以清眉目。至名宦、人物二门，有一人而彼此互见者，名宦撮举政绩，人物历序生平，自不重复"[1]，等等，均较科学，多为方志所借鉴。如方志记载讲求统合古今，但对"今"要记到何时，一般都不做明确的说明。《大清一统志》后，方志逐渐采用了明确资料断限的做法。（光绪）《金县志·凡例》明称："新志之采访，自道光末叶起，至光绪三十四年止。"

《大清一统志》的编纂非常注重事实的调查采访，确保入志资料的准确可靠。雍正十一年十月，《一统志》馆为详查各省、府、县户口、田赋、市镇、职官、桥梁、河渠、公廨、仓廒、营卫、土贡、书院、古迹、祠庙、寺观、城堡、堤堰、驿站、碑记等，照会户部，向全国发出《行查事项》，要求各地"详查造册送馆，以便增辑。此系克期进呈紧要事务，必须文到之日，限三个月内条晰造册，报部送馆，毋得迟滞"。《行查事项》对调查的门类、采访的内容和要求所作的简明易行的规定，如"查各处所增河渠、城堡、堤堰、祠庙、寺观，在本城何处，有御题匾额、碑记，恭录原文，并注明何年建立"；"查各新州、县境内之山川、古迹、关隘、市镇、驿递、桥梁、河渠、城堡、堤堰、陵墓、祠庙、寺观等项，在本城东、西、南、北若干里，其跨新旧二处交界地方者，并查注明"[2]，对方志的编纂行为起了重要的示范作用。方志的一部分资料需要调查采访，大部分方志编纂过程中确实有过这样的行为，但就目前掌握的资料而言，此前尚未发现为编纂方志而下发的采访文件，而后则陆续有了。如道光九年，知县方荣陞修《武陟县志》，发布《采访条例》，全面规定志书所载及应调查采访的事项，如疆域应查找各里村与邻县相距里数，各里所属村庄相隔远近，户口多少，临近黄河、沁河有何村庄。城中街道采录名称，注明相隔距离。民情风俗，注明与其他地方之不同处，美恶必采。同治五年，孙依言为私撰《温州备志》，制定《采访条例》16则，遍示乡人。同治十年，吴汝纶纂《深州风土记》，为取材而作《采

---

[1] 《嘉庆重修一统志》，凡例。
[2] 转引自《中国地方志大辞典·附录》，浙江人民出版社，1988年，第506—508页。

访志书条例》。这可能也是《一统志》影响的结果。

3. 志风更趋谨严。

康熙曾给《一统志》总裁官勒德洪说："朕惟古帝王宅中图治，总览万方。因天文以纪星野，因地利以兆疆域，因人官物曲以修政教。故《禹贡》五服，《职方》九州，纪于典书，千载可睹。朕缵绍丕基，抚兹方夏，恢我土宇，达于遐方。惟是疆域错纷，幅员辽阔，万里之远，念切堂阶。其间风气群分，民情类别，不有缀录，何以周知？顾由汉以来，方舆地理，作者颇多，详略既殊，今昔互异。爰敕所司，肇开馆局，网罗文献，质订图经，将荟萃成书，以著一代之钜典，名曰'大清一统志'。"①纂修官也称："《一统志》备载天下山川、郡邑、政事、风俗，用昭我皇上车书一统之盛，贯穿古今，有裨治理。"②各地在应诏提供资料，编纂方志时也多认为，这是"圣天子思一道德，同风俗"③。这些记载点出了朝廷花大力气编纂《大清一统志》的主旨，就是通过《一统志》获取全国的地情信息，加强对全国的治理，歌颂清王朝的治绩功德。

出于如此的目的，清代皇帝对《一统志》的编纂极为重视，亲自过问、审稿，要求《一统志》的编纂以及为《一统志》服务的方志编纂必须审慎严肃，所采录的资料必须翔实可靠，不缺不滥。康熙嘱咐《一统志》纂修官，"恪勤乃事，务求采搜闳博，体例精详，厄塞、山川、风土、人物指掌可治，画地成图，万几之余，朕将亲览"④。雍正皇帝在接总裁官大学士蒋廷锡报："本朝名宦、人物，各省志书既多缺略，即有采录，又不无冒滥，必得详查确核，采其行义事迹卓然可传者，方足以励俗维风，信今传后。"迅即下旨："志书与史传相表里，其登载一代名宦、人物，较之山川、风土尤为紧要，必详细确查，慎重采录，至公至当，使伟绩懿行，逾久弥光，乃称不朽盛事。"严厉斥责李绂《广西通志》，将江西在广西为官之人，不论政绩人品优劣，概行载入，是一种"率意徇情，瞻顾桑梓"的行为，"如此之志书，岂堪垂世"。要求"各省督抚，将本省通志，重加修辑，务期考据详明，采摭精当，既无阙略，亦无冒滥，以成完善之书"。并将方志编纂的公正、严谨程度作为吏部年终评议地方官政绩的重要依据之一，"如所纂之书，果能精详公当，而又速成，著将督抚等官，俱交部议叙。倘时日既延，而所纂之书，又草率滥略，或至有如李绂之徇情率意者，亦即从重处

---

① 《清圣祖仁皇帝实录》，卷一百二十六。
② 〔清〕徐乾学：《备陈修书事宜疏》，见《清人文集地理类汇编》，第1册，第238页。
③ 〔清〕孔毓玑纂修：(雍正)《常山县志》，原序，杨燨序，《方志丛书》本。
④ 《清圣祖仁皇帝实录》，卷一百二十六。

分"①。乾隆在审查《一统志》稿时,发现纂修官没有按"敬谨绎思,据实记载"的原则处理松江府人张照的入志问题,即指出其不是,称"张照虽不得谓醇儒,而其资学明敏,书法精工,实为海内所共推重。瑕瑜不掩,公论自在。所有此次进呈之《一统志》,即将张照官秩出处事迹,一并载入"。下令各省志书,凡有类似张照情况者,"纂修诸臣,皆宜查明奏闻补入,并通谕中外知之"②。

缘于朝廷对《一统志》、方志的质量的极端重视,及其关系地方官的仕途以及方志的存佚,各级地方官和纂修官无不认真从事。"伏惟皇上立人、立政,一出于至诚。督抚大吏,俱以实心行于实事,恪遵圣谕,登载务期至公,宁慎勿滥。至于每有脱稿,无不亲阅于目,而内核于心。故于名宦必稽其遗绩,于人物必考其乡评。凡属古今名物之传闻,皆有经、史、子、集之根据。"③主张方志编纂要"公正而无私""信而有征""求实"的人比比皆是,如陆锡熊曰:"志源于史,法贵谨严。""近代撰图经者,意主矜夸,渐至泛滥失实。今则务从简括,期于文约事该,要在刊削繁苟,易资审览。"④章学诚提出,修志有四要:"要简,要严,要核,要雅。"⑤钱大昕主张,对资料不能盲目轻信,应相互参订,"史臣载笔,或囿于闻见,采访弗该;或怵于权势,予夺失当,将欲补亡订误,必当博涉群书"⑥。方志编纂多注重资料的搜集,各志无不是博采群书,以文献资料为主,辅以调查采访而编成。对所采辑之资料,皆进行周密考订、鉴别,综合排比。方志的志风更趋严谨,名志佳作代有所出,如雍正年间的《浙江通志》《宁波府志》,乾隆时的《乌程县志》《江宁县志》《汀洲府志》《汾州府志》《温州府志》《历城县志》《和州志》《归安县志》《诸城县志》《直隶邠州志》《三水县志》《南昌府志》,嘉庆间的《安阳县志》《广西通志》《庐州府志》《直隶太仓州志》《长兴县志》《泾县志》《扬州府图经》《武冈州志》《松江府志》,道光中的《广东通志》《安徽通志》《云南通志》《大足县志》《江阴县志》《武进阳湖合志》《贵阳府志》,咸丰年间的《邳州志》《兴义府志》《桂阳直隶州志》,同治间的《深州风土记》《上海县志》《上江两县志》,光绪中的《黄岩县志》《川沙厅志》《顺天府志》《畿辅通志》

---

① 《清世宗宪皇帝实录》,卷七十五。〔清〕阮元修、陈昌齐等纂:(道光)《广东通志》,卷一,训典,1934年,商务印书馆,铅印本。
② 《钦定大清会典事例》,卷一○五一。
③ (雍正)《江西通志》,李兰序。
④ 〔清〕谢庭薰修,陆锡熊纂:(乾隆)《娄县志》,卷首,《新志发凡十则》,清乾隆五十三年刻本。
⑤ 〔清〕章学诚:《修志十议》,载《章氏遗书》,卷十五。
⑥ 〔清〕钱大昕:《续通志列传总叙》,见陈文和主编《嘉定钱大昕全集·潜研堂文集》,卷十八,江苏古籍出版社,1997年。

《湘潭县志》《山西通志》《富平县志》，等等。

4. 带动大批学者跻身修志事业，促成修志成为"著述大业"。

清代学者大量参加修志活动，并形成一种社会风气，传统的说法，是同文字狱之类的文化高压政策有关。①这当然有一定的道理，但不够全面。我们认为，还同清代三修《一统志》有较密切的关系。编修《一统志》是清代的国家级重大文化工程，在人力、物力、财力方面，朝廷均给予高度支持，自然会引得学者关注。能否参加《一统志》的编纂工作，不仅是学者学识、学术名望的反映，而且是其学术地位、社会影响在朝廷、官府层面上的体现。参与《一统志》编纂的，说明自己被朝廷看重，自是无比的荣幸、荣耀。著名学者徐乾学任副总裁官，"管理修书总裁事务"，在被康熙称赞"学博才优，参订考据确实"后，上奏谢恩，表示"臣浅识庸材，叨蒙眷遇……圣德高厚，顶踵难酬"，愿像司马光著《通鉴》一样，勤勉从事，"以副皇上委任至意"②，就是这种心态的反映。当时如顾祖禹、阎若璩、齐召南、胡渭、黄虞稷、黄仪、韩菼、陈德年、刘廷献、查慎行、邵长蘅、郑江、徐善、陶元淳、沈佳、裘琏、劳效舆、吕澄、唐孙华等一批名学者，都先后参与《一统志》的编修，并因此名载史册。《一统志》馆置总裁官、副总裁官、纂修官，共有33个岗位。二修、三修时，也设有总裁、副总裁、总提调、提调、总校对、校对等职位。其中，重要职位多由大学士、国史馆和方略馆的总裁、纂修兼任，而供社会上的学者充任的毕竟有限，不能满足学者们要求参加这一重大文化项目而一显身手的愿望。为笼络更多的知识分子，发挥他们的学术特长，清廷将《一统志》编纂工作加以延伸，把为《一统志》逐级提供资料的省、府、州、县志纳入《一统志》编纂系统中，康熙十一年谕令各省督抚"聘集夙儒名贤"，组建修志班子，接古续今，编辑通志，然后"汇为《大清一统志》"③。自此以后，知识分子多把修志当作"著述大业"，积极投身到各地的编志活动中去。梁启超说："清之盛时，各省、府、州、县皆以修志相尚，其志多出硕学之手。"④诸如陆陇其、徐乾学、袁枚、陈梦雷、毛奇龄、方苞、李绂、施润章、全祖望、汪由敦、齐召南、程廷祚、沈德潜、杭世骏、俞正燮、戴震、汪中、王昶、章学诚、钱大昕、段玉裁、洪亮吉、孙星衍、焦循、谢启昆、李文藻、陈昌齐、邢澍、毕沅、武亿、金榜、李调元、纪昀、钱坫、姚鼐、王崧、厉鹗、李兆洛、董祐诚、江藩、姚文田、

---

① 黄苇等著：《方志学》，复旦大学出版社，1993年，第231页。
② 〔清〕徐乾学：《备陈修书事宜疏》，《憺园文集》，卷十。
③ （康熙）《莱阳县志》，卷首，《奉上修志敕文》。
④ 梁启超著：《清代学术概论》，十四，见朱维铮校注《梁启超论清学史二种》。

陆继辂、龚自珍、林则徐、阮元、邓显鹤、姚椿、邹汉勋、钱泰吉、鲁一同、徐时栋、冯桂芬、蒋湘南、陈澧、汪士铎、郭嵩焘、陆心源、王棻、刘坤一、俞樾、孙诒让、杨笃、王闿运、缪荃孙等著名学者均参与了修志活动，他们少则修志一二部，多则六七部。这些学者在史学、地理学、经学、谱牒学、文学、文献学上，各有建树，他们以严谨的学术态度，将学术研究与修志实践相结合起来，发凡起例，广罗材料，考证史实，讲求章法，促进了清代方志编纂水平的进一步提高。

通过以上分析，可见梁启超《中国近三百年学术史》总结清代方志时说，"乾嘉以降，学者日益重视斯业也"，并列举顾炎武参修《邹平县志》、陆陇其纂《灵寿县志》、李文藻纂《历城县志》《诸城县志》、全祖望纂《宁波府志》、王昶纂《太仓州志》、钱大昕纂《鄞县志》、孙星衍纂《松江府志》《邠州志》《三水县志》、戴震纂《汾州府志》《汾阳县志》等"斐然可列著作之林者"[1]，有107种之多，就不足为怪了。这也说明，编纂《一统志》对扩大修志人才库贡献颇大。

此外，《大清一统志》的编修还进一步强化了明代以来已有的逐级行文修志、颁发志例、申详呈报等修志制度。如逐级行文，每一次修《一统志》，都是朝廷下诏给省的总督、巡抚，省再下发檄文给府，府再转发予县。"我国家德化隆盛，车书大同，户口幅员振古莫逮。馆阁硕儒编辑《一统志》，以鸣太平修养、千载一时之盛。而封疆大吏亦各饬僚属，于供职之暇搜订乘志，以备石渠、天禄之采择。且以见德广恩溥，虽偏隅下县，莫不有纪载也。"[2]而各地修志须经上级批准，甚至多个上级的审批。"《一统志》现在奉旨增修，而各省通志俱经奏定"[3]，乾隆二十五年七月，中卫县知县黄恩锡纂修县志，十月脱稿，并向上级呈送志稿，经"制宪杨大人阅批""抚宪明大人阅批""臬宪文大人阅批"，二十六年刻梓。再者，朝廷对《一统志》审查之严格，也为总督、巡抚、学政树立了榜样，"各州、县志书须由地方官转呈学院查核方准刊行"已成"向例"[4]。

总之，清代三修《一统志》是中国文化史上的一大盛事，它对方志事业的影响与贡献，不仅在成书数量、质量上，更重要的是促成了一种优良传统："今《一统志》采于省志，省志采于府、州、县志，使府、州、县志弗修，将何以达于省而上之天

---

[1] 梁启超著：《中国近三百年学术史》，清代学者整理旧学之总成绩——方志学。
[2] 〔清〕史鸣皋修，姜炳章等纂：(乾隆)《象山县志》，卷十一，马受曾《雍正志序》，《方志丛书》本。
[3] 〔清〕郑钟祥等修，庞鸿文等纂：(光绪)《常昭合志稿》，卷末，总叙，清光绪三十年活字本。
[4] (光绪)《常昭合志稿》，例言。

府哉？"①

二、乡土志的兴修

乡土志是清末特殊历史背景下产生的，用作小学乡土教育教材的一种特殊文献。虽说是教材，但又具有一般教材所没有的编纂组织形式、体例结构、内容趋向，多被方志学界视为地方志的范畴。自 20 世纪 80 年代以来，学术界对此陆陆续续有些研究②，然多关注其兴起的背景和出现的过程，对其一些较本质性的问题探索还不够。

（一）乡土志的属性问题

乡土志为何物？学术界有不同的看法。一种观点认为，乡土志是乡、村、里、镇志。傅振伦《中国方志学通论》将乡土志列为方志的第六种类型，"乡邑为志，昉于元之镇志，其后江南、浙西多有之。乾隆庚辰董士宁之《乌青镇志》，嘉庆壬戌徐达源之《黎里志》，其卓著者"③。第二种意见是前种观点的发展，以为乡土志历史久远，其记载范围可大可小，清末民初多作蒙学教材。范学宗称："我国的乡土志，原为汇集一乡、一镇或一村、一里风土人物之作。据记载它始于南宋绍兴五年监澉浦镇税罗叔韶嘱常棠所编的《澉水志》……其后，唐栖、枫泾、安定、甫里、乌青、南浔、唯亭、

---

① 〔清〕唐仲冕：《海州志·自叙》，见《清人文集地理类汇编》，第 2 册，第 433 页。
② 有综合性研究，如邹振环：《晚清西方地理学在中国》，上海古籍出版社，2000 年；郭双林：《西潮激荡下的晚清地理学》，北京大学出版社，2000 年；黄曙光：《乡土志述略》，《中国地方志通讯》1984 年第 3 期；范学宗：《乡土志浅议》，见《中国地方史志论丛》，中华书局，1984 年；巴兆祥：《清末乡土志考》，（日本）《史学》73 卷 1 号（2004 年 6 月）；巴兆祥：《论近代乡土志的几个问题》，《安徽史学》2006 年第 6 期；王兴亮：《爱国之道，始自一乡：清末民初乡土志书的编纂与乡土教育》，复旦大学博士学位论文，2007 年；刘思文：《〈乡土志例目〉对清末民国方志之影响》，《图书馆杂志》2021 年第 10 期。有区域性研究，如程美宝：《由爱乡而爱国：清末广东乡土教材的国家话语》，《历史研究》2003 年第 2 期；王兴亮：《清末江苏乡土志的编纂与乡土史地教育》，《历史教学》2003 年第 9 期；李勇先：《试论晚清民国时期巴蜀乡土志的编纂及其创新》，《上海地方志》2018 年第 4 期；负有强：《试论新疆乡土志对方志编纂实践的传承与发展》，《中国地方志》2000 年第 3 期；张华清：《关于清末山东修纂乡土志的几个问题》，《山东社会科学》2023 年第 6 期；陈玲玲：《近代江苏乡土教材编纂研究》，扬州大学硕士学位论文，2023 年；马嘉辰、刘立强：《清末民初（1891—1920）吉林地区乡土成书背景及体例研究》，《地域文化研究》2024 年第 1 期；朱文倩：《乡土志视域下的近代甘肃社会——以清末甘肃乡土志为例》，西北师范大学硕士学位论文，2024。有个案性研究，如王兴亮：《李右之和上海乡土志》，《图书馆杂志》2006 年第 5 期；魏士煜：《〈安定县乡土志〉的文本特征与史料价值——基于清末新政背景下的探析》，《中国地方志》2022 年第 6 期。
③ 傅振伦著：《中国方志学通论》，商务印书馆，1935 年，第 3 页。

贞丰、黄溪、黎里等乡镇之志，以及山志、水志、湖志等亦相继问世。……乡土志由乡、镇、村、里，扩大至县、州、府，乃至全省……，则始自清代末年以至于民国。这一类乡土志是作为各地蒙学教材而编写的。"①第三种主张则把乡土志看作乡土教科书。"在笔者见到的乡土地理教科书中，以蔡铸的《广东乡土地理教科书》和马锡纯的《泰州乡土志》最佳。"②而最流行的看法，则是将清末民国时编纂的乡土志、乡土教科书统称为乡土志，是通志、府志、县志、乡镇志后的又一志书类型，如来新夏《方志学概论》、黄苇等《方志学》、陈光贻《中国方志学史》等。歧见的产生主要源于对乡土的概念及乡土志产生的背景、体例的理解差异。

对乡土志可有广义和狭义两种理解。所谓乡土，通常指地方、家乡。《列子·天瑞》曰："有人去乡土，离六亲"；《晋书·乐志下》云："乡土不同，河朔隆寒。"志就是记载的意思。"志者，记也，记其风土、文献之事，与官乎是郡邑者。"③乡土志即是以地方或家乡为记载对象的，以风土、文献、职官为主要内容的书籍。如果按照如此宽泛的理解，乡土志即成了地方志的代称，通志、府志、州志、县志、乡镇志都成了乡土志的属类，那么也就无法解读清末民国广泛存在的并以《×××乡土志》命名的蒙学教材的特殊性，同时也混淆了这些乡土志与乡镇志及其他志书类型的差异性。显然，广义地解释乡土志不足取，那么只能就狭义而言了，它应当专指清末民国以《×××乡土志》命名的乡土志。

我们所特指的乡土志，系清末特定时代的产物。中日甲午战争后，国势更加衰微，民族危机加剧，清廷面对"瓜分豆剖，祸在燃眉"的局面，不得不进行一些改革。光绪二十四年、二十七年，清廷分别下诏各省督抚，废科举，将书院改为学堂，成立蒙学教养堂，编纂乡土志正是清廷为挽救政权危机，加强基础教育和培育儿童树立爱乡土进而爱国、忠君思想而采取的一项改革举措。《奏定学堂章程》所列初等小学堂学科，于历史则讲乡土之大端故事，及本地古先名人之事实；于地理则讲乡土之道里、建置，及本地先贤之祠庙、遗迹等类；于格致则讲乡土之动物、植物、矿物。凡关于日用所必需者，使知其作用及名称。盖以幼稚之知识，遽求高深之理想，势必凿枘难入。惟乡土之事，为耳所习闻，目所常见，虽街谈巷论，一山、一水、一木、一石，平时供儿童之嬉戏者，一经指点，皆成学问。其引人入胜之法，无逾此者。

---

① 范学宗：《乡土志浅谈》，载中国地方史志协会编《中国地方史志论丛》，中华书局，1984年。
② 郭双林著：《西潮激荡下的晚清地理学》，北京大学出版社，2000年，第186—187页。
③ 〔明〕韩邦靖纂修：(正德)《朝邑县志》，康海序，《方志丛书》本。

然必由府、厅、州、县各撰乡土志,然后可以授课"①。可见,乡土志的编纂初衷就是为初等小学堂的爱国、忠君教育提供乡土教材。

既然乡土志是用作教材的,理当按教材的编纂方法来编纂,并符合三方面的要求:"第一其编排应当体现出由浅入深、逐级递升的原则;第二其应当符合教学的规则,有时间单元的限度;第三其应当不是枯燥难记而应当是启发式的,特别应有配套地图和教授法,以便于学生接受。"②在大规模编纂乡土志之前,我国不仅有许多地理教材编辑出版,而且已经诞生了中国近代的乡土地理教育的教材。目前所见最早的乡土地理教科书是光绪二十四年蔡和铿编《浙江乡土地理教科书》,该书共上、下两编 90 课。③而乡土志的编纂者,尤其在清末,除极少数属新式教育者外,基本上为地方官员、地方乡绅和旧式的知识分子,他们不懂得近代教科书为何物。"中国无所谓教科书,中国之载籍即教科书也。中国无所谓学,中国之载籍文章即学也。以文章为学,以专讲文章之载籍为教科书,遂使人人知有文而不知有学。"④他们多因循传统思维,借用已熟悉的地方志的一些编纂方法来编乡土志,有些甚至就将乡土志看作地方志。如光绪三十三年九月,奉天盘山厅通判柴朴奉令编修《盘山厅乡土志》,照方志通例,置建置沿革、疆域、川泽、道路、古迹、职官、学校、选举、户口、宗教、物产、赋税、商业、兵制、兵事、灾祥、名宦、人物、义烈、气候、地文等目。十一月,因不合《乡土志例目》,按目重编,然又题《盘山厅志》。宣统二年四月,通判杨绍宗修《盘山厅志》,完全沿用柴朴重编《盘山厅乡土志》类目。"广宁向无志书,……此诚邑人士之缺憾也。光绪三十二年,学部通饬各省、府、厅、州、县编纂乡土志一书,定为初等小学课本。……予不自揣,遂博采群书,撷拾古人传述,调查时亊,胪陈本境规模,痰喘余生,勉强从事。"⑤"乡土有志,滥觞于《周礼》外史四方之志与《汉书》之郡国志。盖分而言之,则为一县之乡土;合而言之,则皆国家之舆图也。"⑥这说明在不少人看来乡土志与方志是一回事。

即便是那些知道教科书如何编的,认为乡土志不同于教科书而类似地方志的也大有人在。如光绪三十二年奉天宽甸县知县马梦吉,"邀集能文者,按目考察,依例

---

① 《学务大臣奏据编书局监督编成〈乡土志例目〉拟通饬编辑片》,《东方杂志》第 2 卷第 9 期(光绪三十一年)。
② 邹振环著:《晚清西方地理学在中国》,上海古籍出版社,2000 年,第 284—285 页。
③ 《晚清西方地理学在中国》,第 296 页。
④ 〔清〕张瑞玑纂修:(光绪)《韩城县乡土志》,张瑞玑序,《乡土志选编》本。
⑤ 〔清〕萧雨春编:(光绪)《广宁县乡土志》,养光明斋主人自序,清光绪三十四年铅印本。
⑥ 章运熺修,崔正峰等纂:(民国)《盖平县乡土志》,郭春藻序,1920 年石印本。

编撰",阅三月编成《宽甸县乡土志》,上呈奉天省学务处。学务处以此志分历史、田赋、税厘、农政、工政、商政、学务、矿务、财务、军制、兵事、耆旧、人类、地理、物产、商务,"与京师编书局所颁《例目》不符,饬仍查照原发《例目》编送"。次年,重编《宽甸县乡土志》,"求为蒙小学教育家之一助云尔"[①]。与此同时,马梦吉、郑英澜又精简《宽甸县乡土志》,编辑《宽甸县历史地理教科书》,按章设课,计分宽甸县大势、地势、天气、产业、人民、行政、宗教、商务、地方志、古迹等10类,用作蒙学教材。"是编为蒙学之初阶,文义无取高深,约共十章,强分六十课,取便按目讲授。……是编仅撮大要,若竟考原委,则有新辑乡土志一书。"[②]在马梦吉、郑英澜看来,《宽甸县乡土志》《宽甸县历史地理教科书》虽同为记载乡土之书,但作用、体例不相同。再如刘师培在光绪三十二年编《江宁乡土地理教科书》,用备江苏省初等小学1—3年级乡土地理教学之用。该教材以江苏省、江宁府、扬州府、淮安府、徐州府、海州、通州、海门厅分篇,每篇涉及沿革、总论、区划、海洋、山水、交通、人文地理等内容,按课叙述,每课150字左右。次年5月,他发表《编辑乡土志序例》,认为近代以来郡县志乘有不少弊端,"猥滥无法,掇拾不精,而所立之例,互相参差,不可为典要,……不足供国史之采择",而编纂乡土志系改革近来的方志,要"广于征材,严于立例"。其功用如方志,"非惟备国史之采也,且以供本邑教民之用。……若一郡一邑均编乡土志,则总角之童、垂髫之彦,均从事根柢之学,以激发其爱土之心……若一郡一邑咸编乡土志,则乡邦文献童稚能娴,而旅人之茌止者亦可入国问禁,入境问俗,以得所参考之资,此则章氏实斋州县请立志科之意也"[③]。于是,他给乡土志设定体例,舆地志第一,包括沿革、山川、古迹等目;政典志第二,仿章学诚《永清县志》分吏类(记职官)、户类(隶田亩、赋税、丁口、仓储诸目)、礼类(记祀典、学制)、兵类(隶兵制、驿递目)、刑类、工类(记载营建);大事志第三;人物志第四,含人物传(属目有名臣、绅耆、武勋、节义、文学、一行)、人物表(有氏族表、古今人表);方言志第五;文学志第六,即艺文志,分考订、论事、诠理、缘情托兴,并附金石志;物产志第七;礼俗志第八。此类目结构与其所编教科书不同,却似一般的地方志。

---

① 〔清〕马梦吉修,郑英澜纂:(光绪)《宽甸县乡土志》,马梦吉序,辽宁省图书馆,1985年,《东北乡土志丛编》本。
② 〔清〕马梦吉、郑英澜编辑:(光绪)《宽甸县历史地理教科书》,凡例,转引自陈加等编著《辽宁地方志考录》,辽宁省图书馆,1982年,第108页。
③ 《刘师培全集·左盦外集》,编辑乡土志序例,中共中央党校出版社,1997年。

再从乡土志本身考察看，它与地方志有共性一面：（1）方志的首要特征为地域性，而乡土志同样具有地域性，记载以一定地域为限，如《寿光乡土志》记寿光县，《泰州乡土志》仅记泰州，遵循不跨境而书的原则。（2）历朝历代的方志多是普遍编修，乡土志也是在清学部的通饬下全面兴修的，到民国，1914年教育部催促各县编纂乡土志或乡土史地教科书，乡土志继续普遍编纂。（3）方志的体例结构采用"横排门类，纵贯时间"，即横排竖写的形式，清学部所颁《乡土志例目》系参照方志制定而成，乡土志的大部分尽管在门类上有较大的调整，但体例准则仍然沿袭方志的惯例。（4）方志以"地近则易核，时近则迹真"，资料准确可靠。乡土志的资料基础为方志、档册，于现状则多采访。宣统元年，齐东县修乡土志，"时至暑假，约集四乡绅耆，各处采访。……延请袁馥村、赵仁村二先生，检阅册籍，调查档卷"①。乡土志的可靠性绝不亚于方志。（5）在记述的时间段上，方志的传统为统合古今，详今略古，有强烈的时代气息，而乡土志也无不如此。当然由于编纂的初衷不同，读者对象的差异，两者间也存在不少相异之处，如在内容上，方志强调无所不载，乡土志则主要记载历史概貌、风土人情、善行义举；在资料性方面，方志为"资治""存史""教化"而编，注重资料的搜集、考证，系统、全面地保存地方资料是方志的基本任务，而乡土志系蒙学读物，择要叙述地方概貌即可；在表述上，乡土志要浅显简明得多，"务求词明事实，弗尚繁文"②。

综上所述，我们认为，乡土志是清末内忧外患的特殊时代背景下产生的，富有进步意义和创新精神的一种特色文献，具有教科书和地方志的边缘特性。它不是方志的一个属类，更不可能等同于乡镇志，它是种准地方志。若将其视为简志系列也未尝不可。

至于《×××乡土历史教科书》《×××乡土地理教科书》，其编纂的目的、记述的区域与一般的《×××乡土志》相同，内容、门类和语言风格也相近，将其归类乡土志似乎也是说得过去的。

(二) 清末乡土志的编纂原委

乡土志是清光绪三十一年后大规模发展的，它的产生自有一定的源流。目前所见最早冠名称乡土志的，为光绪十七年《打牲乌拉地方乡土志》《伯都讷乡土志》《阿勒楚喀乡土志》《宁古塔地方乡土志》《三姓乡土志》。光绪十五年，吉林将军设立省修志局，颁发志书局章程，纂修通志，照会管理打牲乌拉地方总管、三姓副都统等

---

① 〔清〕袁馥村等纂：（宣统）《齐东县乡土志》，李炳炎跋，《方志丛书》本。
② 〔清〕严书勋纂：（光绪）《获鹿县乡土志》，严书勋跋，《乡土志选编》本。

地方官采访事实，呈报地方资料，"务将所属界内所有圣制、纶音、天章、坛庙，并建制、沿革、疆域、形胜、山川、城池、关邮、津梁、船舰、户口、田赋、职官、学校、官署、选举、兵防、名宦、历朝人物、国朝人物、忠节、孝义、文学、隐逸、流寓、方伎、仙释、烈女、祠祀、古迹、陵墓、风俗、物产、杂志、历朝艺文、国朝艺文，一切应列志书者，详细确查，定限三个月内，一律咨送来省，以凭考核纂修"。打牲乌拉地方总管衙门即派全明、恩庆、来喜等，"遵照文内名目，逐一确查实迹，赶紧造册报省"①。三姓副都统衙门也"将前项采访志书事迹，饬造清册二本"②，载记三姓的地表、学校、疆域、山川、村落、里数、富克锦山川形势、险要、古城、河海、卡汛、建置沿革（内附兵制、粮饷、器备）、公署、衙门分司、库款、田赋、户口、贡品、新设富克锦官兵（内附粮饷）、防营、炮台、军器、枪炮、练军、职官、科名、船舰、物产、庙寺、旌表、属站等。从体例、内容上看，《打牲乌拉地方乡土志》《伯都讷乡土志》《阿勒楚喀乡土志》《宁古塔地方乡土志》《三姓乡土志》为《吉林通志》提供乡土资料而纂，虽名乡土志，实与一般的方志无异。

　　乡土志的正式产生同清末乡土教育思潮的兴起有很大关系。据当代学者研究，甲午战争后，出于挽救民族危亡的考量，留日学生界和国内教育界掀起了国家与乡土、爱国教育的大讨论，日本和西方乡土教育的做法和制度被介绍到国内，国内有关乡土教育的教材相继出现。光绪二十四年蔡和铿编《浙江乡土地理教科书》，上编总述中国及浙江省，下编分叙各府古迹、人物，间配图画，"以引起儿童爱恋乡土，景仰前贤之心"。乡土志就是在这样的氛围中诞生的。光绪二十八年，张相文编《初等地理教科书》指出："地理教授之始，不外分解、综合二法。童子初学，宜依综合法教以乡土志，就目前所见，随处指点，使其易于领会。"③从上所述，说明光绪二十八前已有乡土志存在。

　　乡土志的编纂被作为清朝的国策，则是清朝学制改革的结果。光绪二十九年，清政府颁布《奏定学堂章程》（即"癸卯学制"），将初等小学堂分为完全、简易两科，"以启其人生应有之知识，立其明伦理、爱国家之根基"。完全科将乡土教育分历史、地理、格致3门课开设，简易科并为1门课讲授。规定一至三年级历史课讲授"乡土之大端故事及本地古先名人之事实"，"历朝年代国号及圣主贤君之大事"，其教学

---

① 〔清〕全明修，云生纂：（光绪）《打牲乌拉地方乡土志》，廉峻序，吉林文史出版社，1988年，《长白丛书》本。
② 富魁等纂修：（光绪）《三姓乡土志》，咨文，《东北乡土志丛编》本。
③ 参阅邹振环《晚清西方地理学在中国》第5章，郭双林《西潮激荡下的晚清地理学》第3章。

要义为"俾知中国文化所由来及本朝历圣德政,以养国民忠爱之本源。尤当先讲乡土历史,采本境内乡贤、名宦、流寓诸名人之事迹,令人敬仰叹慕,增长志气者,为之解说,以动其希贤慕善之心";地理课讲授"乡土之道里、建置,附近之山水以及本地先贤之祠庙、遗迹等类","本县、本府、本省之地理山水,中国地理之大概",要义是"尤当先讲乡土有关系之地理,以养成其爱乡土之心";格致课讲授"乡土之动物、植物、矿物,凡关于日用所必需者,使知其作用及名称","重要动物、植物、矿物之形象,使观察其生活发育之情状",要义为"使知动物、植物、矿物等类之大略形象、质性,并各物与人之关系,以备有益日用生计之用。惟幼龄儿童,宜由近而远,当先以乡土格致"①。为适应乡土教育纳入国民教育体系的需要,光绪三十一年,编书局监督黄绍箕受学部管学张百熙之命编撰《乡土志例目》,并上奏:"查《初等小学堂章程》,历史、舆地、格致三科,均就乡土编课,用意至为精善。谨遵照定章,编成《例目》,拟恳奏请,饬下各省督抚,发交各府、厅、州、县,择士绅中博学能文者,按目考查,依例采录。地近则易详,事分则易举。自奉文日始,限一年成书。由地方官径将清本邮寄京师编书局,一面录副详报本省督抚,庶免转折迟延。并令各省地方官,先将本省通志及府、厅、州、县志邮寄编书局,以资参考。各处乡土志辑稿送到,由局员删润画一,呈请学务大臣审定,通行各省小学堂授课。"②学部采纳了黄绍箕的方案,并通饬各省遵照《例目》编纂乡土志。"今上御极之三十一年……学士黄绍箕奏请编辑直省各府、厅、州、县乡土志,以为初等小学堂授课之资,并撰定《例目》,得旨俞允。"③全国各地掀起了编纂乡土志以"务使人人由爱乡以知爱国"的高潮,各地无不以编纂乡土志为急务。"人有爱乡心而后有爱国心,不能爱乡而谓能爱国者,是谰语也。夫先人堂构虽艰,窖藏虽富,而后人不之知,则举而弃之也,必不甚爱惜,人之于乡亦犹是。数百年来,文人学士敝精帖括,举天地之大、万物之多,而惟应试之。知虽生斯长斯之乡,出门跬步,任举一名一物,有茫然莫辨者。故一旦受外人刺激之危,觉此乡于吾直若渺不相关,而放弃于不顾,则以爱乡心早销灭于隐微之中而不觉也。乡且不爱,何有于国?然欲人知爱乡,必先使人知此乡

---

① 《奏定初等小学堂章程》,见舒新城编《中国近代教育史资料》中册,人民教育出版社,1981年,第411,416页;《学务大臣奏据编书局监督编成〈乡土志例目〉拟通饬编辑片》,《东方杂志》第2卷第9期(光绪三十年)。
② 《学务大臣奏据编书局监督编成〈乡土志例目〉拟通饬编辑片》,《东方杂志》第2卷第9期(光绪三十年)。
③ 朱纬修,罗凤章纂:(民国)《罗平县志》,卷一,陶大瀞序,1934年石印本。

之历史沿革，及往事、现势之经营、缔造、人事、天产皆足宝爱，有不容漠然置之者，则爱之之心自油油然相生相依而不能恝然，则乡土志一编胡可少哉？矧当百度维新之际，变法更章日异而月不同，而巡警、教育、自治诸新政既以次迭举，倘无以研究乡土之情形，参定适宜之法，俾与此乡之历史、地势、民情相称，流弊且不可胜言，则乡土志一编更胡可缓哉？"①如直隶获鹿县，以旧志缺然，慨文献无征，"兹奉饬编辑乡土志，即延邀邑绅，属以或考之古书，或采诸舆论。凡与本境所攸关，此册有闻必录。爰照奉发《例目》，按目考察，依例编辑"②。陕西扶风县在光绪三十二年春接到修乡土志的檄文，知县谭绍裘以修乡土志为"分内事"，"自疆域至桥梁六篇，皆丽于土地者也，都为一卷；自户口至物产七篇，皆殖于土地者也，而宗教出于人类……，商务本于物产，故都为一卷；自赋役至陵墓七篇，皆人事之设施也，故都为一卷；自耆旧至坊表四篇，皆立之表程所劝勉于邦人者也，故都为一卷；终以序例一篇，凡成书四卷"③。光绪三十三年七月，奉天设置法库直隶厅，刘鸣复任同知。第二年"嗣奉考［部］颁《乡土志例目》，令将地方沿革、山川、形势、人丁、户口、宗教、习俗、物产、商务之类，一一采录成书，以备编书局参考之用"。法库地处边陲，开发未久，文献缺乏，刘氏于是取材正史及《一统志》《开原县志》《铁岭县志》《东华录》等书，"参以故老之传闻，验诸现存之遗迹与夫近时民间习惯。新政施行，亦皆据事直书，以成信史"④。

从光绪三十一年至宣统三年的短短 7 年间，乡土志成批编辑，据不完全统计，约有 462 种，见表 3-7《清末乡土志分省统计表》，年均达 66 种。其中，有年份可考的约有 428 种，占总数的 92.6%，尤集中在光绪三十一至三十四年间。年份不详的 34 种乡土志，估计也可能多为此间所纂。宣统年间的乡土志编纂，则多系光绪朝之余绪。如安定县，宣统元年知县王赓尧"议重修志乘，而款尚未集。适奉提学宪札，催编纂乡土志书，以凭解部。事关朝廷新政，未便久稽"⑤，速成（宣统）《安定县乡土地理志》，分区域、风俗、物产、山川、道路、古迹、坛庙、坊表、桥梁、墟市、学堂等目。

---

① 〔清〕王永江：《辽阳州乡土志序》，见柳成栋、宋抵编《东北地方志序跋辑录》，哈尔滨工业大学出版社，1993 年，第 221 页。
② （光绪）《获鹿县乡土志》，严书勋序。
③ 〔清〕谭绍裘纂修：（光绪）《扶风县乡土志》，谭绍裘序，《乡土志选编》本。
④ 〔清〕刘鸣复纂修：（光绪）《法库厅乡土志》，黄家杰序，《东北乡土志丛编》本。
⑤ 〔清〕莫家桐纂修：（宣统）《安定县乡土地理志》，莫家桐序，《乡土志选编》本。

表 3-7　清末乡土志分省统计表

时期 省别	光绪三十年前	光绪三十一年至三十四年	宣统元年至三年	年代不详（光绪或宣统）	合计
北京市		1			1
上海市		4	2		6
天津市		1			1
河北省		18	1	7	26
山西省		4	2	1	7
内蒙古自治区					
辽宁省		36	5		41
吉林省		12	5		17
黑龙江		2	1		3
陕西省		32	2	8	42
甘肃省		4	1	2	7
宁夏回族自治区					
青海省					
新疆维吾尔自治区		32	3	7	42
山东省	1	64	4		69
江苏省	2	14	2	1	19
浙江省	1	4	4		9
安徽省		10			10
江西省		6	1		7
福建省		11	1		12
台湾省					
河南省		9	1		10
湖北省		3	3		6
湖南省		22	3		25
广东省（含今海南省）		21	9	2	32
广西壮族自治区		3	3		6
四川省（含今重庆市）		43	4	5	52
贵州省		2			2
云南省		6	6	1	13
西藏自治区			1		1
共　计	4	364	64	34	466

资料来源：《中国地方志联合目录》《中国地方志总目提要》《江苏旧方志提要》《浙江方志考》《辽宁地方志考录》《东北地方志考略》《江西省地方志综合目录》、邹振环《晚清西方地理学在中国》、卢雪燕《〈中国地方志总目提要〉补遗》(《故宫学术季刊》第 18 卷第 2 期)等。

上表所统计乡土志，以其所反映的地区划分，大约有如下种类：

省志型。以省级政区为叙述对象，记载全省的历史演变、地理形势，约有陈庆林(光绪)《直隶乡土地理教科书》、(光绪)《江西乡土地理教科书》、刘师培(光绪)《安徽乡土地理教科书》、(光绪)《江宁乡土地理教科书》、(光绪)《江苏乡土历史教科书》、辜天佑(宣统)《湖南乡土地理教科书》、林传甲(宣统)《黑龙江乡土志》等 21 种。基本为具有新学思想的学者所编，教材色彩较浓，切合小学教育需要。

府志型。为知府主修，仅有佚名(光绪)《衢州乡土卮言》、仁和学堂(宣统)《杭州乡土地理》、佚名(光绪)《温宿府乡土志》、孙宝瑄(光绪)《洮南府乡土志》、李巨源(宣统)《昌图府乡土志》、郭葆琛(光绪)《新民府乡土志》等 19 种，与全国近 220 个府的数量极不相称。

州志型。州有的隶属于府，有的直属于省。以州为记述范围的乡土志约有 55 种，如贺简(宣统)《岫岩州乡土志》、白永贞(光绪)《辽阳州乡土志》、赵炳南(宣统)《辽源州乡土志》、吴建勋(宣统)《滨州乡土志》、黎彩彰(光绪)《宁羌州乡土志》等，以辽宁、甘肃、山东、云南等省稍多。

厅志型。厅系清代创设的行政区划，一般设在新开发的地区。因厅的经济基础比较差，文化相当落后，其乡土志的编纂也较少，只有 29 种，如刘鸣复(光绪)《法库厅乡土志》、佚名(光绪)《锦西厅乡土志》、佚名(光绪)《双城厅乡土志》、佚名(光绪)《砖坪厅乡土志》、吴从周(光绪)《留坝厅乡土志》等，主要集中在四川、新疆、辽宁等省。

县志型。县是我国地方行政区划的基本单位，县志是方志的主体，同样记载县域的乡土志也为乡土志的主干，约有 339 种，占总数的 72.7%。以地区计，上海 4 种、天津 1 种、河北 21 种、山西 5 种、辽宁 25 种、吉林 15 种、黑龙江 1 种、陕西 35 种、甘肃 1 种、新疆 24 种、山东 61 种、江苏 10 种、浙江 3 种、安徽 7 种、江西 5 种、福建 9 种、河南 7 种、湖北 5 种、湖南 19 种、广东(含海南省) 25 种、广西 3 种、四川(含重庆市) 45 种、贵州 1 种、云南 6 种、西藏 1 种。县志型乡土志中还有二县合并记载的，如陈作霖(宣统)《上元江宁乡土合志》、侯鸿鉴(光绪)《锡金乡土地理》《锡金乡土历史》、顾国珍(光绪)《昆新乡土地理志》等。

此外，尚有乡镇志型的乡土志，不过仅见江苏(光绪)《黎里乡土志》、上海《西岑乡土志》、广东（宣统）《北湾乡土志课本》3种。

清末乡土志的编纂区域，分布十分广泛，除内蒙古、宁夏、青海、台湾外，其余各省区均有或多或少的政区兴修了乡土志。其中，新疆尤为突出。新疆在道光以前有志书编纂，但较少，仅有《西域图志》《哈密志》《总统伊犁事宜》等10余种。此后由于欧洲殖民主义的渗透，新疆的边防显得日益重要，光绪十年新疆建省，置6府、8直隶厅、2分防厅、2直隶州、1散州、21县、2分县，清朝对新疆的统治得到了加强。值内地兴起编修乡土志热潮之时，新疆也是纷纷编修。如镇西厅，"所幸恭奉圣明，举行新政，纳斯民于轨物，饬查乡土，勒为成书。……特于志书，则前贤有志未逮耳。叠奉上峰檄电交催，迫不及待。治斯郡者，乃武衔阎公缵卿，以修志为急务，不以南之鲁钝，邀同采访编辑。……胪目二十四条，分类编记……此志告成，谨呈列宪"①。不仅如此，新疆还后来居上，据《中国地方志联合目录》、中国边疆史地研究中心编《新疆乡土志稿》统计，新疆现有42种乡土志存世，政区的修志密度为93%，乡土志编纂的普及程度大大高于内地。

辛亥革命以后，民国政府仍然重视乡土教育工作，教育部于1914年催促各县编纂乡土志或乡土史地教科书，乡土志编纂工作始终没有间断。

（三）乡土志的体例分析

1. 部颁标准。

乡土志是个新生事物，阅读对象为小学一、二、三年级的低龄儿童。而儿童的识字能力和是非辨别水平较低，为便于教学，统一乡土教育的教材是必需的，"他日进学成才皆基于此"。学部颁布《乡土志例目》的目的，主要是防止"海内甚广，守令至多，言人人殊，虑或庞杂"，统一认识，要各地在一年内"按月查考，依例编撰，""以为程式"。②

按照《例目》规定，"乡土凡分为四：曰府自治之地（所辖之州县不与焉），曰直隶州自治之地（所辖之州县不与焉），曰州，曰县。今于四者，均名曰本境"。要编的乡土志分府、直隶州、州、县4种。乡土志的编纂原则是"事必求其详核，文必期于简雅"，"迪童蒙之知识"。其篇目采用一层分目为主，二层分目为辅的体制，总目为15门：历史、政绩（下分兴利、去害、听讼3目）、兵事（下分有全在本境者、

---

① 〔清〕阎绪昌修，高耀南纂：(光绪)《镇西厅乡土志》，高耀南序，全国图书馆文献缩微复制中心，1990年，《新疆乡土志稿》本。
② 《学务大臣奏据编书局监督编成〈乡土志例目〉拟通饬编辑片》，《东方杂志》第2卷第9期（光绪三十一年）。下引同者，不另注。

有涉及本境者 2 小类）、耆旧（下设事业、学问 2 目，附名宦祠、乡贤祠）、人类、户口、氏族、宗教、实业、地理、山、水（下分有源委全在本境者、有源委均不在本境者、有源在本境而委在他境者、有源在他境而委在本境者 4 类）、道路、物产（分天然产、制造产）、商务。《例目》还对这 15 门所应涉及的方面和编纂方法进行了说明，方便各地遵循，如：

历史　本境何代、何年置（所谓本境者，即现在之府、州、县名也）。未置本境以前，唐、虞、夏、商、周属何州，春秋、战国属何国，秦汉以降，何代属何郡县，何代改何州名、县名。既置本境以后，何代属何郡、何州、何府。

兵事　有全在本境者，或本境有何叛党，或他境有何叛党来犯本境，均录其事之本末。有涉及本境者，如一大兵事或在本境为战地，或以本境为险要，或在本境屯驻，则节录在本境一要事。

耆旧　以本境之乡贤为后学之感劝，约分为二：事业，以实行为凭，孝（善于父母）、友（善于兄弟）、睦（亲于九族）、姻（亲于外亲）、任（信于友道）、恤（恤振忧贫）是也。学问，以著述为凭，经、史、子、集、小学、舆地、算学、校勘、医学、理化是也。凡历代名儒、名臣、功臣、名将、循吏、忠节为本境人者，均应收入。惟已见正史及国史有传者，不必详录全传，但著录姓名，注明见何史何传。其事迹果能感动人心者，亦须节录一二。不见正史、国史者，应稍详。附名宦祠、乡贤祠（忠义、节烈附入）。

人类　本境于旗、汉户口外有他种人者，务考其源流，叙其本末世系，现在户口若干，聚居何村、何山，其风俗大略均应编入。其种约分：回、番、畲、猡、苗、猺、獞、狑、犽、狼、皿、狹、打牲、貊、黎、土司。如土司不属府、州、县者，则由布政司查明编辑。

户口　本境户口丁数，务查明现在实数编入。如有兵荒、疾病及农商各事情形变迁，致与生齿盛衰、聚散有相关之故者，详悉载入。并查近年来本境旗户（男口、女口）若干，汉户（男口、女口）若干。

以上所叙简洁明了，比较科学。所定乡土志的标准类目，涵盖了《奏定初等小学堂章程》历史、地理、格致 3 门课的教学计划，也符合 3 课的教育要义。

若以此与刘师培的《编辑乡土志序例》相比（见表 3-8《〈乡土志例目〉〈编辑乡土志序例〉比较表》），在编纂目的和要求上，两者差别明显；在篇目上，《例目》比较通俗，时代性较强，结构简单，《序例》层次较复杂，标目较典要与传统；在编纂方法上，《例目》取向简明，较便捷易行，《序例》则显得比较专业。可见《例目》《序例》各有特色，但《例目》的可操作性和对小学教育的适用性比较强，尽管刘师培名声远播，惜其《序例》立意、编例不甚对路，未被社会采用。

表3-8 《乡土志例目》《编辑乡土志序例》比较表

项目\文本	《乡土志例目》	《编辑乡土志序例》
目的	为小学课本	非惟备国史之采也，且以供本邑教民之用，兼为讨论国政之资
要求	事必求其详核，文必期于简雅	广于征材，严于立例
门类	历史 政绩：兴利、去害、听讼 兵事：全在本境者、涉及本境者 耆旧：事业、学问 人类 户口 氏族 宗教 实业 地理 山 水：源委全在本境者、源委均不在本境者、源在本境而委在他境者、源在他境而委在本境者 道路 物产：天然产、制造产 商务	舆地志：沿革、山川、古迹等目 政典志：吏类、户类（含田亩、赋税、丁口、仓储诸目）、礼类（祀典、学制）、兵类（兵制、驿递）、刑类、工类 大事志 人物志：人物传（名臣、绅耆、武勋、节义、文学、一行）、人物表（氏族表、古今人表） 方言志 文学志：考订、论事、诠理、缘情托兴，附金石志 物产志 礼俗志
编纂方法举例	地理记四至八道，本境分若干区，区的方位与四至，所属乡村、圕里名，城内、区内有何古迹、祠庙、坊表、桥梁、市镇、学堂	舆地志仿《一统志》作沿革表，以开方计里绘制地图，地图分全境图、城厢、四境分图，"以今地为主，自明以上复朝各为图，古地所在标以朱笔，以证今古之异名，地势之变迁。"用《山海经》例以志山，用《水经注》例以志水，用宋敏求《长安志》例以志城厢。台榭、陂池、府寺、官观、名城、巨邑等"援地类记，不复各自为编，以具条贯。"其地址无考的，立表

2. 程式流派。

清末编修的乡土志很多，成书的速度也较快。其编纂者的构成复杂，学识差异大，对乡土志的看法不尽相同，从而导致乡土志的体例出现分化，主要有：

其一,《例目》派。

《例目》派是对应《乡土志例目》而形成的乡土志流派,为乡土志的主流。河南省有 10 种乡土志,其中 9 种仿照《例目》。其特点:一为多系地方官奉饬主修,延请训导、士绅而纂;二是照颁发《例目》编辑。(光绪)《延庆州乡土志·例言》曰:"是编悉遵部颁《乡土志例目》编辑,每章按《例目》指定次序,以清界限而醒眉宇。"宣化县知县谢恺莅任之初,"正拟搜辑新编,垂镜后世,学务大臣调查乡土志之檄适至,爰遴邑中文士,依《例目》采访,分门。簿书偶暇,重加讨论,略者补之,欲其信而有征也;繁者削之,欲其简而易明也;疑似者慎择,而仍阙之,欲其就实避虚而不穿凿也"①。

《例目》派乡土志的程式又有两种情形:(1)完全照搬《例目》门类与结构的。如刘鸣复(光绪)《法库厅乡土志》,"是书因奉提学使宪札饬,遵照部颁《乡土志例目》采录成书,以备编书局参考之用。兹特谨遵《例目》,详加考证,据实编辑,以副讲求实学之意"②。其门类的序次、编法一如部颁。徐昱(光绪)《灌县乡土志》也如此,还在卷前转载节录的部颁《例目》,并称:"乡土志不列凡例者,以有部颁《例目》。先后次第,既有准绳,其他升降弃取,皆有一定之法。事详而文简,词雅而意明,而不可以私心为之。所谓以前人之事实,为后学之感劝者是已。苟稍有差池,即与《例目》龃龉,不惟不足以列教科,又何以答部命而呈宪司?……照《例目》编纂,历半载者成。"(2)基本按照《例目》的门类和结构,稍事更张调整。如马锡纯(光绪)《泰州乡土志》遵《例目》编撰,但将历史、地理升为纲,统辖其他各目,分宗教而平列佛教、道教、天主教、耶稣教、回教,易实业为农业、工业,改商务曰商业,附历史释义、地理释义、大清统系年号一览表、唐虞以来二十四朝统系国号表等以利教学,新增兵士、堪舆、空气、职官、电报等目。"历史科增兵士者,纪新政也。地理科增航路、邮政、电报者,纪交通也;增田赋者,纪财政也;增面厂者,纪商务也。"③沈庆飏(光绪)《盖平县乡土志》分上、下卷,增为历史、建置沿革、政绩、兵事、耆旧、列女、人类、户口、氏族、宗教、实业、地理、古迹、祠庙、市镇、学堂、山、水、道路、物产、商务等 21 目。

其二,方志派。

方志派是将乡土志等同方志而形成的流派。此派志书虽然编纂的宗旨没变,但

---

① 〔清〕谢恺纂修:(光绪)《宣化县乡土志》,谢恺序,《乡土志选编》本。
② (光绪)《法库厅乡土志》,例言。
③ 〔清〕马锡纯编:(光绪)《泰州乡土志》,例言,清光绪三十四年石印本。

重在按方志惯例来编，体式同方志无异。奉天省在编纂乡土志之初时，不少地方即参考旧志来编，上呈后，以不合《例目》被要求重编的。如铁岭县，光绪三十二年修乡土志，沿用方志的平目体，置建置沿革、税厘、田赋、丁粮、学务、学堂、军制、警务、农政、兵事、工政、商政、商务、矿物、物产、氏族、宗教、耆旧、人类、户口、实业、地理，次年重编乡土志，类如《例目》。也有不少地方吸取《例目》中的个别门类，加以发展，修成的乡土志几与方志无异。姚诗馨修（光绪）《怀德县乡土志》采用《例目》中的政绩、兵事、耆旧（改名耆老）、人类、户口、氏族、宗教、实业、地理、山、水、物产、道路、商务等目，新增建置沿革、衙署、赈务、学务、警务、田赋、风俗、农政、工政、古迹、险阻、军制、商政、捐税，即如此。乔德秀纂（宣统）《南金乡土志》也是如此。其自称"搜罗古今之书史，调查远迩之见闻，征其实，举其要，寒暑编次，纲与目共列一十有九"，即形胜志、历史志、政治志、风俗志、文学志、武事志、孝义节烈志、耆旧志、名宦志、城池志、职官志、祠祀志、户口志、田赋志、山河海岛志（附海岸）、古迹志、物产志、祥异志、租借政治志，"其间附之以序，以撮叙其大略，以示用意之所存"[①]。有的乡土志则完全是方志的翻版。胡赞采（光绪）《光州乡土志》置建置、疆域、乡里、山、水、城池、公署、书院、学宫、兵制、艺文、田赋、户口、市集、人物、物产，即节录光州旧志而成。佚名氏（光绪）《敦煌县乡土志》卷一图考，列疆域总图、城关总图等图18幅；卷二历代沿革、疆域、山川、水利、城池、衙署、仓厂、驿站、塘汛、校场、养济院、陵墓、茶子、盐法、贡赋、蠲恤，增采10条：方言、户口、乡镇、厘税、实业、商务、矿务、巡警、学堂、碑记；卷三人物志，辖名宦、乡贤、科第、节孝、流寓、仙释等目；卷四艺文志，分记、奏疏、诗，附杂类，包括风俗、祥异、官职、名宦封爵、乡员封爵、异族、祠祀、古迹、物产，体法旧志，但编排殊失谨严。

其三，教科书派。

教科书派是乡土志中较有特色的类型，包括以"乡土地理教科书""乡土历史教科书""乡土志"为名的。此派的特色有二：一为编纂者多有新学背景，或曾受过日本或西方教育。如（光绪）《锡金乡土历史》《锡金乡土地理》的编者侯鸿鉴，早年留学日本，回国创立竞志女子中学。编《黑龙江乡土志》的林传甲，曾任京师大学堂教授。二是在乡土志的体例结构上兼顾了《奏定初等小学堂章程》《乡土志例目》的规定和西方教科书的形式。从编纂形式看，此派又可分为两种亚型：

---

① 〔清〕乔德秀：（宣统）《南金乡土志序》，转引自《东北地方志序跋辑录》，第77页。

第一，章节体。章节体是西方教科书的体例形式，类似中国传统的纪事本末体，但比纪事本末体包容性更大，结构层次更明晰，更适合事物发展的纵横性表述。清末的乡土志有不少采用了这种新的体例，如刘师培（光绪）《上元江宁乡土合志》、缪果章（宣统）《宣威州乡土志》、（光绪）《桐城县乡土志略》等。兹以缪果章（宣统）《宣威州乡土志》为例。

（宣统）《宣威州乡土志》系遵《奏定初等小学堂章程》而编的，供初等小学一二年级使用的宣威州乡土历史、地理、格致3门课教材的集合体，《宣威州乡土历史》《宣威州乡土地理》《宣威州乡土格致》课分别依次排列，各有例目。《宣威州乡土历史》的体制由章、节、课组成，共5章：第一章沿革，设置州之始、设州以前2节，宣威州等3课；第二章政绩录，设兴利、除害、听讼3节，张汉、黄四岳等15课；第三章兵事录，置元代、明代、国初、咸同兵事4节，蛇节金宝等6课；第四章耆旧录，分孝友、忠勇、宦绩、干济、实业、学术6节，孙昭等11课；第五章人类考，设土著、客籍、附论3节，诸夷、宗教等5课。《宣威州乡土地理》共5章：第一章疆域，设位置形势、界址2节，位置、四正等4课；第二章区域，设分区大概、宣化里、沛泽里等8节，本里疆域、祠庙、水利、物产等26课；第三章山系，置南干1节，远脉等3课；第四章水流，置州境三大水1节，盘龙江等3课；第五章道路，分驿道、枝路2节，北路、南路等4课。《宣威州乡土格致》体例稍异，"每章以动、植、矿及商务各类错综叙次，以期易悦儿童之耳目"，共3章，每章均以植物、动物、矿物、商务4项分类，再分节设课，第一章共11节16课，第二章共分9节12课，第三章共分11节12课，合计40课。3门课程均按每星期各讲授、复习一小时计，设置课程量和每课的内容。"本星期为讲解时间，下一星期即作为复习时间，是两星期方能授完一课，合计两年八十星期，只能授足四十课"，故3门课程"课数以四十为限"。"本书取便童蒙，每课字数删之又删，减之又减"①，最少不过45字，至多不过70字。全书体例完备，叙述简明。

第二，课目体。它是章节体的变体，减少了结构的层次。其中有部分以课为题，类似如今的小学教科书。如侯鸿鉴（光绪）《锡金乡土历史》，上卷设位置、定名、地势、民族、分县、历史、农业、工业、商业、风俗、学风、武备、征兵、财政、航路、邮政、电报、铁道、学校、社会、宗教、西教、学宫及书院、庙宇、寺院、俗礼、公园、产品等28课，下卷32课，涉及名人事略、侠客事略、贤令、义绅、忠义事略、洪

---

① 〔清〕缪果章编：（宣统）《宣威州乡土志》，格致例目、历史例目，《乡土志选编》本。

杨之难、乡团、近世名人事略等。顾国珍（光绪）《昆新乡土地理志》、侯鸿鉴（光绪）《锡金乡土地理》也是此例。有些乡土志则以类设课。如张瑞玑（光绪）《韩城县乡土志》，为初等小学堂前二年之教材，"谨遵奉到《乡土志例目》，合以《奏定章程》初等小学堂第一、二年之学科程度编辑"。分三册，第一册历史，分历史、政绩录、耆旧录、人类、户口5类80课；第二册地理，设80课，涉及四至、乡里、坊表、学堂、祠庙、山水；第三册格致，分植物、植物制造、动物、动物制造、矿物、矿物制造、商务7类80课。每册80课，以"每星期一点钟，每年四十星期，当授四十课"来设定。"历史一门，各课少相参差，然亦不敢浪费笔墨。地理、物产两门，则均以四十余字为一课，诚以幼稚之脑筋，繁博则苦其难记。"①全书有图，有文，有表，体制明晰。

上述三种流派的乡土志虽同用作小学教材，但优劣明显。《例目》派因为官府所定，分布面十分广泛，能够满足乡土教育的需要，然未考虑课程的教学量以及课时的分配，是其不足。方志派的乡土志，其记述的内容较多，门类较广，提供乡土情况较其他两派全面、系统，然有些已超出了儿童的接受能力。从符合学部的课程设置，以及教学规律上看，教科书派乡土志是最科学的，最适宜儿童的智力，当为乡土志之范式，可惜未被推广，数量有限。

（四）创新与贡献

清末乡土志的诞生和大规模编纂，正值西学东渐的持续发展和清朝新政的全面实施时期，乡土志自然留下了鲜明的时代烙印。

1. 主线突出，特色鲜明。

方志编纂的主旨，历来不外乎"资治""存史""教化"。三者并行，缺一不可。而乡土志是在民族存亡、岌岌可危的情况下产生的，服务的对象又是国家未来的建设者、保卫者、信念有待培养的儿童，其编纂不可能如以地方官、乡绅、学究为目标的方志那样"三管齐下"，必须突出主线。这条主线就是"教化"的一个重要方面——爱国。国家为乡土之集合体，乡土犹国家之细胞。"欲俾人人自知爱国，必先自爱其乡始；欲爱其乡，必先自知其乡之山川、人物始。此欲施普通教育，而乡土志之纂修为至要也。"②清末乡土志的编纂紧紧抓住了这条主线，其所记、所载无不体现爱国、爱乡思想。（宣统）《齐东县乡土志》，置图、地理以明地理形势、名胜古迹，历史、兵事以便了解发展脉络，政绩录、耆旧录记乡贤、名宦等的好人好事，人口、氏族、宗教、道路、物产、商务以叙现状。"合邑之地理、山河、政绩、事业，麟麟炳炳。

---

① （光绪）《韩城县乡土志》，编辑大意，《乡土志选编》本。
② （宣统）《齐东县乡土志》，李炳炎跋。

令吾人读之，而爱乡土之心可以油然而生矣。果由此扩而充之，爱国之心何难普及于教育中哉。"①（宣统）《安南县乡土志》于安南的沿革、风俗、人物、种类、山脉、水道、形势、位置、物产、古迹、交通等记载，"无不井然、秩然，补一邑县志之缺，起后学入胜之阶，使读者由爱乡土之心扩而及于国家，诚佳构也"。故此，"欲引起儿童之爱国心，必自读乡土志始"②。

为更好地反映地方面貌，培育儿童的爱国主义思想，乡土志十分重视对地方特色的反映。如广西（宣统）《明江厅乡土志》开列：疆域、沿革、山岭、水泉、城郭、官署、学堂、祠庙、汛隘、风俗、气候、礼节、土产、名宦、耆旧、职官、课目举人、课目副榜、武举、明江厅辖地等目，于山岭、水泉、学堂，改乡土志之惯例附列艺文，以突出山水风景之胜，以示开化之深；专设风俗，详载各民族的生活习惯、风土人情，并概括出本地风俗的三项美德"一曰不溺女，一曰不惑风水，一曰妇女多勤苦"，让儿童习之而发扬；土产之详位居各篇之首，且生动、形象，以突出明江物产之饶。（光绪）《铁岭乡土志·商物》记载了洋火、洋蜡、杂色羽绸、元青羽绸、洋白面等商品的销售情况，并进行总结："自本境城外西关西南区开设商埠后，日本贸易日新月异，东清铁路运输货品堆积如山，夜则灯烛辉煌，殆别成一新世界。就中平握准霸权，以三井洋行为第一，本境商人现多仰其鼻息。使非急兴商学，组公司，讲实业，并督农工各家，以认真改良，为文明之抵制，恐利源外溢，不易复收，如尾闾之泄海也。"反映了日本势力在铁岭的渗透现实，唤起人们实业救国，抵御外权，维护国家利益。乡土志把树立、培育儿童的爱国情怀作为主旨加以突出和宣扬，是极合时宜的。

2. 注重现状的实地调查。

学童稚幼，知识未开，语以全国历史、地理及环球大势，必至茫然如烟云，"不足鼓荡兴趣，唯就眼前之一山、一水、一名、一物，口讲指画，反觉亲切有味"③，所以乡土志之作，"撮邑乘之精华，而为蒙学之津梁"④。乡土志的内容除一部分需要采自县志外，与现状相关的山水、人口、氏族、宗教、物产、商务等都需实地调查准确。对此，部颁《乡土志例目》就规定，如"宗教，本境所有外教，务查明编入。回教人若干（回教与回种有分别，回种系真阿拉伯人，可编入人类门。回教有阿拉伯人，有旗、汉人入教者，均编入此），喇嘛黄教、红教人若干，天主教人若干，耶稣教人

---

① （宣统）《齐东县乡土志》，李炳炎跋。
② 〔清〕易心澄编：（宣统）《安南县乡土志》，杨咏裳序，《乡土志选编》本。
③ （光绪）《宽甸县乡土志》，马梦吉序。
④ 〔清〕钟文虎修，徐昱纂：（光绪）《灌县乡土志》，何廷璐序，清光绪三十三年刻本。

若干"。"实业,凡齐民不入他教者,务查明实业,分而为四:士若干,农若干,工若干,商若干。"各地乡土志的资料搜集,均注重这一环节。《华亭县乡土志》记户口、实业,人数据县府档册,"外教人数,询之各教堂";"商务询诸商会,不能详者参考市肆"。①光绪三十二年,张瑞玑以教科书体式纂《韩城县乡土志》,"其山川道里、商贾销售、民生消长诸大端,有为旧志所不载,载之而不甚详者,皆几经测量调查,而务求其实"。"历史多案邑乘编纪,其近数十年邑乘所未载者,亦采访附入。"②

乡土志的实地调查与一般方志的调查采访有共性,又显自己的特点。在采访方式上,方志多自拟采访条例,分派采访员进行采访;乡土志则系编者据部颁《例目》,"依《例目》采访"③。在采访的内容上,方志是无所不采,既包括事实、传说、轶闻,又含对散存民间文献的调查;乡土志仅就方志所缺载的、便于儿童识别的"一山、一水、一名、一物"等进行调查,注重调查的现时性。"是编皆就现时实际,按条填录。"④

3. 尝试新的编纂方法。

首先说地图。地图是方志所必有,清代方志地图除部分采用开方计里的方法绘制,准确性较高外,大多采用对景式,模拟山川、景物,无大小、距离比例可言,方位也不太准确。部颁《例目》没有规定要绘制地图,各地乡土志中绘有地图的不在少数,目的是"直观教授",方便教学,有些还采用了较科学的绘制方法。(宣统)《齐东县乡土志》的舆图按方格绘制,有坐标,以"上北、下南、左东、右西"表示地图方向,图中内容以图例反映,如:城 □ 集镇 □ 村 ○ 寄庄 · 渡口 △ 河流 ～～ 已淤河 ……… 电线 ∥∥∥∥ 。(宣统)《莘县乡土志》地图,开方计里,每方 5 里,图例很丰富,对市街、巡警局、土坑、桥梁、河流、黄河故道、庙祠、习艺所、土堌堆、井泉、古塔、县界、县署、牢狱、坟墓、道路、古碑、村庄、土围、城墙、古堤、碱场等均以符号表示。(光绪)《延庆州乡土志》的舆图采用 1：200000 的比例尺,也标有图例。这表明乡土志的地图已处于中国传统方志地图向近现代方志舆图的过渡之中。

在表述上,乡土志通常"意取明显,词尚浅近,凡艰深晦涩之语一概删除"⑤,还针对小学教育的特殊性,进行多种创新。比如韵文的使用,就是根据儿童的生理、

---

① 〔清〕佚名纂:《华亭县乡土志》,凡例,《乡土志选编》本。
② (光绪)《韩城县乡土志》,张瑞玑序、编辑大意。
③ (光绪)《宣化县乡土志》,谢恺序。
④ 〔清〕童光照纂:《昌黎县乡土志》,凡例,《乡土志选编》本。
⑤ (宣统)《宣威州乡土志》,历史例目。

心理特点，因材施教而创编的。秦兆阶（光绪）《赞皇县乡土志》各类目之下，每课先用四字韵文概述，再以文字重叙，就连叙编纂主旨的前言也用韵文。如记商务："赞本小邑，僻处山陬；商务陆运，并不通舟。往来负贩，车载骡驮；肩挑背荷，穷黎实多。"读之朗朗上口，易记难忘。陈绶（光绪）《洛南县乡土志》略异（光绪）《赞皇县乡土志》，只分类不分课，"兹谨遵乡土志例，编为四言韵语，为便于童蒙诵习"①。又如图的运用，采用图说并茂的形式，突破方志表述的旧惯。（光绪）《韩城县乡土志》在这方面尤为突出。"是册惟历史一门有说无图，地理、格致二门均图说并载者。有图则其说可证，且以助童蒙之娱悦，鼓舞其才识也。"该志自第47课"大禹庙"始，大部分课程均是上图下说，如太史公庙图说、苏武庙图说、白居易祠图说、君子祠图说、马公祠图说、刘公祠图说、康济桥图说、魏长城图说等。其第三册格致所列图说，"皆仿《毛诗》《尔雅》《山海经》图说之例，而分绘其图，盖将以欣愉儿童之心志，开凿儿童之聪明也"②，对启蒙孩童的科学知识尤有价值。如"纺线图"，其说云："韩民勤朴，妇女多事纺线。惟所用古法，每人每日成线四两。近日考求新法，造洋式木轮纺车，若能有成，亦一大利源也。"它不仅告知儿童纺线情形，还指示了本境纺织业的发展方向。

在体式上，除上文已述的按课设置外，还有其他新的尝试。（光绪）《赣县乡土志》创上下栏表式，上栏为正文，以三字韵文表述，下栏小字双行注释，结构简洁明快。（宣统）《辽源州乡土志》采用部颁《例目》，以目作问题，以回答形式作答。彪蒙编译所编辑《杭州府乡土历史歌》，采用歌谣体。（光绪）《荣城乡土地理志》前有绪论叙本县概要和编纂宗旨，后有结论作最后陈述，中以自然、人事、方志分篇，每篇先概论再分项叙述。其自然记载沿革、位置、山脉、河流、海岸、海湾、岛屿、半岛、要防、风景、古迹、气候、物产，人事记载氏族、职业、风俗、教育、经济、宗教、语言、交通、人物，方志则载县治、区划，颇有新意。

4.宣传进化论思想。

自严复翻译《天演论》以来，西方进化论思想开始在中国传播，部分乡土志的编纂者也试图借乡土志向儿童灌输"物竞天择，适者生存，优胜劣败"思想，以唤起他们的忧患意识，发愤图强，改革积弊。"今编此志，宜搜集人世之现象，推记古今之迁变，以验人群进化之迹。"③（光绪）《蒲江县乡土志》首先通过叙述历史演变

---

① 〔清〕陈绶纂：（光绪）《洛南县乡土志》，陈绶小引，《乡土志选编》本。
② （光绪）《韩城县乡土志》，编辑大意、张瑞玑序。
③ 《刘师培全集·左盦外集》，编辑乡土志序例。

宣传进化论，"人皇肇蜀后，人群若何进化，国界若何进步，皆生蜀国者宜研究。志中第一期至第五期，证以古籍，确指蜀为人皇贵种，黄帝子孙，并揭出无蒲江之蒲江，使儿童知蜀国进化之先，即知吾蒲开化之早"。其次，让学子读乡土志而"生富强贫弱观念"。志中对蒲江贫弱原因"据实直书"，对如何实现由弱转强，"证之中外古今，附以鄙见，以期唤起儿童整顿乡土之精神，俾人人有可士、可农、可工、可商之资格，为异日组织桑梓入手地步"。再次，痛陈积弊，以发人深省。志于"济仓、三费、税额、路股、鸦片诸端，破除忌讳，直陈腐败原因，以期改良"①。秦兆阶（光绪）《赞皇县乡土志》还用韵文阐述了进化论对乡土教育的重要性。"大地椭圆，万国罗列；强则称雄，弱则败灭。权力道理，世运流迁；政贵知变，自古其然。中国维新，振兴学校；宗旨教人，爱国为要。爱国之道，始自一乡；请与幼学，说我赞皇。"②

5. 反映近代社会变迁，体现新政成果。

近代中国是个风云变幻的社会，政治斗争与变革、军事战争此起彼伏，传统的经济、教育模式已被打破，新的经济、教育成分和经营管理方式在不断发展变化，新政的实施在一定程度上进一步促进了中国社会的近代化。乡土志虽然不承担记载这一系列历史剧变的重任，但其在调查现状、向儿童叙述本乡本土的历史与现状的过程中，还是客观地反映了近代社会变迁，体现新政实施的一些成果。这些体现近代社会变迁的资料，在清末修志发达地区，略显简单，但在清末时志书已散佚以及长期没有志书编纂的地区，乡土志的问世恰好替代了方志，为乡土志增添了新功能，乡土志的资料就弥足珍贵了。如（光绪）《宣化县乡土志》是（康熙）《宣化县志》后有关宣化县最全面的资料，若要查康熙后宣化的地理变迁、经济发展、教育改革、人物情况就必须利用此乡土志。再如新疆的42种乡土志，多是新疆各府、厅、州、县情况最初的系统记载，应是如今研究新疆历史、地理和乡土教育的首选资料。

通观清末的乡土志，其史料价值较高的主要有四方面：一为经济，反映清末经济结构与经济成分的变化。如周登皞（光绪）《宁河县乡土志·商务学》载："他境货物运入本境者，大率木料、纸张、洋货、油糖等项，由南省运入天津、烟台等处转入本境，以赡乡民之不足。他如粗棉花、粗布，由山东大山及邻邑之丰润、玉田、宝坻等处而来者亦复不少。盖邑为水陆通衢，而四方是以云集焉。"讲述了宁河主要商品的原产地，说明当时商品流通已相当发达。二为社会状况，主要是人口、宗教信仰、氏族等。这些方面的资料多系调查而来，较准确可靠。三为风俗。乡土志主

---

① 〔清〕佚名纂：（光绪）《蒲江县乡土志》，编辑管见，《乡土志选编》本。
② 〔清〕秦兆阶纂：（光绪）《赞皇县乡土志》，题辞，《乡土志选编》本。

要为风土而作,这方面的记载现时性较强,较以往的方志记载价值大。如(宣统)《宣威州乡土志·商务》:"宣威向以火肘、鸡肉及他小菜待客,命曰'土八碗'。本地风光洵称良美。近则非海参、大虾、游鱼不足以待客矣,故谚有'三个头''四个头''五个头''六个头'之称。曰'四个头'者,加鱼肚也;'五个头'者,加瑶柱也;'六个头'者,加鱼翅也。"反映宣威的饮食习俗由俭入奢,外来风尚对本地的影响。四为新式教育的推广,主要是各类学堂的设置和分布的密度。此外,有关战争的资料也不少。

乡土志是清末新兴的文献类型,有许多新发明,当然也存在不足,主要是成书较速,粗糙者多,精品少。不少地方当作例行公事,依目填写,没有的就注"缺",造册完成,一份送京师编书局,一份送省,没有进行刻梓。有些乡土志的统稿和校对也不够认真。如(宣统)《岑溪县乡土志》历史部分,以章、课分,地理部分以课分,前后不一致。周登皞(光绪)《宁河县乡土志》课程,有的漏标第某课,有的重标第某课,有的前后课倒置。

第三节　民国方志的转型与创新

民国建立后,政局动荡,内忧与外患频仍,但方志编修的传统并未中断。由于社会制度的变化和近代科学文化的推广,方志内涵的变化之大,创新之多,超越了明、清两代。

一、古代方志到近代方志的过渡

民国建立不久,1914年,浙江省率先设立通志局,启动《浙江通志》的编纂工作,聘沈曾植为总纂,喻长霖为提调,朱祖谋、朱福清、王国维、吴庆坻、张尔田、刘承幹等为编纂,各县俱设采访员若干。沈曾植拟定修志方案:接(雍正)《浙江通志》而修,断限自乾隆元年至宣统三年止,在前志疆域、建置、山川、形胜、城池、学校、公署、关梁、水利、海塘、田赋、户口、蠲恤、积储、漕运、盐法、钱法、驿传、兵制、海防、风俗、寺观、陵墓、金石、职官、经籍、人物等门类的基础上,新设大事记、经纬度、里程表、地质、地方自治、厘金等门类。同年,教育部咨令各地编修乡土志,用作学校教材,并供清史馆征用。各地陆续编修了一些乡土志和县志，如辽宁法库县知事李心曾增补《法库县乡土志》、宽甸县知事程廷恒修《宽甸县志略》，吉林辑安县知事吴光国修《辑安县乡土志》，吉林磐石县知事黄守愚修《磐石县乡土志》、黑龙江拜泉县佚名氏编《拜泉县志》等。

  这一时期较普遍的修志是从1916年开始的。这年教育部会同内务部咨文各地纂修志书，一些省于是成立通志馆、通志局，编修通志，并要求各县遵守实行。奉天省公署收到教育部、内政部的修志咨文后，以"省长公署第一零零六号训令"的形式转发各道尹，称："除咨复内务、教育两部外，合行令仰该道尹转令所属各县，遵照办理具报。"①陕西巡按使吕调元、督军陈树藩决定编修通志，组建陕西通志局，延聘宋伯鲁为总纂。福建省设立通志局，以沈瑜庆、陈衍为正副总纂，经十年，全稿完成。广东省也成立修志馆，下设总纂、分纂、收掌、分校、采访、誊录等职位，由省长朱庆澜主持修志工作，后因时局动荡而中辍，遗存志稿19册。次年，内务部鉴于各地提出修志有三难："改革以来，疮痍未复，军资政帑，罗掘俱穷，兵燹天灾，库藏早罄。制国用于预决算书以内，仰屋犹嗟；增巨帑于出入岁计之余，点金何术，其故一也。撰述典文，取资宏达。怀经负帙，宜集方闻传物之儒；茹古涵今，必兼旧学新知之彦。然或则地介交通，楚材可借；或则邑悬僻远，硕士难求，其故二也。事涉艺林，未容简陋。开石渠而延士，待建高墉，设秘阁以藏书，亟需广厦图书宫观，繁兴土木之功，版筑雕糜畴给泥沙之用，其故三也。"再次行文各省，在强调"前经本部会同教育部，通行各地方，饬属续修县志。迭准咨复，多已转饬办理在案"的同时，要求"除已设局开办各县仍应积极进行外，其未经开办各县，应即体察情形，先从征求文献入手，延集地方绅耆，暂就各该县自治机关附设处所，预筹进行办法。凡关于乡邑见闻，公私撰著，足供续修县志取材者，均应广为搜辑，先事编存，以资筹备"②。这年，山西省部署全省修志工作，颁布《山西各县修志凡例》，要求"凡重修县志者皆准之。其无力重修，但拟赓续者，同于前志则不便，异于前志则非续，宜题曰新志，仍准此凡例"③。1918年，江苏省设置通志局，延请冯煦为总纂，恢复鼎革之交中断的省志编纂工作，至1927年成遗稿300余卷。1921年，河南省也成立通志局，省长张凤台兼总裁，蒋藩等任编纂，颁《通志局组织简章》8条，拟重修《河南通志》简目26门。1923年，减省志目为19门，然终因时局关系，一直未能修成志稿。此后，全国水利局、司法部、内政部、教育部、国史编纂处等多次催

---

① 辽宁省档案馆编：《编修地方志档案选编》，辽沈书社，1983年，第18页。
② 《编修地方志档案选编》，第20—21页。
③ 转引自《中国地方志大辞典·附录》，浙江人民出版社，1988年，第511页。

征各县志书,奉天、山东、甘肃、安徽、云南等省还令各县迅即编辑志书,这都在一定程度上促进了志书编纂。时人形容当时的修志形势,"五稔以还,国府通令各省,省府通令各县,催促续志,急如星火。既为公令,势必奉行,故省无间南北,县不分大小,莫不各续志书,待梓报命"①。如奉天的沈阳、黑山、新民、海城、昌图、铁岭、锦县、开原、海龙、盖平、盘山、义县、辑安、庄河、兴京,云南的昆明、宜良、玉溪、路南、陆良、马龙、大理、个旧、盐丰、丽江,四川的双流、金堂、温江、崇庆、绵阳、绵竹等县,均续修、重修了志书。

据不完全统计,其间共编修及刊印各类地方志484种,约占民国修志总数的30.8%。②总的状况是,因"省吏多非士林,上焉者以志馆属之僚绅,下焉者并设此以置亲故。故立馆而终无成者有之,成书而言无物者亦有之,以较清代,反多远逊"③。然而,由于此时期处于时代变革之际,社会观念错综复杂,反映在志书编纂上,既有相当部分志书在编纂宗旨、体例和内容取舍上保留传统的做法,如保留天章、巡幸、分野、烈女等名目,《清丰县志》仍设传统的沿革、建置、地理、风土、编年、田赋、盐钞、祀典、帝妃、封荫、官师年表、武备、科贡、循良、宦业、武功、经术、文苑、孝义、忠节、贞烈、艺文、外志等。也有不少志书顺应时代发展进行了局部的革新,并向近代方志过渡。

1. 体例上既沿袭传统,又反映时代发展变化,兼有近代志书的特征。1917年《山西各县志书凡例》,拟定志书采用图、略、传、表、考五种体裁,设置方里图、山脉图、河道图、城郭图、疆域略、沟洫略、赋税略、丁役略、礼俗略、生业略、物产略、氏族略、方言略、兵防略、名宦传、名贤传、文儒传、孝义传、士女传、杂传、官事表、选举表、学校表、沿革考、营建考、古迹考、金石考、著述考、旧闻考、丛考等纲。把它同明清方志比较,其篇目基本相同,仅个别地方有变化。生业略记载经济状况,"士、农、工、商,各有偏重,调查详载,务得其实"。兵防略附巡警,选举表附议员选举,改烈女传为士女传,"凡贤媛才女,皆可立传,不必拘于节孝""凡凡例所有而旧志亦有者则续之,凡凡例所有而旧志无之者,则立之,于卷中注明"。随着社会的发展,方志体例的近代化程度也越来越高,新志目越来越多。1920年,奉天新民县修志,拟分门类24:"一曰区域,一曰建置,一曰职官,一曰政治,一曰军制,一曰兵事,一曰币制,一曰度量衡,一曰田亩,一曰财赋,一曰教育,一

---

① 刘志鸿修,李泰棻纂:(民国)《阳原县志》,李泰棻序,1935年铅印本。
② 傅登舟:《民国时期方志纂修述略》,《文献》1989年第4期。民国间修志数均据此文,下不另注。
③ (民国)《阳原县志》,李泰棻序。

曰户籍，一曰选举，一曰人物，一曰祀典，一曰礼俗，一曰慈善，一曰物产，一曰实业，一曰宗教，一曰交通，一曰古迹，一曰艺文，一曰志余，分门别类，纲举目张。"①志目新旧各半。《泗阳县志》新设大事表、水利研究会、慈善、县议会、警备、教育局、公共体育场、实业局、农业、农会、农场、工业、商业、商会、邮电、航路等目。1926年，奉天省颁布县志体例，定方志分设5纲：摄影（包括县知事、各机关形式、古迹、名胜、古物、编辑同人）、疆域（包括幅员、边界、区画、山川、城镇、海岸港湾、土质、古迹、名胜、要塞、通路桥梁铁路、物产、气候、租界等目）、政治（包括沿革附县大事年表、政绩、教育、警察、保甲、区村、团练财政、选举、外交、司法、军政、盐务、电话、邮政、水利等目）、人事（包括民族、户口、农业、工业、商业、盐业、矿业、蚕业、渔业、林业、医业、宗教、礼俗、语言、外侨等目）、附记（包括人物、忠孝节义、外官、乡宦、慈善、教养、工厂、艺术、艺文、歌谣、轶闻等目），几与后来的志书无异。②

2. 编纂方法新旧并存。兹以余绍宋《龙游县志》42卷为例以明之。《龙游县志》是这一时期的名志，体例袭用清章学诚的"三书体"，卷一至二十三为正志，分通纪、地理考、氏族考、建置考、食货考、艺文考、都图表、职官表、宦绩略、选举表、人物传、人物别录、列女传、节妇略、列女别录；卷二十四至四十为附志，分丛载、掌故、文征。梁启超为之作序，盛赞其善，"精辟之处，时过前人"，如：将丛载、掌故、文征别为附志，"以隶于正志，主从秩然"；广征资料，博观慎取，"实为搜集史料、辨证史料之最好模范"；通纪总括一县二千年间的大事，"若挈裘振领"，甚至把它当作"我国方志学中独传之作"。梁启超的评价虽不无溢美，但《龙游县志》在编纂方法上除承袭外的确不乏创新之处。如都图，一般志书简者列都图名称，详者增列所属村名，此志的都图改为近代表格形式，分8个栏目，"一、二两格表其所属都图，第三格表其所属之区，第四格为地名，第五格为距城里数，第六格为上通何处、下达何处，第七格为居民大概，第八格为备考"。其中，"居民大概"一格，"所以记其村原居之氏族为何（原居之姓，依俗例称祖姓），今日盛衰何似。客姓移来者必载，他姓代兴者必载，客姓人数之多寡，有可稽者亦必载，期与氏族考互证，以略窥氏族变迁之大凡。凡不及五户之村，有本为大村，而因水火兵灾致衰落者，亦有新立尚待发展者，今载入备考，以征他日兴废之迹。其本有某村，今已废绝者（……），及村址有迁徙，或村名有改易者，亦载之，借为考古之助"。对氏族，方志多缺载，

---

① 《编修地方志档案选编》，第197页。
② 《编修地方志档案选编》，第52—53页。

即使有的，也只开列世家大族之名称及简略的源流，此志认为"盖一地方文化之优劣，人才之盛衰，风俗之良窳，食货之荣悴，胥于氏族变迁有息息相关之理"①，氏族考"则抉社会学之秘奥"②，详载龙游 83 姓 430 族的源流、迁徙、盛衰、代表人物、谱牒编修等内容，对族姓的排列也一改传统的以地望、四声、偏旁为次，以及章学诚的以城及四乡为次，而采用近代的笔画法。"兹一以其姓笔画之繁简定之，简先繁后。其同笔画者，则以迁来先后为次。"③对旧志的一些积弊，如皇言、恩泽、八景、堪舆之类，一并删除。

3. 明清方志重人文轻经济的现象有所改观。由于清末新政和近代西方学术思想输入的影响，方志中经济内容的记述较以往有所增加，相当部分志书都设立实业、商务、物产等目记载各地的经济情况。如《上海县续志》记录了海关、棉纺织手工业、商品销售市场、商业团体、外资企业、近代新兴产业等情况。《龙游县志》置食货考，列户口、田赋、水利、仓储、物产，尤以记物价资料珍贵。"物价之低昂，系于民生习俗者至大。旧日修志家侈言高尚，恒不屑道，故方志中无及之者，实大惑也。今确查近六十年来之价格，为物价表。田价所关尤巨，亦为查出，备千百年后比较之资。"④《良乡县志》还列了全境商业调查表。

二、近代方志的成型

1927 年 4 月，南京国民政府成立，全国的统一大势所趋，为方志的编纂提供了客观条件。次年，行政院令各省、县一律修志，军政部军需署也咨请各省征集县志。1929 年，内政部通咨各县搜集志书，铁道部、全国道路建设协会也征集志书，内政部还通咨各省将省、县、市志书凡例送部审核，并于 12 月颁《修志事例概要》22 条，规范各地修志行为。1930 年 1 月 25 日，内政部又通咨各省，督催县市编修志书。次年 4 月，又通咨各省市县，"须聘学识优长，并富有时代思想者主编"。7 月，行政院发布"第三五四五号训令"，要求各地不要在志书中设立党务志，"本党事绩、人物，于各门类中尽量表彰，不必另立一门"⑤。与此同时，军政部、实业部、教育部、

---

① 余绍宋纂：(民国)《龙游县志》，叙例，《方志丛书》本。
② (民国)《龙游县志》，梁启超序。
③ (民国)《龙游县志》，叙例。
④ (民国)《龙游县志》，叙例。
⑤ 《编修地方志档案选编》，第 11、28 页。

考试院、铁道部、北平研究院、中央研究院社会科学研究所、学术研究会、全国道路建设协会等部门，均数度征集志书。这样全国各地掀起了20世纪的第二次修地方志热潮。

　　1929年，江苏省政府在镇江成立通志编纂委员会，聘请庄蕴宽为总纂，张相文、柳诒徵等为常务编辑，恢复省志编纂，并通令全省征集诏谕、御制、职官、选举、经济、人物等新近资料，各地以《征访稿》的形式将资料上报通志编纂委员会。1930年1月，热河省民政厅奉令筹备成立通志馆，10月令各县上报乡土史地材料，12月，省民政厅呈报"迄今仅有承德、朝阳、经棚三县业已修竣呈送审核，其余各县多未遵办"，要求省政府严令催办。1931年1月，热河省政府指令民政厅，凡六个月内不能修竣县志的，"定将该县长撤差严惩"。① 3月，辽宁省民政厅令催各县即速呈复编志情况："各该县长，限文到十日内，凡未呈复县分，应速遵照前令搜集，其余县分新志如已编就，克日付梓，如已出版，迅即呈送来厅。"② 绥远省也遵国民政府令组建通志馆，延请李泰棻为总纂，计划两年内完成编纂任务。随后，通志馆制定采访细则，派采访员到各地搜集资料，至1936年纂成志稿120册。1932年甘肃省通志局易名通志馆，杨思为馆长，著名学者张维任副馆长，搜集整理资料，至抗战前夕成《甘肃通志稿》130卷，凡17纲93目。建省不久的青海省也在1936年建立省志略馆，准备编修省志。当时，一些社会名流、学者多积极投身于修志之中，如王树楠编《奉天通志》《冀县志》、刘盼遂纂《长葛县志》、董作宾纂《安阳县志》、傅振伦纂《新河县志》、李泰棻纂《阳原县志》、王重民纂《无极县志》、黄炎培纂《川沙县志》、柳诒徵纂《首都志》、贾恩绂纂《南宫县志》《定县志》、陈训正纂《鄞县通志》、傅增湘纂《绥远通志稿》、柳亚子纂《上海市通志》、张维等纂《甘肃通志稿》、张国淦、瞿宣颖等纂《河北通志稿》，等等。经社会各界的共同努力，志书编纂加速，至1937年，据不完全统计，共纂修及刊印志书626种，约占民国方志总数的39%强，年均出书56种。其中，尤以1936年为盛，有志书87种问世。

　　1937年7月，日本发动全面侵华战争，全国军民的中心任务转入全面抗战，大规模的编修地方史志被迫中断，据今人统计，到1945年仅编修和印行地方志219种。抗战胜利前后，国民政府又重新启动修史编志工作，1944年5月，内政部颁布《地方志书纂修方法》，规定修志分省志、市志、县志3种，各地应设志馆从事编辑；志书编就，应将志稿送请内政部组织的"志书审核委员会"核定；志书出版后，还应

---

① 《编修地方志档案选编》，第38，39页。
② 《编修地方志档案选编》，第40页。

送存内政部、军政部、教育部、中央图书馆等备查。1946年10月，内政部重新公布《地方志书纂修办法》《各省市县文献委员会组织规程》，规定各地设立文献委员会，负责征集、保管、编纂文献资料，文献委员会由7至15人组成，由省、市、县政府聘请专家及有关机关、学校首长充任。其下置编纂组，主持志书与文献刊物的编纂；采集组，负责设计、调查、征集、访问、通信等事宜；整理组，担任资料、文物的登记、编目、绘图、鉴定、收藏、陈列；总务组，负责文书、会计等后勤保障工作。这两份公文对促进了各地编志事业的恢复起到了一定的推动作用。浙江、云南等一些省、区的通志馆、通志局开始恢复工作，各地文献委员会纷纷成立，修成和印行了一些志书。但由于国民党政府忙于搞内战，且很快垮台，编修地方志工作受到很大影响。

据不完全统计，此时期供修地方志950种，主要有以下类型：

1. 省志。民国共修省志约有50种，主要成书于是时，多为稿本。其中，1934年安徽通志馆编纂《安徽通志稿》157卷，分大事记稿、舆地考、民政考、教育考、财政考、交通考、司法考、武备考、人物传、方言传、金石古物考、艺文考等册，极富时代特色。1944年，《察哈尔省通志》成书30卷，置疆域、物产、户籍、执业、政事、蒙古6编及大事记，详载境内形势、关隘、山川、村户、泉眼、井数、井质、井深、水味、水量及蒙古世系、宗教、风俗、教育、物产、户口、牧地、军事、台站，有资军政；大事记着重记载29军长城抗战，极富时代性。吴廷燮等纂修的《江苏省通志稿》，始修于清末，数经中辍，1945年成稿350卷，设大事记、方域志、都水志、建置志、民政志、礼俗志、度支志、货殖志、职官志、选举志、文化志、武备志、司法志、邮传志、经籍志、古迹志、金石志、邦交志、宗教志、人物志、列女志、灾异志等22个分志，内容全面；邦交志、民政志、礼俗志、度支志、货殖志、邮传志以民为本，体现社会发展。它是江苏建省以来的第一部省志，资料珍贵。1949年完稿的《重修浙江通志稿》分纪、考、略、传、谱、传及两浙文征，金石考、著述考、人物传，传统与现代相结合，别具特色，且资料丰富。

2. 市志。市志是民国新出现的志书，此时约修有10余种。最著名的要数1935年柳诒徵、王焕镳纂《首都志》16卷。此志因时立类，设沿革、疆域、城垣、街道、山陵、水道、气候、户口、官制、警政、自治、财政、司法、教育、兵备、交通、外交、食货、礼俗、方言、宗教、人表、艺文、大事表诸门，并采用新修志方法，编有52幅图，75张照片，60个表，内容翔实，体例完备，考据精审，征引资料注明出处，尤详教育、古迹、藏书。今人称之"是志不囿于旧志门类，自立义例。其《气候》《警政》《自治》《司法》《外交》等为向之所无者，约占全书的十分之四。《交通》《礼俗》

《方言》《宗教》于旧志为附庸,今蔚为大观"①。1936年成稿的《上海市通志》有历史、地文、政治、外交、教育、财政、金融、社会事业、学艺、公共租界、法租界等11编,体现了上海的地方、时代特色。

3. 县志。县志是地方志的主体,各地多有编纂,有的地方还连续编纂,如江苏海门县1935年由刘伟纂《海门县图志》15卷,1941年前后范钦孟又纂《海门县续志》;盐城县在1929年延请胡应庚、陈钟凡纂《续修盐城县志稿》14卷,1933年出版,1936年胡应庚、陈钟凡改订志稿成《续修盐城县志》,由苏州文新书馆印行,1949年胡应庚再作《盐城续志校补》3卷;四川长寿县,1928年李鼎禧纂成《长寿县志》12卷,1944年刘君锡等又纂成《长寿县志》16卷;河北清苑县,1931年姚寿昌纂《清苑县志》6卷,1936年佚名氏纂《清苑县志料》不分卷,1941年贾恩绂纂《重订清苑新志》不分卷;但在分布上却与明清有较大的不同,以四川、河南、广西、云南等省为多。在质量上,尽管参差不齐,然也修出了一批名县志,这些名县志多出自知名学者之手。如王重民《无极县志》20卷,秉承史法,置疆域、建置、财赋、物产、风俗、教育、职官、选举、人物、古迹、艺文、金石等分志及大事年表,各志酌分细目,疆域志有界至、沿革、山脉、河流、堤堰、桥梁、村镇,财赋志列田赋、户口、榷税、地方捐、地方经费、盐引及附录,风俗志分礼俗、宗教、歌谣、谚语、方言,大事年表以表格形式,记地方大事。全志中疆域、建置、艺文、金石之名称沿袭传统志书,而新增教育、邮电、宗教、歌谣、谚语,古迹、建置摄影成照片17幅,增加志书的直观性。

4. 乡镇志。其较明清大大衰落,主要有张叔通《佘山小志》、王德乾《真如志》、杨大璋《续望仙桥志稿》、陈应泰《月浦里志》、张江裁《天津杨柳青小志》、杨巨川《青城记》、施兆麟《相城小志》、叶成庆《乡志类稿》、朱保熙《巴溪志》、狄辰《穿山志初稿》、奚铮《无锡富安乡志》、于树滋《瓜洲续志》、邵驹《曹甸镇志》、张镇南《王家营志》等44种,主要以经济发达的上海、江苏、浙江、广东为多。其中,也有一些佳作,如王德乾《真如志》8卷,卷首列舆图,次分舆地志、水利志、营缮志、财赋志、实业志、教育志、交通志、兵防志、警务志、救恤志、选举志、褒奖志、人物志、艺文志、名胜志、祠墓志、物产志、礼俗志、杂志等纲,末为附录,录正误、备稿、拾遗,所采用6种编纂方法:详考订、厘体例、慎始终、严采访、插舆图、命名称,颇为得体,资料也非常翔实,反映了上海近郊商品经济的发展,

---

① 徐复、季文通主编:《江苏旧方志提要》,江苏古籍出版社,1993年,第39页。

以及近代农村社会的变化。

此外，地方史在这期间也有编纂，约有76种①，既有综合性的，如傅斯年等《东北史纲（初稿）》（1932）、陈训慈《浙江省史略》（1935）、叶凤梧《河北乡土史》（1936）、马敬时《松江简明史》（1938）、金毓黻《东北通史（上编）》（1941）、黎晋伟《香港百年史》（1948）等，又有专门性的，如孙嘉会《华北革命史》（1930）、刘家驹《西藏政教史》（1932）、王秀水《上海工人运动史》（1935）、江山县政府《江山民众抗敌小史》（1943）、郑德坤《四川古代文化史》（1946）、陈汉光《台湾抗日史》（1948）等。

此时的志书编纂还有四方面在中国方志史上值得一书：

第一，政府确定较为科学的修志导向。

国民政府曾三次颁发修志法规，对修志的机构、内容、纲目、编修方法、审核办法，以及文字表述、印刷进行详细规定，并确定了省志30年纂修一次，市志及县志15年纂修一次的修志制度。其中，《修志事例概要》是最重要的一个，兹录全文如下②：

一、各省应于省会所在地，设立省通志馆，由省政府聘请馆长一人，副馆长一人，编纂若干人组织之。

一、各省通志馆成立日期、地点，暨馆长、副馆长、编纂略历，并经费常额，应由省政府报内政部备案。

一、各省通志馆成立后，应即由该馆编拟志书凡例及分类纲目，送由省政府转报内政部查核备案。

一、各省通志馆应酌量地方情形，将本省通志成书年限，预为拟定，送由省政府转报内政部备案。

一、志书所采材料，遇有关系党务及党义解释，须向中央请示者，可随时由省政府咨达内政部，转请中央核示。

一、志书文字，但求畅达，无取艰深。遇有用满、蒙、回、藏文字，注音字母，以及外国文字时，得附载原文。

一、旧志舆图，多不精确。本届志书，舆图应由专门人员，以最新科学方法制绘精印，订列专册，以裨实用。

---

① 北京图书馆编：《民国时期总书目（1911—1949）·历史·传记·考古·地理》，书目文献出版社，1995年。
② 《编修地方志档案选编》，第84—86页。

一、编制分省、分县市舆图时，对于国界、省界、县市界，变更沿革，均应特加注意，清晰画分，并加附说明，以正疆界而资稽考。

一、各省志书，除每县、市应有一行政区域分图外，并须将山脉、水道、交通、地质、物产分配、雨计分配、雨量变差、气候变差，以及繁盛街市、港湾形势、名胜地方，分别制绘专图，编入汇订。

一、地方名胜古迹、金石拓片，以及公家私家所藏各种古物，在历史上有重要价值者，均应摄制影片编入，以存真迹。

一、各地方重要及特殊方物，均应将原物摄制影片编入，并详加说明，以资考证。

一、志书中应多列统计表，如土地、户口、物产、实业、地质、气候、交通、赋税、教育、卫生，以及人民生活、社会经济各种状况，均应分年精确调查，制成统计比较表编入。

一、各省志书，除将建置沿革，另列入沿革志外，并须特列大事记一门。

一、艺文一门，须以文学与艺术并重。如书画、雕刻，及其他有关艺术各事项，均宜兼采。武术技击，可另列一门。

一、收编诗文、词曲，无分新旧，应以有关文献及民情者为限。歌谣戏剧，亦可甄采。

一、旧志艺文书目，仅列书名、卷数及作者姓名，颇嫌简略。本届志书，应仿《四库全书提要》例，编列提要，以资参考。

一、乡贤、名宦之事迹，及革命诸烈士之行状，均可酌量编入，但不得稍涉冒滥。

一、天时人事，发现异状，确有事实可征者，应调查明确，据实编入，以供科学家之研究，但不得稍涉迷信。

一、全书除图表外，应一律以国产坚韧纸张印刷，订为线装本。

一、本概要所定办法，各省兴修志书时，得体察地方情形，斟酌损益之。

一、各县及各普通市兴修志书，应行规定事项，由各省通志馆参照本概要定之。

一、各特别市兴修志书，准用本概要之规定。

这个法规既对修志机构的组成、职责有明确的规定，又就志书的文字、重要门类的设置与编纂方法、资料收集以及出版问题提出要求，多切实可行，符合社会发展与进步的要求，具有较高的科学性。《概要》的颁布，对促进民国志书质量的提高起了很大作用。

第二，极端困难时仍不忘传统，坚持修志。

盛世修志是中国的传统，这一时期虽然也有短暂的和平，但更多是战乱，特别是八年全面抗战，热心方志事业的学者和士绅在极艰苦的条件下，仍不忘修志，编出了一批志书。如西北联合大学黎锦熙教授等师生受聘编成《洛川县志》28卷、《同官志》32卷、《黄陵县志》22卷、《宜川县志》27卷。刘文炳于1939年纂《徐沟县志》，置地理、人口、民生、语言、民俗、教育、政治、文献9志，内容丰富，资料详尽，考核精确，别具特色。1945年，顾颉刚、傅振伦等在重庆纂成《北碚志》60万字。云南省纂成《昆明县志》8卷、《昆阳县志》31卷、《昭通县志稿》9卷、《大关县志》7卷、《巧家县志稿》10卷、《宣威县志稿》12卷、《路南县乡土志辑要》、《嵩明县志》38卷、《墨江县志稿》、《腾冲县志稿》32卷、《石屏县志》40卷、《镇越县志》、《中甸县志稿》3卷等，贵州编成《德江县志》3卷、《册亨县乡土志略》、《兴仁县补志》15卷、《晴隆县志》6章、《息烽县志》38卷、《开阳县志稿》13卷、《剑河县志》12卷、《麻江县志》23卷、《三合县志略》44卷等，四川省纂就《长寿县志》16卷、《巴县志》23卷、《德阳县志》5卷、《安县续志》6卷、《兴文县志》39卷、《仁寿县志》38卷《犍为县志》14卷、《芦山县志》10卷、《汉源县志》4卷《西昌县志》12卷、《汶川县志》7卷等。在当时人力、物力、财力极端困难的条件下，修志能取得如此成绩，主要是修志者把修志工作同抗战的目标结合起来，修志工作成了国统区抗战救国的重要任务之一。正如时人所云："至于抗战有关，凡一才一艺，一言一行，一事一物，犹谆谆不厌其详，务使人人知国家兴亡、匹夫有责之义，借以振衰起懦，敌忾同仇，共赴国难。"①

第三，重视征访资料。

方志资料一方面来源于档案、文献，另一方面需要采访、征集、调查，以补档案、文献资料之不足。此时的志书编纂，十分重视运用发文征集、实地调查采访等形式来广征资料，征访资料几乎成了每一部方志编纂必须进行的工作。1928年，广东省重开通志编纂工作，通志馆在各县聘请征访员，根据征访条目搜集资料，效果明显，仅茂名县就送交通志馆职官表1册、选举表1册、舆地略1册、建置略1册、经政略1册、清朝事略1册、艺文略1册、金石略1册、古迹略1册、宦绩略1册、列传3册、周敞《观澜碑》1张、王之春《种树歌碑》1张、吴国伦《石龙池诗碑》1张、徐德度《冼太庙记碑》6张等。②1929年4月，热河省承德县成立修志局，聘请钱寿增、李澍棠、王兆荣、张俊卿为县城调查员，李玉书、罗品三、沈遑为第一区调查员，吴宝泉、吕文杰为第二区调查员，李雨亭、杨春秀、郝鸿儒为第三区调

---

① 余正东修，黎锦熙纂：(民国)《洛川县志》，韩赓丞跋，1944年铅印本。
② 参阅林子雄《广东通志馆与民国〈广东通志〉之编纂》，《广东史志》2001年第4期。

查员，白光璧、李泉为第四区调查员，宋景云、张沅、葛秀、尹国兰、何赓旺为第五区调查员。8月，确定收集资料内容为5类：图类（包括县境全图、行政区域图、山脉详图、河流详图、交通详图、重要村镇图、名胜古迹分布图）、表类（包括县大事年表、建置沿革表、人口表、职官表、人物表、村镇道里表、山川桥梁表、物产表、贸易表、工业表、物价表、制度表、学校表、宗教表、著述表、进化表、县概况一览表）、记类（方位记、舆地记、气候记、城镇记、政治记、战役记、交通记、农事记、商业记、工业记、教育记、军警记、宗教记、民族记、风俗记、言语记、文化记、著作记、艺术记、名胜记、古迹记、社会记、外交记、外侨记、旅行指南记）、传类（包括政治家传、实业家传、学问家传、艺术家传、教育家传、宗教家传、匪徒传、其他杂传）、附录（其余各种事故为以前各种文篇所未能详尽者，均应记入附录栏内）。同月，为指导各地的方志资料征访工作，辽宁省政府下发了各县山水调查程式。1932年7月，上海通志馆成立，柳亚子任馆长，次年发布《上海通志馆征集史料启事》，规定上海市各机关、团体、学校、工厂、公司以及天文、地理、人文、风土、历史人物传记等都是史料征集的范围。抗战胜利后，国民政府内政部颁发《各省市县文献委员会组织规程》，除就征集资料的范围做出明确的划定外，还规定了具体调查事项，如机关、团体设施状况、物品产额、工资物价、宗教信仰、经济状况、人口出生和死亡率、忠烈事迹等，对这些事项要分类记录或制成统计比较表，从而进一步确保志书资料的翔实。从资料的实用性角度看，民国方志要强于明清方志。

第四，修志机构的体制比较健全。

修志机构历代都有，对修志人员进行适当的分工也历来如此，但就修志机构的相关制度而言，从目前掌握的资料考察，还是以此时比较完善。主要有：（1）机构建立的呈报制度。必须向上级报告修志机构的建立时间、经过、人员组成，如1929年2月，奉天省柳河县呈报成立县志馆；4月，热河省滦平县呈报成立修志筹备局；5月，热河省丰宁县呈报成立修志局及人员衔名。（2）机构的组织制度。如《江苏省川沙县修志筹备处简章》、热河省围场县修志局印行《围场县修志局章程》、奉天省复县印行《县志编修委员会简章》《安徽通志馆组织规程》《河南通志馆组织条例》《绥远通志馆组织章程》等，对修志局、县志编修委员会、通志馆的宗旨、任务、组成进行规定，修志机构必须按照特定的规章组建，行使职责。（3）机构的办事制度。这是规范修志人员办事行为的措施，于今看来仍有借鉴价值。兹附录《复县县志编修委员会办事细则》①如次，以供参考：

第一条　本会除遵照复县县志编修委员会简章各条外，所有一切办事手续，照本细则规定办理。

第二条　本会刊用长条戳一块，文曰复县县志编修委员会，以资应用。

第三条　本会对外一切行文，概用复县公署名义，由委员长在稿尾上盖章，送监督画行。

第四条　本会自身对于复县公署所有请求时由委员长签呈办理。

第五条　委员长有事时，由副委员长代理。

第六条　关于调查事项，由复县公署令各调查委员切实调查，依限迳送本会查收，借省周折。

第七条　本会应将调查结果详细统计。某也详，某也略，某也依限，某也逾期，某也并未遵照，一一列表签报监督，分别奖惩如下：A类〖奖〗之方面，赠送县志并记功或记大功；B惩之方面，申斥或记过。

第八条　调查事项收到后，由委员长、副委员长、主任调查委员盖阅保存。

第九条　主任调查委员有催促各调查委员依限调查之责任，调查稿件汇齐后，即由委员长会同主任调查委员转交编辑主任委员。

第十条　编辑主任委员掌司分发文件，支配督促编辑事项。

第十一条　编辑委员接收主任编辑委员送交稿件，应依限编辑妥协〖当〗，仍送交主任编辑委员。

第十二条　主任编辑委员将业已编辑妥当文件，遵期送交委员长、副委员长核阅后，即交主任审查委员。

第十三条　审查主任委员接到业已编辑妥协〖当〗文件时，应将审查员分项支配妥当。某项审查员九人以下三人以上开会审查，其发生特别争执事，即商同委员长、副委员长定期招集大会审查。

第十四条　审查结果应由主任审查委员送交委员长、副委员长核阅盖章，签送监督盖阅后，再行送交印刷。

第十五条　调查编辑时，对于各办事人自身勿庸避嫌，惟审查时应即退席，或由委员长、副委员长请其回避。

---

① 《编修地方志档案选编》，第215—216页。

第十六条　本会经费，按照预算开支，除津贴一项外，余准斟酌情形酌量流用，但动用预备金时，须签呈核准。

第十七条　每月终应将支出数目造具计算并单据粘存簿，签送县署查核，并填列公布表揭示门外，以招大信。

第十八条　雇员收到稿件时，应即挂号登簿，送委员长、副委员长核阅，不准任意积压。

第十九条　本细则所未规定事项，或临时发生疑义时，应由委员长、副委员长招集各主任委员核议办理。

第二十条　本细则呈请核准后，公布施行。

（4）机构的财务制度。修志经费多系地方财政支出，也有筹集捐款解决（如热河省平泉县），但捐款须经省财政厅、民政厅核议，也有搞摊派的，如奉天省清原县先按村摊派，后改按田亩摊派。修志机构必须上报经费预算情况，以及经费情形，如1929年4月23日，热河省经棚县呈报修志经过及经费情况；5月9日，赤峰县呈报修志局六个月经费预算；5月24日，丰宁县呈报修志各项薪费数目清折；1931年6月30日，奉天省抚顺县呈请修志延期六个月并要求追加经费。经费开支通常由委员长、馆长掌理。

这一时期是中国近代地方志的成型、定型时期，无论是修志宗旨，还是在方志体例、内容、章法诸方面，都较以往发生了很大变化，完成了由古代方志到近代方志的过渡。

首先，1901年和1902年梁启超发表《中国史叙论》《新史学》，对封建史学进行了猛烈而系统的批判，倡导运用西方的史学理论来改造中国传统的史学理论，建立适应近代社会需要的"新史学"。"新史学""最根本的就是要求改变旧史学为封建统治利益服务的状况，提倡为'国民'写史"，使历史成为"国民资鉴"，主张以西方进化论史观为指导，充分吸收地理学、地质学、人类学、经济学、社会学等近现代科学新成果、新方法，研究历史，创新历史表现形式，促进历史学"科学化"。[①]随着"新史学"的兴起和传播，方志学也渐受影响，但这一影响有一个从个别采纳到逐步扩大的过程。到20世纪20年代末，大部分修志者已接受了"新史学"的主张。1928年傅振伦在《修志刍议》文中写道："志犹史也，近世且有科学化之趋向矣。……

---

① 参阅胡逢祥、张文建著：《中国近代史学思潮与流派》，华东师范大学出版社，1991年，第178页。

吾闻书之作也，必应乎潮流。则方志之修订，不宜专详沿革与地舆矣。即虽不能完全与新史学相吻合，亦必求其近似而已。"①"进化论史观"在地方志编纂中得到了较广泛的体现。1936年《南康县志》24卷，分为两编，第一编载民国前之事，设地理志、建置志、食货志、学校志、武备志、职官志、选举志、人物志、艺文志、杂类志、壮愍志；第二编自民国元年起，"新立门类"，分地理、交通、邮电、党政、赋役、地方财产、社会、教育、宗教、实业、人物、艺文、武备、大事记，载沿革、位置、疆域、山脉、河流、水利、城池、古迹、气候、祥异、道路、邮政、电报、电话、党务、人民团体、地方自治、行政、司法、警察、保甲、农村合作、卫生、田赋、税类、力役、公产、仓储、风俗、生活、慈善、教育行政、学校、新闻、图书馆、公园、佛教、道教、基督教、农业、工业、商业、矿业、自卫团队等。"旧志共十二册，序、艺文占五册，职官、选举、人物、壮愍占四册，而于全民状态记录寥寥。二编力矫是弊，是详志人群演进之史实原委，他从略焉。"②

其次，经过辛亥革命、五四运动的洗礼，以及学术研究的开展，传统的伦理思想受到冲击，以民为本的修志宗旨得到了确立。如《义县志》："凡所记载，纯从人民起见。为民即以为国，而为治之道寓焉。舆图之精绘，新政之旁搜博集，罗列无遗。志地舆，人民之所处也；志建置，人民之所为也；志职官，人民之所爱戴也；志宦绩，人民之所歌颂也；志户口，人民之所生聚也；志财赋，人民之所输纳也；志学制，所以教化人民也；志民事，所以观察人民也；志选举，所以拔乎人民者也；志人物，所以表乎人民者也；志艺文，示人民以可经也；志武备，示人民以可卫也；至于记大事，有鉴于前，有儆于后。凡以为人民也，为治之道，尽在志矣。"③1932年4月，湖北省成立通志馆筹备处，甘鹏云任副主任，着手编纂《湖北通志》。甘鹏云认为：修志宗旨与以往应不相同，"往日修志，于民事殊略；近日修志，应于民事加详。民主国，民为重也"。"民事最要者，如户口之盛衰，田亩之确数，族姓之源流，风俗之习惯，礼教之沿革，宗教之区别，农、工、商、矿、林、渔、畜牧之状况，人民担负之赋课、税捐，逐年外货输入、土货输出之确数，近六十年田价、物价、工价之比较，近六十年所遭之水旱偏[天]灾，因官贴倒塌所受之损失，因匪祸、兵祸所遭之损害，鸦片流毒及无业游民之统计，学校及学生之统计，警察及团防之统计，自治之实况，人民购买力之强弱，社会经济及社会变迁之情况，均应逐县调查，据

---

① 傅振伦著：《傅振伦方志文存》，黄山书社，1989年，第19页。
② 邱自芸修，邬荣治等纂：(民国)《南康县志》，凡例，1936年铅印本。
③ 赵兴德等修，王鹤龄等纂：(民国)《义县志》，赵兴德序，1931年铅印本。

实直书。""宗旨既定,即应区分门类。"①甘氏借用图、记、考、传四种体裁,拟定《湖北通志总目》,设置了物产记、风土记、社会变迁记、水利记、外人通商记、外人租地记、外人行轮记、外人传教记、教会学校记、户口考、族望考、农业考、工艺考、商务考、矿务考、渔业考、田赋考、税课考、杂捐考、关税考、特税考、附加税考、盐法考、钱币考、公债考、学校考、交通考、议会选举考、宗教考等与国计民生相关门类,惜因经费无着,终未成书。

　　方志体例与类目的设置,与时俱进,进行了创新。一方面是革除不合时宜的门类,全面采用与当时政治、经济、社会、文化相适应的门类。《洛川县志》摒弃清(嘉庆)《洛川县志》中的宦绩、选举、封爵等目,设立大事年表、疆域建置志、气候志、地质志、山水志、人口志、物产志、地政农业志、工商志、交通志、吏治志、自治保甲志、社会志、财政志、军警志、司法志、党团志、卫生志、教育志、宗教祠祀志、古迹古物志、民族志、风俗志、方言谣谚志、人物志、丛录。时人称其"体例纲目,条分胪列,应有尽有,备载靡遗"②。类目的排列,按先地理后经济、社会进行。如黄炎培《川沙县志》,其首有图,次列大事年表、舆地、物产、实业、工程、交通、财赋、教育、卫生、慈善、祠祀、宗教、风俗、艺文、人物、职官、选举、议会、司法、警务、兵防、故实、叙录。各门类的排列,"先天然,后人为;先生产,后教养;先经济,后财政;先科学,后宗教。而职官、选举、议会,凡偏于时间性者次之。司法、警务、兵防,凡不得已之设施,又次之。故实,杂记地方故事,又次之,而以叙录殿焉"③。另一方面,借鉴西方教科书的体裁,出现了章节体志书。如1928年《泰县乡土志》,以章统节,共分总论、沿革、疆域、交通、古迹、人物、教育、谣谚、党政机关、风俗、农产等章,每章设节或3或4不等。在志书的结构上创设概述、大事年表,黄炎培《川沙县志》有首创之功。概述系黄炎培因"一般方志,偏于横剖,而缺于纵贯,则因果之效不彰",而在编纂县志时创立的,目的是利用者"读概述后,进而浏览全文,其繁者可以用志不纷,其简者亦将推阐焉而有所得。或竟不及读全文,而大致了了"④。大事年表,则源于古代方志中的县纪、郡纪,黄炎培以表体加以改造,取同时国内外的大事以广参证。"大事年表为他志所罕见,然欲究时代之变迁,治术

---

① 甘鹏云:《方志商·湖北通志义例商榷书》,见《方志学两种》,岳麓书社,1984年,第159—160页。
② (民国)《洛川县志》,韩赓丞跋。
③ 方鸿铠等修,黄炎培纂:(民国)《川沙县志》,例言,1937年铅印本。
④ (民国)《川沙县志》,黄炎培导言。

之趋向，则匪可忽也。"①

方志编纂方法进一步全面科学化。如近代绘图和摄影技术的运用，1934年张仁静纂《青浦县续志》，全境图以1∶225000比例尺绘制，县治图则用1∶55000比例尺。1939年刘文炳《徐沟县志》用1∶30000比例尺绘制县图，以1∶5000的比例尺绘制城关图，还测绘了子午线、磁偏角、经纬度、海拔和等高线。1931年赵兴德《义县志》创立"摄影"一门。1941年邹鹄纂《吉安县志》，"以最新科学方法制绘画行政区域外，并将先贤遗像、地方名胜、金石古迹摄制影片，编入卷首"②。各地志书多运用了新式统计表，邹鹄《吉安县志》置有数十种表格，仅教育志即制有《旧制小学课程比较表》等17种。《川沙县志》以"表说相资，最便读者。今凡可列表者，多用表式焉"③。志中有大量价值高的统计表，如《各乡区镇集表》《诸水表》《农会联名表》《川沙农场历年收支盈亏表》《川沙县立农场历年经常费收支对照表》《农具一览表》《肥料一览表》《川沙农民耕获状况一览表》《商会职名表》《典业一览表》《出品得奖一览表》《布业一览表》《毛巾厂调查表》《花边业调查表》《渔具一览表》《民国十五年后逐年官盐销额表》《清宣统二年川沙户口统计表》《民国二十四年川沙户口统计表》等。干人俊《杭州市新志稿》亦有众多统计表，如《近十年来本市茶叶出口数量及其价值表》《民国二十年杭州市商店家数分区统计表》《杭州市寺庙人口统计表》等。由于众多学者的提倡，新式标点和白话文也多为志书所采用，如柳亚子《上海通志稿》、干人俊《杭州市新志稿》的行文均用白话文。此外，有如1929年《新绛县志》、1947年《江西通志》等，还用国际音标标注方言。比例尺、图例、经纬度的使用，提高了地图的精确度。照片入志，既保存了实物资料，又增强了志书的可读性。统计表则是西方经济学对方志学影响的结果，它增强了志书的资料性，减少了不必要的繁文。白话文、新式标点、国际音标则是语言学的深入发展在方志编纂中的体现。

"五四"以后，"在李大钊等马克思主义者的带动下，国内思想界确曾形成了一个学习宣传马克思主义唯物史观的强大思想潮流"④。方志学界也是如此。1930年，傅振伦即在《编辑北平志蠡测》文中说："居今修志，应加改革，宜除道德之空谈，侧重于物质方面。自马克思唯物史观表扬于世以来，而'社会嬗变（社会之嬗变，

---

① （民国）《川沙县志》，例言。
② 李正谊修，邹鹄纂：《吉安县志》，例言，1941年铅印本。
③ （民国）《川沙县志》，例言。
④ 胡逢祥、张文建著：《中国近代史学思潮与流派》，第358页。

即人类之历史),恒视经济之变更为转移'之理大明。故欲阐明事理,须求当代经济状况。今后必加详于地理之自然资源、人文地理以及扩充旧日史志食货门类目,诚当今修志之要义矣。"①方志记载的内容大大地扩展了。如以往的方志重人文轻经济,这时社会经济内容已成为书的"主体",各志书普遍设有实业、经济、工商诸门类。1947年吴宗慈《江西通志稿》置财政略、经济略,详载各种税收以及农、工、商、矿、陶瓷、茶、靛、木、竹、布、纸、烟、糖、百产、仓谷、银行、货币、劳佣等方面的情况。记载人民生活状况,反映民众疾苦,也是这时志书关注的重点。如1937年陈训正《鄞县通志》,记全县各区已婚、未婚、离婚、鳏寡等人数,以及出生婴儿、发生疾病情况。1947年《金山县鉴》社会门记:"本邑农村在沦陷期间,凋敝至不堪言状,捐税之繁多,……农民剥肤及髓,唯隐忍以待胜利而已。其时,地下政府一切军政所需,既有赖于民间之捐助,而伪府敌寇更多方搜刮,利用保甲,经手收款,蒙蔽欺诈,浮收至不可纪极,民众痛苦,于斯为甚。三十一年后,搜购军粮,不遗余力,于是乎盖藏空焉。"②对帝国主义列强的侵略活动和中国人民革命斗争以及新生事物,方志也给予较多的关注。如1936年秦锡田《上海县志》记载了陈其美在上海领导辛亥起义,以及市镇居民反对地方恶霸豪强及贪官污吏的斗争,增记了洋葱、马铃薯、卷心菜、花菜、外国马兰、长途汽车等事物。1936年晏兆平《光山县志约稿》记载明末李自成起义、太平军和捻军的活动,又记有红军和吉鸿昌军队的活动。1949年陈秉仍《延津县志》重点记载了为国捐躯的抗日烈士。《江西通志稿》设地质考,记地质调查结果。1930年《嘉定县续志》物产,新记番茄、卷心菜。方志内容的增加和变化是方志顺应时代进步,修志观念紧跟时代步伐的必然结果。

三、伪满时期的修志活动

九一八事变后,日本帝国主义侵占了我国东北领土。1932年3月,在日本的扶持下,傀儡政权伪"满洲国"粉墨登场。在伪满统治期间,也曾编纂过志书。经粗略清理③,主要如次:

熊之本编《东北县志纪要》,1932铅印本;陈荫翘等修,戚星岩纂《海城县志》

---

① 《傅振伦方志文存》,第34页。
② 转引自黄苇、夏林根编:《近代上海地区方志经济史料选辑》,上海人民出版社,1984年,第355页。
③ 《中国地方志联合目录》、郝瑶甫《东北地方志考略》、陈加等《辽宁地方志考录》、《日本国立国会图书馆汉籍目录》等。

6卷，1937年铅印本；常荷禄修，赵国栋纂《桓仁县志》不分卷，1937年铅印本；张耀东修，李属春纂《兴京县志》15卷首1卷，1936年铅印本；康济修，韩宗承纂《续修昌图县志》8卷，1935年铅印本；杨宇齐修，张嗣良纂《铁岭县续志》12卷，1933年铅印本；萧德润等修，张恩书等纂《西丰县志》24卷首1卷，1938年铅印本；杨晋源修，王庆云纂《营口县志》10篇，1933年石印本；李瑞凝修，李蓉镜纂《盘山县志》，1934年铅印本；王佐才等修，王仲泮等纂《庄河县志》18卷首末各1卷，1934年铅印本；张遇春修，贾如谊纂《阜新县志》6卷，1935年铅印本；王恕修，王德辉等纂《彰武县志》4卷首1卷,1933年铅印本；王鹤龄纂《锦县志拾遗》12卷，1940年稿本；王鹤龄、王仲珊编《义县志补遗》，1940年铅印本；王文璞等修，吕中清等纂，刘振翮续修《北镇县志》6卷，1933年石印本；梁学贵修，朱尚弼等纂《黑山县志》14卷，1941年铅印本；温继峤修，席文汇纂《绥中县志续编》2卷，1933年铅印本；戴景贤增修，高明清增纂《增修朝阳县志》6卷，1937年铅印本；孙廷弼纂《赤峰县志略》不分卷，1933年石印本；佚名纂《金州志纂修稿》，1935年后修，稿本；辽阳市第二国民高等学校编《辽阳乡土志》，1938年油印本；吉林省公署总务厅调查科编《吉林省各县略志》,1934年铅印本；吉林省民政厅编《吉林省乡土志》,1939年铅印本；张书翰等修，赵述云等纂《长春县志》6卷首1卷，1941年铅印本；长春县公署编《长春县乡土志》，1937年油印本；榆树县公署编《榆树县乡土志资料》，1937年铅印本；九台县公署编《九台县乡土志资料》，1936年油印本；永吉县公署编《永吉县乡土资料》，1938年打印本；姚祖训修，毛祝民纂《盘石县乡土志》不分卷，1937年铅印本；胡联恩修，陈铁梅纂《桦甸县志》10卷首末各1卷，1932年铅印本；林珪修，徐宗伟纂《珲春县乡土志》22卷，1935年油印本；谢雨琴修，石文衡纂《额穆县志》15卷,1939年铅印本；王永恩修，王春鹏纂《海龙县志》22卷，1937年铅印本；柳河县公署编《柳河县志》，1933年复写本；刘天成增修，李镇华等增纂《增修通化县志》4卷，1935年铅印本；刘维清等修，罗宝书等纂《临江县志》8卷首1卷，1935年铅印本；伊通县公署编《伊通县乡土志》，1937年油印本；孙云章纂《续修怀德县志》12卷，1934年铅印本；曲廉本续修，范大全续纂《梨树县志》31卷前编1卷志略1卷，1934年续修铅印本；佚名纂《双山县志》不分卷，1933年油印本；巴彦那木尔修，卢伯航纂《西科后旗志》不分卷，1941年铅印本；扶余县公署编《扶余县乡土志资料》，1937年打印本；石绍廉编《德惠县乡土志》，1937年油印本；（日）桥本纲雄编《柳河县志》，1933年复写本；洮安县公署编《洮安县志》，油印本；延寿县编志委员会编《延寿县志》,1942年铅印本；宗履钧纂修《庆城县略志》，1933年油印本；高芝秀修，潘鸿威纂《安达县志》12卷，1936年铅印本；颜公权编《牡丹江风土志》，1943年铅印本；刘绪宗纂《依兰纪略》1卷，1935年铅印本；绥滨县公署编《绥滨县志》，1934年铅印本；齐耀斌修，韩大光纂《宝清县志》23卷首1卷附录1卷，1936年铅印本；高湛臣编《龙江县志》16卷首1卷，1938铅印本；崔培基修，胡永权纂《讷河县志》，1942年铅印本；肇东县公署编《肇东县志》，1934年油印本。

对这50余种伪满志书的编纂状况，以往论著均未涉及，不能说不是个缺憾。经初步考察，伪满编纂地方志主要出于四方面情况：第一，为了宣传"王道乐土""大东亚共荣"，美化日本帝国主义的侵略暴行。伪昌图县长康济，"一言一事，咸遵王道之施"①，1934年续修（伪康德）《昌图县志》："谋诸士绅，会集邑中宿儒，或任纪述，或任图表，或任编纂之役。自民国五年以前，则依前志增益其事迹之所未备，概括其门类之所烦列。民国五年以后，前志所未有，则采撷而续成之。"②设地理志，记星野、时令、疆域、山川、交通、胜景、古迹、建筑、城池、公廨、坛庙；政治志，记建置、自治、区村、行政、司法、监狱、教育、警察、租赋、财政；人物志，记前哲、名宦、旧职、现任、乡宦、孝义、节烈、儒林、科第、选举；人事志，记宗教、慈善、礼俗、实业、灾祥；物产志，记动植物；艺文志，记碑文、序跋、诗歌、图画。日本人小曽根盛彦作序称："小曽根盛彦以友邦之谊，襄赞县政，披览斯册，羡其纲举目张，条分缕析，足以述往而开来也，于是'共存共荣'之念油然而生。"③1935年，张耀东修（伪康德）《兴京县志》，即云："况建国伊始，百度维新，于一切政治之迈进，文化之发展，金融之统一，交通之便利，皆足增东亚和平之光荣。若非补旧增新，果何以昭掌故而垂来祀？"④

第二，为了解各县情况，加强对地方统治，伪满的院部以及各省公署曾多次下令修志，或催征县志。如（伪大同）《彰武县志》王恕序曰："余服官桑梓，责任难辞，且蒙省令严催，立期竣事。爰于大同元年十月，特聘王德辉到县，委充编辑，以董其事。"⑤（伪大同）《续修北镇县志》杨焕文序称："满洲建国，丕基大定。省令各县，速呈本县县志。"于是在1928年志书基础上，就"近数年来一切县政之兴革，与夫

---

① （日）佐藤半重：《（伪康德）续修昌图县志序》，转引自《东北地方志序跋辑录》，第241页。
② 康济：《（伪康德）续修昌图县志序》，转引自《东北地方志序跋辑录》，第240页。
③ （日）小曽根盛彦：《（伪康德）续修昌图县志序》，转引自《东北地方志序跋辑录》，第242页。
④ 张耀东：《（伪康德）兴京县志序》，转引自《东北地方志序跋辑录》，第102页。
⑤ 王恕：《（伪大同）彰武县志序》，转引自《东北地方志序跋辑录》，第213页。

建设迈进之梗概,志于各目之末"[1],编成(伪康德)《续修北镇县志》。(伪康德)《盘山县志》李蓉镜序也称:"建国后,省令屡索。于本年一月,县长李公兴然提交行政会议可决,呈准筹款编修。""康德二年秋,滨江省公署通令征集各县志略,期限綦严,不准延迟。"[2]伪安达县长高芝秀乃假此时机,委潘鸿威负编纂之专责,仿绥化、讷河、双城各县志先例,删繁就简,编成县志12卷。

第三,为歌颂伪满政绩,标榜振兴文化而编志书。伪庄河县长王佐才修县志时就明确表白:"际此帝制光复,民风修正,文化之振兴,犹为当今之急务。……垂念文献之足征,实为文化之先导,不揣谫陋,……爰乃延聘斯邦人士杨君荆山、李君子范、王君香芹,复援旧有县志重订考核,补其漏而删其繁,正其谬而征其实,文字务期简雅,门类务求清晰。"[3]1940年,臧春台以"其年逢满洲建国,迄今已八易星霜,国势跃进,地方发达,而本县之一切庶政亦大都改弦更张,今非昔比矣。爰将建国后本县之行事记其概略,以供他日之参考,命名曰《木兰小志续编》"[4]。

第四,在伪满建国十周年庆之际,以编纂志书向庆典献礼。如1942年伪县长崔培基修(伪康德)《讷河县志》:"分门别类,务求翔实,将讷河之自建国以来之政治实绩,撮要辑之,俾成纪念之典雅,而为异日之考证。"[5]伪前副县长日本人冈本忠雄作序称:"今当建国十周年之纪念佳辰,而为县史之编纂,既以纪事,亦所以志庆也。"[6](伪康德)《延寿县志》也是如此。

当时县志的编修,须由县署呈请上级批准,聘请专人从事。如伪大同元年十一月,绥中县"专案呈准省署,从事续编《绥中县志》"。伪县长温继峤聘绥中宿儒席文汇为续编主任,并"聘各机关领袖,分任襄助采访,分工合作"[7]。而各县要修县志,除县长主修外,还必须得到充任县参事官的日本人的同意。(伪康德)《海城县志》陈荫翘序云:"余于康德甲戌冬,由本溪调篆海城。……越明年,沈君权中来游官舍。案牍之余,进议县志一书,征文考献,所失甚巨。……筹议增修……余深韪其言。爰商得镰仓参事官同意,编就预算,于丙子春设馆成立。"[8]1936年,伪安达县长高

---

[1] 刘振翮:《(伪大同)续修北镇县志序》,转引自《东北地方志序跋辑录》,第170页。
[2] 潘鸿威:《(伪康德)安达县志序》,转引自《东北地方志序跋辑录》,第503页。
[3] 王佐才:《(伪康德)庄河县志序》,转引自《东北地方志序跋辑录》,第67页。
[4] 臧春台:《(伪康德)木兰小志续编序》,转引自《东北地方志序跋辑录》,第528页。
[5] 崔培基:《(伪康德)讷河县志序》,转引自《东北地方志序跋辑录》,第469页。
[6] (日)冈本忠雄:《(伪康德)讷河县志序》,转引自《东北地方志序跋辑录》,第469页。
[7] 温继峤:《(伪康德)绥中县志序》,转引自《东北地方志序跋辑录》,第183—184页。
[8] 陈荫翘:《(伪康德)海城县志序》,转引自《东北地方志序跋辑录》,第276—277页。

芝秀为复滨江省征集县志之令，"得铃木参事官同意"，而编纂县志。这说明，日本侵略者对伪满的方志编纂活动控制相当严。

从内容和门类上看，伪满方志体现了两面性，一方面，逆历史潮流，极力宣扬封建伦理道德、封建迷信、皇权至上。"现在实行王道，新学振兴，所有风俗人情，宜力求实际。兹编特于孝义、忠节、贞烈各事，广为搜辑，隐用维持风化，匡正人心，以副新国家教化洽于民心之至意。"①（伪康德）《兴京县志》特立陵寝事迹卷，列载天章、诏命、岁祭典礼、大小祭礼仪、祭飨、官守、庄田等。（伪康德）《海城县志》等一批志书仍设星野、勋旧、孝义、节妇、烈妇、孝妇、贞女等目。维护孔教是这时志书的普遍现象。"予维国家方注重尊孔，孔庙正尊孔之表示地也，编为志，则所应尔。"②义县不仅编纂（伪康德）《义县志补遗》记有关"孔教"的名胜古迹，而且还编了《义州孔庙志》。（伪康德）《兴京县志》卷五教育，详记了孔庙位次、祀孔礼序、孔学会。另一方面，顺应科学文化的发展和社会实际，对志书的类目和内容进行一些调整。"惟各县县志虽记一时之胜况，万难为永久之依据。区划时有改更，人事历有变嬗。后之人应按时纂修，俾适合现代。否则，图具县志之名，而非现代之志，实不足以资应用，故县志之应随时增修也。"③（伪康德）《讷河县志》以章次第，第一章地理志，第二章建置志，第三章交通志，第四章政治志，第五章财赋志，第六章教育志，第七章司法志，第八章武备志，第九章人物志，第十章实业志，第十一章礼俗志，第十二章文艺志。（伪康德）《辽阳乡土志》一改通行做法，分前后两编，前编为乡土概论，论述乡土的意义、乡土与人生的关系、乡土教育的意义、乡土教育的历史观，如同论文；后编为辽阳乡土志，置总论、山川、城市、产业、交通、人物、政教、财赋、民事等9章，分类也具新意。（伪康德）《西丰县志》分六编，地理编统建置沿革、山川、城池、公廨、区村、坛庙、古迹、名胜，人物编统乡宦、选举、乡型、孝义、义举、烈女，政治编列载行政、职官、教育、财赋、兵事、警察，人事编下设人类、礼俗、宗教、实业，物产编分动物、植物、矿物，艺文编分列碑铭、传记、诗歌、轶事，对当时之事物，搜罗颇详。"若志之所采，凡天文、地理、政法、人文、物产、实业以及社会民生诸情况，凡经、史、子、集与夫哲学科学之意旨，无不包而有之。……予于奉令编修县志之初，常与同人探讨。……故拟力避前人窠臼，

---

① 《(伪康德)续修昌图县志·凡例》，转引自《辽宁地方志书凡例小序选》，辽宁地方志办公室1987年铅印本，第268页。
② 戴哈生：《(伪康德)义县志补遗序》，转引自《东北地方志序跋辑录》，第160页。
③ （日）三谷清：《(伪康德)兴京县志序》，转引自《东北地方志序跋辑录》，第97页。

而以史地人文为纲，参以科学组织，如社会现象、人民生活、经济变迁、劳动状况与资产阶级之调剂、工商失败之原因，悉考究而详列之。"①

除上述地方志外，伪满各省、县公署还编印了一些"县政概况""一般状况""事情""县势"，如《沈阳县政概况》《通化县一般状况》《抚远县事情》《双阳县一般状况》《西安县一般状况》《农安县地方事迹》《海伦县政一览》《珠河县一般概况》等，计有60余种。②

"县政概况"系1934年各伪省公署下令按"标准目录"编纂，基本设置总论、地志、风俗、财政、警察治安、产业、交通、金融、教育及宗教、社会事业、卫生、结论等章，如《铁岭县概况》《盖平县政概况》《开原县政概况》《昌图县政概要》《西丰县政况概要》《桦甸县政况概要》《海城县地方事物概略》等大体如此。"一般状况"也是1934年开始由伪满民政部通令编纂的，并下发"标准目录"，分25章：县沿革、地积、风俗、县公署及附属机关组织、行政区划、主要都市、区村制度、户口、财政、金融、警察治安、司法、教育、卫生、交通、农业、林业、畜产业、商工业、矿业、水产业、度量衡、社会事业、其他在县机关、结论，章下分节，节下分项，附图表。大部分的"一般状况"，如《开原县一般状况》《黑山县一般状况》《绥中县一般状况》《农安县一般状况》《伊通县一般状况》《九台县一般概况》《双阳县一般状况》等，都是依"标准目录"采录资料，填写而成。由于"县政概况""一般状况"编纂的初衷均是反映各县历史、地理、风俗以及当前的政治、经济、社会、卫生状况的，供施治之参考，1935年后其篇目相互采用的不在少数，如《锦县县政概况》《北镇县概况》《建平县政概况》分目同"一般状况"的"标准目录"，《安东县一般状况》《怀德县一般状况》略同"县政概况"的"标准目录"。至于"事情""县势"也大同小异，如《海城县地方事物概略》分总说、地志及风俗、地方制度、财政、警察治安、原始产业、工业、交通、商业及金融、教育及宗教、社会事业、卫生、结论。《建平县地方事情概略》分总论、行政、财政、警政、教育、宗教、商业、农业、工业、林业、矿业、特产物、经济金融、社会慈善事业、蒙旗、畜牧业、道路及交通。《抚顺县势一览》分概要、财务、教育、警务、农业、工商、附录。从这些"县政概况""一般状况""事情""县势"的编纂状况看，有两点共性：一为根据档案和实地调查采访资料编成；二是以记载现状为主。从体例和编纂方法上考察，成书多较仓促，篇目间详略不一，有的甚至缺略，文字也较粗糙，深加工不够，与正式方志有一定的差异。所以这些"县

---

① 张恩书：《（伪康德）西丰县志序》，转引自《东北地方志序跋辑录》，第257页。
② 郝瑶甫编著：《东北地方志考略》，辽宁人民出版社，1984年，第198—200页。

政概况""一般状况""事情""县势"只能算作准方志,或志料,然对今人研究日本侵华史和伪满史还是提供了丰富素材。

第四节　新方志的编修盛况与成就

中华人民共和国成立后,我国修志事业进入了崭新的历史阶段。20世纪五六十年代中国大陆地区曾经发生过一次局部规模的新方志编纂,1977年后又先后掀起"两轮"编修新志热潮,其修志规模之大,成书数量之多,超越了以往任何时期。这里采用方志界的习惯,将改革开放以来的两次全国性的修志活动称为"首轮修志""二轮修志"。新方志在继承方志优良传统的基础上,方志的指导思想、体例、编纂方法都得到了全面的创新,方志编纂达到了前所未有的兴盛局面。

一、新方志的创立

新方志的编纂是随着新中国政治形势的稳定和经济的恢复好转而逐步开展起来的。1954年9月,第一届全国人民代表大会第一次全体会议上,山东代表王祝晨建议"早早动手编修地方志"。1956年6月29日,他又于《人民日报》发表文章,再次呼吁编志。同年,著名学者金毓黻于《新建设》第5期撰文《普修新方志的拟议》,论述方志价值及新修志书的必要性,阐述新志内容、体例,认为新志应置大事年表、疆域与建置、地质与气象、自然灾害、工业、农业、交通运输业、政治组织、一般行政、财政、教育、文化、司法、监察、社会、民族、宗教、人物、学术、文艺、古迹、文物等门。这年,国务院科学规划委员会制定《十二年哲学社会科学规划方案》,将编修地方志列为20个重点项目之一,"要求全国各县、市(包括少数民族地区)能够迅速地编写出新的地方志"[①],并计划十年内全国大部分县、市编成新志。1957年3月13日,《人民日报》发表顾颉刚等在全国政协二届三次会议上所作《继续编纂地方志》的联合发言,提出8条具体建议,强调方志保存丰富的乡土资料,"不但供国家建设和科学研究的参考,而且足以激发人民爱国爱乡的精神"。

由于中央政府的重视和专家、学者的提倡,全国的修志工作很快被发动起来。

---

① 地方志小组:《关于新修方志的几点意见》,载来新夏主编《中国地方志综览(1949—1987)》,黄山书社,1988年,第255页。

1956年3月，湖北省决定以省文史资料研究馆为主体成立省方志纂修委员会，编纂各县简志，并印发《湖北县（市）简志凡例》，要求简志须设建置沿革、区域、山脉、水系、气候、土壤、矿产资源、自然灾害、人口、工业、林业、水利、水产业、土特产、交通、金融、教育、文化、医疗卫生、生活习尚、名胜古迹等门类。1957年11月，中共湖南省委决定编修《湖南省志》，次年6月成立省志编纂委员会。到1959年底，"地方志的编纂工作已经列入各省市的工作计划，有些地方已经完成了某些部分。湖南省志已在陆续出版，湖北、河北某些县的简志也已经编写出来，其他地区也正在开展编史修志的工作。安徽、湖南、山东、广东等省还专门出版了期刊，搜集和整理当地的历史资料。专门研究华北（特别是河北）地方史的《北国春秋》杂志，也在最近创刊了"①。据国家档案局统计，至1960年6月，全国共有20多个省、市、自治区530多个县建立了修志机构，其中完成志书初稿的有250个县。1960年后各地又有不少志稿问世，如1961年山西《晋城县志》、安徽《凤台新志》，1962年山西《闻喜县志》（革命斗争史部分）、黑龙江《宾县县志》《木兰县志》、山东《邹县新志》、江西《九江志》，1963年江苏《泰兴县志》，1964年内蒙古《巴林左旗地方简志》、浙江《舟山群岛、列岛、分岛简志》、安徽《寿县县志》，1965年安徽《庐江县志》，1966年福建《莆田县志稿》等。

出于历史和革命形势教育的需要，以及为给编写地方志打基础，各地还编纂了大量的公社史、村史、厂史等基层地方史，如贵州《长石人民公社史》（1959）、辽宁《浑河河畔：高坎人民公社史》（1959）、浙江《五洞闸人民公社史》（1959）、山东《尹集人民公社史》（1959）、北京《长桥万里：丰台桥梁工厂史》《北京清河制呢厂五十年》（1959）、江西《长冈人民公社史》（1960）、江苏《东亭人民公社史》（1960）、安徽《固镇人民公社史》《沱河人民公社史》（1960）、《华阳河畔：望江县华阳人民公社史》（1961）、上海《七一人民公社史》《红色堡垒：上海杨树浦电厂厂史》（1961）等，因缺少统计资料，难以估计地方史的成书数量。"文革"开始后，地方志编纂全面停止，地方史的编写也大大减少。

从各地的修志开展情况看，非常不平衡。湖北省、湖南省方志工作开展较早，湖北出版有《浠水县简志》《咸宁县简志》（1958）、《孝感县简志》《黄梅县简志》《汉川县简志》（1959）以及《石首方志》（1958）《天门新志》等13种，《湖南省志》编纂较有成就，出版了《湖南省志·湖南近百年大事记述》（1959）、《湖南省志·地理志》

---

① 来明：《关于地方史工作的几点意见》，见《光明日报》1959年12月10日。

(1962),还完成了《津市简志》《浏史》(1959)《湘乡县志》(1961)等。山东省在1957年2月成立省地方志资料征集委员会,酝酿编修省志,到60年代初,编印了《山东省志资料》20辑、《济南市志资料选辑》2册,以及历城、章丘、即墨、胶南、淄博、德州、德兴、寿光、益都等市、县志55种。广东省1958年后有兴宁、惠阳、五华、东莞等48个县成立修志机构,有44个县完成或印行了志稿,取得了较大的成绩。北京市于1958年开始修市志,其中之地质、植物(上册)、邮电、航空、林业、财政金融、历史、人物传、自然地理、气候、市政建设、新闻、报刊、广播、戏剧、电影、工艺美术、文物、音乐、宗教、风俗习惯等21篇完成。安徽省于1959年开始编修省志,有庐江、六安、寿县、舒城、金寨、凤阳、全椒、歙县等18县印行志书或志稿。同年,广西也成立了通志馆,为编纂《广西通志》进行了大量的资料调查和收集,编辑《广西近百年大事纪要》《太平天国革命在广西调查资料汇编》等资料集。在此期间,广西有20余县油印了志稿,江西有九江、湖口、德安、瑞安、余干、奉新、金溪、资溪、南丰、南城、崇仁、乐安、东乡、安福、永新、新淦、峡江、龙南等18县之志告竣。陕西省1958年制定编修新志方案,有汉中地区及30个县修有志书。上海市仅编有《浦东县志》(1960)1种,新疆则未开展修志活动。各地编纂的地方史志多是稿本或油印本,正式出版的较少,篇幅也参差不齐,但整个编纂工作还是很有特点的。

　　地方志是一项重要的文化事业,有效的领导和组织,对提高方志的质量是非常必要的。为避免各地修志各自为政,在中共中央宣传部的指导下,1956年中国科学院哲学社会科学部和国家档案局共同组建了地方志小组,具体指导全国地方志编纂工作。这是中国方志史上首次组建专门的机构统一指导全国的修志活动。1958年,地方志小组起草了《新修地方志体例(草案)》《县志编纂条例(草案)(讨论稿)》,发布《关于新修方志的几点意见》,指出"方志可分省、市、县、社四种",要求各地广泛"搜集原始资料,进行实地调查访问。事实必须确凿,文字力求通俗,尽可能地采用图片、图表和插图,使内容鲜明生动"。在载述上,"新志应贯彻执行厚今薄古的原则"[①]。这个《意见》对新方志的类型、体例、指导思想、记述重点和应遵循的原则进行了规定,是新中国成立后颁布的第一个纲领性修志文件,对推动当时的修志活动有相当大的积极作用。1961年3月,地方志小组针对当时修志中出现的新问题,发布《关于新修方志提纲(草案)》,要求各地志书分概况、政治斗争、经济

---

① 地方志小组:《关于新修方志的几点意见》,载《中国地方志综览(1949—1987)》,第255页。

建设、文化教育、政治工作、民情风俗习惯、宗教、名胜古迹、人物9大类。1963年8月，中央宣传部批转中国科学院哲学社会科学部、国家档案局《关于编写地方志工作的几点意见》，提出建立审阅制度，控制出版发行，"只有经过审查，在政治上、保密上确无问题以后，才可以印出样本，送请审批"。要求各地有计划、有步骤地进行方志编修工作，尚未系统开展修志的地方，应积极收集各种有关资料，分门别类地加以汇编，为以后编新志做准备。同时要加强组织领导，发挥档案馆的积极作用。地方志小组对当时的修志规划和指导，贡献还是巨大的。

当时的编史修志是官方行为，中央高层领导的关心、支持，对修志工作的推动意义尤大。新方志编修开展以后，中央领导对修志工作非常关心。1958年3月，毛泽东主席在成都会议上提倡领导干部要利用地方志，提高领导水平，倡议全国各地编修地方志。8月，周恩来总理指示："县志中就保存了不少各地经济建设的有用资料……我们……要有系统地整理县志中及其他书籍中有关科学技术的资料，做到'古为今用'。"①次年6月，国家档案局召开全国档案资料工作先进经验交流会，周恩来到会向地方志小组组长曾三询问全国地方志编纂情况，并要求档案部门对新旧地方志都要收集起来。董必武还亲自督导湖北省修志工作，指示要把方志写成"百科全书"，重点记载经济情况，反映人民群众的历史功绩。1961年2月，徐特立、谢觉哉到福建视察工作，对福建的地方志工作发布指示。他们所提的方志的体裁、形式、字数、修志目的、阶级观点、经验与教训、人物传、大事记、出版等问题，既有理论高度，又非常有针对性。中央领导的关怀，大大促进了各地方志的编修工作。

方志编纂要进行总体设计，而总体设计又必须以一定的指导思想为指导。新中国成立后，国家的指导思想发生了根本性的转变。以新的指导思想统领志书的体例、内容是时代的必然。地方志小组《关于新修方志的几点意见》规定：新志要"记载当地自然条件和经济、政治、文化等方面的历史和现状"，"过去的方志虽然已保存了不少的自然现象的资料和劳动人民在生产中所取得的经验，但由于时代的限制和旧的统治阶级的控制，对于人民历史的真实情况的反映是极其有限的。因此，在运用旧的方志体例的时候，必须批判地加以革新"。"革命斗争史与人物二项，可以近代史为范围；经济一项可以现代史为范围。"基于这样的指导思想，方志多更易旧时以卷分类的传统，而代之以编章节或篇分类，设置与时代相符的门类。如《六安县志》（1959）分地理、近百年革命史实、经济、文化教育、风俗宗教、人物6编，

---

① 浙江省地方志编辑室编：《修志续知》，浙江人民出版社，1986年，第3页。

附大事记，编下分章节，记、志、传、图、表并用其间。《清原县志》（1959）有6篇：第一篇自然概况，包括概序、地理、土壤、气候及雨量、物产分布；第二篇历史背景，分时期叙述；第三篇社会结构，记人口和社会阶层、民族及风俗、社会团体、宗教信仰、秘密结社；第四篇经济状况，载工业、农业、林业、交通运输、财政金融、商业、粮食；第五篇政治面貌，包括党的建设、政权建设、群众工作概况等；第六篇文教卫生，记文化教育、文化馆、电影院（队）、广播站、群众文化活动、报纸、杂志、新闻、科学研究、卫生事业。部分志书采用断代史的形式，如辽宁《营口市志》（1960）、广东《广州市志》（1960）断限在1949到1959年，《浦东县志》（1960）上下限在1919年至1959年等。

在志书内容记述方面，《关于新修方志的几点意见》提出："新修方志主要为了反映我国各地人民的革命斗争和向自然斗争的实际情况，特别着重解放以后人民大众在政治、经济、文化建设上的新成就，借以系统地整理和保存资料，为社会主义建设服务，并达到教育干部和群众的目的。"在如此宗旨指导下，方志内容多以革命斗争史、经济建设发展情况以及革命斗争和生产建设中的模范人物为重点。如《六安县志》（1959）专立革命史实编，记述太平天国运动、苏家埠教案、辛亥革命、"五四"至中华人民共和国成立前夕人民革命斗争、中华人民共和国成立后社会改革；经济编详细记载中华人民共和国成立后农业、副业、重工业、商业、交通运输、金融等方面的成就。《祁县志》（1960）的内容更集中，其第一编记旧祁县的面貌，第二编为新民主主义革命史，第三编为社会主义革命和建设成就，第四编载历史人物和革命烈士传略。"从已经编出的地方志和油印稿本看来，内容一般都为记载当地自然地理、政治、历史、经济、文化、名胜古迹、风俗习惯、人物等各方面情况，而多数地方志又以记载当地人民在党的领导下进行革命斗争的情况和解放十年来政治、经济、文化卫生等方面发展情况为主。"[①]

旧时的方志编纂都是地方官主修，聘请文人、学子编纂的。中华人民共和国成立后因政体发生了根本性的变化，修志体制也截然不同。1958年，地方志小组《关于新修方志的几点意见》提出："修志的组织，应在各省、市、县党委和人民委员会的领导之下，进行工作"[②]，确定了地方党委、政府领导，修志机构具体实施的修志体制。除多数地方成立编志委员会，主持修志工作外，因各地情况不一，修志机构

---

① 中国科学院哲学社会科学部、国家档案局：《关于编写地方志工作的几点意见》，载《中国地方志综览（1949—1987）》，第259页。

② 地方志小组：《关于新修方志的几点意见》，载《中国地方志综览（1949—1987）》，第255页。

的组成差异还是较大的，如广东兴宁、揭阳、梅县、浙江舟山专区由档案馆负责，广西组成通志馆，辽宁营口市、清原县由文教局负责，吉林长春市、双辽县、辽源市、通化县、抚松县、辉南县等由东北师范大学历史系的师生和有关市县组成编写组编写，福建漳浦县由县委宣传部编纂，安徽省志编纂则为省哲学社会科学所历史研究室承担，黑龙江的巴彦县、虎林县则由县委办公室组织编写县志。1963年中宣部批转《关于编写地方志工作的几点意见》后，各级党委宣传部成了各地修志工作的领导和审查机关。

当时作为地方志基础的地方史编写，除极少部分系个人编写外，如缪鸾和《西双版纳傣族自治州的过去与现在》（1957）等，绝大多数为各公社、村、工厂组织的编写组所编，如《十月人民公社史》（1959）、《南充第二制丝厂厂史》（1961）、《金星人民公社片断》（1962）等，也有部分系大学的师生所编，如吉林大学历史系四年级编《保安屯史话》（1959）、辽宁大学历史系编《浑河畔上旭日升：高坎人民公社史》（1959）等。地方史的体裁运用史话、散文形式的比较普遍，体例灵活，语言流畅，可读性较强。标题、书名多文学色彩，如广东《英雄的虎门：虎门人民公社史》（1959）、吉林《水流归大海：长春市兴隆山人民公社史》（1959）、天津《海河红浪：天津国棉四厂工厂史》（1960）、《翻天覆地：陈家坊的变迁》（1964）等。

总的来说，这一时期的地方志基本反映了各地的地理、政治、历史、经济、文化、名胜古迹、风俗习惯、人物等方面的情况，也出现了一些如《浠水县简志》（1958）、《清原县志》（1959）、《六安县志》（1959）、《营口市志》（1960）等一些较有特色的方志。但是，由于时代的原因，地方志过多地记载了阶级斗争，对于历史上的一些史实和自然地理情况记载过于简略，加上对地方志编修的理论研究不够，修志队伍没有系统培训，所编地方志，多较为粗糙，体例不精，文风不一。甚至有部分志书，如山西《盂县人民县志》（1961）、《晋城县志》（1962）等史志体例混淆，河北《怀来县志》（1959）以散文笔法代替语体文，进一步影响了方志质量。

二、首轮修志的发展阶段

1977年后，中国大陆进入一个社会安定、经济发展的新时期，一度中断的修志传统得到了恢复。这一轮新志编纂大体上经历了以下三阶段：

1. 地方自发编修阶段（1977年7月—1983年3月）。1977年7月、10月，黑龙江省呼玛县，山西省寿阳县、平定县；次年8月，福建省福州市政协文史资料组、山东省威海市，11—12月黑龙江省虎林县、山西省代县等，率先决定成立修志机构，编写新志。1979年5月1日，山西省临汾市李百玉先生就《县志应当续订》致函中共中央宣传部和光明日报社，建议恢复地方志编纂工作，限期完成。7月9日，中共中央政治局委员、秘书长兼宣传部部长胡耀邦同志批示："大力支持在全国开展修志工作。"1979年8月，湖南省成立省志编纂委员会，恢复编修《湖南省志》。12月，广东省政协副主席莫雄在广东省五届人大二次会议上提出了"建议组织人力编写广东省志"的提案，要求恢复广东省的修志活动；中共黑龙江省委第二书记李立安在黑龙江省文秘档案工作会议上发表讲话，提出成立省志编审委员会，市县指定一名领导负责编史修志工作。

1980年是这一阶段的关键年。2月14日，中共中央、国务院批转《国家档案局关于全国档案工作会议的报告》，指出档案工作是维护党和国家历史真实面貌的重大事业，档案馆应"号召编史修志，为历史研究服务"。3月3日，《人民日报》发表罗威《重视地方志的研究》一文。4月，中国史学会成立大会召开，中共中央书记处书记胡乔木代表中共中央书记处到会作重要讲话："地方志的编纂，也是迫切需要的工作。现在这方面的工作处于停顿状态。我们要大声疾呼，予以提倡。要用新的观点、新的方法、新的材料，继续编写地方志。不要让将来的历史学家责备我们这一代的历史学家，说我们把中国历史这样一个好传统割断了。"[①]胡乔木的讲话大大推动了新志编纂开展。5月，山西省、武汉市成立修志机构。这年，《呼玛县志》《庆云县志》《威海志》《东平县志》《斗门县志》（1980）出版，成为这一轮新志编修以来出版的第一批志书。次年7月，中国地方史志协会成立大会暨首届地方史志学术讨论会在山西太原召开，会议通过了《给党中央、国务院的建议书》《关于新省志、新市志、新县志编纂方案的建议（草案）》等文件。这次大会是有史以来第一次全国地方史志的学术会议，对于推动新地方史志工作的普遍开展，起到了很大的推动作用，中国地方史志协会也成了指导全国各地修志的学术中心。会后，许多省相继成立修志机构，部署全面启动新志编修工作。如：8月17日云南省决定成立省志编纂委员会，10月17日、23日河南、四川省决定成立地方志编纂委员会。11月山东省地方史志编纂委员会及山东省各地、市、县史志办成立，并在21—24日召开全省第一次地方志工作会议，对新志编纂进行动员。

2. 统一规划、部署阶段（1983年4月—1996年10月）。鉴于新修地方志工作已在全国大部分地方开展起来，1983年1月，中国社会科学院向中央呈上了《关于恢

---

① 胡乔木：《对地方志工作的指示、批示》，载中国地方志指导小组办公室编《中国方志文献汇编》，方志出版社，1999年，第21页。

复地方志小组工作的请示报告》。4月，经中央批准，恢复并重组的中国地方志指导小组成立。同月，中国地方志指导小组在洛阳召开全国地方志规划会议，将地方史与地方志编纂纳入国家"六五"计划，并制定《一九八三年至一九九〇年中国地方志事业发展规划及设想（草案）》，要求各地在1985年前完成7部省志中之38卷、10部城市志、65部县志和1部专志。其中1部省志、2部市志、9部县志、1部专志被列为"六五"期间的重点志书。这标志着大陆新志编纂进入统一规划、部署阶段。1985年3月，"全国已有二十四个省、自治区、直辖市，约三分之一的城市，二分之一以上的县，先后建立了地方志编纂委员会，着手编纂新地方志。……我国开始出现了'盛世修志'的可喜局面"[①]。在这样的形势下，1985年4月19日，国务院办公厅首次发出转发《中国社会科学院关于加强全国地方志编纂工作领导的报告》的通知，通知："各地要对地方志编纂工作进行一次检查，进一步加强领导，充实人员，加强队伍建设，切实解决地方志编纂工作中的问题。尚未建立地方志编纂班子的地方，要根据本地区情况，逐步组建班子，把这项工作开展进来。有关编制、经费、出版等问题，由地方各级政府根据实际情况，予以适当解决。"这标志着编修新地方志正式列入全国各级政府的议事日程，成为各级政府重要任务之一，方志编纂进入新的发展阶段。同日，中国地方志指导小组颁布《新编地方志工作暂行规定》，将新志编纂的组织、管理、撰写、出版等纳入规范之中。1986年12月22—24日，全国第一次方志工作会议在北京召开，胡乔木到会向在修志战线上辛苦努力的各位同志表示崇高的敬意与热烈的祝贺，希望新志质量更上一层楼，中国地方志指导小组组长曾三作了《为编纂社会主义时代新方志而开拓前进》的主题报告，指出："目前在我国各地迅速开展的修志工作，无论就修志地区的广泛、普遍来说，还是就志书内容的丰富、深刻来说，都是历史上任何一代的修志所不能比拟的。……我们现在正在编纂的新方志，无疑是历史上旧方志的继承和发展。但它不是旧志的简单继续，它应当随着时代的发展和面临任务的不同，而有所发展、变革和创新。"[②]

3.修志制度化与新志完成阶段（1996年11月—2014年5月）。1996年11月9日，国务院办公厅发出《关于进一步加强地方志编纂工作的通知》，规定"地方志一般分为三级：省、自治区、直辖市编纂的地方志，设区的市、地区、自治州、盟编纂的地方志，县、自治县、旗、不设区的市、市辖区编纂的地方志；每20年左右续修一

---

① 中国社会科学院：《关于加强全国地方志编纂工作领导的报告》，见《中国地方志综览（1949—1987）》，第3页。
② 中国地方志指导小组办公室编：《中国方志文献辑存》，方志出版社，2012年，第66页。

次"①。这是1949年后中国大陆首次在制度上对志书连续编纂进行规定,从而确保修志事业持续发展。各省(直辖市、自治区)在接该通知后纷纷开会或发文落实,如广西壮族自治区人民政府在1997年1月10日发出《关于进一步加强地方志编纂工作的通知》,要求广西各地志书于1998年底前基本完成,2000年开始续修下一轮志书。1997年2月13日,山西省政府也要所属地、市、县在1999年之前完成编纂任务。1998年2月10日,经国务院同意,中国地方志指导小组正式颁布《关于地方志编纂工作的规定》,明确"编纂地方志应延续不断。各级地方志每二十年左右续修一次"。修志体制是"党委领导、政府主持",各级修志机构的主要任务是"制定规划;开展调查研究,积累资料;组织志书编纂;审定验收志稿;整理旧志;总结和交流修志经验;进行方志理论研究;培训队伍;编纂出版地方年鉴;提供地情咨询服务;编写地情丛书等"②。地方志编纂工作进一步制度化、规范化。1999年,中国大陆所有省、直辖市、自治区及其所属市、县都成立了修志机构,形成了一支约数万人的修志队伍。为检阅20年来的修志成果,中国地方志指导小组还于这年10月18—23日在北京举办"全国新编地方志成果展","展出的省市县三级志书近4000部,加上部门志、行业志及其他各类志书,总计10000余部,约70亿字。"③至2001年12月20—21日第三次全国地方志工作会议召开前夕,已出版三级志书,"完成计划数6320部的75.8%,另有相当数量的志书正在审定、出版中"④。此时,除部分地方的志书在扫尾外,全国绝大部分市、县已完成志书编纂,正为下一轮续修志书作资料准备。到2014年5月,"首轮新方志编纂任务全面完成。全国累计出版规划内省、市、县三级志书8000多部,全面系统地记述了全国各地自然、政治、经济、文化、社会的历史与现状,新方志编修及其硕果是中国方志发展史上的壮举,也是中国文化发展史上的盛事"⑤。

三、二轮修志的开展

二轮规划所编志书目前都已经全面完成,各地正在拓展修志领域。回顾二轮修志发展过程,大体上可分为以下几个阶段:

---

① 《中国方志文献辑存》,第51页。
② 《中国方志文献辑存》,第74页。
③ 李铁映:《全国新编地方志成果展开幕词》,《中国地方志》1999年第6期。
④ 《全国地方志第三次工作会议纪要》,《中国地方志》2002年第1期。
⑤ 冀祥德主编:《中国方志发展报告(2015)》,方志出版社,2015年,第3页。

1. 零星自发探索期（1989—1997年）。首轮志书出版比较早的地方，在经过几年积累后便开始摸索二轮修志，当时还没有"二轮修志"这个概念，多用"续修"志书的提法。最早的可能算黑龙江省呼玛县，1989年12月出版了《呼玛县志（1978—1987）》，此后有《瑞昌县续志（1985—1989）》《铜鼓县志续编（1986—1990）》《东陵区志（1986—1990）》《孝义县志（续）》（1996）、《大邑县志续编》（1996）、《新密市志（1986—1995）》《兴文县志续编（1986—1995）》《嘉定县续志（1988—1992）》《濉溪县志续编》（1999）等开展续修并出版。对如何继续编纂新方志也开始有了一些理论探讨，如1996年10月，《江苏地方志》第4期刊发一组有关"续修市志模式"的文章，12月华夏地方志研究所内部印行朱文尧主编《方志续修今议》。[①]

2. 较大规模探索期（1998—2005年）。大致从1998年起有省级层面续修动向。该年初中共河南省委办公厅、省人民政府办公厅、省军区司令部联合发出《关于开始第二届三级志书编纂工作的通知》，10月山东省人民政府办公厅、黑龙江省人民政府办公厅相继印发《关于续修新方志有关问题的通知》《关于黑龙江省续志工作规划的通知》。2000年有较多的省启动二轮修志，如2000年3月，安徽省人民政府办公厅下发《关于开展地方志续修工作的通知》，决定在全省开展省、市、县（市、区）三级志书续修工作，4月24—26日还举办"首届修志经验总结，续志编纂研究"学术讨论会，讨论《安徽省第二届三级志书编纂工作细则》。5月1日，上海市人民政府办公厅发出《关于进一步做好上海地方志编纂工作的通知》，要求郊县开展县志续修、城区编纂新区志，11月上海市地方志编纂委员会发出《关于上海市续修地方志工作的若干规定》。这年发出全省（市）续修志书的还有天津市《关于开展续修志书试点工作的通知》、陕西省《关于开展续修地方志工作的通知》、江西省《关于开展续修市（地）、县（市）两级地方志工作的通知》《江西省续修地方志行文通则》，青海省、山西省对首轮新方志编修分别进行总结，并提出或部署续修工作方案。2003年3月起，中国地方志指导小组办公室在全国范围内开展续修志书试点工作，如四川省地方志编纂委员会、北京市房山区、河南省项城市、河北省秦皇岛市、山东省青岛市、江苏省扬州市邗江区、浙江海盐县、象山县，等等。与此同时，兴起了续修志书编纂理论探讨热潮。2000年7月25—27日，中国地方志协会、黑龙江省地方志办公室、黑龙江省地方史志学会在哈尔滨举行全国续志篇目设置理论研讨会，10月20日，中国地方志指导小组召开研究志书续修的专家座谈会。[②]并形成"百家

---

① 上海市地方志办公室编：《上海续志编纂研究》，上海社会科学院出版社，2005年，第605页。
② 《上海续志编纂研究》，第607页。

争鸣"局面。有的主张接前志而续编,如林衍经以为"首届社会主义新方志,是通贯古今,用通纪体记事的。新方志的续志,是断代记事。"[①]有的认为应续与修并举,如诸葛计说"志书续修就是在前志基础上的续、补、纠、创",即"续记前志下限后的史事;补上前志所当有而实际缺少的内容;纠正前志存在的谬误;在前志基础上的创新"[②]。有的提出是新修、重修,如孙其海以为,"续修的每一部志书都应该是独立成志,让读者'一书在手,便知一地之今古',在续修过程中,与其设想很多很难掌握的框框,不如放得开一点、宽一点,续修一部全新的'一方之今古'的实用志书"[③]。也有的比较折中,认为应视情况而定,如吕志毅主张"首届志书从总体上看是值得肯定的,因而下届修志主要是续修,有严重质量问题的志书则要重修"[④]。2004年6月1—4日,中国地方志指导小组在河北省秦皇岛市召开全国第二轮修志试点工作经验交流会,对《白城市志(1986—1995)》《禄劝彝族苗族自治县志(1991—2000)》《丰南县续志(1986—1993)》进行重点剖析,并就两次新修方志统一提法——"首轮修志""第二轮修志"。为便于各地修志工作开展,中国地方志指导小组办公室出版了《全国第二轮修志工作文件及志书篇目汇编》。

3. 全面铺开、依法修志期(2006—2021年)。2006年2月,中国地方志指导小组召开第三届第四次会议,部署全面启动全国第二轮修志。5月18日,温家宝总理签署国务院467号令颁布施行《地方志工作条例》,标志着我国修志成为法规规定的文化事业,有力地促进和保障了二轮修志工作的开展。7月,中国地方志指导小组于上海组织了全国第二轮新方志编修理论与实务研修班。次年,辽宁省人民政府办公厅印发《辽宁省第二轮修志工作规划的通知》,安徽省地方志编纂委员会印发《安徽省志(1986—2005)编纂工作方案的通知》,海南省人民政府办公厅印发《海南省第二轮省市县三级志书编纂方案的通知》。这年11月,中国地方志指导小组下发《中国地方志指导小组关于第二轮地方志书编纂的若干意见》的通知,对二轮志书的编纂原则、内容记述、体例篇目、名称等进行了规定,标志着全国第二轮修志工作正在全面展开。为保障志书的质量,中国地方志指导小组组织全国专家、学者对方志质量标准进行多次讨论,2008年9月16日发布《地方志书质量规定》。全国各地二轮修志进展顺利,河南、广东、安徽、四川等省的志书编纂出版走在了全国前列。"截

---

① 林衍经著:《方志编纂系论》,安徽大学出版社,2001年,第220页。
② 诸葛计:《续修志书中的"纠"字说》,《中国地方志》2001年第1、2期合刊。
③ 孙其海:《续修方志的模式和编纂构想》,《中国地方志》2000年第6期。
④ 吕志毅:《对续修和重修的一些看法》,《中国地方志》2000年第6期。

至 2014 年底，全国第二轮省、市、县三级志书规划 5916 部，累计出版 1972 部，其中省级志书 378 部，市级志书 150 部，县级志书 1444 部。进展较快、出版志书较多的省、市、自治区有：广东、湖南、重庆、宁夏、山东、山西、福建、四川、天津等，其中广东省已经全面完成第二轮修志任务。"①

2014 年是二轮修志史上具有特殊意义的一年。2 月 25 日，习近平总书记在考察调研首都博物馆时强调：要"高度重视修史修志，让文物说话、把历史智慧告诉人们，激发我们的民族自豪感和自信心，坚定全体人民振兴中华、实现中国梦的信心和决心"②。4 月初，李克强总理对地方志工作做出重要批示："地方志是传承中华文明、发掘历史智慧的重要载体，存史、育人、资政，做好编修工作十分重要。五年来，全国广大地方志工作者执着守望、辛勤耕耘，地方志工作成绩斐然，这项事业呈现良好发展势头。谨向同志们致以诚挚问候！修志问道，以启未来。希望你们继续秉持崇高信念，以更加饱满的热情、以求真存实的作风进一步做好地方志编纂、管理和开发利用工作，为弘扬优秀传统文化、服务经济社会发展作出新的贡献。"③10 月，中共十八届四中全体会议通过《中共中央关于全面推进依法治国若干重大问题的决定》。中央领导的指示精神与中央全会决定给广大修志工作以极大精神鼓舞，为全面开展依法修志、依法治志提供了强有力的法律、政策武器。次年 8 月 25 日，国务院办公厅以国办发〔2015〕64 号文件正式发布《全国地方志事业发展规划纲要（2015—2020 年）》，明确"到 2020 年，完成第二轮地方志书规划任务，省、市、县三级地方志书全部出版"。"到 2020 年，做到地方综合年鉴由地方志工作机构组织编纂，一年一鉴，公开出版，实现省、市、县三级综合年鉴全覆盖。"

在"两全目标"指引下，全国二轮修志进展迅速，但各地参差不齐，"依然存在重视程度不够、贯彻落实措施不到位、任务和时间不明确、督促检查弱化等问题。截至 2016 年 9 月底，全国第二轮修志省级志书规划 2467 部、出版 537 部、完成率为 21.77%，地市级志书规划 389 部、出版 193 部、完成率为 49.61%，县级志书规划 2942 部、出版 1695 部、完成率为 57.61%；省级综合年鉴实现公开出版全覆盖，地市级综合年鉴按年公开出版 294 种、占应有 344 种的 85.47%，县级综合年鉴按年公

---

① 《中国方志发展报告（2015）》，第 4 页。
② 《中国方志发展报告（2015）》，第 14 页。
③ 《中共中央政治局常委、国务院总理李克强对地方志工作的重要批示》，《新疆地方志》2014 年第 2 期。

开出版 1799 种、占应有 3201 种的 56.2%"①。有鉴于此，2017 年 2 月 22 日中国地方志指导小组发布《关于制定到 2020 年实现"两全"目标"时间表""路线图"及转发西藏、青海相关材料的通知》，要求各地逐级层层签订工作责任书、如期完成。中指组成立"两全目标"督查小组，实行季通报制度。2018 年 9 月 10 日，中国地方志指导小组又印发《关于全国地方志系统支援西藏、新疆地方志工作的意见》，要求根据中央援藏援疆工作决策部署，结合受援方实际，依法推进援助西藏、新疆地方志工作。到 2018 年底，已出版规划类志书 3121.5 部，占总规划志书的 56.52%，详见表 3-9。

表 3-9 全国第二轮省、市、县三级志书规划与出版情况统计表（2018 年度）

行政区划 \ 项目	省级志书		市级志书		县级志书	
	规划数	出版数	规划数	出版数	规划数	出版数
北 京	70	25			18	10
天 津	61	51			16	12
河 北	59	9	7	3	148	128
山 西	89	52	12	6	119	71
内蒙古	76	18	12	4	103	52
辽 宁	84	11	57	18	100	53
吉 林	60	35	9	8	59	54
黑龙江	95	25	13	5	143	91
上 海	196	27			24	20
江 苏	60	15	13	11	96	92
浙 江	113	9	11	7	87	54
安 徽	87	59	17	17	110	110
福 建	77	34	9	4	84	44
江 西	102		11	9	100	97
山 东	74	74	17	17	137	137
河 南	135	24	18	16	150	148
湖 北	83		17	17	97	97
湖 南	66	49	14	9	121	97
广 东	43	43	19	19	99	99
广 西	65	32	15	4	106	44
海 南	55	6	2		20	

---

① 中国地方志指导小组办公室：《关于制定到 2020 年实现"两全"目标"时间表""路线图"及转发西藏、青海相关材料的通知》，http://difangzhi.cssn.cn/tzgg/201702/t20170222_4945648.shtml。

续表

行政区划\项目	省级志书 规划数	省级志书 出版数	市级志书 规划数	市级志书 出版数	县级志书 规划数	县级志书 出版数
重庆	86	62			39	30
四川	93	50	21	16	179	171
贵州	64	33	9	3	88	57
云南	68	15	16	9	128	84
西藏	56	4	7		74	7
陕西	72	30	11	2	106	46
甘肃	72	54	14	7	86	58
青海	59	19.5	8	2	46	15
宁夏	25	25	5	2	22	15
新疆	10		11	3	68	15
兵团	5	4	14		1	1
合计	2359	893.5	389	218	2775	2010

资料来源：中国方志网。到2021年，全国修志工作者克服疫情造成的种种困难，圆满完成"两全"目标，实现中国文化史甚至是世界文化史上从未有过的壮举。

四、新方志的成就与创新

自新修地方志开展以来，广大修志工作者在借鉴旧志的经验的基础上，积极探索，勇于创新，无论在修志机制、指导思想、编纂原则方面，还是在体例、体裁、篇目、内容书写、组织管理等方面均有突破：

（一）召开全国地方志工作会议，鼓舞士气，对修志重大问题进行部署

地方志工作涉及面广，要解决的实际问题多，各地由于经济、文化发展程度不一，对地方志工作的重视程度有差异，修志者的认识、见识也有不同，这就给地方志工作的推动带了不少影响。除常规性的问题，由中国地方志指导小组负责指导、解决外，还创造性地举办经国务院批准的全国地方志工作会议，对事关全局性问题进行顶层设计与部署。首轮、二轮修志期间，共召开过五次全国地方志工作会议。

1986年12月22—24日，第一次会议在北京举行，主要就"七五"（1985—1990年）修志规划及至2000年长远规划做出安排，预计编纂三级志书6000部。曾三代表中国地方志指导小组作了《为编纂社会主义时代新方志而开拓前进》的工作报告，总结了六年来的修志基本情况和取得的成绩，对修志指导思想、科学性、审批手续等提出解决方法。胡乔木代表中央对各地的修志成绩进行肯定，就新方志的性质、体裁、

文体、文风、出版发行，特别是提高修志队伍的素质和加强志书的科学性，做了全面的论述。国务院副总理万里接见了会议代表，强调"地方志工作很重要，各级政府都要关心这个事情，要动员一些专家还有老同志来参加这个工作。这是一个文化建设，很重要的文化建设，这是一门专门的学问，一门知识"[①]。第二次会议于1996年5月4—7日召开，西藏自治区第一次派代表参加。这次会议的主题是总结十五年来的修志工作经验，确定"一纳入"（即把修志工作纳入各地社会经济发展计划和各级政府的任务之中）"五到位"[即领导到位、机构到位、经费到位、队伍（特别是职称）到位、条件到位]、"党委领导、政府主持、专家修志、三审定稿"的修志工作机制，以及在2000年完成本届修志工作、着手开展续修准备的目标。会议期间，国务院总理李鹏在中南海接见了全体代表，指示："新编地方志是社会主义文化建设事业的一个组成部分，一定要认真做好。"[②]第三次工作会议于2001年12月20—21日举行。会议充分肯定二次会议以来五年间方志工作的成就，要求各地稳定修志机构和骨干队伍，加强方志工作的制度化、规范化，适时全面启动新一轮修志工作，把方志质量放在第一位，并加大方志资源开发，为现代化建设服务。第四次工作会议2008年11月6—7日举行，中心任务是进一步贯彻落实《地方志工作条例》，把提高志书编纂质量放在更加突出的位置，促进二轮修志工作又好又快向前发。2014年4月19日第五次会议召开，中心任务是落实习近平总书记、李克强总理有关编史修志的指示、批示精神，推动《全国地方志事业发展规划纲要（2015—2020年）（草案）》落地，布置2014—2015年全国地方志系统先进表彰，确定地方志事业发展目标和任务，国务院副总理刘延东到会讲话。第六次会议，原计划2020年召开，因新冠疫情突发而未能召开。全国地方志工作会议既属于国家层面的地方志工作总结盛会，又是未来地方志事业高质量发展的把向定调会，对我国方志发展产生了深远影响。

（二）修志的行政区域全覆盖，扎根到基层

按照国务院《地方志工作条例》的规定，"县级以上地方人民政府应当加强对本行政区域地方志工作的领导。地方志工作所需经费列入本级财政预算"。我国首轮、二轮新方志编纂都遍及所有县及以上行政区域，过去较少修志的政区也都开展了志书编纂。如西藏于1995年启动首轮方志编纂，1999年底全区成立专志编委会和地

---

① 《万里副总理接见全国地方志第一次工作会议代表时的重要讲话》，《新疆地方志通讯》1987年第1期。
② 转引自郁文《我国新编地方志成果辉煌》，《中国地方志》1999年第6期。

（市）、县志编委会或领导小组153个，成立方志办公室、编辑部（室）385个。①2001年底，《西藏自治区志》中有4部分志通过初审，1部通过复审，2部通过终审，《聂拉木县志》《吉隆县志》《仁布县志》《亚东县志》《萨迦县志》等5部县志完成初稿。②至2016年底，西藏已有38部自治区志分志、7部地市志和38部县（市、区）志，共计83部志书公开出版发行，即将出版的有10余部，正在总编的有10余部。③二轮修志期，西藏自治区于2016年10月颁布《西藏自治区实施〈地方志工作条例〉办法》，将依法修志落到实处。2020年12月，完成编纂省、市、县三级地方志书121部，出版三级地方综合年鉴82部，实现省、市、县三级志鉴的全覆盖。④新疆自1983年始编纂首轮新方志，到2014年全面完成，计出版地方志书209部，少数民族文字版志书42部。⑤新疆的二轮修志始于2006年4月21日中共新疆维吾尔自治区委员会办公厅印发《关于开展第二轮地方志编修工作的通知》，计划编纂八卷本《新疆通志》简志和《新疆通志》丛书以及全部地、县两级志书，截至2020年12月，共出版省级志书10部，地（州，市）级志书11部，县（市、区）级志书68部，出版三级综合年鉴111部，全面实现修志编鉴"两全目标"⑥。特别是边远地区、少数民族地区，多由于新修方志热潮，该地区的历史首次有了系统的完整记述，如新疆《泽普县志》（1992）、《巴里坤哈萨克斯坦自治县志》（1993）、《伊吾县志》《麦盖提县志》（1994）、《石河子市志》（1994）、《岳普湖县志》（1996）、《克拉玛依市志》（1998）、《奎屯市志》《克拉玛依市乌尔禾区志》《克拉玛依市白碱滩区志》（1999）《伊宁市志》（2002）等，青海《祁连县志》（1993）、《海晏县志》（1994）、《刚察县志》（1998）、《贵南县志》（1996）、《黄南州志》（1999）、《兴海县志》（2000）等，宁夏《贺兰县志》（1994）、《永宁县志》（1995）、《彭阳县志》（1996）、《惠农县志》（1999）、《石嘴山市志》（2001）等，均是该地首部志书。

除省、市、县三级修志外，新编方志已深入基层乡镇社区，甚至自然村。尽管乡镇村志历史上有出现，但当代乡镇村志的普遍性要远远超越民国以前。尤其是进

---

① 唐水江：《西藏自治区修志工作汇报》，《中国地方志》2002年第1期。
② 西藏自治区地方志办公室：《西藏自治区修志工作进展态势良好》，《中国地方志》2002年第5期。
③ 《中国方志区域发展报告（2017）》，第285页。
④ 陈振东：《我区编纂完成121部地方志书》，《西藏日报》2021年2月1日。
⑤ 《新疆维吾尔自治区修志工作取得阶段性成果》，http://www.cssn.cn/mzx/xjyj/201606/t20160616_3072707.shtml。
⑥ 杨志虎：《一肩挑四担，攻坚克难战"两全"——新疆全面完成修志编鉴"两全目标"任务的启示》，《新疆地方志》2021年第1期。

入21世纪以来,随着城市化的迅猛发展,造成相当多古镇古村的消失,乡村镇志普遍得到重视。"截至2013年底,累计出版乡镇村志、街道社区志4090部,其中出版100部以上的有山西、吉林、上海、江苏、福建、江西、山东、河南、湖北、广东、重庆、四川12省(市);出版300部以上的有江苏、山东、广东、四川4个省份;最多的是四川省,达到345部。"[①]新疆也编纂了《北庭镇志》《麻扎村志》《纳达齐牛录志》等乡村镇志。上海市金山区更是实现村村有志,共编修村志124部。

(三)志书品种系列化、成书数量多

按最初的修志部署,首轮修志以省(直辖市、自治区)志、市(地、州、盟)志、县(县级市、区、旗)志为主体,二轮继之。除纳入规划的省、市、县志外,各地积极探索,编纂乡镇志、山川志等传统基础志书,创设新的志书种类:

1. 地区志。地区是省(自治区)政府的派出机构,有行署,有主管的企事业单位,尽管中国地方史志协会《关于新编地方史志工作条例的建议》(1982)、中国地方志指导小组《新编地方志工作暂行规定》(1985)均认为地区一级是否修志,不作统一规定,由各省、自治区自行决定,但各地多编了地区志,如《运城地区简志》(1986)、《徽州地区简志》(1989)、《宁德地区志》《龙岩地区志》(1992)、《滨州地区志》(1996)、《宣城地区志》(1998)、《上饶地区志(1991—2000)》,等等。

2. 街道志。街道属于市辖区政府的派出机构,设有街道办事处。在首轮修志尤其是二轮区志结束后,不少地方编纂了街道志,如《须水街道志》《建设路街道志》《棘洪滩街道志》《东山街道志》《秦岭路街道志》《新碧街道志》《贵阳市南明区街道志》《杭州凯旋街道志》《张庙街道志》《友谊路街道志》《宜川新村街道志》《中山街道志》《上海市长宁区程家桥街道志》,等等。

3. 厂矿学校志。起初多是为规划内区域综合志提供资料而成初稿,后再丰富资料、完善体例出版,也有部分因厂庆、校庆而编。如《上海旅游高等专科学校志》《复旦大学志》《武钢志》《宝钢志》《阿坝州水泥厂志》《洛阳拖拉机厂志》《安徽省农资公司志》《八一煤矿志》《江浦县人民医院志》《南京内燃机厂志》《南京市江浦制药厂志》《中国东方航空集团有限公司志》《上海市第一人民医院志》《上海汽车集团股份有限公司志》《中国电信上海公司志》《常州工业技术学院志(1978—1998)》《常州工学院志(1998—2007)》《复旦大学百年志(1905—2005)》,等等。

4. 党政机关单位志。也多属为规划内区域综合志提供资料而编,内部版或稿本

[①] 《中国方志发展报告(2015)》,第340页。

较多。如《江浦县司法局志》《江浦县工业局志》《浦东新区环保市容局志》《常州市人事局志》《常州司法局志》《常州农工党志》《常州共青团志》《常州市工会志》《普陀区房产管理局志》《内江市城市建设局局志》《安徽省长途电信传输局局志》《四川省温县粮食局志》，等等。

5. 专业（行业）志。专业（行业）是当今社会经济生活的主体，地方志内容的主要组成部分。有些地方系为规划内区域综合志提供数据而编纂，有些地方则将专业（行业）志作为本地志书体系纳入修志规划。专业（行业）志的类型多种各样，有如《奉贤县工业志》等工业志，《松江县教育志》《江浦县教育志》等教育志，《奉贤县民政志》等民政志,《奉贤县农业志》《江浦县农业志》《江浦县多种经营志》《江浦县烟草志》等农业志，《当涂县粮食志》《江浦县粮食志》等粮食志，《奉贤县供销合作商业志》《江浦县医药商业志》等商业志，《奉贤县卫生志》《江浦县城东乡卫生志》等卫生志，《奉贤县财税志》《江浦县工商税志》等财税志，《奉贤县金融志》等金融志，《洛阳市交通志》等交通志，《江浦县档案事业志》等文化事业志，《江苏省江浦县土壤志》等地理志，等等。

6. 事件志。围绕某个重大事件而编纂的志书，多为各地所重视。如《汶川特大地震抗震救灾志》《上海世博会志》《北京奥运会志》《广州亚运会》《杭州亚运会志》《第十届中国花博会志（上海·崇明）》，等等。

此外,各地还编了许多准地方志性质的地方综合年鉴，如《河北年鉴》《北京年鉴》《上海年鉴》《杭州年鉴》《芜湖年鉴》《黄山年鉴》《重庆年鉴》《贵阳年鉴》《南海年鉴》《临安年鉴》《曲阜年鉴》等，仅江苏省就有《江苏年鉴》《南京年鉴》《镇江年鉴》《苏州年鉴》《武进年鉴》《张家港年鉴》《江阴年鉴》《宜兴年鉴》，等等。

由于新方志成书的系列多，对新方志的数量进行统计是非常困难的。据1997年出版的《中国专业志要览》统计，自20世纪80年代以来各地新编辑的专业志、部门志有2500余种。2016年版《中国新方志10000种书目提要（上海通志馆藏）》统计，截至2014年6月30日,该馆收录的首轮、二轮省(自治区、直辖市)、地(市、州、盟)、县（区、旗）各级志书达11300余种。2023年版《新时代中国文化发展报告：走向全面繁荣的中华民族现代文明》报道，迄2023年6月，全国编纂完成省、市、县志书有1万多部，部门志、行业志、专业志、乡镇村志有2万多部，地方综合年鉴有3万多部。①尽管数据不一，但数量特别巨大是肯定的。

---

① 《社科院报告：我国地方志编修首次完成省市县三级全覆盖》，https://www.sohu.com/a/756033853_120046696。

（四）新观点、新材料、新方法得到充分的运用

新观点、新材料、新方法是中共中央书记处书记胡乔木1980年在中国史学会成立大会上提出的。"地方志的编纂，也是迫切需要的工作，……要用新的观点、新的方法、新的材料，继续编写地方志。"①这一修志理念得到各地方志工作者的普遍信守，也被看成是新方志的主要成就之一。

所谓新观点，就是在指导思想上，运用唯物史观对各地的历史与现状进行较客观的记述，重点记载在中国共产党领导下，各地所取得的建设成就，突出人民群众的历史功绩，纠正旧志不重视经济和科技的缺点，对经济、科技内容予以较多的关注，充分反映人民认识自然、改造自然的成果。如《奉贤县志》（1987）32卷，"各门各类力求全面记述，各行各业尽量统合古今，重点放在中国共产党诞生以来的60多年，特别是解放后的30多年中"。其中，经济内容有16卷，即人口志、农业志、林牧副渔志、盐业志、水利志、海塘围垦志、工业志、交通志、邮电志、商业志、城乡建设志、粮油志、工商管理志、物价计量志、财税志、金融志；科技单独立志，记科技组织、队伍、科技成果，以及科技普及与推广。经济、科技部分占全书三分之二。人物志有革命英烈、劳模先进、政军要员、文人学者、能工巧匠、名医良医、工商业者、其他文人等章，"入志人物力图丰富多彩，注重反映革命先烈、能工巧匠、工商实业者等人士的活动"②。对旧志中歧视、轻视、诬蔑少数民族的弊端，新志本着"民族平等、团结互助和各族人民共同发展繁荣""尊重少数民族的风俗习惯和宗教信仰"的原则，③既客观反映汉族人民在历史上的作用，又全面记述少数民族开发边疆、建设和保卫边疆的功绩。如贵州修文县是个多民族聚居区，境内人民大多是不同时期不同地区以不同方式迁入的，社会风俗多样复杂，各类组织和各种宗教在历史上都曾流行。《修文县志》（1998）设社会风情一篇，给读者提供了丰富多彩的民族风俗画面和社会资料；设人口、民族一篇，保存了人口迁徙和民族迁移的有关资料，以反映修文县历史上民族关系复杂，民族组成的结构变化；经济各篇客观、公正地体现少数民族在开发修文经济活动中的贡献。二轮修志均明确"以马克思列宁主义、毛泽东思想、邓小平理论、'三个代表'重要思想、科学发展观、习近平新时代中国特色社会主义思想为指导"，全面记述改革开放背景下各方面重要成就，关照人民生活品质的提升，各方面人物的劳动创造，以体现"人民创造历史"正确史观。

---

① 《中国方志文献汇编》，第21页。
② 姚金祥主编：《奉贤县志》，凡例，上海人民出版社，1987年。
③ 《新编地方志工作暂行规定》第一章，第五条，《中国地方志通讯》1985年第4期。

资料性是方志的重要特征之一，也是衡量新志质量高低的重要标准。新志一般都比较重视资料与数据收集，如上海市奉贤县采用了"五先五后"（先内后外，先近后远，先易后难，先急后缓，先抓全面，后攻重点）、"五个结合"（广征与特约相结合，专门工作与发动群众相结合，查档与采访相结合，个别访问与集体座谈相结合，块块与条条相结合）的方法收集到 2000 万字以上的数据[①]，《吉林省志·水利志》（1997）约 100 万字，而搜集到的资料却有 8500 万字，资料入志比例为 85 比 1，《吉林省志·军事志》（1996）的入志资料是 21 比 1，[②]从而使新志编纂建立在较扎实的数据资料基础上。各地收集的资料主要是 1949 年后的新资料，有档案、报刊等文献资料，也有回忆录等口碑资料。有时口碑资料还是档案资料所无法替代的。吉林省有关宗教方面的资料遗存很少，《吉林省志·宗教志》（2000）的编纂者不畏困难，广征博采，亲自调查，"凡有寺庙、有宗教领袖的地方都去采访，宗教志的资料很大部分是走访收集来的"[③]。对收集来的资料也不盲从，而大多经过仔细核实。如上海市金山县凡是资料"脉络不清的要搞清，因果不明的要弄明，依据不足的要查证，残缺不全的要尽量补充"，为弄清航道和海塘的长度，他们均重新进行实地丈量。[④]在收集资料方法上，二轮志书对口述历史、调查问卷方法有新尝试。在这方面浙江萧山区做得尤为突出，《萧山市志》（2013）将通过调查问卷、访谈记录撰写的《萧山居民择业观调查》《萧山居民社交礼仪调查》《萧山居民民间资本投资调查》等16个调查报告以及企业家、老领导、重要事件或决策的经历者的口述记录作为《社会课题调查》《口述历史》专册收入志中，大大丰富志书的资料性与学术深度。

志书的科学性既源于编纂者的认真、求实的工作态度，又取决于编纂方法的创新。新志一方面利用历史学、考古学等学科的相关研究成果，提高志书的学术水平，纠正旧志中"属《禹贡》某州之域"等的讹误。另一方面，比旧志更加注重运用相关学科的方法，如《金山县志》（1990）的工业志分类没有自搞一套，而是按照1987年国家统计局新颁发的《工业行业分类标准》结合金山实际设置了机械制造、金属制品、冶金、交运设备、电子、电器、仪表、食品、纺织、服装、编织、建材、化工、医药、塑料制品、造纸、印刷、家具木器等目。《休宁县志》（1990）配有彩色照片，统计表以统计学方法绘制，大事记采用史书编年体而撰，自然概貌载地质、

---

① 姚秉楠主编：《上海郊县修志十年》，上海社会科学院出版社，1992年，第10页。
② 参阅宋文安《本届〈吉林省志〉编纂质量得与失的思考》，《中国地方志》2002年第1期。
③ 参阅宋文安《本届〈吉林省志〉编纂质量得与失的思考》，《中国地方志》2002年第1期。
④ 《上海郊县修志十年》，第11页。

地貌、山脉、水系、气候，运用了地质学、地理学、气象学方法，方言依现代语言学体系而作，记方言分区、语言系统、方言词汇、语法特点。《宿县县志》（1988）以人口学方法载人口数、构成、密度、素质。《绍兴市志》（1999）、《龙游县志》（1991）、《慈溪县志》（1992）、《榆中县志》（1992）等，将文献学、情报学方法引入方志编纂之中，编制方志索引，提高方志的检索功能。

在体例上，新志突破了旧志的框框，综合运用了凡例、述、图、表、志、记、传、录、略、索引等体裁，丰富了志书的表现手法。如《修文县志》（1998）的凡例，分指导思想、体例、记述范围、时限、体裁、文体、资料、数据、纪年、地名、计量单位、注释、称谓、文字、数字、入志作品、人物、索引等18方面，对志书编纂必须要交代的事项进行了说明，较一般志书丰富，给读者利用和研究以很大的方便。对大事记，通行有四种形式，即编年体、纪事本末体、记述体和分类编年体。每一形式都各有优缺点，但倾向于编年体的较多。然而，编年体虽有"线条清楚、简明扼要"的长处，可常常把一件较长时段的事件按时间分割开来，令读者难以明了事件的因果。为了补救这一缺点，《修文县志》（1998）将大事记分为大事纪年、大事记述两部分，分别采用编年体和纪事本末体。在大事纪年部分惜墨如金，力求简练，使其发挥纵贯线的功能；在大事记述部分挑选大事时严格精选，使其发挥对重大事件交代因果和保存资料的功能。在所选37条重大事件中，古代部分一条未选，民国时只10条，中华人民共和国成立后27条。中华人民共和国成立后的内容相对多些，既是为了详近略远的需要，且多是无专志可记载的政治运动的内容。这样，使不少的大事资料得以保存，又较少与大事记（纪）年重复。该志还在大事记和概述之间增设了县情数据，将修文县从1949年到1998年间地理、经济、文教卫生等各方面的详细统计数字制成22幅表格，占34页的篇幅，可供读者在俯瞰时作细部浏览，大大提高了方志的实用性。①

在篇目设置上，创新更多，有分编、章、节、目的，有分志、章、节、目的，有分纲、中目、小目的。第一层次的门类设置多样，如《如东县志》（1983）于概述、大事记外立地理、经济、军事、文化、社会、人物等6大编；《南京简志》（1986）分有建置、自然地理、人口、政权、政法、军事、城市建设、经济管理、工业、交通邮电、农业、商业·饮食服务业·旅游业、对外经济贸易、财政·税收·审计、金融、名特优产品、教育、科学、文化、新闻出版、卫生体育、文物胜迹·纪念地、

---

① 巴兆祥、沈红亮：《论〈修文县志〉的编纂特色》，《史志林》2000年第1期。

社会、人物、大事记等26个中编；《阳泉市志》(1998)设置建置、自然环境、人口、经济综述、城建环保、交通邮电、煤炭工业、农业、乡镇企业、商业贸易、财税金融、经济管理、党派团体、政权政协、政务、政法、军事、教育科技、文化、卫生体育、风俗民情、人物、附录等23个中编；《玉山县志》(1985)除概述、大事记外，设建置区划、县城、集镇、人口、民族、地质、地貌、山脉、水系、气候、物候、自然资源、政党、地方行政机构、民政、司法、劳动、人事、群众团体、军事、农业、林业、水利、畜牧、水产、土特产、工业、交通、邮电、商业、粮油购销、财政、金融、卫生、血吸虫病防治、教育、体育、文化、科技、艺文、文物、古迹、方言、谣谚、民间传说、宗教、风俗习惯、服饰、饮食、建筑、人民生活、人物、地方文献等54个小编。在80年代成书的，多大编型、中编型，之后以小编型为多。二轮志书基本上继承首轮新志体例类型，以中、小编为主，多改统合古今为断代志。门类的排列，或地理、政治、经济、军事、文化、人物，或先经济后政治，或先环境、后人类、社会。至于门类的名称，则视客观存在和产业结构、学科分工而定，与旧志不可同日而语。

（五）由强调编纂工作的规范化到质量标准体系的建立

新方志的编纂仍然是众手修志，各地的修志机构人数从十余人到数十人不等，文化水平参差不齐，而各地的情况又千差万别，为确保志书的质量，各地都非常重视志书编纂的规范化工作，制定了规范性文件，如《〈湖南省志〉编纂方案》《贵州省地州市县志编纂工作暂行细则》《关于新编地方志行文规定（贵州省）》《黑龙江省地方志编纂工作暂行规定》《陕西省地方志编写行文通则》《山西省地方志编写行文暂行规定》《辽宁地方志编纂工作方案》《甘肃省地方志审定出版暂行规定》《吉林省地方志编纂工作暂行规定》等。这些规定既保证各地志书编纂有章可循，又能各具地方特色。而各种志书编纂过程中所制订的书写规则，如《江苏省志行文通则》《江西省志行文通则》《萧山县志书写规则》等，则是就本志编写所涉及的书写要求、名称使用、时间表述、数字书写、度量衡写法、引文注释、科技名词、术语等进行技术性规范，以便统一格式，增强志书的整体性。

任何时代编纂方志都有质量上的要求，明清、民国颁降《修志凡例》《修志牌照》《修志事例概要》都是为了保障志书的质量，但都是零星、不成系统的。新方志编纂的规范化问题，一直为修志者所重视。关系志书质量的因素很多，规范化仅是其中的一小部分。在首轮新方志编纂的初期，没有人注意志书质量体系这一问题。当一些较早完成的志书，如《呼玛县志》(1981)、《台安县志》(1981)出版，引起了不同的议论，才开始思考如何验收、怎样验收的问题。来新夏1983年就提出，新志的标准有政治标准（包括指导思想与政策）、论述标准（内容上的全面性、地方性、时代性）、数据标准、文字标准（体裁完备、出处详明、体例划一、文风端庄）四个，最后达到清、定、齐。"清"即问题讲清楚、内容反映明白、文字表述清楚；"定"指内容、论述、论点不含糊；"齐"就是内容、附件等各方面的数据要齐备。① 随后，朱士嘉发表《编写新志要把好六关》，提出新志编纂的质量"六关"：政治关、体例关（在继承基础上创新）、数据关（全、真、精）、文字关（简练、朴实、通达、生动、易懂）、技术关（运用最新科学技术）、科学关。② 所以，到1985年中国地方志指导小组通过《新编地方志工作暂行规定》，对新方志的指导思想、断限、体裁、框架和篇目、大事记、人物传、文体、资料作出较为明确的规定，也就有了一个比较系统的官方标准。

1986年12月，曾三代表中国地方志指导小组于第一次全国地方志工作会议报告中强调："各地在制定编纂新方志的规划时，一定要注意保证质量的问题，要树立质量第一的思想，这是制定规划的出发点，也是归属点。我们的一切工作都是为了编纂高质量的新方志，一切都要服从编纂高质量的新方志的需要。"③ 1989年傅振伦认为新志编纂要观点正确、方法科学、体例完善、内容广备、资料翔实、笔法谨严、文风端正，合乎思想性、科学性、数据性的统一。④ 1991年吴奈夫在所著《新方志编纂学》一书中把前些年有关质量标准看法归纳为五点：指导思想正确，数据准确、翔实，体例、结构科学合理，时代特点和地方特色鲜明，文字朴实、简练。⑤ 1997年，中国地方志指导小组在专家意见基础上修订《新编地方志工作暂行规定》，易名《关于地方志编纂工作的规定》，规定"编纂地方志要加强调查研究，掌握翔实资料，力求观点鲜明正确，材料真实可靠，体例完备严谨，篇目结构合理，内容充实深刻，段落层次清楚，审校严格认真。"《关于地方志编纂工作的规定》中的质量标准更加规范。

此后，随着对首轮方志编纂经验总结、二轮志书编纂探索的开展，2000年5月，中国地方志指导小组在长沙举办全国志书质量标准理论研讨会，一部分与会者认为

---

① 来新夏：《新编地方志的标准问题》，洛阳市志总编室编《方志文摘》第四辑，1983年。
② 朱士嘉：《编写新志要把好六关》，载《朱士嘉方志文集》，北京燕山出版社，1991年。
③ 曾三：《为编纂社会主义时代新方志而开拓前进——在全国地方志第一次工作会议上的报告》，《中国地方志》1987年第1期。
④ 傅振伦：《新编地方志质量问题刍议》，《中国地方志》1989年第4期。
⑤ 吴奈夫著：《新方志编纂学》，江苏科学技术出版社，1991年，第126—128页。

数据翔实是基本标准,还有一部分与会者则强调志书质量是对志书整体而言的,应包括政治质量、编纂质量、文字质量、印刷装帧质量等,真实准确是其根本。①上述讨论尽管表述不一,但核心内容还是一致的。2008年9月公布施行的《地方志书质量规定》,构建了政治观点、体例体裁、内容书写、记述规范、资料要求、行文标准、出版印制规范等8个方面的志书质量评价体系,为各地志书编纂提供了一个全面系统的质量规定,它对增强与提高新志的质量具有重大意义。在《地方志书质量规定》的规范下,各地创新了很多保障质量的做法,如方志出版社启动"志书精品工程",浙江省海盐县史志办公室创造了"两查三对照"(即编辑初查、副主编复查;对照前志、对照他志、对照年鉴)办法,青岛市地方史志办公室推行"五轮十校"(即五轮、十个校次的志稿审校制度)制度等②,浙江地方志办公室首创志稿评审评分体系,等等。

(六)注意吸收学术成果

一方面是各地学者和方志工作者结合修志实践,在汲取前人的研究成果和相关学科理论的基础上,积极开展方志理论研究,围绕新旧志区别、指导思想、体例、篇目、文辞、质量标准等问题进行深入讨论、争鸣,统一认识,纠正修志实践中的偏差。中国地方史志协会、中国地方志指导小组及各省的方志编纂委员会、方志学会主办了多次学术讨论会,如1984年全国北片县志稿评议会、1986年省志大事记研讨会、全国城市志编纂工作研讨会、1987年全国民族志研讨会、全国省志篇目讨论会、1992年全国新编地区志研讨会、全国江河水利志学术讨论会、1999年全国新方志体例篇目理论研讨会、2000年全国志书质量标准理论研讨会、2009年新方志编纂理论研讨会、2015年新方志论坛、2023年地方志理论研讨会、中国地方志学术年会、上海地方志论坛、广东地方志理论与工作研讨会、江西省方志理论研讨会等,研究方志编纂出现的问题。这些学术讨论会对提高认识、解决分歧起到了很好的作用。如首轮修志之初,不少地方因不了解志书的体例,按历史时期来编,有的从1840年写起,有的从1919年写起。这届修志的第一部县志黑龙江《呼玛县志》,分清朝、民国、伪满洲国、"九·三"光复后、中华人民共和国成立后五阶段载述,就是其中的代表。后经学术讨论,这种不合志体的做法,都得到了改正。另一方面,利用历史学、考古学等学科的相关研究成果,丰富地方史料,提高志书的学术水平,纠正旧志中"属《禹贡》某州之域"等的讹误。近几十年来有许多考古发现,出土了丰富的器物和古文献,像陕西、河南、四川、甘肃等地方多注意利用考古材料补充现传古代文献数

---

① 《全国志书质量标准理论研讨会综述》,《中国地方志》2000年第4期。
② 《中国方志发展报告(2015)》,第4—5页。

据的不足，以强化新志对本地古代历史与文化的记述。二轮《萧山市志》就利用考古新资料，在第一编设置"跨湖桥文化"，以体现萧山有人类活动的悠久历史，有灿烂的远古文明。此外，志稿评议工作是首轮修志热潮以来的一大创举，它能在志书成书之前，集思广益，消除志稿中可能出现的各种政治性、史实性和常识性的错误，有利于志书质量的提高。二轮修志继承了这种做法。2015年第五届中国地方志学术年会还专门以"精品志书与第二轮市县志编纂创新"为主题，对《厦门市志（1996—2005）》《石狮市志（1998—2010）》《北川羌族自治县志（1988—2007）》三部志稿进行研讨，以解决第二轮市县志编纂存在的共性问题。

（七）全社会参与

首轮修志以来，社会各界均视其为共同事业。自胡耀邦后的历任中央主要领导都很关心修志工作，给地方志的编修做过重要批示。迄今为止的五次全国地方志工作会议，也都是在国务院领导的支持下召开的，它对方志编纂工作的开展起到了很大促进作用。在中央领导的支持下，全国形成了"党委领导，政府主持"的修志体制，各省、市、县都建立了修志的常设机构，并将修志经费纳入各级地方财政预算。为配合各地的修志活动，各省、市、县的部委局以及乡镇、街道、工厂、学校等也多成立过临时的修志组织，编纂部门志、专业志。首轮修志期，全国从事修志的专职人员，约达十万人，兼职人员亦数以万计，其中有党政、经济部门的干部，有文化水平较高的教师，有熟悉本地情况和富有工作经验的各界人士，还有新分配工作的大学生。协助修志的有本地退休干部、教师，以及工农商各方面人员。各高等院校则举办多种形式的学习班，如北京师范大学历史系方志培训班、河北师范大学地方志培训班、复旦大学历史系方志学专修班、四川大学历史系方志培训班、宁波大学文学院新修地方志培训班等，为修志培养人才。二轮修志期，志书编纂的规模超首轮，参与修志相关工作的人员更多，如上海成立了170余家志书编纂机构，有数万名专兼职修志人员，1100多位专家参与，16家出版社、10余家印刷厂支持[1]；四川省有超7000人参与三级地方志书编纂工作[2]；高等院校参与的形式也很多样，有的派专家参与评审，有的承编部分志稿，有的举办编修培训班。举国上下形成共襄修志盛举的热潮。

当然，首轮修志特别是20世纪80年代中期以前，因大多数修志者是初次担负

---

[1]《开门修志贡献"上海智慧"，上海第二轮新编地方志书编纂完成》，https://baijiahao.baidu.com/s？id=1745183197921872490&wfr=spider&for=pc。
[2]《讲好修志故事展现方志作为》，《巴蜀史志》2023年"第二轮修志"增刊。

修志重任，对方志编纂有一个熟悉的过程，加上前期方志知识准备不太充分，以及方志学研究的某些偏差，存在的不足也是显而易见的：

1. 对民国时期的资料挖掘不够。许多志书记载这段时间的史实往往一笔带过，如"民国时期县内工业十分落后"，"民国时期商业非常萧条"，等等，不能给人具体概貌。这可能与民国资料分散、许多档案资料毁灭有关系，但更深层的原因是思想上重视不够。实际上只要花时间精力，还是可以收集到一些有价值资料的，如《上海县志》、《镇江市志》(1993)、《蚌埠市志》(1995)就做得不错。

2. 重文献资料，轻实地调查。文献、档案资料是方志资料主要来源，但不一定是唯一来源。从本届志书看，凡是文献、档案资料较多的，记载就较详尽，名胜古迹（尤其是已经湮灭的古迹）、风俗变迁、谣谚、地名考证、乡间小店、能工巧匠等需要进行调查采访的，就普遍分量不足。

3. 重经济轻人文。这届志书为解决旧志轻经济的缺点，比较重视经济内容的记载，一般的志书经济占30%—40%，甚至更多，这是对的，但对人文方面的记载较单薄，很少有志书设立艺文志收录地方文献，地方人物的收录也占较少篇幅。

4. 地级市志对属县反映不够。由于理论上误导，许多地方把市志当作城市志来修，没有把市及其属县作为一个整体来看待，修成的地级市志多数是五花八门，如《蚌埠市志》(1995)在附录中记"辖县概况"，《扬州市志》(1997)在建置篇附记"区、县概况"，《常州市志》(1995)只在总述、概述中涉及属县，其他不载，没有体现市的全貌。

二轮修志由于多属于断代志，主要记载改革开放以来的历史与现状，首轮新志的一些不足已经不存在，但又出现一些新问题，如上限前的事物发展脉络不够清晰，有的甚至成了"断头志"；有些志书资料来源单一，资料的挖掘不够；有些志书概括性、总结性材料多，典型材料较少，对收集来的资料融会贯通凝练不够；有些志书过于强调篇目的"大而全"，而忽视了内容，致使有的章节过于单薄；也有少数志书存在门类归属失当。

第五节　新方志选评

新方志编纂成书之多，可谓辉煌。除20世纪五六十年代所编差强人意外，首轮、二轮新方志均符合地方质量要求，其中也涌现出一大批质量上乘或独具特色的志书。兹择数部予以评介，供各地在新一轮修志中借鉴参考。

一、《休宁县志》

休宁县历史悠久，人杰地灵，素有修志传统，目前尚存的就有6种之多。新编《休宁县志》1990年出版，继承县志传统，又有新发展，在一些问题的处理上不乏独运的匠心。

1. 坚持了正确政治方向，运用了科学的指导思想。方志有系于政而达于政，它是时代的产物，每一时代的志书均不可避免地打上时代的烙印。旧志大多是在封建时代编修的，封建伦理道德和旧思想溢于字里行间。《休宁县志》(1990)是在新的历史条件下修成的，它完全摒弃旧的落后、腐朽思想，始终坚持以马列主义、毛泽东思想为指导，运用现代科学理论和方法。全书用百分之五六十的篇幅，重点记载了休宁在中华人民共和国成立后各方面的成就，以事实雄辩地证明，这些成就的取得都是党的领导和全县人民艰苦奋斗的结果。即使对过去工作中的失误和政治运动，县志也本着实事求是的精神，既不回避，又不夸大。县志始终站在劳动人民立场上，记载全县普通劳动人民的功绩，为程家骝、余志开等立了传，歌颂了他们的劳动创造，体现了历史的进步。

2. 内容丰富，资料性强。方志内容是地方实情的全面反映。有翔实的内容，志书才能充分发挥其"资治""存史""教化"的功用。《休宁县志》(1990)综括休宁古今人、事、物，举凡当地的建置、自然概貌、自然资源、人口、农业、林业、茶业、土特名产、水利、工业、交通、邮电、商业、粮油、财政、税务、金融、经济管理、政党、政权、群众团体、民政、劳动、人事、政法、军事、教育、体育、卫生、文化、科技、艺文、文物、胜迹、宗教、方言、谣谚、传说、民俗、人物等均有详细记载，全面反映了休宁的历史与现状，自然、社会与人文，讴歌了休宁的灿烂历史文化和优良传统，堪称休宁"百科全书"，已达到志书"无所不载"的载述要求。方志历来强调资料性。资料性的强弱与否，是志书质量的关键。《休宁县志》在资料搜集、考证方面下了一番苦功夫。全书虽然仅67万言，但言简意赅，文约事丰。它是1500余万字资料和65部专业志、发展史的高度提炼、浓缩，资料十分丰富。如"行政区划"，不仅记宋设11乡60里，元分11都60图，明设12乡，清12乡4隅33都217图，而且记载1932年设5区123乡13镇，1934年分5自治区351保3584甲，1941年设1区32乡镇326保3502甲等。中华人民共和国成立后政区记载更为具体，既载1950年废乡镇建置，设城厢、五城等10区，以区辖村，又载1952年恢复乡镇建置，划10区97乡4镇236村；既叙1958年9月人民公社化，政社合一，又记1983年政体改革，设6区1镇44乡262村。并以1985年建置为标准，列表载各乡镇名称、驻地、村民委员会、村民小组、自然村、总户数、总人口、总劳动力、总面积、耕地、茶园、经济总收入，有裨实用。尤其是目前已出版志书普遍缺乏的民国时期资料，《休宁县志》搜罗颇丰。如其记民国教育云："民国建立，学堂改为学校。至民国10年（1921），全县有小学47所，学生1392人。18年，有小学107所，学生4245人。……此外，22年以后，还先后在儒村、梅溪、桃林、浯田岭、璜茅、山后、大阜、大岭脚等地开办中山民众学校8所。在未设初小的乡村，开办短期小学40余所。……36年，全县有小学266所，学生17826人。"①叙述了本县民国教育发展状况。资料性强乃此志一大特色。

　　3. 体例较完备。体例是形式，是志书内容的反映。《休宁县志》（1990）打破现行行政职能范围的限制，以按事物性质分类为原则，将全县古今人事物分门别类，以类系事，共设建置、自然概貌、人口、农业、水利、工业、交通、邮电、商业、军事等40纲，各纲下酌分目、细目。以纲统目，层次明晰，统属得体，秩序井然。尤其值得称道的是，根据本县"林茶为主"的现状，将林业、茶业从大农业中分离出来独立成卷，既体现地方特色，又在一定程度上改变了新方志"千书一面"的趋同现象。其分全志为33卷40纲，也较以《如东县志》（1983）为代表的大编体为优越。首先，县志采用小编，可以避免大编体经济部类过于繁杂的畸轻畸重弊病，使各编大体平衡。其次，既保存了层次分明优点，又使那些如人口、民俗、方言、计划生育等难归属的内容有了合理准确的类目加以统辖。再次，小编体较为灵活，有利于在篇目上反映地方特色。《休宁县志》的这种体式应当说是可取的，也是可行的。

　　4. 图文并茂。《休宁县志》（1990）在体裁上，诸体并用，以文字叙述为主，辅以图表。图表的使用是我国方志一大传统，（嘉靖）《永丰县志》卷一云："图以形之，图见而地舆可坐知也；表以括之，表列而古今人贤在目也。"②图表既可省繁文，又能给读者以直观的感觉，起到文字难以表述的作用。《休宁县志》（1990）不仅有行政区划图、县城图，而且有地貌图、山脉图、水系图、方言分区图，尤其是方言分区图，反映休宁各地方言差异，为新编方志所罕见。照片乃图之延伸，方志有之始于民国。休宁民国无志，则从本志开始。全书有照片76帧（彩照38帧，黑白38帧），主要反映休宁之山水、胜景、古迹、物产、生产和社会生活。全志有表137张，约为行政区划、灾异、资源、人口、经济、政治、文化、教育、军事、人物等类型，

---

① 休宁县地方志编纂委员会编：《休宁县志》，安徽教育出版社，1990年，第426页。
② 〔明〕管景纂修：（嘉靖）《永丰县志》，卷一，图表，明嘉靖刻本。

其中经济类表格占主要篇幅，体现了全县工作重点是经济建设。

5. 突出特点，详载重点。休宁地处皖南山区，物产、资源丰富，经济以农业、林业、茶业为主，盛产茶叶、杉竹、水稻，茶叶产量居全省第2位，有"徽杉仓库""竹海"之誉。工业相对薄弱。县志着重记载自然资源、农业、林业、茶业和土特名产，并独立成篇，置于工业、商业之前。自然资源、农业、林业、茶业、土特名产5卷约13万字，几占全书33卷65万字之五分之一。其记载也相当具体。如茶业不仅记有产区、产量，而且载述地方良种、茶叶栽培、采制和购销，反映了茶业全貌。休宁为新安文化主要区域，物华天宝，人文荟萃。自古以来名人学士、诗文著作、名胜古迹不胜枚举。县志特置艺文、文物胜迹，载地方文献、书画、器饰、谯楼、石刻、祠庙、宅第、桥亭、塔坊、墓葬、古井、名胜、古迹，再现休宁灿烂的新安文化。反映地方特色是《休宁县志》(1990)的宗旨之一。

不过，《休宁县志》(1990)的不足也是显而易见的，如没有严格遵循地域性原则，记述了屯溪区的内容；艺文未收外地籍人士有关本县的著作；《周贻春传》"1956年为中国人民政治协商会议特邀代表"误为1965年；有些节的内容过于简略。

二、《蚌埠市志》

蚌埠原为安徽凤阳县的一个小集镇，由于清末以来津浦铁路的通车而逐渐发展成为中等城市。蚌埠市1981年开始修志工作，与首轮修志高潮同步。经十余年的辛勤努力，1994年完成总纂，次年出版，跻身于新志之林。①

翔实、可靠的资料是志书的基础，决定着志书的生命、地位。没有资料做基础，方志也就无价值可言，方志的功用也无从实现。《蚌埠市志》(1995)的编纂者在编纂之初就确立了这一指导思想。"1982年6月，市志编委会即部署资料征集工作，明确资料征集的范围、时间、方法等。市志办公室和区、局修志人员有计划地分赴国家、省、市档案馆、图书馆和有关地区，查阅各种档案、报刊等资料，走访对蚌埠历史熟悉的人士。到1986年，全市上千名修志人员累计查阅档案13.3万卷（份），摘录文字资料2.8亿字，摘抄卡片5万余张，整理单项材料1900余篇，访问知情人1.1万余人次，搜集实物资料照片2000余幅。"在如此宏博的资料基础上，修志人员

---

① 参阅巴兆祥、黄苇：《从〈蚌埠市志〉看方志资料的搜集和运用》，见《蚌埠市志评论文集》，黄山书社，1996年。

又开展汇编整理工作，编辑资料集20本280万字，专业志84部700万字。①《蚌埠市志》(1995)可以说就是这些广博可靠资料的浓缩和提炼。

方志体例是内容的反映。《蚌埠市志》(1995)编纂者在总体设计时，既恪遵方志编纂的通例、通则，又针对本市的资料实际，作了相应的变通和调整。蚌埠是由交通发展而成的新兴城市，历史较短。经中华人民共和国成立后的建设，蚌埠成了一个具有较强经济实力、以工业为主、综合发展的中等城市。这一特殊背景决定蚌埠既不像凤阳、庐州（合肥）那样有悠久的历史，可以占有时间跨度很长的详尽资料；又不像怀远、五河等县那样，社会经济是以农业为主；更不如上海、南京、武汉等大城市那样，经济门类齐全、文化教育发达，所以，《蚌埠市志》(1995)按"事以类聚，类为一志"的原则，设了地理、人口、城建、工业、农业、商贸、交通邮电、建筑业、科技、财政税务、金融、综合经济管理、党派群团、人大政府政协、民政、劳动人事、外事侨务对台事务、公安、司法、军事、文化、新闻出版、教育、医疗卫生、体育、宗教民俗方言、人物等27卷，采用中编布局。门类以主次轻重，先列城建、工业，后置农业、商贸。至于交通、邮电、财政、税务、外事、侨务、对台事务、宗教、民俗、方言等数个方面的情况，因资料所限，多合并成卷。卷下设章，视资料多寡、事项广狭而定，共107章。章下再分节，凡345节。"章下内容少的不设节，节下内容多的按顺序号分层次，最小单元为目。"另，诗词、历史掌故、民谣、传说等，因资料不多，弃之又甚可惜，则编入附录。在断限上，"一般为清宣统三年（1911年）至公元1985年。但对有些事物，为了追溯起源，上限时间适当延长"②。

志书要反映地方特色已成定论，也是衡量志书质量的重要尺度之一，但准确而又有深度地把它体现出来，成功的经验并不多。《蚌埠市志》(1995)在这方面没有采用目前较为时髦的所谓打破志书整体结构的"破格升级法"，而是老老实实地从资料着手，以翔实、典型的资料把蚌埠的地方特色体现出来。如，蚌埠地处北亚热带湿润季风气候区与南温带半湿润季风气候区的过渡带，淮河横贯全境，水旱灾害频繁，淮河水患尤重。《蚌埠市志》(1995)运用丰富、典型的资料，记载了淮河蚌埠段从1915年到1985年共68年的水文资料，记载了自然灾害、治理工程、淮堤设施管理、治淮机构以及抗洪抢险等情况。通过这些记载，可以看出淮河水患大致的变化规律，看到淮堤工程的维护修治，看出新旧社会灾后的不同结局及社会主义制度的优越性

---

① 赵同蕴总纂：《蚌埠市志》，市志编纂始末；方志出版社，1995年。以下凡出该书者，简称《蚌埠市志》。
② 《蚌埠市志》，凡例。

等,都是有地方特色的。又如,蚌埠烟草业历史悠久,比较发达。1985年产值达4.15亿元,占全市工业总产值的19.3%;年利税2.9亿元,占工业全部利税的58%,确实是这个市经济的支柱。对这一特色,方志理当反映。《蚌埠市志》(1995)于工业卷下设烟草食品章,立烟草节,分烤烟、卷烟两目。烤烟记述主要年份烤烟产量、烟草原料、烟叶复烤设备、成品销售、门台孜烟叶复烤厂以及英美烟草公司在蚌埠建厂的经过等;卷烟则记述了主要年份卷烟产量、利税、厂房设备、卷烟工艺、产品选介、卷烟销售以及大来、兄弟、蚌埠等卷烟厂等。整个烟草节特色鲜明,翔实具体。卷三城建之环境保护节,记载各种环境污染的数据和状况,还设"重大公害事件"一栏,列举若干严重污染的典型事例,使人感到环境污染的严重性,既有特色,又是很好的"资治"新材料。《蚌埠市志》(1995)运用典型资料体现地方特色,从手法上看似乎平凡无奇,但其优势十分明显:不仅能直观地展示地方特色,利于特色事物在广度、深度上的有机结合,而且不破坏志书整体结构,不打乱志书层次,使志体严谨。这可以说是志书编纂的善法良举。

我国各地旧方志大多断修于清末,部分断修于民国中期。清末及民国时期资料,应是新修方志重点搜集的资料之一。但遗憾的是,目前已出版志书对这一时期的资料搜集不力,而此志却较成功。蚌埠历史上曾有过两次修志举动,然皆未成书。首轮修志白手起家,对中华人民共和国成立前的资料作重点搜集,凡档案、报刊、书籍、碑记等无不搜罗。所以,《蚌埠市志》(1995)中保存的民国史料及记载民国时期的内容特别丰富详尽。如蚌埠盐粮市场,志书中记了1915年粮食日成交量10—15万千克;1923年,在新老船塘所泊盐粮交易船只达1000—3000艘;1929年,有盐号30多家,盐粮行80多家,运盐5万吨;30年代初,盐粮交易量年约100万吨。沦陷时为日商垄断,抗战胜利后复苏,有盐销商79家,盐运商162家,等等。另外,还记有民国时期盐粮业经营情况、盐粮业习俗、交易行规等。民国时期个体手工业的资料也很多,并列出酱品、竹器、磨面、印刷、木器、土布、糕点等60个行业及分时期的手工作坊、工场户数表。这些都是目前其他地市县志书所罕见的。

《蚌埠市志》(1995)的附录包括大事纪要、辖县概况、文献辑存、古诗词选、历史掌故、民谣传说,也有特色,起到了拾遗补阙、烘云托月的作用。《蚌埠市1986年至1993年大事纪要》,系补录志书断限到志书出版间的人、事、物,以示志书统合古今,符合方志的惯例。文献辑存收录,如蚌埠市人大常委会"关于编修《蚌埠市志》的决议"、市地方志办公室"关于编写基层志、分志、市志实行承包责任制的请示"及市政府批转的"通知",均是重要修志文献,它为研究蚌埠市本届修志历史储存了珍贵史料。从中我们可以了解到市志编纂的主要步骤。传说选录中的"河蚌姑娘",讲述了一个和蚌埠有关的美好的故事,有较强的趣味性。

蚌埠市于1983年实行市管县体制,原属宿县地区的怀远、固镇、五河县划归蚌埠市领导。按方志区域性特征要求,《蚌埠市志》既应记本身之东市、中市、西市区及郊区,还要载属县怀远、五河、固镇。考虑到属县均已修志,市志只载主体,"原则上不包括所辖怀远、五河、固镇县。少量地方必须涉及辖县的,均予注明"①。为表示怀远等三县是蚌埠市的一个组成部分,市志在附录中置辖县概况,提纲挈领地叙述三县各方面情况及特色。这种处理方法,虽然在地级市志中较通行,但不值得提倡,因为它没有把市区和属县当作一个整体来看待,人为地割裂了市区与属县的有机联系。

三、《萧山市志》

萧山历来为浙江经济文化发达之区,修志事业繁荣,仅明代就"八修县志,为浙江之冠"②。1987年版《萧山县志》曾获浙江省优秀科研成果一等奖、全国新编地方志优秀成果一等奖,属于首轮新方志的名志佳作。2003年萧山启动二轮修志,随即被中国地方志指导小组定为全国首批二轮志书试点单位,并在继承前志优良传统基础上,更上一层楼,完成了这部鸿篇巨制。

(一)创新修志模式

方志涉及的内容广泛,要收集的资料多而杂,编纂方志多属众手成书。从二轮志书的修志实践看,各地基本上都在基层乡镇志、专业志、部门志的基础上编纂,或先落实承编单位,让承编单位按照分工,负责资料收集并撰写成稿,然后由地方志办公室组织人员进行编纂。这种修志方式的长处在于,能发挥基层乡镇、部门或承编单位熟悉资料、便于收集资料的优势,同时又能解决地方志办公室人手有限、难以全部独立承担的短板。但由于各机关、单位、企事业单位对修志的重要性认识不同,对修志工作的投入程度差异很大,编出来的志稿质量多参差不齐,地方志办分纂、总纂的难度加大。萧山志办在总结各地经验的基础上,走了一条综合修志的路径:

1.专才参编。方志横陈百科,各门各类皆有专门之学,修志既需通才,也需要

---

① 《蚌埠市志》,凡例。
② 杭州市萧山区人民政府地方志办公室编:《萧山市志》,浙江人民出版社,2013年,第2771页。下引简称《萧山市志》。

专才。按照《关于〈萧山市志〉撰稿分工方案的通知》(萧政发〔2003〕144号)，萧山各部门单位组织修志班子，编纂承编的志稿。如萧山博物馆馆长施加农承担"跨湖桥文化"编和"文物胜迹旅游"编中"文物"编写工作，发挥了专才之长。

2. 通才汇纂。市志编辑部组织了七位主编副主编、十二位编辑的强大编纂队伍，分综合组、农业组、经济组、文化组、政治组，每组设组长一人，组员若干，以明确分工对口指导审改。为提高编辑部人员的业务水平，无论是全国方志编修培训班，还是省、市培训班，都派员参加；同时还形成了根据各自编修实践体会积极进行理论探讨的良好学术氛围，所撰论文时见《中国地方志》《浙江方志》等方志刊物刊载。据统计，仅2003—2011年就有72篇论文在省级以上方志刊物发表[①]，有的还出版论文集。高理论素养与丰富实践经验的编纂队伍，在市县方志机构中是绝无仅有的。

3. 顾问学术把关。首轮修志聘请顾问较为多见，二轮修志少了不少。从各地的经验看，学术顾问对提高志书质量有帮助是不言而喻的。该志在启动之初，就聘请方志学名家浙江社会科学院研究员魏桥，南开大学教授来新夏，浙江大学教授陈桥驿，"三农问题"专家、省委农村工作领导小组办公室副主任沈吾泉为顾问。四位顾问既顾又问。如来新夏教授每年都到萧山志办，有时会有两次，同编辑部同志座谈，就修志要把握的断限、学术性、与前志关系等问题进行指导；收到初稿，认真审读，提出修改意见。[②]

4. 开门修志。走出志办，广泛利用社会力量帮助修志。一方面，鉴于第一手资料收集之困难，委托浙江大学、浙江工商大学、华中科技大学的专家教授，就《萧山人的一天》《萧山居民生活质量调查》等16个课题进行调查，系统呈现萧山社会万象，开创全国二轮修志全面办、校合作修志之先河。另一方面，召开了近百场评稿会、审稿会，各路行家、领导、社会贤达为志稿优化提供了真知灼见。

5. 二次成书。通常各地都是在通过终审后一次成书，而该志2009年始先后公开出版第一至第四卷试印本，面向社会广泛征求意见。经过时间的沉淀后，2013年12月定稿，正式出版五册本。

《萧山市志》从立项到正式成书，积十年之功，有七八百人参与，既发挥了专家、教授、学者、老领导、社会贤达以及市志办编辑人员熟悉地情与方志业务的特长，又充分调动与发挥了承编单位部门的积极性与优势，从而为保证该志的高质量奠定

---

① 萧山市志编辑部：《萧山方志理论研究结硕果》，《萧山市志简报》2012年第3期。
② 陈志根：《来新夏老师：关心家乡成习惯——来新夏老师逝世周年纪念》，http://www.zgdfz.cn/ZZZ/front/articleview_id_63E60B51391B5D62.shtm？js=${js}&TX=0。

了良好的基础。

（二）开拓性的总体设计

总体设计是志书编纂的重要一环，涉及框架结构、篇目、章法以及装帧的多方面，也是决定志书成败的关键。《萧山市志》(2013)从体例规划到版式设计，都精心组织谋划，并有不少独到之处：

1. 打破惯例，出新编纂则例。众手修志，想法各异，行文风格不一，没有一定规范不行。通常，为了规范志书的编纂行为，都设置凡例，做一些原则性的规定。著名方志学家傅振伦在《中国方志学通论》中说："修志之道，先严体例。义不先立，例无由起，故志家必以凡例冠之。"①该志除设置《凡例》八则外，增设《编纂说明》，对该志篇目设计与独特的编纂方法进行阐释，就笔者所见，这在新志中属于创例。

2. 在继承中创新篇目。新编《萧山县志》(1987)分概述、大事记、专业分志、人物、附录五部分，专业分志设建置、自然地理、人口、农业、水利、围垦、工业、交通邮电、能源、商业、工商管理、财政金融、城乡建设、党派群团、政权政协、司法、民政、人事劳动、军事、教育科技、文化、卫生体育、社会等23编，编下设126章，456节，以结构合理、体例得当而获好评。《萧山市志》(2013)"继承和发扬修志优秀传统，注重志书内容和形式的创新"②。在结构上，仍然采用编、章、节，但在模块上有所发展，开拓性地在志的本体之后增加了《社会课题调查》《口述历史》两个专册。在篇目设置上，除沿用人口、水利、交通、工业、军事等以外，第一编置跨湖桥文化，以揭示萧山深厚的远古文化；首创"农村农民农业"编，以体现国家对"三农"问题的重视，萧山解决"三农"问题的成就；垦区开发改前志"围垦"而来，突出垦区开辟后的农业开发、工业开发、商业开发；居民生活由前志"人民生活"章升格而成，记载居民收入、消费和家庭累积情况，以体现改革开放的根本目的在于改善与提高人民的生活质量；前志设有城乡建设，萧山撤县设市后，城市的功能得到加强与提升，该志分设城市建设编，集中记载老城改造、新区开发、副城建设以及城市建筑、城市管理等城区开发建设与管理，设镇乡编反映乡镇社会概貌、乡镇的城镇化步伐；当今社会是个信息网络化时代，信息传媒对人们的生产生活影响越来越大，新设信息传媒编，顺乎时代潮流。

3. 多元素、全方位诠释萧山精神。萧山人以萧山速度为荣，以萧山实力为耀，更以"奔竞不息、勇立潮头"萧山精神为最宝贵之财富。《萧山市志》(2013)在总

---

① 傅振伦著：《中国方志学通论》，商务印书馆，1935年，第110页。
② 《萧山市志》，编纂说明。

体设计时多围绕诠释萧山精神做文章，如自然环境记载山丘、平原、湖泊、滩涂、钱塘江自西北至东北环绕萧山陆岸，境内水网密布，水源充沛，四季分明，温暖湿润，揭示萧山精神形成的地理基础。又如垦区开发，记载围涂造地与垦区的开发建设，展现萧山人创造的"人类造地史上的奇迹"。再如工业、萧山经济开发区、建筑业房地产业、国内贸易、对外和港澳台经济贸易、财政税务等编，集中彰显萧山作为"全国科技实力百强县（市）""中国纺织基地""中国羽绒之都""中国钢结构之乡""中国伞乡""亚洲制造业示范基地""中国制造业十佳投资城市"等桂冠所蕴含的丰富精神内涵。萧山精神是萧山人的精神，该志重视对人的记载，不仅在人物编集中记载对萧山精神有突出贡献的人，而且在篇目中设置了相应的章节对农民、职工、建筑队伍、干部、教师、学生、科技人才等群体的面貌予以记述，与其他篇章相互映衬，反映萧山人强烈的竞争意识、争先精神、创业激情和创新能力。

4. 启用被忽视的编纂形式，以提高学术性。方志是资料性著述，以资料性见长。新方志编纂启动以来，批评新方志"学术品味不高"之声，时有所闻。《萧山市志》（2013）采用多种方式来提高方志的学术性，如括注法，对地名古今不同者括注今名，隶属有变动的注明今属；对照片加注拍摄时间、拍摄者或提供单位名。又如标示资料来源法，志中表4-1-28《1996—2000年萧山市江河水质情况》下注资料来源："萧山市环境监测站：《萧山市环境质量报告书（1996—2000年）》，2001年。"表7-1-101《1985—2000年萧山农村居民人均纯收入情况》下标"资料来源：1985—1998年，中共萧山市委宣传部、萧山市统计局编：《萧山五十年巨变——新中国成立以来萧山经济与社会发展统计文献》，1999年印；1999—2000年，萧山市统计局：《萧山市统计年鉴（1999）》、2000年年度统计报表。"又如末列参考文献。参考文献本是学术著作的必备部分，而新方志多在凡例中笼统交代资料来源于档案、书刊，或部门提供，利用者不明所以。该志重启了被广泛忽视的参考文献，列有明嘉靖《萧山县志》《萧山市国民经济统计资料·一九九〇年度》等各类文献127条。尤其广泛使用"边注"是一大突破。魏桥先生评说："这些'注'内容多样，设计醒目，说缘由、明出处、记争议、作点评等，给人以言之有据、耳目一新之感，一改当今所谓'一般不注明出处'之志弊，使志书比较符合一定的学术规范。"[1]

5. 不落常规，新颖版面设计。《萧山市志》（2013）封面颇有厚重感，环衬上绘山水画，下为高卓撰写的《萧山赋》，夹衬上印有《印象萧山》，扉页题签《萧山市志》

---

[1] 《萧山市志》，魏桥序。

由著名诗人邵燕祥所为，专业分志各编前的编目录左侧选有萧山古诗1首，封底上印著名篆刻家祝遂之篆刻"萧山市志"，给读者颇有文化之感，便于一触目而对萧山留下深刻印象。

（三）完善、优化断代志

二轮志书普遍采用断代志，如《揭阳县志续编》（2005）、《广昌县志（1991—2000）》《桐梓县志（1993—2006）》《武川县志（1998—2009）》《淮安市楚州区志（1978—2008）》《莱阳市志（1978—2005）》《淮北市志（1991—2012）》《上饶地区志（1991—2000）》等。断代志的优势在于记述聚焦、成书较快，然随着实践的开展、总结研究的深入，近年来对断代志诟病渐有增多，主要是认为事物发展脉络被人为中断，无法反映一个地方的历史特色。

《萧山市志》（2013）上限为1985年1月1日，接1987年版《萧山县志》下限，下限定在2001年3月25日萧山撤市设区之时，也属于断代志。为弥补断代志的缺憾，该志实施了多种尝试：

1. 无题述追溯法。随着二轮方志篇目扁平化趋势越来越普遍，编章间的联系也日益松散，各地多在试图通过编章前无题述或小序的撰写来阐述编写义例，提炼核心主题，整合章节内容。该志也在各编章前设置无题述，于这些内容之上，还增加追溯断限前情况的内容。追溯时间长短程度，视情况而定。如第五编土地，就比较长：从"早在新石器时期，萧山先民便在跨湖桥周边土地上，刀耕火种，繁衍生息"写起，经过封建社会、20世纪50年代、20世纪60年代，一直写到"1982年始，先后开展土地概查、土地详查、土地变更调查，确定土地权属，颁发国有、集体土地使用证……"①第七编居民生活，追溯到中华人民共和国成立后："1955年，全县农业社员从集体中分配得到的年人均收入为64元，1978年增加到138元；1980年，农村居民年人均纯收入229元；1984年，农村居民年人均纯收入547元，是1955年的8.5倍。1962年，职工家庭年人均实际收入为148元；1980年，职工家庭年人均实际收入为479元；1984年，职工家庭年人均实际收入为758元，是1962年的5.12倍。1984年与1962年相比，农村居民人均生活费支出，由100元增加到455元。"②这里运用了对比手法，简洁明了地反映限前萧山居民收入、支出的变化。

2. 撰写单元上溯法。方志撰写的基本方法是先分门别类，再于基本撰写单元纵叙发展脉络。该志的基本撰写单元为节或目，部分基本撰写单元进行了上溯。如第

---

① 《萧山市志》，第236页。
② 《萧山市志》，第342页。

二编政区有关县的建置沿革,不仅记载唐设萧山县之前的县名余暨、余衍、永兴的建置更替,而且记载了此后的沿革:"唐天宝元年(742),改永兴县为萧山县,以县治西一里的萧山为名。萧山之名,早在《汉书·地理志》余暨县名之下已有记载。清咸丰十一年(1861),太平军占领萧山,为避西王萧朝贵、南王冯云山之名讳,改'萧山'为'莒珊'。至同治二年(1863),太平军退走,复称萧山县。经民国,至中华人民共和国成立后的1987年末均为萧山县。"①有关县境,追溯宋元、明清、民国、1950—1985年的县域。在撰写单元上溯中,除第二编政区第二章建置第一节县、第三章境域第一节县境、第四章区划第一节建县时期等几乎为整节外,其余多寥寥数语,或一二百字简略叙述。如记限前工业管理体制:"萧山解放后,先后由县政府实业科、工商科、企业科、工业科负责工业企业管理。1955年开始,逐步建立与完善工业管理机构。"②这样读者一看即大致明了事物原委。

3. 人物补救法。萧山人杰地灵,人文昌盛,前志人物传收录自唐贺知章至1981年去世的陈佩永共62人。鉴于前志有疏漏,以及限后去世人物数量有限,无法彰显人文之盛,该志的人物传略增补了西施、夏统、孙处、郭世道、郭原平、戴僧静、王丝、静遥、单道、华克勤、沈霁春等35位限前人物,人物录收录唐至清历代进士343人(其中文进士301人,武进士42人),以彰古代萧山人才之辈出。

4. 注释提示法。前文已提及运用"边注"是该志一大创新,在事物的追根溯源上,"边注"也作用明显。该志的注释提示法往往与撰写单元上溯法结合使用,或是为正文提供历史论据,如第四编环境保护第一章环境质量,记载"1985年前,萧山境内地表水已受到不同程度污染",注:"1974年11月,县卫生防疫站曾对城厢镇、瓜沥镇、临浦镇以及浦阳江、浦沿化工区水体进行取样监测,发现有不同程度的污染。1984年选择永兴河、进化溪、浦阳江、萧山自来水厂水源及城厢镇、瓜沥镇等内河河段进行取样监测。从47份取样中,测得有六价铬46份,其中5份超过国家规定的最高容许浓度;28份取样中,测得有含锌量23份,其中10份超过国家规定的最高容许浓度。"③或是对正文中追溯进一步丰富,如服装制造,记到:"萧山的服装制造业始于清咸丰元年(1851)。萧山解放后,发展服装制造业。1983年,萧山服装厂获得对外经济贸易部授予'出口服装品质优良'荣誉证书。"注:"清咸丰元年(1851),汪阿桂缝衣铺在临浦开业,时为萧山最早的服装店。后相继新增坎山宋盈富缝纫店、

---

① 《萧山市志》,第76页。
② 《萧山市志》,第841页。
③ 《萧山市志》,第191页。

城厢严坤记制服店、临浦华昌服装店等具有一定规模的制衣作坊。抗日战争前夕，全县服装制造业有职工近百人，并出现缝纫机替代手工缝制。日本侵略军侵萧期间，汪阿桂等较大的缝纫店相继倒闭。萧山解放前夕，全县有缝纫作坊44家，职工100余人。"①对中华人民共和国成立后发展情况，分别从1953年、1956年、1960年、70年代、80年代初期五个时间段予以记载。如此之处理既使撰写单元行文简洁流畅，又能让读者从注中了解较丰富的限前内容，以明了事物发展的因果脉络。

（四）准确把握修志使命，展现地方亮点

地方志作为一种地方文献，以能满足社会多方面的需要而著称。地方志的编纂动机通常被归纳为"存史""资政""教化"三方面，不同的地方因需要不同各有差异。《萧山市志》（2013）开宗明义："本志……旨在存史、育人、资政。"②也就是以"存史"为第一要务。这样的定位是非常正确的，说明该志的修志者准确地领会了《地方志工作条例》"地方志书是指全面系统地记述本行政区域自然、政治、经济、文化和社会的历史与现状的资料性文献"的精神实质。

要圆满地实现修志使命，关键在措施与方法要落到实处。该志最引人注目的要数收集资料中的实地考察与社会调查。如第三编记地貌及主要山岭、河流等，第七编中《萧山城厢镇某居民家庭的日常消费》记录1985年3月10日至4月28日、1990年5月份、1995年10月份、1996年、1997年买米菜、书、看病等开销清单，第八编记水利堤塘，第三十二编记方言，非实地调查采访不可得。如"为了解私营企业管理模式，选择萧山私营工业企业的中等发展镇，进行专题调查。通过调查，了解了私营工业发展初期的管理模式和随着企业发展管理模式的变化过程，并把了解到的情况记述在志书行文中"③。以课题或专题形式，实施社会调查，是该志书获得大量第一手资料的主要方式。且不说第五册《社会课题调查》专册所收《萧山居民择业观调查》《萧山居民社交礼仪调查》《萧山居民民间资本投资调查》等16个调查报告、调查问卷、访谈记录之宏富，仅专业分志中的各类调查报告就非常有价值。如第六编中《公众心目中公务员道德素质现状调查》对公务员的服务意识、诚信意识、艰苦创业意识、文明形象、依法行政、敬业奉献精神、廉洁自律、公益之心等进行调查，为加强公务员管理指明了方向。萧山改革开放以来，各乡村街道大力发展工业、

---

① 《萧山市志》，第887页。
② 《萧山市志》，凡例。
③ 金雄波：《浅谈第二轮修志资料的收集和考证——以〈萧山市志〉经济部类编写为例》，《中国地方志》2011年第2期。

服务业经济，吸引了大量外来人员前来务工就业。2006年以兴议村为案例开展调查，所作《北干街道兴议村外来务工人员情况调查》对外来工的年龄、籍贯、从业结构以及居住情况、作用、负面影响进行了分析总结。"以外来工入志，不单是记述上的首创，特别体现出对外来务工人员的重视。"[①]社会调查之广泛与深入，就目前所见，无有出其右者。

这部志书的附录也值得称道。其附录大致有四类：(1)原始文书，如《萧山市国有土地有偿出让有关操作办法（试行）》；(2)调查报告，如《萧山粮食安全调查》；(3)书刊报道与记述，如《萧山市城镇居民消费新特点》《萧山市城镇居民新的消费形态逐步形成》；(4)编者撰写的补充材料，如《从猪骨推测跨湖桥文化时期已有家养猪》《萧山市扶持贫困村名录》等，或对志文进行深化，或提供佐证，进一步强化该志的资料性。

在保有翔实资料的基础上，展现萧山亮点也是该地方志的重要使命。读罢该志，给人感觉亮点多多。跨湖桥文化是2001年全国十大考古新发现。跨湖桥文化编将萧山的历史推前到距今8000年前，萧山成为浙江省史前文化的四大代表区域之一。第三编专立钱江潮章，仿佛看到了那气势磅礴的浪潮扑面而来。第九编航空、铁路、公路、水路各立一章，立体式体现萧山的区位优势。钱塘江口围涂造田被誉为一大奇迹，垦区开发全面展现了广袤的滩涂如何从荒芜之地变成阡陌纵横的农业工业生产基地、休闲观光胜地。萧山人敢闯、敢干，创办乡镇企业、私营企业，发展外向型经济，改革经营体制，都走在全国的前列，2000年名列全国经济百强县（市）第9位，2001年又上进到第7位，并由此率先实现居民生活水平迈进全面小康。人口、居民生活、城市建设、农村农民农业、垦区开发、工业、萧山经济开发区、建筑业房地产业、国内贸易、对外和港澳台经济贸易、财政税务、文化、卫生等编，以丰富的内容凸显了被众多专家、学者视为继"温州模式""苏南模式"之后的"萧山现象"。人物编之"萧山国外博士名录"，分栏列表，记载1987—2001年在国外获得博士学位的萧山人55位，既属志坛首创，又足见当代萧山人才之盛。

四、《黄山市志》

目前的黄山市是在原徽州地区的基础上建立的，管辖的地域涵盖明清时期徽州

[①]《萧山市志》，来新夏序。

府的大部,是徽州文化的发祥地,也是我国重要的方志之乡,历史上曾编纂了大量的地方志。宋罗愿《新安志》被学界公认为名志,是安徽省流传至今的唯一一部宋代志书,其后的(弘治)《徽州府志》等也属志中精品。20世纪的第一轮全面新编地方志进程中,黄山市的方志事业欣欣向荣,《徽州地区简志》(1989)获得了全国优秀志书一等奖。《黄山市志》(2010)是较早出版的二轮地级市志之一。

（一）根据实情采用通纪体

我国方志有连续不断编修的传统,各地多在首次修志后每隔一段时间再修一次。按照方志的惯例,一部方志在资料取舍和内容记述上都有一个断限问题,这是方志编纂在时间上的要求。上限一般都从本地有史以来开始,下限至当今为止。中国大陆地区的第一轮社会主义新方志基本上都是采用统合古今的通纪体,二轮志书大部分采用断代续志,如《浦江县志(1986—2000)》《卢氏县志(1988—2000)》《长宁区志(1993—2005)》《泰安市志》(1985—2002)等,而《黄山市志》却是"记述内容的时限,上限追溯至事物发端,下限至2006年"[①]。《黄山市志》(2010)这种不随大流而采用通纪体的做法,应当说这是比较可取的:其一,温家宝总理颁布的《地方志工作条例》第十二条规定:"对地方志书进行审查验收,应当组织有关保密、档案、历史、法律、经济、军事等方面的专家参加,重点审查……是否全面、客观地反映本行政区域自然、政治、经济、文化和社会的历史与现状。"这里的历史与现状就是统合古今。古今兼备是方志在记述时间上的基本要求。其二,历史上修志不是没有断代续志的,但并不多见。断代续志的出现,一般是在政区稳定,续修者认为前志的内容、体例等都很出色的前提下施行的。即便是断代续志的,也多统合古今,只是程度的不同而已。这当中也有两种情形:(1)典型的通古今式,如宋朱长文《吴郡图经续记》是继大中祥符年间的《吴郡图经》而编的,虽名为《续记》,其实记封域、户口、牧守、城邑、人物等都是从古到今记述的。(2)近似的通古今式,如(雍正)《河南府续志》。从当前的修志实践看,不少地方已经对纯粹断代续志进行了修正,如《吴江市志》断代在1986—2005年,但艺文志主要收1986前的文献,《杭州市志(1986—2000)》表面上看采用断代,然在其续修总体设想中又做了一些补充说明:"由于续修志书具有相对独立性、是独立成册的,如果按'上下限衔接'原则一刀切的话,就割裂了某些事物运动发展的过程,内容就出现记实无源,因果不明现象,也就难以全面地、准确地反映客观事物……因此,总体可考虑前后志内容部分重合,

---

① 黄山市地方志编纂委员会编:《黄山市志》,凡例,黄山书社,2010年。

采取承前简述的方法，即将续志背景资料的上限推前……此外，前志漏记、误记的内容或续志新增的事物门类，亦可上溯至事物的发端；有些重大事件所截取的年份，并不能反映一个时代的全过程，如考古发现、技术创新、学术研究等，亦可突破断限适当上溯。"还有不少志书专门加"史略"。这从一个侧面说明，纯粹断代是做不到的。与其不能为而为之，还不如像《黄山市志》（2010）等那样在统合古今的程度上进行一个较妥善的规划。其三，黄山市的实际不允许断代。如今的地级黄山市是1988年撤销原徽州地区、屯溪市、县级黄山市而建立，原屯溪市、县级黄山市改为市属区，又将歙县的岩寺镇及附近的几个乡独立出来成立新的徽州区。地级黄山市的政区范围又不同原来的徽州地区，原属徽州地区的石台县划给池州市，绩溪、旌德县划给宣州市。尽管1989曾经出版过《徽州地区简志》，但由于记载区域范围的不同，《黄山市志》（2010）与《徽州地区简志》（1989）无法实现全面对接，自然许多资料特别是统计数据就不能让读者简单地援引，必须加以重新处理。而1992年出版的县级《黄山市志》（1992）所涉及地域仅仅是今天地级黄山市的一个区，当然更无法衔接。所以，这次修志必须从今天地级黄山市的角度来追溯黄山市过去的历史。《黄山市志》在记载各方面事项时都尽量向前追溯的做法，应当是正确的。二轮志书的下限，各地参差不齐。有的以2000年为下限，理由是可完整反映历史性大变革和国家经济战略实施的来龙去脉，又与国家规定的"20年左右续修一次"的要求相吻合。有的断至2010年，理由是可以系统地记述改革开放的进程，与上届志书时间跨度30年，可记性强。《黄山市志》（2010）的主体记述断在2006年，不仅全面反映黄山市"八五""九五"，特别是"十五"国民经济和社会发展计划期间所取得的成就，而且又兼顾了"十一五"规划头一年实施实绩。这既保证了志书对以往国民经济和社会发展计划反映的完整性，又揭示了黄山市在下一个五年规划中的发展方向。应当说，《黄山市志》（2010）较好地继承、发扬了中国地方志统合古今的优良传统。

（二）正确处理了地级市志与属县志的关系

市级政区是我国政区设置中最复杂、最混乱的一种。其中的地级市，有的是改地区而成，将原地区所属的县划归市管；有的是将县级市升格为地级市，管附近的县。由于政区的变革给地级市志的编纂带来新问题，即如何处理市与属县的关系。上轮修志，认识不统一，有的认为市志只写市区，不记属县。理由是属县有志，各行业又有专业志，为避免重复只记市区。有的主张市志应写属县，但不必全写，只在综述中写。理由是：综述及各县体现市全局，其他分志不写，体现城市中心地位。因认识不一，导致地级市志对属县的处理五花八门，《景德镇市志略》（1989）正文不记辖县，仅于卷末附辖县"乐平县"，《扬州市志》（1997）在篇目中以"附"记辖县情况,《镇江市志》(1993)除卷二辖县概况外其余不及辖县。二轮修志未见地级市志与属县志关系处理的讨论,二轮地级市志出版成书的也很少,但是否已有较妥善的处理方法,方志界都在拭目以待。黄山市是地级市,辖三区四县,市与各区县同时在修志,这样就必然涉及市志与所属区县志的关系问题。从《黄山市志》(2010)看:第一,黄山市坚持修市志而不是城市志,较准确地把握了地级市的内涵。因为,地级市是一级政区,既有非农业人口集中居住、工商业发达之城区,又包括面积更为广阔、以农业为主,为城区提供服务的县域乡村地区。城市是与乡村对应而存在的区域概念,以工商业为主,是一地政治、经济、文化中心。《中共中央关于经济体制改革的决定》(1984)指出:"城市是我国经济、政治、科学技术、文化教育的中心,是现代工业和工人阶级集中的地方,在社会主义现代化建设中起着主要作用。"市与城市的区别在于,市属于政区,而城市不是政区,仅是政治、文化、经济中心。虽然有时城市与市是同名的,但在国家行政管理体制中地位是不一样。《国务院办公厅关于进一步加强地方志编纂工作的通知》《地方志工作条例》明文规定要编的是以市的记载对象的市志,而不是以特定城区为记载范围的城市志。《黄山市志·凡例》(2010)明言:"记述地域范围,遵守现行政区域。"既写市区又写属县,定位准确。第二,统一谋篇布局,设计视角体现了地级市志应有的指导准则。《黄山市志》(2010)在明确将屯溪区、徽州区、黄山区、歙县、休宁县、祁门县、黟县纳入记载空间界限的前提下,并不因各属县修志而在处理涉及市与属县各方面的事项上缩手缩脚,左顾右盼,而是站在从黄山市的角度来收集资料、鉴别资料,把黄山市及其属县当一个整体进行总体设计。在篇目上,铺开设置了建置、环境、土地、人口、城市建设等类目,尤其是区县概况,一改上轮志书或作"附"、或在分志外独作"卷"的处理方式。在记载的事项上,不仅在总述、大事记记载了属县,而且在其他所有类目中均是如此。如"交通·公路运输"中的汽车站,既记载有市区的屯溪汽车站、黄山区汽车站(太平汽车站)、岩寺汽车站,又记述了属县的歙县汽车站、祁门县汽车站、黟县汽车站、休宁县汽车站,以及黄山风景区的黄山汽车站。在记载内容的选择上,以是否具有全市及以上范围内有较大影响或意义为取舍标准。有的人事物,县志收了,市志也收;有的则县志收入,市志不收。如《歙县志》(2010)人物编文教类入传的民国以来人物有曹元忠、方纲、鲍实、叶景葵、姚文采、汪可宁、吴云溥、潘景郑等等,《黄山市志》(2010)选择其中的张曙、吴承仕、许承尧、陶行知、叶以群、程应镠、吴景超、洪谦等入传,且记载的分量大多较详尽。第三,兼顾市成立之前与成立之后,把市域的历史脉络与属县融为一体。上轮地级市志还有部分编者尽管认可市志应写属县,但主张要从"划归市管时写起"。如依此观点行事,《黄山市志》(2010)于1988年前的有关歙县、休宁县、祁门县、黟县的人事物就不涉及,此后才记入,黄山市这一地区悠久的历史、灿烂的文化就无法反映。《黄山市志》(2010)显然意识到此做法的局限性,所以在涉及相关史实上建市前、建市后均系统记述,建市前的统计数字能分拆出来的尽量按照市域范畴统计,尤其对待人物,建市前去世的人物,"按照习惯以其原县属籍贯记载,括号夹注今县(区)属;黄山市成立后去世的人物籍贯,以今所属县(区)记载"①,从而比较圆满解决了坚持方志体例和现实间行政区划变革的矛盾,既保持了历史的连贯性,又照顾到了市及属县关系的统一性。《黄山市志》(2010)视市区与属县为一整体,不人为地割裂市与属县的时空关系,不人为地详市区略属县,这种处理方法应该值得其他地级市志借鉴。

(三)彰显人文关怀

上届志书为解决旧志轻经济的缺点,比较重视经济内容的记载,但人文方面的内容相对较单薄。二轮修志以来,有不少专家学者提出应当加大对人文内容的记载。黄山市地区自古以来就较重视文化,以人文见长。上届的《徽州地区简志》(1989)及各县县志的人文内容相对而言还是稍多的,《黄山市志》(2010)又将此提升到了新高度。《徽州地区简志》(1989)在文化艺术、文献文物类目中记载了学术艺术流派、文学艺术、文献、文物等等成就,《黄山市志》(2010)将此大大扩充,设置社会科学、文化、徽州文化、艺文、文物与非物质文化遗产等卷。其中,"社会科学"卷除了通常记载"地方志编研与利用""党史编研与利用"等外,重点记载了徽州学研究、文学艺术研究。徽州学研究、文学艺术研究,均属于学术史性质的篇目,这样的设置当前极为稀见。黄山市涵盖了古徽州(又名新安)的绝大部分地域,徽州文化是黄山市最主要的传统文化,由于历史上徽商发达,导致徽州地域文化昌盛,独具特色。徽州学研究系统记载了徽州学的缘起、学术团体与研究机构、学术活动、学科建设、学术成果,展现了徽州学研究的学术成就与繁荣景象,以丰富的事实证明徽州学已成为与藏学、敦煌学并驾齐驱的全国最具影响的地方学之一,在国内国际的中国历史研究中占有重要地位。文化卷中记载了职工文化、校园文化、军营文化、农村文化、社区文化、节庆文化,文物与非物质文化遗产卷中记载了民间文学、民间音乐、传统戏剧、传统手工技艺等,以细微的视角与详尽的资料反映了黄山市普通大众在繁忙的工作之余从事的文化活动、徽州文化的传承与创造。徽州文化卷属该志的特色类目,是徽商文化、新安理学、徽派朴学、新安医学、新安画派、徽州

---

① 《黄山市志》,凡例。

刻书、徽州藏书、徽派版画、徽派篆刻、徽剧、徽派建筑、徽菜等徽文化主要领域的发展过程与特色成就的集中展示。由于徽州文化的博大精深，内涵深邃，该卷能博观约取，萃其精华，编者的才、学、识得到了很好的展现。《徽州地区简志》（1989）是上届志书中率先设置文献书目的少数志书之一，《黄山市志》（2010）升级为艺文志，其中的"书目"分综合、科学技术、哲学社会科学、文学艺术四类，收录从宋元到2006年黄山市及部分旅外黄山市人的著述，"艺文选辑"收录碑记、序论、文告、诗赋等单篇文稿，兼具书目、文选之长，从中读者能够获悉当地人的文化创造，黄山市（徽州）无愧于"文献之邦"的誉称。人为地方之根本，《黄山市志》（2010）对人记载的相当重视，在土地·人口卷中记载了人口，在氏族·宗教卷中记载了黄山市的主要氏族及其宗族制度，在人民生活与文明建设卷中记载了收入、支出、消费物价与生活水平，人物卷也一改新志设人物表、人名录、人物简介的做法，而将人物表、人名录等随文附录。人物卷遵循"生不立传"，采用合传、附传等中国史传手法，参照国际人物职业分类标准，将入志人物分为政治军事、经济实业、社会科学、科学技术、文学艺术、武术杂艺六类，入传人物达227人。其中，既有朱升、柯庆施等著名政治人物，戴震、陶行知等大儒名家，又有黄宾虹、张曙等艺术大师，鲍志道、谢正安等实业精英，足见黄山市（徽州）人文之盛。

综观《黄山市志》（2010），内容丰富，资料翔实，特点鲜明，是一部质量上乘的佳作，精品之作。它在一些编纂方法的继承、探索、创新，似可作为一种较成功的范式，供地级市志参考。

当然，金无足赤，人无完人，再好的志书也有值得进一步推敲或改进之处：（1）篇目的归属与标题尚有一点再优化的空间。如：邮政下的"邮政机构沿革"，可参照与同卷电信下"机构"的标题调整为"机构"或"机构沿革"。旅游经营是指旅游企业与组织为满足游客的需要、谋求经济、社会效益而开展的一系列经济活动的总称，包括旅游市场结构、市场营销、产品开发，等等。旅游经营与旅游市场属于大概念、小概念的关系，以"旅游市场"来统辖"旅游经营"值得商榷。（2）部分地方的交叉重复还能再斟酌。如第87页"黄山市境域属于'原始江南古陆'的一部分"，第88页又出现同语。第683页"1958年……黄山景区建设一批休、疗养院（所），接待各战线英雄、模范、先进工作者和干部职工；并兴建黄山宾馆、玉屏楼宾馆、北海宾馆等供游客食宿"。第728页与此基本相同："50年代中期到60年代中期，黄山建设一批休、疗养院（所），接待各条战线的英雄模范、先进工作者、干部、职工。黄山宾馆、玉屏楼宾馆、北海宾馆等早期旅游饭店也在这个时期兴建。"本着尽善尽美的追求，这些小瑕疵还是应当努力避免的。

五、《苏州市志（1986—2005）》

苏州是名副其实的方志之乡，不仅修志数量众多，而且代出佳志名作，从唐陆广微《吴地记》、宋朱长文《吴郡图经续记》、范成大《吴郡志》、元杨譓《昆山郡志》、明王鏊（正德）《姑苏志》、清冯桂芬（同治）《苏州府志》到新编《苏州市志》《沙洲县志》《常熟市志》《吴县志》等多被广为赞誉。2005年苏州市启动二轮修志，历经9年的编纂打磨，《苏州市志（1986—2005）》终于大功告成。

（一）全市、市区、属市（县级）协调得当

我国目前的地级市、副省级市均下设区或区县（市）。遵照《地方志工作条例》的规定，各省、市、区、县都在修志，也就是说地级市、副省级市有志，其所属县（市）、区也有志，这样就有市志如何与区志、属县（市）志辨体的问题。对此方志学界有不同的主张，有的认为市志只写市区，不记属县；有的主张市志应写属县，但不必全写，只在综述中写，主要记市区；有的以为增设区县概况一篇即可。苏州市2005年辖吴中区、相城区、平江区、沧浪区、金阊区、苏州工业园区和高新区（虎丘区）7个区，张家港市、常熟市、太仓市、昆山市、吴江市5个县级市，苏州市及其所属各区、市（县级）同时在修志，《苏州市志（1986—2005）》于此也进行了相当有益的探索：首先，该志坚持修市志而不是城市志，"记述苏州市境域内自然、经济、政治、文化、社会等各方面情况"[①]，准确地把握了市志的属性与内涵。其次，站在全市的高度统一谋篇布局，把7区5市（县级市）看作一个整体进行总体设计，将苏州各区市（县级市）的历史与现状概括于建置区划、市（县）区概况、自然环境、人口、土地管理、环境保护、园林、风景名胜、城市建设、水利水务、交通运输、邮政电信、经济综述、农业、工业、开放型经济、开发区、商业、旅游、精神文明建设等47门类之中。尤其是各区市（县级）在改革开放大潮中实现的"农转工""内转外""量转质"的历史性跨越、孕育的"张家港精神""昆山之路"和"园区经验"这"三大法宝"均在该志篇目中得到了较好的体现，如"开发区"卷下分国家级开发区、省级开发区两种类型，分列昆山国家经济技术开发区、苏州国家高新技术产业开发区、江苏省张家港保税区、苏州太湖国家旅游度假区、苏州工业园区、江苏省苏州吴中经济开发区等15个开发区。再次，在对市志如何记载全市、市区、属市（县级）根据实际情

---

① 苏州市地方志编纂委员会编：《苏州市志（1986—2005）》，凡例，江苏凤凰科学技术出版社2014年版。以下简称《苏州市志（1986—2005）》。

况实施灵活处理。具体做法可以归纳为：

1. 篇目体现。如苏州自古以来就是旅游胜地，名胜古迹众多，卷八风景名胜将虎丘山、枫桥、盘门、石湖、木渎、光福、穹窿山、东山、西山、甪直等10个市区风景区，以及同里、玉峰山、虞山、三山等4个分属于吴江市、昆山市、常熟市、张家港市的景区设置为目。

2. 综合记述。苏州地处水乡，水利水务事关全局，卷十水利水务之河湖整治、城市水利、农村水利、防汛防旱、水资源管理、供水、排水以全市为范围记述，不区分市区与属市（县）。卷十三经济综述中的改革开放，记农村改革、城镇国有和集体企业改革、股份制改革和企业上市、对外开放，也如此，文中常用"全市……"这样的字眼。

3. 详市区略属市（县）。如卷十一交通运输中的公共交通、交通运输管理在顾及全市面的基础上，重点记载市区，简要涉及属市（县）。如卷三十八教育中的中小学教育也相同。

4. 全记市区。如卷九城市建设中的城市道路建设、城市桥梁建设、城市照明、市政设施养护与管理、住宅建设、公共建筑、整治改造等，卷十九商业中的商贸中心、商业街、商场等，则集中记载市区而不及属市（县）。

5. 全市概、市区详。卷十九商业中的饮食业在概述"80年代，饮食业包括菜馆饭店、面点馄饨、糕团小食品、饼馒生面、茶馆水灶等行业。80年代中后期，市饮食服务公司先后投入4000多万元，新建、扩建、改建网点50多个。……至2005年，全市餐饮业网点2.5万多个，营业总面积480.6万平方米，餐位约90万个，从业人员20.1万人，零售额116.95亿元"[①]后，重点记载市区的菜馆饭店、面点馄饨、糕团小吃、早餐快餐。

6. 文述市区、表及属市（县）。如卷三十九医疗卫生记医疗事业，仅《1993年苏州市中医重点专科目录》涉及张家港、吴江、太仓，其余全载市区。

上述根据市志的定位、市与属区市（县）的职能分工，灵活地、有区别、有联系地记载全市、市区、属市（县）的做法值得各地借鉴。

（二）志稿撰写练达精致

方志编纂有一定的质量要求。关系方志质量的因素很多，资料当然是基础，最重要的一环，但最终都是通过文本对资料的妥善处理来体现的。清著名方志学家章

---

① 《苏州市志（1986—2005）》，第881页。

学诚在《修志十议》曾提出,修志有四要"要简、要严、要核、要雅"。这部《苏州市志(1986—2005)》相当好地达到了这四项要求。

1. 体例谨严。苏州首轮市志采用章节体,设建置、县(市)简况、自然环境、人口、方言、城市建设、城巷河桥、交通运输、邮政电信、建筑、园林名胜、旅游、人物、经济综述、丝绸工业、纺织工业、工艺美术、轻工业、电子工业、机械工业、化学工业、医药工业、食品饲料工业、建筑及陶瓷工业、电力工业、冶金采矿、农业、商业、饮食服务业、对外贸易、物质流通、财政税务、金融、经济综合管理、党派政务、治安司法、军事、政事纪略、社会团体、民政、劳动人事、外事侨务、教育、科学技术、文化艺术、报刊广播电视、图书、文物、卫生、体育、宗教、民俗、杂记等54卷,卷、章、节、目四级。《苏州市志(1986—2005)》改用传统的类目体,分类、目、子目、小目四级,同时对前志的篇目进行了调整:或归并,如工业不再拆分为丝绸工业、纺织工业、工艺美术、轻工业、电子工业、机械工业、化学工业等与农业、商业并列,而是用工业卷统之,方言改苏州话并入人民生活;或拆分,如园林名胜改为园林、风景名胜两卷,党派分解为中共苏州市委员会、民主党派和工商联两卷;或取消,如政事纪略、物质流通、杂记;或新增,如土地管理、水利水务、部属和市属企业、开放型经济、开发区、历史文化遗产、艺文、社会保障、人民生活、精神文明建设等;或微调,如文物变为文博,卫生改为医疗卫生,报刊广播电视调整为新闻传媒,宗教改宗教民族。门类的排列,将人物移到最后,把农业调整到工业之前,旅游移到商业之后,民政、劳动人事也挪到人民生活之前,组合成社会部类。这样的调整与排序,符合当前现实与历史传统,又兼顾了惯例,从而使篇目结构更加合理。

2. 记述有方。在记载人事物时比较注意要素的齐全。如风景名胜卷中的东山风景区,记载了位置、面积、景观特色、景点景物、整修概况、投资额、游客接待数、旅游收入,一般读者和旅游研究者想了解的内容该志都有了,尤其是其中的游客接待数、旅游收入为二轮众多志书所忽略。对事物发展脉络的记载比较清晰。如工业卷中的丝织,先记载20世纪80年代初苏州市丝织产业进入黄金时期的表现,后相继记述1988年江浙"蚕茧大战"及其后的市场疲软,苏州市丝织产业的突围,1999—2005年间"丝绸生产面临原材料价格上升和国内外市场竞争的双重压力,出现全行业亏损,苏州振亚丝织厂和光明丝织厂等企业实施债务破产重组,东吴丝织厂实施债转股试点,东风丝织厂、新风丝织厂和丽华集团公司等4家严重资不抵债的空壳企业进行了'并壳'处理。东吴丝织厂搬迁至新区滨河路生产;新光丝织厂迁至吴中经济开发区生产。整个丝织产业进入调整阶段，一批民营丝织生产企业开始成长"①。紧紧抓住苏州丝织产业在该志断限内的起点、转折点和终点（现状）。开发区卷对各开发区的记载基本包括管理体制、区域位置、开发建设过程、建设成效，开发区发展的历史清晰。为反映所记内容的全面性与深度性，该志在记述中还较好地运用了"线、面、点"相结合的写作手法。如商业卷的商贸中心，先纵向记述：从20世纪80年代市区商贸中心开始记起，继记1988年、20世纪90年代商贸中心改造、更新。再记2005年的面："市级商贸中心形成'三核（古城、狮山、金鸡湖）、两副（元和、吴中）、'三带'（环古城风貌休闲商业带、环金鸡湖风情休闲商业带、环太湖旅游度假休闲商业带）的格局；区域级商贸中心有黄埭、渭塘、木渎、越溪、东沙湖、独墅湖、蠡墅、金鸡湖西、太湖度假区、平江新城、金阊新城、沧浪新城等12个；镇区级商贸中心有阳澄湖、望亭、东渚、光福、胥口、横泾、临湖、东山、西山、郭巷、甪直等11个；新型社区商贸中心星罗棋布。"②其后以观前商贸中心、石路商贸中心、南门商贸中心、吴中商城、狮山路商贸中心、锦华苑商业中心、园区邻里中心、环金鸡湖商贸中心等作为重点予以记载。在这些重点记载的商贸中心中又包含了"线、面、点"结合。如观前商贸中心，由20世纪80年代初写到2005年，其中特别提及月中桂、黄天源、采芝斋、稻香村等老字号以及小吕宋、乾泰祥、老凤祥金店、亨达利黄金珠宝店、春蕾茶庄、三万昌茶楼、肯德基、必胜客等著名商店。

3. 体裁运用得当。述、记、志、图、表、录等多种体裁的综合运用是地方志编纂的常态，但运用是否恰如其分却差异较大。该志也是多种体裁综合采用，以志为主，但有些体裁的使用则有过人之处。"总述"采用提炼式写法，在综述地情的基础上，记述了苏州各方面的成就与成功经验，展现了"最具活力城市"的城市形象。现在相当多的二轮志书编、章均有"无题述（小序）"，然编与章"无题述（小序）"间的简单重复时有所见，且篇幅长短不一。该志仅于卷设"无题述"，每卷"无题述"篇幅大体相近，多控制在450—650字，除横通各目、勾勒本卷内容变化大要外，多提示2005年下限年的状况，有些还作"画龙点睛"式的议论或总结。如旅游卷："至2005年底，各县（市）全部通过国家旅游局全国优秀旅游城市验收，苏州成为全国优秀旅游城市群。"③人民生活卷："全市城乡人民生活从解决温饱到实现小康，收入

---

① 《苏州市志（1986—2005）》，第649页。

② 《苏州市志（1986—2005）》，第844页。

③ 《苏州市志（1986—2005）》，第895页。

水平逐年提高，消费结构、家庭资产、生活方式和生活习俗发生较大改变。"①"大事记"突破下限，延伸至 2012 年，便于读者了解苏州近年发展大要。图、表是二轮志书均采用的体裁，其优势在于能弥补文字记述的某些不足，增加版式的多彩感，扩大信息量，提高资料性。然而，如果图、表与文字的比例失当，或放置的位置不合适，效果有可能适得其反。该志比例适当。其图照分卷首集束彩图与文中插图两种形式，集束彩图约 106 幅，文中图各卷不一，根据需要配置。表均随文设置。如农业卷"种植业"，插入"1999 年，张家港塑盘育秧"1 幅照片，"1986—2005 年苏州市水稻播种面积、产量表""1986—2005 年苏州市三麦播种面积、产量表""1986—2005 年苏州市小麦播种面积、产量表"等 10 份表；旅游卷文中插图有"山塘街水上游""市旅游局组织旅游企业到上海宣传乡村旅游""寒山寺除夕听钟声""吴宫喜来登大酒店"等 11 幅，表格有"2005 年苏州市对外开放景区景点一览表""1986—2005 苏州市旅游业主要经济指标情况表""2005 年苏州节庆情况一览表""2005 年末苏州市城区旅游推荐购物商店一览表"等 4 份。这些表格对正文均起补充作用，文字叙述与表互不可分离。

4. 叙述流畅简洁。如风景名胜卷写道："苏州的自然山水风景美丽，区域内人文荟萃，古城、古镇、古村落和太湖构成苏州众多而独特风景名胜。……人们在苏州的风景名胜区，可以领略太湖山水风光的美丽景色，体会枫桥夜泊和小桥流水人家的诗情画意，欣赏七里山塘和虎丘斜塔构成的独特风景，了解昆山昆曲、昆石、并蒂莲的奥妙之处。……"②可见，该志作者文笔老到，对地情有精深的领悟。

（三）特色把握与体现准确到位

苏州是我国首批中国历史文化名城，自古以来人杰地灵、英才辈出，创造出灿烂的传统文化与现代文明。"人文气息浓郁"一直是苏州的"城市名片"。同时，苏州又是经济发达之区，被誉为"红尘中一二等风流富贵之地"。改革开放后，苏州更是解放思想、抢抓机遇、开拓创新，经济社会发展走在全国的前列，孕育出著名的"苏南模式""苏州经验"。苏州的特色不单单如古典园林、文化遗产丰富、开放式经济等单项特色，而且更具综合特色。

集中记载改革开放以来苏州在政治、经济、社会、文化、教育等各方面的成就，是《苏州市志（1986—2005）》的主要使命，也是《关于地方志编纂工作的规定》《地方志书质量规定》对该志的要求。首轮苏州市志也较重视苏州特色的记载，但经济

---

① 《苏州市志（1986—2005）》，第 1929 页。
② 《苏州市志（1986—2005）》，第 273 页。

部类明显多于社会文化部类，该志则是"双轮"并举，对苏州经济与社会人文等各方面的特色皆予以较多的关照，并多方给予体现：

在篇目设计上，将园林、风景名胜、交通运输、工业、部属和市属企业、开放型经济、开发区、商业、旅游、文化、历史文化遗产、文博、教育、科技、社会保障、人民生活、精神文明建设、人物设为卷类；在经济综述卷设置改革开放、经济结构、经济协作、乡镇企业、民营经济，农业卷设置农产品质量建设、外向型农业、农业综合开发，中共苏州市委员会卷设置重大决策，苏州市人民政府卷设施政纪略，劳动人事卷设人力资源管理、企业工资福利、外资企业劳动管理等目；在各卷的第三层次设置有外来暂住与流动人口、循环经济和生态园区、优美乡镇建设、创建国家卫生城市、服务经济、经济文化保卫、支援国民经济建设、共建精神文明等小目。这些类、目、小目既反映时代主旋律，又非常醒目地体现了苏州在经济与社会人文方面的地方特色。

与此同时，该志还把"专记""附录"两种体裁主要用来彰显苏州的特色。"专记"的使用，目前有泛滥的趋势。该志的"专记"有9篇，其中园林卷《明轩出口工程》《园林门票》、工业卷《人工饲养工厂化养蚕》《苏州国有丝绸业结构调整实施政策性破产过程》《苏纶纱厂的百年兴衰》、交通运输卷《亭子桥撞塌事件》、教育卷《苏州历史上的教会学校》《苏州城区中小学布局调整》《苏州外来民工子女教育》等，尽管每篇篇幅不长，但都从不同角度对相关特色内容进行了延伸。如《明轩出口工程》不仅反映苏州古典园林的杰出成就，而且还向海外输出，标志着苏州园林技艺走向了世界。"附录"有30篇，其中园林卷《庆云峰记》、开发区卷《优惠政策》、经济综合管理卷《市属国有（集体）企业产权制度改革实施时间表》、文化卷《特色文化乡镇》《市级特色文化乡镇名录》、文化遗产卷《控制保护古村落》、精神文明卷《比翼双飞看苏州》《伟大理论的成功实践——学习张家港市坚持两手抓的经验》《张家港：十年摘得文明城市桂冠》《"昆山之路"三评》《关于开展"学习昆山经验 推进两个率先"活动的通知》《苏州工业园：以人为本展新貌》等20篇，与苏州的经济、社会、人文有关，为正文提供补充性或典型性资料，拓展了正文特色记载的深度。

在内容记述上，该志以改革开放的时代主线为统领，对苏州的时代特色、地方特色实施集中记述与分散记述相结合。如苏州的古典园林是世界文化遗产，现代园林既有继承又有发展；苏州有"天堂"之称，自然环境优美，传统城镇古色古香，名胜古迹众多，是世界著名旅游城市；苏州是改革开放的先行者，探索农村发展之路，创造了乡镇企业发展的辉煌。20世纪90年代后，再更上一层楼形成"张家港精神""昆山之路""园区经验"。"三大法宝"成为苏州现代化建设的新名片。这些新旧苏州名片，该志都在相应的卷与目中予以浓墨重彩。而更多的则是在各卷目、小目中记述。如苏州各区县（市）发展乡镇企业，建立开发区，形成外向经济，带来了区域经济结构变化，吸引大量本地、外来人口就业，促进环境、市政设施、商业等发展。除开发区卷、昆山之路目外，外来暂住与流动人口、农业人口和非农业人口构成、流动人口计生管理、土地征用、对外贸易、利用外资、外资企业登记监督管理、重大决策、施政纪略等多有相关。苏州旅游业发达，尽管风景名胜与旅游卷有了集中记载，但在外来暂住与流动人口、古典园林、现代公园、古树名木、盆景、河湖整治、市（县）区概况、城市规划、市政设施、湖泊治理、高速公路、公路客运、铁路、苏州太湖国家旅游度假区、苏州工业园区、昆山旅游度假区、商市、宾馆、非物质文化遗产、历史文化名城、历史文化街区、历史文化名镇、文物保护单位、博物馆等就有属于分散记述的内容。注重从全方位反映、记述时代特色、地方特色，应当是值得其他志书学习的。

当然，该志也有一些美玉之瑕，细究之，有如个别照片缺提供人或拍摄人，服饰演变中对饰品记载较少，厂商开张不宜归入居住习俗，缺宗教管理，人物传缺传主肖像，"园区经验的形成""园区经验的内涵"不合标题规范。本着尽善尽美的追求，这点瑕疵还是应力求避免的。

第四章
方志目录学

方志代有修纂，其卷帙之浩繁，种类之多样，资料之珍贵，功用之巨大，为典籍中罕见，因而成为官府和个人热衷收藏的重要图书，以及学者研究的重要对象。系统地编目、整理地方志，是历代文献目录学工作者和图书机构的重要工作任务之一，同时也构成方志目录学的主要内容。目前，学术界对这一专门分支学科的研究开展得很不够，有必要进行较全面研究。

第一节 方志目录学的基本问题

一、论题的提出

方志目录学这一名词，在傅振伦、来新夏、黄苇、林衍经等许多前辈的论著中曾多次被提起，因内容和体裁的限制，尚没有就这一概念和相关问题进行阐述。我认为，方志目录学是方志学的重要分支。它应是以目录学为指导，以方志目录的编纂与社会需要为研究对象，探究其历史与源流，编辑原则与方法，以及发展趋势的分支学科。现在我国的目录学研究发展迅速，除普通目录学外，还诞生了多种专科目录学，如历史文献目录学、文学目录学等。就方志学研究而论，有无必要和可能建立一门分支学科——方志目录学呢？我以为既有必要，又有可能。

地方志是以史料见长的历史文献，历朝历代都非常重视地方志的编修。现存的旧方志已是浩如烟海，据《中国地方志联合目录》统计，有8264种，11万余卷，约占我国古籍的十分之一。20世纪80年代以来，各地都在编修新方志，到2001年底，出版省、市、县三级志书4789部，约40亿字。①目前首轮、二轮规划内的新方志编修都已完成，成书数量庞大，乡镇志正大规模编纂、陆续出版。尽管各图书馆的财力不一，对新方志的收藏有多有少，但数量都在逐年增加。地方志长期以来被看作"博物之书"，由于是代有编纂，无论在内容、体例上多有延续性，且面广、信息量大，要想有效地利用它，必须借助于某种路径，这种路径就是方志目录。如果对馆藏新旧方志不进行整理编目或目录编得不科学，势必都影响日常管理和方志资源的开发、利用。

对方志的编目整理，历史较悠久。远的暂且不论，就中华人民共和国成立后而言，20世纪五六十年代和八九十年代曾出现两次方志编目整理的高潮，取得了较大的成绩。但质量参差不齐，存在的问题也不少，主要表现在：一是著录范围不统一，有的著录旧省、府、州、县志、乡镇志，有的加收总志，有的加收部分20世纪五六十年代新志，有的加收古迹志，有的又加收山水志、书院志等。二为编排体系与方志所载难以对应。目前的方志目录基本上都是以政区为编排体系的，然而由于"经济的高速运转带动现行行政区划的日新月异，一些古老而著名的地名已在地图上消逝。如浙江定海县今为舟山市，吉林扶余县今为松原市，浙江镇海县成为宁波市的一个区，上海川沙县也成了今天的浦东新区。而行政区划的分合变化，使得古旧志书在现今行政区划中难以准确定位，这给编者和读者都带来了不同程度的不适"②。三是目录没有反映馆藏方志的来源。对接收和受赠的私家藏书楼的方志，目录普遍没有予以标注。这既是不尊重前人劳动成果的行为，也给方志流通史研究带来困难。四为大部分目录的检索途径单一，检索系统不完备。五是有较多的遗漏和差错，综合目录尤为明显。六为计算机方志数据库建设有不少进展，然而反映的数据不全面。从目前各图书馆的目录设置看，多数为分类题名卡片目录和著者卡片目录两套，以及电子检索综合目录，较少提供书本式目录，而目录中所收新旧志所依据的图书馆分类法是不同的，这给读者查阅带来了不便。应当说，目前的方志目录工作远远不能与方志编纂和方志学研究的迅速发展相提并论，离满足读者的多方面需要更远。究其原因，主要是理论滞后于实践，实践缺乏方志目录学的理论指导。

现在各地对地方志工作相当重视，并把方志馆建设作为一项重要的地方文化设施来抓。国家层面建设有国家方志馆，省级均设有省方志馆，如湖南、上海、江苏、

---

① 《前进的历程，光辉的事业——第二届中国地方志指导小组成就纪实》，《中国地方志》2002年第2期。

② 刘瑛：《写在〈甘肃省图书馆藏地方志目录〉出版之后》，《图书与情报》1997年第3期。

广西、山东、云南、新疆、安徽、北京、江西、湖南等，市、县级方志馆也在积极建设中，有的甚至建设得很有规模，如广州、苏州、杭州、建德等。方志馆同图书馆有共性的一面，也有不同的一面。方志馆收藏的主要是本地的方志、年鉴以及其他地方文献，条件较好的也保存一些外地的方志和地方年鉴，尤其是未刊和内部出版的地方史志资料的收藏，使方志馆具有图书馆所没有的资料特色和资源优势。方志馆完全有责任和义务成为地方文献中心、地方信息资料中心，以及地方史志学术研究中心、地情展示中心。方志馆要实现自己的目标，最基础的工作就是扩大馆藏，编制各种方志目录，而目前方志馆的工作人员多来自修志部门和其他文化单位，他们对目录学特别是方志目录学的知识大多存在欠缺。如果方志馆的目录工作在理论上得不到方志目录学应有的指导，那么它的目录工作也不会有大的起色，方志馆的职能和作用也难以得到最大程度的发挥。建立方志目录学已成了迫切的现实需要。

虽然方志和一般的图书都属于书籍一类，但是否可以用普通目录学来代替方志目录学呢？普通目录学规定了目录分类、著录的基本准则，对方志的编目、整理当然有指导意义，但方志毕竟不同于其他书籍，除体例、体裁外，一是量多；二是资料丰富；三是查阅的人多，四是利用的角度多种多样，这决定着方志与其他书籍在目录体系和揭示内容的方法方面有较多的差异，所以，必须进行深入的专门研究，建立方志目录学，以指导方志的编目、整理。

从目前的情况看，方志目录学的建立不仅有可能，而且有利的条件还不少。

1. 有丰富的实践经验。方志目录学从主体上说，当属于应用性很强的分支学科，它的基础是方志目录实践。我国的方志编目工作历史十分悠久，汇编有方志的目录无计其数。现存的方志专门目录虽说从清乾隆间才开始，然而数量也很多，仅中华人民共和国成立后编纂的，据笔者 2002 年不完全统计，馆藏方志专目约有 80 余部，联合目录约有 29 部，提要（考录）目录约有 60 部，索引约有 20 余部。①随着馆藏的增加，新的方志目录也不断问世。目前已编成的方志目录，大多是图书馆、博物馆等文化机构编制的，也有不少为目录学者、历史学者、方志学者所编。虽然现有的成果多是编纂者"感性"认识的结果，但长期的编目实践，已为方志目录学的建立积累了丰富的实际工作经验。

2. 国外的经验可资借鉴。地方志是中国特有的地方文献，国外类似的地方文献地方史和地志也较普遍，如日本在明治维新后地方史的编纂就较发达，曾出现数次

---

① 参阅拙作《方志目录学刍议》，《中国地方志》2003 年第 3 期。

编纂热潮,对地方史的编目研究也较重视,出版了不少如《地方史文献总合目录》等类的目录著作。此外,国外对所藏中国地方志也多编印有目录,如《中国方志目录》(Donald Leslie 和 Jeremy Davidson 编,澳大利亚国立大学太平洋研究院远东史研究系,1967)、《东洋文库地方志目录》(日本东洋文库编,1935)、《日本现存明代地方志目录》(日本山根幸夫编,东洋文库,1971)等。由于国情不同,对地方志和地方史的理解不一,所编地方志目录和地方史目录,在收录的标准、著录内容、编排等方面,与我们国内所编存在着差异。俗话说,"他山之石,可以攻玉",国外整理、编纂地方志和地方史目录的经验是非常值得我们借鉴的。

3. 有普通目录学、历史文献目录学可供借鉴。普通目录学研究的是目录学的一般理论与方法,对目录和目录工作具有普遍的指导意义。历史文献目录学既是历史学的辅助学科,又是目录学的分支学科。虽说其建立的历史也不长,充其量说创立于民国时期,但已形成自己的学科体系,有自己的代表作,如郑鹤声《中国史部目录学》、陈秉才等《中国历史书籍目录学》等。方志目录学同普通目录学、历史文献目录学关系密切,多有相似和共通之处。我们可以从其学科体系、研究方法、基本理论等多方面汲取营养,结合方志目录工作的实际,构建方志目录学的学科框架。

4. 有一支稳定的研究队伍。学科的建立,人才是关键,队伍是基础,没有一支稳定的科研队伍,学科建设无从谈起。目前我国从事方志目录编研工作的人员主要有三类:图书馆(包括博物馆)馆员、修志人员、科研院校研究员,队伍基本稳定。他们当中有不少人勤于钻研,勇于实践,善于总结,多年来已做了大量的基础研究工作,并取得了一定的成果。方志目录学的一些基本问题,如发展史、目录介绍、方志目录专家的研究等,已有涉及。预计时间不会太长,系统的方志目录学科即可建立。

此外,科学技术的飞速发展,给方志的编目工作带来了革命性的变化,这势必也促进方志目录学的建立和创新。

二、方志目录学的研究内容

既然方志目录学创立是历史的必然,那么就有必要进一步探讨其研究的对象和内容。

方志作为一种地方文献肩负着多方面的历史使命,其核心就是保存地方历史资料,供社会各界利用。而社会各界对地方志的利用和需要又是多种多样的、多角度的,一方面,他们会从自己的学科和研究需要,选择查阅特定的地区或朝代的地方志；另一方面，他们又根据自己的研究课题或感兴趣的问题，查找方志的特定内容，需求的广泛性和针对性，是读者利用地方志的基本特点。因此，系统地认识地方志、系统地揭示地方志，成了满足读者要求的关键。自然认识、揭示地方志和读者需要之间的矛盾，便构成了方志目录学的基本研究对象。

认识地方志的目的是利用地方志，故方志目录学的研究内容应当包括对方志目录的认识研究和对方志目录的实践研究两大部分。方志目录的认识研究主要是从理论上探讨方志目录的基本范畴和内在特征，方志目录的实践研究主要是为了满足社会需要，发挥方志目录的效益功能，开展方志目录的开发和编纂研究。这两大部分都是方志目录学研究不可或缺的，它们既相互联系，又相互促进的，方志目录的实践为认识研究提出课题，而认识研究又反过来为方志目录的实践研究提供了理论依据。方志目录的认识研究和实践研究综合起来，即成为方志目录学的研究内容，具体说来，主要有如下几点：

1. *方志目录学基本原理的研究*。一门学科的建立首先要回答一些基本的理论问题，对方志目录学而言，就是要运用目录学的基本原理，结合方志目录的特殊性，阐述方志目录学的学科属性、特点、研究对象、研究任务、学科体系、研究方法，研究方志目录学与其他学科的关系以及如何借鉴其他专科文献目录学理论来发展方志目录学理论，并从宏观的角度探讨编制方志目录的意义、步骤、类型、结构以及方志目录工作的科学管理。

2. *方志目录工作发展史的研究*。我国方志目录工作的开展起始很早，成果也很多。丰富的方志目录工作实践既是方志目录学赖以发展的源泉，又是方志目录学的研究基础。我们要通过对历代方志目录工作和方志目录著作的研究，分析历代方志目录工作的状况、特点、成就，总结方志目录工作发展的规律，从而为当前的方志目录工作提供历史借鉴。

3. *方志目录学思想的研究*。方志目录大多是历代藏书家和目录学家编纂的，每一部方志目录的成书无不体现编者的方志目录学思想。尽管方志目录学思想不及历史文献目录学思想丰富、系统，但它仍是我国重要的精神财富和宝贵的历史文化遗产。我们要通过宏观研究和个案分析的方法，结合各个时代经济、文化等方面的具体情况，对历代的方志目录学论著进行分析，阐述历代方志目录学思想产生、形成的社会背景和具体内容及其现实意义。

4. *方志目录的编纂方法研究*。方志目录的编纂是方志目录学研究的重中之重。由于读者需要的复杂性决定着方志目录类型的多样性，对不同类型的方志目录所采取的编纂方法既有同一性，也有特殊性。在研究方志目录的方法时，应当根据方志目录学的基本原理，具体地阐明各种类型的方志目录的编纂方法，如馆藏方志目录如何确定著录志书的名称、作者、编纂时间、版本，著录项目设置多少较合理，著录的格式如何才妥当，如何编排才科学，检索系统如何设置；索引目录如何揭示方志的信息源，标识如何才科学、规范，结构如何设置等。因方志目录的编纂过程，就是一系列方志信息源的认识、揭示和构建目录体系方法的实施过程，所以研究方志目录的编纂方法必须着眼于编纂实践，着眼于读者的需要。

5. 方志目录发展趋势研究。学科的产生源于社会实践，而社会实践又需要学科的指导。方志目录学仅仅研究方志目录编纂的历史和现状是不够的，还必须从顺应社会文化发展的高度出发，研究方志目录的发展趋势，探讨未来方志目录的类型、揭示方志信息源的新方法。

6. 方志艺文志的编纂研究。方志艺文志是地方志的重要内容，是地方文化成果的集中体现。对方志艺文志的历史和现状的研究目前还是比较少的，方志目录学在这方面应大有可为。

三、方志目录的类型划分

方志目录是方志信息源的集合体，是调整、揭示地方志和读者需要之间矛盾的重要工具，系方志目录学研究的基础工作。如何划分方志目录的类型，直接影响到方志目录编纂工作，也关系方志目录功能的发挥。有关方志目录的类型，目前还没有统一的划分标准。综观古今方志目录的发展演变，其类型还是复杂多样的。如果按照著录的范围分，有馆藏的、综合的；按编制的形式分，有书本式、附录式（附录于图书之后）、期刊式（发表于杂志）、卡片式；按反映的内容分，有宋元方志目、明代方志目、通志目、乡土志目等。对读者和研究者来说，查阅的便捷及与研究课题的对应是他们的基本要求，因此，这里依读者的利用习惯将方志目录划分为以下类型[①]：

1. 馆藏综合目录。所谓综合目录，是指全面著录图书单位庋藏各类图书的目录，所录的图书涉及多个知识门类。在中国古代它多指总括经、史、子、集的目录，在今天指包括政治、哲学、经济、管理、法律、文学、艺术、历史、地理、社会等学科图书的目录，方志仅为其中的一部分。其在古代多隶史部地理类，或独成部类，

---

① 参阅拙作《方志目录学整理概述》，《上海高校图书馆学刊》1994 年第 2 期。

在近现代则多属史地类,或历史类地方史志之属。综合目录著录方志约始于南朝,其后历代多有成书。综合目录的优点为便于按学科进行查阅,但往往著录方志的数量有限。

2. 馆藏方志专目。是为了满足一定范围的读者利用地方志的需要,以一个图书馆机构所收藏的地方志为著录对象而编制的专门目录。馆藏方志专目系受西方目录学传入的影响,以及读者对地方志利用的日益增长而逐渐产生的。现存首部馆藏方志专目为1913年缪荃孙编制的《清学部图书馆方志目》,此后随着方志学研究的深入,馆藏方志专目的编纂不断增多。馆藏方志专目是揭示方志信息的基础,著录的原则应是标准化、规范化、实用化。它的特点为著录本馆的藏书号,反映馆藏特色。如果把全国的馆藏方志专目进行比较,我们就能发现,尽管各图书馆的方志目录编制的标准不一,质量也有高低之分,但力求体现馆藏特色是一致的。如天一阁以收藏明代地方志而著称,国家图书馆、上海图书馆、南京图书馆、中国科学院文献情报中心都以数量多、版本质量高为特色。如今各图书馆都十分重视图书的计算机数据化建设,然而这丝毫不会影响馆藏方志专目的存在,相反其重要性会越来越大。

3. 馆藏方志联合目录。馆藏方志目录揭示了各馆现存方志情况,是检索各馆馆藏志书的主要工具。但由于各馆收藏量有限,收藏地点分散,读者查用和借阅志书仍感不便,这样馆藏方志联合目录就应运而生了。馆藏方志联合目录创始于20世纪30年代,以朱士嘉《中国地方志综录》为代表。中华人民共和国成立后,其得到了进一步的发展,尤其是20世纪70年代末以来,馆藏方志联合目录进入了全盛时期。目前质量最高、使用最广泛的馆藏方志联合目录为《中国地方志联合目录》。方志联合目录是各馆方志专目的结合体,著录几个乃至全国藏书机构的方志收藏分布情况。按其反映范围,可分为全国性、区域性和系统性馆藏方志联合目录三种。至于海外所编,也可分为两种:全国性馆藏方志联合目录,如日本国立国会图书馆参考书志部编《日本主要图书馆、研究所所藏中国地方志总合目录》等;国际性馆藏方志联合目录,如日本国立国会图书馆一般考查部编《国立国会图书馆藏中国地方志综录稿》等。它的特点是以馆际协作的形式,体现方志收藏地点,揭示方志的分布状况,以实现馆际间的方志资源共享。

4. 综合性提要目录。方志浩如烟海,散藏各地。方志目录只能给人以检索便利,要更深层地把握志书内容,除查找原书外,主要靠提要。方志提要的意义即在于辨章学术,考镜源流,探究得失、勾勒特色。综合性提要目录是以一个或一个以上图书单位所藏各类图书为著录对象的目录著作,地方志也包含在其中,它是我国目录学整理的传统成果形式。这种目录提要方志要较方志著录为晚,约创始于宋。绍兴中，晁公武校勘、考述家藏图书，所撰《郡斋读书志》史部地理类记有《长安志》《河南志》等19部志书之大旨。嘉熙间，陈振孙仿晁氏《郡斋读书志》体例撰《直斋书录解题》，著录有《吴地记》《赤城三志》等方志数十部，既叙志之名称、卷帙、编修者，又记其内容，评其利弊。元、明时期，古籍题解目录无甚成就。清朝崇尚稽古右文，考据盛行，综合性提要目录著录方志的成果丰硕。其中，《四库全书总目》、周中孚《郑堂读书记补逸》、孙诒让《温州经籍志》等尤为突出。《四库全书总目》收各类方志417种，每志不仅录书名、卷数、所据版本，而且叙纂修者生平、述内容大要、体例，考编修源流、得失，辨究篇帙分合、文字增删。言简意赅，颇具学术价值。《郑堂读书记补逸》30卷，体法《四库全书总目》，载方志提要294种，像《宁化县志》《八闽通志》《吴兴掌故集》等皆为其解题之佳作。《温州经籍志》作于光绪初，对谢灵运《永嘉记》、李宗谔《祥符温州图经》等温州府县历代志书，无论存、佚、缺，均予以著录。除基本著录项目外，还全录志书序跋，附作按语，考证史实，评价优劣。这是地方性综合提要目录中较为精审的一部。民国间编纂《续修四库全书提要》，其史部地理类提要方志1987种，是迄今综合提要目录中著录方志最多的一部。

5. 方志提要专目。它专门提示方志内容、体例、编纂原委与得失，是更深层次把握和利用方志的"金钥匙"，是调整地方志内容的揭示和读者需要之间矛盾的最佳途径之一。方志提要专目，据说始于清乾隆间周广业《两浙地志录》。该书一卷，有抄本传世，收录浙江省志3种，府州县志68种，附江苏、湖北、河北、福建等他省方志17种，著录项目有书名、卷数、版本、册数、纂修者、内容大要。[①]1930年，北平天春书社出版瞿宣颖《方志考稿（甲）》，揭开了大规模编制方志提要专目的时代序幕。据不完全统计，迄今编成的方志提要专目约80余种（部），其中，金恩辉、胡述兆《中国地方志总目提要》（台湾汉美图书有限公司1996年版）系提要方志最全的。方志提要专目从著录的区域上来分有馆藏、区域、全国三种亚型，从朝代上分可以概括为宋元、明代、清代、民国、当代等亚型，从体例上可分叙录、辑录两种亚型。叙录体的提要主要叙述编纂者的生平、学术贡献，考订版本，辨别真伪，论述编纂始末、体例优劣、内容大要，揭示重要史料。辑录体的提要，除简述编纂者生平外，主要从公私目录、志书序跋、凡例、传记、笔记、文集中摘录有关志书资料，以明其编纂原委、体例、内容等，间附一二按语以阐述编者的观点。两种亚型各有

---

① 〔清〕周广业撰，赵文友点校：《两浙地志录》，中华书局《书目题跋丛书》，2021年。

特色，叙录体型学术性较强，辑录体型资料性较强。目前成书的方志专目虽不乏佳作，但粗糙之作也不少。由于方志在体例上的共同性比较突出，而利用者的要求又存在着差异，如何使撰写的提要体现每一部方志的特色，防止提要的千篇一律，是我们急需研究的课题。

6. 方志索引。它是将方志的相关内容，按照一定的体式加以编排，指明出处，以方便检索的特殊目录。其优点为能较深入地揭示方志的内容，快速地提供相关资料，提高利用者的工作效率。方志索引的编制始于民国时，近些年发展较快，已出版较大型的方志索引多部。国外的研究者因科研需要也编了些方志索引，如日本山根幸夫编《日本现存明代地方志传记索引稿》等。从已编成的索引看，主要有综合性索引与专题性索引两类。综合性索引以对方志内容揭示为主，由于地方志内容广博，举凡一个地方的地理、政治、经济、军事、文化、科技、社会、人物等无不记载，该类索引常以条目或内容主题来构建索引体系，首轮新方志部分、二轮新方志基本都采用这种类型，存在较普遍。专题性索引，以地方志的某类人事物为揭示对象，如人名、地名、物产、金石、艺文、文物古迹、图表等。这类索引大致从编人物传记资料索引、篇目索引、方志论文索引、地名索引开端，再扩大到图表、事件、机构等方面。专题性索引的成果虽然为地方志的利用带来了较大的方便，但与方志内容的广博性相比，还是很不够的，甚至可以说才刚刚起步，还是任重而道远。今后除继续人名、篇目、方志论文、地名索引的编制外，更应注重对方志内容的研究，多编一些综合性索引，将政治、地理、物产、经济、兵事、旅游名胜、民间艺术、艺文等通过主题分析生成索引条目。

7. 修志目录。它不囿图书机构，全面反映某一时代或某一区域的方志编纂、刊印情况，它是一定历史时期和一定地域方志编修的历史记录。修志目录分为两种亚型：一是在著录国家或地区的图书出版状况时记录地方志的编修出版情况，如《明史·艺文志》《全国新书目》等；二为修志专目，如《中国新编地方志目录》《浙江新编地方志目录》等。由于修志目录属于登记类目录，它的总要求应为：反映的面要广而全，反映的信息要快而准，否则，它的功用就要大打折扣。

8. 方志艺文志。它集中地反映了某个地区的文化发展状况，是研究某一区域的文化发展的依据。自宋代地方志开始创立艺文志以来，方志中设立艺文志已成为传统。旧志的艺文志有三种类型，一是著录书目；二是收录文章全文；三是兼录书目和全文。这部分内容是旧志中资料性最强的、史料价值最高的部分之一。新方志除部分地区的志书外，大多改设文化志并文献辑存。已版的新编志书，多数的文化志对本地的近几十年的文献和论著的反映十分贫乏，着力很不够，因此方志目录学应当加强这方面的研究。二轮新方志已有所改观，但提升空间还很大。

9.方志信息数据库。这是利用计算机技术而建立的地方志检索系统，可分为书目型和内容型两种亚型。它可以将方志的书名、编纂者、出版地、出版者、出版时间以及内容的分类主题词等分别作为一个基本单元输入计算机，供读者进行单项或复合检索。其优点为便于读者的多角度检索，可以大大提高工作效率。

以上是方志目录的主要类型。因不同的方志目录，其编制的出发点有差异，其编制的要求也各有特殊性，我们在编制方志目录时应当注意对其特殊要求和编制方法的研究，同时还应加强对其共性的探讨。编制的针对性、著录的规范性、标准的统一性、编排的科学性、检索的便捷性，应当是方志目录编制遵守的基本原则。

四、方志目录学的历史分期

方志目录学，同地方志一样历史悠久，源远流长。其发展过程大体可分以下四阶段。[①]

（一）萌芽时期（魏晋南北朝到元）

我国方志发端于秦汉，郡书、地理书、都邑簿以各自所载，发后世方志之端绪。魏晋南北朝，方志有了发展，采用了地记、地志、图经、图志等形式，数量增多，流传渐广。晋常璩《华阳国志·序志》首次阐发方志理论，云："夫书契有五善：达道义，章法戒，通古今，表功勋，而后旌贤能"，方志愈益引起各界的重视。南朝宋秘书丞王俭于元徽年间撰《元徽四部书目》《七志》，创七部分类法。《七志》之七为"图谱志"，纪地域及图书，收有地志、地记、图经。梁阮孝绪作《七录》，二类"纪传录"著录史部图书1020种，14888卷。"纪传录"分十二部，其十部"土地"收录不少地记类志书。隋唐地方志书进一步发展。开皇十三年五月，"诏人间有撰集国史、臧否人物者，皆令禁绝"[②]，开创官修史志制度。大业中又"普诏天下诸郡，条其风俗、物产、地图，上于尚书"[③]。唐德宗建中元年，令州县每三年一造送图经，定期修志成了制度。反映在目录学上，唐初魏徵纂修《隋书·经籍志》，系统整理魏晋至隋可供治国者"疆理天下，物其土宜，知其利害，达其志而通其欲，齐其政

---

① 参阅拙作《试论方志目录学的历史分期》，《四川图书馆学报》1993年第1期。
② 《隋书》，高祖纪下。
③ 《隋书》，经籍志二。

而修其教"①的舆图、地记、图经、异物志、山水记等 139 部、1432 卷为地理类，隶于史部。《隋志》开创史部地理类著录地方志书，成了历代正史艺文志及传统目录著作不变之体。其后之《旧唐书·经籍志》《新唐书·艺文志》《宋史·艺文志》无不宗之。宋沿袭了唐朝三年一修图经的制度，朝廷屡次诏修或征集志书，地方志书逐步定型，并稳步完善。宋官府和私家均重视方志收藏。朝廷崇文馆收藏有大量方志，王尧臣等编《崇文总目》（残本）著录有东方朔《十三州记》、习凿齿《襄阳耆旧传》、陆广微《吴地记》等方志 33 种，归于史部地理类。至郑樵著《通志·艺文略》，史部地理类又进行划分，定为地里、都城宫苑、郡邑、图经、方物等 11 个小目，著录《元和郡县图志》《太平寰宇记》《隋诸州图经集》等总志，《东都记》《河南志》《京都路图经》《吴郡记》《会稽记》《秣陵记》等路、府、县志。郡邑、图经小目的设立，既是方志普修、地位提高在目录学上的体现，又是目录学研究的重要成果，标志古典方志目录学的正式萌芽。晁公武《郡斋读书志》不仅于地理类著录方志图书，且附记读书心得，又从另一方面开后世方志提要目录之先例。

（二）雏形时期（明清）

明清时代，方志大盛，种类之多，数量之大，分布之广，前所未有。朝廷颁布修志凡例，统一体制，并建立皇帝把关，朝廷、总督与学政两级审核制度，方志地位大大提高。方志理论有较大发展，人们对方志属性的认识，除传统地理书外，有的主张"夫志一方之史也"②，"方志乃一方之全史"③；有的以为"夫志，记也，所以纪事实，备观览，昭劝惩也"④。故官私目录在著录方志及其分类、编法上有了明显进步：

1. 著录量增多。明晁瑮编《晁氏宝文堂书目》收有《雄乘》《铅山县志》《应山县志》《雍录》等方志 259 种。清陈揆《稽瑞楼书目》著录志书 414 种。

2. 方志独立成部类，既不隶于史，又不属于地理。正统六年，杨士奇等奉敕编《文渊阁书目》，将方志分为"古今志""旧志""新志"三类，与史、文集、诸经总类等并列，收入志书约 1182 种。万历三十三年，中书舍人张萱等校理内阁藏书，编《内阁藏书目录》，于经、史、子、集外，别立"志乘"一类，主要著录正统至万历间新入藏志书。私家目录也有不少采用此法者，如嘉靖中，开州晁瑮编《晁氏宝

---

① 《隋书》，经籍志二。
② 〔明〕邵时敏修，汪心纂：《皇明天长县志》，张天驷后序，《天一阁选刊》本。
③ 〔清〕章学诚：《丁巳岁暮书怀投赠宾谷转运因以志别》，《章氏遗书》，卷二十八。
④ 〔明〕贺定国：《（嘉靖）赵城县志序》，转引自《中国地方志综览》，第 414 页。

文堂书目》，也置"图志"类，与御制、史、子、集、类书、政书诸类平列。清道光三十年，常熟钱曾编《述古堂藏书目》袭用前法，卷三置"地志"类。

3. 将方志脱离地理独成专类，统于史部。明嘉靖间，朱睦㮮整理万卷堂藏书，编成《万卷堂书目》，立"地志"类，列史部之十一。万历中，连江陈第撰《世善堂藏书目录》，史部有"方州各志"类，著录志书 104 种。明末清初，常熟钱谦益撰《绛云楼书目》，亦于史部设"地志类"。康熙中之昆山徐乾学《传是楼书目》，光绪间杭州汪少洪、汪蓉坨《振绮堂书目》等也是如此。

4. 统辖方志的类目多各自按一定规律和法则编排。万历三十年，闽县徐𤊹编《红雨楼书目》，以"总志""分省"立类，总志自明往古开列，省、府、州、县志则依今福建、河北、江苏、上海、浙江、江西、湖北、湖南、河南、四川、广东、陕西、云南、贵州次序著录。万历四十八年，山阴祁承㸁编《澹生堂藏书目》，史部十四"图志"按总志、约志、省会通志、郡邑志、边镇志著录。又如清嘉庆十六年金檀《文瑞楼藏书目录》，其史部依通志、府州县志、郡邑杂志收录。光绪二十一年刊刻之杨绍和《海源阁书目》则以宋本、明本、校本著录。

5. 著录内容除纂修人、书名、卷数外，增加了版本、题记、提要等。黄虞稷《千顷堂书目》既记志名、卷数、纂修人，又记纂修人简要生平、纂修时间，如："张福臻续修《东明县志》十卷，字澹如，高密人，天启癸亥修。"[①]纪昀《四库全书总目》不仅叙志书名、卷册、纂修者，而且记所据版本、纂修人的爵里字号简历，载志书内容大要，并加评论。一些私家目录还记志书来源、藏家。如丁日昌《丰顺丁氏持静斋书目》录《乾道临安志》3 卷云："吴翌凤藏。旧抄本。""卷后有枚庵手跋云，借抄于抱经卢氏。末署乾隆己亥小春。"

凡此种种表明，明清时期虽然没有产生方志专科目录，但方志在各综合目录中的地位显著上升，独立性增强，以至需用专门类目加以统括。各目录编纂者对方志著录大多进行了一番认真思考和研究，著录体例较以往为周备，项目较为齐全，方法也较为科学，所以，方志目录学在此时业已雏形。

（三）创立时期（民国）

清末民初，随着西方历史学、地理学、图书分类法的传入，图书分类逐步冲破了传统"四部法"的桎梏，开拓了学科分工。又清政府实行新政，兴建了公共图书馆，传统藏书楼亦一改只收藏不对外开放的旧习，转向公众开放。至民国间，全国各省、

---

① 〔清〕黄虞稷撰：《千顷堂书目》，卷六，清抄本。

市大多数建有新式图书馆，私家藏书因种种原因或把方志等图书捐赠或出售给图书馆。图书馆馆藏方志的增加和读者检索、利用方志的要求，使方志专目的产生成了客观需要。这就促使了方志目录学的创立。

民国方志目录工作得到了社会重视，抗战前还形成了研究和编制方志目录的热潮，不仅公共图书馆编制方志目录，私家藏书楼也编制了方志目录，供读者使用。在种类上，不仅产生了馆藏方志目录，而且有了全国性联合目录；不仅继续编辑综合性提要，而且创编了方志提要专目，方志目录的诸种类型大多形成。在著录内容上，项目基本稳定，一般都有志名、卷数、纂修人（包括简历）、纂修时间、版本、庋藏单位、备考以及序录、类目、体例、考评和标识特殊史料。在体例方面，也基本定型，大多按一定行政区划，依总志、通志、府志、州志、厅志、县志、乡镇志编排。每志或以书名、卷帙、纂修者、版本、收藏单位、备考，或以序、凡例、类目、跋、按语，或以修纂原委、体例、评述著录，书后附索引。在收录范围上，以现存省、府、州、县志为主，兼及卫所志、边关志、乡镇志、乡土志，并注意志书不同的名号、版本。尤其应特别指出的是，诞生了我国首批方志目录学的专门家，如瞿宣颖、朱士嘉、张国淦等。其中，瞿宣颖首创大规模方志提要专目，所著《方志考稿（甲）》著录河北、辽宁、吉林、黑龙江、山东、山西、河南、江苏方志600多种，首通志，次府志、直隶州志、州志、厅志、县志及乡镇志。各志"必首严其名称，次述其纂修之年月与纂修者之姓名，次述其旧志之沿革，次述其类目，次辨其类目，次辨其体例，最后评其得失，尤注意于其所包之特殊史料"[1]。任凤苞誉其"抑自有方志以来未有之盛举矣"，可称"书目中之上乘"，"为今后治方志学者之津梁"。[2]朱士嘉首创方志联合目录，张国淦首创辑录体方志提要专目。这些足以证明民国时期方志目录学已经正式形成。

（四）丰富、完善时期（1950年至今）

新中国成立后，随着社会主义经济建设的全面开展，各省、市、自治区及高等学校、科研机构图书馆，为便于查阅和使用方志为经济建设服务，开展了清点馆藏方志工作，出现了编制方志目录的第一次繁荣局面。据不完全统计，1950—1965年间，编有50余部馆藏方志目录。朱士嘉增补、修订了《中国地方志综录》，扩大了信息量。虽然时光已近半个世纪，后继者不断，《综录》的参考价值仍然不减。尤其是它所体现的认真求实的精神，尊重前人、时人的劳动成果的学术规范，一切服

---

[1] 瞿宣颖编著：《方志考稿（甲）》，卷首，自序，上海书店，1990年，《民国丛书》（第二辑）本。
[2] 《方志考稿（甲）》，任凤苞序。

从读者利用需要（所编方志目录的人名索引至今无人续编）的正确学术态度，值得今人学习借鉴。1976年后，伴随着《中国地方志联合目录》的编纂、出版，新方志编纂工作的发展和方志学研究的兴盛，方志目录学研究也进入了中华人民共和国成立后的第二次繁荣时期。1992年，笔者曾不完全统计，编成馆藏方志专目约30余部，方志联合目录约25部，方志提要目录近60部，方志索引约20余部，修志目录约4部。此后，又不断增多。

中华人民共和国成立后的方志目录工作成就卓然，数量大大超越民国，在志目种类上增加了佚志目录，如杨静琦等《河南地方志佚书目录》等，增加了地名索引、方志论文索引，如《武林坊巷志坊巷名称索引》《中国地方志论文索引（1981—1995）》；开始尝试编制计算机方志数据库，如《北京图书馆藏新方志书目数据库》。收录的志书除旧有之省、府、州、县志和乡镇志外，新增了新方志以及山水、寺庙、古迹、风土、文献等专志。著录项目又增记了各种版本、款式、索书号。从现有的成果看，中华人民共和国成立后的方志目录学研究基本上是对民国方志目录学的丰富和完善，增强志目的科学性和实用性。

五、方志目录的发展特点和趋势

综观中国历代方志目录工作的发展历程，大致有如下特点：

方志的目录学整理工作，历史悠久，源远流长，是中华民族优良文化传统的重要组成部分。方志的编修连绵不断，历朝历代均把地方志作为官府和私家藏书楼的重要典籍加以保存。编制方志目录，著录志书，不仅是一种摸清家底、加强管理的图书工作，而且是一项重要的学术活动。过去从事这项工作的，除藏书家外，大多是目录学、史学、方志学者。他们以各自所长精研方志，从而推动了方志目录的产生与发展。

方志目录的发展与修志实践、现实需要密切相关。方志纂修与成书量的不断增加，是方志登录的物质基础，而检索、利用方志资料则为方志目录发展的催化剂。诸种目录或反映一馆、一省乃至全国的方志收藏、分布情况，或揭示志书的内在本质，或勾勒其概貌。它们互为表里，互为补充，相辅相成。

对方志进行目录学整理，虽代有其人，然又与时局休戚相关。一般在乱世则成果颇少，而在太平盛世则编目兴盛。明中后期、清乾嘉时及"同治中兴"，商品经济发展，修志事业发达，无论是官府，还是私家藏书楼，多对收藏志书予以整理。20世纪30年代初，时局平稳，志目甚多。新中国时期两度兴起经济建设和修志热潮，方志目录迭见层出。方志编目成为盛世的一项重要文化事业。

随着方志编纂的发展与兴盛，方志分布遍及全国各地，公私图书机构的方志库藏量不断增加，方志目录所著录志书也由数十种增至数百乃至数千种，志书地域分布也由几省扩至全国，库藏数也由著录一馆发展至数十馆、数百馆，基本反映了全国方志的收藏情况。

尽管我国的方志目录工作已取得了很大成绩，但问题亦不少，主要是收录标准不一、有较多的遗漏、著录规范难一致。近几年来，由于目录学和方志学研究的深入，对这些问题已有较明确的认识。因此，我们认为目前和今后一段时期里，在方志目录的研究上有所创新和突破的时机已经成熟，有希望在下列方面取得成就。

1. 收录标准和著录标准的统一。关于收录标准，现代方志学认为，凡是以地域为记载空间，以横排竖写为基本体例的著述都属于地方志的范畴，并有全志和专志之分。以往的方志目录主要著录全志，较忽略专志的著录，迄今有关1949年以前的旧专志的专门目录很少见到。而随着学术研究的深入、细化和社会利用的要求的提高，对专志的查阅也会越来越频繁，因此有必要统一收录标准，将全志和专志都列入方志目录收录的对象。当前，尤为迫切的是编制旧专志联合目录，以解燃眉之急。对著录的标准，新方志当然可以国家标准《普通图书著录条例》来著录，对旧志也可按国家古籍著录规则著录，但方志有其特殊性，我们应当研究符合方志特点的著录规则。对区域性的方志联合目录而言，因藏馆数不是很多，加注索书号应是很好的发展方向。

2. 增订《中国地方志联合目录》（以下简称"《联合目录》"）。《联合目录》是目前质量最高、最有参考使用价值的一部馆藏地方志联合目录，但近些年来由于各地在编纂新方志的同时都非常重视地方志征集、调查，发现了不少未见收录的志书，而各地所编的馆藏方志专目和区域性方志联合目录，又多属内部印行，利用不便。再加上《联合目录》本身存在的问题，出版后商榷、补遗的文章也不少。所以，对《联合目录》的增订工作，预计不久将被提上议事日程。新版的《联合目录》除应增加志书的种类、修订差错外，我认为有必要增加编纂者笔画索引，以便利学术研究。

3. 编纂《国外中国地方志联合目录》。中国地方志流散海外的情况十分严重，对海外的方志，各国的图书馆以及国内的部分学者也曾进行过资源调查。经过若干年努力，有希望把分散在海外的方志资源调查清楚，届时一部《国外中国地方志联合目录》定能大受国内外学者和研究机构的欢迎。

4. 编纂《新方志联合目录》《简明新编地方志联合提要目录》。新方志的编纂经过数十年辛勤工作，首轮、二轮均已全部完成。全国的图书馆和文化单位，于新方志收藏的重视程度因经费等多方面的原因很不一致，收藏的种类和数量、区域也不平衡。尽管《中国新方志目录（1949—1992）》《中国新编地方志目录》《浙江新编地方志目录》等对新方志已进行了部分著录，但这些目录只反映修志的数量，不体现收藏情况，除了解某一时期或某地的修志状况时有用外，其他用处较少。因此，一方面各个图书馆、文化单位近期应当抓紧编制馆藏新志专目，然后在此基础上编纂区域性和全国的《新方志联合目录》；另一方面要大胆创新，联合全国的力量，取联合目录与提要目录之长，编《简明新编地方志联合提要目录》，既反映馆藏，又简明揭示内容，以提高方志联合目录的学术性。无论是《新方志联合目录》，还是《简明新编地方志联合提要目录》，在检索系统上，除以往的书名索引、人名索引外，都应当增加分类索引，以便多角度查阅。2024年12月，中国地方志工作办公室启动《中国新编地方志总目提要》编纂便是一种有益的尝试。

5. 建立《中国地方志综合数据库》。科学技术的发展为目录学研究开拓了广阔的领域，地方志书名数据库建设，自进入21世纪以来已引起图书馆学界的高度重视，北京图书馆地方志和家谱文献中心已率先利用计算机数据库技术编制《北京图书馆藏新方志书目数据库》，把1980年以来出版的新方志，按书名、著者、出版地、出版者、出版时间、分类、主题等项建立检索数据库，极大地提高利用效率。不过，这仅仅为单个图书馆新方志书目数据库，利用率和方便程度、查阅范围毕竟有限。如果在各地图书馆新方志书名数据库的基础上，加入旧方志书名数据库，再利用网络技术，把全国各地图书馆地方志书名数据库整合在一起，形成一个《中国地方志综合数据库》，既著录版本等方面信息，又反映收藏信息，那么它的完善程度和使用效率将大大高于单个图书馆方志书目数据库。虽然现在看来这还是个理想，我们认为这是方志目录学研究的目标和发展方向，而且会在不远的将来变成现实。

6. 方志索引的深化。应当继续分省、时代编纂方志人物传记资料索引，加重、加快对方志地名索引、艺文篇目索引、灾害索引、经济索引等的编制。

方志目录学发生、发展和最终确立，是和修志实践、方志理论研究密切联系的，它随着方志学研究的深入、学科分工细微化而逐步成熟的。在民国以前，学者、收藏者对方志目录虽有了点滴、片段的研究，但未成系统，直至20世纪30年代，朱士嘉、张国淦等才在传统目录成果的基础上，借鉴西方目录学精华，建立了经验性色彩很浓的方志目录学，中华人民共和国成立后又在此基础上进一步完善、发展。虽然近些年方志学研究发展迅速，新方志学也基本建立，但对方志目录的创新和理论研究还很不够，具有系统理论的新方志目录学的建立还有待大家的共同努力。

第二节　民国方志目录学研究之进展

一、方志目录编纂的进程

民国是我国方志学科的形成时期，也是方志目录学取得长足进步，成绩斐然的时期。其发展过程大体如下：

（一）兴起（1912—1926年）

民国初年，因光绪新政之故，各地大多建立新式图书馆，传统的私家藏书楼也转向公众开放，开展对外服务。为便于读者查阅，各图书机构一方面征集志书，丰富馆藏，如：1914年教育部咨令修乡土志送清史馆征用，1917年12月北京大学国史编纂处函请检赐县志，1922年3月福建省长公署为厦门图书馆发征集志书咨文，1925年5月、9月、12月，北京中国大学、民国大学、北京大学图书馆函请各县赐赠志书，1926年10月北平图书馆函请各县惠赠图书[①]；另一方面整理馆藏现存的地方志书，编制方志目录，以供检索。1913年，著名学者缪荃孙清点内阁大库移交京师图书馆（今国家图书馆的前身）的方志，编成《清学部图书馆方志目》，共著录通志60部，各省、府、州、县志1676部，其中明代方志224部，残缺方志360部，每部志书冠以年号，记册卷数、纂修人、版本、自序年代，揭开了民国方志目录整理的序幕。[②]不久，天津图书馆编《天津图书馆书目》、山东图书馆编《山东图书馆书目》、项元勋编著《台州经籍志》、胡宗懋编《金华经籍志》、李权编《钟祥艺文志》、徐则恂编《东海藏书楼书目》、北京文奎堂编《文奎堂书庄目录》、上海商务印书馆编《涵芬楼藏书目录·直省府厅州县志目录》和《涵芬楼直省志目》等方志目录学整理成果相继问世。不过，这时的整理属探索阶段，成果量不多，整理志书种类也有限，著录亦仅有书名、纂修者、卷帙、版本数项，体制欠完备。

（二）高潮（1927—1936年）

北伐胜利后，全国形势稳定，经济恢复发展，地方志的编修大规模兴起。伴随志书编纂热潮的高涨，各级图书机构为丰富馆藏再次纷征志书：1928年5月东北大学图书馆函征东北各县志书，1929年元月国民政府建设委员会图书馆函请各县寄送

[①] 辽宁省档案馆编：《编修地方志档案选编》，辽沈书社，1983年，第90—94页。
[②] 缪荃孙编：《清学部图书馆方志目》，载张廷银、朱玉麒主编《缪荃孙全集》，凤凰出版社，2013年。

志书、南京图书馆函征县志,11月上海南洋中学图书馆函征东北四省县志,1930年7月考试院图书馆函征各省新旧志书,1931年10月中央大学图书馆函索各省志书、乡贤录、名人录……仅上海南洋中学图书馆1929年12月至1930年3月间就征得辽宁省的县志38种。①馆藏方志的骤增,为方志目录学整理的大规模进行打下了坚实基础。再者,五四运动倡导的民主与科学思想的广泛传播,学术研究范围的拓宽,方志学研究日益受到重视,诸如王葆心、李泰棻、朱士嘉、傅振伦、瞿宣颖等著名学者倾力研探方志之学,撰写出版了《方志学发微》《方志学》《中国方志学通论》等论著,建立了方志学体系。方志学研究的兴盛又促进了方志目录整理的大发展。据不完全统计,这一时期出版发表的成果约在百种以上,主要见表4-1:

表4-1 1928—1936年方志目录整理成果一览表

编者	成果名称	发表时间	出版单位或刊物、版本
薛澄清	《闽南地方志过眼录》	1928年	《中大图书馆周刊》5卷1—2,5—6期
李一非	《本校所藏中国地方志简目》	1928年	《中大图书馆周刊》4卷5—6期
陈　准	《瑞安孙氏玉海楼目录》	1928—1929年	《图书馆学季刊》2卷3期,3卷3期
金陵大学图书馆馆农业图书部	《金陵大学图书馆中文地理书目》	1929年	本校铅印增订本
杨铁夫	《重编宁波范氏天一阁图书目录》	1930年	宁波市政府油印本
瞿宣颖	《方志考稿(甲)》	1930年	北平天春书社
容　媛	《方志中金石志目》	1930年	中央研究院历史语言研究所
卞鸿儒	《馆藏东北地志录》	1930年	《辽宁图书馆馆刊》1期
江　瀚	《故宫方志目》	1931年	故宫博物院图书馆
李庆城	《萱荫楼藏书目》	1932年	抄本
朱士嘉	《中国地方志统计表》	1932年	《史学年报》1卷4期
朱士嘉	《征求地方志目略》	1932年	《燕京大学图书馆报》5期
朱士嘉	《中国地方志综录初稿》	1932年	《地学杂志》20卷1—2期

---

① 《编修地方志档案选编》,第2—4,95—96,98,100,105页。

续表

编者	成果名称	发表时间	出版单位或刊物、版本
故宫博物院图书馆	《故宫方志目续编》	1932年	故宫博物院图书馆
谭其骧	《国立北平图书馆方志目录》	1933年	北平图书馆
万国鼎	《金陵大学图书馆方志目》	1933年	金陵大学图书馆
张允亮	《国立北京大学图书馆方志目》	1933年	北京大学图书馆
李濂镗	《方志艺文志汇目》	1933年	《图书馆学季刊》7卷2期
郑慧英	《广东三大图书馆所藏全省方志录》	1933年	《广州大学图书馆季刊》1卷2期
朱福荣	《博野蒋氏寄存书目》	1934年	北平图书馆
北平图书馆	《续补馆藏方志目录》	1934年	《北平图书馆馆刊》8卷2期
王绶珊	《九峰旧庐方志目》	1934年	《浙江图书馆馆刊》3卷6期
徐家楣	《民国二十二年以来所修刻方志简目》	1934年	《禹贡》1卷3期
朱士嘉	《中国地方志例目》	1934年	《禹贡》1卷5期
周行保	《浙江省地志统计》	1934—1935年	《西湖博物馆馆刊》2—4期
张 维	《陇右方志录》	1934年	北平大北印书局
饶宗颐	《广东潮州旧志考》	1934年	《禹贡》2卷5期
广西统计局	《广西省志概况》	1934年	广西统计局
王 焕	《江苏省立国学图书馆总目》	1935年	江苏省立国学图书馆
甘鹏云	《崇雅堂书目》	1935年	北平甘氏息园
朱士嘉	《中国地方志综录》	1935年	商务印书馆
金云铭	《上海徐家汇天主堂藏书楼所见福建方志》	1935年	《福建文化》3卷17期
王齐宣	《金陵大学图书馆所藏两广方志录》	1935年	《广州大学图书馆季刊》2卷1期
	《两广县志调查表》	1935年	《北平世界日报图书馆周刊》19期
毛春翔	《浙江省立图书馆善本书目甲编》	1936年	浙江省立图书馆
冯贞群	《天一阁方志目》	1936年	《鄞文献展览会出品目》

续表

编者	成果名称	发表时间	出版单位或刊物、版本
冯贞群	《宁波府属各县方志目》	1936 年	《鄞文献展览会出品目》
张国淦	《中国地方志考》	1936—1937 年	《禹贡》4 卷 3—5 期，7、9 期，5 卷 1 期
武汉大学图书馆	《武汉大学图书馆方志目》	1936 年	武汉大学图书馆
瞿宣颖	《广东方志要录》	1936 年	《新民月刊》2 卷 3 期
庄为玑	《泉州方志考》	1936 年	《厦门大学学报》7 期
任凤苞	《天春园方志目》	1936 年	天春园

资料来源：陈秉仁编《历代诸家方志论文篇目选录》、王中明编《中国地方志论文索引（1911—1949）》、中国地方志指导小组办公室编《中国地方志论文论著索引（1913—2007）》等。

从现在掌握的资料看，（1）本期方志目录整理成果遍及全国各地，尤以北平、江苏、上海、浙江、湖北、辽宁、广东等经济、文化发达之省市为多；（2）十年间，成果迭见，后五年更加频繁，其发展轨迹与民国社会经济、文化进步相当吻合；（3）目录整理已不仅限于某一单个图书机构见藏方志，而扩大至数个、数十个图书机构，甚至是某一区域或某一段时期内所修志书情况；（4）成果种类多样化，既有志目，又有概况、统计表、考稿、提要、综录，体例周备定型。

（三）沉寂（1937—1945 年）

七七事变后，举国上下之中心任务转为抗战救国，大规模修志因而被迫中断，方志学研究转入低潮，方志目录整理也趋沉寂，成果量较前大幅度减少。但仍有部分学者把方志目录整理同抗战建设联系起来，在极端艰苦的条件下，致力研究，出版、发表了一些成果：许振东《补朱氏中国地方志综录（浙江之部）》（《大公报图书副刊》1937 年第 174 期）、朱士嘉《燕京大学图书馆善本方志题记》《中国地方志综录补编》（《史学年报》1938 年 2 卷第 5 期）、罗香林编《广州市立中山图书馆方志目录》（1938 年印行）、张政烺《国立中央研究院历史语言研究所图书室方志目》（《图书季刊》1940 年新 2 卷第 3 期）等。特值称道的是大后方的志书得到了整理，如：1938 年国立中央图书馆筹备处编印《重庆各图书馆所藏四川方志联合目录》，收入《战时国民知识书目》第 19 期；方国瑜撰《明修云南方志书目》，发表在《教育与科学》第 1 卷第 4 期。张维编撰《甘宁青方志考》，发表于《新西北月刊》1940 年第 3 卷 3—4 期。万斯年编《国立北平图书馆藏西南各省方志目录》（《图书季刊》1941 年新 3 卷 3—4 期），著录黔、桂、川、滇、康 5 省志书 416 种，以供后方学术研究之需。由于条件的限制，此时的成果多显单薄。

（四）短暂的复兴（1946—1949年）

由于受抗战胜利之鼓舞，1946年10月，国民政府重新颁布了《地方志书纂修办法》《各省市县文献委员会组织规程》，要求各地迅速组建文献委员会，负责新修方志，整理旧志、金石拓片、碑志、谱牒，方志目录学整理转而复苏，出了一些著名成果，如：赵燕声《馆藏乡土志辑目》（附乡土志例目）载《中法汉学研究所图书馆馆刊》1946年第2期，广东省立图书馆编《广东方志目录》1946年9月印行，《协和大学图书馆所存福建方志简目》刊《福建文化》1947年第3卷第1期，周之风《四库全书中之方志与本院图书馆所藏方志考略》载《国立沈阳博物院筹备委员会汇刊》1947年第1期，郝瑶甫《东北方志提要未定稿》发表于《国立沈阳博物院筹备委员会汇刊》1947年第1期，《江苏省立图书馆现存书目》1947年铅印，洪焕椿《近卅六年来浙江新纂之地方志》载《图书展望》复刊1948年第7期，《上海地方志综录》1948年上海文献委员会《上海文献丛刊》铅印。1948年下半年后，因时局动荡，政治腐败，方志目录学整理再度停顿。

二、成果类型

民国国祚虽仅30余年，方志目录学研究也时有隆寂，然其成绩却是巨大的。其成果可归纳为以下七种类型：

1. 综合目录。此类成果在我国以往的方志目录学史上一直居首要地位，从民国方志目录学整理成果看，它仍占相当分量。如：1912—1913年，谭新嘉、韩梯云整理天津图书馆藏书，编《天津图书馆书目》，将方志分为总志、古州郡县志、直省厅州县志3小类，归属史部地理类。著名学者甘鹏云潜心学问，躬身修志，且"惟好书，朝斯夕斯非书莫适也"，广收方志，"每阅市，辄流连不忍去。闻人有秘籍，必展转假钞，刻期归还，无爽以为常"①，藏书达20余万卷。1935年，他整理所藏图书，编撰《崇雅堂书录》，按经、史、子、集编排，其中总志之属收《十三州志》《元和郡县图志》《太平寰宇记》《元丰九域志》《明一统志》《大清一统志》《乾隆府州厅县志》等24种，分志之属收《兖州记》《吴郡图经续记》《乾道临安志》《吴郡志》《新安志》《长安志》《绍熙云间志》《嘉定吴兴志》《嘉定赤城志》《嘉

---

① 甘鹏云编：《崇雅堂书录》，序例，1935年铅印本。

定镇江志》《淳祐临安志》《景定建康志》《玉峰志》《至正昆山志》《齐乘》《武功志》《朝邑志》《滇略》、(雍正)《浙江通志》、(乾隆)《江南通志》、(光绪)《江陵县志》等134种，此外在边防、名胜古迹、杂志类中也收有《凉州记》《沙洲记》《吴兴记》等64种方志。总的来说，因图书机构方志收藏的集中趋势，民国综合目录所反映的方志数比明清两代有了明显的增加。

2. 馆藏方志专目。它是民国方志目录学的一大贡献，自1913年缪荃孙《清学部图书馆方志目》首创此类成果后，宏编巨制迭见纷出：江瀚《故宫方志目》收录方志1400种，谭其骧《国立北平图书馆方志目录》著录方志5200余部，万国鼎《金陵大学图书馆方志目》整理志书2100种，张允亮《国立北京大学图书馆方志目录》收录方志1131种，王绶珊《九峰旧庐方志目》著录方志2500余种（其中约400余种不见其他图书馆收藏），任凤苞《天春园方志目》著录方志1517种，冯贞群《天一阁方志目》著录明代方志270余种，朱士嘉《美国国会图书馆藏中国方志目录》收录方志2939种。其中，公共图书馆类方志目以谭其骧《国立北平图书馆方志目录》质量最好，私家以《天春园方志目》著录为丰，《美国国会图书馆藏中国方志目录》是国人编辑的首部国外馆藏中国方志目录。

谭其骧1932年任国立北平图书馆馆员，负责整理馆藏地方志。鉴于该馆曾整理过馆藏方志并编有6种目录，但这6种目录皆非方志专目，且体例不一。于是，他便以1932年为著录下限，按同一体例，将原分散著录于6种目录中的方志予以汇总，并逐一进行核对，纠谬补缺。与当时的方志目录相比，《国立北平图书馆方志目录》特点鲜明[①]：(1)收录的范围比较广。该目录以著录省、府、厅、州、县志为主，兼及边镇志、卫志、所志、关志、场志、盐井志。对清末开始大量编撰的"乡土教材"——乡土志及江南、浙西等地的大批私撰的乡镇志，予以充分的重视，在省、府、州、县志下特辟"附录"加以著录，既保存了资料，又便于利用。(2)严格区分地方志与地方史，使方志目录名实相符。《凡例》规定："一书以志为名，而所记无关地方经制者，概不采入；一书不以志为名，而所载为一地方掌故者，视其体例，以定去取"。也就是，不以名称而以方志的体例、内容为取舍标准，合则入，不合则不滥收。(3)标明特殊内容，方便使用。20世纪二三十年代金石学很流行，目录学也非常繁盛，为了便于这类研究的开展，该目把方志中有关金石、目录学的内容一一标出，这虽然大大增加了工作量，然而却提高了方志目录的学术价值。(4)著

---

① 参阅巴兆祥、沈红亮：《谭其骧与方志学》，《历史地理》第16辑。

录与考订并举。方志目录的首要任务是著录志书,这部目录也无例外地依政区标注了志书的名称、卷数、册卷、纂修人、版本等,末附笔画索引,但更重要的是考核古今地名的异同,辨别政区的疆域,判定志书的类型,将学术研究同志书的编目结合起来。例如,明清时的州、厅,有散州、散厅与直隶州、厅之分。厅、州志较为混乱,有的厅、州志仅记本厅、州不及属县,有的既记厅、州又记属县;有的标"直隶"二字,有的不标;有的直隶厅、州志兼记本厅、州及辖县,有的却仅记本厅、州境。此目录一一予以核定,将府志与直隶州志、直隶厅志归为一类黑体排印,散厅志、散州志列为县志类,用普通字排印,名为直隶州志而实际但志本州的也视为县志类。这样,读者对志书的类型与志书所反映的地域范围便一目了然了。该目出版后反响很大,顾颉刚称"一检便知其全部之内容若何,得随其所学而运用之"①。

天春园系天津的著名藏书楼,楼主任凤苞,字振采,江苏宜兴人,好聚书,尤注意地方志的收藏。对地方志,"所未见者,百计访求。友朋驰讯,必以相属。北极穷边,南届海澨,邮裹络绎,寖以日多"②。积30余年之功,天春园终成方志收藏的"巨擘"。王謇《续补藏书纪事诗》赞云:"南北第一天春园,山经地志不胜繁。"1936年,任凤苞整理所藏,编印《天春园方志目》,今人称其"继承了缪'目'著录简明、条理清楚的优点,同时也克服了缪'目'的某些缺点,其中最主要的是:一、将通志分属到各省,在通志下按地区分列府厅州县志。二、每志分别列出主修者、总纂者,使各人的职责更为明确。三、著录了大量清末各省所编的乡土志及江苏、浙江等省的乡镇志,并将这些志书附在各县县志后"③。

《美国国会图书馆藏中国方志目录》,朱士嘉编。朱士嘉,字蓉江,江苏无锡县人,1926年考入北平燕京大学,1932年获硕士学位,就任辅仁大学讲师、燕京大学图书馆中文编目部主任。1939年9月,朱士嘉受聘美国国会图书馆,任东方部中文编目主任,从事整理该馆所藏中国方志。1942年,他编成《美国国会图书馆藏中国方志目录》。该目录收录方志2939种,计宋志23种,元志9种,明志68种,清志2376种,民国志463种。其著录方法,除题录省别、志名、卷数、编修者外,还著录编辑时间、版本、册数,书末附笔画索引和威妥玛—翟理斯(Wade-Giles)音序索引。

民国时馆藏方志专目的大量编纂,既体现方志编纂发展,社会各界对方志收藏的重视,图书单位馆藏方志的骤增,又为读者利用带来了相当大的便利。

---

① 转引自彭静中编著《中国方志简史》,四川大学出版社,1990年,第428页。
② 《方志考稿(甲)》,任凤苞序。
③ 江庆柏:《任凤苞与地方志收藏》,《中国地方志》1999年第4期。

3. 馆藏方志联合目录。它揭示多个图书单位的方志收藏与分布。1933年，郑慧英整理广州大学等三家图书馆馆藏方志，编成《广东三大图书馆所藏全省方志录》。1930至1935年，朱士嘉潜心研究地方志，花五年时间调查、整理了国立北平图书馆、北京大学图书馆、中央图书馆、北平故宫博物院图书馆、上海东方图书馆、大连图书馆、上海合众图书馆、江苏省立国学图书馆、北平人文科学研究所、燕京大学、金陵大学、浙江天一阁、嘉业堂、天津天春园等50余家国内外公私图书单位的方志收藏情况，编成《中国地方志综录》3册，由商务印书馆出版。《综录》著录所征采图书单位见藏方志5832种，93237卷，首次基本弄清了方志的收藏分布。其体例是以当时行政区划为纲，并结合《大清一统志》，依通志、府志、州志、厅志、县志、乡镇志次第著录。著录项目有志名、卷数、纂修人、编纂时间、版本、庋藏单位，并设"备考"，附记有关事项。书后列有《宋代地方志统计表》《元代地方志统计表》《明代各布政司地方志分类统计表》《清代各省地方志分类统计表》《民国各省地方志分类统计表》《历代各省地方志分类统计表》等17个统计表以及15幅地方志统计图，并附《民国所修方志简目》《上海东方图书馆所藏孤本方志录》《国外图书馆所藏明代孤本方志录》和书名索引。是书体例和编辑方法为前人所未有，其体制之精，规模之巨，著录量之多，皆为以往所不及。郑氏《全省方志录》、朱氏《综录》的出版，弥补了馆藏方志专目著录量有限、志书存地分散、读者利用不全的弊病，标志着方志目录学整理进入了区域性联合目录和全国性联合目录时代。此后，洪焕椿编《浙江方志综录》，在《浙江省通志馆馆刊》1945年第1卷1—4期连载。《浙江方志综录》除前言、凡例外，甲编浙江现存地志，乙编浙江方志佚目，收录志书范围扩大至舆图、山川、河渠、古迹、建制、风俗、物产、人物、氏族、艺文、金石等专志。

4. 修刻志目。主要有《广西省志书概况》《民国二十二年以来所修刻方志简目》《近三十六年来浙江新纂之地方志》《明修云南方志书目》等。《广西省志书概况》分概况、近况、附录三部分，概况按书名、卷数、纂修人、编纂朝代或出版年次、备注等项收录广西历代编修志书357种；近况记载1934年广西各县志的存、佚情况及修志情况；附录考证（嘉庆）《广西通志》《全州志》《西隆州志》《灵川县志》《藤县志》的作者。《民国二十二年以来所修刻方志简目》著录1931—1934年修刻方志370种，计江苏36种，浙江26种，安徽15种，江西2种，湖北6种，湖南6种、四川39种，河北25种，山东22种，河南16种，山西13种，陕西13种，甘肃7种，福建16种，广东9种，广西13种，云南14种，贵州7种，辽宁33种，吉林11种，黑龙江23种，新疆1种，热河2种，宁夏4种，青海8种，西康3种。虽然此类成果数量不多，不及馆藏方志专目、联合目录价值大，但仍可资研究方志学者参考。

5. 综合提要目录。民国间此类成果比以往大为减少，但提要方志的数量却大幅度增加，《续修四库全书提要》是其中最著名的。《续修四库全书提要》的编纂，是清末时翰林编修王懿荣提出的，正式编纂在1930到1936年间。当时的著名学者，如王重民、赵万里、向达、杨树达、余绍宋、瞿宣颖、谢国桢、傅振伦、谭其骧等都参加了编撰工作，提要著作31000余部，其中方志归史部地理类。据1972年台湾商务印书馆整理出版的部分原书稿算，共收1987种方志提要，计山东285种，山西268种，湖北231种，四川166种，浙江149种，江苏139种，安徽138种，河北117种，湖南110种，广东100种，江西76种，福建58种，广西47种，贵州28种，辽宁18种，西藏17种，新疆17种，黑龙江7种，吉林6种，西康3种，蒙古3种，河南2种，陕西1种，热河1种。[①]体例一如《四库全书总目》，除录志名、编纂者、版本、修志始末外，还叙门类，评其利弊得失。提要方志之众，在当时无有出其右者。

6. 方志提要（考录）专目。1930年，瞿宣颖取任凤苞天春园方志著《方志考稿（甲）》，首发大规模方志提要专目之端绪。此后，仿效者连续不断。据不完全统计，1930至1939年共有傅振伦《故宫方志考》、萨士武《福建方志考略》等近20种，1941年后又有郝瑶甫《东北方志提要未定稿》、上海市文献委员会《上海地方志综录》等多种问世，而其中之张国淦《中国地方志考》、张维《陇右方志录》堪称全国性和区域性方志提要（考录）专目的模楷。

张维，字维之，号鸿汀，甘肃临洮人，清末拔贡，累官甘肃省政府秘书长、厅长、参议长、省文献征集委员会主任委员等。对乡邦文献颇有研究，造诣很深，著述也多，如《甘肃通志稿》《陇右金石录》《仇池国志》《元魏诸镇考》《甘肃人物志》《兰州古今注》等。《陇右方志录》为其代表作。是书以甘肃、青海、宁夏为著录范围，分省志、郡志（含府志、直隶州志）、县志（包括散州志、厅志、县志）、杂古今志（含图志、方物志、耆旧传、山川志）4类，依时序收录方志256种。每志著录皆冠年号或朝代，录其纲目，别其存佚，并著按语于后，述其梗概，评其价值。后又有《补录》1册，收省志1种，郡志4种，县志22种，杂古今志9种。

《上海地方志综录》系上海市文献委员会1948年编印《上海文献丛刊》之一。按照1946年10月国民政府内政部重新公布的《地方志书纂修办法》，上海市通志馆改名上海市文献委员会。该书著录上海县自明（洪武）《上海县志》、（弘治）《上海县志》至（民国）《上海县志》11种，附录《沪城备考》《同治上海县志札记》

[①] 来新夏主编：《中国地方志综览（1949—1987）》，黄山书社，1988年，第444页。

等杂志、志料 8 种，著录项除纂修者、版本信息外，还辑录序跋、凡例、目录。

7. 方志索引。1930 年容媛《方志中金石志目》出版，开创了方志目录学整理的索引形式。1933 年，李濂铠汇录北平图书馆藏 1295 部方志艺文卷次，编成《方志艺文志汇目》。次年，商务印书馆开始影印出版《嘉庆重修一统志》、（道光）《广东通志》、（光绪）《湖南通志》、（民国）《湖北通志》、（雍正）《浙江通志》、（宣统）《山东通志》、（同治）《畿辅通志》，书后附上新编索引。同年，王重民编《清代文集篇目分类索引》，地理部分分通论、总志、方志、河渠水利、山川、游记、古迹名胜、外纪边防 8 类，方志类上包括古地理、地方沿革、民族、杂说 4 小类，方志类下为序跋，附修志义例，收录方志序跋等约 800 余条。1937 年许承尧纂（民国）《歙县志》，卷末附《人物志姓名备查表》。1939 年，江苏省立图书馆又创编《民国吴县志列传人名索引》，收录人物达 5000 余，为学术研究提供了史料线索。

三、成就与特色

若与明、清两代方志目录学研究的成果相比较，不难发现，民国方志目录学研究有了很大进步，特色鲜明，而且为当代方志目录学的发展打下了坚实基础（见表 4-2《民国、当代方志目录学成果比较表》）。

1. 成果形式定型。明清两代方志兴盛，方志的目录学研究也得到较好开展，形成了如陈第《世善堂藏书目录》《郑堂读书记补逸》《明史·艺文志》《天下志书目录》等"综合目录""综合提要目录""修刻志目"三种成果类型。民国方志目录研究大发展，除原有三种成果形式继续不断进步外，又创编了"馆藏方志专目""馆藏方志联合目录""方志提要专目""方志索引"四种类型，奠定了我国方志目录学整理、研究的基本成果形式。1950 年后编辑出版的《中国地方志联合目录》《上海图书馆地方志目录》《安徽方志综合目录》《浙江方志考》《稀见地方志提要》《宋元方志传记索引》等目录学整理成果，都是民国时期的继承和发展。

2. 著录规范化。明清目录著录方志虽也有一定的规律，但多各行其是，还没有形成约定俗成的统一规范，像明代晁瑮《晁氏宝文堂书目》列书名、版本，陈第《世善堂藏书目录》记书名、卷数、撰者，清代黄虞稷《千顷堂书目》载书名、卷数、纂修人及其生平、编纂时间。民国整理方志，著录项目基本稳定、规范。"综合目录""馆藏方志专目""修刻志目"，一般列有志名、卷册数、纂修者、版本、备考（或注古今地名，或记缺漏，或标金石、艺文及特殊史料）。"馆藏方志联合目录"，一般还增列庋藏单位。"综合提要目录""方志提要专目"，著志名、卷册、编修时间、纂修者（含生平）、版本、修志始末、内容、体例、考评。"方志索引"录有卷次、页码、事项。当今《中国地方志联合目录》《稀见地方志提要》等各类志目、索引的著录项目大多是在民国方志目录的项目基础上予以发展。

3. 体例科学划一。民国以前，方志目录学整理尚处雏形，各目体例不一，收录范围或广或狭，著录项目或多或少，编排参差不齐。晁瑮《晁氏宝文堂书目》之"图志"类，收录总志、通志、府州志、县志、乡镇志虽有259种之多，然志书的排列秩序混乱，无规律可循。徐𤊹《红雨楼书目》则设"分省"，依明政区著录省、府、州、县志。清丁日昌《丰顺丁氏持静斋书目》又别出一格，按宋本、元本、抄本著录。至民国，方志目录学成果的体例趋于划一。"综合目录""馆藏方志专目""馆藏方志联合目录""综合提要目录""方志提要专目""修刻志目"基本按一定政区，依省、府、州、县、乡镇志著录，一地数志，又以纂修时间排列先后，一志多版本，则按刻年次第，目后附志书名称索引。"方志索引"多按四角号码排列。对比民国、当代方志目录学成果，其体例之承继关系昭然若揭。

4. 反映面广，收录量多。旧时图书目录著录方志，多限一个图书单位，即使有的包括一个地区或一个时代，但数量多很有限，从几部至几百部不等。民国方志编修继续发展，图书馆收藏志书的量大大增加。各图书单位整理馆藏，无论是编方志专目，还是综合书目，都能全面反映本馆的收藏情况，著录的方志由数百到千部不等。不仅如此，还有反映数个、数十个图书单位方志收藏与分布情况的目录，整理的志书量就更多。当代的各种方志目录多系民国成果补充、充实、调整而成，若没有民国成果作为基础，当代各种方志目录学成果也难以完善，更谈不上全面揭示我国方志的现存数量和收藏分布。

5. 强化实用性。方志目录学整理的初衷在于指引线索，津逮后学，有裨利用。民国以前，藏书目录的编制虽也体现这一宗旨，但不太明显，各目录均不便检索观览。此时的各类成果大大强化了检索功能，一般前可按政区查阅，后可依"书名笔画索引""方志地名索引"检索，读者利用比较便利。基于此，当代各类成果才更发展、完善。

综上所述，民国方志目录学的研究成果丰硕，在许多方面发前人之所未发，在中国方志学史和文献目录学史上占有承前启后、继往开来的重要地位，尤其是谭其骧《国立北平图书馆方志目录》、朱士嘉《中国地方志综录》、张国淦《中国地方志考》等名著的出版，标志着古代目录学整理方志时代的终结和方志目录学的诞生。它既向世界展示了我国优良的文化传统、珍贵的精神财富，又体现了民国时期方志学与文献目录学研究的兴盛。

表 4-2 民国、当代方志目录学成果比较表

时间 类型	民国			当代		
	名称	体例	项目	名称	体例	项目
综合目录	《江苏省立国学图书馆总目》	置志部，分省志、府州厅县志、志丛等类，按省编排	书名、卷数、撰者、版本、编号、印记、册数	《复旦大学图书馆古籍简目初编》	设史部地理类，下隶专志，省县之属，按政区著录	书名、卷数、纂修人、版本、册数、索书号
馆藏方志专目	《故官方志目》	以清政区收录方志，民国志列为附录，附书名笔画索引	书名、卷数、纂修人、版本、备注	《中国科学院图书馆馆藏地方志目录》	按民国政区依次著录省志、府县志	书名、卷册数、纂修人、版本、索书号
	《国立北平图书馆方志目录》	按政区著录省府州厅县志，兼及边镇、卫所、关场、盐井、乡土志，末附笔画索引	书名、卷数、册数、纂修人、版本、备注	《上海图书馆地方志目录》	依现行政区著录，附书名索引、索引首字笔画检字表	书名、卷数、纂修人、版本、册数、索书号
馆藏方志联合目录	《中国地方志综录》	依清、民国政区著录50余家公私图书机构清以前志书，各政区又以通志、府志、州志、厅志、县志、乡镇志次第著录，附各种统计表、统计图、民国志目、书名索引等	志名、卷数、纂修人、编纂时间、版本、收藏单位、备考	《中国地方志联合目录》	按1977年政区收录190家图书单位所藏省府州县乡镇志、乡土志、岛屿志，以及志料、采访册、调查记、志补等，每省又以省府州县乡次第著录，附书名索引	书名、卷数、纂修人、版本、藏书单位、备注、年号
				《安徽方志综合目录》	以1982年省政区编排省内图书机构收藏的志书，附散存外省市安徽方志目、新修方志目	书名、卷数、纂修人、版本、藏书单位、附注

续表

时间\类型	民国			当代		
	名称	体例	项目	名称	体例	项目
修刻志目	《民国二十二年以来所修刻方志简目》	依当时政区著录1931至1934年所修刻志书	书名、卷数、纂修人、版本	《中国新方志目录(1949—1992年)》	按现政区著录省市县志及专志、部门志、乡镇志、街道志	书名、副书名、卷次、编纂单位、正副主编、出版地、出版单位、出版时间、开本、页数、印数、附注
综合提要目录	《续修四库全书提要》	隶史部地理类，按民国政区编排	书名、卷数、纂修者、版本、修志始末、体例、内容、得失	《绍兴地方文献考录》	设方志类，依政区著录各类方志	书名、卷次、编纂者、版本、编纂年代、编纂原委、庋藏
方志提要专目	《方志考稿（甲）》	依《大清一统志》著录河北、辽宁、吉林、黑龙江、山东、山西、河南、江苏8省方志	书名、卷数、编纂时间、编纂人、版本、修志始末、内容、体例、优劣	《稀见地方志提要》	除总志外，依现行政区著录，末附纂修人名氏索引、《古今图书集成地方志辑目》	书名、卷数、版本、收藏、编纂者、志乘原委、体例、举要
	《陇右方志录》	分省志、郡志、县志、杂古今志4类，依时代为序编排	志名、年号、修纂人、纲目、按语	《东北地方志考略》	分东北地方总志、辽宁方志、吉林方志、黑龙江方志4部，除总志外，依1962年政区著录，末附研究东北史参考书目、书名索引	书名、年号、册数、纂修人、版本、编修过程、建置沿革、目录、凡例、按语
方志索引	《（雍正）浙江通志索引》	按四角号码编排	事项、页码、上下栏	《北京、天津地方志人物传记索引》	按地域分编，以县志汇集，附引书目录、笔画检字	传记、生活时代、里籍

资料来源：著者根据相关资料整理。

第三节　新中国成立后方志目录整理的成就

中华人民共和国建立后，方志目录学研究进入了新的历史阶段，人们对方志的整理、研究愈益重视，新的方志目录学成果不断涌现。[①]

一、馆藏方志专目

（一）1950—1965年馆藏方志目录的成就及分析

中华人民共和国成立后，方志整理的启动工作是馆藏方志专目。新中国建立之初，党和政府对文化工作非常重视，一方面对刚接收的旧图书馆进行改造、改组；一方面建设新图书馆，强调图书馆的宗旨是为人民大众服务。1950年《无锡泰伯文献馆志书目录》率先印行，次年华西大学图书馆编纂《华西大学图书馆四川方志目录》，著录馆藏四川方志338种、450部，嘉兴市图书馆也编《浙江省嘉兴图书馆现存浙江地方志目录表》，以满足社会需要。1953年后，我国图书馆的方志整理工作同其他工作、其他行业一样进入发展的快车道。浙江温州市立图书馆在1929年曾编印书目，收方志72种，后经收购、受赠，所藏增多。1951年，温州市政府"为贯彻中央文物政策政令，特设市文物管理委员会，经会搜集移送我馆的图书，有瑞安孙氏玉海楼旧藏在内，亦以方志篇帙为多"。于是1953年8月"排比旧藏新收，先将我馆《中国方志书目稿》写成付印，汇计得三百九十四种"[②]。当时究竟有多少图书馆进行了方志整理工作，由于资料缺乏难以明确，但将地方志整理，编入古籍目录的应不在少数，如1956年，复旦大学图书馆编印《复旦大学图书馆古籍简目初编》，南京图书馆编印《南京图书馆藏中国古农林水利书目》；1957年，南京博物院编印《南京掌故书目》，北京图书馆、首都图书馆编印《北京地方文献联合书目（初稿）》，甘肃图书馆编《兰州各图书馆馆藏西北文献联合目录》；1964年，华东师范大学图书馆编《华东师范大学善本书目》，南开大学图书馆编印《南开大学图书馆续补书目（方志类）》；1965年，杭州大学图书馆编印《杭州大学图书馆善本书目》；等等，甚至连古籍书店也编辑古籍目录。1958年，《古籍书店古籍简目》第十六期还

[①] 本节以中国大陆地区为限。
[②] 温州市立图书馆编：《温州市立图书馆中国地方志书目稿》，编例，1953年油印本。

专门出版了"地方志专目"。这些古籍目录中都或多或少地著录了地方志。迄 1965 年止，最终编成的馆藏方志专目数一时难以统计，据现有资料看，约有旅大图书馆《全国地方志目录及物产提要》（1954）、《中南图书馆方志目录》、《广东人民图书馆入藏广东省方志目录》、朱中翰《（浙江图书馆）馆藏浙江省方志目录》《天津市人民图书馆藏方志目录》（1955）、甘肃省图书馆《馆藏全国方志书目》（1956）、《云南省图书馆藏云南方志目录初稿》、《东北人民大学图书馆中国方志目录》、《南京大学图书馆藏方志目录》、《上海市历史文献图书馆方志目录》、《财政经济出版社上海办事处图书馆方志目录》、《北京图书馆方志目录三编》（1957）、《浙江师范学院图书馆方志目录》、中共中央高级党校图书馆《馆藏方志目录初稿》（1958）、湖南省中山图书馆《湖南省方志目录》（1959）、《中国人民大学图书馆地方志目录》（1960）、《四川省图书馆馆藏方志目录》（1961）、《广西壮族自治区第二图书馆现藏广西方志目录》（1963）、《湖南省中山图书馆馆藏地方志目录》（1964）等 50 余部。引起馆藏方志目录整理大发展的原因，主要有四点：

1. 图书馆重组。中华人民共和国成立后各地人民政府接管了大量旧图书馆，组建了许多新图书馆，同时各图书馆又接收了许多私人藏书楼的方志等各类藏书。特别是 1952 年院系调整，高校系统的图书馆变化较大，许多图书馆得到充实，各图书馆的方志收藏数量有了较快的增长。如 1952 年华西大学并入四川大学，四川大学图书馆接收了原华西大学图书馆旧藏的方志。湖北省图书馆创建于清光绪三十年，为国内较早的公共图书馆之一，1952 年收购著名方志学家张国淦所藏方志 1690 余部，18690 余册，馆藏方志数大增。又如厦门图书馆，1919 年创建，1949 年接收时藏书 36000 余册。1952 年鼓浪屿中山图书馆（有 17232 册线装古籍）并入，藏书增至 82000 余册。1956—1966 年间又接受林叔藏夫人高瑞珠、吴在桥、人民银行等个人和单位捐赠图书 16000 余册，其中大部分为线装古籍。[①] 1956 年厦门图书馆整理馆藏地方志，编印《厦门市图书馆藏福建省地方志目录初稿》，著录福建方志 53 种。

2. 党中央制定的图书馆工作方针的促进。伴随着我国经济、文化建设的恢复和发展，党中央发出了"向科学进军"的号召，1956 年 7 月，文化部又召开全国图书馆工作会议，明确提出图书馆工作的方针任务是，既要为广大人民群众服务，又要为科学研究和生产建设服务。各图书馆积极落实中央的工作部署，为加强支持社会主义经济建设、学术研究的力度，纷纷清查家底，向社会提供方志服务。

---

① 厦门图书馆编：《厦门图书馆史（1919—1998）》，1999 年，第 37 页。

3. 新修志书的推动。中华人民共和国成立后的新志编修，酝酿于 1954 年。在当年 9 月举行的第一届全国人民代表大会上就有代表建议 "早早动手编修地方志"。较大规模的开展则始于 1956 年。这年国务院科学规划委员会颁布《十二年哲学社会科学规划方案》，将编修地方志列为重点项目。为配合各地的修志活动，"各地省级以上及省会所在市的图书馆、档案馆、博物馆、高等学校及科研、文化事业单位根据《十二年哲学社会科学规划方案》的要求，清理、复制馆藏旧志，并公布馆藏目录"[①]。

4. 中央领导的号召。我国党和国家领导人对方志非常重视，多次指示要抓紧搜集、整理地方志，为社会主义建设服务。1958 年 8 月 9 日，周恩来总理在北戴河接见北京大学图书馆学系教授邓衍林时说："我国是一个文化悠久的大国，各县都编有县志。县志中就保存了不少各地经济建设的有用资料，可是查找起来就非常困难。所以，我们除编印全国所藏方志目录外，还要有系统地整理县志中及其他书籍中有关科学技术的资料，做到'古为今用'。"[②]

从此时段的馆藏方志目录分析可知：第一，编纂馆藏方志目录的图书馆比较多，既有省级公共图书馆、地市级公共图书馆，又有高等学校和科研单位的图书馆，但以公共图书馆为主。这些方志目录基本反映了当时各馆的方志收藏现状。其中，有不少图书馆为补充馆藏，与他馆互通有无，还特编了征集志目、请求交换志目。如中国科学院图书馆就分期编了《中国科学院图书馆交换书目》，并在 1957 年印行的第 5 期中专门开列方志书目。中南图书馆 1954 年 1 月编印《中南图书馆方志目录》共 8 册，用 "○" 表示馆藏志书，"☆" 表示复本可交换，无符号表示待征志书。像四川省图书馆、中南图书馆等个别图书馆还数次编纂馆藏方志目，这反映出这些图书馆方志收集工作力度较大，馆藏方志数增长较快。

第二，著录体式分两大类型，一是基本沿袭民国时的做法，以政区为纲，其下或直接依志书编纂先后排列，或先设置栏目，再按志书编纂先后排序。著录全国方志的目录，在结构上多分两个层次，以地区或市为基本排列单位。以本省方志为著录范围的目录，多分三个层次，排列到县。府志归属地区下，厅志、州志排在县志之前。著录的基本项目有志名、卷数、纂修者、版本、册数，并附注古今地名变更。二为先按方志分类型，再以政区或书架排法等编排。如 1956 年山东图书馆《馆藏山东省方志目录》，分省志、府志、州志、县志、乡土志、港口名胜古迹志 6 大类，

---

① 《中国地方志综览（1949—1987）》，第 291 页。
② 浙江省地方志编辑室编：《修志续知》，浙江人民出版社，1986 年，第 3 页。

以插架按四角号码排序，收录省志 3 种、府志 14 种、州志 22 种、县志 206 种、乡土志 11 种、港口名胜古迹志 12 种。

第三，收录的标准，虽然不能说绝对的相同，但基本一致，即以方志的基本体例来决定取舍。"所收各书，均依地方志体例，其非地方志体例的，概不列入。至汇录修志史料及地方志性质的书籍，如《滇略》……另在附录内著录。"[①]

第四，不足也很明显，大部分目录没有标索书号和书名索引，志书名称前不冠年号，给查阅带来不便。所编目录多为油印简装本，不利保存。正因为如此，有的图书馆是有目无书，有的图书馆甚至不编目，现在查阅、统计起来，困难重重。不少目录既无编例，也无前言、说明、后记，甚至连目次都没有，显得不够规范。还有不少目录省区的排列与县市的排列所依据的区划标准不一致，如北京师范学院图书馆编《馆藏地方志目录》，省区是按 1963 年的政区编排，而县市"仍按旧县市号码排码"[②]。《云南省图书馆藏云南方志目录初稿》更甚，竟以《大清一统志》次序排列。

当然，这期间的方志目录中也有编得较好或有特色的，如：《徐家汇藏书楼所藏地方志目录初稿》，上海图书馆 1956 年 10 月编，1957 年 1 月印行。徐家汇藏书楼落成于清道光二十七年，系耶稣会徐家汇天主教堂附设的藏书楼，是上海近代最早的西式图书馆，藏书特色为西文百科辞典、报纸杂志和地方志，1932 年时馆藏方志即达 1615 部[③]，1956 年馆藏图书文物被上海市军管会征用，交上海图书馆整理。该目录有编例、目次，收方志 2732 种。其优点是著录规范，对著录项目有明确的规定："本目录所载各书，除符合地方志体例者外，凡与地方志性质相近及汇录修志史料之书籍，例如《上海市自治志》《上海市通志馆期刊》《启东设治汇牍》等亦以列入，而不另立附录一门，惟加注（附）字，以资识别。""本目录所排列之省县行政区划，以遵一九五六年内务部所颁《行政区划简册》所定者惟准。至于各县编排次序，仍依该藏书楼以《清一统志》所载府、厅、州、县次序排架办法暂不更动。旧志各府、厅、州、县，今有存废分并，以及名称之更改，隶属之变迁，择其重要者，则以注明。村镇志并列于今所属市县之后，又注明其沿革。""本目录书名均照原书卷一第一行著录，书名之首，如有'新修''续纂''重刻'等字样者，则加上括号，以不删削为原

---

① 云南省图书馆编：《云南省图书馆藏云南方志目录初稿》，编例，1956 年油印本。
② 北京师范学院图书馆编：《馆藏地方志目录》，说明，1963 年油印本。
③ 李希泌等编：《中国古代藏书与近代图书馆史料（春秋至五四前后）》，中华书局，1982 年，第 513 页。

则。""本目录著录书名、卷数、纂修人、版本、修志时期等项。纂修与刊刻同年者，不再注明修志时期。同书同版本不止一部者，则注明共几部。凡丛刻方志，例如《五凉考治六德集全志》《束鹿五志合刊》等书，除著编辑人及刊刻时期，并列子目，以便查阅。""本目录所著录纂修人姓氏，以纂修姓氏表所列之地方官为主修，总纂为纂述，称某某人修，某某人纂。如纂修实际为一人时，则称某某人纂修。若为私人著述，则专著某某人纂。宋元之著述，则称某某人撰，近人所编，则称某某人编。自宋至清之纂修人姓名前，并加注朝代。""本目录著录各志之卷数、卷首、卷末，均据原书实有卷数。不分卷者，则著不分卷。如有残缺，则另行标明：存卷几至卷几，或缺卷几至卷几。如有附录，例如'志余''补编''校勘记'等，均在版本项后注明。"这些编例对今天编纂方志目录仍很适用。其缺点为没有索书号、书名索引。

《上海图书馆馆藏方志目》，上海图书馆编。上海图书馆筹建于解放之初，1952年正式对外开放。自筹建以来，上海图书馆一直致力于地方志的征集、收购，使馆藏方志数不断增多。1957年2月编印该目，收录1956年底前入藏方志2349部，计河北184部、山西108部、内蒙古8部、辽宁52部、吉林8部、黑龙江9部、陕西119部、甘肃27部、青海3部、新疆18部、山东161部、江苏359部、安徽106部、浙江392部、福建64部、台湾8部、河南139部、湖北104部、湖南64部、江西82部、广东85部、广西16部、四川149部、贵州17部、云南55部、西藏12部。该目虽不及《徐家汇藏书楼所藏地方志目录初稿》精致，但特色也较突出，一是参照朱士嘉《中国地方志综录》编排；二是版本除线装本外，一一注明精装本、平装本、毛装本，这在方志目录中实属罕见。

《方志目录》，天津人民图书馆编，共3册。天津图书馆创建于清光绪三十四年，中华人民共和国成立后易称"天津人民图书馆"，并受赠天春园主人——任凤苞旧藏大量地方志。《方志目录》反映了1957年初天津人民图书馆所藏方志2969种的情况，其中三分之二为任凤苞捐赠。目录分方志书考、总志、区域志、索引四部分。方志书考收方志学著作，区域志以1956年内务部颁布《行政区划简册》分省排列。乡土志附各县志后，乡镇志附于所属县后。一种志书的某部分单独刊行的，如《河北通志沿革表》，一并收载。索引占一册，并有略例、部首索引，非常有特色。索引分3类：第一类加"考"字，检索方志书考部分的书籍；第二类的加"总"字，用以查总志；第三类的加所属省区名称，以便检索各省方志。索引依书名的第一个字的部首排列，部首相同的按笔画排列。书名前的"汇刻""续纂"等字样，在目录上另加括号，排列次序时不计算在内。缺陷是没有标索书号，未注明哪些是任凤苞捐赠的。

《吉林省图书馆馆藏方志目录》，1963年9月印行，前有说明、目录，后有附录。该目按 1963 年《行政区划简册》所列前后顺序排列，收录 1963 年 9 底前入藏的全国方志 1643 种。所著录志书均黑体印刷，十分醒目。著录志书名称（书前不冠年号）、卷数、纂修人（民国以前的冠朝代，不分何人修，何人纂）、版本、册数，古今地名不同的，注今地名。该目的特点是除省、府、州、县志外，还收事情、志料、调查报告、乡土志，新（中华人民共和国成立后修的志书，如《孝感县简志》《汉川县简志》《黄梅县简志》等）旧志同时并录。在取舍时，对边疆省区放得较宽，如贵州共收 54 种，其中如《威宁十年》《普安十年处处春》《阔步前进的毕节》《务川在飞跃》《兴义处处红旗飘》《黎平各族在跃进》等地方史普通读物就有 36 种。附录很有价值，一收由日本人和伪满政府编的日文方志 78 种。这些日文方志，有的称志，有的称事情，有的称要览，是日本帝国主义对华侵略和经济、文化掠夺的罪证。二附书名索引，列有汉字起笔笔形号码、书名索引用法说明，方便查阅。

（二）1976—1990 年馆藏方志目录的编制特色及进步

1975 年，中国科学院北京天文台受中国科学院、教育部、国家文物局的委托，组织全国的科研单位、高等院校、图书馆、博物馆、档案馆进行全国天文史料普查，同时对全国约 200 家单位的地方志收藏情况进行清查，并重新计划编纂一部地方志联合目录。这次大规模的方志清理工作推动了中华人民共和国成立后第二次编印馆藏方志专目热潮的形成。1976 年，中国科学院图书馆印行《中国科学院图书馆馆藏地方志目录》，著录馆藏方志 4200 余种。1977 年 10 月，内蒙古大学图书馆编印《内蒙古大学图书馆馆藏地方志目录》，收录方志 536 种；厦门大学图书馆编印《厦门大学图书馆馆藏地方志目录（初稿）》，收录方志 780 种。同年，《济南市图书馆藏地方志目录》（收方志 249 种）、《河南省图书馆馆藏地方志目录》（收方志 505 种）印行。20 世纪 70 年代末 80 年代初，我国进入了"盛世修志"的时代，研究方志学也热闹非凡。1982 年 3 月，国务院召开"古籍整理出版规划会议"，将方志整理纳入古籍整理规划。同年 8 月 1 日，中国地方史志协会发布了《中国地方志整理规划》（1982—1990），把编辑地方志工具书作为四大工作任务之一。[①]这又进一步促进了方志目录工作的发展。现将 1978—1990 年间编制的主要馆藏方志专目列表如下[②]：

---

① 《修志续知》，第 153—156 页。
② 据黄苇等著《方志学》、巴兆祥《方志目录整理概述》及上海图书馆、复旦大学图书馆所藏书目等编制。

表 4-3　1978—1990 年间主要图书馆馆藏方志专目一览表

编　者	名　称	数　量	出版时间、版本
清华大学图书馆	《清华大学图书馆馆藏地方志目录》	1445 种	1978 年 2 月油印本
中国社会科学院考古研究所	《中国社会科学院考古研究所藏书目录之一——地方志目录》		1978 年 8 月
四川大学图书馆	《四川大学图书馆馆藏四川省方志简目》	531 种	1978 年 11 月铅印本
广西壮族自治区第二图书馆	《广西壮族自治区第二图书馆馆藏地方志目录》（广西部分除外）	572 种	1978 年 2 月油印本
山东省图书馆	《馆藏地方志目录：山东省部分》	378 种	1978 年打印本
湖南省哲学社会科学研究所图书资料室	《方志目录》		1978 年油印本
江苏师范学院图书馆	《江苏师范学院图书馆馆藏方志目录》		1979 年 1 月油印本
开封师范学院图书馆	《开封师范学院图书馆馆藏地方志目录》	656 种	1979 年 5 月油印本
上海图书馆	《上海图书馆地方志目录》	5400 种	1979 年铅印本
天津市人民图书馆	《天津市人民图书馆藏方志目录》	2969 种	1980 年油印本
湖南师范学院图书馆	《湖南师范学院图书馆馆藏方志目录》	497 种	1980 年 9 月油印本
南京大学图书馆	《南京大学图书馆藏地方志目录》		1980 年油印本
山西师范学院图书馆	《馆藏古籍善本目录附地方志》	384 部	1980 年 5 月油印本
华东师范大学图书馆	《华东师范大学图书馆馆藏地方志目录》	1628 种	1981 年铅印本
甘肃省图书馆	《馆藏方志目录》	1700 种	1981 年 12 月油印本
中央民族学院图书馆	《中央民族学院图书馆馆藏地方志目录》	3232 种	1982 年 5 月油印本
安徽师范大学图书馆	《安徽师范大学图书馆藏方志目录》（上编）	464 种	1982 年 9 月印
湖南省中山图书馆	《湖南省中山图书馆馆藏地方志目录》	1720 种	1984 年 8 月

续表

编　者	名　称	数　量	出版时间、版本
湖南省图书馆	《湖南省图书馆馆藏湖南地方志目录》	523 种	1985 年铅印本
河北大学图书馆	《河北大学图书馆藏河北省地方志书目》	378 种	1985 年油印本
西南民族学院图书馆	《西南民族学院图书馆馆藏地方志目录》		1985 年 3 月
中国历史博物馆	《馆藏地方志目录》	2109 种	1985 年铅印本
甘肃省图书馆	《甘肃省图书馆藏地方志目录》	2200 种	1985 年稿本
广东省中山图书馆	《广东省中山图书馆馆藏广东省地方志目录》	362 种	1986 年油印本
中国人民大学图书馆	《中国人民大学图书馆地方志目录》	2400 种	1987 年印行
河南大学图书馆	《河南大学图书馆馆藏地方志目录》	734 种	1988 年 1 月铅印本
华南师范大学图书馆	《华南师范大学图书馆馆藏地方志目录》	1649 种	1989 年油印本

资料来源：据黄苇等著《方志学》、巴兆祥《方志目录整理概述》及上海图书馆、复旦大学图书馆所藏书目等编制。

以上是能明确编制时间的馆藏方志专目。一时难以考查其确切时间的还有很多，如陕西省就有《陕西省档案馆资料室现存省内各地县（市）地方志目录》《中共陕西省委党校图书馆地方志目录》《陕西省博物馆图书室地方志目录》《陕西省考古所地方志目录》《陕西师范大学图书馆地方志目录》《西北大学图书馆地方志目录》《陕西省文史研究馆地方志目录》《西安市文物管理委员会地方志目录》等。[①]这一时期的馆藏方志专目不仅在数量上大大超过 20 世纪五六十年代，而且编纂上也有特色和进步，表现为：

1.模仿《中国地方志联合目录》。《中国地方志联合目录》（下简称《联合目录》）是集全国力量编纂的，经过多次的修订、核对，在编纂的体例方面具有代表性。1978 年《联合目录（初稿）》完成，曾印发给参加单位征求意见，1985 年公开出版，全国发行。《联合目录》印行后，为各地编纂方志目录提供了范本。如 1978 年印行

---

① 秦德印编：《陕西地方志书目（初稿）》，资料来源，陕西省社科院图书资料室，1981 年铅印本。

的《清华大学图书馆馆藏地方志目录》著录方志的纂修人，"以《中国地方志联合目录》（稿本）为准"。1987年印行的《中国人民大学图书馆地方志目录》，收录的方志包括总志、通志、府志、厅志、县志、乡土志、乡镇志、村里志、卫志等，并按1984年的行政区划排列，乡土志、乡镇志、村里志附于县市之后。著录项目有志书的名称、卷次、纂修人、修志时间、版本、附注等。原书书名前有纂修朝代、"新修""续修""重刻""钦定"等冠词照录。一志在原版基础上续刻，其增修人、增纂人在原纂修人后递次著录。辛亥革命以前的纂修人，姓名前标朝代，以后不标。修志时间与出版时间相隔在三年以内者，只录出版年代，修志年代从略。一书在原版本基础上几次增修、增刻以及补版重印时，相应著录其增补情况。目录附有书名笔画索引，每种书附有馆藏索书号，便于到馆阅览。体例基本同《联合目录》。

2. 收录志书的范围有所扩大。以往的方志目录一般收录省、府、州、厅、县志、乡土志、乡镇志，以及具有方志初稿性质的调查记、志料。这时的馆藏方志专目主体上还是收录这些，但有些志目开始以广义的地方志作为收录标准。如《清华大学图书馆馆藏地方志目录》，除著录省志、府志、厅志、州志、县志、卫志、乡镇志1283种外，还收山志83种、水志79种。《四川大学图书馆馆藏四川省方志简目》收志531种，不仅收明清以来省、府、州、县志，还收乡土志、乡土教材、屯志、山水志、寺庙志以及一些地区的调查报告、概况资料。《河南省图书馆馆藏地方志目录》甚至将称概要、沿革表、历史、古今谈、地理、地理志、史地等也收录进去。

3. 更加注重实用。方便利用、查阅是编纂馆藏方志目录的初衷，这时的馆藏方志专目在以往的基础上又有了进步，大多标记本馆的索书号，编制书名索引，但两者比较，有书名索引的更多些。如《华东师范大学图书馆馆藏地方志目录》是1959年本的增补，参照《中国地方志联合目录（初稿）》重编而成，为便查阅，除收单刻本方志外，丛书中的方志也一并收入，每部志书都著索书号，末附书名笔画检字索引。有了索书号和索引，读者也就省去了翻查卡片的时间，提高了工作效率。

4. 体现馆藏特色。馆藏特色为图书馆建设的基本方向，这时的馆藏方志专目多尽其所能地反映本馆的特色。《济南市图书馆藏地方志目录》首列山东省，次外省，共收录本省方志191种，附续志15种，外省志43种。《清华大学图书馆馆藏地方志目录》用有"▲"标记馆藏孤本方志14部。《开封师范学院图书馆馆藏地方志目录》的目次，外省排省级政区，而河南省排到地区级，以体现特殊。共收方志656种，其中河南地方志179种。《中央民族学院图书馆馆藏地方志目录》为方便民族学研究，除新疆、西藏、内蒙古、云南等地方志外，凡有民族内容而自成篇目者，均加以附注说明。《河南大学图书馆馆藏地方志目录》共收地方志734种，将河南省排在最前，收录河南方志222种，台湾排在最后，收录5种。书名后编书名索引，著录索书号。

（三）1991年后馆藏方志目录的新进展

1991年后，随着新方志编纂工作的进展，新编地方志的大量出版，图书馆藏新志的增加，以及对地方志认识的提高，为了发挥地方志尤其是新志在现代化建设中的作用，不少图书馆继续编印方志目录，如《四川大学图书馆馆藏地方志目录》，倪晶莹主编、张锡康校订，四川大学出版社1991年10月出版。该目收志止于1949年，共1213种（加上不同版本1413部）25579卷，包括通志至乡土志、里镇志、山水志、庙寺志，以及具方志初稿性质的采访册、志料、调查报告。为突出馆藏特色，将四川省排在第一，对四川各志在备注中注明有何人序跋，重要篇目也为之揭出，以便寻检，间附一、二考证按语，从而提高了馆藏方志专目的学术价值。1995年，甘肃省图书馆为庆祝建馆80周年，又重编《甘肃省图书馆藏地方志目录》，著录方志2200种。新版的《甘肃省图书馆藏地方志目录》"改进1981年油印本及1985年草本的缺憾，从而使此出版本独具特色。体例编排科学，条目著录规范。……但特别加强了附注项的著录。将行政区划的沿革、同书异名及不同版本的考证著录其中，为读者研究地域历史，志书发展提供依据，从而使我国地方志书的编纂历史在此书目的编排上得到基本反映。……其二，重点突出，考证较为严谨。……对《中国地方志联合目录》所收的118部甘肃方志的考证更为着意，订正错误30余处。……其三，体系完整，检索便利。……给读者提供了诸如行政区划、四角号码、笔顺及索书号等多途径的检索点"[①]。中国文化遗产研究院图书馆2009年出版《中国文化遗产研究院藏地方志书目》，收录馆藏方志4412部，47600余册。

与此同时，图书馆界、方志界又增编了馆藏新志目录，如《广东省中山图书馆馆藏广东新编方志目录初集》（1991）、《四川省图书馆馆藏新编地方志目录（1949—1996）》（1996）、《中国社会科学院图书馆新方志总目》（2002）、何光伦《四川省图书馆馆藏当代地方志目录》《华东师范大学图书馆藏新方志目录》（2020）等。其中，《广东省中山图书馆馆藏广东新编方志目录初集》，1991年11月编印，油印本。本目录以1991年9月前入藏的新方志为限，收录广东省（含海南省）县志7种、乡镇街道志37种、专志781种，反映当时广东、海南省的兴修新志成果。其特点是较早地按照国家标准《普通图书著录规则》（GB3792.2-8.5）来著录，著录项目有志名、作者、出版地、出版者、出版时间、页数、图、开本、索书号等。排列也有新意，

---

① 刘瑛：《写在〈甘肃省图书馆藏地方志目录〉出版之后》，《图书与情报》1997年第3期。

先按 1988 年 6 月广东省政区排市、县，同一市、县地方志，依总志、概况、大事记等类，以索书号顺序排列。

《四川省图书馆馆藏新编地方志目录（1949—1996）》，1996 年 9 月铅印本。该目录同样按国家标准著录，录有 1996 年 9 月前馆藏的新编地方志 1420 种，包括正式、非正式出版的省、市、县志及各行业的专业志、乡镇志、厂矿志、学校志、部门史志，以及少量的大事记、地方年鉴、地名录等。《中国社会科学院图书馆新方志总目》，吉林文史出版社 2002 年版，著录该馆藏 1949 年 10 月至 2000 年 12 月出版的省、市、县志、街道志、乡镇志、村志，以及山水名胜志、厂矿企业志、部门志，共 11000 种。

相信，随着图书馆对新志收藏的重视程度的不断提高，不久将会有更多的馆藏新志专目问世。

二、馆藏方志联合目录

相比馆藏方志专目而言，中华人民共和国成立后馆藏方志联合目录的发展要缓慢得多。当 20 世纪 50、60 年代各图书馆相继编纂馆藏方志专目时，馆藏方志联合目录只编印了 4 部，但这 4 部却代表了馆藏方志联合目录的三种亚型：全国型、区域型、系统型。

由于中华人民共和国成立后图书馆和藏书楼的废并、分合变化较大，以及各图书馆新购和接收了约数百种地方志不见《中国地方志综录》（下简称《综录》）和《补编》著录，再加上原书在著录版本、纂修人时留有不少错误，《综录》和《补编》已不能反映当时图书馆的方志收藏状况，难以满足社会各界的利用需要，于是朱士嘉自 1955 年 5 月开始对原书进行修订。他先后到北京图书馆、中国科学院图书馆、北京大学图书馆、中央民族学院图书馆、上海图书馆、南京图书馆、上海徐家汇天主堂藏书楼、复旦大学图书馆等 26 个图书馆进行现存方志调查，"拿它们的方志目录校对，凡是新入藏的都补入《综录》；如果发现以前入藏的现在确已遗失，就把它注销"[1]。同时征集了《徐家汇藏书楼所藏地方志目录初稿》等 28 份方志目录进行核对、充实。经一年五个月的紧张工作，新发现皮藏各图书馆的志书 326 种，内含珍本约 60 种，更正原书错误 1200 余条。1958 年 1 月，商务印书馆重新出版了增订本《中

---

[1] 朱士嘉编：《中国地方志综录（增订本）》，自序，商务印书馆，1958 年。

国地方志综录》。新版《中国地方志综录》著录全国 41 个图书馆所藏方志 7413 种、109143 卷，较原书多 1581 种、15906 卷。其体例如前，仍采用表栏形式著录书名、卷数、纂修人、版本、藏书者、备注，仍依《大清一统志》排列各府、州、厅、县志的次序，唯省级政区改为新政区，将纂修时间与版本合而为一，版本纪年数字由中文改成阿拉伯数字，藏书者栏中的图书单位改为当时的 22 家藏方志较多的图书馆，省去了日本、美国的图书机构，略去统计表、统计图和所附方志目录，将原四角号码书名索引改为笔画索引，新增人名索引，新增"补遗""参考书目"以及《国民党反动派劫运台湾稀见方志目录》《美国国会图书馆掠夺我国稀见方志目录》，从而充实了原书内容，扩大了读者的利用面，提高了《综录》的参考价值。

《陕西省地方志目录》，陕西省图书馆编，1956 年油印本。此目录仿朱士嘉《中国地方志综录》体例，以表栏形式，收录陕西省图书馆、陕西省博物馆、陕西省文物管理委员会、陕西省文史馆、西安市文史馆、西北大学等 6 家单位现存及待征的陕西省志书 277 种，1499 部，其中陕西省图书馆 254 种，542 部，附录古志、杂志、山水、陵墓志 52 种，165 部。对所有志书，依次分省志、府志、州志、县志、附录 5 类，府志、州志按《大清一统志》排，县志以内务部所颁布《行政区划简册》排列，各县的乡土志、乡镇志或文献考，均列于县后，编排较有特色。本目录实兼有区域性馆藏方志联合目录和本省修志目录的两种功能。1963 年河南省图书馆印行的《郑州市中心图书馆藏河南省地方志联合目录》也属此类。

还有一部馆藏方志联合目录是 1956 年 9 月印行的《中国科学院藏方志目录》。中国科学院为我国科学研究的中心，是国内收藏地方志较多的单位之一。中国科学院图书馆所藏方志的主体来自旧北平东方文化委员会图书馆所藏 1519 种，中科院地理研究所的方志主要是著名方志收藏家王绶珊的旧藏。该目以 1956 年内务部颁布《行政区划简册》为准，著录中国科学院所属图书馆、上海分馆、地理研究所、经济研究所、历史研究所一、二所、考古研究所等 6 家单位的馆藏方志 3662 种。这部目录的特点是首创同系统的方志资源共享。

到 1975 年，由中科院北京天文台牵头的全国天文史料普查、地方志清理工作开始，这给馆藏方志联合目录的编纂带来了新机遇。1976 年 3 月，先是天象资料组以朱士嘉《中国地方志综录（增订本）》为蓝本，印制《中国地方志综录（待定稿）》，发给有关单位进行核对、补充、修订。这个待定稿体式如同朱氏原书，也以表栏形式著录书名、卷数、纂修人、版本、藏书者、备考，同样用"O"表示有藏，备考用以注明有残卷、缺卷、抄配情况、政区更改沿革等，但藏书单位由 41 增至 61 家。到 1978 年春，"编者们经过两次集中，根据各单位的核对结果，按照共同制定的编例，重新考订、著录，编辑成《中国地方志联合目录（初稿）》"①。1978年9月，中国天文普查整编组再次油印，定名为《中国地方志联合目录（待定稿）》，发给各参加单位进行核对。《联合目录（待定稿）》收录单位已达180余家，有较详细的编辑细则，对收录范围、著录项目、著录方法等都有规定。最显著的变化是体例方面，废除了原来的表栏式，在各省区下改由志书及其卷数为纲，下依次著录纂修人、版本、收藏单位、附注。其附录计划作《现存历代地方志统计表》（暂缺）、《国外稀见中国地方志目录》以及索引（暂缺）。之后，编者又根据各单位的修改补充意见，并参考上海图书馆、中央民族学院、天津市人民图书馆等单位新编的地方志目录和《台湾公藏方志联合目录》、日本《中国地方志连合目录》进行反复的核查和修订。1985年1月，中华书局正式出版了这部目录。《中国地方志联合目录》和《中国地方志综录》（以下简称《联合目录》《综录》）相比，有以下进步：

1. 反映的范围更广。馆藏方志联合目录的特色为反映较多图书机构的馆藏，凡是反映的图书馆越多，它的利用价值也就越大。《综录》收录的是41个馆藏，重点反映22个，反映的全是省市和高校的图书馆，而《联合目录》收录全国30个省、市、自治区的190个图书单位藏1949年以前各时代编纂刊行的通志、府志、州志、厅志、县志、乡土志、里镇志、卫志、所志、关志、岛屿志等8264种。这些图书单位分布于全国各地，除西藏、青海、宁夏外，大部分省、市、自治区都有数个图书单位，江苏则多达17个。它们当中既有省、地（市）、县的公共图书馆、高等院校的图书馆，又有档案馆、文史馆、文管会等，涉及的面更广，且具代表性。

2. 编排符合现实。《综录》增订本虽然改为以当时内务部编印的《行政区划简册》排列，但省、自治区下仍从《大清一统志》的政区次序，这样不便按当时现行的行政区划查阅地方志。《联合目录》对此调整得较彻底，从省、市、自治区到地区（市）、县，完全照1977年《中华人民共和国行政区划简册》编排，今人查阅较方便，现实感也强。

3. 著录更现代。两书在著录的项目上大体相同，但在体现这些项目时，《联合目录》更符合现代读者需求。如书名，《综录》当然也是根据卷端书名、封面题签、书口等来定的，当一地数志时，志书的名称就出现雷同，若不仔细看后面的版本，就有可能张冠李戴。《联合目录》则于省、府、州、厅、县志前，按纂修年代或记事截止时间加年号，如系续修、增修、补修，则依增修、续修、补修的年号为准，

---

① 中国科学院北京天文台编：《中国地方志联合目录》，前言，中华书局，1985年。

如此，志与志之间眉目清楚，不致相混。再如版本，《联合目录》除增加了缩微胶卷本外，还在时间后括注了当今通用的公元纪年。

4. 收录、考订更全面、准确。《综录》系朱士嘉一人据各图书馆方志目录汇编而成，试想中国方志那么多，以一人之力或数人之力是不可能逐一阅读、考订的，《综录》在著录书名、纂修人、版本等方面的差错不少，遗漏志书也不少。这些差错有的是朱士嘉的原因，但更多是原据馆藏方志目录所致。《联合目录》以《综录》为基础，集全国近200家图书馆机构和数十位专家的力量，花了数年的时间在核对、修订上，自然考订更精审，收录更全面些。如（万历）《应天府志》32卷，《综录》著为二书，一为王一化纂修，万历五年刻本，藏日本内阁文库；一为程嗣功纂修，万历二十年刻本，藏国家图书馆。实际上二书当为一书，仅仅是版本不同。程嗣功系应天府知府，而王一化为府学教授。《联合目录》经研究后著录为一书，分著两个版本："明万历五年（1577）刻本　科学（胶卷）南京（胶卷）注：原刻本在日本内阁文库"；"明万历二十年（1592）补刻本　北京　上海（胶卷）注：卷6职官增补至万历二十年。补刻本在日本尊经阁文库"。

《联合目录》出版后受到了广泛的欢迎，但商榷、补遗的文章也不少，如杨冬荃《〈中国地方志联合目录·江苏省〉正补》（《中国地方志》1986年6期）、杜建荣《〈中国地方志联合目录〉正误》（《天津史志》1988年3期）、梁锦秀《〈中国地方志联合目录〉订误（十五则）》（《中国地方志》1992年2期）、倪俊明《〈中国地方志联合目录〉广东方志著录疏误补正》（《广东史志》1995年1—2期、4期）、于义芳《〈中国地方志联合目录〉择误》（《中国地方志》1999年1期），王少帅《〈中国地方志联合目录〉补正二十五则——以〈著名图书馆藏稀见方志丛刊〉为据》（《图书馆理论与实践》2018年2期）等等。从商榷之类的文章看，要么指出《联合目录》的遗漏，要么订正其著录方面的错误，要么对其著录的内容提出异议。尽管《联合目录》存在这样、那样的问题，但至今它仍然是质量最高、最有参考使用价值的一部馆藏地方志联合目录。

《联合目录》的编纂与出版，以及20世纪70年代末开始的修志热潮，带动了馆藏方志联合目录的亚型——区域性馆藏方志联合目录的快速发展：

表4-4　1977—1999年区域性馆藏方志联合目录一览表

编　者	名　称	数量	印行时间
福建省天象资料编写组	《福建省地方志普查综目》	328种	1977年5月印行

续表

编者	名称	数量	印行时间
天津图书馆	《天津市图书馆藏方志联合书目（第一辑）》		1980年铅印
山西省图书馆	《山西省地方志联合目录》	463种	1980年印行
王建宗、刘喜信	《山东地方志书目》	654种	山东省地名办公室1981年1月印行
山东省图书馆等	《山东地方志联合目录》	853种	1981年10月印行
湖北省地方志办公室湖北省图书馆	《湖北省地方志目录（初稿）》		1981年9月印行
编辑组	《河南地方志综录》	554种	河南地方史编纂委员会1981年4月铅印
秦德印	《陕西地方志书目（初稿）》	455种	陕西省社科院图书资料室1981年12月铅印
江西师范大学历史系地方史教研室	《江西历代地方志存书目录》	957种	1982年8月编印
四川省中心图书馆委员会	《四川省地方志联合目录》	792种	四川图书馆1982年8月印行
河北大学历史系地方史研究室	《河北地方志综录（初稿）》	732种	1982年12月编印
欧阳发、丁剑等	《安徽方志综合目录》	340种	安徽省地方志办公室、省图书馆1983年8月印行
郭君、孙仁奎	《东北地方志总目》	502种	附1984年4月版薛虹《中国方志学概论》
王志毅	《内蒙古旧地方志目录》	41部	1985年《内蒙古旧志整理》第1辑
山东烟台市地方史志办公室	《烟台市地志藏书目录》	240种	1985年编印
福建省地方志编纂委员会	《福建省地方志综合目录》	619种	福建人民出版社1985年版
颖川、延陵	《广西地方志总目录》	230种	广西通志馆1986年印行
廖震赓、伍常安	《江西省地方志综合目录》	1417种	江西省志编辑室1986年12月编印
祁明	《山西地方志综录》	486种	山西省地方志编纂委员会1986年12月印行
湖南省地方志编纂委员会	《湖南省地方志综合目录》	639种	1987年6月印行

续表

编者	名称	数量	印行时间
河北大学地方史研究室	《河北历代地方志总目》	1476种	河北人民出版社1989年版
戴国林	《江苏地区期刊与方志综录》	970余种	江苏教育出版社1990年版
湖南省档案馆目录中心	《湖南省地方志目录大全》	619部	1992年编印
郑永富	《浙江省公共图书馆新编地方志联合目录》	1400种	宁波出版社1999年5月版

资料来源：据来新夏主编《中国地方志综览(1949—1987)》、黄苇等著《方志学》、巴兆祥《方志目录整理概述》、刘刚《中国方志工具书概述》及复旦大学图书馆藏书编制。

上述目录在体例上基本效法《中国地方志联合目录》及其待定稿，但在收录的范围、著录的标准方面要比《联合目录》宽。如《福建省地方志综合目录》，收现存方志285种，佚志334种，并注有藏书单位的索书号。秦德印编《陕西地方志书目（初稿）》收旧志442种，新志13种，后附《中国古方志考（陕西部分）》74种。《安徽方志综合目录》收录方志340种，还收散存外省的安徽方志38种、新修县志20种、山水志22种。《江西省地方志综合目录》分两部分，一收存书，著录方志526种、地理志17种、山水志38种、名迹志61种、物产志15种、人物志37种、文献志163种；二收佚志560种。《湖南省地方志目录大全》除收省、府、州、县志外，还收专志91部。这些目录进而又兼有区域方志总目的性质。有些目录在注记上还有新创，如《河南地方志综录》，核对了省内外40（河南20多，外省18）多个单位的河南方志收藏情况，著录河南方志554种。个别书依原藏单位标"善本"。书后附录包括中华人民共和国成立后新编县志初稿67种，河南省社科院藏1968年台湾成文出版社《中国方志丛书》之河南方志及文献资料31种，台湾典藏"国家"图书馆之河南方志善本书37种，日本藏河南地方志孤本7种，以及附表《现存河南方志藏书情况简表》（对省志及各县、府志现存书进行统计）、《手稿资料一览表》，非常有价值。《河北历代地方志总目》在目录中用（）注明现存某处志书的页码，用［］注明佚志页码，书末附清代直隶省九府辖县表，也颇为少见。2000年后馆藏方志联合目录比较少见，如山东省图书馆编《山东省地方志联合目录》（2005），著录现存山东方志425种；郑宝谦主编《福建省旧方志综录》（2010），收录各类志书 2700 余种。赵嘉朱编《中国社会科学院地方志联合目录》（2013）收录中国社会科学院院图书馆、考古所、历史所、近代史所、文学所、哲学所等十家院属图书机构所藏方志 6000 余种，集刻本、钞本、油印本、晒蓝本、影印本等版本为一体，应属其中质量较高的一部。

尤其值得称道的是，浙江省率先推出《浙江省公共图书馆新编地方志联合目录》，对全省公共图书馆收藏的 20 世纪 80 年代到 1998 年新编地方志的状况进行清理，方便各行各业对新方志的利用。《浙江省公共图书馆新编地方志联合目录》分两大部分，《地方志内容提要细目》重点介绍已出的省级专业志与市、县志，对部分重要的或地方特色显著的市、县专业志或专门志也择要介绍。每篇提要内容包括区域沿革与概况、篇目设置、体例与内容特色等，共 110 种（篇）。《地方志收藏细目》全面反映当今浙江省内 77 家公共图书馆收藏的新编地方志 1400 余种，其中正式出版的 540 余种，非正式出版的 860 余种。除省级志书外，其他按政区排。著录项目依《普通图书著录规则》，有书名、纂者、出版地、出版社、时间、页数、开本、价钱、收藏单位，显得比较规范。一部方志目录兼具联合目录、提要目录的形式首创于此。山东省地方史志办公室继之，编《山东省新编地方志目录》，山东省地图出版社 2002 年版。该书著录范围，在时间上起自 1949 年 10 月，下讫 2001 年 12 月；在书目上，共收 5036 条，以新编省、市（地）、县（市、区）、镇（乡）、村级志书及部门志、专业志为主，兼及方志理论著作、方志刊物、旧志整理成果、年鉴；著录项目 12 项，包括书名、卷（编、册、集）数、编纂单位、主编、副主编、出版单位、出版时间、开本、字数、页数、印刷数、收藏单位等，收藏单位涵盖各级史志部门、图书馆、档案馆、高校和文化机构；编排以山东省现行行政区划为据，在政区下以志书等级分列，旧志整理的成果集中殿后。

当然，这些目录的可议之处还是有的，如普遍不编纂索引，对于藏书机构的新变化，有的没有及时得到调整等。像《河北历代地方志总目》在注明收藏单位时，仍沿用《联合目录》标广西壮族自治区第二图书馆。其实，广西壮族自治区第二图书馆已于 1980 年改名"广西壮族自治区图书馆"。

三、方志考录与提要

中华人民共和国成立后方志考录和提要同样进入了一个快速发展期，其成果的数量虽远不及馆藏方志目录那么多，然其学术价值和对方志学发展的贡献却要大。

首先我们考察方志考录。中华人民共和国成立后方志考录始编于 20 世纪 50 年代中叶，1958年科学出版社出版洪焕椿《浙江地方志考录》，1962年上海师范学院图书馆编印《上海方志资料考录》（考录方志288种、方志资料835种），1965年张令瑄编著《三陇方志见知录》，辽宁省图书馆印行《辽宁地方志考录》，但数量很少，且多稿本和油印本。20世纪80年代，伴随着方志学研究热的兴起，1981年朱士嘉等倡议编写《地方志综目提要》，次年，中国地方史志协会发出《编辑出版〈中国地方志提要丛书〉的建议》，进一步推动了方志提要和方志考录工作的研究。迄今，方志提要和考录的文章数以千计。考录类的著作，约近70部，主要有：

《宋朝方志考》，顾宏义撰，上海古籍出版社2012年版。宋朝是我国地方志发展转型定型时代，因历史久远，宋代地方志多已散佚。之前，研究者多据张国淦《中国古方志考》。该书多方搜集资料，精心考究，著录宋朝路、州、县、镇之志（包括存佚）1031种，较《中国古方志考》多281种。编纂体例主要借鉴《中国古方志考》《中国地方志联合目录》而调整，著录内容包括书名、编纂者、卷数、存佚状况、志书类型、政区说明、书目著录、纂修者简介、序录、目录、文献征引等，对文献引用与著录名目的错误多有考订。附录《主要征引文献》《方志名索引》《著者索引》，便于读者查阅与进一步探索。

《明代方志考》，林平、张纪亮编著，四川大学出版社2001年版。该书收录明代总志、通志、府志、州志、县志、镇志、卫所志2000余种。首列总志，次分省编排。各省之内，首列通志，其后按1997年行政区划列各府、州、县志。凡属不传之书，于标目中著录"佚志"。著录项目为志名、卷数、编纂时间、纂修者、存佚（失传者著录"佚"字，现存者著录版本）、资料出处，并视需要摘录序跋和目录，以明编纂始末与目次，后附主要参考文献、书名字顺索引。自张国淦《中国古方志考》全面揭示元朝以前的修志情况后，对明至民国方志的系统梳理是学术界的夙愿。本书以明代地方志为对象，在吸收前人研究成果的基础上，查阅了大量资料，对所辑出的明代地方志逐一进行了考录，反映了明代纂修方志的概况和方志编纂的繁荣，填补了明代方志考录性研究的空白。虽然由于时间仓促和精力所限等原因，书中存有不少遗漏和差错，但编纂还是相当严谨的，资料也较丰富，对研究明代地方志有较高的参考价值。

《浙江方志考》，洪焕椿编著，浙江人民出版社1984年版。该书是在其1958年版《浙江地方志考录》基础上增订而成。全书20卷，分浙江省通志、府县志、乡镇志、专志4大类，收录志书2104种，其中，通志42种，府县志986种，乡镇志118种，专志958种，并附录《浙江行政区划今昔对照表》《参考文献》《书名索引》。全书除逐一著录书名、卷数、纂修人、编修时间、版本、存佚、收藏单位、资料出处外，对价值较大的方志，简介纂修者生平事迹、编纂原委、版本流传，摘录序跋、历代题记、提要，对历代书目、藏书志的错误多有考订和纠正。因作者长期研究浙江地方志，学术积累较深厚，本书是水到渠成之作，具有较高的学术价值。

《建国前内蒙古方志考述》，忒莫勒撰，内蒙古大学出版社 1998 年版。该书分 15 章，第一章概述，系统叙述内蒙古方志的编纂历史；第二章全蒙古或内蒙古的志书，考述蒙古或内蒙古总志；第三章以后分盟市叙述。对每一部方志叙述的内容大致包括纂修人、成书背景和经过、成书时间、出版年月、版本与收藏以及内容评述等。其收录的标准，以现今内蒙古行政区划为范围，国人所编纂，符合"以地命名，分类记述该地一定时期的自然与社会状况者，概为方志，无论其名为'志'还是为'调查报告'或'概况'等。"本书的特色明显：一是纠正《联合目录》的错误，将《联合目录》中不符合收录标准的 10 种删去，亲自访得 23 种，共著录方志 94 种，比《联合目录》多 44 种。[①] 二是对志书编纂过程和内容、体例的评论，学术性强。作者对每种志书的评述不是平均着墨，而是有重点、有选择。对重点志书的论述犹如一篇篇小论文。附录 7 篇，包括 3 篇论文、1 篇书评，以及《建国前内蒙古方志一览表》《内蒙古旧志研究论文资料索引》《志名汉语拼音索引》，可与正文相补充。

此外，尚有郭君等《辽宁地方志考录》（增订本）（1982）、骆兆平《天一阁藏明代地方志考录》、郝瑶甫《东北地方志考略》（1984）、冯秉文《北京地方志概述》（1985）、魏东坡《天津地方志考略》、纪大椿《新疆方志简介》、王启宇等《上海地方志概述》、方衍《黑龙江方志简述》、张守和《内蒙古方志概考》、漆身起《江西地方志概述》、倪波《江苏方志考》、王桂云等《山东地方志纵横谈》、林正秋《浙江方志概论》、刘尚恒《安徽方志考略》、陈超等《青海地方志书介绍》、张新民《贵州地方志论纲》、何金文《四川方志考》、何金文《西藏志书述略》、高树榆等《宁夏方志述略》、高峰《陕西方志考》、张万钧《河南地方志论丛》、朱建亮等《湖南方志论》（1986）、陈加等《辽宁地方志论略》、郭天沅《闽志谈概》（1987）、上海师范大学图书馆《上海方志资料考录》、李默《广东方志考略》（1988）、张新民《贵州地方志举要》、于鸿儒《河北省方志概要》、徐孝宓等《湖北省地方志考略》、周丕显《甘肃方志述略》、李秉乾《台湾方志论》、刘纬毅《山西方志概述》、李硕《云南地方志考》、王桂云《山东方志汇要》、曹殿举《吉林方志大全》（1989）、黎传纪等《江西古方志考》、陈相因《广西方志佚书考录》（1990）、张新民《贵

---

① 参阅《建国前内蒙古方志考述》，周清澍序。

州地方志考稿》(1992)、赵明奇《徐州地方志通考》、方衍《黑龙江方志考稿》(1993)、钱建中《无锡方志辑考》(2006)、顾宏义《金元方志考》(2012)、李默《广东方志要录》(2016)、张晓光等《察哈尔方志叙录》(2020)等。

方志提要有河南省地方志编纂委员会总编室《河南地方志提要》(1982)、陈光贻《稀见地方志提要》(1987)、莫乃群《广西方志提要》(1988)、刘永之、耿瑞玲《河南地方志提要》(1990)、来新夏《河北地方志提要》(1992)、徐复、季文通《江苏旧方志提要》(1993)、金恩辉、胡述兆《中国地方志总目提要》(1996)、颜小忠《江西新志提要与评论》(1996)、梅森、刘辰《中国专业志要览》(1997)、姚金祥《上海方志提要》(2005)、中国新编地方志总目提要编纂委员会《中国新编地方志总目提要(1)》、谭烈飞《北京方志提要》(2006)、陈自仁《珍贵方志提要》、山西省图书馆《山西新编方志书目提要》(2009)、刁美林、邵岩《故宫博物院藏清代珍本方志解题》、赵慧《湖州方志提要》(2013)、甘肃省古籍保护中心《甘肃省藏古代地方志总目提要》、贵州地方志提要编辑委员会《贵州地方志提要》(2014)、邬卫华《内蒙古地方志总目提要》(2015)、朱敏彦等《中国新方志10000种书目提要(上海通志馆藏)》、诸葛计《稀见著录方志过眼录》(2016)、赵保平《晋中地方志总目提要》(2019)、四川省地方志办公室《四川省方志目录(二)》(2020)、吕志伟、吴一峻《中国新编乡镇志书目提要(上海通志馆藏)》(2021)、青海省地方志编纂委员会办公室《青海方志提要》(2024)等。其中，影响较大、较有特色的有：

《稀见地方志提要》，陈光贻编著。首总志，次分省，提要纪传、编年、纪事本末、杂记、传记、辑录、术数、赋体、诗体等体裁的总志、通志、府志、州厅志、县志、卫所志、盐井志、乡镇志、土司志等稀见方志1120余种。所收志书大多为上海图书馆所藏，宋、元、明之有名方志，前人已作提要的不收。"提要所述，以撷一书之核要，或系以短评。提要所叙者，为志乘源委、编辑体例、收藏故实、版本传抄之异同、修补增刊之始末。"于一方"核要之事，虽一图一表，亦择尤酌举"①。行文力求简核。全书"内容丰富，体例完整，读者不但可以摸清各书书名、卷数、著者和版本的基本情况，也可以了解各书著者的简历、有关行政单位的地理沿革、前志源流、土特产、名胜古迹、著名人物的活动及其著作等"②。书后附《纂修人姓名索引》，又附有《古今图书集成方志辑目》。《古今图书集成》是我国历史上现存最大的一部类书，所

---

① 陈光贻编著：《稀见地方志提要》，例言，齐鲁书社，1987年。
② 《稀见地方志提要》，朱士嘉序。

录方志非常丰富。《辑目》从《古今图书集成》的方舆汇编、明伦汇编、理学汇编、经济汇编等中辑出，约收方志 1430 余种。"兹经考查有六百多种散佚，六百多种中，宋以前佚志有四百五十五种，元十二种，明代及清初一百四十多种。"①所注方志的存佚，主要以《中国地方志综录》（增订本）为依据。

《中国地方志总目提要》，金恩辉、胡述兆主编。本书不同其他提要多系个别人所作，而是海内外百余位学者共同编纂，集数年之力而成，著录我国 200 余个单位现存 1949 年 10 月前旧方志 8577 种，是目前收录方志最多的方志提要目录。其特点有：（1）完整性。其收录范围基本上参照目前收录中国方志最多的《中国地方志联合目录》，包括省志、府志、州志、厅志、县志、乡土志、里镇志、卫志、所志、关志、岛屿志。凡具有方志初稿性质的志料、采访册、调查记等均予收录，山、水、寺庙、名胜志等不收录。"如现存地方志与《中国地方志联合目录》所载有出入，以核实后的为准；如《中国地方志联合目录》无载，则予以增补；如《中国地方志联合目录》有载，但未见存书，则不予作提要，以准确反映亲见地方志书的特色。"②（2）系统性。该书以志为词目，一志为一条，每一词目包括纪年、志名、卷数。释文含修纂人及其小传，修纂沿革起因、过程、起止时间、成书或出版时间、版本源流、记事年代，字数内容概述，重要门类介绍。此外，还从方志理论、修志方法、写作特色等进行评价。（3）考订较准确。"每位撰稿人不仅对《联目》中所著录的各项内容逐一核对、订正和补充，而且对每种志书，均介绍内容特点，述其编修沿革，考镜版本源流，评价学术价值，指出重点史料，特别是对不见于其他史籍的重要人物、事迹或传记，不见于其人别集、总集的佚文，发生在该地区的重大历史事件的资料及具有地方特色的特产、经济、科学、文化、古迹等方面的资料，等等，均认真考评，惠撰成文。"③（4）检索便利。该书以 1986 年地图出版社出版《行政区划简册》为依据，将旧省、府、厅、州、县诸志分别归入现行的省、市、自治区所属地区、市、州、县中。每省、市、自治区首列省志（市志、区志），再依地区、市、州、县排列，末附《书名索引》《著者索引》，以及《台湾现藏〈本提要〉未收方志书名目录》《台湾现藏〈本提要〉所收方志书名目录》，读者可按政区、书名、人名检索，较为便利。（5）学术性。除考订《联合目录》的错误外，每省方志单独编码。每省之首必有概述提炼本省志书，论述其编纂进程、特点和不足，以及史料价值，这在提要目录中

---

① 陈光贻编著：《稀见地方志提要·〈古今图书集成〉方志辑目》，前言。
② 金恩辉、胡述兆主编：《中国地方志总目提要》，凡例，台湾汉美图书有限公司，1996 年。
③ 《中国地方志总目提要》，前言。

是绝无仅有的。

《中国专业志要览》，梅森、刘辰主编。按华北、东北、西北、华东、中南、西南六大区及条目首字笔画顺序，收录 20 世纪 80 年代以来各地新编辑的专业志、部门志，包括新编乡土志、山水志、地名志、民族志、厂矿企业志、人物志及少量的史志资料汇编等，共 2500 余种。除提要一般具有的书名、编纂者（单位）、版本、内容简介外，还新增了印刷装订形式、开本、字数、印次、印数、馆藏、发行方式等。由于各地编纂的专志多系内部本，没有公开出版，这给读者的利用带来了麻烦，本书的出版适应了资政、存史、地情教育的需要，是专志提要的开创之作。当然其不足也很明显，主要是将不少不属专业志范畴的书也一并收录了，如《新志书编纂求索》《实用方志编纂学》《交通志编写探微》属方志编纂的理论著作，《庐江志讯》属方志刊物，《德兴县志（民国 8 年版点校注释本）》属旧志整理。

《湖州方志提要》，沈慧编著，中国文史出版社 2013 年版，此著作为浙江省方志系统人才梯队课题成果。收录 2012 年 9 月以前记述湖州范围内的各类新旧方志 424 种，其中旧志 253 种。书目主要来源湖州市境内图书馆、档案馆等和国家图书馆、浙江图书馆、上海图书馆等单位。此书采用条目式编目，每种志书为一目，著录书名、卷帙、纂修人、版本、存佚、修纂时间、篇目、主要内容与简要评价。此书基本摸清了湖州方志的情况，弥补了湖州方志书目的缺憾，纠正以往的漏记、混记和误记等情况，为研究和利用湖州方志提供便利，为方志库的建设提供了基础数据，是近年质量较高的方志提要著作。

四、方志索引与修志目录

中华人民共和国成立后的方志索引编纂始于 20 世纪 60 年代。1963 年，中华书局出版朱士嘉编《宋元方志传记索引》。此书系从现存 33 种宋元方志的人物传、职官、选举、杂录、拾遗等类中选取 3949 位人物的资料编辑而成。每人以姓名笔画多少为序，标注姓名、别名、字、号、别号、引用方志的简称、卷次、页数，书末附人名四角号码索引。出版后影响巨大，成为研究宋、元史的必备参考书，1986 年上海古籍出版社予以再版。20 世纪 80 年代，朱士嘉多次建议、呼吁编纂《地方志方技索引》《明代地方志传记索引》《清代地方志传记索引》《民国地方志传记索引》《方志艺文志篇目索引》《方志艺文志诗文索引》《方志论文目录》等。胡乔木、谭其骧、胡道静、陈桥驿等领导、学者的提倡新方志编纂索引，大大推动了方志索引的发展。目前已发表、出版的方志索引有四种类型：

1. 传记索引。这是方志索引的主体，主要有福建省图书馆 1980 年编《福建通志列传八种人名索引》；湘潭县图书馆编《湘潭县志人名索引》，1982 年油印本；池秀云编《山西通志人物传记索引》，山西省地方志编纂委员会办公室 1984 年版，收人物 15808 人；高秀芳等编《北京、天津地方志人物传记索引》，北京大学出版社 1987 年版，收 73 种志书的人物资料；吉林省图书馆编《东北方志人物传记资料索引·吉林卷》，吉林文史出版社 1989 年版，收条目 21425 条；黑龙江省图书馆编《东北方志人物传记资料索引·黑龙江卷》，黑龙江人民出版社 1989 年版，收条目 12549 条；广西通志馆旧志整理室、广西社科院情报所编《广西方志传记人名索引》，广西人民出版社 1989 年版，收录 204 种方志中的人物资料；潘铭燊编《广东地方志传记索引》，香港中文大学出版社 1989 年版，收 11 种广东方志人物 10222 人；杨淮、张莉编《太原古方志索引两种》，太原市地方志办公室 1990 年印行，收人物 2159 人；辽宁省图书馆编《东北方志人物传记资料索引·辽宁卷》，辽宁人民出版社 1991 年版，收条目 56833 条；等等。其中，综合性、利用率较高的是：

《天一阁藏明代方志选刊人物资料人名索引》，华东师范大学图书馆古籍部编，上海书店 1997 年版。本索引根据上海书店 1981 年重印《天一阁藏明代方志选刊》精装本 107 种编制，辑录自秦到明各代人物传记资料 11 万余条，其中宋、元 3 万余条，明代 8 万余条。所收资料以人物志传为主，凡志书中人物、职官、选举、志余、补遗等所载人物，有姓氏、年里可辑者均著录。方志中仙释、方外、孝子、节妇、封赠等所载人物，原则上不收，但若有事迹可资考证者，也酌情收入。凡一人在同一书前后互见，或不同志书中互见的，经考订确为一人的，合为一条，依次著录。人名照原书著录，按四角号码检字法排列，著录姓名、朝代、籍贯、种数、册数、卷数、页数。附有《〈天一阁藏明代方志选刊〉种数编号表》《四角号码检字法》《姓氏笔画索引》。

《中国地方志宋代人物资料索引》，沈治宏、王蓉贵编，四川辞书出版社 1997 年版。此书共收录《宋元方志丛刊》方志 41 种、《天一阁藏明代方志选刊》方志 107 种、《天一阁藏明代方志选刊续编》方志 109 种、《日本藏中国罕见地方志丛刊》方志 45 种中的宋代人物资料 10.4 万条。所录宋代人物资料，除有小传的"人物"外，职官、官制、选举、科第、流寓、仙释、郡守题名、县令厅壁题记、人事、杂录、杂事、杂著、杂考、轶事、附录、拾遗等类中的宋代人物资料一并收录，冢墓、宅第、道碑等类中的宋人资料也酌情收录。每一条包括姓名、别称、地方志名、卷、页、丛书名代码、丛书册数、丛书页码等。以姓名或常用称谓作主条，别称附注于后。为便于查阅，所有别称都建立参见条。人物名称依原书为据。一人分见于两种以上方志，而所记人名又有异文、异名，则选定其中一个作为主条，其异文、异名附注于后。全书编排，以人物为纲，下标志书名、所在志书的卷数、页数、丛书代码、所在丛书的册数、页码、页之上下栏。其优点有二：一是检索系统较完善。条目按人名四角号码顺序排列，为便不熟悉四角号码的读者查检，编《索引字头笔画检字》《索引字头拼音检字》，将字头的笔画和拼音与四角号码对应。二为学术性强。作者在编纂过程中，做了大量的考证工作，如改正姓名错误，（嘉靖）《寿州志》卷七第40页有"午富"，同卷第3页"牛富"条云："牛富，见传。""午"当"牛"之误，本书改为"牛富"，并加注说明。又如，所据版本有缺漏，则据别的版本补足。《淳熙三山志》（明崇祯十一年刻本）卷二十六"郑介"后脱38行，缺"林敷"至"陈安道"30人，据《四库全书》本《淳熙三山志》补入。同书卷十八：张嘉宾，字朝美。"字朝美"原缺，据《四库全书》本《淳熙三山志》补。再如，原书有缺字，能考证出缺字的，补出缺字。（成化）《重修毗陵志》卷十一："能之，字子善，四明人"，缺姓。编者查《宋史·史弥巩传》，补出"能之"姓史，并加注说明。此外，还有改正朝代错误、改正避讳字等。2002年四川辞书出版社出版沈治宏、王蓉贵编《中国地方志宋代人物资料索引续编》，增加收录《中国省志汇编》《中国边疆丛书》中37种通志之宋代人物资料10.4万条。

《山东方志人物传记资料索引》，王恒柱编，国家图书馆出版社1997年版。该索引以1949年前编纂的山东省、府、县志及乡土志为资料基础，共收录人物资料16万条、人物近6万人。人物的选择包括方志中的名宦、宦迹、职官、氏族、教育、乡贤、文学、艺术、方技、流寓、仙释、孝友、义行等类，艺文中的墓志、碑铭、传诔等，兼及选举、职官、氏族、教育等类目，以有传记资料者为限，职官表、选举表等各种表列人物不收，烈女仅收录有学术价值、标有实名的著名人物。各人物传分别着录姓名、字号、朝代、籍贯等内容，以及资料处处。人物姓名以四角号码排序。同姓名者，再依朝代、字号、籍贯区分顺序，朝代早者在前。跨朝代人物，一般以卒年著录时代。书后附《征引山东地方志书目》。

2. 地名、篇目索引。如，1983年1月，成都市社科所历史研究室编印《成都地方志篇目索引（正编）》。索引分天启元年《成都府志》目录、康熙二十五年《成都府志》目录、嘉庆十八年《成都县志》目录、同治十二年《成都县志》目录、嘉庆二十一年《华阳县志》目录、民国二十三年《华阳县志》目录、成都地方志综目七部分。篇目全录志书序、纲、目、子目、逐条抄出。1990年3月，浙江人民出版社出版潘一平等编《武林坊巷志坊巷名称索引》。

3. 方志论著索引。如，1983年陈秉仁编《历代诸家方志论文篇目选录》（附载黄苇《方志论集》），收方志论文、序跋1000余篇。《方志学重要书名论文索引》，附见1983年版来新夏《方志学概论》。王中明编《中国地方志论文索引（1911—1949）》，见1985年印行《中国地方志论集（1911—1949）》。《中国地方志论文索引（1950—1983）》，见1985年印行《中国地方志论集（1950—1983）》。《河南地方史志论文索引》，魏一民编，河南省地方志编纂委员会编辑室1983年印。《四川地方志论文索引（1981—1991）》，吴嘉陵、叶红编，四川省地方志编纂委员会地方文献研究室1992年印行。目前最为系统的论著索引有二：一为孟繁裕、徐蓉津主编《中国地方志论文索引（1981—1995）》，国家图书馆地方志和家谱文献中心1999年印行。该目分方志学理论、方志编纂学、方志史方志学史、志书研究与评价、方志学家传记和研究、方志的整理和利用、方志工具书及其他、地方年鉴、文献备征、附录等十部分，收录发表于各省区地方史志刊物上的论文21600篇，末附《所收地方史志期刊一览表》《著者索引》，查阅较方便。其不足是没有收录发表在其他综合和相关专业学术刊物上的论文，遗漏了不少学术性相对较高的方志论文。二是中国地方志指导小组办公室编《中国地方志论文论著索引（1913—2007）》，方志出版社2014年版。该目录基于孟繁裕，徐蓉津主编《中国地方志论文索引（1981—1995）》（1999）增补扩充而成，上起1913年，下止2007年，第一部分为论文索引，分大类、小类、目、子目四层次，依次著录方志学理论、方志工作管理、方志编纂、方志史与方志学史、志书研究与评价、方志人物、方志整理与利用、方志目录及其他、地方年鉴、修志文献等10大类报刊论文、领导讲话、工作文件、会议纪要等52000篇，著录项目主要有篇名、著者名、报刊名、出版时间等；第二部分为著作目录，按照通论类、编纂类、论文集类、目录类、人物类、辑佚类、辞书类、资料汇编类以及其他等9类，收录有关地方志的各种研究著作1265种，著录项目有书名、著（编）者、出版地、出版单位、时间，书后附"著者索引""所收主要方志期刊一览表"。

4.综合性索引。这方面的成果原来较少，仅见《〈福建通志〉传记兼艺文志索引》。该索引为方品光编，福建师范大学图书馆1981年印行，主要依据（民国）《福建通志》列传、名宦传、循吏传、酷吏传、儒林传、文苑传、儒行传、忠节传、孝义传、高士传、艺术传、列女传、滑稽传、伶官传等18种传记及艺文志编纂而成。其所列姓名或篇目后为出处，第一组数字为总卷数，冒号后为分卷，斜线后为页数，a为前半页，b为后半页。传记索引姓名后列朝代、籍贯、字、别字、号、官职。艺文志篇名索引列作者所处朝代、籍贯。为便于研究一人的学术活动，具体著作、文章按著者姓名附传记索引之下。本索引所收资料较丰富，但编排欠简洁。20世纪90年代后逐渐增加，主要是新方志所附索引，如《宁波市志》《绍兴市志》《龙游县志》等。

1997年5月中国地方志指导小组发布《关于地方志编纂工作的规定》，明确新方志"全书要附有索引"；2008年9月，中国地方志指导小组又颁发《关于地方志书质量的规定》，将索引列为方志必要体裁之一，方志索引的编制成了方志编纂必修科目。2018年国家标准《地方志索引编制规则（GB/T36070—2018）》的颁布，很好地促进了地方志索引的科学性、规范性的提升。综观首轮新方志，相当部分编有索引，二轮新方志的索引基本实现全覆盖。首轮、二轮新方志的索引大都属于综合性索引。

修刊志目能反映一定时期内的修志状况，虽说利用的价值不如上述其他方志目录，然而对研究方志编纂史还是必需的，主要有：《1949—1986年地方志书目》，亢建桥编，载《史志文萃》1987年4期，分方志学研究、地方志编纂、省市县志、专志（含人物志、风物志、地理志、方言志等）、附录五部分，收1949—1986年出版的地方志书250种。《中国新方志目录（1949—1992）》，中国地方志资料工作协作组编，书目文献出版社1993年版，收录正式和非正式出版的省、市（地）、县志1157部、乡村镇街道志1162部、专业志7072部，合计9391部。《中国新编地方志目录》，中国地方志指导小组编，方志出版社1999年版，收录截至1999年9月全国各省、市（地）、县三级志书和部分专业志3691部。浙江省再次首创省级新方志修刊目录——《浙江新编地方志目录》（1999年增订本）。该目录由周祝伟编，方志出版社1999年版，收1981至1999年8月已出版和已交出版社的各种类型志书1310种。著录项目包括书名、作者、出版社、出版时间、开本、印数、字数、定价。书中收录除省级志书、市（地）县级志书、镇（乡）志、村志、专志、地名志等外，还收方志论著59部，似欠妥当。

五、对流散海外的方志整理

中国地方志流散海外的情况十分严重，日、美、英、法、德、意、比、荷、瑞典、韩国、新加坡、澳大利亚等国，都数量不等地藏有中国地方志。那些方志收藏量较多的国家也曾编制过方志目录，如《英国各图书馆所藏中国地方志总目录》（Andrew Morton编，伦敦大学东方与非洲研究院，1979年版）、《中国地方志连合目录》（日本东洋学文献中心联络协会编，东洋文库，1964年版）、《欧洲图书馆藏中国方志目录》（Y.Hervouet编，巴黎海耶区莫顿公司，1957年版）等，使我们能大致了解这些国家的方志收藏情况。

国内对流散国外的地方志的整理始于20世纪30年代，中华人民共和国成立后对此也有进行，1956年中国科学院图书馆编《国外稀见方志目录》（第一辑、日本之部），1958年朱士嘉编《美国国会图书馆掠夺我国稀见方志目录》，附见《中国地方志综录（增订本）》。1982年朱士嘉、赵慧编《日本现存稀见中国宋明两代地方志草目》，发表于《中国地方史志》1982年第2期，著录志书106种。1986年，书目文献出版社出版崔建英《日本见藏稀见中国地方志书录》，著录现藏日本东洋文库、国会图书馆、内阁文库、静嘉堂文库、宫内厅图书寮、尊经阁文库等图书机构的清乾隆以前的珍稀方志140种。不仅著录书名、卷数、编修者、版本、藏书单位，而且载版式特征、卷目，并摘录序跋、凡例，以明修志始末、内容大要。全书资料丰富，编排也较合理，对我们了解流散异域的珍稀地方志的内容、体例很有帮助。由于该书系编者根据中国科学院图书馆收藏的胶卷编纂而成，可能是胶片的原故，书中所录差错不少。2000年9月始，本人应邀到日本庆应义塾大学访问研究，对庆应义塾大学图书馆所藏中国地方志进行了调查，编成《庆应义塾大学图书馆中国地方志目录》，发表于2001年7月出版的日本《史学》70卷3、4号。为了便于比较，我按《中国地方志联合目录》的体例编排，著录项目则采用馆藏方志专目的通例，加注收藏的场所和索书号，尤其留意志书的藏书印，以便弄清志书的来源。原本打算编索引，因考虑到篇幅太大，只好作罢。2013年广西师范大学出版社出版李丹编《美国哈佛大学哈佛燕京图书馆藏中国旧方志目录》，收录原本方志2922种、缩微方志441种、大型丛书影印方志4521种。2015年国家图书馆出版李坚、刘波编著《美国哈佛大学哈佛燕京图书馆藏善本方志书志》，提要哈佛燕京图书馆藏中国善本方志725种，并揭示其史料价值。

对新编地方志，海外也非常重视收集，收藏量十分可观。近年有关海外新方志整理成果已有涌现，龙向洋编《美国哈佛大学哈佛燕京图书馆藏中国新方志目录》（全7册）为最突出者。该书由广西师范大学出版社2015年出版，收录美国哈佛大学哈佛燕京图书馆2014年9月15日前收藏各种版本的中国新方志36635种，所附书名笔画索引、书名分类索引尤为实用。

迄今，对流散海外的方志整理研究工作只能说才刚刚起步，由于众所周知的原因，我们的研究者不能实地目睹那些流散海外的方志，所以现有的成果多在外国人基础上完成，缺乏深度，且没有涉及的方面还很多，有待我们进一步努力。

中华人民共和国成立后方志目录整理取得的成就是巨大的，不仅数量大增，而且各种类型的方志目录的编例都得到了完善，实用性更强。尤其应当指出的是，《浙江省公共图书馆新编地方志联合目录》《中国专业志要览》在编纂上的创新，可能预示着新的方志目录类型的诞生。

第四节　张国淦与《中国古方志考》

我国地方志历史悠久，代代编纂，遍地编修，成书数量浩瀚，且面广、信息量大，要想有效地利用它，必须借助于目录工具书。故而对地方志进行辨章学术，考镜源流，探究得失，勾勒特色，成为学术研究的重要任务之一。清乾隆间周广业编撰《两浙地志录》，开创专门性的方志提要之先河。民国年间全国上下形成一股方志编纂热、搜求热，方志学研究日益受到重视，诸如王葆心、李泰棻、瞿宣颖、张国淦等著名学者多以自己所长倾力研探方志学的相关问题。其中，张国淦以研究方志目录整理而著称于世。

一、编纂出版原委

张国淦（1876—1959），字乾若，号石公，湖北蒲圻（今赤壁市）人，清光绪二十八年（1902）举人。历任黑龙江巡抚院秘书官、黑龙江省调查局总办、交涉局总办、财政局总办等职，并兼任黑龙江通志局总纂。辛亥革命后，官至北洋政府秘书长及农商、教育、司法、内政总长等职。著有《历代石经考》《中国方志考》，编纂或参与编纂有《黑龙江志略》《黑龙江省舆图》《亚细亚洲总志》《河北通志》等。

张国淦于1926年7月后退出政坛，专心致力于《中国方志考》的研究工作。他认为："方志者，乃一种最完备、最广博史家有用之故实，史家资之，惟必合全国之方志，方能得此无穷之收获。仅仅一地方、仅仅数部或数十部，止供文人之讨索，无当学者之津涯。即有对于此修论其繁简，对于彼纂评其得失，虽模仿《四库提要》之恉，亦等于一家笔录之文耳。今之著录者，无虑数十家，散漫无纪，以其时则数千年，以其地则数万里，以其书则数千部，无论官私庋藏，断不易荟萃一处，莘莘学子，又何从而得其要领乎！"[1]于是，他试图上溯秦汉，下迄明清，"推阐古今著录之原委，作一有系统之编纂，而为言方志者进一解焉"[2]。1930年初稿略具，此后继续增益。至1935年，张国淦年过半百，又鉴于他对燕京大学教授顾颉刚创办《禹贡》半月刊有过较多的帮助，顾颉刚推荐在辅仁大学读书的史念海到他家当助手，帮助他收集

---

[1] 杜春和编：《张国淦文集三编》，中国方志考叙，北京燕山出版社，2004年，第37—38页。
[2] 《张国淦文集三编》，中国方志考叙，第38页。

有关方志资料,襄助撰述。"承国淦先生错爱,代为起草若干部分,经国淦先生修改之后,列入书稿之中。"①这年,顾颉刚曾多次向张国淦约稿,张国淦遂将《中国方志考》中江苏省江宁、苏州、镇江三府的初稿整理成近十万字,于1935—1936年《禹贡》各期上连载。顾颉刚1935年9月30日作题记赞称:"蒲圻张石公先生研治地理之学,发愤忘食,盖数十年如一朝,收集方舆图籍之富,甲于旧都诸藏书家。遍求各省府县古今志书而读之,并辑集其佚著之散见于群籍者,以及序跋评论之属,一字之涉,咸所不遗。作《中国地方志考》数百卷,与宜都杨惺吾先生之《历代舆地图》,可谓泰、华并峙者矣。……特本刊限于经费,篇幅不多,但可登此节本,未得使读者一时尽见先生宫室之美,引为深憾!"②至七七事变爆发,张国淦已完成初稿数百万字,尤其是"那时明清部分的方志稿虽尚未完全杀青,但已积累约'三百余万言'"③。

中华人民共和国成立后,中央对地方志的编修与利用工作相当重视。1956年,国务院科学规划委员会制定《十二年哲学社会科学规划方案》,将编修地方志列为20个重点项目之一,"要求全国各县、市(包括少数民族地区)能够迅速地编写出新的地方志"④。1958年3月,毛泽东主席在成都会议上提倡领导干部要利用地方志,提高领导水平。8月,周恩来总理指示:"县志中就保存了不少各地经济建设的有用资料……我们……要有系统地整理县志中及其他书籍中有关科学技术的资料,做到'古为今用'。"⑤由于上述种种原因,"方志遗产的清理、研究工作存在着广阔的前途。它们也正在受着重视,大量的珍本方志正被复制出来"⑥。如1956—1963年广州中山图书馆油印罕见方志22种,1959年北京中国书店影印了(万历)《顺天府志》和(崇祯)《历乘》,1960年吉林省图书馆油印稀见方志49种,1962年中华书局上海编辑所影印了祝允明编纂的(正德)《兴宁志》。

1953年,张国淦受董必武之请回北京工作,在从事《北洋从政实录》《辛亥革

---

① 史念海、曹尔琴著:《方志刍议》,浙江人民出版社,1986年,第198页。
② 张国淦:《中国地方志考(江苏省二旧江宁府)》,顾颉刚"题记",《禹贡》1935年第4卷第3期。
③ 杜春和编:《张国淦文集三编》,前言;北京燕山出版社,2004年。明清部分,"文革"期间被抄走遗失。
④ 地方志小组:《关于新修方志的几点意见》,载来新夏主编《中国地方志综览(1949—1987)》,黄山书社,1988年,第255页。
⑤ 浙江省地方志编辑室编:《修志须知》,浙江人民出版社,1986年,第3页。
⑥ 胡道静:《方志遗产的目录学总结——谈〈中国地方志综录〉〈中国古方志考〉及其他》,载华东师范大学图书馆学系编《中文工具书参考资料选辑》,华东师范大学图书馆学系,1983年,第566页。

命史料》撰写的同时,"取旧稿,重加整理"①。1956年12月,重新撰写《中国方志考叙例》。1958年秋,完成秦汉到宋元时期70余万言的《中国方志考》第一编的整理工作,交付中华书局,由中华书局上海编辑所进行编辑。正当中华书局编辑中,张国淦终因劳累过度、旧病复发,未能实现修订《中国方志考》明以后部分的宏愿,于1959年1月25日与世长辞。1962年8月,中华书局正式出版了《中国方志考》第一编,易名为《中国古方志考》。

二、版式与编纂特色

《中国古方志考》,中华书局上海编辑所(上海绍兴路7号)编辑,中华书局(北京复兴门外翠微路2号)出版,北京市书刊出版营业许可证出字第17号,中华书局上海印刷厂印刷,新华书店上海发行所发行,各地新华书店经销。32开,850×1168毫米,精装,75.9万字。定价3.8元,统一书号"17018.511 62.7.沪型"。书前有张国淦《叙例》,书后附笔画"书名索引"。正文:书名条目,大字顶格;朝代、存佚、版本,与书名同行,小字。朝代、某某纂或某某修、某某纂,另起一行,空两格,大字;紧接小字纂修者简历。序标题,另起一行,空一格,大字;紧接序录,小字。历代书目著录,另起一行,空一格,大字。案语,大字,空三格对齐。

从内容看,该书不完全等同于一般性的提要,实兼有书目、提要、辑佚、资料汇编等功能的方志综合目录。其编纂特色主要有:

1. 著录齐全。尽管《隋书·经籍志》《唐书·艺文志》《宋史·艺文志》《通志艺文略》《直斋书录解题》《遂初堂书目》《四库全书总目》《郑堂读书记》等公私目录对某个朝代或某一定时期方志的编纂或流传情况有一定的反映,但均存在缺陷:不是数量有限,就是著录的时限短。《中国古方志考》编纂的基本宗旨就是"作有系统之编纂",故而对各朝代的方志多尽量著录。全书共收秦汉至元代方志2171种,其中,总志151种,河北49种,山西32种,辽宁7种,陕西74种,甘肃43种,新疆2种,山东36种,江苏178种,安徽118种,浙江246种,福建98种,河南91种,湖北129种,湖南154种,江西203种,广东141种,广西95种,四川290种,贵州7种,云南27种。通过此书,我国元朝以前的方志编纂情况尽收眼底,时至今日仍无有出其右者。

---

① 张国淦编著:《中国古方志考》,叙例,中华书局,1962年,第4页。

2. 既继承学术传统，又体现专科考录的特点。书籍在流传过程中，有存有佚，我国古代素有遍检群书作考录的传统，马端临《文献通考·经籍考》、朱彝尊《经义考》是其中的代表。《中国古方志考·叙例》云："体例略仿朱彝尊《经义考》。凡属方志之书，不论存佚，概行收录。因系资料性质，故只辑录旧文，有删无改，分析论断，多出前人，编者间抒己见，则附著案语之中。"其基本体例是对《经义考》辑录体目录的承继，然地方志毕竟与经学著作属于不同性质的书籍，《中国古方志考》有了自己的发明：首先在编排上，《经义考》按照经学著作分成易、书、诗、周礼等26类，《中国古方志考》："首列总志，即全国性之志书。次分省排纂，省县区划，并以一九五六年为准。每省前为通志类，即全省地志，后为府县志类。缘旧有府志性质之书甚多，而现行专区区划与旧府制悬殊，不能据以编排，故于府县志之次序悉依《清史稿·地理志》排列，而将府志列于附郭县之前。旧府治今已设市者，其附郭县亦录列于市。"①其次在条目著录形式上，《经义考》采用了"四项内容的条目形式：撰人姓氏（附名）+书名+（载籍）篇卷+存佚……这一条目结构的特点是：以氏领书，名附氏后，注明篇卷，详具存佚"②。《中国古方志考》依据方志以行政区划为记载对象的首要特征，条目的著录形式采用五项内容：书名+卷+朝代+纂修人姓名+存佚，如江苏省府县志类下：《庆元建康续志》十卷　宋吴琚、朱舜庸　佚；《景定建康志》五十卷　宋马光祖、周应合（未标"佚"表示"存"）。其基本特点是：以志书领朝代，注明编纂者、存佚。再次在作者的著录上，《经义考》以氏领名，名附氏后。《中国古方志考》直用姓名，"本编系由群书集录而成，来源不同，体裁各异，……每书作者人名下，原有纂字，或撰字、著字、修字本自不同，今于出自一人之手者用纂字，出自众手者，于监修人名下用修字，作者人名下仍用纂字，借见区分划一之意"③。地方志多是依据政府档案、地方文献、调查采访而编成，以资料性强见长，尽管在唐宋以前多出一人之手，宋元趋向"众手成志"，故在著录作者时出自一人之手者标"纂"，有地方官主修者与主纂者用"某某修、某某纂"是比较合适的。

3. 资料取材丰富。编纂考录性著作必需遍检群籍，旁搜博采。《中国古方志考》的资料来源除正史外大致有四类：一是历代公私书目。由于书目很多，对不同的书

---

① 张国淦编著：《中国古方志考》，叙例，中华书局，1962年，第1页。
② 张宗友：《论〈经义考〉的条目著录体系》，见南京大学古典文献研究所编《古典文献研究》总第9辑，凤凰出版社，2006年，第184页。
③ 《中国古方志考》，叙例，第4页。

目又以实情采用不同的处理方法。"凡元以前者，悉行甄录。首列正史艺文志，次补正史艺文志，又次历代公私书目。首条备录书名篇卷，余条相同者从略，而有互异者则仍存之。于注文考证，省去重复，择要节录。其有不能删节者，亦不嫌于并存。明以后书目，或为本条来源所自出，或有资考证，亦酌量著之。清代书目，如《四库总目》《郑堂读书记》等论及方志内容者，尽量采录。至诸家收藏书目，只选其有关考证故实者录之。"①二是方志。对现存志书直接辑录，佚志佚文"则于佚文来源书之篇卷子目，逐条备载，如《太平寰宇记》、《舆地纪胜》、元明《一统志》，宋元诸地方志所引者是也"②。还有一些引自明清方志。三为文集。文集中也收有一些方志序跋，或引用一些方志内容。该书引用的文集有唐权德舆《权载之文集》、吕温《吕和叔文集》、宋郑兴裔《郑忠肃奏议遗集》、元许有壬《圭塘小稿》、朱思本《贞一斋文集》、清钱大昕《潜研堂文集》、吴骞《愚谷文存》，等等。四为类书与辑佚书，如《玉海》《太平御览》《六朝事迹类编》《永乐大典》《汉唐地理书钞》等。其中，《永乐大典》引用尤多。张国淦曾"辑其中方志佚文为一编，今于本编中之出自《大典》者，略事摘录，以资考核"③。著名学者胡道静对该书引用《永乐大典》有很高的评价："乾若先生做这个工作是很艰辛的……在今天，由于北京中华书局把见存的《大典》绝大部分都影印了出来，大大地便利了学术工作者。但乾若先生当年是享受不到这个方便的。他要掌握《大典》中的资料，首先要掌握到《大典》的摄影本。他自己搞到了一份几乎完全的见存《大典》照片来进行这个工作。我们稍知一点《大典》情况的人，立刻知道光这一项已是够吃力的事情了。"④仅凭此就足见该书价值之珍贵。《中国古方志考》所采录的资料，相当一部分来自张国淦自己的藏书，"予笃好地志，致力之专且久，亦未尝后人"⑤。史念海后来回忆："石老对于先哲时贤有关方志的撰著，莫不尽力求购，其家中所藏，宛然成一图书馆规模，仅就方志而言，一般图书馆殆皆难与之比俦。"⑥尽管他藏书丰富，也难以遍收群书，北平图书馆、清华大学图书馆等图书馆是他常去的地方，《中国古方志考·叙》就作于1935年5月的北平图书馆阅览室。除此之外，他还向其他

---

① 《中国古方志考》，叙例，第2页。
② 《中国古方志考》，叙例，第2页。
③ 《中国古方志考》，叙例，第2页。
④ 胡道静：《方志遗产的目录学总结——谈〈中国地方志综录〉〈中国古方志考〉及其他》，载《中文工具书参考资料选辑》，第569页。
⑤ 张国淦：《天春园方志目序》，载杜春和编《张国淦文集》，北京燕山出版社，2000年，第533页。
⑥ 杜春和编：《张国淦文集三编》，前言；北京燕山出版社，2004年。

藏书家借书以补不足。天津藏书家任凤苞的天春园藏地方志十分丰富，"予之纂《中国方志考》也，频年驿寄数百帙相假，曾不稍厌，即孤本继编，亦无吝焉"①。《中国古方志考》对天春园方志有过不少借助。

4. 体现作者对方志发展脉络的基本看法。张国淦认为，方志属于地理书，有总志、省府县志及其以外各志三类，自两汉以迄唐以"记"为方志通称，唐宋"记、图、志、传等并列"，此后以"志"为方志通称。②"方志之书，至赵宋而体例始备。举凡舆图、疆域、山川、名胜、建置、职官、赋税、物产、乡里、风俗、人物、方技、金石、艺文、灾异无不汇于一编。隋唐以前，则多分别单行，各自为书。其门类亦不过地图、山川、风土、人物、物产数种而已。"③所以，该书选书的时限，始于秦汉，迄于元；选书类型，既有记载地域涉及数省的如《十三州记》《元和郡县图志》等总志，又有门类齐全的如《吴郡志》《至元嘉禾志》等定型府县志，也有如《汉中耆旧传》《金陵图》《洛阳风土记》等"古代所谓郡国之书及属于方志之一体者"；入选书籍的名称，在唐宋以前有如《秦地图》等称"图"的，有如《荆州记》称"记"的，有如《沛国耆旧传》等称"耆旧传"的，有如《吴国先贤传》等称"先贤传"的，有如《吴地录》等称"录"的，有如《隋区宇图志》等称"图志"的，有如《隋诸州图经集》等称"图经"的；两宋多标以"图经""志"，如《祥符（歙）州图经》《新安志》；元基本为"志"，如《旌德志》《东阳县志》。

5. 检索系统较完善。方志目录整理的初衷在于指引线索，津逮后学，有裨利用。《中国古方志考》目录除总志外，按当时政区排列，方便读者以政区查阅志书。书后附"书名索引"，分书名、朝代与作者、页码、今地名等四栏，一能查出某一古方志所记载的地域相当于现在的某个地区，二可以查出某一古方志所编纂的朝代及编纂者姓名，三能检阅出某一古方志在该书中的正文位置。"书名索引"中所注今地名，基本为1957年《中华人民共和国行政区划简册》中的省市县名称，部分1957年后至1960年改动的，略加附注。基本可以判断"书名索引"的编制，中华书局上海编辑所做了相当多的贡献。

---

① 张国淦：《天春园方志目序》，载杜春和编《张国淦文集》，北京燕山出版社，2000年，第533页。
② 杜春和编：《张国淦文集三编》，中国方志考叙，北京燕山出版社，2004年，第30、33、34页。
③ 张国淦编著：《中国古方志考》，叙例，中华书局，1962年，第2页。

三、作用与影响

《中国古方志考》出版后好评不断，胡道静说："现存方志最多的是明、清以来的方志，失传最多的则是宋、元及其前的方志。由于这种情况，使我们对方志的前期情况不容易看得清楚。……新近，中华书局上海编辑所出版的蒲圻张乾若（国淦）的遗著《中国古方志考》，才基本上解决了这个问题，并且在方志目录学的总结性工作中扣住了另一端的环节。"[①]各式各样的文史工具书教材与文献学著作多将该书列为名著予以介绍与评价。如李玉辉、韩亚兰《社会科学文献检索与利用》称"它是一部很完备的古方志总目录"[②]。张旭光《文史工具书评介》赞它"是一部具有总结性的体大思精的工具书"[③]。洪湛侯《中国文献学要籍解题》评曰："《中国古方志考》……是一部古代地方志书的总目录，……虽然是一部资料性质的书，从它的内容来看，还是很有学术价值的。古方志的资料，散见群书，分析鉴别，汇集董理，也显示了编者的功力。"[④]1974年，台湾鼎文书局予以重印，将其纳入《国学名著珍本汇刊·书目汇刊》。

《中国古方志考》于方志学方面的作用与影响至少可以在表现以下几方面：

1. 为考录性方志目录提供一个基本范式。《中国古方志考》以政区为纲，方志种类为目，志书为条目，每个志书条目著录：志名、卷数、编修时间、纂修者（含生平）、版本存佚、目录、序跋辑录、书目著录、他书援引、案语等项。这种三层次、十项目的体式，成为后来辑录体方志目录学习的榜样。从郭君等《辽宁地方志考录》（1982）、洪焕椿《浙江方志考》、骆兆平《天一阁藏明代地方志考录》、郝瑶甫《东北地方志考略》（1984）、林平及张纪亮《明代方志考》（2001）、陈金林等《上海方志通考》（2007）、顾宏义《宋朝方志考》（2010）等中均能找到《中国古方志考》的影子。

2. 为方志研究提供基本参考。《中国古方志考》将自秦汉至元代有关方志编纂的相关史料汇于一书，不仅有志书名称、编纂者简历、版本，而且还有目录、序跋辑录、后人题记等等。据此，从宏观的角度考察，可以了解我国元以前地方志的发展过程；从中观的角度看，能为我们研究一个省区或某个历史时期或某一种类型志书的演变

---

① 胡道静：《方志遗产的目录学总结——谈〈中国地方志综录〉〈中国古方志考〉及其他》，载《中文工具书参考资料选辑》，第569页。
② 李玉辉、韩亚兰主编：《社会科学文献检索与利用》，武汉工业大学出版社，1999年，第50页。
③ 张旭光著：《文史工具书评介》，齐鲁书社，1986年，第285页。
④ 洪湛侯著：《中国文献学要籍解题》，杭州大学出版社，1997年，第33页。

提供基本的线索与资料,目前出版或发表的有关图经、图志、地志、地记的研究,有关魏晋南北朝地记研究,唐宋方志研究,某省古方志研究,无不参考与利用该书。从微观的角度考察,一个府、一个县甚至某部志书的编纂历史清晰呈现,可以通过个案的研究来阐述我国各地的方志事业发展状况。如通过该书有关浙江严州府的《(严州)旧经》《祥符(严州)图经》、董棻《严州图经》、陈公亮《严州图经》(又作《新定志》)、方仁荣《新定续志》的资料,就能充分体现宋元时期由图经向正式方志的转型过程。

3. 为方志辑佚提供了线索。《中国古方志考》著录的古方志,传世的"约71种,尚不足百分之四,所以基本上是一部辑录佚书之目的辑佚书"[①]。而且,它于每种志书下或注有辑本,或记佚文所在,或录佚文。如《祥符(杭州)图经》已佚,该书记载除蒲圻张氏大典辑本外,《舆地纪胜》《乾道临安志》《淳祐临安志》《淳祐临安志辑本》《咸淳临安志》等书收有佚文,研究者据此即可辑录《祥符(杭州)图经》的佚文,还可以通过该书其他临安志的相关记录来扩大线索。

总之,《中国古方志考》是我国辑录体方志专目的定型之作,一直是方志目录编纂的楷模。虽然它不是一部学术专著,但其学术价值与参考意义却是一般的方志学著作所不能企及的。

---

① 曹书杰著:《中国古籍辑佚学论稿》,东北师范大学出版社,1998年,第231页。

第五章
中国地方志在日本

地方志是我国特有的文化遗产，珍贵典籍，是中华文化的重要载体。其流传十分广泛，不仅在国内，国外也有大量的收藏。对国外搜集地方志的历史与现状，方志学研究应当予以足够的重视。这里以日本为个案，作初步的探讨。

第一节 日本大学图书馆中国地方志资源的访查

一、缘起

方志自诞生以来，历代官府和藏书家均十分重视地方志的搜集和整理，国内暂且不论，国外对方志也非常重视，大多将其视为一种"资源"，研究中国问题的工具。在我所接触和认识的国外汉学家中，就有不少常利用中国的地方志研究中国历史问题的。如：日本庆应义塾大学的山本英史教授编《传统中国的地域像》[①]就引用了大量的方志资料，研究了"通州·北京间的物流和地方社会""清代康熙年间的地方势力"等清代社会史课题，而且他还撰写了《中国的地方志和民众史》[②]等论文，阐述了他对方志的特点、史料价值的看法，以及如何利用方志研究中国的社会生活史。从目前国外有关中国问题的研究成果看，地方志的资料的确起到了关键作用。

20世纪80年代以来，伴随着我国新方志编修和科研工作的发展，出版了《中国地方志联合目录》《安徽方志综合目录》《山西省地方志联合目录》等一批全国性和区域性方志目录。这些目录基本反映了中国大陆各图书机构的方志收藏情况，为国内外学者的利用带来了很大的便利，但不足之处也十分明显，即没有对流传国外

---

① （日）山本英史著：《传统中国的地域像》，庆应义塾大学出版会，2000年。
② 载神奈川大学中国语学科编：《中国民众史的视角》，东方书店，1998年。

的中国地方志的情况予以反映。这样,既不便研究者利用流散国外的方志资料,**繁荣学术研究**,也不利于国内有选择地将那些流散国外的稀见方志回归祖国。

中国地方志流散国外很广,数量十分可观,初步估计要接近国内的收藏量。其中,日本是国外收藏中国地方志数量最多、质量最好的国家。日本早在明朝末期时就开始收集中国地方志,到近现代更是疯狂、不择手段地掠夺中国地方志。我国不少著名私家藏书楼收藏的地方志流入了日本,如清光绪三十三年,岩崎弥之助以十万元将浙江归安陆心源"皕宋楼""十万卷楼""守先阁"所藏的珍本"汉籍四一七二部,四三九九六册"[①]收归静嘉堂文库,其中就有地方志 403 种 421 部。[②] 现日本收藏中国地方志竟有 4028 种[③]之多,接近中国国内藏有量的一半。其中,有 80 余种为孤本,100 余种为稀见的珍本。这些地方志主要分布在日本国立国会图书馆、东洋文库、国立公文图书馆、天理图书馆、尊经阁文库、蓬左文库等著名图书机构。有关日本对中国地方志的收集情况,拙著《方志学》[④]曾有介绍,但欠系统和深度。2000 年 9 月始,我应日本庆应义塾大学的邀请,就"中国地方志在日本的流传及中日地方史志比较研究"的课题,在日本进行了为期一年调查研究。在这期间,我主要对国内和日本学者比较忽视的大学图书馆和研究机构的中国地方志资源做了调查,重点是庆应义塾大学图书馆。

二、方志资源状况

庆应义塾大学创立于庆应四年(1868),是日本历史最悠久的私立大学,也是日本最著名的大学之一。总部在东京三田。该校所藏汉籍比较丰富,其中,地方志占了相当大的比重,主要分布在新、旧图书馆和附属研究所——斯道文库。由于没有系统的汉籍目录可查,我花了四个月时间对所藏地方志逐一检点,摘录其书名、卷数、纂修人、版本、藏所、索书号、题记,编成《庆应义塾大学图书馆中国地方志目录》12 万字。根据我的调查,庆应义塾大学在明治时期就开始收集(康熙)《柳边纪略》5 卷、(康熙)《龙沙纪略》1 卷等中国的地方志,迄今共收集 1949 年以前

---

① 静嘉堂文库编:《静嘉堂文库宋元版图录解题篇·静嘉堂文库的沿革》,汲古书院,1992 年,第 136 页。
② 巴兆祥著:《中国地方志流播日本研究》,上海人民出版社,2007 年,第 154 页。
③ 《中国地方志流播日本研究》,第 275 页。
④ 复旦大学出版社,1993 年,第 51—53 页。

所编的各种版本的中国地方志 2111 种，其中，宋元以前编的 59 种，明代 383 种，清代 1261 种，民国 408 种。其分省情况如下表 5-1：

表 5-1　庆应义塾大学图书馆中国地方志分省统计表

朝代\省别	唐以前	宋	元	明	清	民国	合计
北京市			1	3	7	7	18
上海市		1		5	45	14	65
天津市					4	4	8
河北省				22	71	43	136
山西省				4	21	17	42
内蒙古自治区					11	4	15
辽宁省				2	16	2	20
吉林省					2	3	5
黑龙江省					9	3	12
陕西省		2	2	5	84	18	111
甘肃省	1			2	34	5	42
宁夏回族自治区				3	12	2	17
青海省					9	4	13
新疆维吾尔自治区	1				62	7	70
山东省			1	17	43	42	103
江苏省	1	8	6	46	113	42	216
浙江省	2	15	4	56	114	40	231
安徽省		1		33	105	14	153
江西省				43	213	3	259
福建省		2		32	36	22	92
台湾省					45		45
河南省			1	34	25	26	86
湖北省	1	1		12	21	5	40
湖南省		1		10	14	2	27
广东省		1	1	24	54	13	93
广西壮族自治区	1	1		11	19	8	40
四川省	1			9	31	44	85
贵州省				6	4	1	11

续表

朝代 省别	唐以前	宋	元	明	清	民国	合计
云南省	1		1	4	30	12	48
西藏自治区					7	1	8
共计	9	33	17	383	1261	408	2111

资料来源：《庆应义塾大学图书馆中国地方志目录》。

京都大学人文科学研究所是日本又一具有代表性大学的中国地方志收藏机构，其前身是东方文化学院京都研究所。1929年，根据日本国会颁布的《对支文化事业特别会计法》，利用中国的"庚子赔款"成立东方文化学院。东方文化学院又分别在东京和京都设立以东洋学特别是中国学为研究中心的研究所。1938年4月，东方文化学院改组，京都研究所独立，改名东方文化研究所。次年，京都帝国大学为适应日本军国主义者的所谓"建设东亚新秩序"的需要，建立了人文科学研究所。1948年4月，东方文化研究所改属文部省。同年，东方文化研究所和西洋文化研究所并入京都大学，次年1月，以"人文科学研究所"统合原来三所，正式开展学术活动。京都大学人文科学研究所收藏的有关中国文化方面资料非常丰富，其中汉籍有192958册。[①] 人文科学研究所的汉籍多源于原东方文化学院，以及后来的收购。其收储的中国地方志也以量多享誉日本国内，据1980年《京都大学人文科学研究所汉籍目录》统计，总数达2378种，具体如表5-2：

表5-2 京都大学人文科学研究所地方志分类统计表

朝代 种类	唐以前	宋	元	明	清	民国	合计
通志			1	19	81	13	114
府、卫、市志	2	21	5	97	181	2	308
州、厅志				30	210	2	242
县志		9		133	1179	373	1694
乡镇志		1		2	12	5	20
共计	2	31	6	281	1663	395	2378

资料来源：《京都大学人文科学研究所汉籍目录》（1980年）。

其他大学的图书馆，如早稻田大学、东京大学等，我也有选择地进行了实地调查访问。有些大学图书馆由于路途较远，只能通过朋友帮助，借阅各馆藏目录了解

---

① 参阅《京都大学人文科学研究所要览》，第15号，1997年。

其方志的收藏情况。这里将收藏量较多的择要列表 5-3 以见其概。

表 5-3 日本部分大学收藏地方志情况表

学　校	收藏数	依　据
东京大学东洋文化研究所	781	《东京大学东洋文化研究所汉籍分类目录》
早稻田大学图书馆	115	《早稻田大学图书馆所藏汉籍分类目录》
东北大学图书馆	471	《东北大学所藏和汉古典分类目录》
九州大学	469	《东洋史学别辑九州大学收藏中国地方志目录》
山口大学经济学部附属东亚研究所	278	《山口高等商业学校东亚关系图书目录》（和汉书分类之部）

这里需要说明的是，因上述所据目录编纂时间不一，且距今都有一定的年数，不能完全反映现今各馆的收藏实数。此外，还有神户大学图书馆收藏方志 72 种，大谷大学图书馆 67 种，新潟大学图书馆 51 种，爱媛大学附属图书馆 40 种，长崎大学附属图书馆经济学馆 31 种，爱知大学图书馆 27 种，立命馆大学图书馆 13 种，京都大学文学部 12 种，二松学舍大学附属图书馆 6 种。其他大学的图书馆，由于我没有看到它们的汉籍目录，无法统计其收藏数，估计或多或少都有收藏。

三、所藏方志的来源

据日本学者介绍，以及从有关资料可知，日本大学图书馆所藏中国地方志的来源大致有三：

（一）购入

这是大学图书馆所藏方志的主体。如，庆应义塾大学图书馆的 2111 种方志的 90% 是购藏的。该大学附属研究所斯道文库，源于 1938 年在麻生太贺吉寄赠的图书基础上建立的，设在九州福冈市，1946 年关闭。到 1960 年新设于庆应义塾大学，并置有坦堂、松林、平冈、龟井家学等文库，藏有 14 万册的和汉籍。其中，有关中国国学西文图书和中国音韵学图书较为珍贵。所藏方志有 242 种，除（光绪）《湘潭县图志》、（光绪）《湘阴县图志》、（同治）《巴陵县志》、（同治）《长沙县志》、朱长文纂《吴郡图经续记》等 10 余种属古城贞吉教授等人寄赠外，余均属该所购藏。

九州大学文学部藏有《景定建康志》、（嘉庆）《江宁府志》、（光绪）《江宁府志》、（同治）《上江两县志》、（光绪）《金山县志》、（乾隆）《江都县志》、（光绪）《江都县续志》等方志 355 种，中国台湾学者周彦文研究后称："根据这些方志书首所钤印的购藏章，它们绝大部分都是在昭和元年到昭和二十年（西历 1926 年到 1945 年）

之间被购入九州大学的，其中又以昭和十年左右购入的最多。这一段时间，正是日本帝国侵华最积极的时期。购藏方志以了解中国的地理要冲和风土民情，是日本军阀侵华的手段之一。所以与其说这批方志是学术上的收藏，倒不如说是历史上的遗产。"①应当说周先生的分析是符合客观实际的。

（二）个人的捐赠

多是学者捐赠或寄存。如庆应义塾大学，森田龟雄于1930年10月赠魏绍卿撰（民国）《吉林地理纪要》线装本2册，小寺泰次郎寄赠宋王十朋纂、清嘉庆十七年《湖海楼丛书》本《重雕宋本会稽三赋》1册，久保元智朗1919年7月赠郝玉麟等修（乾隆）《福建通志》残18卷线装本9册，桥本增吉1979年10月赠武穆淳纂（嘉庆）《安阳县志》29卷附金石录12卷，以及林岚等纂（民国）《续安阳县志》16卷1933年北平文岚簃古宋印书局铅印线装本14册，升井五郎左卫门1942年3月赠清光绪二十一年《汉魏丛书》本晋常璩《华阳国志》1册。再如早稻田大学，受赠下村正太郎旧藏（康熙）《畿辅通志》46卷首1卷32册、（康熙）《江南通志》76卷40册、（康熙）《陕西通志》32卷图1卷56册、（康熙）《浙江通志》50卷首1卷32册、（康熙）《山西通志》32卷36册、（康熙）《山东通志》64卷24册、（顺治）《河南通志》50卷24册、（雍正）《江西通志》162卷首3卷80册、（康熙）《湖广通志》80卷图考1卷40册、（康熙）《四川总志》36卷图1卷40册、（康熙）《福建通志》64卷40册、（康熙）《广西通志》40卷40册、（康熙）《贵州通志》37卷20册。

对捐赠数较多的，各大学图书馆多单独设立以捐赠者命名的文库予以保存。昭和八年，庆应义塾大学东洋史学科的创始人田中萃一郎教授，将所藏有关中国书籍资料寄赠给庆应义塾大学，庆应义塾大学于是设立田中文库。②其中，方志有〔唐〕《沙州志》《西州志》、陆广微纂《吴地记》、〔宋〕程大昌纂《雍录》、朱长文纂《吴郡图经续记》、范成大纂《吴郡志》、周淙纂《乾道临安志残卷》、〔清〕方式济纂《龙沙纪略》、吴振臣纂《宁古塔纪略》、何秋涛纂《朔方备乘》、沈德潜纂《浙江通省志图说》等19种。望月文库则是庆应义塾大学图书馆受赠望月军四郎的图书而设立的。因望月军四郎曾在战前来中国进行旅行、调查，很注重对北洋政府的《财政说明书》、国民政府的各种公报以及地情资料的搜集，望月文库收藏的有关中国的图书、资料非常丰富和有价值。就地方志而言，主要是通志，有（同治）《畿辅通志》、（乾隆）《钦定热河志》、（雍正）《山西通志》、（乾隆）《盛京通志》、（光绪）《吉林通志》、（民国）

---

① 周彦文编：《日本九州大学文学部书库汉籍目录》，前言，台北文史哲出版社，1995年。
② 三田情报中心编：《庆应义塾图书馆史》，1973年，第136页。

《吉林地理纪要》、(民国)《黑龙江志稿》、(雍正)《陕西通志》、(光绪)《甘肃通志》、(宣统)《新疆图志》、(宣统)《山东通志》、(乾隆)《江南通志》、(雍正)《敕修浙江通志》、(道光)《安徽通志》、(光绪)《江西通志》、(民国)《福建通志》、(雍正)《河南通志》、(民国)《湖北通志》、(光绪)《湖南通志》、(道光)《广东通志》、(嘉庆)《广西通志》、(嘉庆)《四川通志》、乾隆《贵州通志》、(光绪)《续修云南通志》等24种。

东京大学附属东洋文化研究所为日本收藏地方志的重要机构。该所成立于1941年，以中国地志和社会民俗为主要研究领域。其藏书是在接受大木幹一"读残书堂"、长泽规矩也"双红堂"以及原东方文化学院东京研究所旧藏的基础上发展而来。其中的"大木文库"，即1942年收受大木幹一捐赠汉籍45452册而建。"大木文库"以收藏中国法律书而著称于世，而于地方志也有收藏，计有《齐乘》、(雍正)《畿辅通志》、(民国)《良乡县志》、(民国)《涿县志》、(民国)《房山县志》、(民国)《霸县志》、(民国)《重修清苑县志》、(同治)《迁安县志》、(民国)《昌黎县志》、(光绪)《临榆县志》、(光绪)《重修天津府志》、(宣统)《天津新志》、(民国)《青县志》、(乾隆)《万全县志》、(康熙)《宣化县志》等64种。

（三）翻拍胶片与复印

由于缩微胶卷技术与静电复印技术的发明和进步，复制方志也成了日本大学图书馆扩大方志馆藏的重要途径。尤其是，胶片本的地方志成本低，占据库房的空间较小，易于保管，很受日本大学图书馆青睐。前叙的京都大学人文科学研究所所藏的明和清前期方志，就有不少为复印本，如(康熙)《畿辅通志》46卷首1卷，"昭和四十八年本所用东京内阁文库藏康熙二十二年序刊本景照"；(万历)《顺天府志》6卷，"昭和四十八年本所用东京东洋文库藏美国国会图书馆摄国立北平图书馆藏万历二十一年刊本胶片景照"；(隆庆)《丹徒县志》12卷，"昭和三十四年本所用东京国立国会图书馆上野支部藏隆庆三年刊本景照"。东北大学图书馆用尊经阁、内阁文库、东洋文库、国会图书馆、静嘉堂文库、蓬左文库等所藏，复制成的胶片本方志有(宋)陈耆卿纂《赤城志》、梁克家纂《淳熙三山志》、(元)于钦纂《齐乘》、张铉纂《至正金陵新志》、徐硕纂《嘉禾志》、[明]杨行中纂《通州志略》、李登纂《上元县志》、谢铎纂《赤城新志》、黄洪宪纂《秀水县志》、赵时春纂《平凉府志》、余之祯纂《吉安府志》、杜应芳纂《四川总志》、黄凤翔纂《泉州府志》、黄佐纂《香山县志》、欧阳保纂《雷州府志》、林富纂《广西通志》等309种，约占所藏方志总数的65%。

四、价值的评估

从目前的访查情况看，日本大学图书馆所藏的方志数量，总的来说，颇为可观，以清、民国间编纂的为主。就版本而言，其价值不及日本的公共图书馆和私家书库所藏，但学术研究讲究的是内容，从这点上来讲，日本大学图书馆所藏方志还是非常珍贵的。将这些方志与我国国内所藏相比，也不乏珍稀之作。如九州大学文学部书库藏清郭一豪等纂康熙四十九年刊本《瑞金县志》8卷首1卷，京都大学人文科学研究所藏明李振声纂修崇祯十二年刊本《郾城县志》10卷，即为孤本，不见国内庋藏。又如，明阳思谦修（万历）《泉州府志》24卷，抄本共有3部，福建省图书馆、福建师范大学图书馆各藏1部，另1部为早稻田大学图书馆所藏。明郭棐纂（万历）《广东通志》72卷，原万历三十年刻本国内仅见上海图书馆存卷23、37、38、45—47、55、56、68、69，而早稻田大学图书馆却藏有全帙32册。下面，以（崇祯）《郾城县志》为例，以说明日本大学图书馆所藏的方志的价值。

（崇祯）《郾城县志》10卷，明李振声纂修，明崇祯十二年刊本。

该志封面书"郾城县志"，上书口题"郾城县志"。白口，上鱼尾，单栏，左右单边。半页10行21字。

《京都大学人文科学研究所汉籍目录》著录："崇祯《郾城县志》十卷，明李振声修，明李豫等纂，崇祯十年刊本。有山本信有图记。"李振声，字符情，号华麟，陕西延安府米脂县人，崇祯七年进士，同年十月初二日来任知县。李豫，字佰和，号建侯，河南郾城县人，崇祯七来进士，历任刑部员外郎、浙江道御史等职。

按：李振声《郾城县志·序》曰："愚政事旁午，不能独力为之。因揖诸孝廉茂才而请曰，凡近日事，君等各采舆论，记实汇帙，帙成授愚。愚莅政之暇，早夜燃烛于蒿斋，加笔削编次之功，细为参订。凡涉可訾，一从汰削。旧所缺略，则从增补。……是役也，助修则学博吕君真知、丁君如潏、庠生李九标、安明民、谢槟、李启愚也，较正者则乡绅甲戌进士李君豫、孝廉谢思教、李发愚、春开荣、张经略、周道新、王梦桂、张经猷、李贲、高翀、明经刘登仕、陈经济、祥符庠生郑之鉴也。其补缺订讹，删繁润简，核其实，以为采风者之一助，愚不敏不敢辞其僭焉。督发剞劂氏则主簿田元绩、典史常自慊也。"又按：本志卷一首页第1行顶格书"郾城县志卷之一"，次行下书"金明李振声"。"修志姓氏"标："知郾城县事关西李振声纂修。郾城县主簿田元绩、儒学教谕吕真知、儒学训导丁如潏、典史常自慊、山西监察御史邑人李豫、举人谢思教……谢槟同修。"邑人李发愚《郾城县志·后跋》："郾志岁久阙逸，□难摩研编削。幸遇李侯莅邑三载，……更于政事之暇，毅然搜古采今，秉笔持衡，洋洋洒洒以成邑志大观。"可见，李振声在本志的编修过程中，既起到领导作用，又承担实际总纂任务，而李豫等只负责校对、分纂等部分工作。所以，本志应著录为李振声纂修。

关于纂修时间与版本，《京都大学人文科学研究所汉籍目录》是根据本志崇祯十年知县李振声序、邑人李发愚跋来确定的。以志书序跋的时间来论定方志的版本是目前通行的方法，但有时就显得粗率了。就本志而言，李振声序虽云"始于春三月，成于长至之日"，即崇祯十年冬完成，然未明言是这年刻印。李发愚跋作于崇祯十年仲冬，也仅提到"行将锓梓，□余序"。再从正文所记内容看，有相当的部分内容下限超出崇祯十年，如卷五武功记事及崇祯十一年五月，卷八艺文所收李振声《高桥关圣庙碑记》《新修砖城碑记》《修魁星楼记》《修关圣大帝庙碑记》等均作于崇祯十二年，有的甚至到了这年的年底。应当说，兹志编修时间是崇祯十年，而刊刻当定在崇祯十二年较为妥当。

志凡 10 卷。首有李振声序、县境图、城池图、县治图、儒学图、新浚三河五沟二十一堤口图、凡例、目录、修志姓氏，正文为：卷一星野、建置沿革、疆域、山川（内附桥渡、形胜）、风俗、里户、田赋、土产，卷二官纪、城池公署（内附村镇、铺舍），卷三学较［校］、选举，卷四神祠、寺观、古迹、丘墓，卷五宦绩、武功（内附武备），卷六流寓（内附医术）、人物（内附方技、耆寿、孝行、贞烈、封赠），卷七至卷九艺文（内附题咏），卷十祥异、纪异、附录，末有李发愚跋。

此志是在（嘉靖）《郾城县志》的基础上编修的。体例如前志，仍采用平目体，内容记述，嘉靖以前的多沿袭前志，但也作了调整和修订：(1) 合并类目。如将文集、题咏并为艺文，删惠政、荒政、郡名。前志中的奸盗、阉宦之类，"琐屑冗杂，观之可厌，尽为削去"①。前志人物下还分独行、儒林、名节、忠义、三甥、考异、循吏、隐逸、方技、宦绩、风节、廉洁、恬退、耆寿、孝行、贞烈、节妇、封赠等，过于琐碎，兹志有所省并，设人物，附方技、耆寿、孝行、贞烈、封赠。(2) 调整归属。如前志之津梁记桥渡等，而是志改在山川记三里桥、石界桥、双龙桥、漯湾渡等。前志之乡村集镇附于街坊，今改附城池公署。麻九畴，前志列为循吏，兹编归入流寓。(3) 订正讹误。"幸丁丑之初春，土寇荡戢。仲春终旬，赴省谒上，乘舆中，取前志翻阅。……皆据父老口传，一月而成，谬误甚多。如天文、星躔仿《许州志》依样葫芦，甚至以郾为邓，以邓襄台为邓襄城，以化身台为望夫□石，以青陵城为妲己所处，

---

① ［明］李振声纂修：(崇祯)《郾城县志》，凡例，明崇祯十二年刊本。

以会成台为会柽台"①。种种差舛,是志多详加考辨订正。(4)根据实际增删前志所载。如:卷一疆域增"北至许州一百二十里,至汴梁三百二十里,至京师一千八百二十里。南至南京八百五十里"。山川新增龙凤山等。风俗沿前志,但省去了"《河南总志》曰:人性朴顺,俗尚礼让。勤耕织,节用度。士习诗礼,人多弦诵。婚姻死葬一循古礼,有仁厚之风焉"②。土产,前志只列名称,现按类详载,博引典籍,指出特性。(5)新增嘉靖三十三年后之事。如卷一里户,新增崇祯十年知县李振声查得的户口数字。卷二官纪之知县题名,新补李孝、武建邦、罗伟、张世芳、胡应朝、吴道明等31人。卷三选举,新增进士陈岱、谢颜教、李豫3人,举人新增谢三诏、艾益善、陈岱等15人。卷八、九艺文,新补张拱《重修邓襄台福岩寺碑》、李振声《申象文》《修城隍庙碑记》《修宅记》《高桥关圣庙碑记》《新修砖城碑记》《修魁星楼记》《修关圣大帝庙碑记》、李九标《郾城令李公瑞象记》、李豫《邑贤父母李公颂功碑记》、刘理顺《重修儒学记》等文,李振声《西寺晓钟》《螺湾贾棹》、李九标《瀍亭舒怀》、谢槟《颂平叶舞寇三绝》、吕真知《平寇十咏》等诗。

纵观全志,记述简略,史料珍贵。如卷五武功"李振声"条,以及艺文中李振声《高桥关圣庙碑记》《螺湾贾棹》、李豫《邑贤父母李公颂功碑记》、谢槟《颂平叶舞寇三绝》、吕真知《平寇十咏》等诗文,详细地记载了明末战事以及与官府间来往公函,非常有史料价值。以下抄录数条,以供研究明代政治、军事、社会史查考:

"自崇祯□□□以及辛未连荒五载,一二叛兵大盗迫饥民横肆焚掠,啸聚流寇,至数十万众。蹂秦、晋蔓及蜀、楚、梁、宋之间,且南抵庐、凤。天下残破城池者,指不胜屈。如豫中宜阳、陕州、卢氏、荥阳、汜水、邓、淅等处,尽遭屠戮。振声来令兹土,城垣卑恶,人心震恐。下车,简搜乡勇,遇夜用火燎以疑贼,遇昼设旗帜以畏贼。或暗劫其营垒,或先杀其头哨,或后击其惰归,皆用火攻箭射之技。""崇祯八年,岁蝗为祟,民室如扫叶舞,土寇蛟聚。""崇祯乙亥之岁,水蝗交至,人相食,攫树皮,齿啗殆尽。"③

"风会分今昔,寂寞螺湾河。干戈途路梗,南北盗寇多。商贾鲜贸易,舟楫岂星罗。到处村烟绝,那食玉山禾。谁是养蚕者,市货供金梭。摧[催]科难蠲免,无以起民疴。商民两俱困,吾其奈时何。"④

---

① (崇祯)《郾城县志》,李振声序。
② 〔明〕赵应式纂修:(嘉靖)《郾城县志》,卷一,风俗,明嘉靖刻本。
③ (崇祯)《郾城县志》,卷五,武功。
④ (崇祯)《郾城县志》,卷九,艺文。

然而不无缺憾的是，兹书在锓梓后有多处被人批改的痕迹，或用毛笔画涂，或修改文字，或在原文中插入、补入新文字。如：卷一第 8 页疆域小序，"李振声曰：……故志疆域"之 1、2 行间插入手书"而疆界既分，民有定籍，职方所载由来重矣"。第 14 页第 5—9 行土产之小序间插入手书"郾俗所资农圃之物，……然备载旧文，虑缺遗也，故志土产"。疆域之"南至南京八百五十里"中"南京"二字被改为"江宁省"。卷二第 1 页官纪，有多处被毛笔划去，或改掉文字。卷二第 11 页驿丞，插入手书"明成化年至嘉靖三十一年俱设，今久裁"。训科之雅得所名字下，手书补入"医生"二字，又手书补"张民庆，医生，现充"。僧会司下手书补"法仁，本县僧，现在"。又手书补"道会司：于真润，本县人，现在"。卷二的第 15、16 页，卷三的第 1、2 页学校，也有多处被毛笔划掉。

日本大学图书馆的中国地方志，除东京大学东洋文化研究所、京都大学人文科学研究所名声在外外，主要是供校内师生使用的，外界知之甚少，其中的珍品更是难以知悉。加上大学又多又分散，资料又缺乏，进行全面的普查是很困难的。但中华民族的珍贵文化遗产流散异国他乡，不容弃而不顾。上述内容仅是本人勉力而为之的一部分。

第二节 孤本（崇祯）《嘉兴县志》研究

浙江是我国重要的文化之乡，历史上曾编纂了大量的地方志。浙江历代修志之多，名志之众，修志名家之辈出，独步海内。对浙江方志编纂的发展历史，已有学者进行了较系统的研究[①]，但于浙江流散海外的珍稀孤本方志，则关注得很不够。我在日本调查研究期间，对浙江流散日本的孤本地方志也给予了较多的关注。这里，着重探讨属特级贵重书、供日本天皇"御览"的孤本（崇祯）《嘉兴县志》。

一、有关著录问题的辨证

（崇祯）《嘉兴县志》24 卷，现存日本宫内厅书陵部。

洪焕椿《浙江方志考》著录："(崇祯)《嘉兴县志》24 卷，明知县歙县罗炌续修，

---

① 魏桥等著：《浙江方志源流》，浙江人民出版社，1988 年；洪焕椿著：《浙江方志考》，浙江人民出版社，1984 年。

嘉兴黄承昊等纂。崇祯十年（1637）修，刊本，二十一册，日本宫内厅书陵部收藏。"又著录（天启）《嘉兴县志》一部，"明知县武进汤齐修，嘉兴李日华等纂。……修于天启四年（1624），未成书，已无传本。惟汤齐及李日华两序尚存"。林平、张纪亮《明代方志考》著录完全同《浙江方志考》。《中国地方志联合目录》只著录"崇祯志"："〔明〕罗炌修，黄承昊等纂。明崇祯十年（1637）刻本。注：在日本宫内省图书寮。"日本《宫内厅书陵部和汉书分类目录》著录："《嘉兴县志》二四卷，明朱耀先、陈嘉言等。明崇祯十年（1637）版（毛），二一册。"从现有目录学研究成果看有两个疑问：一为嘉兴县"天启志"和"崇祯志"是一部书，还是两部书；二是纂修人到底是何人？

按：汤齐，字齐贤，号丽河，明南直隶武进人，万历四十七年进士，天启二年任知县，后仕至太仆卿。李日华，字君实，号竹懒，又号九疑，浙江嘉兴县人，万历二十年进士，累官九江推官、瑞昌知县、太仆少卿等。工书画，精鉴赏。曾主张"各郡国志乘令编辑送部，以为纂修也。""所著甚富，不下百种"①，著有《李太仆集》等书。罗炌，字有持，号然明，南直隶歙县人，崇祯七年进士，八年任知县，后升礼部主事。黄承昊，字履素，浙江秀水县人，万历四十四年进士，历任大理评事、江西布政司右参政等职。朱耀先、陈嘉言生平失考。

嘉兴县为浙西望县，长期以来一直与嘉兴府同治，"府有志，县无志，则以附府故然。府提其纲，县条其目"②。宣德四年析嘉兴县之西北地置秀水县，弘治初秀水戴经率先纂《秀水县志》，嘉靖八年濮州周显宗任秀水知县，再修县志。万历二十四年，利津李培聘请秀水黄洪宪又纂县志，成书10卷，"业已照耀千秋，懿烁当世矣"③。而嘉兴县为嘉兴府七县之首，"著名最古，志可无创乎？嘉、秀皆郡翊，同称泽国土腴。而秀志先成，则先大夫学士实载笔焉。然嘉犹缺如，无论往昔，即明兴以来二百六十余年之遗典湮灭不章，其何以征献文，备掌故，贡俗观风，昭示来许乎？"④天启三年，"史局檄征神、光两朝故实"⑤，各地多有响应。次年，嘉兴知县汤齐"以朝征二庙故实，特延孝秀沈君景倩、屠君德胤、陈君良卿，诠次旧闻，而禀成于李太仆九疑先生。为九则六十余目。屈指凡十有四年，而李太仆及屠文学相继捐馆，

---

① 〔清〕徐发等纂：（康熙）《嘉兴县志》，卷七，人物志，乡达，清康熙二十四年刻本。
② 〔明〕李日华等纂：（崇祯）《嘉兴县志》，黄承昊序。
③ （崇祯）《嘉兴县志》，续修志呈。
④ （崇祯）《嘉兴县志》，黄承昊序。
⑤ （崇祯）《嘉兴县志》，李日华序。

此志仅成其半，而置不复修"①。汤齐也称："开二千年之天地者，竹帛烟霞，经纬日月，召起仪曹之李先生也。箧雄著记，手佐瓌奇者，义高云天，思捷风电之沈孝廉景倩也。博搜旁采，质订疑奥者，藻擅宗工，思入纤渺之屠茂才德胤、陈文学良卿也。而德胤嗣君懋昭，则广揽冥求，志之图注多助焉。"②崇祯八年，罗炌来莅嘉，认为"嘉邑古檇李地，秀所自析，秀志而嘉不志，一慊也；志嘉而不终志，又一慊也。余牵丝于此，务在与民休息"③。十年，罗炌慨然允诸乡绅之请，即与黄承昊谋所以终其事。黄承昊"于是勉肩斯任，惴惴焉……亟联同事之旧人，则沈孝廉计偕迟返，而李少卿子会嘉、屠文学子用明及陈文学良卿在焉。李、屠二君克绍弓冶，暨陈君之博洽，目中罕睹，搜罗弘富，足备采择，心甚快之。又访知当年，阴为删定。而大有功于斯乘者，则姚君叔祥，词坛共推白眉者也。于是请于侯，仍烦诸君子协助而更益之，以太学洪君善之、文学沈君麟仲、钱君稚拙皆一时艺苑之名流，而予侄卯锡、予子寅锡、子锡，咸效搜罗编纂之劳。适沈孝廉还自燕，复襄旧业，益慰将伯之望。更有乡绅谭梁生先生，素称博物君子，方修《韵史》，网罗古今，时出其枕中秘以相佐。又有逸士陈君无功，拥书万卷，凤号边笥，尽出其著述，以助采撷。不敏上借明府罗侯之主裁，下赖一时诸君子之协赞，而间效其管窥，殚心思，穷昼夜，即举子揣摩不勤，于是自官师以下五志皆创构，而以前各志则仍旧贯而补新猷。凡五阅月而始就"④。

又按该志卷一首页2—6行下书："邑令毗陵汤齐齐贤修，邑人李日华君实纂，沈德符景倩、屠中孚德胤、陈邦俊良卿同纂。"卷十四末书"邑人屠学贤（伯尚）、丁起吴（不二）同较阅。"卷十六首页2—7行题："邑令新安罗炌然明续修，邑人黄承昊履素续纂，沈德符景倩、姚士粦叔祥、陈邦俊良卿、屠用明用明（笔者注：原文如此）、洪元基善之、钱士馨稚拙、黄寅锡清伯、黄子锡复仲分纂，屠学贤伯尚、丁起吴不二编辑。"

从上可见，从天启四年到崇祯十年，是嘉兴县修志的一个完整过程。只不过天启四年县令汤齐与李日华、沈德符、屠中孚等纂修未完成，但"实斯志首功也"⑤。至崇祯十年，县令罗炌聘黄承昊等，才在李日华等的未竟稿的基础上纂成。故而"天

---

① （崇祯）《嘉兴县志》，黄承昊序。
② （崇祯）《嘉兴县志》，汤齐序。
③ 〔清〕吴受福等纂：（光绪）《嘉兴县志》，卷末旧序，罗炌序，清光绪三十四年刻本。
④ （崇祯）《嘉兴县志》，黄承昊序。
⑤ （康熙）《嘉兴县志》，卷五，官师志，名宦。

启志"和"崇祯志"实为一部志书,该志的作者应著录为:汤齐、罗炌修,李日华、黄承昊纂,屠学贤、丁起吴辑校。

至于《宫内厅书陵部和汉书分类目录》著录的依据,可能是"崇祯志"《凡例》末所书:"本县管修志吏书朱耀先、陈嘉言、金国祥、沈松年,写志胡纪虞。"这条资料仅说明朱耀先、陈嘉言等参加了方志编写的管理工作,目前还未见有其他资料能证明是他们受请纂修了这部志书。所以,《宫内厅书陵部和汉书分类目录》的著录是值得商榷的。

二、版式及流失日本源流

"崇祯志"封面题"嘉兴县志",上书口题"嘉兴县志",卷一首页书"嘉兴县志卷之一"。纵25.5厘米,横16.9厘米。白口,上鱼尾,单栏,单边。版框纵21.4厘米,横14.4厘米。每半页10行,每行20字。全书共21册,刻工精美,保存完好。首页1—4行,上盖有阳文"秘阁图书之章"方印一枚,中盖阳文"帝室图书之章"方印一枚,下盖有阳文"佐伯侯毛利高标字培松藏书画之印",右下角有"友斐斋藏"方印一枚。

正文前有崇祯丁丑江西布政使司右参政邑人黄承昊《续修嘉兴县志·序》、天启甲子知嘉兴县事汤齐《嘉兴县志·序》、天启甲子礼部精膳司主事邑人李日华《嘉兴县志·序》、天启阏逢困敦之岁嘉令汤齐《修志约》、邑人屠中孚《嘉兴县志·序》、天启三年知县汤齐《修志申文》《续修志呈》、目录、凡例。佚崇祯十年知县罗炌序,卷末未见有跋。

下书口"页码"下方多有镌记,如:卷二页14书"四、九九",页15题"六百五三",页17刻"八百十",页21刻"七百十四",页31书"旧八丂七",页38、39刻"刘"字。卷三页10镌"四、十五",页12镌"二、五六",页13—18刻"刘"字。卷四页1刻"二百六五",页2刻"五、四八",页3刻"七丂四八",页4刻"七、十七",页5刻"五、四十",页6刻"四百八十",页7刻"七丂三五",页21刻"七百八十一",页46刻"刘七百八十五",页47刻"刘 六百八十",等等。

页码的并页和增页或插页也随处可见,如卷二页18、19并为一页"十八、十九",页39后有"又三十九"。卷三页5、6并为"五、六"一页,页21后有"又二十一"。……卷十八页8补入"又八"。卷十九页48后插入"又四十八"。卷二十页28、46、47后分别补入"又二十八""又四十六""又四十七"。卷二十二页15、16并为一页"十五、十六"。卷二十三页74插入"又七十四"。另卷十一缺页44、45。

少数地方还有句读，如卷三页9、10有"、"表示句读，卷五页3、4有"、""。"表示断句，卷七页24有"。"标点。

"崇祯志"编成后，罗炌捐俸助刻，"凡为卷二十有四，染楮二千有奇"。当时究竟锓梓了多少部难以查考，据徐发《重纂志稿述》："迄今五十余年，时经鼎革，政异费兴，前帙散亡。"①（康熙）《嘉兴县志》何镔序："既已分治，乌可不专立一乘，是以天启初前令汤公始谋之，未尽其业。至崇祯丙子，罗公方得成书授梓，而未几又毁于兵火。"又据此志的凡例，除新添9条外，"余例载旧志"。从一侧面说明崇祯志刻印的部数不多，在明清之际已有部分开始散佚，然至编纂康熙志时仍有刊本传世。否则，《千顷堂书目》卷七就不可能著录："黄承昊《嘉兴县志》，崇祯丁丑修。邑人。"徐发等也难以在其基础上编成康熙志。到嘉庆五年，冯应榴等受知府伊汤安之聘再纂府志，仍能见到该志，引用时皆一一注明。"本书引用……各县则《嘉兴汤志》《秀水黄志》之类，皆人所习称，今即因之。"②同时嘉兴县修县志，其《凡例》也称："旧嘉兴县志一修于明天启四年，知县汤齐偕县人李日华纂，未成。崇祯十年，知县罗炌偕县人黄承昊续纂成，今通称《汤志》。再修于国朝康熙二十三年知县何镔……今通称《何志》，皆有刊本传世。"光绪间嘉兴府和嘉兴县修志，虽然都著录了该志，但已没有迹象表明此志还存在。尽管（光绪）《嘉兴县志》多次引用，且收录了汤齐、黄承昊、罗炌等人的序文，然这都是从"康熙志""嘉庆志"转引来的。③"崇祯志"在国内的失传，似在咸丰、同治间，与当时的战乱有关。

"崇祯志"是何时流散到日本的呢？我估计应在乾隆和嘉庆间。从藏书印看，流散的系"友斐斋"藏本。"友斐斋"的主人是谁，尚待进一步考证。中日两国的经济、文化关系源远流长，清康熙至道光间，中日贸易虽然因政治等多方面的原因有起伏，但一直没有间断。当时贸易的不仅有丝、纺织品、药材等货物，而且还有书籍，其中就有大量的地方志。日本学者大庭脩先生研究，从日本元禄七年（即清康熙三十三年，1694）到文化四年（即清嘉庆十三年，1807），通过唐船持渡到日本的方志有561部④，但未见有此志。笔者在大庭脩先生研究的基础上进一步挖掘史料，

---

① （康熙）《嘉兴县志》，卷首，徐发《重纂志稿述》。
② 〔清〕冯应榴等纂：（嘉庆）《嘉兴府志》，嘉兴府志总目，清嘉庆六年刻本。
③ "嘉邑有志，权舆于明天启初，至崇祯十年告成，是为《汤志》，旋毁。……今诸君子有志于斯，窃谓宜依《司志》之旧例，参以《许志》所新编，斟酌损益。"见〔清〕石中玉纂（光绪）《嘉兴县志》，赵惟崙序，清光绪三十四年刻本。
④ （日）大庭脩：《江户时代唐船持渡书研究》，1967年，日本《关西大学东西学术研究所研究丛刊》本，第225页。

发现较幕府御文库——红叶山文库《御文库目录》《秘库书目》稍晚的藏书家毛利高标《红粟斋书目》《毛利家书目》中有著录此志。毛利高标，是日本江户时代中期的大名、丰后国佐伯藩主毛利高丘的儿子，生于宝历五年（即清乾隆二十年，1755），卒于享和元年（即清嘉庆六年，1801）。幼名彦三郎，字培松，宝历十年因袭佐伯藩主。毛利高标好学，嗜书，热衷汉籍善本的搜集。所设"红粟斋文库"，收藏的汉籍很多，颇受江户幕府注目。毛利高标的藏书印是"佐伯侯毛利高标字培松藏书画之印"，而"崇祯志"恰好也有这个藏书印。这就证明，"崇祯志"很可能是被中国沿海商人收购带到日本的，然后为佐伯侯毛利高标所收藏。到文政十一年（即清道光八年，1828），毛利高标的孙子毛利高翰将此志献给了幕府，被保存在红叶山文库中。明治十七年（即清光绪十年，1884），根据太政官第11号令，红叶山文库改建为太政官文库，次年又改称内阁文库。明治二十四年，内阁文库又将此志连同其他"天下独一无二"的贵重书移交皇宫，以供天皇御览。至此，"崇祯志"作为日本天皇的"御物"，一直保存在宫内。读者如果要利用，必须事先提出申请，得到批准方可阅览。

三、创、续之演变

前面我们已经论述了此志是天启四年应征而纂，未成，崇祯十年续纂成书的。就如同认为续志是前志的翻版一样，自清代以来人们一直以为，崇祯十年黄承昊等是按照天启间汤齐设计的体式进行编纂的，汤齐所定的体式就是流传本的样子，从未见有提出异议的。其实，只要我们进一步比较研究，就不难发现，在内容、体例等方面，天启和崇祯年间的编纂活动既有因袭的一面，也有创新的一面。

首先，在门类的设置上，天启四年汤齐设计的是"九则六十余目"，即舆地、建置、食货、武备、职官、仕进、人物、词翰、摭遗等9志。9志的排列顺序，汤齐定为"志以舆地为先，次建置，次食货，次职官，次仕进，次武备，次人物，次词翰，终摭遗"。各志之下，再分小目，具体为："舆地则有沿革、分野、疆域、山川、水利之当志也，建置则有城池、坊巷、公署、学宫、坛壝、祠寺、桥梁、丘墓、古迹之当志也，食货则有户口、风俗、额赋、里谣、征输、征榷、盐策、土贡、赈贷之当志也，职官则有品秩、题名、名宦、名将、封绾之当志也，仕进则有辟举、弟子、员宾、兴额、岁贡、乡荐、甲科、武科、掾史、貤封、恩荫之当志也，武备则有兵额、海防、清勾之当志也，人物则有帝王、妃御、勋猷、政事、理学、孝友、节义、文苑、武功、隐逸、贞烈、流寓、仙释、方伎之当志也，词翰则有诗、表、序、记、说、跋之当志也，再有遗事、遗言、遗迹泛而摭之，则志之大略具矣。"①崇祯间再开局，仍为"九则六十余目"，但进行了调整：舆地、职官、仕进、武备、词翰、摭遗等纲，改为地理、官师、选举、政事、丛谈、艺文，新设图说、仓廪、邮置、坊表、坊巷、土田、舍选、恤政、佚词、变异、果报、词翰、典籍、遗文等目，将学宫、盐策、风俗、土贡、赈贷调为庠序、醛法、里俗、贡品、恤政，祠寺调为祠庙、寺观，额赋、里谣、征输、征榷并为赋役，名将、封统并入名宦，贻封、恩荫并为封荫，兵额、海防、清勾统为兵防。纲目的统属也有个别的调整，如风俗、赈贷之类改统于政事志，仙释、方伎之类改属丛谈志，武备志由纲降为目（兵防）。

其次，在内容的叙述和表现上，总的来说是："会廉宪暗斋黄先生引而自任，得人之喜可知已。编摩凡五阅月，而志告成事。舆地诸条，旧已具体，缺者补之，紊者整之，如李入郭军，一经指点，壁垒改色。职官以后诸条，前所悬而有待者，多出先生独裁。"②也即说，自官师以下五志多新创，而以前各志，则多仍旧贯，而补新猷。具体做法可归纳为：

1. 纪事的时间下限一部分在天启，一部分接前文叙述，延至搁笔时止。如沿革表，始于周，终于明。庠序，附社学、学田，记事止崇祯十年。县职题名表知县止于天启二年任的汤齐，教谕止崇祯十年任的徐公燮。科甲表止于崇祯十年，页46始有荐举补遗。恤政记至崇祯十年。卷十六灾祥也止于崇祯十年。

2. 接前文注。卷三邮置记驿铺，文中属增补的注[补]，记兄弟名臣、宠贯三世等。卷十一名宦列传从春秋记起，自页95始为补，补记李鉴、龚勉、罗星、高座、张问达、顾云程、诸元道等7人。卷十二页46始有荐举补遗。卷十三人物志之帝王记唐宣宗、宋高宗、孝宗、秀王等，其中吴越王钱镠、淮海王钱俶属续补。武勋末有[补]，记闻人颖立1人。卷十五页27—28从"我生之初，俗犹俭朴"到"望当事者加之意而已"，注"承昊补述"。卷十六方术之末有[补]，补朱儒、周续之，[医术补]补记王天祈。卷二十二页23后[补]，收明黄承玄《嘉兴千户所均田碑记》等文多篇。

3. 插页、插卷续补。志中有多处，如卷十六页"又十七"补记方伎，页"又四十四"补记道释。卷十九页36后插入"又三十六"，补收许棠《经报国寺》。卷十九后还增补"卷又十九"（即第十六册），收明高启《子胥庙》《孔亭湾》等诗。卷二十四则全卷增补，全书仅见此在目录中注明，标"遗文补"，收丝纶、赋、诗、表状、序、记、传、祭诔、碑碣、志铭、题引、跋疏。

---

① （崇祯）《嘉兴县志》，汤齐《修志约》。
② （光绪）《嘉兴县志》，卷末，旧序，罗炌序。

四、得与失

一般而言，一个地方的首部志书多显草率、简略，也多为后来的志书所贬抑，失传者也众。"崇祯志"尽管是嘉兴县的首部志书，但是高质量的，多为后人赞誉。（康熙）《嘉兴县志·名宦》称："详而核，为诸志冠。"又"罗侯炌敦请修嘉兴邑志，凡二十四卷，赡博为诸志最"①。此志的优点主要有以下几点：

1. 资料丰富。资料是志书的基础，也是衡量志书质量高低的主要尺度。此志的编纂对资料的搜集不遗余力，大凡经、史、子、集、方志、稗官野史，无不搜罗参考。"自秦余《越绝》以迄今兹，上下二千余年；自禹杭、苕霅、淞泖、平江，东西五百余里，所有方言、地志、简策、稗初，靡不捃摭，靡不镕和。有形可陈则为具图，有年可纪则为立表。其言汪洋则为作书，其事庞积则为著考。有不胜书之芳行而为存略，有不可混之群言而为别类。"②此志凡例的第一则也明言："参考，嘉兴首邑独无志，所采诸书如《春秋》《吴越春秋》《越绝书》《浙江通志》、元《嘉禾志》、国朝《弘治柳志》《嘉靖赵志》《万历沈志》《秀水黄志》及应考子、史各志、各集、稗官等书。"就拿丛谈志之轶事来说，其引用的资料除正史外，还有《通鉴纪事本末》《宋名臣言行录》、于又定《笔尘》、王兆云《乌衣佳话》《经世奇谋》《耳谈》《世庙识余录》、陈良谟《见闻纪训》《闲窗日记》《六研斋笔记》等。其资料之翔实，可见一斑。

2. 记述全面而具体。首创之作，多不免单一、挂漏，而此志的记载涉及舆图、建置沿革、分野、疆域、山川、风俗、城郭、衙署、学校、仓廪、邮驿、坊巷、桥梁、坟墓、古迹、寺庙、户口、土田、赋役、盐法、贡品、物产、水利、兵防、职官、名宦、选举、人物、宗教、艺文、奇闻、轶事，于嘉兴的人、事、物几乎无所不载，且非常周详。如水利是农业的命脉，"崇祯志"对此十分重视，除在山川中记广济陂、华亭塘、伍子塘、汉塘、麒麟塘、长水塘、练浦塘、六里塘、白苧堰、马塘堰等水利工程外，专设水利一门，详尽记载历代修治水利的大事，最后以按语的形式，综述了嘉兴的水利大势："……按本邑围田，河泾纵横，谓古昔井画之遗莫可详矣。迨唐广德中，屯田使朱自勉浚畎距沟，浚沟距川，而其利始兴。后刺史于頔缮堤疏浍，列树表记，始可得详焉。附城大河一，支河四，圩九。德化都大河一，支河二十一，圩三十二。胥山都大河一，支河十六，圩三十一。感化都大河一，支河十九，圩四十。移风都大河二，支河十，圩一十七。里仁都大河一，支河三十，

---

① （康熙）《嘉兴县志》，卷七，乡达。
② （崇祯）《嘉兴县志》，李日华序。

圩四十七。新丰都大河一，支河十，圩二十一。永丰都大河二，支河十六，圩四十七。白苎都大河一，支河十，圩二十二。大彭都大河二，支河一，圩二十一。嘉会都大河一，支河十七，圩三十六。长水都大河一，支河十五，圩三十五。""境内之水，其源略分三派，中派曰西运河，从石门而来；南派曰苕水，从余杭合仁和、钱塘所坝江湖之水，从海宁硖石而来；北派曰雪水，从乌镇烂溪径入太湖。地势北低南高，溪流北驶南涩。我邑较秀水旱多潦少，高乡之田遇旱熯之岁，桔槔有三四接而始沾涓勺者，亦苦矣。"①所引这段论述就远较（万历）《嘉兴府志》为详。无怪乎，人称："其书未免过于繁富，而网罗放佚，足备后人考证，厥功伟焉。"②

3.在总体设计上集众志之长。方志的体例是在长期的历史发展过程中形成的，到明代已非常成熟，较流行的体例形式为平目体、纲目体和纪传体。此前成书的嘉兴地区的（万历）《嘉兴府志》、（万历）《秀水县志》分别属于平目体、纲目体，"崇祯志"在编纂时主要参考的就是这两部志。为便于考察其来龙去脉，我们制作了下面的表5-4。

表5-4 （万历—康熙）嘉兴府县志目对照表

（崇祯）《嘉兴县志》	（万历）《嘉兴府志》	（万历）《秀水县志》	（康熙）《嘉兴县志》
卷一地理志：图说、沿革、分野、疆域、山川、水利 卷二至八建置志：城池、公署、庠序、仓廪、邮置、坊表、坊巷、桥梁、丘墓、古迹、祠庙、寺观 卷九至十食货志：户口、土田、赋役、醝法、贡品、物产	图记 卷一建置、星野、疆域、山川、形胜、风俗、土产 卷二城池、公署、学校 卷三坛宇、坊表、丘墓 卷四寺观、古迹 卷五至七户口、田亩、赋役	卷一舆地志：方域、山川、城郭、塘堰、坊巷、乡都、市镇、桥梁、风俗 卷二建置志：公廨、学校、祠祀、仓廒、驿递、坊表、寺观、兵伍 卷三食货志：户口、田赋、贡课、物产、恤政	卷一地里志：图说、沿革、疆域、形胜、山川、水利、分野、灾祥 卷二建置志：城池、公署、学校、祠墓、坊巷、桥梁、寺观、古迹 卷三贡赋志：户口、土田、赋役、错壤、贡品、物产

---

① （崇祯）《嘉兴县志》，卷一，水利。
② （嘉庆）《嘉兴府志》，卷八十，旧志序录，各县旧志。

续表

（崇祯）《嘉兴县志》	（万历）《嘉兴府志》	（万历）《秀水县志》	（康熙）《嘉兴县志》
卷十一官师志：前代职官、县职、学职、杂职、名宦 卷十二选举志：荐举、科甲、乡贡、舍选、椽史、封荫、武举 卷十三至十四人物志：帝王、妃御、勋封、乡达、文苑、武功、儒林、高行、隐逸、节义、理学、孝友、词翰、贞节、侨居、流寓 卷十五政事志：恤政、兵防、里俗 卷十六丛谈志：方伎、道释、灾祥、轶事、佚词、变异、果报、杂记 卷十七至二十四艺文志：典籍、遗文	卷八课程、贡品、盐课、水利、海塘、兵政 卷九帝纪、后纪、妃纪、公主、侯王、监镇、郡职 卷十至十一邑职 卷十二至十四将帅、卫职、所职、名宦 卷十五至十六名宦、荐举 卷十七乡贡、貤封、恩荫、戚畹、侍卫、赀进、椽史、武举 卷十八至二十三乡贤、儒林、孝友、节义、文苑、武功、隐逸、流寓、医术、方伎、闺行 卷二十四丛记 卷二十五至三十二典籍、艺文	卷四官师志：县职、学职、巡检、名宦传 卷五选举志：科甲、贡举、舍选、椽史、封荫 卷六人物志：帝纪、妃御、名臣、贤达、忠直、宦迹、文苑、儒林、材武、孝友、高行、隐逸、列女、侨寓 卷七至九艺文志：典籍、遗文 卷十丛谈志：机祥、古迹、丘墓、仙释、翰墨、方伎、佚事	卷四政事志：乡约（保甲）、漕政（仓庾）、恤政、兵政、邮政、盐政、风俗 卷五官师志：帝王（妃御、戚畹）、勋封、职官、名宦（祠主、姓氏） 卷六选举志：甲科、乡科、荐举、武科、明经、太学、封荫、椽史（乡贤、乡饮） 卷七人物志：乡达、文学、隐逸、行谊、孝友、列女、艺术、释道 卷八外纪志：大事、杂事 卷九事文志：艺文、书籍

资料来源：（万历）《嘉兴府志》、（万历）《秀水县志》、（崇祯）《嘉兴县志》、（康熙）《嘉兴县志》。

从对照表看，"崇祯志"的门类基本是以借鉴（万历）《秀水县志》为主，（万历）《嘉兴府志》为辅，同时又根据嘉兴县的实际进行了重新整合。主要是新设了佚词、变异、果报等目，把风俗、恤政、兵防从建置志、舆地志、食货志中划出，新设政事志，将图说、公廨、方域、学校、分野、仓廒、盐课、驿递、巡检、机祥等易称为图说、公署、疆域、庠序、星野、仓廪、鹾法、邮置、杂职、灾祥等，将侨寓分为侨居、流寓，堰塘并入山川，将古迹、丘墓由丛谈志，城郭、坊巷、桥梁从舆地志改属建置志，使门类设置更得当，归属更合理。在编纂方法上，此志也汲取了两志的优点。比如，一般方志的地图仅疆域图、城池图、公署图、学校图数种，赵文华（嘉靖）《嘉兴府图记》首创每朝一图，《四库全书总目》评曰"殊为可法"。（万历）《嘉兴府志》继之。此志也仿效府志做法，卷一图说，有图，有说，绘有《吴越分境图》《秦郡县图》《汉郡县图》《三国吴郡县图》《晋郡县图》《六朝郡县图》《隋县图》《唐县图》《五代吴越县图》《宋县图》《元县图》《嘉兴分县图》《嘉兴县治图》《儒学图》《县敌楼图》《胥山图》《殳山图》《烟雨楼图》，提高了县志的资料价值和科学性。

4. 特色明显。特色是志书的生命，除体例外，本志的特色主要体现在内容的记述上。嘉兴历史悠久，经济发达，名人辈出，"崇祯志"在对嘉兴县的自然与社会进行反映时，着重记载了人物、诗文、名胜古迹，体现嘉兴县的人文特色和优势。有关名胜古迹，记有檇李城、射襄城、五台山、范蠡湖、幽湖、鳗鲡堰、学绣堰、鸡鸣台、杏坛、胡家巷、吕家府、景范庐、吴园、柳氏园、蒋侯生祠、漏泽教寺、白莲讲寺、先福寺、普光寺、积善庵、大云庵、闻性庵、观音阁等，几乎包括建置志的大部分内容，其中尤以寺观为详，占卷七、八两卷。人物类的重视程度更高，"而于人物去取之际深致详"①。"至于先辈列传……取善善长，恶恶短之义，宁详毋略，宁褒毋刺，即冒德操之诮而不辞。"②凡例共有17则，其中有7则与人物有关。"乡达凡有事迹可纪者，编年列传，而另分品格于首。生存，例不入志。文苑以下，各传皆然。""乡达及贡监、掾史，凡有政绩载在各处志书者，即一善一功，悉行采入，不敢埋没。"全书人物类涉及官师、选举、人物、丛谈4志，近5卷，分类多而细，有30目之多，纲、目之下还有小目，如乡达，又分忠直名臣、德行文学名臣、经济名臣、耆德名臣、忠直、廉介、清正、贤达、宦业等，方伎下又设医术、杂艺、方术3小目。记载也很细致，如医术记严氏（称世医，收严铁、严胤芳、严萃等及《药性赋》4篇）、希逼道人、凌恒达、吴森、殳珪、许绅、许敬、骆骧等，还概称："近代名医多居秀地，……其在嘉兴，幼科之表誉者为徐氏、常氏二姓，……外科则潘锡，……又究心内科，其术益精。"③武举后有"附记"，列举那些"或科分莫考，或出身莫考，或政绩莫考"等人的姓名。不仅如此，乡达等类的正文之前，还开列传主的名单，方便查阅，这在明代方志中是比较罕见的。

诗文、著作的多少在一定程度上可以看作一个地方文化发达与否的标志，嘉兴向称文化发达，有关嘉兴的著述和嘉兴人的著述很多，"崇祯志"对此反映得非常充分。"典籍有关世教则书，其各文集谨表先达名人者，其余皆细书以存之。""艺文有关地方则书。"④其对典籍列书名，分钦颁书籍、历代典籍、杂刻（前志已刻者不载）、方外、

---

① （光绪）《嘉兴县志》，卷末，旧序，罗炌序。
② （崇祯）《嘉兴县志》，黄承昊序。
③ （崇祯）《嘉兴县志》，卷十六，丛谈志，方伎。
④ （崇祯）《嘉兴县志》，凡例。

闺秀、本地杀青诸书、碑刻 7 类。对诗文采用两种处理办法，一是附于有关山川、学校、城池、古迹等内容之下，双行小字夹注，如城池附有《修城公移》，学田附《邑侯汤公捐助学田记》，寺观附《东塔广福教院记》《东塔寺置田度僧记》等；二是在遗文中分赋、诗、丝纶、诰、传、论、序、表状、奏议、记、论说、祭诔、碑碣、颂赞、书启、志铭、题引、跋疏等集中收录。诗文、著作的收录量估计达全书的 40% 左右，单卷十八至二十四的艺文志就占了 21 册中的 7 册。大量的诗文、典籍，一方面说明嘉兴文化比较昌盛；另一方面也为我们研究嘉兴乃至明代的历史提供了丰富的史料。如卷二十一彭辂《倭变纪略·题辞》曰："寇名曰倭，实则中国海滨奸豪，习商贩为业，游舶诸岛屿，本以牟什一，无他念。有朴遬小丈夫建议，塞海口，拒弗与贸易。彼既底滞折阅，不得还其故乡，计甚无聊，乃携倭之不逞工剑射者，与偕凭潮驾风帆樯内犯。"这条资料恰巧说明，过去把明后期的倭寇全部看成日本浪人的传统观点，失之偏颇。

5. 讲求实用，较注意社会、经济内容的记载，反映社会的发展变化。嘉兴地势低平，河道纵横，水灾时常发生，浚河筑圩，防灾救灾，对嘉兴的经济发展和社会稳定十分重要。对此，是志本着经世致用的精神，予以注意。圩田是一种高效的水利田，分布广泛，此志在水利和土田中均有记载，水利注重的是圩田的修治，土田侧重圩田的处所，并一一列举了盈一字圩、月一字圩、署二字圩、日字圩、南荒圩等德化都 32 圩、胥山都 31 圩、感化都 40 圩、移风都 10 圩、里仁都 17 圩、新丰都 22 圩、永丰都 47 圩的名称。志中荒政资料也很丰富，灾祥"关系一方者则书"①，记有历代自然灾害，如"（嘉靖）戊子十月十二日夜地震"，"（天启）三年癸亥十二月二十二日申刻地大震"。"崇祯元年戊辰七月二十三日，飓风霪雨，海宁县城中水高一丈，居民仓廪储蓄俱坏，滨海及附郭居民尽被漂溺。海盐稍次之，近海一二十里田禾悉淹死。"②仓廪记了备荒等仓廒的建造，恤政载有历次灾后的救济、赈灾和恢复情况，艺文收有明贺灿然《救荒记》等文。对赋役、田土也给予较多的留意，凡例称"户口、田亩，古制分征，近年赋役多出于田，而丁次之，故并书焉"③。除食货志集中记载外，艺文志中还收有陈懿典《嘉兴县蒋侯新定均田役法碑记》、黄承玄《嘉兴千户所均田碑记》、虞廷陛《嘉邑均田役议》等多篇有关论著。可见该志注意了有实用价值资料的记载。

---

① （崇祯）《嘉兴县志》，凡例。
② （崇祯）《嘉兴县志》，卷十六，丛谈志，灾祥。
③ （崇祯）《嘉兴县志》，凡例。

历史在发展，社会在前进。认识社会发展，客观地反映社会生活的变化，是方志编纂的基本任务。因编者的水平不一，出发点不同，方志在这方面的差异很大。"崇祯志"按生子冠婚、居丧葬祭、巾服器用、宴会馈遗、岁时俗尚、左道荧惑等类非常详尽地叙述了嘉兴的风俗状况，并在文末补述："我生之初，俗犹俭朴，民犹淳谨，殷厚之家尚多。不数十年而俗奢荡，人桀骜，钟鸣鼎食之家，指不数曲矣。……妇女之妆必竞珠翠之巧，市井少藜藿之食，仆隶皆祇裯之衣，梨园青楼何日得暇，画船箫鼓无日不闻。比栉崇墉，谁念贫交之无以举火，夸多竞美，反哂苦节者以为鄙。……务本者少，而入身公门者日盛月新。居肆者希，而袖手游闲者肩摩踵接，乃若打降恶少，饮血结盟，十百成群，一呼毕集……"①这些都是研究明代社会生活史的宝贵资料。"崇祯志"对明末社会变化的把握还是比较准确的。

作为嘉兴县的首部志书，"崇祯志"的编纂，虽然前后历经14年，但还是取得了较大的成功。上述优点的取得，主要得益于浙江和嘉兴地区修志历史悠久，有优良的修志传统和修志经验，以及较好的文化基础和人才储备。志书修成后，影响较大。清徐发称其"博稽精鉴……称诸郡最"。所纂（康熙）《嘉兴县志》十之五取自"崇祯志"。②当然，由于修志经历的时间较长，修了又断，断了又修，先后参加编修工作的人较多，最后续成的时间又仅五个月，确实有些仓促，因此不足之处也在所难免。（1）统稿欠精审。目录与书中的标题有几处不一，如卷一疆域，附乡都；卷十一官师志下分官制、职官表、官师，与目录不一。（2）有的类目划得过细，内容较少，如智略名臣仅记范蠡1人，武功名臣只记陆逊、陆凯2人，致使类目间畸轻畸重，失去平衡。（3）取材的地域界限掌握得不够严，以致将有些属全嘉兴府的，或属邻县的记入了本志。如资福庵、宁庆庵、佑圣庵、茅亭庵、惠安禅寺、极天尼寺本应分归秀水和嘉善县，李东阳《嘉兴府志·序》、赵瀛《重修嘉兴府志·序》、赵文华《嘉兴府图记·序》应由府志收录。这些就是此志存在的主要问题

五、明代修志规范化的例证

中国的地方志发展到明代已进入兴盛期，不仅修志的次数频繁，成书的数量多，而且日趋规范。有关明代方志的规范化问题，如官定体例，统一格式，定期修志等，

---

① （崇祯）《嘉兴县志》，卷十五，政事志，里俗。
② （康熙）《嘉兴县志》，卷首，徐发《重纂志稿述》。

笔者曾在有关论文中有论及。①申详呈报，现代学者认定是清代的一项修志制度。②现在看来，这一制度实行的时间应当推前。从《崇祯志》看，至少在三方面体现了明代修志的规范化。

1. 地方官府申请报批。明代的修志有很多是朝廷或上级地方官府下令或发布檄文实施的，也有许多是地方官员到后根据情况需要而进行的。地方官员自行修志是否需要得到上级的批准，明代方志的序跋多语焉不详。"崇祯志"特附有《修志申文》一篇，以及上级的批文和嘉兴县接到批件后的公示。现择录部分如下：

《修志申文》："嘉兴府嘉兴县为纂修邑志，以维吏治，以励风化事。窃惟观风问俗，文献必资。而征往诏来，志乘攸赖。志之关于政治，夫岂渺小？乃嘉兴为本府首邑，而县志不讲，事已湮于百千。即郡史附分，存不得其什一。匪啻建置、人物之源流，山川、壤土之间错，天时、人事之更易，民风、吏治之隆污，无据稽查，罔垂法戒。……卑职不揣谫陋，妄意纂修。第事关邑乘，须奉宪令以主盟。而笔乏史才，尤禀词宗为楷范。……缘系纂集事理，本县未敢擅便，理合请详。为此，今将缘由另具书册，合行具申，伏乞照详允示施行。天启三年九月　日嘉兴县知县汤齐。"

批文："……抚院王　批：嘉兴县志如议纂修，缴。按院李　批：志乘系大典，向来废坠。今复举行，则该县留心政务可知。仰速纂修，成帙送阅，缴。监院杨　批：嘉兴为檇李首邑，而志乘未备，诚为缺典。该县毅然己任，足征为地方经久美意。如议纂帙，以图厥成，缴。布政司周　批：准通修县志，以垂不朽，缴。……本府詹　批：天下小邑俱有志书，况堂堂首邑乎？修举废坠足征，该县酌请明公，备修实录，以补前缺，而垂后训可也。"

公示："蒙此遵依，请同乡官礼部主事李号九疑春元、沈德符、生员屠中孚、陈邦俊见在纂修外，候纂修完日，另行呈阅。所有原蒙批申，拟合申缴。为此，一、立案；一、申三院各司道、本府。今将缘由同原蒙批申，合行具申，伏乞照验施行。天启四年十月　日嘉兴县知县汤齐。"

上述资料不仅说明，明代地方修志要申请报批，志书纂修完成要送缴，而且还提供了撰写申文以及公示的格式。

2. 地方士绅呈请。编修地方志是我国优良的文化传统，每隔若干年一修志的观念已深深地印在每个人的脑海里。只要我们翻开志书，就可以见到，地方官莅任后，乡绅以志事请的记载。但乡绅是如何具体地请求修志的，至今未见学者论述。"崇祯

---

① 见拙作《明代方志纂修述略》《试论明代地方志的特点》。
② 王晓岩著：《方志演变概论》，辽沈书社，1992年，第197页。

志"为我们提供了一个范例：地方乡绅请求修志一是先口头提出，"邑绅衮意其可与商文事也，而以竣志之说进"①。二是提交正式的公文《续修志呈》。《续修志呈》首列呈请修志的嘉兴县儒学廪增附生员洪铭新、洪璋锡、陆沦原等人的名单，然后叙要修志的理由，提出可主持编纂工作的人选，最后写"恳乞师台加意斧衮，上承《春秋》，特允诸生之请，首重如椽之任，裁成县志，则载籍俾揆天而揭日，故实令彰往而俟来矣。有此具呈，须至呈者"。

3. 制定编写规范。方志多是众手成书。众手成志的好处在于能发挥各自所长，提高质量，不足是参加者水平参差不齐，文风不一，增加统稿难度。为便于统一志稿，制定一定的编写规则是必不可少的。方志的编写规则，一般体现为凡例。方志有凡例始于宋，全面采用则在明代。一部方志有凡例本不足为奇，"崇祯志"于这方面的价值在于：既有凡例对资料的利用以及图记、建置、山川、户口等门类的编法作出规定，提出一些有意义做法，如"艺文有关地方则书"；"山川各从原委，以便观览"；"其本县人墓在别县者不书，别县人墓在本县者则书"；"科第止列本等官衔，凡赠官不书"。又作《修志约》，对志书进行宏观规范，如总体结构，确定为"九则六十余目"；编纂总要求为"矢公矢虚，参之舆评，质之往宪。以郡志为祖，而传其嫡系。以秀志为兄弟，而借分形为合体。以沈瀛壶之撰述为始基，而参量增廓之"。总纂李日华把它称为本志的"章程"。②可见到明代后期，方志的规范化有了进一步的提高。

综上所述，(崇祯)《嘉兴县志》始修于天启四年，后经崇祯十年重新调整，编纂成书。约在乾嘉间流散日本。虽然该志存有一些缺点和不足，但由于是汲取前人修志经验、教训的基础上编成，因而有不少优点和创新之处，体现了明代方志的发展与进步。说它是一部规模宏大、资料翔实、编纂规范和具有很高史料价值的县志，并不为过。

第三节　孤本（光绪）《宁灵厅志草》考

宁灵厅，治金积堡，远古羌戎居之。明属宁夏后卫，清初因之。雍正三年改属灵州。(嘉庆)《灵州志》卷一记："金积堡在城西南七十里"，"市集各一处，每逢二、五、八日交易。"同治初，西北爆发回民反清斗争，马化龙部占据金积堡。同治八年

---

① (光绪)《嘉兴县志》，卷末，旧序，罗炌序。
② (崇祯)《嘉兴县志》，李日华序。

十一月，陕甘总督左宗棠率清军进驻平凉，围攻金积堡。一年后金积堡被清军攻占。"前陕甘总督左文襄公于同治九年檄师荡平，复因故堡旧址葺残补缺，招前民之流离者安集之，名曰保生寨。但以地当冲要，羌回杂居，州治远隔，有鞭长莫及之虑，特于同治十一年奏请，分灵州西南之半壁，改宁夏水利同知为宁灵厅抚民同知以莅之。"①这年的六月，清廷"改宁夏水利同知为宁灵抚民同知，从总督左宗棠请也"②。1913年，易名金积县，属朔方道。《宁灵厅志草》是宁灵厅建置以来编纂的首部志书，现藏日本东洋文库。③

一、纂修人、纂修时间和志书流散

该志封面题"宁灵厅志草"，1册，抄本。纵26.7厘米，横23.4厘米，白口，无栏，无边，无鱼尾，无序跋、凡例，未标卷次、页码。纸张粗糙，大小不一。第3页盖有东洋文库藏书印二枚。每半页9行，每行字数不一，或27，或32，或30……有多处圈点断句。

《中国地方志联合目录》著录："（光绪）宁灵厅志草不分卷，清佚名纂，清光绪三十三年（1907）修，抄本。注：在日本东洋文库"。日本《东洋文库所藏汉籍分类目录》著录同，索书号为B–V–7。由于该志没有序跋、凡例，这给我们了解其编纂原委等问题带来了不少困难，但若仔细推求，还是能有所收获的。

清朝是我国旧方志编修的鼎盛时期，有两次修志高潮。同治间，清廷镇压了太平天国、捻军和回民起义，为标榜所谓的"中兴"，多次诏谕各地修志。光绪十年，朝廷成立《会典》馆，谕征天下志书。地方官绅也热衷于借修志来标榜自己的"功勋"。甘肃省是西北回民反清斗争的重要地区，当回民起义被左宗棠镇压后，甘肃省也效仿江西、山西等省檄令属府县开展修志活动。（光绪《打拉池县丞志》廖丙文序载："打拉池县丞设自光绪元年，旧未有志书，叠奉宪颁二十七条，饬令访编，因即遵令辑修。"④光绪三十四年二月，陕甘总督升允"奏奉敕旨重修甘肃通志，遵即开局督办"⑤，

---

① 〔清〕成谦：《宁灵厅志草》，建置第三。
② 《清穆宗实录》，卷三百三十五。
③ 参阅拙著《日本藏孤本宁夏〈宁灵厅志草〉考述》(《宁夏社会科学》2002年第5期。宁夏人民出版社2008年出版该志整理本，标：佚名编撰《光绪宁灵厅志》)。
④ 〔清〕廖丙文修，陈希魁等纂：（光绪）《打拉池县丞志》，廖丙文序，1942年张维校辑本。
⑤ 〔清〕长庚等修：（宣统）《甘肃通志》，长庚《进呈表》，清宣统元年刻本。

并"札修志乘"①。灵州、洮州厅、海城县等即遵令编修志书。《宁灵厅志草》虽未明言，但可以推论，应该也是在这样的背景下编修的。

方志的传统，主修均是地方长官，编纂多聘请教授、训导或当地名人，也有的地方官兼主修与主纂于一身的。志书记各代职官的题名多止于现任，而名宦则录其去任者。对主修者的政绩，志中皆多记录。《宁灵厅志草》"沿革表"止于清，称清为"国朝"。"职官"同知题名止于成谦，照磨题名到汤永昌止，教授题名终及谢善述。"成谦，镶红旗蒙古人，光绪三十一任。""汤永昌，湖南长沙府宁乡县人，光绪三十三年任。"②谢善述履历不详。"名宦"记了赵兴隽、喻光容、洪翼、方仰欧等4位已离职的同知。又按（民国）《朔方道志》卷十三职官志之历代职官表，记宁灵厅同知8人：赵兴隽（"湖南湘乡人，同治十一年任。"）、喻光容（"湖南宁化人，光绪四年任。"）、方仰欧（"广东普宁人，光绪二十三年任。"）、洪翼（"湖南宁乡县人，光绪年署。"）、成谦（"满洲人，光绪三十一年任。"）、封启云（"云南普洱人，宣统元年署。"）、饶守谦（"湖北咸丰人，宣统二年署。"）、黄英（"四川嘉定人，宣统三年署。"）。从上可见，此志肯定修于清朝，不可能纂于民国，有修志可能的只有成谦、封启云、饶守谦、黄英4人。再从该志内容所涉及宁灵厅同知的政绩看，有明文记述的，赵兴隽有2处，喻光容1处，方仰欧1处，洪翼2处，成谦有6处，未见有封启云、饶守谦、黄英3人。再考该志的时间断限，各目断限不一，明确标出时间的有：沿革表止于清，建置记事止于同治十一年，城池断于光绪三十四年秋，公署截至光绪三十三年，学校止于光绪三十二年，贡赋下及光绪二十六年，祥异止雍正十一年，职官叙及光绪三十三年任。志后之《增采新章十条》乡镇、巡警、学堂断于光绪三十三年，特别是"实业叙"："惟于光绪三十三年十月初一日，捐廉创办罪犯习艺所一处，……迄今半载，制成品物，颇有进步。"这里的"今"很明显是指光绪三十四年三月。据此可以论定该志记载的截止时间应是光绪三十四年秋，《增采新章十条》截止时间应是光绪三十四年三月。因而，无论是该志本身，还是《增采新章十条》都修于光绪三十四年，而不应是光绪三十三年，纂修人当为成谦。

该志修成后，没有付之剞劂，也没有上报甘肃省通志局，原稿藏于厅衙，故宣统元年成书的《甘肃新通志·艺文志》著录宁夏府书目时没有收录该志。宣统三年，由于不明的原因，宁灵厅"挡［档］卷遗失"③，《宁灵厅志草》也就流散出去，无人

---

① 〔清〕王学伊修：（宣统）《固原州志》，熙麟序，清宣统元年铅印本。
② 〔清〕成谦：《宁灵厅志草》，职官第二十四。
③ 王之臣纂：（民国）《朔方道志》，卷十三，1927年铅印本。

知其下落。1924年，王之臣受聘纂《朔方道志》，即称："宁夏边塞之区，藏书既寡，兵燹之后，挡〔档〕卷尽亡。各属志乘，如朔邑之《朔方志稿》、灵州之《续修志稿》，非缺即遗。《中卫志》修自道光，后此亦未续修。镇戎、盐池《志》创修伊始，亦只言其大略。此外，如宁夏、平罗、金积则未之闻焉。"①然而《宁灵厅志草》是如何流入日本东洋文库呢？笔者在东洋文库访问时未见有直接的史料，询问有关研究人员也未能有明确的答复。查昭和十年（1935年）出版的《东洋文库地方志目录》，未见有著录。再查该书所钤印的一枚椭圆形"财团法人东洋文库"藏书章，发现《宁灵厅志草》是昭和十四年九月二十五日被收入库房的，编号是"111650"。这时恰是日本军国主义侵华最疯狂之时，收集方志以了解中国的地理要冲，是日本侵华的重要手段之一。该志很可能是在1936年至1939年间被掠夺去日本的。

二、内容

方志是地方文献，是一个地方各方面情况的反映。考察一部方志的好坏，内容是重要标准之一。方志的内容一般都经历一个从简单到全面的发展过程，越是后来修的，其内容必然越丰富。明清时期，我国各地的地方志虽然繁简、详略不一，然于一地的地理、建置、赋税、学校、职官、兵防、名胜古迹、人物、艺文等都是要记载的。

《宁灵厅志草》不分卷，共64页。第1页为封面，第2页为星宿图，第3页为历代沿革表、星野志。沿革表先叙清朝"初属宁夏后卫，雍正三年属灵州，同治年改设今治"，再从春秋述至明。星野志除抄录文献所载资料外，又分躔次、五星、井宿、鬼宿列载。页上还贴有一长条笺，共6行141字。第4—5页为建置、疆域。建置记宁灵的历代归属与厅的设置，并在本页之天头有"附入沿革表"字样。疆域记四至、八到、面积。"宁灵四境面积约共二千四百九十方里。厅治在宁夏府东南一百二十里。东至灵州界十五里，……西北至宁朔县界三十里。"还记金积堡、忠营堡、秦坝堡、汉卫堡、汉王堡、红寺堡、马家河在厅内的位置。此页的后半页有2行文字插入。第5页为山川，记有牛头山、金积山、大螺山、小螺山、平山等7座山，黄河、马家河等2条河。"黄河，西由中卫县入青铜峡，为厅西南之境，宁夏水利多源于此。出峡，经厅西，折而北，流三十余里入灵州境。"第6页系城池、公署。城池记有保

---

① （民国）《朔方道志》，王之臣序。

生寨同治初累土为城，光绪建新城。有多处被人涂改。公署记有同知署、照磨署、儒学署、仓廒、参将署、守备署、千总署、把总署等。第 7 页为学校，仅 4 行，记同治十年同知赵兴隽建钟灵书院，以及光绪三十二年同知成谦改建高等小学堂。第 8 页关梁、祠祀。关梁记有梨花桥、涝河桥、廖家桥、周家桥、尹家桥、大麦桥、俞家桥、峡口津渡等 7 桥 1 渡。祠祀记崇圣祠、文庙、关帝庙、文昌庙、先农坛、风云雷雨坛、龙神坛、刘猛将军庙、刘忠壮公祠、简勇节公祠、皖蜀昭忠祠、地藏庙、三光庙、药王庙、老君庙、桓侯庙、娘娘庙、东牛首山寺、米谷寺、甘露寺、峡口龙王庙、峡口禹王庙等 24 座寺庙。第 9—10 页为贡赋，记了宁灵的实垦耕地，新垦耕地，以及田等、应征夏秋粮。第 11 页为兵防，"谨将绿营兵额之增减，及营汛、塘墩之处所详悉志之，以备筹边者之采择"。第 12—14 页为水利，记汉渠及其支渠［新旧阎家渠、马兰渠等］在康熙后的修治、筑堤坝等情况，并附上乙未进士李培荣撰《南北涝河记》。第 15 页驿递、蠲恤、盐法。驿递记在城驿，以及驿的马夫、驿夫、工食银。盐法仅 4 行，记居民食盐的产地。第 16 页茶马、物产。物产分谷、菜、花、果、木、药、禽、兽、鳞、介、虫等 11 类，列各物产之名称。第 17—20 页风俗，先总叙，后分类记节序、婚姻、丧葬、祭祀等礼俗。第 21 页古迹，记青铜峡、金包塔、禹王庙、百合塔、灵武台、龙泉、流泉、地宫、墓墩、滴水等。第 22 页祥异，仅 4 行，记事始于唐贞观二十年九月地震，止于清雍正十一年又十月"霜花雪绺四十余日"。第 23 页陵墓，记明"庆王陵"。第 24—27 页职官，列赵兴隽、成谦等同知 12 人，邹玉麟、汤永昌等照磨 15 人，师德、陈登科等守备 9 人，韩世杰、颜荣耀等千总 3 人，等等。第 28 页名宦，为赵兴隽、喻光容、洪翼、方仰欧作传。第 29 页选举、人物。第 30—31 页孝义，记有张琮、韩科、岳廷选、王刚、姚卫、侯纶、赵天增、丁自明等 8 人。第 32 页列女，题名 9 人。第 33—55 页为艺文，收有潘昂霄《河源记》、赵时春《重修边墙记》、佚名《峡口禹王庙碑》等文，张舜民《峡口山》、石茂华《青铜禹迹》、庆靖王《汉渠春韵［润］》《月湖夕照》、齐之鸾《峡口吟》、杨芳灿、侯士骧、周为汉等的《倡和韵》、杨芳灿、郭楷、俞讷、侯士骧、杨承宪、秦源《边墙》诗，胡光《重修米谷寺碑记》、黄鼎《济胜泉记》《蜀军昭忠祠记》、周涛昌《刘忠壮公祠堂碑文》、俞光容《祭刘忠壮公文》、金运昌《皖军昭忠祠碑记》、洪翼《简勇节公祠碑记》、道以德《揭告回迹状》等记。以上是厅志正文的主要内容。

自第 56 页起至 64 页止为《增采新章十条》，系正文的补充。增记有汉回方言状况，汉回户口数，社仓的处所，文庙、文昌庙等坛庙的春秋祭祀支出银两，刘忠壮公祠、简勇节公祠、蜀军昭忠祠、皖军昭忠祠等祠的祀田数和田租收入，同知、照磨、教授、门斗、参将等文武官员和士兵的俸银，乡镇的设置，厘税的数量，以及实业、巡警和学堂的创办情况。

以上所述，可见宁灵厅的一些基本面，《宁灵厅志草》都有反映。它符合方志编纂在内容记载方面的要求。从全志的内容记述分配看，以水利、风俗、职官、艺文较详，艺文几乎占全志之半。但总的来讲，全志面广而记述简。

三、体例与编纂方法

方志是地方史料的集合体。各种史料如何排列组合，体例设计非常关键。因《宁灵厅志草》是本厅志书的首创，无前志可本，其编纂体例和方法就很值得研究。

宁灵本是灵州属地，其始修志书，必然首选《灵州志》参考。灵州故无志，乾隆六十年，知州杨芳灿延请郭楷编纂州志，"因参之《朔方志》及郡志所载，粗立条理，抄撮成编。"嘉庆三年，杨芳灿去任，丰岐东继任，又取原稿删繁补缺，"按《文献通考》体例，分为十八门类，类以小序冠之"①。光绪三十三年，王之臣续修灵州志，② 体例如前。这里，我们不妨先比较一下两志的篇目（表 5-5）：

表 5-5 （嘉庆）《灵州志》《宁灵厅志草》篇目对照表

（嘉庆）《灵州志》篇目	《宁灵厅志草》篇目	
历代沿革表第一	星宿图	物产第十八
星野第二	历代沿革表第一	风俗第十九
地理、山川第三	星野志第二	古迹第二十
城池、堡寨第四	建置第三	祥异第二十一
公署、学校第五	疆域第四	陵墓第二十二
坛庙、坊市、桥梁、津渡、名胜第六	山川第五	封爵第二十三
风俗、物产第七	城池第六	职官第二十四
古迹第八	公署第七	名宦第二十五
丁税、赋额第九	学校第八	选举第二十六
水利源流第十	关梁第九	人物第二十七

---

① 〔清〕郭楷纂：（嘉庆）《灵州志》，杨芳灿序、郭楷序，清嘉庆三年刻本。
② 《中国地方志联合目录》著录：（光绪）《灵州志》四卷，佚名续修。查（民国）《朔方道志》，王之臣序称："民国丁巳，护军使马公云亭、道尹陈公三洲殷殷以修志是亟，聘朔邑举人吴君心斋以主任之。未几，吴君物故，其事遂寝。甲子，之臣重游来宁。时马公已调任绥远都统，陈公以之臣前在灵州续修州志，……以继其任。"这里明言王之臣曾续修灵州志，这样也就补正了《中国地方志联合目录》著录佚名续修的谬误。

续表

（嘉庆）《灵州志》篇目	《宁灵厅志草》篇目	
职官姓氏第十一	祠祀第十	忠节第二十八
兵额、营汛、驿递第十二	贡赋第十一	孝义第二十九
历朝宦迹第十三	兵防第十二	隐逸第三十
人物、乡献第十四	水利第十三	流寓第三十一
忠孝、节义第十五	驿递第十四	仙释第三十二
艺文第十六	蠲恤第十五	方伎第三十三
历代边防事迹第十七	盐法第十六	列女第三十四
历代祥异第十八	茶马第十七	艺文第三十五

资料来源：（嘉庆）《灵州志》《宁灵厅志草》。

从篇目看，两志均采用类目体，（嘉庆）《灵州志》设目31，《宁灵厅志草》设目35。两志类目完全相同的有历代沿革表、星野、山川、城池、公署、学校、水利、驿递、职官、风俗、物产、古迹、人物、忠孝、节义、艺文、祥异等17目，内容相同而称法稍异的有宦迹与名宦、地理与疆域、坛庙与祠祀等，其余则属并析不同，如（嘉庆）《灵州志》丁税、赋额，《宁灵厅志草》并为贡赋；（嘉庆）《灵州志》桥梁、津渡，《宁灵厅志草》合为关梁；（嘉庆）《灵州志》兵额、营汛，《宁灵厅志草》并为兵防；《宁灵厅志草》的盐法、茶马、蠲恤、隐逸、流寓、仙释、方伎、陵墓、选举等，则是析嘉庆《灵州志》的相关类目而设。《宁灵厅志草》的篇目明显参考了（嘉庆）《灵州志》。

其次，在记述方法上，两志也有明显的沿袭痕迹。如物产，（嘉庆）《灵州志》只列名称，此志也同。如丁税、赋额，（嘉庆）《灵州志》先记田地数，再分等级记"上则全田""中则全田""上民田""中民田""土兵田""一则沙田""二沙[则]沙田""一则山田""三则山田""沙薄田""硝全田"等的数字，并以"以上实地"数字结束。记"共应征夏秋粮"数之后，再分别记小麦、豌豆、青豆、粟米数。此志仿效之，记实垦熟地865顷42亩9分1厘，光绪二十六年续垦升科地57顷27亩8分2厘2，共现垦熟地922顷70亩7分3厘，然后于内以"上则全田""中则全田""中全田""上民田""中民田""沙薄田""哨全田""银田"等分列。记"共应征夏秋粮六千四百七十三石一斗三升三合九勺"，内再分小麦、莞豆、粟米、青豆等列记。

又次，从取材上看，（嘉庆）《灵州志》是《宁灵厅志草》部分材料的来源。如星野志第二："今照录灵州旧志之采辑纪载可见者列于左。"水利记汉渠，附录李培荣《南北涝河记》，取材于（嘉庆）《灵州志》。风俗记"食主稻稷，间以麦。贫者饭粟，中人之家，恒以一釜并炊稻稷。稻奉尊老，稷食卑贱"，"五月十三日，竟演剧，祀关圣。先日备仪仗迎神，前列灶火，周游城中。望日，祀城隍，并于庙陈百货为贸易"即摘自（嘉庆）《灵州志》。

再次，为避免完全抄录（嘉庆）《灵州志》的相关内容，此志采取了详略参见的方法，以省篇幅。历代兵防是每部志书必载的内容，即使是新设立的厅、县，修志时也每有追溯。此志"谨将绿营兵额之增减，及营汛塘墩之处所详悉志之，以备筹边者之采择。至历代之兵防，灵州旧志载之甚详，毋庸赘录焉"。对宁灵设置之前的人物，也采用了同样的处理方法，凡见（嘉庆）《灵州志》者概不收录。

综上所述，《宁灵厅志草》的主体部分是仿（嘉庆）《灵州志》而编纂的。但其所附的《增采新章十条》却另有所本。（光绪）《海城县志》杨金庚序载："光绪丁未（笔者注：光绪三十三年）夏，予捧檄莅任。……适奉督宪升奏修通志，饬令各属修辑邑志，添列新政各门。爰郡尊照条规，按类分列。"从杨序可知，当时甘肃省曾颁布修志条规，要求各地增添新政门类。另光绪三十四年修的《金县新志·凡例》也称："旧志分十三门，今仍其旧。其应附入者，悉分类附之以归划一。新章所列十门，如学堂、巡警、实业、度支、方言等类，均依类附入。虽未另列，亦未尝遗漏。"我们再开列《增采新章十条》的类目：方言第一，户口第二，仓储第三，度支第四，乡镇第五，金石第六，厘税第七，实业第八，巡警第九，学堂第十，并对照（光绪）《海城县志》杨金庚序和（光绪）《金县新志·凡例》，可见《增采新章十条》系根据省颁条规采编而成。

四、价值与不足

《宁灵厅志草》的价值，首先表现在文献版本上。虽然我们说同治、光绪、宣统年间是清朝修志的又一高峰期，据不完全统计，修成的志书数量达1164种[①]，但就清甘肃省而言，成书的仅43种（其中今甘肃省33种，宁夏7种，青海3种），还不及当时的新疆省。《宁灵厅志草》作为这仅有的43种之一，其价值就非同一般，况且其是硕果仅存，没有复本，又流散海外，就更弥足珍贵了。

其次，体现在方志编纂上的进步。从全志的主体部分看，《宁灵厅志草》在类目设置和编纂方法上基本是继承了传统上的方志编纂惯例，但其《增采新章十条》却反映了当时方志编纂的新发展。我们知道方志门类是根据客观实际而设立的，同

---

① 据《中国地方志联合目录》统计。

时它又是客观实际的体现和反映。清末,由于西方殖民主义的入侵等多方面的原因,清政府被迫实行了一些改良,中国社会也发生了许多变化,出现了不少新事物。对这些新变化、新事物,方志应当加以反映,也必须加以反映。光绪三十四年,甘肃省颁发修志条规,要各地增添新政门类,顺应了时代发展对方志编纂的要求。但这省颁条规和新政门类,(宣统)《甘肃新通志》未提及,(光绪)《海城县志》杨金庚序没有详叙,从该志的类目中也难析出。(光绪)《金县新志·凡例》虽说新章所列有10门,然明言的只有学堂、巡警、实业、度支、方言等5个门类。而本志的《增采新章十条》设有:方言、户口、仓储、度支、乡镇、金石、厘税、实业、巡警、学堂等10目,则完整地再现了甘肃省要求各地增添的新政门类。它一方面使得我们能清楚地了解清末甘肃省的修志发展,另一方面也说明《宁灵厅志草》在门类设置上有所创新。

又次,表现在存史意义上。《宁灵厅志草》是作为宁灵厅的首部志书,较全面地记载了宁灵厅的历史和现状,为研究宁夏史尤其是今天的吴忠市史提供了非常有价值的资料。如城池第六,记"光绪二十六年,署同知洪翼、参将侯明俊奉请,由绅商岳廷献、毛大昌等捐集千余金,将东西门瓮城、月城修筑。然筹款无几,城楼角楼仍阙如也。迄今,女墙水沟半多圮裂,而周围倾塌之处,千疮百孔,指不胜屈。戊申(笔者注:光绪三十四年)秋,同知成谦倡捐集款,遴委灵武城守营千总颜荣耀、贡生岳廷献监工修葺。并新建兵房于东西门马道上,越三月蒇事。然亦择其要者,修之,筑之"。"环城壕池一道,引水畅流,居然雄堑。东西建官桥各一,以通往来……"这条反映了宁灵厅城的修葺情况,可补(民国)《朔方道志》记载的不足。贡赋第十一,载"山堡沙漠居多,虽有土田,水利莫及。膏腴之地,不过附厅各水堡数十里而已"。物产第十八,记"宁灵水堡五,山堡二。水堡地狭而饶,山堡地广而瘠。五谷、草木、果瓜之属,惟水堡产之,山堡则畜牧而已"。这两条反映了当时的生态环境状况,对我们今天的生态开发有借鉴作用。驿递第十四,载"电政,固原直达宁夏府城之支线,由中卫县入厅南大草沟,至大红沟入中卫县境,计经过厅境长六十里。邮政,宁灵尚未建设分局,暂由商户代办"。说明以电力、邮政为标志的社会生活的近代化在偏僻的宁灵已悄然发生。方言记"汉回杂处。汉民口音重质,迟钝寡言。回民口音轻捷,易言辩诘。其土音称谓,如曾祖父母曰太爷、太奶……他有随军流寓而操南音者,有董营寄籍而操固原音者"。这是研究人口流动史的好资料。

本志编纂之时正是清朝实施所谓的"新政"的时候,志中内容对我们研究清末新政很有价值。如厘税:光绪三十三年"无论货物粗细,每百斤抽收税银三分"。查征收数目至旺,"每岁在一百三十两上下"。实业:"农业……现正拟设立农会,以开通水利，考察土宜为入手。"巡警："宁灵巡警，于光绪三十二年十二月由知厅事成谦开办，就厅城中街向有之申明亭改设局所。……咨商灵武营，挑选制兵十二名充当巡丁，酌给口食，以资津贴。"学堂："宁灵高等小学堂一所，中路初等私小学堂三所，东路初等私小学堂四所。"高等小学堂系于光绪三十二年三月初一日由知厅事成谦将厅城内"旧有之钟灵书院奉文改设。……至各路初等私小学堂，均于光绪三十三年十一月内先后开办。各堂教习各一员，学生二三十名不等。"说明新政的实施在各地虽然效果差异较大，但全国都在推行确是事实。

此外，艺文中的周涛昌《刘忠壮公祠堂碑文》、俞光容《祭刘忠壮公文》、金运昌《皖军昭忠祠碑记》、洪翼《简勇节公祠碑记》、道以德《揭告回迹状》等，对研究清末西北回民起义史还是很有帮助的。

当然，由于宁灵厅设置未久，档册积累有限，志书编纂的时间又短，本志也存在着不少缺陷：其一，材料收集不齐全，致使不少门类内容过于单薄。如茶马仅3行，记"向无官马，即茶引亦无"。蠲恤仅两行，无实质内容。选举、人物，虽分别占有9行和4行的篇幅，但也没有具体内容。艺文漏收了左宗棠《刘松山进攻金积阵亡请恤疏》《马化龙投诚办理情形疏》《筹办金积善后事宜疏》等。其二，虚设门类。志中的封爵、忠节、隐逸、流寓、仙释、方伎等门类未记，只标一个"缺"字。其三、整合不力，前后两部分有明显的割裂痕迹。本志没有进行系统总纂，将前后的所有资料和门类融合为一个整体。但瑕不掩瑜，这些缺点无损于《宁灵厅志草》的价值。

第六章
新志续修的理论探讨

我国方志有连续编纂的传统,前修与续修关系处理历代均有。只是我们的首轮新方志是在各地修志中断较长时间后恢复编修的,又在经济社会快速发展变化后迎来续修。新方志的续修是21世纪方志学界面临的又一重大任务。虽然这些年学术界就如何编纂续志进行了热烈的讨论,但尚有许多问题需要深入研究。

第一节 新方志的体例与篇目

一、新方志的体例

古今著述,无论是编史修志,还是撰写百科全书以及其他著作,除要有必备的资料外,还有一个体例问题。体例的完善、周备与否,是品评一种著作好坏的重要尺度。同样,它也是评价一部方志好坏的重要标准之一。

方志是以政区为记述对象的,而政区内的情况纷繁复杂,既有自然、地理,又有政治、经济、文化、社会、风俗,等等。要把如此千头万绪、牵涉广泛的古今人、事、物有条不紊地记载下来,编纂成书,没有一定的体例规范是不可能的。方志体例是使一地方各方面情况系统化、规范化的关键。

何谓志体?旧时学者论述很多。如清方苞《与一统志馆诸翰林书》云:"譬为巨室,千门万户,各执斧斤,任其目巧,而无规矩绳墨以一之可乎?""故体例不一,犹农之无畔也;博引以为富,而无所折衷,犹耕而弗耨也;且或博焉,或约焉,即各致其美,而于体例已不一矣。"[①]他以生动的比喻说明,众手修志,认识不一,水平参差,须

[①] 〔清〕方苞:《与一统志馆诸翰林书》,载朱士嘉编《中国旧志名家论选》,《史志文萃》编辑部,1986年,第6页。

定体例以防混乱。章学诚说"史体纵看，志体横看"①，史志体例的区别在于纵横不同。民国李泰棻《方志学》称："体例之于方志，如栋梁之于房屋，栋梁倒置，房屋安得稳固？"②甘鹏云《方志商·〈湖北通志〉义例商榷书》曰："纂修通志，以规定义例为最要。义例不定，如裘无领，如网无纲，非法也。"③吴宗慈《修志丛论·论体例》云："修志者，必先撰体例，几为一般通则。"④在他们看来，体例对于志书十分重要，它是统一志书的准绳和法则，志书编纂都应在体例的规范下进行。虽然他们已勾勒出志体的某些特性，但离准确阐发志体这一概念尚有一段距离。

社会在进步，时代在变迁，志体也在不断完善，人们对志体的认识亦在不断深化。

王复兴《方志学基础》说："体例，是一类著述区别于其他著述的体制形式。方志体例，是志书表现自身内容特有的、不同于其他著述的体制形式，主要包括体裁、格局结构和文字表现形式等。"⑤

欧阳发《新编方志十二讲》认为："志书的体例是由三个要素组成的：一是体裁，二是结构，三是章法（即对撰写的一般要求）。"⑥

史继忠《方志丛谈》称："体例是指志书的表达形式，包括体裁、结构和门类设置三大部分，但体例为凡例支配，两者相依相存。"⑦

王晓岩《方志体例古今谈》认为："方志体例，是贯彻修志宗旨，适应内容需要，并区别于其他著作的独特的表现形式，它具体体现在志书的种类、体裁、结构、编纂等各个方面。"⑧

林衍经《方志编纂系论》云："方志体例是一种全面记载一方自然和社会的历史与现状广泛内容的、资料性的特殊著作形式。"⑨

以上诸说大同小异，较之前人大大进步了，更加接近志体的本质。我们认为，新编方志的体例是一定地域内政治、经济、军事、文化、教育、社会、人物等内容

---

① 〔清〕章学诚：《答甄秀才论修志第二书》，载朱士嘉编《中国旧志名家论选》，《史志文萃》编辑部，1986年，第47页。
② 李泰棻著：《方志学》，商务印书馆，1935年，第31页。
③ 黎锦熙、甘鹏云著：《方志学两种》，岳麓书社，1984年，第159页。
④ 转引自朱士嘉编《中国旧志名家论选》，《史志文萃》杂志社，1986年，第143页。
⑤ 王复兴著：《方志学基础》，山东大学出版社，1987年，第175页。
⑥ 欧阳发、丁剑编著：《新编方志十二讲》，安徽省地方志编纂委员会，1984年，第34页。
⑦ 史继忠著：《方志丛谈》，贵州人民出版社，1985年，第58页。
⑧ 王晓岩著：《方志体例古今谈》，巴蜀书社，1989年，第6页。
⑨ 林衍经著：《方志编纂系论》，安徽大学出版社，2001年，第2页。

的表现形式，是一地历史与现状条理化、系统化、准确化的规则，是新志区别于当代其他类著作的独特标志。简而言之，新志体例即将有关地方情况的丰富而繁杂的资料剪裁、编辑成书的原则、规定。它的内容十分丰富，涉及方志编纂的各个方面，主要有：

1. 无所不载。这是新志体例在内容上的要求。方志为一方古今总览，于一地各方面的情况都要反映。以旧志而言，有关地理的，有山川、疆域、沿革、水利；有关政治的，有职官、人物；有关经济的，有赋税、徭役、户口、物产、农业、手工业；有关军事的，有兵事、武备；有关社会生活的，有风俗、节令、宗教；有关文化的，有艺文、金石、方言；等等，相当广泛。新方志继承旧志无所不载的传统，载述更为宏富，凡一地主要方面的主要情况都要包罗。即使是专志、部门志也有这方面的要求，亦即把本专业、本部门内各方面情况记载全面。

2. 严守时空界限。方志为一方之志，地域性是其首要特性，新方志的记述，以现行行政区域为准，一般不越境而书。假如非得涉及异域不可，那也是站在本地域的立场与视角，记述本地域与异域的联系，或本地域在异域的事业发展与影响。在时间上，新方志有明确上下限。上限一般不作规定，要求追溯事物之起始。下限既可定出具体年份，也可记至志书搁笔时止。在上下限时间跨度内，既记古，又载今，古今不能偏废，记载的重点放在旧志或前志断修以后的人事物，俗称"统合古今，详今明古，详近略远"。

3. 分门别类，横排竖写。新志在主体结构上，首先将一地千头万绪的古今人、事、物按性质分成众多门类，大门类下视事物多寡、层次，以一定标准再析小类、小目，并按一定规律排列整齐，使之秩序井然。其次，按事以类聚的原则，纵叙史实，也即分门别类地以时间顺序纵向叙述事物发展过程，反映事物兴衰始终。经过这样的编排，不仅显示了社会的横断面，而且揭示了纷繁芜杂的事物的有机联系。

4. 诸体并用。方志门类众多，内容复杂，旧志多运用纪、志、书、录、考、传、图、表等体裁加以表述。新方志也是诸体并用，目前通行的有述、记、志、传、图照、表、录、索引。其中，"专志为志书的主体"，"图、表尽量采用现代技术编制"，大事记"适当选择当地历史上的重大事件记述，使读者了解该地历史发展的大致脉络"。①

5. 完整布局。方志的总体格局在不同时代有相异的组成部分。在宋以前，它相对单薄，不够完整，至宋代后才趋于齐全，有序、目录、凡例、正文、跋。新方志

---

① 《新编地方志工作暂行规定》，《中国地方志通讯》1985年第4期。

则更加全面，不仅有序、目录、凡例、正文、跋（编后记），而且普遍设了概述、大事记、附录（文献辑存）。全志以序开篇，统领全书；目录继后，展现全貌；凡例续之，规定要例；概述勾勒大势，揭示特色；大事记补横剖之不足，彰明因果；正文分类详叙，为全书核心；附录择要记载，保存重要资料；跋（编后记）收尾，明了编纂始末。八大部分有起有落，前后呼应；有经有纬，纵横有致；有表有里，主次分明；有宏有微，相辅得宜。

6. 据事直书。新方志的一个重要特征为资料性，它的中心任务是运用宏富、翔实的资料，站在第三者的立场上，以年代为序，客观地把各方面的人事物叙述清楚，不尚夸饰、渲染、议论，要让事实、资料说话，寓褒贬、是非于记述之中。

符合这六个基本条件，即达到新志体例的一般规范，所修志书即为一部大体合格的志书。

我国地域辽阔，各地的自然条件千差万别，经济、文化发展水平参差不一，各呈特色，不同地区的新志因而也因地随俗各具个性，其体例亦应表现有相异之处。决定某部志书独特体例的，除上述要素外，还要受凡例、行文书写规则的制约。凡例、行文书写规则也是新志体例的重要组成部分。

凡例，又称叙例，为志书编纂的总体规范及其必要说明。其始于宋，明代方志已普遍设置。新志凡例有三种类型：一为全国性的，适用全国的志书，如《新编地方志工作暂行规定》《关于地方志编纂工作的规定》；二是区域性的，对特定地区的志书进行规范，如《黑龙江省地方志编纂工作暂行规定》《贵州省地州市县志编纂工作暂行细则》；三乃专书凡例，最为普遍。新志凡例包括总则、分则两部分。总则规定志书总的编纂要求，分则对具体章节以及需特殊处理的问题做出安排，如《江陵县志·凡例》（1990）云："鉴于县境屡有变化，本志记述的地域范围，原则上以1949年7月15日全县解放时的县界为准。"总则撰制简洁，分则详悉。它是全志的法度。

行文书写规则，乃志书撰写的技术规范，为新志体例所独创。它虽不见于志书篇章中，但对志书编写绝不可少。它有两种类型：一为省级的，如《广西新编地方志行文规定》《江苏省地方志行文规范》；二是专书的，如《萧山县志书写规则》《上海市普陀区志行文规范》。行文书写规则一般涉及书写格式、用字、标点、符号、名称、数字、时间、计量、货币、引文、注释、术语、图表等方面，要求具体、简明、操作方便。

二、体例与篇目的关系

篇目，又名纲目、类目、目录，是一定区域内各类情况的体现和反映，是把一地方方面面的内容组织、合成起来的合理而周密的网络。瞿宣颖说："凡志之佳恶，不待烦言，但阅其门目，便知其有无鉴裁之力。""故欲精志例，先求分目之允。"[①]李泰棻《方志学》也说："纂志之道固多，而门目标题，则为首要。"[②]《新编地方志工作暂行规定》也称："确定志书的框架和篇目，是关键性的一环。"篇目对于志书编纂相当重要，是修志者应当深思熟虑的主要问题之一。

既然体例、篇目在新编地方志工作中都居于核心地位，它们的完善与否同样关系着志书编纂工作的成败，影响志书质量的高低，那么二者势必有着内在的紧密联系：

1. 先有体例，后有篇目。方志编纂是当前精神文明建设的一项重要事业，一个地方、一个部门在着手编纂工作之前，必然有个总体设想，也即要编一部什么样的志书，这就是体例设计。有了确定的体例，其他工作才可能有条不紊地进行。篇目当然也是新方志不可缺少的内容，但它不能指日可成，毕其功于一役。它的形成需要相当长的时日，需经历几个阶段。资料是志书的基础，搜集资料艰苦而繁杂。为便利资料搜集工作的开展，避免工作盲目和资料遗漏，事先要凭借人们对本地（或本部门、本行业）的了解和一般知识拟制一个涉及面宽且细的"资料搜集提纲"。随着搜集工作的进行和逐步深入，虚拟提纲的不合理处（如有的门类缺略，有的门类多余，有的门类要并析，有的门类要改属）不断暴露，于是提纲经过一次又一次的修订。当资料搜集基本齐全时，修订过的资料搜集提纲即成了"撰稿纲目"——雏形篇目，也成了编制资料长编、撰写志稿的依据。它再经修改、审定，遂成"定稿大纲"。"定稿大纲"形成之日，也是方志篇目定型之时。

2. 体例内涵丰富，篇目较为单一。如前所述，方志体例的内容十分广泛，主要有无所不载、时空界限、分门别类、横排竖写、诸体并用、完整布局、据事直书六大要素及凡例、行文书写规则两大部类。从修志的宗旨、目的到志书结构、框架、布局、体裁、内容、断限、纪年、数据、称谓、书写、资料、注释等等都有明确的规定和说明，可谓全面、系统。篇目仅为门类的划分、设置和门类的排列、组合。两者内涵广狭不可同日而语。

---

① 瞿宣颖：《志例丛话·杂例》，见《中国旧志名家论选》，第221页。
② 李泰棻著：《方志学》，商务印书馆，1935年，第59页。

3. 体例是规划，篇目为实施蓝图。编纂方志是个复杂的系统工程。在这个系统工程中，有着种种工作阶段和环节。其各个阶段密切相连，各个环节紧紧相扣，绝不可任意倒置和错乱。体例正是保证这个系统工程井然有序进行的整体规划。规划毕竟是一种设计，是一种工作方案，要付诸实施还得靠工程图纸——那就是篇目。方志篇目是按门类编制的。它的最初形式——"搜集资料提纲"，为指导分工搜集资料的蓝本，雏形形式是志稿撰写与分头审核的大纲，定型形式则为志书目录和读者查阅的"索引"。

4. 体例决定篇目，篇目反映体例。体例对新编志书的规定涉及方志编纂的方方面面，其中当然少不了对框架结构的规范。可以说，方志的框架结构是方志体例的核心，为方志区别于其他著述的首要特征。篇目乃统括地方人事物的门类及所属小目，即章、节、目或篇、章、节、目的排列、组合。它的拟制不能自行一套，否则，就不合志例。它必须按照志体要求，分门别类，横排门类，先横后纵，宜横则横，宜纵则纵，以横为主。各门类的章、节、目的有机组织，形成了层次分明、归属得体、金字塔形的框架结构。这个框架结构即构成了志书的骨骼，完善的篇目也就体现了志书体例的完整性和系统性。方志研究者把新方志体例分为纲目体、章节体、条目体，或大篇体、中篇体、小篇体等类型都是从篇目上考察、分析的。

5. 内容决定体例，体例具体为篇目，篇目又体现内容。一定区域内的情况极为宏富，类别众多。志书欲求清晰、简明地表现它，只能分门排比，以类系事，不能按时期叙述，篇目正是这种独特体制形式的具体化。各式各样统摄方方面面情况的门类（类目）集合而成的篇目，自然反映了志书的内容及诸方面内容的多寡和层次，亦即成了地方情况的缩影。如《淳安县志》（1990）设有建置、自然环境、人口、千岛湖、农业、林业、水利、水产、土特产、工业、电力、交通邮电、城乡建设、商业、财税金融、经济管理、党派群团、政务、民政劳动人事、公安司法、军事、文化教育、科学技术、卫生体育、风俗宗教、方言、民间传说、人物、文献等31编，不仅体现了淳安地理、政治、经济、军事、文化等方面内容，而且突出了移民量大、旅游业和渔业发达的地方特色。

总之，新方志的体例与篇目有着千丝万缕的联系，体例为主，篇目为次；体例是干，篇目是枝；体例包含篇目，篇目丰富体例；体例精审必求篇目相宜，篇目得当须要体例周备。二者相互依存，不可偏废。

三、新志的篇目设计

篇目设计是新志编纂的重要一环,《关于地方志编纂工作的规定》这样写道:"地方志的篇目设置,应合乎科学分类和社会分工实际,突出时代特点和地方特色,做到门类合理,归属得当,层次分明,排列有序,形式上不强求一律。"这段话概括了新方志篇目设置的一般要求,对新志及其续修都有很好的指导意义。这里,结合实际,就篇目的拟制原则做以下阐述:

1. 要以志体为准绳,遵循志体法度,力求体现本志的体例特色。方志的体例是经长期的历史发展而逐渐形成的,其所包含的方面上文已有叙述,其核心为"横排门类,纵贯时间"。新志篇目应当继承这些传统,同时应根据变化了的地情进行创新,设置具有本志特色的新门类,如山西《阳泉市志》(1998)特设煤炭工业卷,山东《青州市志》(1989)设烟草篇,记青州烤烟、卷烟及烟草生产的科学研究。但对篇目的结构与特殊安排,凡例应予以说明。如《南京简志·凡例》(1986):"从现代社会分工和科学分类的实际出发,以类系事,横排纵写。结构为篇、类、目三层。设卷首、卷末和总类、政治、经济、教科文卫、人物等26篇。为叙述方便,根据需要在文中加设若干小标题作细目。采用以志为主,志、记、传略、图表并用的综合体裁。"读者阅之,对《南京简志》(1986)的篇目结构和体裁运用情况一目了然。

2. 类目要全面,分类要合理。类目是志书体例的反映,又是内容的体现和高度概括。类目的设置,必须基于对本地和本部门、本专业的历史与现状的全面了解,而且要符合现代社会分工和科学分类。从新志的实践看,基本上都能比较全面地概括本地的主要方面的主要情况,没有重大的遗漏和缺项。分类大体符合要求,然也有部分较混乱的。如内蒙古《巴林左旗志》(1985)第七章交通运输,下设解放前交通、解放后交通运输的发展、公路建设、涵洞桥梁、交通机构沿革等五节。其前两节按时间分,后三节则以事类分,而第二节的标题又可涵盖后3节的内容,殊为混乱。

3. 类目要体现统属关系,归属得当,排列要有规律。篇目通常由编(篇、卷、志)、章、节、目,或章、节、目,或纲、目、小目组成,以编统章,章统节、节统目,层层统属,不随意倒置,如经济志统工业、农业、商业、金融等章,工业章统电力、煤炭、冶金、化学、建材、机械、纺织工业等节,电力节统发电、用电等目。编与编、章与章、节与节、目与目之间,界限应该清楚,不能相互含混,如工业、农业、金融业的职业教育、党政系统的党校教育,只能统归于教育志中,不能分别叙述于工业、农业、金融业、党政等志。而编、章、节、目的排列都要有次序。新志中分歧最多是第一层次的纲的排列,如山西《武乡县志》(1986)列概述、地理、经济、政治、军事、文化、社会、人物、大事记、附录,辽宁《长海县志》(1984)列概述、水产、农业、工业、财贸、政治、文化、杂记,江苏《如东县志》(1983)列大事年表、概述、政治、经济、军事、文化、人物、杂记、附录,江西《永修县志》(1987)列概述、大事记、地理、经济、政治、文化、人物、社会,甘肃《华池县志》(1984)列地理、民主革命、民政、经济、文化,主要集中在政治与经济、社会与经济、人物与社会、经济类中的农业与工业,谁先谁后,以及大事记放在志首,还是放在志末。一般而言,类目的设置按惯例和主次、重要程度排列即可。

4. 类目的层次和篇幅适当平衡。篇目是个由编、章、节、目组成的、结构合理、层次分明的网络,不同级别的志书,不同地区的志书,其层次的设置是不同的。通常级别高的志书,其篇目的层次多些,反之则少些。经济发达地区的志书,其篇目细些,层次多些,否则,要统括些,层次少些。就一部志书而论,其各编(卷、章、志、纲)是统三个层次,还是两个层次,等等,要大体一致;各编、章所包含的内容、篇幅,也应适当平衡,切勿过于畸轻畸重,节、目的内容过于单薄。

5. 标题要规范。篇目最终是通过标题来具体化的,标题的质量高低对篇目大有影响。标题拟定必须规范,包括用语的规范、概括的规范、组词的规范等,即使用具有时代性的语言,通俗易懂,不能沿用旧志标题;标题对内容的概括应该准确、言简意赅,要名副其实;标题名称多用名词词组或主谓结构的短语,而少加修饰性语言。新志的标题多符合志体,但质量不高的还是有的,如《巴林左旗志》(1985)有解放后农业的发展、当地主要农作物、师资培训与提高、科技事业的进步、技术的进步、解放前文物概况、解放后文物概况等标题,就不够简明、规范。

如果一部志书的篇目能按照上述原则来设置,那么其篇目基本是可行的。从实际情况看,设计一个好篇目要花很多力气,要经过反复的讨论、修订。根据江苏《如东县志》(1983)的经验,篇目拟定大体要经历如下五步:

第一步,对本地现存的历代旧志作过细的研究,取其篇目中精华部分;参阅外地同类志书的篇目,吸取可借鉴的部分;着眼当地实情,琢磨地方特色。在做了这些思想、材料准备之后,由志书的主编会同几个有研究能力的编写人员,可着手起草工作。

第二步,篇目草稿经全体编写人员讨论认定后,可由编纂委员会讨论形成初目,作为资料征集的提纲使用。篇目草稿与资料征集相结合,可进一步检验、补充、完善篇目,两者均能相得益彰。

第三步,可将篇目草稿以"征求意见"的形式,走向社会,广泛听取县内外有识之士的意见，必要时可召开一些专家、学者的小型座谈会。

第四步，可在广泛听取意见后，尤其在资料收集到七八成之后，对篇目初稿回头看。在回头看时，尤要重视捕捉方志界各种信息，吸取新鲜经验，随时注意调整篇目。然后交编委会讨论通过，形成正式篇目。

第五步，在资料收集完毕，尤其是在志稿问世之后，部分篇目还会有所变动，这是允许的。待志稿完后，篇目才最终确定，成为志书目录与读者见面。[①]

由于篇目的设置是项复杂的工作，要使篇目到达理想的要求，还必须注意以下方面：一为全面、认真地认识、研究地情，分析本地人、事、物涉及的方面，与邻近县市的差异与优势。二为注意学术研究动态，善于吸收学术成果，重视结合本地实际借鉴外地的修志经验。三是提高志书结构的严密性，也就是总貌完整，分类合理，统属得当，绝少交叉，层次明晰。

第二节 关于"续修"

新方志的编修任务到2000年已基本完成，全国大部分市县都在准备新一轮的修志工作，个别地方还率先出版了续志。从各地续修工作的开展情况看，存在不少理论认识问题。

一、如何理解"续修"

1998年2月，中国地方志指导小组颁布《关于地方志编纂工作的规定》（本节以下简称《规定》），其第五条规定："编纂地方志应延续不断。各级地方志每二十年左右续修一次。各地在上届志书完成后，要着手为下届志书续修积累资料。"由于此《规定》中使用了"续修"这一名词，各地大多把当时正在或即将进行的第二轮大规模的修志工作通称为"续修志书"。因各地、各人的认识不同，出发点不同，情况不一，对"续修"的理解差异较大，归结起来有如下几种：

1. 与前志全面接轨而续编。如纪飞认为："何谓续志？续者，连接也。续志，

---

① 李明著：《新方志编纂实践》，上海人民出版社，1988年，第20、21页。

即以上届志书的下限为本届志书的上限,继续编纂的新方志。续志不是重修,也不是新修,而是上届志书的延续,接续,续编。"①

2. 兼顾续与修。如王忍之在2000年7月召开的全国续志篇目设置理论研讨会上讲话,指出:"新一轮修志承担着新的更艰巨的任务","一个任务是'续',……把中国改革开放20年的变化记述清楚";"第二个任务是'修'……对上届志书进行修正,也就是方志理论家章学诚所说的'前志不当,后志改之'。……要做很多考订、补充、修正等等的工作"②。诸葛计也持类似的看法,"志书续修就是在前志基础上的续、补、纠、创",即"续记前志下限后的史事;补上前志所当有而实际缺少的内容;纠正前志存在的谬误;在前志基础上的创新"③。

3. 新修、重修。如孙其海以为,"续修的每一部志书都应该是独立成志,让读者'一书在手,便知一地之今古',在续修过程中,与其设想很多很难掌握的框框,不如放得开一点、宽一点,续修一部全新的'一方之今古'的实用志书"④。何培金则更主张,"续志'重修'不是对首届志书的否定,而是对我国历代修志传统的继承"⑤。

4. 根据情况而定。如魏桥认为,"除开创之志外,主要有两种修法,一为别出心裁全部改撰,一为因仍前志但纂续编。而单纯的继承、简单填补前志,不可能修成佳志,续修应在前志的基础上因时因事而变"。"如果前志问题甚多或严重疏漏,则可以重新修一部统合古今的志书。"⑥吕志毅主张,"首届志书从总体上看是值得肯定的,因而下届修志主要是续修,有严重质量问题的志书则要重修"⑦。

当时各地修志采用各说的都有,如江苏省常熟市是先修订,再续修,江苏省大丰市在前志基础上补修,上海市嘉定区先编嘉定县续志,再修区志,但较普遍的是准备接前志而续编成志,已出版的《辉南县志(1986—1997)》《濉溪县志续编》(1999)、《兴文县志续编》(1998)等均如此。

有关"续修"的各种观点和做法,都有一定的合理性,但尚欠全面。如果我们能从中国方志发展的传统和上届修志的实际情况以及社会主义精神文明建设的需要来全面解读"续修",那么各地的认识可能会一致些。

———————

① 纪飞:《试论两届志书的连接》,《中国地方志》1999年第4期。
② 王忍之:《在全国续志篇目设置理论研讨会上的讲话》,《中国地方志》2000年第5期。
③ 诸葛计:《续修志书中的"纠"字说》,《中国地方志》2001年第1、2期合刊。
④ 孙其海:《续修方志的模式和编纂构想》,《中国地方志》2000年第6期。
⑤ 何培金:《小议续志"重修"》,《中国地方志》2000年第6期。
⑥ 魏桥:《广义的续修是传统方志的主要形式》,《中国地方志》2000年第6期。
⑦ 吕志毅:《对续修和重修的一些看法》,《中国地方志》2000年第6期。

首先，只要学习过《规定》第一章总则的，即可明白《规定》是先强调"编纂地方志是一项长期的具有连续性的社会主义文化建设事业"，然后再确定"编纂地方志应延续不断。各级地方志每二十年左右续修一次"。可见，《规定》中的"续修"是指对上届编修方志事业的继承和发展，告诫各地不要因为某种不确定因素而中断我们的方志事业，而不是具体指哪种志书必须接前志的下限而续编。因为，连续不断地编修地方志是我国优良的文化传统，这种传统不容中断，《规定》只是再次从制度上强调继承这一传统的重要性，至于具体如何操作由各地自行决定，以免规定得太死，影响百花齐放。

其次，从方志发展史看，虽然方志赖以存在的基础——政区，既有稳定性的一面，又有多变性的一面，但方志还是代有所作，持续编纂。我国现存的8000余种旧方志，完全意义上的断代续志是有的，但并不多见，绝大部分的志书皆属通古今式的志书。这其中又可分两种类型：

1. 推倒前志，重修设计篇目，自起始纵向叙述的。如康熙二十一年本的《畿辅通志》，"其书纂成仅数月，讨论未免不详。其体例分图、星野、建置沿革、疆域形势、山川、城池、学校、兵制、公署、祠祀、古迹、户口、田赋、风俗、帝后、封建、职官、选举、名宦、流寓、人物、艺文、杂志二十三门，体例殊未完备"①。雍正七年，唐执玉又奉诏重修，至十三年成书120卷，"凡分三十一目，人物、艺文二门又各为子目，订讹补阙，较旧志颇为完善云"②。

2. 抄录前志，补记前志之所漏，续记后来之人事物的。如明代浙江金华府，"成化间，郡守周公宗智始撰《金华府志》二十卷，尚多缺略"。万历六年，知府王德懋续修，"补其遗，正其讹，续其所未备"，编为30卷。"志中列款有前志所已载者，若建置、城池、风俗、贡赋之类，悉仍其旧。有前志所无，而不可缺者，若田土、军政、封荫、古迹、遗事之类，则增益之。"③

即使是以"续志"命名的志书，也多数统合古今，只是程度的不同而已。这当中也有两种情形：一为典型的通古今式，如宋朱长文《吴郡图经续记》，是继大中祥符年间的《吴郡图经》而编的，虽名为《续记》，其实记封域、户口、牧守、城邑、人物等都是从古到今记述的。二为省前志之所载，补前志之所无，详前志之所略，正前志之所误，续后继之人事物的。如（雍正）《河南府续志》，系续康熙三十四年《府

---

① 陈光贻编著：《稀见地方志提要》，齐鲁书社，1987年，第88页。
② 《四库全书总目》，卷六十八，史部地理类一，中华书局，1965年。
③ 〔明〕王懋德修，陆凤仪纂：（万历）《金华府志》，例义，明万历刻本。

志》而作，其于旧志内容不再重录，仅补增旧志缺漏部分，并新续近40年史事。"总计本志书各目，标曰'补'者1915条，续者1239条，增者1459条，但详略各异。"①这属于近似型通古今式或非典型断代的地方志。

再次，从操作层面上看，自一个地方首创方志以来，其所谓的"重修""新修""续志""续编"等只是修志的表面形式，但都是对方志事业的继承和发扬，修志的技术手段，如"纠""补""续""正""校""创""袭""增"等无不运用其中。上届修志也同样使用了这些技术手段，只不过其实施的对象是旧志或旧的地方文献罢了。

所以，我认为新一轮的修志是继续方志事业，最好还是编纂具有普通意义上的统合古今的地方志，而不是许多人误认为的典型的断代史式的方志，至少是近似型通古今式或非典型断代的地方志，这也是《规定》没有明确编"《×××续志》"的真谛所在。至于统合古今的程度，各地应视具体情况而定。

二、"续修"的断限

断限是方志体例在时间上的要求，即明确志书在记人述事时的时间界限，并有上限和下限之分。

对新一轮修志的断限，《规定》只提及下限"续修志书时，每届志书的下限，力求统一"。我认为这是基于地方志具有统合古今的传统而提出的，对上限自然不必做出具体的规定。假如规定上限年份，各地反而难以处理。至于下限当然是要有的，但要求全国统一既难做到，又不符合各地的实际，然而在一定范围内，如一个省、一个地级市，对志书提出大致的下限要求还是必要的，也是可行的。

各省（自治区、直辖市）是否都有上下限的规定，未曾进行全面的统计，不过确有部分省份已做出明确规定。如贵州省，"为充分反映我省改革开放以来的成就，补充前志的不足，各续志在上限接前志下限的同时，应上溯到1978年中共十一届三中全会时。续志的下限根据各志编修出版时间断限，总要求在2010年以前"②。就方志学界的讨论而言，归纳起来，不外乎有以下观点：

1. 我给它概括为"贯通论"。即主张采用传统做法，上通往古，下至搁笔之时。如孙其海认为，"续志的上限，仍以上届志书所追溯的史料为限，如果有新的发现，

---

① 刘永之、耿瑞玲编著：《河南地方志提要》，河南大学出版社，1990年，第215页。
② 《贵州省地方志续修方案》，见《史志林》2002年第1期。

仍可以向前延伸或加以补充。续修志书的下限，应截至搁笔或定稿那天止"①。

2. "时限论"。认为新一轮修志应有明确的时间断限，至于如何确定上限和下限，则有明显的分歧。有的以为，以1978年党的十一届三中全会为上限，断至2010年，其好处是：可以系统地记述改革开放的进程，与上届志书时间跨度有30年，可记性强。②有的主张，从1978年记到2000年，其优点是：既可完整反映历史性大变革和国家经济战略实施的来龙去脉，又与国家规定的"二十年左右续修一次"的要求相吻合。③有的认为，"务必要以前志的断限时间为续志的上限时间，不可越上限而书"④。由于前志多以1985年为下限，续修应以1986年为上限。有的主张，"撤县建市或行政区域有较大变动的地区，以成立市或行政区域变动的年度为上限。如市志和县志接不上，另想办法解决。党的十一届三中全会之后、建市之前的材料，作为背景材料载入"⑤。

新一轮修志应当有下限是公认的，也是对的。至于下限到何年，各种看法都有一定的道理。我认为还是根据各地的实际情况而定，没有必要全国"一刀切"。各地在开展修志时，大都根据本地总的国民经济与社会发展规划以及本地的特殊情况制定了自己的修志计划和方案，我们只要按计划进行即可，大可不必左顾右盼。有的地方续修开展得早，计划早点成书，下限自然可能早些。有的地方觉得与上届志书的时间跨度大些比较好，以免两届志书间的跨度太小，内容不够充分，下限向后延伸长些也未尝不可。有的地方想以人们习惯的时间段为下限，也没有什么不好。但总的一条原则必须坚持，就是记到当今（换句话说，定稿或搁笔时）为止。当然，在一个省（直辖市、自治区）或一个地级市的范围内，为便于修志工作的发动、安排、指导，提出一个参考性的下限也是可以的。

对于上限，目前较流行的是"时限论"的诸种看法，如《濉溪县志续编》（1999）从1986—1996年，《天台县志（1989—2000）》从1989—2000年。我认为，除孙其海等人的"贯通论"外，都不尽符合方志的传统和惯例。因为，历代修志的惯例都是统合古今，对前志、旧志已载的内容，只有援引的详略不同，叙述的侧重点不同，没有完全不涉及前志、旧志的。而且，从普通读者了解地情的实际看，他们往往把

---

① 孙其海：《续修方志的模式和编纂构想》，《中国地方志》2000年第6期。
② 薛奇达：《续修三议》，《江苏地方志》1998年增刊。
③ 荀德麟：《续志三议》，《江苏地方志》1998年增刊。
④ 黄德权：《续修县志的思考》，《中国地方志》1996年第1期。
⑤ 黄勋拔：《续志七题》，《中国地方志》2002年第5期。

志书当作"指南",希望通过一部志书就能通晓此地的概貌,而不大愿意也不大可能查阅许多部书籍。假如对前志、旧志的内容一点都不记载,那么新一轮修成的志书(暂且随俗称续志)就不能全面地反映一方的古今全部情况。这不仅给读者查阅、使用带来不便,而且也不符合通行的"方志是一方古今总览""方志是有关一个地方历史和现状的综合性著述"的方志学的基本理论,更难实现中国地方志指导小组《关于地方志编纂工作的规定》所定的修志作用:"对全面了解和反映我国地情国情,对推进我国两个文明建设,对积累和保存地方文献有重要意义。"再者,从了解事物的发展脉络角度看,不追溯以往,总会给人以突兀之感。因此,续志还是应继承传统,修成贯通古今、至少是近似形通古今式的志书为好,不能变成典型断代史式的志书。

另外,或许有人会担心,如果续志真的要修成贯通古今式的志书,那么前后志之间必然会有许多复载。这正是我们需要进一步考察的。我国旧方志中的确存在着后志抄前志,前后志有大量内容重复的现象。对此,我们不能过分地责备和苛求古人。因为,在中国古代,社会发展缓慢,新生事物不多,后修的自然难以有大量的新内容增加。再加上,我国战乱频繁,图书很容易遭受破坏,旧志中的大量复载对保存前人的修志成果在一定程度上还是有贡献的。当今社会,发展日新月异,新生事物层出不穷,图书的出版不仅发行量多,而且载体多样,新方志如像旧志那样后志抄前志,篇幅必然庞大,也难以全面、详尽地反映新问题、新情况、新事物,而且会造成不必要的人力、物力、财力浪费。新方志的散佚几乎是不可能的,也不必要大量抄录前志。再者,对方志的高级读者而言,他们需要的不仅有面上的信息,更需要的是不同版本新方志所能提供给他们的大量的新信息、新资料。当然,上届新方志对 1978 年以来的改革开放的记述也存在着不足,的确需要重新定位和提高认识。所以,新一轮修志对上届新志下限(多数在 1985 年)以前的内容的记载,确是一个值得细加研究的问题。

既然这次续修应当统合古今,又不能过多地复载上届新志的内容,又需要兼顾多方面的需求,因此,我认为,应当从各地实际情况出发,灵活处理,但有几条原则必须遵守:第一,应当贯通古今。对上届新志和旧志的正确内容,要适当追溯,以明事物的来龙去脉。对上届志书下限以后的人、事、物要详细记载。第二,上届志书的质量基本上都是合格的,对大多数地方而言,应在遵守第一条的基础上,对所缺载的内容和新发现的资料在续修中时尽量补入,对差错予以纠正。第三,对有较大质量问题的志书,新一轮修志应当纠、补前志,增大前志断限内内容的记载量,有的甚至可以推倒前志,把后续的内容与前志内容结合起来重新编纂。第四,对上届志书中有关改革开放等的内容,如果没有写充分,此次应以"三个代表"重要思想为指导,把它补写充分、全面。

至于县改市、县改区,由于新成立的市、区只是名称改易而已,在国家行政区划制度上并未发生实质性的变化,都属于县级,所修的市志、区志仍属县级志书,在断限问题上仍应以遵守上述四原则为好,没有必要分撤县建市(区)前后两段,来修县志与市志、县志与区志。如果是县升为地级市,则属行政区划制度上的质变,志书的名称虽同,但志书的等级变了,须结合所领政区的情况,重新考虑。

与"续修"的断限相联系的,是书名问题,《规定》没有说明,已出版的多冠《××县志续编》或《××县志(××××—××××年)》,如《兴文县志续编》(1998)、《康定县志续编》(2000)、《辉南县志(1986—1997)》;当时正在编的,也有想取名《×××续志》的,《贵州省地方志续修方案》规定续志统一括注起止时间。对标"续志""续编",魏桥、黄勋拔等学者认为不妥,我也持同样的看法。这次如标"续编"还好办,以后连续续修下去,就不太好办了。对断代史式的地方志,书名只能标出上下限时间。对统合古今式的地方志,还是以标版本的为好:《××县志》(××××年版)。对上届志书的修订本,可标《××县志》(修订版),或《××县志》(第2版)。对政区名称相同,而行政区域广狭不同、政区等级调整的,要另行研究。如1992年出版的《黄山市志》,属县级志书,1987年国家撤销县级黄山市,改黄山区,同时撤销徽州地区,建地级黄山市,辖3区4县。黄山区(原黄山市)开展新一轮修志,就不能沿用原名,应取名《黄山区志》,在断限上应贯通古今。新黄山市(原徽州地区)也要修志的,如取名《黄山市志》则与原来的县级《黄山市志》重名,所以需另想办法,或名《黄山市志(地级)》,或仍称《黄山市志》,但在书目著录原《黄山市志》时,括注"县级"字样,以示区别。

三、"续修"的篇目

续志篇目如何设置,近年的讨论也比较热烈,代表性的主张有:林衍经提出,"首届社会主义新方志,是通贯古今,用通纪体记事的。新方志的续志,是断代记事"。"续志的篇目设置,显然不可搬用前志"①。林加榕主张,"基本保留、部分新立或合并、少数取消、归类调整"②。孙其海认为,"续修方志的篇目应基本继承前志篇目,稍加

---

① 林衍经著:《方志编纂系论》,第220、223页。
② 林加榕:《关于续修志书篇目设置的几个问题》,《中国地方志》2000年第2期。

调整，不宜做伤筋动骨的改动，以保持历代新方志篇目的稳定性"①。这三种观点中除第一种值得商榷外，其余皆有可取之处，值得我们借鉴，但也有需要我们进一步发展的地方。

我认为，续修志书篇目的总要求是：遵循新方志篇目设置的基本原则，并应顺应时代的变化而进行创新。上届志书所形成的"大篇体""中篇体""小篇体"或"章节体""条目体"等各有所长，新一轮修志仍可沿用。至于具体门类设置，由于两次志书编纂间隔的时间不长，有的事物发展较快，有的则较慢，修志的时代背景也有差异，应当有所坚持、有所调整和创新。这里略谈一些想法：

第一，立足现实，兼顾历史。改革开放已20余年，各地都发生了很大变化，现在修志时的政治、经济、生活状况与20世纪80年代修志时大不相同，出现了许多新事物、新情况、新行业，如民工问题、网吧、社会保障、希望工程、人才工程、轨道交通、村民自治、社区管理等，这些新生事物续志篇目应尽量予以反映，设立相应的门类。同时，还有不少原来重要的事物现变得一般了，有的甚至已完成历史使命，新一轮修志应予以调整。如粮油问题，原来很重要，上届志书基本上都设粮油志，现在温饱问题已基本解决，粮油已自由流通，粮油问题在国民经济中的地位相对而言已大大下降，续志就没必要再每志必设"粮油志"，但相关内容还是要记载的，只要在"农业"或"贸易"中设节或目即可（如果现在仍然是粮油生产大县，则续志还是应设立"粮油志"）。再如不少上届志书的"工业志"，按国营工业、集体工业、乡镇工业分类，现在许多地方的情况已大变，特别是县一级，按照国家"抓大放小"的改革政策，变化就更多，如再按此分类就不太符合实际了，所以续志的"工业志"还是按本地当前的工业类型划分为宜。与此同时，在设置篇目上还应考虑历史情况，主要是体现本地的历史传统。有的地方在某个历史时期非常突出，有的地方在某方面曾经辉煌一时，有些历史成就成了这些地方的象征，对此续志还是应在篇目上予以反映。如明清时歙县的徽商，何等昌盛，不能因为上届志书已载，此次续修就不设立相应的类目。苏州、承德等地的历史文化名城都有类似的问题。只不过在叙述时要挖掘新资料，吸收近些年的学术成果，转换角度。否则，篇目会失去一些特色，普通读者在阅读续志时还会以为某地没有值得一读的特色，那样歙县就不成为真正的歙县，历史文化名城就不能成为真正的历史文化名城了。

第二，立足全面，兼顾重点。方志是一方古今总览，此次续修的志书也是如此，

---

① 孙其海：《续修方志的模式和编纂构想》，《中国地方志》2000年第6期。

篇目应全面，从自然到社会，从经济到上层建筑不能有大的遗漏。由于各地发展的不平衡性以及地域的分工，各地应根据本地的实际，设置特色的重点类目。如江苏的昆山市旅游业发达，台商企业多，就可新设立"古城镇旅游""台资企业""台商生活"的特色类目。如上海的杨浦区和松江区都在建立所谓的"大学城"，但两区的大学城的建设模式是不同的，在续修的《杨浦区志》和《松江区志》都可设立相应的条目，以反映各自的特色。续志篇目设置还应充分研究各地的国民经济和社会发展规划，应把各地重点发展的行业和事物作为篇目设置重点考虑的对象。如黄山市是以旅游立市的，旅游业是其重点发展的支柱产业，"旅游志"在《黄山市志》（2010）中就占据最重要地位，不仅给予充足的篇幅，而且按大旅游的概念来设立子目，其子目与其他门类相比也多些、细些。《建德市志》（2010）在这方面就做得比较到位。该志在全面记载的基础上，紧扣建德由县转市的历史发展轨迹，将城市化发展与经济建设作为重点记载所在。全书44篇中，有交通建设、能源建设、城乡建设、经济总情、经济体制改革、工业、农业渔业、水利、林业、建筑和房地产业、商业服务业、金融保险业、旅游业、对外贸易、财政税收、经济行政管理、工商行政管理、质量技术监督等18编，完全属于此类内容，占全部的40.9%。此外，人口、居民生活、环境保护等编也涉及城市化发展与经济建设。建德在实现城市化进程中，先后进入了"全国十佳休闲宜居生态城市""中国优秀旅游城市""全国绿化模范城市""全国卫生城市""国家级生态示范区""全国科技工作先进市""浙江省文明城市"行列，该志遂将有关的环境保护、居民生活、水利、交通建设、能源建设、工业、旅游、卫生等作为重中之重加以记载，并运用一级篇目设置法将能源建设、旅游、水利、移民安置等地方特色予以重点反映，运用二、三级篇目法将学校创优、创教育强镇强市、创建浙江省农村中医工作先进市、中医名医名家、"省级历史文化保护区——新叶"、生态乡镇建设、国家级生态示范区、城乡市场发展、科技管理等等卓有成效的工作予以展现。由此可见，只有立足全面，兼顾重点地设置篇目，才能避免"千书一面"的弊病。

  第三，立足形势，适当归并、拆分。这主要是按照因时、因事立类的原则，对上届志书进行调整，以突出两届志书的不同点。凡上届志书已充分记载而发展变化又较慢的事物，如建置沿革、疆域、自然环境、方言、宗教、姓氏等，续志还是要记载的，但门类的设置可以粗些、宽泛些。对兵役、兵事、驻军、地方武装等也应进行适当的归并。对已不存在的事物，又不需要再较详细记述的，应撤销原有的类目，如"旧式教育""宗族"等。对原来归类不当的，如福建《清流县志》（1994）将"民间信仰"附于"宗教"，贵州《修文县志》（1998）将"长官司""卫所""里甲"归于"元明清政权"下，浙江《德清县志》（1992）把家禽、家畜归于"自然资源"等，要进行拆分调整。同时，对前志较忽略的，如政区中的"市镇"，经济中的"改革开放"，社会中的"民俗"，文化中"艺文"，应加强；还可设"杂记"，收一些暂时难以归类的内容。

第四，顺应社会发展，创设新门类。对前志所无，而又是发展大方向的，如"环境保护""可持续发展战略""信息产业""开发区""军民共建""村民自治""会展"等，要新设。如《建德市志》（2010）编纂时代与首轮新编《建德县志》（1985）毕竟有所不同，出现了不少新情况、新事物、新行业，市志按照因时设目、因地设目的方志门类设置原则，新设了诸如环境保护、信息传媒、地名管理、小康村建设、经济总情、工业开发区、上市公司、生态农业、生态公益林、能源建设、房地产业、高新技术、旅游产品、信用财政、地方史志等门类。通过这些门类，读者能较好地了解近二十多年来建德社会的发展进步。

第五，某些同志提出要增加"史略"，我认为如果修的是统合古今的志书，这样容易与正文中的内容发生重复，没有必要；假如编的是典型的断代志，我认为是可以尝试的，它可以弥补断代志不明历史发展脉络的缺陷。上届不少志书已设"专记"，如《上海县志》（1993）、《静安区志》（1996）等，被认为这是用来放一些一时无法归类的内容。近年有不少同志也大力提倡，并进一步认为续志应多设一些"专题"，这是续志的创新所在。"专记""专题"其实在宋《吴郡志》中就已有了，后来也多有继承，如新编《公安县志》（1988）的"公安文学"《松江县志》（1991）的"松江府棉纺织业""松江府田赋"等均属此类。续志设"专记""专题"不是不可以，但不能太滥，要设的应是有重大影响的，有特色的。现所见一些志书的"专记"，如《上海县志》（1993）"专记"所记的马桥遗址、马桥文化、淞沪警备司令部还是可以归类的。

四、学术规范问题

20世纪末以来，中国地方志指导小组的领导多次强调要提高方志的学术品位（包括学术规范），不少方志同仁也数度撰文要提升方志的学术价值。这是非常好的，我赞同。方志是资料性著述，其依据的原始资料主要为地方文献、档案和实地调查采访。旧方志，学术界公认是第一手资料，其历史地位仅次于正史，其重要的原因，一是资料丰富，二是其依据的档案等史料多已散佚。现在的情况则大不相同，编纂新志所利用的文献、档案都分藏在各图书馆、档案馆、博物馆中，摘录的资料都按要求存档，从目前看，新方志对研究者而言，算是第二手资料。①新一轮编修的志书当然也是如此。既然是二手的，就不如第一手的可靠。如何提高属二手资料的新志、续修志书的可信度，除编纂时需要认真考订外，还有个学术规范问题。上届志书没能引起足够的重视，新一轮修志应补上。

对学术规范的界定，学术界讨论较多，"实际包括两方面，一是学术的内在规范，主要是指学术道德规范或伦理规范；一是学术的外在规范，主要是指学术技术规范或操作规范"②。对方志编纂的学术规范而言，首先是养成诚实、求实认真、尊重前人劳动成果的习惯，其次才是对志书表述方式的规范。规范志书表述方式的途径是多方面的，不仅可以通过学术讨论，确定规范的原则，而且也可以通过志稿评议、志书批评来规范，但更重要的是在编纂过程中的规范。对此，上届志书也做了些工作，如贵州省《关于新编地方志行文规定》《陕西省地方志编写行文通则》《江苏省志行文通则》等，不过这仅是技术性规范的一小部分，而且实施的面也不是很广。各地在续修志书时还应扩大规范的范围，如体例规范、资料抄录和整理规范、书写规范、版式规范等，尤其留意以下几点：

第一，在编纂志稿时要对所有文字注明出处，以便核对。第二，在定稿出版时，对重要资料，如统计数据、主要事实等，应当注明出处，并在书后注明征引的主要资料文献。其实清代方志已有此传统，只是后来没有继承下来。第三，写作过程中要不断翻阅、查找有关文献著作，避免出现学术上的常识性错误。第四，叙述时要反映各种不同观点的学术成果，如有必要，附上考订。

第三节　续修志书如何体现地方特色

《新编地方志工作暂行规定》明确指出：新方志应"着重记述现代历史与当前现状，力求体现当地环境资源和社会发展的基本面貌，反映地方特色和专业特点"。《关于地方志编纂工作的规定》也要求："地方志的篇目设置……突出时代特点和地方特色。"体现地方特色成为衡量方志质量高低的重要标准。但如何去把握、反映地方特

---

① 参阅邹逸麟《对新编方志工作的几点意见》，《中国地方志》2000 年第 5 期。
② 徐国利：《严守学术规范，彰扬人文特色》，《学术界》2002 年第 5 期。

色，难度却很大，它已引起方志学界的普遍关注。[①]

一、地方特色的界定

我国幅员辽阔，各地自然条件千差万别，社会发展参差不齐，风俗习惯风采各异，因而各地呈现不同的色彩。这种相异的色彩就构成了地方特色。

对什么是地方特色，学术界的看法差异不大，只是表述的程度不同，如有的认为，"所谓地方特点不光是一地独有的事物，还包括全国共有事物中的地方个性"。也有人认为，"对特点不能只理解为成绩、优势、长处、经验、成功，而排除弊端、劣势、短处、教训、失误等"[②]。有人主张，"地方特点是个整体概念，它既表现在自然环境中，也表现在人类社会诸方面；既有长期表露、具有相对稳定性的特点，又潜在特点；既存在于事物的优势之中，也处于劣势之列，等等"[③]。有人以为，"一地的特色，不止是某一方面或一二件事物，而是体现在政治、经济、文化、社会、人的意识及自然环境等各个方面"[④]。还有人指出，地方特色"既不是地方一时的某个方面或某一两件'特有、特大、特重要'事物的特点，也不是诸方面或全部事物特点的机械相加，而是一地区别于别地的个性特点的总和，体现在该地社会、政治、经济、文化、人的意识和自然环境等各个方面的长期发展上，是历史和现状的统一，是宏观和微观的统一，是多样性和整体性的统一"[⑤]。这些论点，从不同的角度探讨了地方特色的内涵，有助于我们进一步加深认识。

基于前人的研究成果，我们认为，地方特色是在特定的地理环境下，由于自然、人类活动和交流等多方面因素相互作用下，逐步发展形成的。它是一个地方历史、地理、政治、经济、文化、社会等方面的真实综合反映，为一地古今人事物独特个性的集合体，或者说集中表现。从构成看，地方特色是多方面的，由五个地方特点组成：

1. 地理特点。这是一地的经济、社会发展和居民生活体现在自然环境、资源条件方面的特点。如上海的崇明区，主要是一个岛，四周环水，岛上沟渠纵横，自然

[①] 参阅巴兆祥：《从〈水城县志〉看方志如何反映、体现地方特色》，《史志林》1996 年第 2 期；巴兆祥、沈红亮《论〈修文县志〉的编纂特色》，《史志林》2000 年第 1 期。
[②] 来新夏主编：《中国地方志综览》，黄山书社，1988 年，第 112 页。
[③] 王广才：《浅议县志反映地方特点之不足及其对策》，《中国地方志》1990 年第 1 期。
[④] 邬福民：《地方志应全方位反映地方特色》，《中国地方志》1990 年第 5 期。
[⑤] 任金炎：《关于新方志地方特色的思考》，《中国地方志》1992 年第 1 期。

生态保存完好，即为其地理特征。

2. 历史特点。当地在长期的历史发展过程中积淀而成的，有关政治、经济、文化等方面的特点。如黄山市为徽商的故乡，明清时商业发达，徽商奔走全国各地，徽商在黄山市各区县的建筑、城镇、交通、民俗等都留下大量的历史印记，此即为黄山市的历史特点。

3. 现状特点。指中华人民共和国成立以后，尤其是改革开放后形成发展的特点。如马鞍山市原本是安徽省当涂县的马鞍山铁矿区，1956年建市，经几十年的发展，形成以采矿、钢铁、建材工业为主的经济特色。

4. 民族特点。我国是个多民族的国家，在东北、西北、西南、中南地区更是多民族聚居，这些地区的县市，如贵州的紫云县、修文县，广西的上林县、桂东县，云南的大理市、景洪市，四川的凉山州，湖南的凤凰县，等等，民族特色多比较浓厚。

5. 综合特点。这种由多种错综复杂因素而形成的综合特征，在各类历史文化名城、发达或贫困的县市，表现得较明显。

就某一个地方而言，有可能只有一种地方特点，也有可能存在多种地方特点。不管如何，它是一种客观事实，而非主观编造。修志者要做的，就是如何善于在共性中找出个性。如水城县（特区）位于贵州省西部，东邻六枝特区、纳雍县，西接威宁县、云南宣威县，南抵盘县特区、普安县，北临赫章县。境内矿产资源丰富，已探明的矿藏有煤、铁、铅、锌、铜、锰、钴、铀、镍、白云岩、石灰岩、大理石、石膏、石棉、水晶、高岭土等26种。其中，煤炭资源保有储量70亿吨，主要分布于土地垭、格目底、杨梅、蟠龙、比德、大河、小河、神仙坡等7个向斜构造中，与六枝、盘州市的煤炭资源连成一片，被誉为"江南煤海"。由于煤炭资源储量大，分布广，煤质好，水城早在明洪武年间就进行了土法开采，中华人民共和国成立后中央、地方对水城煤矿进行大规模开发，建立了统配煤矿、地方煤矿的生产格局，1990年煤产量达557万吨，煤炭工业成为水城的支柱产业。水城县（特区）地处内陆，是1965年开始实施的"三线"建设的重点地区。在"三线"建设中，水城成为经济特区，大批外地人口迁入本地，国家对水城进行了重点投资，建立了大批大中型厂矿，使其成为拥有煤炭、冶金、电力、建材四大主要产业的新兴工业基地。人口的急剧增加，扩大了耕地需求，盲目毁林开荒，以及"大跃进""文革"期间的乱砍滥伐，全县森林覆盖率大为下降。人为造成的水土流失、生态环境的破坏，给全县及邻近地区的社会生活、农业生产带来了十分不利的影响。1989年，珠江水利委员会将水城列为综合治理试点县，次年，国家又定水城为长江中上游防护林工程体系建设启动县、试点示范县。水城还是多民族聚居区，少数民族人口占全县人口的44%，其中苗族、彝族、布依族人口最众，他们为本地区的开发做出了重要贡献。多民族共同生活、交流，创造了丰富多彩的地方文化。民间文学、音乐、舞蹈、绘画以及挑花、刺绣、蜡染、编织工艺，"斑斓放彩"。丰富的矿藏、发达的煤炭工业、"三线"建设、水土保持、民族风情、民间工艺文化以及山区气候构成了水城县（特区）的地方特色。这些地方特色是水城有别于其他区域的个性所在。从《水城县（特区）志》（1994）的记述看，他们已较好地抓住了地方特色。即使下一轮续修志书，这些特色仍然存在，仍然理应为县（特区）志的续修者所关注。

我们认为，地方特色还是多层次的。根据其历史和现代的影响范围和各地的拥有程度，它大致可分三个等级：一为国家或国际型级的，具有全国乃至世界影响，如景德镇的瓷器，安徽的黄山、苏州的园林、杭州的西湖、上海的综合经济势力、水城"江南煤海"与民族风情；二属省级，在一省范围内有相当的影响，如安徽休宁齐云山、黄山区太平湖、上海的神仙酒、水城"三线"建设与水土保存；三为地区级，影响涉及数县之域，如歙县上丰镇雪梨（肉嫩质细、果大、汁多、味甜，可保存到春节，在黄山市相当有名）、长丰县水家湖烧鸡、水城山区气候等。

编修地方志要谈地方特色，要反映地方特色。谈地方特色，不要孤立、单角度地看，应从多方面、多方位地综合考察。反映地方特色，即将独特风貌的人物、事物在志书中重点记载。

二、如何把握地方特色

方志要反映地方特色已成共识。但一个地区从纵的方向看上下数千年，有的有辉煌的历史，有的开发较晚、底子薄，社会发展水平不一；从横的方面看千头万绪，政治、经济、军事、文化、教育、科技、社会无所不有，要从如此繁杂的古今人事物中发现、把握地方特色没有一定的方法是难以办到的。这里，以《水城县（特区）志》（1994）为例来说明：

1. 充分占有资料。地方特色多种多样，有些已为修志者所了解，有些或者说是大部分还是隐藏着的，不为修志者所知，必须通过分析挖掘才能把握。分析挖掘地方特色的关键在广征博采地方资料，熟悉了解地情。没有门类齐全、丰富翔实的资料，就不可能全面深入地掌握地方的历史与现实，不可能从中发掘不为人所知的地方特色。即使那些已为人们所知晓的地方特色，也没有什么说服力，其特色也不明显。"在搜集资料时，应首先确定重点，即把根据已掌握的情况，初步确定为地方特点的内容，作为搜集资料的重点。这样不仅可以保证该项内容的资料完备、翔实，使之有利于在志书中更加充分地得以体现，而且也可以对该项地方特点进行修正和补充，使之更加准确，并且在此基础上还可以发现新的地方特点。有些地方特点或因资料贫乏，证据不足而难以发现，或因年代久远，资料湮没而根本不为人们所知。随着搜集资料工作的不断深入，这些宝贵资料不断被重新发现，从而使地方特点重新显现。"①《水城县（特区）志》（1994）的编纂者为给地方特色奠定扎实的资料基础，他们因此组织了230多人参加的搜集资料队伍，全面开展资料普查，于历史文献、史志资料、文书档案、图书报刊、回忆录、实物、口碑等无不搜罗。数年间，搜集资料达1200余万字。为把好史实关，还邀请专家、学者、领导、知情人审查资料，鉴别真伪，参加资料审稿的就达450余人次。

2. 综合分析资料，发现地方特色。有了广博的资料只能说为把握地方特色打下了坚实的基础，但它并不等于已经把握了地方特色。把握地方特色还必须有宏观分析、综合、归纳的过程。只有综合分析考察，才能分清本地古今人事物发展的主流、支流以及主要情况、次要情况。本地历史发展过程中的主流、主要情况，往往即本地的内在特色。水城现住人口的民族构成比较复杂，既有汉族，又有苗、彝、布依、白、回、水、仡佬、蒙古等族。据资料分析，最早在水城地区生活的是仡佬族，秦汉时彝族大量迁入，唐末宋初苗族徙居，明、清两代汉族、布依族等相继大量入境，成为本区的主体民族。1942年，全县人口15万，其中苗族占10%，其他少数民族占10%。1990年全县人口275676人，其中苗族达93588人，彝族66774人，布依族36006人，少数民族人口近全县人口之半。他们的经济、文化、习俗别具一格，民族风情自然就成为《水城县（特区）志》（1994）主要特色之一。水城严重的水土流失和近期积极治理的特色也是由综合考察得来的。该县森林覆盖率1939年为15%，1987年为2.6%；1987年全县（特区）土地总面积4071平方公里，水土流失面积2543平方公里，占总面积的62.47%，1985年后全县（特区）实行水土保持责任制，植树造林，退耕还草，治理面积近20万亩，列为珠江流域、长江中上游重点综合治理启动县。由上述种种资料的分析，也就把握了这些特色。

3. 横向比较，勾勒特色。综合分析能发现一些特色，但仅此是不够的，还必须同邻近地区进行立体对比，通过比较，从共性中体现个性。水城地势高峻，境内峰峦重叠，属中亚热带季风气候区。与邻近县区相比，地形对气候影响较大，气候地域差异，尤其是垂直差异明显，山地立体气候特色十分突出。20世纪60年代后，

---

① 宫栾鼎：《方志如何把握地方特点》，《中国地方志通讯》1985年第1期。

贵州省各市县纷建"三线"厂矿,水城因其特别的地理位置和丰富的矿藏,在"三线"建设中占有重要地位,成为贵州三大特区之一。经过十余年的投资开发,形成了以统配煤矿为主体之煤炭、冶金、电力、建材四大支柱产业。发达的矿产工业在贵州省首屈一指,这是水城不同其他"三线"地区的特色。

三、体现地方特色的方法

地方特色寻到了,下一步的工作就是在志书编纂中给予充分的体现。经过多年实践,各地创造了多种方法,有人把它归纳为以下 10 种[①]:

1. 提级升格法。即把一地具有特色的事物和在当地占主导地位的事物,从同类事物中抽取出来设立专门的章节,作升级处理。这种方法实行起来比较容易,也确属突出特点的重要手段之一。

2. 位置前移法。即把有特点的事物和影响特别深远的事件排在同类事物的前面。

3. 集散结合法。即采取集中与分散相结合的方法,有的集中记述,有的则分散记述。集中记述能显出重点,分散记述能使有特点的事物随处可见,收到宏微俱览的效果。

4. 特点分类法。按照事物品类特征适当归类,先分别依类记述,然后重点记述,从共性中突出个性。例如工业志中先写行业后写骨干企业,有点有面,特色突出。

5. 详略对比法。对有特点的事物条分缕析,增加层次,扩大篇幅,从资料上予以突出。一般事物则简略记述,有的一笔带过。通过详略处理,使有特点的事物引人注目。

6. 条目显示法。对有特点的事物细分门目,横向铺陈。如重大自然灾害、重要自然资源、土特名产、重大军事活动和政治事件,分别独立设目,一事一条,进行实体记述,从广度上能彰明地方特点。

7. 点面结合法。运用典型材料,集中表现事物的个性特征。它与特点分类法不同,前者采用层次法,后者采用列举法。

8. 图表显示法。把有特色的事物摄制照片,绘成图表,与文字资料穿插呼应,发挥人的直观思维效应,体现特色。

9. 综合记述法。即把具有时代特色并自成系统的事物,增设新的门类综合记述,

---

① 李德辉:《地方特点与科学性》,《广西地方志》1988 年第 2 期。

如乡镇企业属新兴产业，把它分散到工、农、商、建等行业中记述，将失去系统性与时代感，许多地方采取单设篇章，系统记述的办法。

10.附录辅助法。有些内容因受志书体例限制，不能在篇目结构中得到充分反映，为了保存史料，把有特点的有价值的背景材料、历史考证资料和系列图表，安插在附录之内，与正文相互印证，避免喧宾夺主，能收到相辅相成的效果。

以上方法对尝试丰富志书的内容特色与篇目个性，应当讲是非常有益的，但是否适用所有的志书还有待继续研究和实践检验。

我们认为，特色体现的核心为特色的定位。有了恰当的定位，志书便能选择适当的方法，从容、贴切地把地方特色反映出来。一般来说，地方特色层级越高，影响越大，所拥有的支撑资料也就越丰富，也就越便于运用多种方式来呈现。按照上述的定位，对地方特色拟可以四种方法在志书中予以表现：

1.文字详述法。即根据事物在篇目中所处的位置，对有特色的人事物进行详尽的叙述，使之丰满充实。它对各种层次的地方特色的反映均可使用，应是志书编纂最常采用的方法。

《水城县（特区）志》(1994)对第三级的地方特色多采用此法处理。如"资源宝藏"，包括能源矿藏、金属矿藏、水资源、动植物资源、旅游资源，县志按这些资源宝藏所属门类，以较大篇幅、详细资料集中叙述，使人读之平中见奇、充实丰富。又如"山区气候"，县志以近两千字描绘山地立体气候特征——地域差异，尤其垂直差异显著。又如贵州修文县，乡镇企业发展较快，乡镇企业对县财政的贡献达总收入的一半以上。修文旱地多、水田少，农业对水利的依赖极大。中华人民共和国成立后，修文大搞水利建设，大大提高了土地的利用率。修文的水利建设誉满贵州。还有，修文县虽偏处祖国西南，但地近省垣，交通发达。川黔铁路和多条公路穿越县境，对修文县的经济发展有重大影响。这些特色在《修文县志》(1998)乡镇企业、水利、交通邮电篇中均予以充分的反映。这种文字详述表现地方特色，不仅能使特色鲜明，便于实施，而且又不破坏志书篇目的整体性，不打乱志书层次结构。

2.设章节体现法。即将有重要特色的人事物，以分门别类为原则，根据其在各门类中所处位置层次，独立设置章、节，以体现其特色。此法既适用地方特色的层次多，又给读者直观地展示特色内容，便利查阅，且又照顾到了志书的篇目设计原则，应当广为采用。《水城县（特区）志》(1994)于第二等级的特色和部分一级特色多用此例。如"三线"建设，县志在工业篇下设重工业章，详载黑色金属工业、有色金属工业、电力工业、建材工业，科技篇下详记科研机构、科技成果及其运用，体现"三线"建设成就以及给水城带来的巨大变化。水城民间文化斑斓多彩，蜚声海内外。

县志特设立民族民间文化章，全面而翔实地记载了农民画、民间文学、民间音乐、民间舞蹈及戏剧、民间工艺，并以"中国现代民间绘画乡"《全国民间文学集成·水城卷》《中国民歌集成·六盘水分册》等言简意赅的叙述，展现水城民族民间文化在中国文化中的突出地位。

3. 破格升级法。它是20世纪80年代末90年代初流行的一种革新体例，打破"千书一面"，改变志书趋同现象，反映特有地方色彩的一种编纂手法，即将本地独具地方特色的事物，从只见内容，不见纲目，或仅见低层次的纲目，升级破格，立为第一等级纲目，或高一级纲目，从而鲜明地体现地方特色。如湖北《公安县志》(1988)立"公安派文学""荆江分洪"两章，即属升格。公安为"三袁"故里，"公安派文学"在中国文学史上有重要地位，县志在文化艺术之后独立一章，记其主张、成就，公安派由来、影响，有资料，内容也丰富。"荆江分洪"是有全国影响的水利工程，从水利中分出立为一章也是可行的。《水城县(特区)志》(1994)也用此法，创志体新意，把属人口类的少数民族、工业类的煤炭工业升格，专置"民族篇"，详载苗、彝、布依、白、水、回、仡佬族的源流、经济、文化、习俗以及本县(特区)民族工作；"煤炭工业篇"记煤炭资源、地方煤矿和统配煤矿的开发，煤矿的管理，内容集中、详尽而具体，突出反映了水城"民族之乡""江南煤海"的特色。此外《景德镇市志略》(1989)于工业外别立"陶瓷志"，《什邡县志》(1988)于工业外设"晒烟志"，四川《内江市志》(1987)于工业外立"糖业志"，《上林县志》(1989)于人口外特立"民族篇"，《弋阳县志》(1991)设"苏区篇"，《萧山县志》(1987)设"围垦志"，《奉贤县志》(1987)立"盐业志"，《淳安县志》(1990)设"千岛湖编""移民编"，《宜兴县志》(1990)设"陶瓷志"，等等，都属升格范例。破格升级成了一种比较通行的反映地方特色的创新形式。

4. 专记(专题)法。是借鉴升格法发展而来，比较灵活，即设立专门的门类来记载典型事物，其中往往有地方特色。比如贵州修文县的龙场是王阳明谪居之所，王氏心学于此发端，修文教育也由此发展，而且王阳明的遗迹还是修文县文物古迹的主要部分，同时对修文乃至贵州省的文化影响都很巨大。这自然成为修文县最显著的地方特色之所在，也是县志所要叙述的必不可少的内容。《修文县志》(1998)特设"王阳明在龙场"来详述王守仁谪居修文时创心学、办教育的过程以及有关文物和学术影响，以此来凸显修文县的文化特色，正显示出编纂者要突出地方特色的用心。《常州市志》(1995)的专记列有"太平天国在常州""日本侵常罪行录""'文化大革命'纪实""重大事故"等，《大新县志》(1989)附"土司统治纪要"，就是如此。水城的水土流失与水土保持，属二级地方特色，《水城县(特区)志》(1994)

是采用分散记述的方法来处理的，如果用专记法集中记述，对当前的警世作用可能更显著些。

新一轮修志继续把反映地方特色放在重要地位，各地在编纂时也多注重地方特色的挖掘，探索体现地方特色的方式方法。从各地实践看，上述体现法都得当普遍的应用。如：安徽省黄山市的屯溪，是明清以来徽州一域的商业中心，近二三十年来随着我国对历史文化遗产越来越重视，旅游的文化品位越来越受青睐，作为国内保存较好，而又硕果仅存的宋代风貌的历史街区屯溪老街名气越来越响，被誉为"活的《清明上河图》""中国历史文化名街"，屯溪老街成了黄山市的主要旅游形象特征，《黄山市屯溪区志》（2012）一改上一轮《屯溪市志》（1990）将老街作为一个街区保护的目，升目为章"屯溪老街"，记载老街的建筑格局、街市发展、名店字号、保护规划，全面地揭示了屯溪老街历史文化风貌。屯溪历史悠久，早在春秋战国时已有越人在此活动，人文荟萃，留下了大量物质与非物质文化遗产，区志设置艺文、方言等章，古道、民间文艺、文物古迹、血吸虫病防治、风俗、庙会等节，古建筑、渡口码头、典当、钱庄等目。尤其是艺文章，下分书目选录、诗词选录、文赋选录、碑记选录四节，再加上附录中的文献辑录、名人轶事、民国故事传说，收录屯溪人著述目录与相关文献、掌故，反映屯溪人文之盛。

象山是浙江海边经济强县，《象山县志》（2019）非常重视体现地方特色，较多地运用文字详述法，即编者所说的"散点透视"，也重视其他方法的运用。象山人多地少，为解决粮食生计问题，历来重视海涂围垦，围垦面积占全县陆地面积25.5%，县志将围垦从水利、土地中提级设置"海涂围垦"编，记载围垦工程、围垦技术、围垦管理，全面反映象山围垦历史与资金、物力投入情况，尤其是有关围垦技术是其他地方没有记载的。渔业是象山县的一张名片，与渔业有关的事情在地理、经济、文化、社会部类中多处涉及，而且还在经济部类中特立"渔业"章集中记载象山渔业的发展情况，这属于按照正常层次设置特色章节。

山西省运城市是中华文明的重要发祥地之一，根祖之源、盐运之城、关公故里是运城市的重要文化名片。《运城市志》（2017）志首图"文明之源"包括"世纪曙猿"7张图、"西侯度圣火"5张图、"尧舜禹建都"3张雕塑图；"河东胜揽"下有后土祠图4张，永乐宫图4张，关帝庙图4张，黄鹤楼图1张，"中国死海"图4张，通过这些图片的集中展示，使得这座城市的历史厚重感扑面而来。文化部类设置"根祖文化""关公文化""盐文化""历史名人文化"等卷，展示了运城市"中华民族的滥觞之地"这一文化标志。

反映地方特色，无论编修新志，还是续修志书，都应当提倡。在把握、反映地方特色时，一方面要注重特色事物的数量与质量、广度与深度的有机结合；另一方面要注意手法的创新，但不能滥用升格法、专记法。我们认为破格升级和设置专记、专题都是有条件的。只有具有省级以上影响和独特地位，而且有丰富资料作为基础，所占篇幅能与其他篇章相比拟的特色事物，才能升格，设立第一层次的纲目或专题。任何随意地擢拔升级或设置专记，势必走向原意的反面，破坏志书的整体结构。

第四节　志间交叉重复问题的处理

一、说交叉重复

交叉重复是方志编纂过程中不可避免的问题，处理起来也颇感棘手。目前常见的交叉重复有两种情形：

1. 志内交叉重复。它是指同一部志书内各篇章内容间的交叉重复，在上届志书中常见的是地理志与农业、林业、渔业、水利、采矿业等志有关资源的交叉，水利志与农业、环境保护等志有关水资源的利用、开发、保护的交叉，农业、工业、教育等志与科技志有关科学研究活动的交叉，农业、工业、卫生、旅游等志与教育志有关职业教育的交叉，旅游志与地理、城建、民俗、古迹等志有关旅游资源、旅游景观的交叉，旅游志与交通、城建、卫生、服务等志有关旅游基础设施的交叉，人口志与卫生志有关计划生育的交叉，除此外，还有在叙述事物发展缘起、交代历史背景时的交叉重复。志书中相关内容的交叉重复，有些是合理的、难以回避的，有些则是不必要的。我们要做的就是尽量减少不必要的交叉重复。上届志书中交叉重复的痕迹较多，原因在于分工编纂时由农业、水利、工业、教育等局和部门来承担编写任务的，部门观念、部门的工作涉及的方面不可避免地带到了志书中。续修志书不一定如上届志书那样全面发动各部门、单位承包某一部分任务，方志的编纂者可跳出部门利益、部门观念，站在全县（市、省）的高度，按照事以类从，以类系事，类为一志的原则，来谋篇布局，科学分类，合理归并，不必要的交叉重复肯定会大大减少。

2. 志间交叉重复。指不同类型的志书因地域观念不明确，没有准确定位，未能将记述的界限和范围分清，而出现的交叉重复。对旧志而言，就是章学诚所批评的没有"方志辨体"，即将州、县志合而成府志，将府志、直隶州志合而成省志，县志、府志、州志、省志之间随意侵越。就新志而言，省志、市志、县志都要独立成书，因省统市、市统县（区），在管辖地域上的重叠，资料必然会有被各志重复利用的问题。对此类的重复，一般只要选择适当的角度来处理，即可避免完全意义上的重复。但在我国由于体制上的原因，还有一种因市（区）县、地县（市）同治所产生的交叉重复。

所谓市（区）县、地县（市）同治，是指市（区）县政府所在地相同，地区行署设在县（市）治。建置同治，古而有之，如清安徽省徽州府与歙县、安庆府与怀宁县、江苏省江宁府与上元、江宁县、苏州府与吴县设置在一块。如今的市（区）、县作为地方行政区划，皆有各自的疆域和政治、经济中心，但由于历史的原因，不少市（区）是在原县城关镇基础上设立的，而县政府机关又未迁出，如阜阳市系1975年升阜阳县城关镇而建，阜阳县政府仍设在原地，这样即产生了市县同治现象。地区行署为省政府的派出机构，一般设在某一政治地位重要、经济文化较发达、交通较方便的县（市）治所。地区虽不属一级政区，然在县（市）治所建有自己的行政机构和企事业单位，也有类似市（区）县同治的问题。既然市（区）与县、地与县（市）同治，在行政上或有统属关系，在地域上则有重叠，而市、县、地区都在编修志书，也都即将续修志书，那么势必会产生界限不清、内容蒙混、载述交叉的问题。所以，有必要对此摸索一些方法加以处理。

二、县志与县级市志、区志

市成为一级政区始于20世纪20年代，民国时的市有院辖市和省辖市两种，新中国的市则有直辖市、地级市、县级市三种。县级市或改县而为，或升县城及附近地区而设，隶属省、地区及地级市。20世纪80年代，县级市与县同治的情况相对较多，此后随着国家行政区划制度的调整而逐步减少，1991年全国有近200个县级市，其中有安徽宿州市与宿县、六安市与六安县、阜阳市与阜阳县、河南南阳市与南阳县、湖南郴州市与郴县、四川达县市与达县、贵州安顺市与安顺县、新疆和田市与和田县等16个县级市和县同治。这些县级市在20世纪90年代的发展过程中，有部分被升为地级市，以统辖附近的县，而原来县级市统辖的区域则建为区，同治的县有些也调整建置，改为市属区。如宿州市改地级市，原市、县整合为埇桥区。根据《中华人民共和国行政区划简册（2002）》的记载，2001年我国县级市与县同治的仅见新疆的和田市与和田县，县级的区与县同治的仍然不少，如河北宣化区与宣化县、辽宁双塔区与朝阳县、浙江江东区与鄞县、河南红旗区与新乡县、贵州钟山区与水城县，等等。县与县级市或区在历史上属同一区域，现在县、县级市、区都编修志书，或即将续修志书，交叉重复的问题是回避不了的。这里略拟下列原则和处理方法，以免不必要的重复交叉。

第一，严格遵循以现行区域为记载空间的原则。区域性为方志的首要特征，疆域辨而山川、城池、人物可得而记，境域不明则载述惑然。县级市（区）县同治，实质上是县寄治（附治）于市（区）。市（区）辖区域虽原尝属县辖地，但自市（区）成立后，已划归市（区）管，是市（区）的现行区域。而县政府虽仍在原地，未能搬走另置，但对今市（区）境已不再行使管辖权了。所以，根据方志区域性的原则，市志、区志、县志均应严格以现行区域为记载范围，对市、区、县内人事物要紧紧控制在市、区、县的界限内，一般不越境而书。如和田市是在原和田县城关镇基础上建立的，原和田县城关镇及附近地区成了和田市的辖区，它理应由和田市志记载，而和田县政府仍设在市内，主要是利用原来的设施及经济文化中心等便利条件，不迁出，若迁移他处，花费太大。原城关镇附近地区已非今日之和田县地盘，依据地域性要求，和田县志不记。

第二，基于上述原则，市（区）县同治的所在地的各种基础设施，如街道、交通线、水电、环保、住房等，以及名胜、古迹、集市和市（区）属的企事业单位等等，均由市志或区志记载，县志可以完全不过问。

第三，既然市（区）县同治，市（区）内必然有县的各种行政机构和县属的企事业单位。在这些县党政机关与企事业单位工作的干部、工人、职工，有的居住市（区）境，有的住在县域，户口或属市（区），或属县。属县的户口应由县志记载，属市（区）户口的让市（区）志记述。这样市（区）志人口统计数、构成即包括在市（区）内的县属企事业单位中工作、户口在市（区）内的人，县志人口也当含在市（区）内工作、属县户口者。如此处理，即可避免市（区）、县志对这部分人口的重复记载或遗漏。

第四，市（区）内的企事业单位、行政机关因归属不同，各成系统。市（区）管机关、单位理所当然是市（区）志记载的范围。而那些县属机关、单位因在市（区）治，按方志记事法则，市（区）志应当且有必要加以记述。否则，市（区）志就没有反映市（区）境内的全貌，未于一域内方方面面包揽无遗，市（区）志也即不能成为一方之总括、地域性百科全书。换一个角度看，它们不在县境，县志是否可以略而不载呢？回答是否定的。因为，它们不仅是县各项事业的领导机关，而且是县经济的主要支柱，若县志过分拘泥于成例，那么这些重要内容就无法载入，县的全貌也就难以体现，故县志记载这些机关、企事业单位应该说是责无旁贷的。市（区）志、县志毫无疑问均要记载县属机关、企事业单位，但详略宜有所区别。县志要详载这些分内的内容，市（区）志则以市属为重点，对此不宜喧宾夺主，只要在有关章节之后附录略述，以示其全，即可。

第五，对于那些长期工作生活在市（区），有一定名望，确属今县籍的人物，市（区）志、县志可能争相传录，且理由都很足。我们仍认为，原则上，这些人物由县志立传，市（区）志不立传，但其事迹可在有关章节中，用以事系人的方法予以记述。如果市（区）志的人物传所记的人物很少，与其他章、卷相比过于单薄，为免篇幅畸轻畸重，酌情增记一些县籍著名人物也未尝不可，但必须以记其在市（区）内的活动为主。对市（区）志、县志都要记的人物，市（区）县的修志者应相互通气，认真核实资料，统一口径，各有侧重。

第六，对那些既影响市（区）境，又波及县境的历史事件，市（区）志、县志皆应记载，然着眼点应当有所不同。凡事件发生在县境，县志详记，市（区）志略载。反之，则市（区）志详，县志略。详者记过程，略者叙影响。如：1930年农历六月十二日，宿县东南三铺、水池铺农民在中共地下党的领导下武装暴动，全县震动，宿县国民党政府急派警察局武装和驻宿城国民党军队，对暴动残暴镇压，①新编《宿县县志》应立足本县详尽叙述暴动的经过，新编《宿州市志》则当立足本市记暴动对原宿城的影响。

第七，市（区）成立时间较短，县历史较悠久。市（区）志在内容记载上当然要详建置以后的情况，建置之前的，根据方志统合古今的惯例，也应记述。县志记古，当然也不例外。既然市（区）志、县志均述古，那么对原属县而今归市（区）辖区域的历史，两者都可能涉及。市（区）志要追溯源流，但不仅限于大事记、兵事纪略、人物、建置沿革几个方面，政治、农业、商业、手工业等也要尽量叙述，做到古今兼备。县志则原则上不予以记载，若非记不可，也只能一笔带过，略明来龙去脉。

三、县志与地级市志

地级市又称省辖市，除直辖的市区外，还兼管几个县，即以市带县。这种体制主要是1983年后实行的。1991年全国有地级市200个左右。地级市一般与属县分治，但也有河北邢台市、沧州市、辽宁抚顺市、铁岭市、吉林辽源市、江苏无锡市、苏州市、浙江宁波市、绍兴市、福建莆田市、河南乡市、湖北襄樊市、湖南长沙市、

---

① 安徽省宿县地方志编纂委员会主编：《宿县县志》，黄山书社，1988年，第310—311页。

湘潭市、广东佛山市、四川内江市、贵州六盘水市、新疆乌鲁木齐市等 30 个地级市与属县同治。到 2001 年减到 14 个，即河北张家口市与宣化县、沧州市与沧县、邢台市与邢台县、辽宁朝阳市与朝阳县、铁岭市与铁岭县、抚顺市与抚顺县、盘锦市与盘山县、浙江宁波市与鄞县，福建莆田市与莆田县、河南新乡市与新乡县、安阳市与安阳县、许昌市与许昌县，湖南衡阳市与衡南县、贵州六盘水市与水城县。现在各地普遍修志，地级市和属县都要修志或续修志书，它们之间的交叉重复问题也需探讨。

地级市与属县同治，确切而言，是县附治于市区。治于市区的县，类如旧时府的附郭县。地级市与同治属县关系的处理，不能套用县志、县级市志、区志的办法，要具体分析。

第一，地级市包括市区和附郭县及其他郊县。附郭县和其他郊县在我国地方行政区划制度上与市属的区同级，如河南许昌县与许昌市同治，许昌市市区称魏都区，魏都区与许昌县级别一样。若许昌市和许昌县、魏都区都修志，许昌县和魏都区志在处理地域、时间等方面交叉时，可以采取县级市（区）与县同治的原则方法。但是，地级市志与附郭县志则须另行研究，因为它们属上下级志书的关系。

第二，市辖属的市区、附郭县和其他郊县，在长期而广泛的政治、经济、文化联系中形成了统一体，市志应是这个统一体的整体反映。其资料取舍、篇目制定、叙述角度，均应立足全市。附郭县仅是市之一部，其视角要从县域出发，按县志编纂要求载述，切勿主次不分，区域不明。

第三，依据上述认识，市志对全境的政治、经济、军事、文化、教育、人物都要全面记载。市区的各种基础设施、城市建设，无论市区是否修志书，市志皆应从市的立场较详尽地叙述，并兼及附郭县及其他郊县的城镇建设、基础设施。附郭县志则不然，它只能记县属城镇建设、基础设施，不可涉及市区，因为市区的各种基础设施等事物，附郭县虽亦在利用，但多不属其管理、建设，更不在其境域内，所以附郭县志应尽量不过问市区。

第四，附郭县设在市区的机关和各项企事业单位，尽管不在其地域范围内，然考虑到其管辖权，附郭县志还是要按事以类聚的原则详细记载。市志有别于市的区志，可以不记。但其特别有名者，市志可在有关篇章中予以简述。

第五，在市区活动工作的，属附郭县籍的，且有一定声望的人物，县志要为其立传。市志则不一定，应视其在市境的影响、地位和贡献大小酌情掌握。于全市范围有较大名望的，市志宜立传，反之则由附郭县志传录。

第六，在市区发生的事件、政治运动，如前所述，附郭县志要详影响略经过，市志宜站在市的高度收集资料，既叙始末，又载影响。在附郭县发生的，县志应详载，市志要视情况而定。

第七，对市区的古代资料，附郭县志可采用"县志与县级市志、区志"的第七种方法处理，市志应酌情而定，因地制宜，因时制宜，择要记述。

四、县（市）志与地区志、州志、盟志

地区行署是省政府的派出机构，代表省政府管理一定的县、市。地区与所辖县（市）同治非常普遍，1986年的119个地区无一例外，如河北衡水地区设在衡水市，云南思茅地区治于思茅县，广西桂林地区置在桂林市，新疆昌吉回族自治州治于昌吉市。后因市管县体制的推行，地区的设置大为减少，仅见边远省区以及交通不便、经济欠发达的部分内地，如贵州毕节地区行署驻毕节市，铜仁地区行署驻铜仁市，广西贺州地区行署驻贺州市，柳州地区行署驻柳州市，河池地区行署驻河池市，云南丽江地区行署驻丽江县，思茅地区行署驻思茅市，临沧地区行署驻临沧县，西藏那曲地区行署驻那曲市，昌都地区行署驻昌都市，甘肃酒泉地区行署驻酒泉市，张掖地区行署驻张掖市，青海海东地区行署驻平安县，新疆喀什地区行署驻喀什市，等等。到2023年，我国仍有7个地区，分别为新疆的和田地区（行署驻和田市）、喀什地区（行署驻喀什市）、阿克苏地区（行署驻阿克苏市）、塔城地区（行署驻塔城市）、阿勒泰地区（行署驻阿勒泰市），西藏的阿里地区（行署驻噶尔县），黑龙江的大兴安岭地区（行署驻加格达奇区）。地区志虽然不是国家规定必须编纂的志书类型，但在修志大潮下也在编纂或续修。地县（市）同治，是上级领导机构寄治于属县（市），地区志与驻地县（市）志书为上下级志书关系，两者层次不同，所以地县（市）志处理同治问题，既不能照抄地级市与县同治，又不能完全仿效县级市（区）与县同治的处理方法与原则，应择宜而用之，并另辟蹊径。

其一，县城（市区）的基础设施、城建、户口、人物、名胜古迹、县属企事业单位等都应由县（市）志详载，地区志一般不应叙及，若要记载，须有全区影响。

其二，地直机关、企事业单位和工作者，无论其户口在县城（市区），还是在其他乡镇，均宜让县（市）志统计、记述，地区志不另行立项统计。

其三，县城（市区）的地属企事业单位，县（市）志要记，以反映县的全貌，但要简略，地区志则可详记。

其四，在县城（市区）发生的历史事件，县（市）志应详尽叙述，地区志可以不载。若影响波及全区各县，地区志要从地区的角度来记载。

其五，工作生活在县城（市区）以及地直机关单位的，属地辖他县、市籍的著名人物，县（市）志原则上不载，让原籍的县志立传，地区志也可有选择的传记。

我国是一个多民族国家，在少数民族居住区实行民族自治政策，民族自治县、民族自治州，即为少数民族地区的行政区划，内蒙古地区实行的是其传统的盟、旗制。盟、自治州与地区、地级市平级，管辖数县、市、旗，一般治于某一中心县（市、旗）。2001年，我国有30个自治州、5个盟与县（市、旗）同治，如内蒙古兴安盟治乌兰浩特市，锡林郭勒盟治锡林浩特市，阿拉善盟治阿拉善旗，贵州黔东南苗族侗族自治州治凯里市，黔南布依族苗族自治州治都匀市，四川凉山彝族自治州治西昌市，甘孜藏族自治州治康定市，湖南湘西土家族苗族自治州治吉首市，云南西双版纳傣族自治州治景洪市，大理白族自治州治大理市，甘肃临夏回族自治州治临夏市，青海玉树藏族自治州治玉树市，等等。2023年，自治州还是30个，盟降为3个。盟与市（县）、州与县（市）同治，不同于地级市治于所属区，有些类似地县（市）同治，即州、盟附治于县（市），故州志、盟志与县（市、旗）志的同治交叉可以套用地县（市）同治的处理办法。

市县、地县（市）、州县（市）、盟县（市）同治，是现行政区制度中的一种特殊现象，处理好这种现象所导致的时空交叉、隶属混乱、关系不一，对提高志书质量颇有帮助。通过前叙的辨体，不仅能使同治的市、州、盟、地、县志界限分明，载所当载，互不侵越，而且可使各志详其所当详，略其所当略，各有所重，做到恰如其分，文质相宜。

第七章
第三轮志书编纂研究

我国第二轮新方志编修自 2006 年 3 月 2 日中国地方志指导小组召开第三届第四次会议后全面启动，经过全国广大修志工作者的努力，尤其是在《全国地方志事业发展规划纲要（2015—2020 年）》的推动下，规划内的省、市、县志先后陆续成书，至 2021 年全部实现既定目标，创造世界文化史上从未有的壮举。各地在完成规划的修志任务后，多在积极思考与谋划下一轮志书如何编的问题。学术界在二轮修志中后期开始陆续有点探索，我们也结合参与二轮修志实践体会，并结合新形势，提出一些想法，希望为三轮修志贡献一份我们的力量。

第一节　全面启动的前期调研与思考

一、规划与启动概况

地方志编纂是个耗时较长、涉及面广、需长期经费资助、多方支持的一项文化事业，自 1983 年中国地方志指导小组制定《一九八三年至一九九〇年中国地方志事业发展规划及设想（草案）》以来，将地方志编纂纳入地方国民经济和社会发展规划并制定地方志事业专项规划已成惯例。较早将第三轮地方志编纂试点纳入规划的可能是四川、广东、河南等省。《四川省地方志事业第十三个五年发展规划（2016—2020 年）》计划："启动第三轮三级志书编修试点工作"。《广东省地方志事业发展规划（2016—2020 年）》设想："2018 年启动第三轮修志试点工作，2019—2020 年做好第三轮修志方案调研、起草、论证和规划报批。"《河南省地方史志事业发展规划（2016—2020）》规划："2018 年开始筹备第三轮修志工作，认真做好规划部署、方案论证、理论研讨、资料收集、队伍培训等准备工作，确保 2020 年正式启动。"但在全国范围内对第三轮地方志编纂进行前期调研、制定明确规划的要到 2021 年前后。

也就是随着二轮修志的全面完成，第三轮地方志编纂问题被提上议事日程，各地的方志事业"十四五"规划均对推动第三轮修志做出种种设想：

有些地方规划适时启动。《江苏省"十四五"地方志事业发展规划》计划："适时启动第三轮地方综合志书编纂工作。总结首轮和第二轮修志工作经验，开展第三轮修志工作组织管理、编纂模式、编修体例等前期研究。根据国家统一部署，启动第三轮地方综合志书编纂工作。"《江西省地方志事业发展"十四五"规划》："根据国家统一部署，适时启动第三轮省市县三级志书编纂工作，认真编制编纂规划，做好方案论证、篇目设计、资料积累、队伍培训等准备工作。"《重庆市地方志事业发展规划纲要（2021—2025年）》："科学谋划第三轮修志工作。按照国家统一部署，启动第三轮地方志书编纂工作，编制工作规划，做好方案论证、篇目设计、资料积累、队伍培训等准备工作。"《新疆生产建设兵团"十四五"史志事业发展规划》："根据国家业务指导机构的统一部署，全面深入总结前两轮修志工作经验，强化组织领导，科学编制第三轮修志规划和编纂方案，开展师、市修志试点，启动第三轮修志工作。"

有些地方规定在明确的时间点启动。《新疆维吾尔自治区地方志事业"十四五"发展规划》："到2025年，启动第三轮修志工作。"《吉林省地方志事业发展规划（2021—2025年）》："到2025年……第三轮修志规划编制完成并启动实施。"《浙江省人民政府办公厅关于加快推进新时代地方志事业发展的意见》："有序启动第三轮地方综合志书编纂工作。总结第一、第二轮修志工作经验，开展第三轮修志工作前期研究。组织指导符合条件的市、县（市、区）开展第三轮修志工作，到2025年，30个市、县（市、区）启动志书编纂工作。"《四川省"十四五"地方志事业发展规划》："完成第二轮修志扫尾工作，总结第二轮修志工作经验，科学编制第三轮修志规划，有序开展编纂试点。探索网络化、数字化、智能化背景下修志方式研究。2025年第三轮省市县三级地方志书编纂工作全面启动。"《陕西省人民政府办公厅关于推进新时代全省地方志事业高质量发展的实施意见》："有序开展第三轮修志工作。市、县、区政府和省志承编单位要做好第三轮修志的规划、组织工作，2025年全面启动全省第三轮修志工作，其中，第二轮志书下限在2005年及之前的，2024年底之前要启动。"《大连市推进地方志事业高质量发展行动方案（2023—2025年）》："到2025年，全面开展第三轮修志工作。"

有些地方既规定有明确的时间点，又表示按照国家部署启动。《广西地方志事业发展规划（2021—2025年）》："到2025年，第三轮修志启动。……在认真做好首轮和第二轮修志总结评估基础上，科学编制第三轮修志规划。根据国家统一部署要求适时启动第三轮志书编修试点工作，以点带面有序开展全区第三轮修志工作。"《武汉市地方志事业发展三年行动方案（2023—2025 年）》："到 2025 年，全面启动第三轮修志工作。……根据国家、省、市要求，适时启动第三轮市、区地方综合志书编修工作。"

有些地方表示整体在规划中，局部开展。《上海市地方志事业发展规划纲要（2021—2025 年）》："全面推进和规范志书编修。完成上海市第二轮地方志书编纂出版任务并总结经验，研究、制定第三轮地方志书编纂规划。继续组织和推进符合条件的市级志书编纂。按时开展区志续修。"

还有些地方表示做好启动准备。《贵州省地方志事业发展"十四五"规划》："到 2025 年，做好第三轮修志准备工作。"《天津市地方志事业发展规划（2021—2025 年）》："全面总结第一轮、第二轮地方志书编修工作经验，科学编制第三轮修志规划。"《海南省史志事业发展规划（2021—2025 年）》："到 2025 年，……第三轮修志各项工作准备就绪。"

据省或副省级城市"十四五"规划，尽管对第三轮修志表述不一，但"2025"是个重要的时间点，或者说总体上全面启动第三轮地方志编纂离现在应该不会遥远。

从地方上的修志编纂实践看，目前收集的资料显示，2017 年 10 月上海市崇明区启动《崇明县志（2005—2016）》编修为最早，广东省广州市（本级及所属黄埔区、越秀区等）、湛江市（本级及所属遂溪县、赤坎区等），上海市金山区、静安区，江西省寻乌县，广东省仁化县，陕西富平县（2018）等随后，江西省万年县、广西壮族自治区南宁市（本级及所属良庆区、隆安县等）等（2019）继之。2022 年后启动明显增多，如上海市青浦区、杨浦区、奉贤区，浙江省绍兴市越城区、湖州市吴兴区、南浔区、杭州市临安区，江西省永修县、彭泽县，陕西省永寿县、旬邑县、黄陵县、扶风县、西安市碑林区，天津市宝坻区，等等。

较早启动第三轮修志的动因，一是该地历来重视修志，已出版的志书质量高，地方志工作具有示范性，被上级列为试点单位。如广东省湛江市，在二轮规划志书完成后于 2015 年 10 月开始实施《湛江市百部地方志丛书》编修工程，大规模开展部门志、行业志、专业志、镇村志编修，取得较好的成效，受到广东省地方志办公室的高度肯定，2018 年 3 月广东省地方志办公室发布《关于确定第三轮志书编修试点单位的通知》（粤志办函〔2018〕111 号），确定湛江市及遂溪县、赤坎区、遂溪县乌塘镇、徐闻县新寮镇、遂溪县调丰村为广东省第三轮志书编修试点单位。[①]江

---

① 湛江市地方志编纂委员会：《关于湛江市被确定为广东省第三轮志书编修试点单位的通知》（湛志委〔2018〕5 号），https://www.zhanjiang.gov.cn/zjsfw/bmdh/dfz/zwgk/tzgg/content/post_1282016.html。

苏省南通市海门区，其二轮志书《海门市志》在2018年江苏省地方志优秀成果评选活动中，荣获县（市、区）志综合优秀一等奖，篇目设计类、内容记述类、特色创新类3个单项优秀奖，受到省政府办公厅的通报表彰。鉴于海门区方志机构积累了大量的修志经验，且方法行之有效，江苏省地方志办公室2023年"将全省第三轮修志'第一棒'交给海门"[1]。二是因政区建置调整而适时启动。上海市金山县1997年撤县建区，成立金山区，到2018年满20年，符合《地方志工作条例》"地方志书每20年左右编修一次"的规定，5月18日金山区人民政府印发关于《〈金山区志（1997—2017）〉编纂工作实施方案》的通知，启动三轮修志。上海市闸北区2015年11月被撤销，与静安区合并成立新的静安区。"为保证'撤二建一'后原闸北区、原静安区区志的连续性、完整性，为新静安区修志工作奠定坚实的史料基础，提供堪存堪鉴的资政史实"[2]，2018年9月中共静安区委办公室、静安区人民政府办公室印发《关于开展静安区第三轮修志工作的实施意见》的通知，开展全区第三轮修志。

现已公开出版的三轮志书有2021年的《广州市黄埔区志（2001—2015）》、2022年的《崇明县志（2005—2016）》、2024年的《万年县志（1998—2021）》等数种。

二、学术探讨回顾

对于第三轮志书如何组织、编纂问题，方志业界与学术界已开始关注。以"第三轮修志""第三轮志书""第三轮地方志""第三轮县志""新一轮修志"等关键词、主题词搜索知网、万方、维普网，截至2024年4月30日，共得期刊发表有关第三轮修志的研究性论文42篇。最早的论文发表于2012年，为刘洪斌、鲍树强《对第三轮军事志篇目设置的几点思考》。[3] 2012—2024年间，2019有7篇，2021年有10篇，2023年有8篇，属于发表相关论文数较多的年份。这些论文多刊发在《中国地方志》《上海地方志》《江苏地方志》《巴蜀史志》《新疆地方志》《广西地方志》《宁夏史志》《黑龙江史志》《广东史志》《军事历史》《海外文摘》等期刊上，以《新疆地方志》8篇、

---

[1] 海门区地方志办公室：《海门第三轮修志工作专家咨询会顺利召开》，https://www.ntszw.gov.cn/?c=index&a=show&id=2574。
[2] 《中共静安区委办公室、静安区人民政府办公室印发〈关于开展静安区第三轮修志工作的实施意见〉的通知》，https://www.jingan.gov.cn/govxxgk/JA1/2018—09—26/61cba2de—6b17—4fb4—9e89—5cd5bc5c9069.html。
[3] 刘洪斌、鲍树强：《对第三轮军事志篇目设置的几点思考》，《黑龙江史志》2012年第16期。

《广西地方志》7篇为多。论文作者除个别属高校外,基本都是各级地方系统的工作者。

有关研究主要涉及三方面:

1. 三轮修志的总体设计。田亮(2017)基于第一、二轮《广东省志》及其他省级志书的考察,建议第三轮《广东省志》以部类分类,设9卷(总述·大事记、环境·资源、政治、经济、文化、社会、人物、附录),以卷、篇、章、节、目为结构层次,篇幅1500万字左右。① 李秋洪(2019)通过总结新方志编纂实践,提出第三轮省志编修应从立法与规划上做好顶层设计,调整不适宜工作机制,以断代志为省志的基本体例。② 金雄波(2021)认为第三轮修志还是采用续志,但有必要克服二轮续志不足,全面理解续志"应是一部完整的志书,既具有通志的共性,又具有其传承性、独立性和衔接性的3个基本特征"③。刘善泳(2021)从历代修志传统、新志经验以及与地方综合年鉴的对照,认为第三轮应是修贯通古今的通纪志。④ 汪德生(2023)提出三轮县志基本上应是续志,应严守志体、改革创新,提倡纲目体,注重文采,增强志书"可读性"。⑤

2. 三轮修志的资料收集。李思源、王柳(2017)针对当前资料收集的难点,提出第三轮市志编纂应实行专题资料年报制度,并就专题资料的选题、收集方式、要解决的问题提出看法。⑥ 李莉(2022)指出资料收集要树立更加规范、主动、开放、多元的观念,应制定资料质量控制标准,破除以往的收集路径依赖,建立六条收集渠道。⑦

3. 三轮志书具体门类或分志的编法。刘洪斌、鲍树强(2012)提出第三轮军事志篇目设置应规范标题,科学排列标题,具有鲜明特色。⑧ 叶键(2014)主张各地的军事志断限要一致,重视资料收集,强化以类系事,写出"亮点""看点"。⑨ 渠鸿章(2018)在总结二轮军事志经验的基础上,提出三轮军事志要加强总体设计,加

---

① 田亮:《省级志书框架设计刍议:基于一、二轮广东省志编修的思考》,《广西地方志》2017年第6期。
② 李秋洪:《经验与启示:地方志事业的走向——兼谈第三轮地方志发展规划纲要》,《广西地方志》2019年第1期。
③ 金雄波:《谈谈"续志"及续修方式》,《新疆地方志》2021年第3期。
④ 刘善泳:《新一轮修志编修通纪志的必要性》,《中国地方志》2021年第1期。
⑤ 汪德生:《如何编修好第三轮志书的几点思考》,《新疆地方志》2023年第3期。
⑥ 李思源、王柳:《第三轮市志专题资料收集初探》,《巴蜀史志》2017年第3期。
⑦ 李莉:《两轮修志资料收集整理工作比较研究——兼及第三轮修志资料收集整理工作的若干思考》,《福建史志》2022年第2期。
⑧ 刘洪斌、鲍树强:《对第三轮军事志篇目设置的几点思考》,《黑龙江史志》2012年第16期。
⑨ 叶键:《续修〈军事志〉应着力把握的几个问题》,《军事历史》2014年第2期。

强资料收集，突出写实，用新技术推进创新实践。①詹跃华（2019，2020，2021）研究第三轮志书若干门类的编法，认为应设置姓氏篇目，加强对姓氏数量、分布、源流、迁徙衍变情况记载；人物传应有主题，要写出鲜明个性；宗教门应把一地宗教发展历史现状写全面，基本要素应齐全，兼收文字资料、音像网络资料、实物资料、口碑资料；人口门的篇目应完整合理，内容全面，揭示人口变动的社会价值；民族门须将民族状况和民族事务记载完整，在少数民族聚居区应设置民族门，其他地区可设民族章节，突出民族特征及其新演变。②刘显钊（2022）指出二轮廉州方言志存在过于关注方言源流、将未定论观点入志等问题，赞同方言志不能编成纯粹语料库的观点，以为方言志的编纂既需要专家，也需要"杂家"，在方言语料核查以及方言人群分布范围、人口统计等上应有所突破。③孙善英、谭学界（2023）指出，编修三轮志书生态文明部类需要贯彻落实好习近平生态文明思想，要遵循"事以类从"原则，突破部门行业记述限制，在多部门联动、多方主体共同参与的前提下，实现结构合理、编排得当，横不漏项、纵不断线。④巴兆祥（2023）研究指出上海新方志设置"方志志"已成共识，第三轮"方志志"在记述时限上以"不完全通纪体"为宜，在事业范围上应多业并举，市、区"方志志"在篇目、内容、记述方式上应有明确的分工，编纂中应要全面体现上海方志事业的特色。⑤

4. 三轮志书工作模式。程慧（2014）回顾广州市建立方志资料年报制度的建立过程，认为在年报制度常态化后，修志的组织方式可以从"众手成志"改为方志机构"志稿编写"模式，提高年报质量是关键。⑥莫艳梅（2021）提出定制方志软件，开放志书编修形式，设置人人入志模块，实现人人参与修志的构想。⑦刘玉玫（2021）认为，要争取领导重视和支持，制订编纂方案，明确职责分工，重视修志队伍培训，重点

---

① 渠鸿章：《浅析第三轮军事志编修应着力把握的几个问题》，《中国地方志》2018年第5期。
② 詹跃华：《姓氏入志浅见》，《广西地方志》2019年第1期；《谈第三轮志书人物传撰写》，《黑龙江史志》2019年第7期；《谈第三轮志书宗教门类编纂》，《新疆地方志》2020年第4期；《第三轮志书民族门类编纂浅见》，《新疆地方志》2021年第2期；《第三轮志书人口门类编写浅议》，《广西地方志》2021年第5期。
③ 刘显钊：《第三轮修志汉语方言志编纂方法略论：以廉州方言为例》，《上海地方志》2022年第4期。
④ 孙善英、谭学界《以习近平生态文明思想为指导编修好第三轮志书的生态文明部类》，《新疆地方志》2023年第3期。
⑤ 巴兆祥：《第三轮上海"方志志"编纂刍议》，《上海地方志》2023年第2期。
⑥ 程慧：《资料年报制度与第三轮修志模式》，《广东史志》2014年第6期。
⑦ 莫艳梅：《新时代人人入志的构想——第三轮修志的探索》，《上海地方志》2021年第4期。

抓资料收集。①赵丽、潘其锐(2021)主张应超前规划,建立多元稳定的资料收集体系,"众手成志"与"专家修志"相结合,综合采用政府推动、购买市场服务、课题合作等多方式并存。②朱浩然、杨娟(2022)在分析前两轮志书编修存在问题的基础上,提出三轮修志应采取党委领导,政府主办、政府组织、政府搭台,方志部门抓业务,购买服务,定期考评的模式。③

5.三轮志书的质量管控。运子微(2023)认为,新一轮志书须在"大历史"视野下解读新时代地方志编纂工作,以党的三个历史决议和党中央有关精神为准绳,完善制度规范,在内容质量把控上创新与突破。④王鹏(2023)指出影响二轮县志质量的因素与表现,三轮志书在资料上应有突破,尤其人物资料,要主动去收集资料,志书篇幅要合理,修志人员业务能力要提升。⑤

上述成果已涉及三轮修志的相关理论问题,对本文的研究具有相当大的启示价值。

三、顶层设计构想

尽管各地都经过了两轮新方志编纂的洗礼,有了一套比较成熟可行的工作机制,积累了比较丰富的实践经验,但毕竟当前也面临着新形势、新挑战,况且对前两轮的修志成果与做法方志界也有些不同的看法,所以三轮修志还有重新思考顶层设计的必要。

(一)纳入国家规划的区域综合志种类:维持三级,还是应为四级志书?

明清时期县级以上志书为官修,乡镇志基本为私修。1946年国民政府内政部颁发《地方志书纂修办法》,明确地方政府组织编纂的地方志书为省志、市志、县志三种。首轮新方志编纂期的1985年,中国地方志指导小组发布《新编地方志工作暂行规定》,第七条规定:"(1)省、自治区、直辖市所编纂的地方志都是省级志书,简称为省志。(2)省辖市、地辖市、自治州和经济特区编纂的地方志,均属市级志书,简称为市志。(3)县、自治县、自治旗编纂的地方志,均属县级志书,简称为县志。

---

① 刘玉玫:《第三轮修志初探——以招远市为例》,《海外文摘》2021年第24期。
② 赵丽、潘其锐:《从〈盐城市志〉修编实践探讨三轮修志模式的转变》,《江苏地方志》2021年第1期。
③ 朱浩然、杨娟:《对第三轮三级志书组织模式和编纂方法的思考》,《巴蜀史志》2022年第3期。
④ 运子微:《略论志书内容质量把控》,《中国地方志》2023年第4期。
⑤ 王鹏:《第二轮区县志编纂审核与第三轮修志建议:以北京市为例》,《中国地方志》2023年第2期。

（4）地区一级是否修志，不作统一规定，由各省、自治区自行决定。"①也就是省、市、县志为国家统一部署的必编志书种类。1996年国务院办公厅发布《关于进一步加强地方志编纂工作的通知》，进一步明确"地方志一般分为三级：省、自治区、直辖市编纂的地方志，设区的市、地区、自治州、盟编纂的地方志，县、自治县、旗、不设区的市、市辖区编纂的地方志"②。2006年国务院颁发《地方志工作条例》，从国家行政法规上加以固化，"地方志分为：省（自治区、直辖市）编纂的地方志，设区的市（自治州）编纂的地方志，县（自治县、不设区的市、市辖区）编纂的地方志"③。2006年5月30日，国务院法制办公室负责人就《地方志工作条例》回答记者提问说道："目前，我国部分乡镇，甚至村也组织修志。考虑到编纂地方志需由地方政府组织人力、物力、财力，为了不给乡镇、村设定义务、增加负担，该条例仍维持了《国务院办公厅关于进一步加强地方志编纂工作的通知》（国发〔1996〕47号）关于地方志分为省级、设区的市级、县级三级的规定。"④当时没有将乡镇志纳入国家规划体系，主要考虑的是乡镇、村的财力、物力、人力问题。

从随后的修志实践看，首轮修志期间，各地已经编纂了大批乡镇志，只是大部分没有公开出版；第二轮修志期，各省也编纂出版了大量的乡镇志。据吕志伟、吴一峻《中国新编乡镇志书目提要（上海通志馆藏）》（2021）统计，截至2018年12月，该馆收藏首轮、二轮乡镇志2000部，中国方志网数据统计，2019—2022年出版乡镇志758部。这些数据应属于不完全的统计，因为首轮、二轮期间乡镇开展修志的相当普遍，即使偏远地区也有编纂，如1985年中共新疆巴楚县委和巴楚县人民政府决定，要求全县各乡、镇、场、村普遍编修《乡土志》。⑤2004年乌苏市全面开展乡镇志编纂⑥，故而实际数量应远远大于此。各省完成二轮规划的三级志书后，纷纷制定乡镇志编纂规划，全面推动乡镇志编纂。如2013年10月，河南省人民政府办公厅发布《关于做好乡镇志编纂工作的通知》，要求"各地、各有关部门要把编纂乡镇志作为重要的基础性工作，采取有效措施，切实抓紧抓好"。2014年11月，湖

---

① 中国地方志指导小组：《新编地方志工作暂行规定》，《新疆地方志通讯》1985年第3期。
② 国务院办公厅：《关于进一步加强地方志编纂工作的通知》，《中华人民共和国国务院公报》1996年第34期。
③ 国务院：《地方志工作条例》，《中华人民共和国国务院公报》2006年第19期。
④ 《国务院法制办公室负责人就〈地方志工作条例〉的有关问题答记者问》，《中国地方志》2006年第6期。
⑤ 梁尊：《巴楚县决定全县编修各乡镇场村〈乡土志〉》，《新疆地方志通讯》1985年第2期。
⑥ 《乌苏市乡镇志编纂工作全面展开》，《新疆地方志》2005年第4期。

北省地方志编纂委员会发出《关于全面开展全省乡镇（街道）、村志编纂工作的通知》，2015 年启动，2025 年前基本完成乡镇（街道）志；2018 年 1 月，上海市地方志办公室发布《上海市乡镇街道村志及专业志规划》，以"全覆盖、成系列、有特色"为导向，"十四五"期间符合编修条件的乡镇街道志编纂基本完成；2021 年 5 月，四川省地方志办印发《四川省乡镇（街道）、村志编纂工作指导意见的通知》，启动乡镇（街道）、村志编纂工作，2028 年底前完成；2022 年 3 月，江苏省政府办公厅下发《关于实施镇村志编纂文化工程的通知》，镇村志编纂文化工程开始实施，到 2030 年实现乡镇（街道）志全覆盖的目标；2022 年 5 月，浙江省地方志办公室发布《关于开展全省乡镇街道志编修试点申报推荐工作的通知》，桐乡市石门镇、义乌市北苑街道等 11 个乡镇（街道）被选为省乡镇街道志编修试点单位。全国各地编纂乡镇志热情高涨。

再者，按照宪法，我国地方人民政府有省（直辖市、自治区）、市（州）、县（市、区、旗）、乡（镇）四级。乡镇是国家治理的基本单位，是落实党和国家"新农村建设""美丽乡村建设""乡村振兴"等各项方针政策、承载乡土风貌变迁的主体。如果没有乡镇志，也就难以全面深入地展现国家基层治理成就、乡愁记忆的留存。编纂乡镇志也是赋能乡村振兴的重要举措。如从存史的角度考察，县以上资料相对保存比较多，查阅相对方便，而乡镇相关多属于基层资料，资料保存的受重视程度与保存条件也不及县以上单位，与乡镇居民息息相关的日常生活，更具鲜活的文化价值，但多被忽视，如不及时记录，往往会容易流失。

其三，2021 年习近平总书记在全国脱贫攻坚总结表彰大会、庆祝中国共产党成立 100 周年大会上庄严宣告，我国脱贫攻坚战取得了全面胜利，在中华大地上全面建成了小康社会，历史性地解决了绝对贫困问题。[1]

综上，我们认为经过数十年改革开放发展后的第三轮修志期，乡镇基本上都具备编纂志书的条件，乡镇志应成为国家规划的区域综合志的一种，应编尽编。

（二）县（区）设计规划内志书："一部志"，还是"一部志 + 系列志"？

首轮修志，各地多自发而起，基本都是编一部县志或区志。二轮修志期，相当多的县（区）在规划时是编一部志，这些县（区）的乡镇街道志、专业志或部门志，多是县（区）志完成出版后，由县（区）方志机构再规划组织编纂，或乡镇街道、机关单位自行组织力量补充编纂。也有少部分县（区）同时规划了县（区）志和乡

---

[1] 习近平：《在庆祝中国共产党成立 100 周年大会上的讲话》，https://www.gov.cn/xinwen/2021—07/15/content_5625254.htm。

镇志、专业志等（如江苏省《射阳县二轮修志工作推进方案》："力争到 2014 年完成全县二轮修志工作任务，打造一部精品射阳县志，编纂出版一批镇区志、部门志，并启动小康村居志、专业志示范工程。"）。

三轮县（区）修志已经开始，已经成书出版的广州市黄埔区、上海市崇明县、江西省万年县，在启动时都是一部志。广西壮族自治区柳州市《鱼峰区第三轮地方志书编修工作方案》规划于 2031 年前出版《柳州市鱼峰区志（2006—2025）》，《融水苗族自治县第三轮地方志书编修工作方案》计划 2032 年前完成出版《融水苗族自治县志（2006—2025）》，浙江省《杭州市临安区第三轮修志工作实施方案》规划同时编纂《杭州市临安区志》、镇（街道）志：1 部区志，17 部镇街志，2 卷《临安美丽村（社区）志丛书》（青山湖街道卷、於潜镇卷），以及交通志、妇女志、青山湖科技城志、工业志等专业志书。[①]2022 年 7 月，上海市青浦区同时印发《青浦区地方志事业发展规划纲要（2021—2025 年）》《〈青浦区志（2001—2020）〉编纂工作实施方案》《青浦区街镇志编纂工作指导意见》《青浦区专业志编纂工作指导意见》，8 月 22 日召开第三轮修志工作动员大会，全面启动青浦区志、街镇志、专业志编纂工作。2024 年 2 月，奉贤区印发《奉贤第三轮志书编纂工作方案》《〈上海市奉贤区志（2002—2023）〉编纂工作实施方案》，总体规划目标被概括为："1+12+8+N"。"1"即编纂《上海市奉贤区志（2002—2023）》1 部，"12"即编纂街镇（开发区）志 12 部，"8"即编纂专业（部门）志 8 部，"N"即鼓励有条件的区属企事业单位、村居积极开展志书编纂。[②]

县（区）规划"一部志"的好处在于，可以在规定时间里集全县（区）之力聚焦县（区）志，避免力量分散。不足也明显，如缺乏县（区）地方志体系规划，承编或参编单位可能会以为完成县（区）志任务后就结束了，不再为后来继续编乡镇（街道）志、专业志、部门志做准备，后来如编乡镇（街道）志、专业志、部门志还得再做规划，再做动员发动。

"一部志 + 系列志"的优点是对县（区）地方志体系有全面的规划，建构较完整的县（区）地方志书类型，承编或参编单位对未来一定时间段内的修志目标比较

---

① 《我区全面启动第三轮修志工作》，https://mp.weixin.qq.com/s?__biz=MjM5NzczODI5NQ==&mid=2648576519&idx=1&sn=60eb369899d8dc0d3c05f2f2a10a646b&chksm=beffd05f8988594988e676d66a4f5802a2f0e023ff1c500c01edfe87b13148a094a228df56af&scene=27。

② 孙燕、石浩南：《奉贤区举行第三轮志书编纂工作动员大会》，https://www.fengxian.gov.cn/zwyw/20240329/66264.html。

明确，能做到比较好的时间、任务安排，较早地进行人力、财力等方面保障准备，有利于基层修志人才常态化的培育、储备。

基于上述认识，我们认为第三轮县（区）地方志编纂规划，两种模式均可以采用，比较倾向于这样的规划设计：全国大部分县（区）于规划修志期内启动并完成编纂县（区）志、乡镇（街道）志、专业志或部门志，积极开展村志编纂；部分地区在规划修志期内启动并完成编纂县（区）志、乡镇（街道）志，有条件的单位，应在县（区）修志机构指导下，积极开展专业志或部门志、村志编纂。

（三）省级志书规划设计："多系列志"，"单系列志"，"一部志＋系列志"？

一个省的地方志书编纂规划，以往基本包括省、市、县三级地方志书的规划。单就其中的省级志书规划与实践而言，二轮省级志书编纂有如下三种情形：（1）"多系列志"型。如《上海市第二轮新编地方志书编纂规划》："2010 年至 2020 年期间，完成《上海市志（1978—2010）》和上海市级专志两个市级志书系列的编纂工作。"《〈上海市志（1978—2010）〉编纂实施方案》将市志定为《上海市志（1978—2010）》系列，包括 58 个分志、122 个分卷、155 册。《第二轮江苏省志编纂工作方案》："《江苏省志》50 本（卷）分志""《江苏省志》10 本（卷）专志""《江苏省志》丛书"。（2）"单系列志"型。如《贵州省地方志续修方案》："省志：60 卷集成，全志不超过 3000 万字。"《第二轮江西省志编纂工作方案》："《江西省志（1991—2010）》设总述、大事记，并按照专业、行业、事业分设 108 部分志，每部分志平均约 80 万字。各分志独立编纂，分别编以序号。其中鄱阳湖志、景德镇陶瓷文化志、江河志、名山志、山江湖工程志、茶志、客家志等，反映江西特色，弥补首轮《江西省志》遗缺。"（3）"一部志＋系列志"型。如广西《关于调整全区第二轮三级地方志书编纂计划的意见》（2012）："一是从 2013 年起用 4 年时间，由自治区地方志办公室组织编纂《广西通志（1979—2005）》，包括综合、经济、政治、文化、社会、附录及索引共六卷。二是……《广西通志》专志由 85 部调整为 74 部。"据新疆《关于开展第二轮自治区地方志编修工作的通知》《〈新疆通志（1986—2005）〉编纂实施方案》，新疆编一部简志《新疆通志（1986—2005）》《新疆通志丛书》。

"多系列志"型的优势在于能尽量地丰富省级地方志书类型，将本省各项事业、行业、大型企业集团、企事业单位、著名的地方特色与事件设置成分志或专业志、部门志、专题志，予以全面、集中记载，保存全系列、多特色的历史资料。难处在于涉及面广，参与单位多，组织、指导的工作量大，人力、物力、财力投入相对巨大，各系列志间在记载同一人事物时需要协调也较多。还由于牵涉的条块多，可能全部编纂完成的时间相对较长。这种类型比较适合经济比较发达、修志人才较多的省。

相对而言,"单系列志"型工作量与发动、组织的强度、难度较低,各级承编单位压力也相对较轻,可以集中力量进行编纂,成书时间也较短,当然成书速度还与设计的专业分志数量多少有关。不足在于,地方志书类型不够丰富,难以发挥不同类型志书在反映地情方面的优势。

"一部志+系列志"型中的"一部志",一般是按照地理、经济、政治、文化、社会、人物等几大部类分篇章撰写,篇幅均不大,属于宏观轻型省志。系列志由专业分志系列或丛书组成,分志、分卷独立编纂、分册出版。其优势是,"一部志"由省志办负责编纂,工作量较轻,完成较快,能高屋建瓴地记载一段时间内的历史与现状,可阅读性较好。"系列志"分行业、专业设分志,能对"一部志"进行丰富补充,分开独立出版能发挥各承编单位的积极性,而又不被个别单位延误。难点在于由于读者对"一部志"的编纂要求更高,对其编纂、总纂的综合能力是个考验。

以上三种模式,第三轮省级志书规划均可采用,各省当因地制宜。但无论哪种,根据二轮修志实践经验,设置专门的总纂、副总纂或总纂室负责统稿是十分必要的。我们比较倾向"中观省志系列+省级专业志、部门志、企业志系列+干部读本省志"。中观型省志系列,既能发挥各承编单位收集资料的优势,又能对本省历史与现状反映较全面、系统,适当减少部门志色彩,与省级专业志、部门志、企业志系列互为补充。而干部读本省志则是在中观型省志系列基础上凝练成,提纲挈领。

(四)区域综合志:通纪,还是断代?

旧志基本为通纪体志书,统合古今,详今略古。断代体志书也是有的,但比较少。对某个地方而言,一般都是通纪体志,而后偶尔可能会产生一部断代体志。如上海县志,从明到民国约有14次编修,仅1918年本《上海县续志》为断代体志。首轮新方志普遍为通纪体志书,即从事物发端开始记述。第二轮志书开始时曾经对是编通纪体志还是断代体志进行过长达数年的讨论,未见定论。从出版的成果看,两种类型均存在,通纪体型的有《黄山市志》《屯溪区志》《休宁县志》《黟县志》《象山县志》《常熟市志(修订版)》《运城市志》等,断代体型的有《禄劝县志(1991—2000)》《禄丰县志(1988—2000)》《新会县志(1986—1992)》《椒江续志(1991—2000)》《奉贤县续志(1985—2001)》《崇明县志(1985—2004)》等,以断代体为多。

第三轮志书启动也会面临同样的问题,目前只有两三篇文章涉及,讨论的热情普遍不如第二轮。从目前掌握的试点情况看,就区域综合志而言,通纪体志书有浙江省绍兴市《越城区志》《湖州市吴兴区志》《湖州市南浔区志》、广东省《广州市萝岗区志》等。采用通纪体的基本都属于新设置的政区,首次修志。断代体的很普遍,如《崇明县志(2005—2016)》《三河市志(1997—2019)》《什邡市志(2001—

2020）》《鲁山县志（2006—2020）》《南雄市志（2002—2020）》《鹤壁市志（2001—2020）》《武汉市志（2001—2020年）》《永修县志（2001—2022）》《宜宾市南溪区志（2001—2023年）》《三江侗族自治县志（2006—2025）》《融水苗族自治县志（2006—2025）》《柳州市鱼峰区志（2006—2025）》《鹿寨县志（2006—2025）》等。

通纪体志书的优势在于统合古今，详今明古，地方人事物发展脉络记述完整，便于通晓一个地方古今地情，突出地方文脉。在地方志书成果评奖时，由于能给评审专家一个完整的地域历史与现状形象，往往能够稍微占点优势。不足之处在于，由于新方志每20年一修，处理不好会有可能前后志简单重复，徒增篇幅。假如要控制篇幅，又可能会影响到现状的反映详尽程度。再就是时间跨度长，涉及面广，资料收集不易。断代体志书的长处在于，断限内的地方人事物发展情况记载详细，能重点关照时代特色、现状成就；由于涉及时间有限，资料收集相对集中。缺点也显而易见，就是脉络原委不连贯，稍有不慎有可能修成"断头志"。

编修断代体志与通纪体志，互有千秋，各有特色，各有优势，关键在怎么处理好前后衔接，以及前志的质量状况。我们认为，假定二轮志书都是比较高质量的前提下，三轮志书的区域综合志采用完全意义上的断代、通纪均不是太合适。鉴于当前技术条件，尽管志书的保存同样面临虫蛀、灾难等威胁，但因现在志书成书的形式多样（纸本、光盘、数据库等等），印刷数量多，图书馆、方志馆、文化馆保存条件好，新编地方志已不存在完全散佚之可能。当代社会发展迅速，地方上各方面建设与发展成果层出不穷，读者既有通览地方发展全貌，更有志书保存大量"存史、资政、育人"新资料、新信息的要求。况且，志书篇幅是有限的，又得兼顾每次编纂独立成书以及前后志的"复载"问题。所以，我们主张三轮方志还是以编"不完全通纪"或"非典型断代"体为好。

所谓"不完全通纪"体志书，就是方志的每个门类尽管还是从发端写起，一直记到下限为止，但绝大部分篇幅用在写第二轮志书下限后的事情。二轮志书下限之前的，简明记叙，原委清晰，不必机械重复。所谓"非典型断代"体志书，在书名标示时有明确的上下限，但在各主要门类记述时，均突破上限做适当的追溯勾连。其与"不完全通纪"体的区别在于对二轮志书下限前的记叙量要小不少。建议各地在规划时根据前志情况灵活做出安排。再过20多年到了第四轮修志，应编一次完全意义的通纪体志书为宜。

无论哪种类型志书都会涉及上下限问题。上限，各地情况复杂，难以划一，如是断代体志，多以前志的下限次年为本志的上限。下限，二轮志书五花八门，有的到2000年，如《铜陵县志（1991—2000）》；有的为2002年，如《石门县志（1978—

2002）》；有的是 2003 年，如《宁远县志（1978—2003）》；有的是 2004 年，如《揭阳市志（1992—2004）》；有的到 2005 年，如《深泽县志（1991—2005）》；有的为 2008 年，如《阳谷县志（1988—2008）》；有的到 2013 年，如《任城区志（1996—2013）》，等等，但以 2005 年较为普遍。三轮已启动的也是多样，上海市崇明县于 2016 年 3 月撤县为区，第三轮县志以 2016 年为下限；上海市奉贤区 2024 年正式启动修志，上限定于 2002 年，接《奉贤县续志（1985—2001）》，下限为 2023 年，修志期限与"20 年左右编修一次"规定相近；上海市《杨浦区志（2004—2023）》，其编纂方案明确是根据"地方志书每 20 年左右编修一次"的规定；上海市《青浦区志（2001—2020）》上限接《青浦县志（1985—2000）》，下限止于 2020 年，可能是出于 2020 年是"十三五"规划收官之年的考虑；广西壮族自治区融水苗族自治县三轮志的下限定在 2025 年，据其编纂方案，系根据融水苗族自治县实际情况与"十四五"年规划结束年而定。应当说，目前三轮志书的下限的各种做法都有道理和依据，也是可行的。从管理与读者利用的角度考虑，建议至少在一个省的范围内最好是统一下限，下限时间点以国民经济五年规划的结束年为好。

（五）拥抱新技术：互联网修志？

互联网技术发展已深深影响读者阅读习惯，地方志拥抱互联网技术已经开展多年，主要是网站、微信公众号、志鉴数字化、地情数据库。据报道，浙江省开发"浙里有志·浙里修家谱"应用，宁波、温州开发在线编纂系统，广州市也开发了在线修志智能工作系统，对互联网修志做了新尝试，取得积极的效果；莫艳梅（2001）等也提出开发软件用于网上编志、编写年鉴，编写数字方志。[①]由此可见，互联网修志应是一种趋势。

经过第二轮修志，电脑应用已经完全普及，用电脑进行志书文本编写已成常态，这较首轮传统文字工作形态在一定程度上提高了效率。然而由于修志机构普遍存在专职修志人员不足、需要外聘的问题，单机操作仍面临着分工协调难、工作强度大、资料共享程度低、工作效率不够高等挑战，建议在制定第三轮修志规划时不妨多加入一些互联网思维，积极鼓励各地借鉴先行地区的经验，多方式地尝试互联网修志，如在现有网站上设置端口允许热爱、关心地方志的社会人士上传经过审核的地方历史资料；扩展资料范围，利用搜索引擎下载有关本地的网络文本资料；开发线上修志系统，让修志人员能在线查阅资料库与资料长编，在线编写志书，在线互校，在

---

① 莫艳梅：《新时代人人入志的构想——第三轮修志的探索》，《上海地方志》2021 年第 4 期。

线评阅。再如成书形态，也可以借鉴当前一些教材、畅销读物以及上海文旅局主推的"建筑可阅读"的做法，在纸质志书上印上二维码，融入与志书记载相关扩展性文字记述、视频、音频等数字资料，丰富阅读体验。

四、要处理好的几个关系

二轮修志成绩巨大，经验、教训也是有的。三轮修志所面临环境与形势，既有相同的一面，也有相异之处，处理好下面的几对关系对提高志书质量不无裨益。

（一）继承与创新的关系

这本来不是个问题，早在首轮修志时就讨论过新方志与旧方志继承与创新的关系，二轮修志开始时又讨论过二轮志如何继承发展首轮新志的问题，已经形成了基本共识：既继承又有创新。最近三轮志书编修正逐步兴起，各地的修志方案较普遍将"创新发展"定为编纂原则。编纂方志理当遵循"创新发展"，不创新发展就没有新时代特色，也就没有生命活力，但只提"创新发展"似乎有点偏颇。地方志是中国传统文化的精华，坚定文化自信的源泉，经过千百年的实践已经形成了属于自己特性的基本范式，如方志编纂基本原则、方志体例的格式规范、篇目设计要求、资料收集整理与志稿撰写的基本方法，等等，都是需要继承沿袭的，否则编出来的书就不能以方志视之。前两轮修志形成的"党委领导，政府主持，地方志编纂委员会及其办公室组织实施，社会参与"的工作机制，"一纳入、八到位"的保障机制，对地方志工作的顺利开展具有很好的促进与保障作用，应当继承。当然，二轮修志后我国经历几次机构体制改革，经济快速发展，社会多样性加深，信息技术影响加剧，三轮修志进行创新也属必然，尤其是在工作机制、保障机制的完善上，篇目对新业态、新情况的反映上，新技术、新材料的应用上。妥善的原则应是继承与创新并重，在继承、"守正"的基础上创新。

（二）"述而不作"与著述性的关系

地方志历经长期的锤炼形成的"述而不作，寓褒贬于记述之中"编纂原则，在首轮、二轮志书编纂中得到普遍的遵守，但也存在理解片面、简单化的倾向，如以为"述"就是简单的资料排列，以致所编志书逐年或隔年的"流水账"式记述时有所见[①]；以为"不作"就是不发议论，只要机械地照录资料，不进行严格筛选、提炼，

---

① 王广才：《二轮志书编纂应注意的若干具体问题》，《上海地方志》2017 年第 3 期。

以致文词冗长，志书篇幅膨胀。①"述而不作，寓褒贬于记述之中"的正确解读，应当是在正确的思想、观点统帅下选择资料，整合资料，融会贯通、站在第三者的立场客观地记述该地方人事物的发展脉络与特点，不评论。

我国地方志从文字记述方式上分有纂辑体、著述体，清代还曾经爆发过学术争鸣。纂辑体以无一语不出于人、编者只做剪裁编排为特征，资料性强。著述体以无一语不出于己为特征，强调在资料基础上的纂修者著述，可阅读性好。两者各有优势，但在当今地方资料浩如烟海、志书篇幅限定的情况下，采用纂辑体编纂有点艰难，而著述体则能发挥出优势。三轮修志应当在坚持"述而不作，寓褒贬于记述之中"的前提下，摒弃简单的资料堆积、罗列，加强资料的消化综合、文字表述的锤炼，消除类似总结报告、媒体报道的语句，做到文省事丰，提高志书的著述性。

（三）断代与史脉的关系

二轮志书绝大部分是断代体，其中的早期部分志书被修成"断头志"，广受批评，后来有所改观。从操作层面看，估计三轮志书基本上也会以断代体为主。前文已述，断代体志书有优势，但也有明显的缺点。2017年1月，2021年9月，中共中央办公厅、国务院办公厅联合印发《关于实施中华优秀传统文化传承发展工程的意见》《关于在城乡建设中加强历史文化保护传承的意见》，以中央文件形式强调赓续中华历史文脉、传承文化基因的重要性。既然三轮志书总体上是断代体志书，我们应当明确，断代不能等于"断头"，不能割断一个地方的历史，而且断代体志书还要在落实中央文件精神、延续地方史脉、文脉上发挥积极作用。比较稳妥的做法就是总结、借鉴那些质量较高的二轮断代体志书的经验并加以发展，如概述、大事记的适当上延，正文各门类简明地向事物的发端作追溯勾连，沿革、地貌、方言、风俗、独特地方文化等基本地情必有，增加"史略"一篇系统概述一个地方发展历史脉络，或入正文，或作附录。

（四）时效性与记述下限与编修时限的关系

地方志时效性历来为人所重，传统方志下限一般都到现任主修官任期内，甚至到其搁笔为止。当代修志同样重视时效性，这与志书时间下限与修志期的长短有关，当然是出版时间距离下限越近越好。二轮志书的下限，离出版时间距离不一，以上海为例，《奉贤县续志（1985—2001）》，2007年出版，间隔时间为5年；《崇明县志（1985—2004）》，2013年出版，间隔8年；《青浦县志（1985—2000）》，2009年出

---

① 汪德生：《如何编修好第三轮志书的几点思考》，《新疆地方志》2023年第3期。

版，间隔8年；《金山县续志（1986—1997）》，2009年出版，间隔11年；《上海市浦东新区志（1993—2009）》，2021年出版，间隔11年；《上海市长宁区志（1993—2005）》，2010年出版，间隔4年；各志书出版时间与记载下限时间间隔4—11年不等。所以，需要合理科学设置下限时间，控制编纂时间，抓进度，防止无故拖拉。在下限时间既定的情况下，可以适当将概述、大事记、党政领导任职表、重要经济数据表时间下延，或作《限后地情》一篇，以提高时效性。

此外，编修速度与成书质量、修志机构编纂与服务外包、区域综合志与专志的"同步""分步"开编等也需关注。

第二节　风俗志编纂

风俗既是一个地方社会生活的重要组成部分，又是地域文化的重要体现。第一轮、二轮新方志尽管对风俗多有反映，但还有一些不尽如人意之处。第三轮修志，风俗不仅应当继续入志，而且更应放在更加突出的位置，为更好地记载风俗，必须对相关问题进行进一步的探讨。

一、正名

风俗是我国传统方志的必载内容之一，也是常设的类目。20世纪70年代末80年代初开始的新方志编纂热潮继承了我国方志编纂的传统，普遍记载了涉及风俗的有关内容，但各地的类目设置不尽相同。上海市除《徐汇区志》（1997）、《黄浦区志》（1996）、《长宁区志》（1999）、《普陀区志》（1994）、《闸北区志》（1998）、《虹口区志》（1999）、《杨浦区志》（1995）、《南市区志》（1997）、《静安区志》（1996）、《闵行区志》（1996）等区志基本没有"风俗"类目外，郊县（区）志大体都有，以标"风俗"者为众，"民俗""习俗"也有个别，如《南汇县志》（1992）标民俗民风。多数独立成篇，如《奉贤县志》（1987）、《崇明县志》（1989）、《青浦县志》（1990）、《川沙县志》（1990）、《吴淞区志》（1996）等；没有独立成篇的，或与方言、宗教并为一篇，如《金山县志》（1990）、《松江县志》（1991）、《嘉定县志》（1992）等；或归属其他篇，如《上海县志》（1993）归社会篇，《宝山县志》（1992）隶于社会志，《上海通志》（2005）则统于社会生活。其他省市的志书也大体类似，篇目名称较不一致，有如《江苏省志》（2002）、《广西通志》（1992）等省志多名"民俗志"，《青州市志》（1989）称"风情习俗"，

《淮安市志》(1998)标"社会编:民俗",《南京简志》(1986)曰"社会:风俗",《望江县志》(1995)标"民俗宗教方言",《公安县志》(1988)题"民俗宗教信仰",《太仓县志》(1991)名"社会编:风尚习俗",《平度县志》(1987)称"风土",等等。

二轮修志业已全部完成,早先出版的志书如《康定县志(1986—1997)》《衢县志(1985—2001)》《禄丰县志(1988—2000)》《嘉定县续志》(1999)等以风俗变化不大没有记载,引起了不少议论与批评。后来大部分地区的二轮志书均将风俗入志的,然称法多种多样,如安徽省地方志办公室《关于县(市)志(××××—2005)篇目设想》中题"第七篇社会:民风民情",《黄山市志》(2010)标"社会:风俗民情",《延吉市志(1986—2000)》题"社会:风俗习惯",《平顶山市志(1987—1995)》名"社会风尚",《常州续志(1986—2010)》标"社会:文明新风、反对陋俗恶习、生活习俗、宗教信仰",《杭州市志(1986—2000)》称"民族习俗与宗教",《甘孜县志续编(1991—2000)》名"社会风土:民俗",《辉南县志(1986—1997)》曰"民俗宗教",《南汇县续志》(2005)、《川沙县续志》(2004)标"风俗宗教、风俗方言",《会昌县志(1986—2009)》称"民俗宗教",《汉源县志(1986—2005)》标"社会风土:习俗",《上海市志(1978—2010)》标"民俗·方言分志",等等。

估计,无论是第一轮还是第二轮修志,各地在给风俗相关内容取篇名时都有自己的考量和理由。篇名纷繁的原因,可能主要出自对相关名称理解上的差异,或者为了异于它书而别为之。故首先有必要从词语上作一阐释。[1]

作为"民俗学"上的"民俗"概念是20世纪20年代从日本传入中国内地的。美国民俗学家格特鲁德·普罗科希·库拉撒认为:民俗实际是一种公共的产品,是一代一代传承下来的。[2]中国民俗学泰斗钟敬文认为,民俗是"一个国家或民族中广大人民(主要是劳动人民)所创造、享用和传承的生活文化"[3]。民俗学家乌丙安说:民俗是世代传袭下来的、同时继续在现实生活中有影响的事象,是形成了许多类型的事象,是有比较相对稳定形式的事象,是表现在人们的行为上、口头上、心理上的事象,是反复出现的深层文化事象。[4]"民俗"强调的是民间生活文化的历史性与

---

[1] 有关"民俗""风俗""习俗""礼俗"的阐释,参阅巴兆祥《中国民俗旅游新编(第2版)》,福建人民出版社,2013年,第1—6页。

[2] 梁钊韬、张寿祺:《试论民俗形成的社会根源》,见王文宝编《中国民俗学论文选》,中国民间文艺出版社,1986年,第162页。

[3] 钟敬文:《民俗学及其功用》,见王文宝编《中国民俗学论文选》,中国民间文艺出版社,1986年,第262页。

[4] 乌丙安著:《中国民俗学》,辽宁大学出版社,1985年,第7页。

传承性。

"风俗、习俗、礼俗"是中国固有的概念。何谓"风俗"？《汉书·地理志》称："凡民函五常之性，而其刚柔缓急，音声不同，系水土之风气，故谓之风。好恶取舍，动静亡常，随君上之情欲，故谓之俗。"《毛诗序》又把"风"分为上下："上以风化下，下以风刺上，主文而谲谏，言之者无罪，闻之者足以戒，故曰风。"[①]"上风"即用来教化百姓的礼教制度，"下风"系反映社会风情、民间疾苦的诗赋歌谣。《诗经》十五国风所收诗歌均属此类"下风"。故《礼记·王制》有"命太师陈诗，以观民风"之说。"下风"其实就是民间百姓之风。据此可见，"风"兼具自然属性和社会属性，"俗"独具社会属性，"风俗"强调的是人们生活文化形成的自然属性和社会属性。

《战国策·赵策》有记"习俗"一词："常民溺于习俗"。"习"字商代甲骨文字形，上部象形鸟的羽毛，下部为"曰"声符，东汉《说文解字》释为"数飞也"，即反复飞翔的意思。而"俗"字最早见之于《卫鼎》等西周青铜铭文中，《说文解字》训为"习也"，《吕氏春秋·孝行览·长攻》注谓"常也"，《荀子·富国》解释为"民之风俗也"。也就是说，某一种行为经屡次、经常的重复便演变成为俗。"习俗"强调的是民间生活文化的循环往复性。

根据现代学者的研究[②]，礼是古代统治者"理想形态"的行为规范与制度。统治者在实践礼的过程中，当一部分风俗发展到符合统治者需要时，便将礼的原则融进这部分风俗中，从而将这部分风俗升华为"礼俗"。"礼俗"强调的是民间生活文化的制度性。

而"风土"则是土地、山川、风俗、气候的总称，很早就被用作地方志的早期形式——地记的书名，如东汉《冀州风土记》、晋《阳羡风土记》等，重的是地域人文与自然环境的总和，已经远远超出风俗等的范畴。

其次，从内涵上看，尽管风俗、民俗、习俗、礼俗关系十分密切，有些特定场合还可以通用，但细究之，还是有些差异的。如在涉及范围上，汉应劭《风俗通义·序》："风者，天气有寒暖，地形有险易，水泉有美恶，草木有刚柔也。俗者，含血之类，像之而生。故言语歌讴异声，鼓舞动作殊形，或直或邪，或善或淫也。圣人作而均齐之，咸归于正。圣人废，则还其本俗。"较班固的解释更进了一步。在不少明清方志编纂

---

① 见《十三经注疏·毛诗正义》，中华书局，1979年，第271页。
② 杨志刚：《礼俗与中国文化》，《复旦学报》1990年第3期；赵丕杰：《中国古代礼俗》，语文出版社，1996年，第1—4页。

者眼里,"本于上者谓之风,成于下者谓之俗"①。"被于上曰风,成于下曰俗;俗也者,上之所风也。"②也就是说,"风俗"是因特定的地理环境与社会条件、社会需要而逐步形成的,其大部分来自民间,也有些承于上层。"习俗"如魏阮籍《乐论》所云:"习而行之谓之俗",由习惯而成。"民俗"即为民间习俗。对于礼,朱熹注《论语》:"谓制度品节也。"(民国)《奉天通志·礼俗志》则云:"俗为礼之因,而礼为俗之果,未有离俗而能成礼者。然又云移风易俗何也?俗有美恶,宜汰恶而存美,所谓易者,易此而已。""礼俗"实际上就是被统治者制度化了的风俗。由此可见,"风俗"的内涵外延最广,不仅涵盖了民俗、习俗、礼俗,还包括社会风尚。习俗次之,民俗再次之,礼俗最窄。在传承时间上,民俗、习俗、礼俗和风俗中的绝大部分均具有历史传承性。其中,礼俗传承最为稳定,在传统社会里对人们的行为具有强制性,即使在当今社会,它的约束力与影响力也要强于其他。而社会上的某些风尚可能长期流传,被模式化而转化为俗,也有某些风尚却不能演化为俗,只能是短期流行的"趋同性"的社会现象。

又次,考察我国台湾地区的新方志。台湾光复后,"重建地方修志传统,《台湾省通志》五修,各县市志亦多五(台北市)四修(高雄市)者"。迄2008年止,修省市县志73修,1981—2008年完成乡镇志226种。③从这些志书的篇名看,除数部以"礼俗、民俗"名篇外,大多取名"风俗"。如《台北市志》(1991)立社会志风俗篇,《南投县志稿》(1961)置风俗志。

再次,民俗学有一分支学科:"民俗志",即所谓"记录之民俗学"。民俗学之"民俗志"有多种样式,"有的按地域划分,有的按历史时期划分,有的按民俗事象的单项性、专题性或概括性等划分,有的按作者者的态度划分"④。近年由于受西方人类学的影响,"民俗志"还有对民俗进行进一步阐释和解析的趋势。⑤"民俗志"的体式与方志有着本质的不同。

因此,我个人认为第二轮修志风俗类的篇名还是定名"风俗"或"风俗志"比

---

① 〔明〕杨邦梁等纂修:(嘉靖)《郾城县志》,卷一,风俗,明嘉靖刻本。
② (康熙)《贵州通志·风俗》,见龙尚学选辑《贵州地方志序跋凡例选录》,贵州省地方志办公室,1984年,第128页。
③ 尹章义:《台湾地方志的数量、品质与方志学的方志——〈台湾地方志总目录〉试析》,见"国史馆"台湾文献馆《方志学理论与战后方志纂修实物国际学术研讨会论文集》,"国史馆"台湾文献馆,2008年,第38,41,40页。
④ 钟敬文:《谈谈民俗志》,《文史知识》1998年第7期。
⑤ 黄龙光:《民俗志范式的反思》,《西北第二民族学院学报》2007年第5期。

较妥当。这样既符合方志的传统,又包容性大,还可以与民俗学之"民俗志"有所区别。

二、辨体

方志辨体是清章学诚针对当时省、府、州、县志体例不清而提出的。"因为通过方志辨体,一是可将省、府、州、县各志记载的范围和界限划分清楚,做到各有所载,互不侵越,以免除重叠、雷同、割裂、遗漏之弊;二是能使各志记述内容都有所重,各详其所当详,略其所当略,做到恰如其分,繁简得宜。"①章学诚"方志辨体"理论对当今的风俗志编纂依然有现实的指导意义。因为有行政隶属关系的省市县都将会修三轮志书,而一部志书的各分志编纂又是由相关单位承接的,体例相混或体例不清的问题在所难免。这里"辨体"要解决的是"风俗志的体例内涵、省市县风俗志的差异化"两大问题。

(一)风俗志的体例内涵

方志有着自己的独特体制形式,风俗志作为一部志书的有机组成,理当遵循志体法度,否则难以"志"名之。然而,第三轮修志的形势与情况已迥别于第一轮,与二轮也有差异,方志体例如何恰当地实施到风俗志上就非常值得讨论。

1.在断限上,第三轮志书可能大多会是断代式,那么风俗志是否也要断代呢?按照方志的传统与惯例,一部方志在资料取舍和内容记述上都有一个断限问题,上限一般始于事物之初,下限止于当今。二轮修志各地多采用断代式,上限多接续上届新志下限或改革开放开始的1978年,下限以前的一般不涉及,如《川沙县续志》(2004)从1986记到1992年,《南汇县续志》(2005)从1986记到2001年。其中的风俗志也不例外。如果细读一下二轮断代式志书的风俗志,就会觉得这种做法值得商榷。因为,其一,风俗具有代相传、人相袭的特点,许多风俗事象多是经过长期的历史沉淀而流传下来的,很难切割哪些是过去的,哪些是20世纪八九十年后形成的。即使勉强能分得清楚,仅记载这些,很难让读者了解本地风俗的全貌。其二,新方志除一部分外,因认识上的多种原因,不少地方的县志对风俗的反映不够充分,缺漏甚多,如《宝山县志·社会志·风俗习惯》(1992)就缺载生产、民间信仰方面的习俗。其三,新志中的大城市的区志,如上海市的区志[《吴淞区志》(1996)除外]首轮有相当多没有风俗的记载,第二轮区志续修还是没有。是这些区没有风俗吗?

---

① 黄苇等著:《方志学》,复旦大学出版社,1993年,第571页。

还是没有值得记的风俗？都不是的。如随着上海的开埠，西方的马车也随之引入，到清同治、光绪年间，乘车外出兜风已成了节日风尚。《上海鳞爪竹枝词》："虔诚元旦进头香，车马今朝分外忙。南北东西驰骤遍，算来总有喜神方。"①讲的是沪上农历元旦清晨，上海人家一般乘车按照"喜神"方位外出兜风以求吉利。到三月三龙华寺庙会，乘车去的更多。"年年三月去龙华，大好春光赛马车。买得碧桃车畔插，却将人面映桃花。"②这么鲜活的风俗活动《黄浦区志》（1996）、《黄浦区续志》（2003）、《徐汇区志》（1997）、《上海市徐汇区志（1991—2005）》等都没有记载，不能说不是个缺憾。这不利于存史，也无助于地方社会史研究。因此，我们认为，对绝大部分地区而言，即将启动的三轮修志风俗志应突破上限，尽量向前追溯，对缺载的内容和新发现的资料应补充，没有写充分的应补写充分，差错要予以纠正。即使是首轮、二轮新志已经记载的，三轮新志也要适当复载。

2. 在分类上，是"三分法"，还是"四分法、五分法、七分法"，甚至"十分法、十二分法"？风俗内容涉及社会生产与生活的方方面面，首轮志书各地的分类不太一样，如《临安县志》（1992）分生活习俗、生产习俗、岁时习俗、礼仪习俗四类，《修文县志》（1998）分岁时习俗、礼仪习俗、生活习俗、生产习俗、礼貌习俗、迷信习俗六类，《宁波市志》（1995）分风俗源流、岁时节物、礼仪习俗、商业习俗、其他习俗、方言六类，《湖北民俗志》（2002）分劳动生产、经纪商贾、衣食住行、婚丧嫁娶、岁时节令、信仰习俗、医药卫生、民间文学、民间语言、音乐舞蹈、戏曲曲艺、民俗工艺、古迹名胜等十三类。二轮志书亦类似，如《黄山市志》（2010）分人生礼仪、生产礼仪、生活礼仪、岁时纪事四类，《南汇县续志》（2005）分生活习俗、新时节日两类，《黑水县志（1989—2005）》分衣食住行、家庭习俗、节日三类，《林甸县志（1986—2005）》分物质生活、城乡居民经济收入、城乡居民消费、传统节日、歪风陋习，《石城县志（1986—2000）》分时令习俗、礼仪习俗、生活风俗、生产风俗、禁忌习俗，《卫辉市志（1989—2000）》分婚丧喜庆、时令习俗。

如前所述，尽管风俗要较民俗范围广，但它们有相当多的共同之处，风俗也是民俗学研究的主要对象之一。风俗志分类的基本点应当是在反映地方风俗全貌的前提下适当借鉴民俗学的分类方法。我国的民俗学是从研究民间文学、民谣起步的，后来随着社会发展、民俗学研究深入，民俗的范围也不断扩大。民俗学对民俗的种

---

① 顾炳权编：《上海洋场竹枝词》，上海书店出版社，1996年，第285页。
② 《上海洋场竹枝词》，第201页。

类划分十分多样，常见的有"三分法"：物质、社会、精神民俗[①]，"四分法"：经济、社会、信仰、游艺民俗[②]，或物质、社会、精神、语言民俗[③]，"五分法"：生产习俗、生活习俗、文化习俗、组织制度、信仰与迷信[④]，"七分法"：物质生产、物质生活、人生礼仪、信仰、岁时、社会组织民俗、民间文学[⑤]，"十分法"：巫术、信仰、服饰饮食居住、建筑、制度、生产、岁时节令、人生礼仪、商业贸易、文艺游艺民俗[⑥]，"十二分法"：服饰、饮食、居住、建筑、生产、岁时节令、原始信仰与迷信、宗教与民间信仰、人生礼仪、制度、商业贸易、文艺游艺民俗[⑦]，等等。风俗志采用哪种分类法好呢？没有必要有统一规定，分类可粗可细。一般风俗资料多、政区等级高的可细些，反之则粗些。同时还应根据本地特殊情况，对风俗类型进行适当拆分或归并。假如本地的农耕生产风俗独特，就可独立"农耕风俗"一类。

3. 在篇目设计上，是独立成志或篇，还是归属于哪个门类之下？类目归属是篇名设计的重要一环，关系到整部志书体例的系统性与严密性。风俗是独立成志或篇，还是归属于哪个门类之下，要看志书的总体设计情况。如是采用大篇体的，风俗一般隶属一个统类。如是中小篇体，风俗就独立成志或篇。建议最好独立成志，这一符合方志的传统惯例，二能全面、系统地把风俗记载清楚。退而求其次才是处于第二层次，归于某个大类之下。如放在第三层次，风俗的相关内容就很难展开叙述。

在风俗志的归类与编写中最棘手的还是与其他分志的交叉问题。产生此问题的原因不是"部门修志"的关系，而是由于风俗的范围太广（不仅包括习俗、礼俗，还包括朝野上下、雅俗共有的风气、风尚和惯制），风俗与一般社会现象如何区分的问题。如信仰风俗与宗教，人民生活与风俗，风尚与精神文明建设，游艺风俗与文学艺术、方言，行旅风俗与交通，等等。处理好这方面的重复交叉与归属问题的关键在选好角度，一切从风俗的特性，即群体性（大众性）、行为的模式性、文化性、传承性、趋同性来考量。如信仰风俗主要包括民间信仰的对象、祭祀、预知、巫术、禁忌，而对基督教等几大宗教的信仰如已普遍影响本地广大百姓的生活方式，风俗志就应承担起记载宗教影响下的趋同性行为模式（如是个别的就不记）的任务，但

[①] 陶立璠著：《民俗学》，学苑出版社，2003年，第57页。
[②] 乌丙安著：《中国民俗学》，辽宁大学出版社，1985年，第12页。
[③] 钟敬文著：《民俗学概论》，上海文艺出版社，1998年，第5页。
[④] 王文宝著：《中国民俗学史》，巴蜀书社，1995年，第8—9页。
[⑤] 苑利、顾军著：《中国民俗学教程》，光明日报出版社，2003年，第15—16页。
[⑥] 张紫晨著：《中国民俗与民俗学》，浙江人民出版社，1986年，第119—177页。
[⑦] 刘丽川著：《民俗学与民俗旅游》，同济大学出版社，1990年，第42—83页。

不涉及宗教教义、寺庙、教会组织。寺庙、教会组织由宗教志记载，宗教教义记载则不属于地方志书写的范畴。

4. 在记述方式上，是平铺直叙，还是关注风俗事象的变化？方志为资料性著述，它的基本记述方式是运用宏富、翔实的资料，站在第三者的立场上，以年代为序，客观地把各方面的情况叙述清楚。风俗志的撰写应当以下限年代的风俗现状为基本点，向前追溯式地搜集相关资料，然后再按照风俗事象的发展脉络平铺直叙到现状。在整个叙述过程中，既不混淆古今风俗，又要厘清风俗的发展变化脉络，特别应当注重运用阶段性、转折时期资料，把风俗事象的变化写好，以体现风俗在传承基础上的变异性与时代性。

（二）省、市、县风俗志的差异化

现在及将来要修的风俗志主要有省级、市（地区）级、县级三种，在区划上，省统辖数个市（地区），市（地区）领属数个县，上下级政区间有着地域上的重叠关系。而这种地域重叠关系就有可能造成省、市（地区）、县风俗志间的体例相混、内容重复交叉。

解决不同等级风俗志间的体例相混，使之各具特色，要点在如何差异化。具体途径、方法有二：

1. 明确不同等级风俗志的分工。按照方志编纂的基本原则，风俗志应当全面反映一个地方风俗的历史与现状，为免过多的重复，省级、市（地区）级、县级志间应当有个分工与协调问题。如在门类设置上，根据前文所述的分类原则，我们认为县风俗志较适宜采用具有本地特色的"三分法"或"四分法"，市风俗志较适宜采用具有本市特色"五分法"或"七分法"，省风俗志较适宜采用具有本省特色"十分法"，甚至"十二分法"。当然也可鼓励进一步尝试，市县风俗志按照风俗类型设置门类，而省风俗志则借鉴《汉书·地理志》体式，以政区（市）为纲，系以风俗内容。再如在内容记述上，按类记载风俗事象的优点在于眉目清晰、面上都能照顾到，但风俗事象不是孤立存在的，各风俗事象间多有着内在联系，有其形成的地理条件和社会背景。如一个地方常用什么方言进行日常交流，这本身就是一种风俗现象，同时也是形成地方社会风俗、游艺风俗的基础之一。尽管有了方言志，但方言对社会风俗、游艺风俗形成的影响与作用，已出版的风俗志多未涉及。这有可能是编者没有意识到，有可能是这方面内容可记述的文字不多，而又难以归类。因此，我们设想，有关"横通"风俗事象间内在联系的记载，一般市县风俗志似乎可忽略，而省风俗志似可设"概说"一章来承担此任务。

2. 立足本位。县是风俗文化存在的基础，县风俗志应把本县风俗方方面面，尤其是传统风俗习惯发展演变记载清楚，要具体而微，一切从细节入手。市作为一个整体，既包括市区，又有属县。市风俗志编纂要尽量避免主观上的重市区略属县或重属县略市区的倾向，也要避免只写市区而不写属县或只写属县而不写市区的倾向，更要杜绝以县划归市管辖之日为风俗记载上限的做法。正确的态度应是，从全市来客观地把握、选择材料和内容。有的内容在县里看来很重要的，然在市里可能就很一般，市风俗志也就没必要记载了。同时，有的事象在县里可能属于新鲜的、少部分人中流行的，而在全市看来它流行于几个区县的区域，就属于一种风尚或时尚。这样的事象，就让市风俗志来记载。省风俗志的资料多取自县、市（地区），更应高屋建瓴，删繁就简。它除宏观地记载各类风俗事象面上的内容外，更应多地关照同一风俗事象在各县市的差异，以及不同的县市有不同的风俗事象。

三、创新

首轮、二轮志书的风俗志编纂实践取得了不错的成绩，不仅较普遍记载风俗内容，而且记载也较旧志大大丰富。第三轮志书编纂应当继承，而且应根据新的形势进行大胆的创新：

1. 编纂组织方式的类型化。我们现在的方志编纂组织实施多是各省、市、县地方志办公室主持，各分志基本上由各委局承编，跨部门较广泛的部类则多由地方志办公室承编，少数外包给高校研究机构或文化公司。而风俗志涉及方面广，专业性、学术性强，而且文献资料少而零散，编纂难度较大。目前各地编纂组织方式不一，《上海市志·民俗方言分志·民俗卷（1978—2010）》由上海市地方志办公室牵头组织专家撰稿，《重庆市志·民俗志》（2009）由重庆市地方志办公室承编，《黄山市志·社会·风俗民情》（2010）由黄山市地方志办公室承担，《海南省志·民族民俗宗教志》（2006）、《杭州市志·民族民俗与宗教（1986—2000）》由民族宗教局承编，以地方志办公室承编为主。鉴于地方志办公室的事务较多，尽管有精于方志学的专家，但人手毕竟有限，擅长民俗学或历史社会学的毕竟较少，风俗志编纂的组织方式除地方志办公室自己编这种类型外，应当积极地开展其他类型编纂组织形式的尝试。如"官督学修型"即地方志办公室把风俗志编纂作为一个科研项目，向高校、社科院及其他研究单位招标，由高校、社科院等专家、教授按地方志办公室的要求承接编纂。这种方式好处较多，一方面使地方志办公室能腾出手来仔细审核各委办局编的分志稿，另一方面又发挥了社会上专家学者的特长，提高效率。我国台湾地区现在基本都采用这种方式，如《台中市志》（2008）的社会志（含风俗）由中兴大学历史系陈静瑜教授主持。再如"官学合编型",即地方志办公室出面邀请高校、社科院的专家学者与地方志办公室编辑人员共同完成,这样也能尽两方面所长。又如"官督商修型"。随着我国社会的快速发展,以及文化产业兴盛,会有不少文化性商业机构出现,如北京志业文化中心、四川当升科技文化有限公司、云南剑嘉文化公司等,就是近年新兴的从事志书年鉴编纂、策划的机构。这些文化性商业机构不仅会经营社会上的文化项目,也会对风俗志等专业分志感兴趣。把风俗志发包给文化性商业机构也是可以尝试形式。

2. 资料收集方法与途径的多样化。风俗志编纂的最大问题是资料搜集。首轮修志,对古代、近代风俗的追溯还有旧志与其他一些文献资料可资利用。第二轮修志情况有所变化,记载风俗尽管也要作适当追溯,但重点是改革开放后二三十年间风俗演变,第三轮修志应重点反映近二十年间风俗演变与当前的现状。对这段时间的风俗记载,文献资料有,但很少,也分散。风俗资料的收集,除文献资料外,有必要进行大量的田野调查与口述历史记录,以弥补文本资料之不足。要进行这方面的工作,光靠地方志办公室是不够的,况且这也不是地方志办公室的强项。地方志办公室一定要创新工作方法,做好风俗资料收集的组织领导与策划工作:如与高校、社科院专家学者合作,按照事先拟定的"风俗文化普查大纲"进行风俗的田野调查,记录并摄影所调查地风俗状况。又如,随着我国各地地方经济的发展,各地都会相继把地方文化建设提到了战略高度加以重视,各地的乡贤、教师、文史工作者参与地方文化建设的积极性也会日益高涨。地方志办公室应当顺应这样的趋势,制定《社会力量参与地方史志编纂与提供文献资料奖励办法》,奖励与推广社会力量参与编纂地方史志工作。对风俗志而言,地方志办公室可以与本县市的文旅局、精神文化办、文物局、非遗中心等单位合作,实施"风俗文化传承星火"活动。先在若干个社区或乡村进行试点,让社区居民或村民尝试社区或乡村风俗文化写作,或居民、村民讲风俗、表演风俗活动。透过这些活动来追索与重现人们对风俗这种地方文化遗产的共同记忆。这样既提高了居民、村民传承风俗文化的自觉性,又为风俗志积累了第一手资料。此外,还要拓展视野,不仅关注本地,而且还应涉猎国内学术研究成果。近二十多年来国内兴起"社会生活史"研究热,出版了大量的研究著作,其中有相当部分是田野调查后的研究成果,如朱海滨《祭祀政策与民间信仰变迁:近世浙江民间信仰研究》(复旦大学出版社 2008 年),对风俗志编纂颇有益处。国外的资料也应纳入收集的范围,如(日)滨岛敦俊等《总管信仰——近世江南农村社会与民间信仰》,(日)佐藤仁史、太田出《中国江南农村的信仰与生活——太湖流域社会史口述录集》,《近代日本人中国游记》(收有内藤湖南、小林爱雄、夏目漱石、德富苏峰等12位作者之作品:《中国漫游记》《七十八日游记》《北中国纪行》《清国漫游志》《中国印象记——满韩漫游》《游蜀杂俎》《栈云峡雨日记》《苇杭游记》《中国文明记》《观光纪游、观光续纪、观光游草》《北京纪事:北京纪游》《考史游记》等),就有各地风俗的记载。上两轮修志多有忽略,这轮应当加以重视。

3. 风俗篇目设置的多样化。风俗到底怎么设志,通过前面的正名,一般应设"风俗志"或"风俗"。假如把编写的内容限定在礼俗上,则定名"礼俗志"也未尝不可。如果把风俗归于一个统类之下,我国大陆地区基本是归于社会志(篇),少数归入杂记,如《万年县志》(1982);也有个别归入社会生活,如《呼玛县志(1978—1987)》《宝山区志(1988—2004)》。这些归类,除入杂记值得商榷外,其他均可行。我国台湾地区方志对风俗的篇名设置,除单独立志(篇)外,有的归入人民志,如《台湾省通志》(1973)、《台南市志》(1979)、《宜兰县志》(1959)、《嘉义县志》(1980);有的归入居民志,如《重修台湾省通志》(1995)《南投县志》(2010)《彰化县志稿》(1964);有的归入社会志,如《台北市志》(1991)《续修台北市志》(2015)、《续修高雄市志》(1994);有的归入人文志,如《苗栗县志》(1964)。在居民志、人文志、人民志中设立风俗相关类目,显然是受旧方志中"三宝体"(土地、人民、政事)的影响。归入居民志、人文志、人民志的,一般位置靠前,归入社会志的,则多在政事类之后。台湾地区的经验仍有值得我们借鉴之处。另外,风俗当然是一种文化,是地方文化重要载体与表现,在文化类中设置风俗也未尝不是一种创新。

4. 风俗展现的景观化。二轮方志对风俗的记载,经过讨论已有定论。三轮修志要记风俗,应该也是肯定的。现在的问题是如何更好地把风俗展现出来。我认为可以借文化地理学与旅游学上名词"景观"来探讨风俗文化的展现,即把风俗看作一种供人观赏的景观。风俗志的重要任务之一就是如何实现和提高它的观赏性。其一,要把风俗事象的线、点、面记录完整;其二,关注风俗事象的模式性与生动性。所谓模式性,即风俗活动的稳定程式或展开的有序步骤,如过春节就要进行扫尘、祭灶、吃年夜饭、守岁、燃放爆竹、祭祖、敬财神、拜年、吃春酒等一系列程序,要交代清楚。所谓生动性问题,应于描述中插入故事、歌谣等,如《台北市志·风俗志》(1991)在记载婚俗时,完整地记载了"六礼"的相关程序,同时又在各程序中尽量插入相关"喜话"(如闹房时《请新娘出房》《接受新娘茶》《收茶瓯》《食冬瓜》等)以提高可读性。对风俗物品、用具,除了解释外,还应附上图照。有些物品用文字叙述很难让人明白,如有图片就一目了然。其实,古人已经意识到了,日本江户时代中川忠英《清俗纪闻》是一部对乾隆时到长崎的唐商访谈而记录的有关中国江、浙、闽风俗的著作,图文并茂,景观鲜活,值得我们学习。今天人们的生活节奏普遍加快,阅读方式已到了读图时代，读者对图片的兴趣度要远远高于文字，所以风俗志增加图片是必然的趋势。如条件许可，把风俗活动、风俗表演、风俗器物用录像方式记录下来，做成光盘或数字文档，附在风俗志文本之后，或官网上，则更能引起读者兴趣，从而达到景观上的"悦耳悦目、悦心悦意、悦志悦神"效果。其三，注意让读者产生新鲜感、奇特感。这里就有一个善于挖掘传统风俗的问题。同时，近年农村城市化越来越加速，城市的洋化也在加剧，农村与城市风俗景观破碎度，也应当予以足够的展现。

总之，风俗是三轮志书必记的内容，也是体现地方特色、时代特色的重要篇章。方志学界应当重视风俗志编纂研究，以使三轮志书风俗志质量有较大的提升。

第三节 宗教志编纂

宗教是种特殊的文化现象，与很多地方的政治、经济、文化、社会生活等方面有着密切的联系。社会主义新方志要反映一个地方的宗教状况已经成共识，但如何记述，各地是仁者见仁，智者见智。近些二三十年来，由于社会发展的多元化趋势，我国的宗教工作又有了新的进步与发展，因此宗教志的编写研究就显得十分的必要。

一、首轮及二轮宗教志的检讨

宗教在我国产生发展的历史也是非常悠久的，自古以来也是地方志记载的主要内容之一。旧方志一般设置寺观、方外、仙释等目来反映，绝大多数首轮、二轮志书有宗教方面的立目，将本地的宗教传播、宗教场所与活动情况进行了详略不同的记载，基本反映了各地的宗教状况。通过阅读对比，可以发现：

1.各志篇目名、归属极不一致。篇目或类目是志书内容的反映，篇目的排列与归属设置又体现编纂者对内容的把握与认知。尽管各地的志书编纂者对宗教是地情的重要方面均无异议，但由于对宗教属性的认识差异，或出于其他种种原因，各地的篇目名与归属部类五花八门。如《乐平县志》（1987）以民情风俗编统宗教章，《永修县志》（1987）以社会编辖宗教章，《如东县志》（1983）以社会编社会组织章统宗教团体节，《江陵县志》（1990）以社会风俗志统宗教卷，《平度县志》（1987）以风土编统宗教章，《奉贤县志》（1987）以文化志统宗教信仰章，《宿县志》（1993）立宗教信仰章归于社会编，《通城县志》（1985）立宗教信仰归于风俗卷，《沙洲县志》（1992）立宗教章归于社会风土志，《兴义市志（1978—2006）》立宗教章归于社会生活篇,《建德市志（1978—2005）》立宗教章归于民俗宗教方言编,《巴塘县志（1991—2000）》立藏传佛教章归于社会与风俗编,《黄浦区续志》（2003）立宗教章归于民族宗教卷,《南汇县续志》（2005）立宗教团体、宗教场所归于风俗宗教篇,《绥中县志（1986—2000）》立民族宗教事务章归于社会管理,《鄂伦春自治旗志（1989—1999）》立宗教工作章归于人口卷,《漳州市志》（1999）独设宗教卷,《安溪县志》（1994）、《连云港市志》（2000）《奉贤县续志》（1987）同。《建德县志》（1986）没有宗教篇目,而将乌石寺、洞岩寺等宗教建筑归于文化编旅游章。

2. 宗教下各目的设置单一。篇目设置的基本原则就是分门别类,分类的科学与否,个性如何,是评判篇目设置优劣的重要标准之一。首轮、二轮志书的宗教志（卷或章）基本上都是按照道教、佛教、天主教、基督教、伊斯兰教进行标目的。如《水城县（特区）志》"民俗方言宗教"篇之"宗教"章下设佛教、道教、基督教、天主教、伊斯兰教五节,《连云港市志》（2000）宗教卷下有佛教、道教、伊斯兰教、基督教四章,《苏州市志》（1995）宗教卷也有佛教、道教、基督教、天主教、伊斯兰教五章,《常熟市志》（1990）宗教章下分佛教、道教、基督教、天主教四节,《沙洲县志》（1992）宗教章也设置佛教、道教、天主教、基督教四节;《高安市志（1986—2006）》宗教章下设佛教、道教、天主教、基督教四节,《苏州市志（1986—2005）》宗教民族卷下分佛教、道教、基督教、天主教、伊斯兰教五目,《杭州市滨江区志》（2020）宗教编下分道教、佛教、基督教三节,《柳州市鱼峰区志（1991—2005）》宗教章下设佛教、天主教、道教、基督教伊斯兰教四节。尽管各地的宗教事实确实如此,但如把各地志书放在一起来看,宗教的相关篇目就显得"千书一面"。

3. 记载的内容参差不齐。方志为一方古今之总览,于一地主要方面的主要情况都要包罗,即使是专志亦要求把本专业、本行业内的各方面情况记载全面。就首轮、二轮志书的宗教志（卷或章）而言,从面上看,除省志、部分地级市志的宗教志（卷或章）外,相当多志书没有记载宗教管理,各地志书普遍重视宗教场所的记载,而对宗教活动与事业的着墨相对较少;从时间纵线上看,对民国以前的记载相当系统,而对中华人民共和国成立后的情况记载显得不够舒展。

4. 总体简单。除部分外,相当多的志书对宗教的记载存有顾虑,往往点到即止或蜻蜓点水以示不缺。如《杭州市江干区志》（2003）就将宗教简化为寺庙、教堂,仅记载栖云寺、宝成寺等4座寺庙,基督教筧桥教堂、七堡天主堂等2座教堂。《宝山县志》（1992）社会志之宗教信仰章记有佛教、道教、基督教、天主教,较简略。其中道教节全文"县内道教职业者称为道士,从事拜祷忏悔,相信符箓奉守道教经典规戒,操持斋醮祭祷仪式。道士有出家和在家之分,本县的道士都为在家,属南方正一派。据 1951 年统计，全县有道士 165 人。1953 年有 110 人（不含北郊区）。当时还从事超度亡魂、解星宿等活动，以后多数参加农业生产或从事其他职业。1963 年还有 8 人从事祭祷活动。'文化大革命'开始后绝迹。"只有区区 150 余字。《沙洲县志》（1992）宗教章之佛教、道教节每节也仅三四百字。据李秋洪研究，宗教内容在两轮广西 159 部县级志书中，篇幅在 1000 字以上的有 96 部，占比 60.38%。其中，首轮超过 10000 字的仅《三江侗族自治县志》（1992）、《西林县志》（2006）2 部，第二轮仅《柳州市鱼峰区志（1991—2005）》、《桂林市秀峰区志》（2017）、《梧州市万秀区志》（2020）、《钦州市钦南区志》（2021）、《玉林市玉州区志（1991—2005）》、《大化瑶族自治县志》（2016）等 6 部。有 34 部篇幅在 501—1000 字，占比 21.38%；15 部篇幅在 101—500 字，占比 9.43%；首轮的《合山市志》（1998）字数最少，只有 44 字；另有 8.18% 的县级志书（13 部）未见宗教内容记述。[①]

二、三轮宗教志的建构

（一）学术研究动态

有关宗教志编纂，中国地方志指导小组曾在 1993 年召开过一次全国宗教志编写工作会议。学术探讨也有一些探讨，仅据中国期刊网统计，发表的宗教志论文有十多篇，主要有：雷宏安（1990）论述了宗教志编写的意义、篇目设置原则、资料收集方法与内容。[②]李德静（1994）简要论述民族地区编写宗教志的意义，以及编纂方法。[③]谢春明（1995）重点研究了宗教志在立足点、政策性、教案与"文革"中宗教受冲击方面应注意的问题。[④]李保生（2001）从宗教经典的内容、宗教对学术文化影响等方面论述宗教志应当归入文化编。[⑤]徐才金（2004）提出编纂宗教志要掌握三个要点：记实不谈虚，记事不记怪，适应时代，四种撰写方法：保留主干，扣题选材，明暗相衬，遣词炼字。[⑥]任国瑞（2010）针对宗教志存在的问题提出明识见、

---

① 李秋洪：《新编县志对宗教的记述简析——以广西第一轮、第二轮县志为例》，《中国地方志》2022 年第 5 期。
② 雷宏安：《略论宗教志编写》，《宗教学研究》1990 年 Z2 期。
③ 李德静：《试论民族地区宗教志的编写》，《中国地方志》1994 年第 1 期。
④ 谢春明：《编写宗教志应注意的问题》，《广西地方志》1995 年第 2 期。
⑤ 李保生：《宗教入志应列入文化编》，《沧桑》2001 年 S1 期。
⑥ 徐才金：《宗教志编纂杂谈》，《中国地方志》2004 年第 11 期。

明内容、明功能、明详略四方面的应对策略。①郑世晟指出首轮志书宗教篇的不足，二轮修志出现两个倾向性问题，提出从四方面反映宗教篇的时代特色。②王伟提出《新疆通志·宗教志》的编写应坚持资料性、准确性和科学性、详写和略写、公开与保密、时代性和地方性相结合的原则。③马海燕（2011）提出宗教志的编纂必须坚持继承性、创新性和科学性的统一，坚持阶级性与时代性的统一，地方性与专业性的统一。④巴兆祥（2011）就第二轮宗教志的记载对象、记载范围、框架设计以及如何与首轮志书衔接作了系统论述。⑤李泰年（2015）通过对《北京志·宗教志》《青海省志·宗教志》的比较分析，提出编纂宗教志应坚持正确的指导思想、明确记载对象、规范记述要素。⑥张军（2018）针对宗教志篇目内容多沿袭守旧、缺少特色，提出宗教志编纂在资料收集上要收集合法的、适应新时代的资料，要把握好记述原则和注意事项。⑦詹跃华（2020）提出三轮方志宗教门应从篇目设置、内容记述、资料搜集三进行谋划，篇目设置应科学合理，内容记述应全面、要素齐全，资料搜集要各种资料兼收。⑧李秋洪（2022）在总结广西两轮县志的宗教记述特点基础上，提出三轮方志对宗教的记述应导向正确，归属准确，层级恰当并完整，记人物要得当。⑨这些成果均是基于实践中存在的问题，提出解决问题的对策，对三轮宗教志编纂多有启发价值。

（二）宗教志相关问题的明晰

进入 21 世纪以来，我国的社会转型加速，社会的多元化趋势明显，各地的宗教情形与上两轮修志时已大不相同。如上海常驻外籍人士较多，他们大多有宗教信仰，自 20 世纪 90 年代中期以来就先后开设了天主教英语弥撒、基督教英语和韩语礼拜。参加上海七坊清真寺主麻日礼拜的穆斯林，三分之二为外来流动人口。他们的信仰

---

① 任国瑞：《城市区志宗教志编纂刍议》，《中国地方志》2010 年第 2 期。
② 郑世晟：《重新审视宗教篇在第二轮志书中的地位》，《中国地方志》2010 年第 2 期。
③ 王伟：《编纂〈新疆通志·宗教志〉应该坚持的几项原则》，《新疆地方志》2010 年第 3 期。
④ 马海燕：《新编地方志宗教志编纂工作略论》，《中国地方志》2011 年第 8 期。
⑤ 巴兆祥：《第二轮志书宗教志编纂刍议》《中国地方志》2011 年第 8 期。
⑥ 李泰年：《浅谈宗教志的编纂：从北京、青海两部宗教志的比较谈起》，《中国地方志》2015年第8期。
⑦ 张军：《宗教志编纂的若干思考：以〈安徽省志·民族宗教志〉为例》，《广西地方志》2018 年第 3 期。
⑧ 詹跃华：《谈第三轮志书宗教门类编纂》，《新疆地方志》2020 年第 4 期。
⑨ 李秋洪：《新编县志对宗教的记述简析——以广西第一轮、第二轮县志为例》，《中国地方志》2022 年第 5 期。

习惯与上海本地的穆斯林又有所不同。①随着全国二轮修志的结束，新一轮修志即将展开，尽管宗教问题比较复杂、敏感，修志者应当克服"怕"的心理，认真地对待各地的宗教情况，把宗教志写好。

1. 应当明确记载的对象。有关宗教志记载的对象，从目前的修志实践与研究成果看，大部分倾向于传统宗教，但也有少部分人主张把反邪教纳入宗教志，"有利于后人从正、反两方面认识宗教与邪教的本质区别"②，少数志书如苏州市《沧浪区志》（2006）等在宗教中设专目记入民间信仰。故有必要界定清楚"宗教"及其相关概念。

"宗教"，高等院校素质教育系列教材《宗教学导论》："宗教是一种在世界各个民族、各个国家普遍存在的社会历史文化现象。宗教是人类社会发展到一定历史阶段的产物。……宗教的本质是支配着人们日常生活的外部力量在人们头脑中的幻想的反映。"③宗教一般有共同的信仰、道德规范、仪礼、教团组织。

"民间信仰"，赵世瑜《狂欢与日常：明清以来的庙会与民间社会》："指普通百姓所具有的神灵信仰，包括围绕这些信仰而建立的各种仪式活动。它们往往没有组织系统、教义和特定的戒律，既是一种集体的心理活动和外在的行为表现，也是人们日常生活的一个组成部分。"④乌丙安《中国民俗学》将民间信仰与宗教信仰归纳出十方面的不同点。⑤民间信仰属于民俗的范畴，与宗教有着本质的区别。

"邪教"，郭安《当代世界邪教与反邪教》："邪教最主要的本质要素是：第一，绝对或神化了的教主崇拜；第二，宣扬具体的末世论；第三，编造并极化歪理邪说；第四，对信徒实行精神控制和摧残；第五，非法聚敛钱财满足私欲；第六，秘密营私，利用包括恐怖暴力在内的各种手段危害社会。"⑥最高人民法院、最高人民检察院在1999年10月颁布的《关于办理组织和利用邪教组织犯罪案件具体应用法律若干问题的解释》界定"邪教组织"，是"指冒用宗教、气功或者其他名义建立，神化首要分子，利用制造、散布迷信邪说等手段蛊惑、蒙骗他人，发展、控制成员，危

---

① 张化：《社会转型与宗教管理模式的转变：以上海为例》，《上海市社会主义学院学报》2006年第2期。
② 徐才金：《宗教志编纂杂谈》，《中国地方志》2004年第11期。
③ 王晓朝、李磊著：《宗教学导论》，首都经济贸易大学出版社，2006年，第1页。
④ 赵世瑜著：《狂欢与日常：明清以来的庙会与民间社会》，生活·读书·新知三联书店（北京），2002年，第13页。
⑤ 乌丙安著：《中国民俗学》，辽宁大学出版社，1985年，第242—245页。
⑥ 郭安著：《当代世界邪教与反邪教》，人民出版社，2003年，第32页。

害社会的非法组织。"①邪教尽管带有"教"名，但它不属于通常意义上的宗教范畴。

国务院颁布的《宗教事务条例》(2017)没有界定宗教概念，但其第七条规定："宗教团体的成立、变更和注销，应当依照国家社会团体管理的有关规定办理登记。宗教团体章程应当符合国家社会团体管理的有关规定。宗教团体按照章程开展活动，受法律保护。"也就是说，没有经过合法登记的宗教团体都是非法的，不是受国家法律法规保护的宗教。

从上可见，宗教志应当记载的是在政府部门登记过的宗教，其主要的也就是常说的传统宗教，而纯民间的神灵与信仰行为应当归入风俗志(民俗志)记载,有关"邪教"的记载还是按照目前通行的放在公安司法类为妥。

2. 规范记载的范围。宗教作为一种信仰体系和社会现象，其涉及的内容非常复杂，主要有三大要素说、四大要素说、五大要素说等多种说法。苏彦荣、祝心越《宗教学概论(第2版)》认为宗教要素有：宗教观念与宗教感情、宗教行为、组织与制度。②潘显一、冉昌光《宗教与文明》：任何宗教必须都具备宗教意识、宗教组织和宗教规范三大要素。③王晓朝、李磊《宗教学导论》："一种成熟的宗教一般有宗教意识、宗教组织、宗教礼仪和宗教器物四个构成要素，也可以说这是我们分析某个具体宗教的四个维度。"④宗教志不是地方神学著作，显然没有必要将宗教的构成要素一一记载下来，尤其是教义、教规。但宗教志是宗教地情的载体，其所承担的任务主要是把宗教在本地的传播过程及其留下的印迹，当地人对宗教的反映，以及地方政府对本地宗教活动的管理记载清楚。宗教志的主要内容，我们认为应当包括以下几方面：(1)宗教在本地的传播经过；(2)宗教组织、团体与教职人员；(3)信众状况；(4)宗教场所的兴废；(5)宗教在本地崇信的神祇(主要是佛教、道教，特别是道教在传播过程将一些著名的民间信仰神祇纳入道教神灵体系，如关羽、刘猛将军等)；(6)宗教活动；(7)宗教事业；(8)对外文化交往；(9)宗教财产与经济收支状况；(10)宗教事务管理。至于宗教人物，除已故著名者入人物传外，其他应以事系人的方式，记载宗教人物的活动与事迹。

3. 确定宗教志的框架。框架是志书总体设计中的重要一环，关系到整部志书体例的严密性与科学性。宗教志的框架设置包括两个层次的问题：一是宗教独立成志(卷

---

① http://www.caiwu.net/news/show.php?id=1128。
② 苏彦荣、祝心越著：《宗教学概论(第2版)》，军事谊文出版社，2004年，第61、118页。
③ 潘显一、冉昌光著：《宗教与文明》，四川人民出版社，1999年，第6页。
④ 王晓朝、李磊著：《宗教学导论》，首都经济贸易大学出版社，2006年，第11页。

或编或章），还是归属某个部类之下？徐才金认为"除了某个地市没有宗教团体或宗教内容极少之外，凡是两个以上宗教团体的存在且依法开展了宗教活动的地市，均应单独立卷（或编）记述"①。我赞同他的看法，而且采用中小篇体的县级志书也应独立成志（卷或编或章）。当然，如果采用大篇体，归于文化、社会编也未尝不可，但记载的侧重点应当有所差异。宗教毕竟也是人类创造的特殊文化，将宗教归为文化编自然顺理成章。文化编下的宗教，其记载的角度就应当从文化的角度多着墨。但宗教在其传播过程中，宗教团体及其信众已经构成了一个特殊的小社会，而且宗教还与社会生活领域中的许多方面发生了联系，产生巨大影响，正如人们常说的宗教问题是一种复杂的社会问题，因此将宗教归于社会编也合情合理，其记载最好多一些社会生活方面的内容。

二是宗教志（卷或编或章）下如何分门别类。按照通行的办法，即道教、佛教、天主教、基督教、伊斯兰教等，加宗教事务管理，当然简便易行。我们认为，按照宗教在传播与维系过程中留下印迹的方方面面来划分，也是值得尝试的。如第一层次，设第一章宗教传播，第二章团体、教职人员与信众，第三章宗教场所，第四章主祀神祇，第五章宗教活动与事业，第六章教产与经济收支，第七章宗教事务管理。第二层次，第一至六章可按照道教、佛教、天主教、基督教、伊斯兰教等设节（如是宗教发达地区的地级市志、省志也还可继续细分，按照传入、发展、分布、团体、教职人员、信众、宫观、寺庙、教堂、清真寺等等设节），第七章设管理机构、落实宗教政策、依法管理等节。这样的篇目设计，尽管增加了编者进行分类与设置标题的难度，但对改变宗教志篇目"千书一面"的不足还是很有帮助的。

4. 与首轮二轮志书衔接问题。二轮修志多采用断代体，上限多接续首轮志书下限或改革开放开始的1978年，下限以前的一般不涉及。如《川沙县续志》（2004）从1986年记到1992年，宗教卷也不例外。《南汇县续志》（2004）从1986记到2001年，除宗教卷的引言追溯到20世纪40年代外，主体佛教、道教、基督教、天主教各章均在限内。即将开展的三轮志书也很有可能较多地采用断代体，按照方志在时间上的传统与惯例，以及遵循方志资料的系统性特征，我们认为三轮宗教志在各方面记述时还是有必要作适当的向前追溯，以便读者了解本地宗教发展之历史原委。在篇目上，三轮志书如采用大篇体的，宗教的归类仍可以沿袭首轮二轮志书隶属于社会编，或隶属于文化编，但标目"宗教信仰""宗教工作"等不规范的均应改

---

① 徐才金：《宗教志编纂杂谈》，《中国地方志》2004年第11期。

为"宗教"。宗教下的分类，无论是隶属文化或社会编，还是独立成志的，如不愿采用上文提出的按照宗教的相关事项分类，而沿用首轮二轮志书按教种分类也是可以，然须补上宗教事务管理。从历史上看，我历代均设有僧录司等部门管理佛教，国务院《宗教事务条例》（2017）第六条规定："各级人民政府应当加强宗教工作，建立健全宗教工作机制，保障工作力量和必要的工作条件。县级以上人民政府宗教事务部门依法对涉及国家利益和社会公共利益的宗教事务进行行政管理，县级以上人民政府其他有关部门在各自职责范围内依法负责有关的行政管理工作。"从国际上看，"20世纪，特别是联合国成立以来，大多数现代国家通过立法对宗教事务进行管理。连一些伊斯兰国家也开始以西方的律法为基础制定了世俗法，规范教会与社会的关系。……日本现行的《宗教法人法》，不仅规定了宗教团体和活动场所的设立、管理、变更、合并、解散、登记，甚至对宗教团体和宗教活动场所内部机构设置、财产处理等也有较细致的规定"①。宗教管理不仅是中国历史上而且还是国际上政府部门的重要职责，撰写政府对宗教事务的管理，理所当然应成为宗教志的主要任务之一。在内容上，反映地方宗教基本情况（如宗教团体、主要宗教场所），体现宗教的地方特色情况（如上海松江佘山天主教堂至今仍是全国天主教徒朝圣中心），还要继续记载。三轮宗教志如果不记载，读者将无从了解本地宗教的基本面与特色，当然转换表达方式记载更值得鼓励。除宗教的基本面与特色外的其他情况，假如首轮、二轮宗教志记载特别详尽的，三轮宗教志可浓缩记载。鉴于大多数地方的首轮二轮宗教志多比较简单，三轮宗教志在记载内容的详略与广度上，不是怕不怕重复的问题，而是考虑如何广泛收集资料进行补充丰富的问题。

三、宗教志编纂的导向

宗教志是一个地方宗教情况及宗教管理事务的综合反映。就客观物质条件而言，二轮修志较首轮已大大改善，当前更加优越，但就宗教形势的复杂性而论，则有过之而无不及。因此，编好宗教志还须坚持正确的导向。

1. 以党的宗教理论为指导，以《宗教事务条例》等法规为准则。宗教作为一种社会意识形态，不仅其本身具有复杂性，还往往与历史问题、民族问题、涉外问题，甚至与信众的工作、生活问题交织在一起。宗教问题的敏感性、复杂性决定着宗教

---

① 张化：《社会转型与宗教管理模式的转变：以上海为例》，《上海市社会主义学院学报》2006年第2期。

志编写必须在指导思想、工作方针上与党和国家的宗教工作保持一致，以党的宗教理论武装头脑，坚持我国宗教中国化方向，遵循"要完整、准确、全面贯彻党的宗教信仰自由政策，尊重群众宗教信仰，依法管理宗教事务，坚持独立自主自办原则，积极引导宗教与社会主义社会相适应"的宗教工作方针①，以《宗教事务条例》《中华人民共和国境内外国人宗教活动管理规定》《宗教活动场所登记办法》《宗教活动场所财务监督管理办法（试行）》《宗教活动场所年度检查办法》《宗教社会团体登记管理实施办法》等法规，以及中央全国宗教会议精神为准绳来记述本地宗教的历史与现状。

2. 运用多学科的方法。宗教志是以宗教为记载对象的专业分志，具有较强的专业性，编写宗教志当然要运用宗教学的理论与方法，否则会容易出现常识性的错误。宗教志的资料主要来自史志图书的记载、宗教管理部门以及宗教单位（或场所）的简报、会议纪要、各种报表、工作总结、地方报刊、宣传资料等。这些资料固然很重要，但仅有这些还不能真正体现当地宗教状况的实际。宗教志的编纂者还应当学习社会学的田野调查法，走出办公室，到各宗教场所去，到社会上去，与教职人员、信众面对面访谈，就诸如教职人员的收入、信众类型与结构、信众对宗教的认识、信众对宗教活动的参与度、香火花费、宗教团体对信众的影响度等进行各种典型、抽样调查，收集社会性活资料。此外，宗教的传播与宗教群体的迁徙，宗教设施建设与地域文化，宗教活动与社会生活有着密切的关系，宗教志的编纂还有必要借鉴人文地理学的方法。

3. 既见树木，又见森林与脉络。首轮宗教志的编纂实践取得了一定的成绩，但遗憾之处也明显。郑世晟指出："有的志书编纂者在篇目设置时就没有给宗教应有的地位。大多没有单独设编，只附在其他编中（社会、方言、风俗、旅游、名胜古迹等）设一章或一节，甚至没有宗教内容的记述。如长春市《朝阳区志》全志没有完整的宗教方面的内容，只在文物遗址一览表中列出一寺一庵。不少志书中只把几大宗教和主要场所放在一起，用几百字介绍一下。有的甚至只把境内有名的宗教场所作为旅游景点来介绍。"②李秋洪在研究了首轮、二轮广西县志宗教志（篇）后总结到："对一部数十万字的县志而言，用一千字或更多篇幅来记述宗教内容，应该是合适而且可以安排的。记述时限内本地宗教发展脉络应当基本完备，即使由于资料搜集或

---

① 《习近平出席全国宗教工作会议并发表重要讲话》，http://www.cppcc.gov.cn/zxww/2021/12/06/ARTI1638754122074253.shtml。

② 郑世晟：《重新审视宗教篇在第二轮志书中的地位》，《中国地方志》2010 年第 2 期。

篇幅等因素限制，不能将历年发展资料记述完整，不逐一列举历年数据史实，但至少不应遗漏关键性年份的资料。断代志也应适当追溯本地宗教传入或起源，以完整体现宗教这种传承性强的文化现象的变迁脉络和特色。"①也就是说，首轮二轮志书记载宗教，微观的视角较多，多孤立地记载宗教中的个别事项，尤其多着墨静态而孤立的寺观、教堂、清真寺，缺乏对宗教内部系统的全面记载，缺乏对宗教发展系统呈现。三轮宗教志不能"只见树木，不见森林"，而应把宗教放在重要地位，对宗教这个系统和这个系统内的人、事、物进行全方位的解剖，并予以记载。如人，不能仅仅记载教职人员，而且更应记载广大信众，不论是已登记的信众，还是没有登记信众。如物，既要记显性的宗教建筑，而且也要记经济状况。如事，要纵不断线地把演变过程记述清楚，还应将与事相关的基本要素记录完整。

4. 立足本位。宗教的影响波及社会的方方面面，宗教志必然会与其他分志发生交叉，如宗教事业中的学校、医院与教育志、卫生志会交叉，宗教场所会与旅游景点、文物古迹交叉。处理这些交叉的基本原则是按照属性归类、立足本位记载。如宗教所举办的教育属于教育范畴，教育志当然要记载，但为避免与宗教志过多的交叉重复，教育志应当侧重对宗教教育课程体系、教育特色及学校的记载，而宗教志的宗教事业则重点记述宗教团体兴办学校教育的过程。对宗教场所，宗教志要作一览表，重点寺庙、宫观、教堂、清真寺要详尽记述其位置、修建过程、布局、陈设、教职人员等。而旅游景点、文物古迹仅择宗教场所中被列为文物保护单位、有一定知名度、对旅游者开放的予以记载。对交叉的宗教场所，除标记相互参见外，旅游景点、文物古迹中主要从景观文化的角度来记述。

5. 突出地方特色与时代特色。宗教在传播过程中总会与地情、时代需要、政治形势相调适，各地的宗教志应尽量挖掘本地的特色，努力体现时代特色。在反映时代特色时应注意全面性、政策性与保密性的统一。

编纂宗教志是项政治性、专业性很强的工作。只要我们从维护国家利益、促进宗教和谐的立场出发，本着认真、求实、审慎的态度，就一定能修出一部经得起历史检验的宗教志。

---

① 李秋洪：《新编县志对宗教的记述简析：以广西第一轮、第二轮县志为例》，《中国地方志》2022年第5期。

第四节　旅游志编纂

旅游学是个新兴学科，近几十年的学科建设已取得了显著成绩，学科体系业已明晰。但与其他学科相比，旅游学科还不完善，学术积累还不是很丰富。在旅游学研究中最令人为难和感到不解的是，当代高利用价值的旅游文献还比较缺乏。因此，探索旅游文献的编纂方法以及如何丰富旅游文献的内容、提高旅游文献的使用价值，成了当前旅游学研究的迫切任务。旅游文献是旅游学研究的基础，种类繁复，涉及的面很广，地方志是其重要组成部分。旅游业的重要特点是地方性或地域性，任何旅游活动都离不开特定的地域，而地方志是各地历史、地理、政治、经济、文化、社会的主要载体，各地的旅游活动、旅游业的发展状况当然是地方志特别是其中的旅游志的记载对象，编好省志、市志、县志的旅游志（篇）对促进旅游学研究，意义重大。

一、类目演变与研究进展

（一）类目演变

旅游是我国传统方志的必载内容之一，散见于山川、名胜古迹、风俗、艺文等类目之中。然而方志中的旅游类目，则是随着我国旅游产业的发展而逐渐为人们所认识，并加以设置的。这一历史贡献应归功于 20 世纪 70 年代末 80 年代初开始的新方志编纂热潮和旅游业的现代化进程。

改革开放以来，中国的旅游产业跨入了新的发展时期，一些旅游资源比较丰富的省、市、县，着手对旅游资源进行摸底调查、制定规划，组建旅游行政管理机构。1984 年的全国旅游会议进一步推动了我国旅游业由"事业型"向"企业型"的转变。1986 年国家制定"七五"计划，将旅游业纳入国民经济社会发展规划，在一定程度上有助于旅游的产业化发展。[①]然而由于认识水平和观念的限制，各地对发展旅游重视程度也极不一致。除少数传统旅游胜地外，大部分地区或把旅游当作外事接待工作的延伸，或将其视为一般性的服务接待业，旅游的经济、文化、社会效能远远

---

① 赵长华著：《旅游学概论》，福建人民出版社，1999 年，第 54—55 页。

没有得到发挥。与此相吻合，在 20 世纪 90 年代初以前出版或编纂完成的志书，对旅游业的反映也不够，相关类目的设置也很低调，甚至可以说有些散乱。从上海市十郊县志看，基本上将园林、墓葬、陵园、古木、遗址、遗迹等归入文物胜迹，宾馆、饭店、旅行社纳入饮食服务业。对自然景观，除《青浦县志》（1990）和《金山县志》（1990）、《松江县志》（1991）有专门的类目外，其余均未有设置。而饮食服务，各志多隶属于商业志（编），但于文物胜迹，各志的处理差异较大，如《奉贤县志》（1987）、《金山县志》（1990）、《宝山县志》（1992）统属于文化志（编），《南汇县志》（1992）设胜迹编，《松江县志》（1991）置文物古迹编，《崇明县志》（1989）则将名胜、古迹、文物并列为卷。其他省的志书也差不多，如浙江省《建德县志》（1986）、《萧山县志》（1987）、《义乌县志》（1987）、《仙居县志》（1987）、《嵊县志》（1989）、《上虞县志》（1990）、《金华县志》（1992）等就列文物古迹、文物胜迹于文化编，饭店、旅行社于商业编之饮食服务章；《金华市志》（1992）、《诸暨县志》（1993）等把文物胜迹提到第一层次，设置为编或篇。尽管如此，还是有少数志书大胆创新，设立了"旅游"这一新类目。如：《徽州地区简志》（1989）设旅游编，统辖景观、地方名产、旅游服务；《淳安县志》（1990）一方面继续将文物古迹列入文化新闻编，另一方面又尝试把千岛湖景区给凸显出来，设置千岛湖编，记载千岛湖形成、风景名胜以及淳安的旅游产业；《临安县志》（1992）于文化编下设旅游章，记载临安的名胜以及旅游设施；《舟山市志》（1992）设旅游篇，下分旅游资源、旅游设施、旅游业务三章。

20 世纪 90 年代中期后，我国旅游业实行国家、地方、部门、集体、个人一起上的方针，旅游接待经营单位实现了企业化转轨，尤其是 1998 年中央经济工作会议做出战略决策，把旅游业作为实现国民经济快速发展的新增长点，大大促进了我国旅游旅业的发展，同时也改变了许多人对旅游的偏见，旅游日益受到人们的重视，地方志中以"旅游"为篇目的也渐渐多起来，这在市志、省志类中较为明显。以省志为例，已出版《安徽省志·旅游志》《福建省志·旅游志》《广东省志·旅游志》《河北省志·旅游志》《河南省志·旅游志》《四川省志·旅游志》《江苏省志·旅游业志》《广西通志·旅游志》《黑龙江省志·旅游志》《江西省志·旅游志》《山东省志·旅游志》《山西通志·旅游志》《云南省志·旅游志》《西藏自治区志·旅游志》《贵州省志·旅游志》《甘肃省志·旅游志》《上海通志·旅游卷》《北京志·旅游志》《宁夏通志·商贸旅游卷》等。

二轮修志，除部分县市志没有设置旅游相关类目外，相当部分都设置独立的旅游编，如《松江县续志》（2007）、《青浦县志（1985—2000 年）》、《上海市浦东新区志（1993—2009）》、《上海市静安区志（1993—2010）》、《黄浦区续志》（2003）、

《南市区续志》(2003)、《康县志(1986—2010)》《临安市志(1989—2005)》《吉林市志(1986—2003)》《永定区志(1988—2002)》等；相当部分与商业、服务业或商贸业并列成编，如《奉贤县续志》(2007)、《上海市宝山区志(1988—2005)》、《南汇县续志》(2005)、《上海市南汇区志(2001—2009)》《上海闵行区志(1992—2011)》《杨浦区志(1991—2003)》、《临泽县志(1991—2010)》《平原县志(1986—2008)》、《广德县志(1978—2005)》等；还有一些归入商业、服务业，如《上海市闸北区志(1994—2005)》《上海市虹口区志(1994—2007)》《卢湾区志(1994—2003)》《普陀区志(1991—2003)》《澄海市志(1979—2003)》等。省志基本都设独立的旅游志，如《黑龙江省志·旅游志(1986—2005)》《甘肃省志·旅游志(1993—2012)》《上海市志·旅游业分志(1978—2010)》等。

（二）研究进展

与旅游志的编纂实践相比，学术界涉及旅游志编纂方法的研究尽管基本同步，但较为贫乏。首发端绪的是吕慧芬。她在《谈谈旅游志的编写》(1987)文中率先提出要在新志中设置旅游志。[1]颜小忠(1990)提出省旅游志应包括的方面。[2]戴佳臻(1992)就景点记载提出看法，认为方志记景点应古今并重、远近并重、讲究文采。[3]张汉宁(1995)提出了新志设置旅游志的必要性，并阐述了旅游志的内容应包括旅游资源、旅游者、旅游设施与服务、旅游管理。[4]沈雪岩(1995)提出要从大局着眼、调整结构来处理旅游篇与地理、园林等的重复问题，旅游篇应增加可读性。[5]向凤毛(1997)主张，旅游志先记旅游资源(包括未开发的自然景观和民情风俗)，后叙开发管理服务，按条目体设置篇目，景点记述动静、虚实结合，要有科学性、真实性。[6]雷坚(2001)认为，写出特点还要写足深厚的旅游文化积淀，突出拳头景点；提高实用价值还需增强篇目的实用性，增加导游图、故事，活用记实性形容词。[7]景昆俊(1997)为旅游志拟订框架，认为忌概念交叉、归属不当，传说附会入志。[8]

---

[1] 吕慧芬：《谈谈旅游志的编写》，《黑龙江史志》1987年第4期。
[2] 颜小忠：《省旅游志编写》，《史志文萃》1990年第5期。
[3] 戴佳臻：《〈旅游志〉记述景区景点问题的探讨》，《中国地方志》1992年第2期。
[4] 张汉宁：《〈旅游志〉编写述要》，《广西地方志》1995年第1期。
[5] 沈雪岩：《〈旅游篇〉编写二题》，《广西地方志》1995年第6期。
[6] 向凤毛：《关于旅游志编写的几个问题》，《中国地方志》1997年第3期。
[7] 雷坚：《写出特点、力求实用——从〈广西通志·旅游志〉评议稿谈旅游志编纂中值得探讨的问题》，《广西地方志》2001年第1期。
[8] 景昆俊：《浅谈〈文物志〉和〈旅游志〉的编写》，《沧桑》1997年第5期。

张桂江（2004）在总结旅游志编写经验的基础上，提出续修旅游志应从旅游资源开发、旅游产业建设、旅游行业管理与改革等着手，构建旅游志的信息结构，要推敲门类划分、协调旅游志与其他志的关系。[①]巴兆祥（2005）就旅游志的类目演变、编纂原则、记载范围、篇目安排进行了论述。[②]高兴兰（2008）提出旅游志应巧用动词写景的险峻，巧用视角写景的秀美，巧用状物写景的神奇，巧用比喻写景的神韵。[③]陈云华（2012）分析了旅游志结构设置，提出要写实、写活旅游景区（点），提升趣味性和可读性。[④]高宏（2020）对首轮、二轮省级旅游志的编纂情况进行梳理，对其篇目结构、内容、价值进行了分析。[⑤]

从已出版的新志以及旅游志理论研究成果看，旅游志的编纂和研究尚处初步阶段。首轮修志期，旅游志编纂极不平衡，除少数传统旅游胜地外，大部分地区的志书没有设置旅游志。即使设置了，记述的缺点也多，如资料性差、门类缺项、可读性不强、没能真正体现旅游业的地位实际等。二轮修志期，旅游志编纂的平衡性有了较大改观，但仍有部分志书分类不合理，门类归属欠妥，资料性不够强。而旅游志的编纂研究也多属经验体会，论点重复率高，创新性不够。如今，第三轮编修志书工作即将启动，况且近些年旅游发展形势又有较多变化，所以，有必要以新的视野来审视已编的旅游志，进一步探讨旅游志编修的办法，以提高旅游志的科学性及资料价值。

二、编纂原则与新定位

（一）编纂原则

旅游志属专业分志，是地方志书的重要组成部分，专以旅游产业及其关联问题为记载对象，反映了地方旅游业的历史演变。它不仅是我国各地旅游业发展的产物，而且随着我国旅游学研究和旅游产业的发展，人们对旅游志编纂的要求也会越来越高。要编好旅游志，除了学习和了解地方志编纂的一般方法外，还须结合旅游业的实际，研究旅游志的一些编纂理论，首先应当研究旅游志的编纂原则：

---

① 张桂江：《谈旅游志的续修》，《中国地方志》2004年第1期。
② 巴兆祥：《论新视野下的旅游志编纂》，《复旦旅游学集刊》第一辑，复旦大学出版社，2005年。
③ 高兴兰：《山水文笔任君行——编修旅游志之探索》，《中国地方志》2008年第2期。
④ 陈云华：《旅游志编写刍议》，《中国地方志》2012年第3期。
⑤ 高宏：《省级旅游志编纂研究》，中国社会科学院大学（研究生院）博士学位论文，2020年。

1. 遵循志体。方志体例是经长期的历史发展而逐渐形成的，其所包含的方面很多，如诸体并用、门类齐全、布局完整、据事直书等，其核心为"横排门类，纵贯时间"。旅游志作为一部志书的有机组成，理当遵循志体法度，与其他分志在体例上保持一致。否则，有损志书结构的完整性和逻辑上的严密性，甚至难以"志"名之。

2. 以旅游学理论为指导。旅游志毕竟以反映和体现地方旅游的发展历史与现状为主要任务，具有较强的专业性和科学性，编写旅游志当然要运用旅游学的理论与方法。旅游学是关于旅游主体、旅游客体、旅游介体及其三者相互关联与作用的学问，随着旅游业的快速发展，其学科内涵越来越丰富，涉及面也愈来愈广。旅游志编纂以旅游学理论为指导，主要体现在门类划分、篇目次序、记载范围的确定、载记的方法等。目前已有部分志书进行了尝试，如《桂林市志·旅游志》（1997）第一章旅游资源，包括自然资源、人文资源、资源开发与保护；第二章旅游者，记境内旅游者、入境旅游者；第三章旅游设施，包括宾馆（饭店）、餐饮设施、购物设施、康乐设施、交通通讯；第四章旅游服务，包括旅行社服务、食宿服务；第五章旅游收入，包括旅行社收入、宾馆收入、旅游交通收入、旅游商品收入；第六章管理，包括管理机构、员工管理、行业管理、企业内部管理、境外管理集团管理等。前四章反映了旅游的三大基本要素，后二章体现了旅游经营、管理水平。应当说，这种尝试是可喜和可行的，然仍需进一步推广和总结。

3. 写出特色。特色是志书的质量标准之一，评价旅游志的好坏也要看其是否有特色。旅游志的特色主要包括行业特色（就是旅游与地理、商业、管理等不同之处）、地方特色，以及民族特色、历史特色等。这可以从旅游资源、旅游景观、旅游基础设施、旅游服务、旅游行业管理等方面来体现，如游览线路、导游解说、娱乐活动、客房布置、接待礼仪等。旅游志写出特色的关键有两点：其一在于善于总结、研究、发现特色。实际上只要我们充分占有资料，认真地研究地情，多方位、多角度地进行分析、比较，还是不难发现各地的旅游特色的。如上海的"万国建筑博览"游、现代化标志景观游、都市风情游、"外国人在上海的一天"、上海国际旅游节，浙江安吉的"竹海"游、白茶节，建德的"新安江之夏"、清风三洞游，广西阳朔的漓江山水游、西街游，等等，都是这些地方的特色旅游产品。其二在于善于体现与反映。旅游志体现特色的方法很多，常采用的有文字详述法、章节体现法、破格升级法、专记（专题）法、位置前移法等。至于何种方法适合本旅游志，各地应根据客观实际而定。这里还需进一步明确的是：特色应有翔实可信的资料作为基础，没有资料，也就无说服力。特色不仅指一个地方发展旅游的优势，也应包括一些对开展旅游不利的因素。写特色要名副其实，不能乱拉特色，更不能把不属于本地的旅游特色强说成是本地的特色。

4. 讲求实用。清章学诚说："修志非示美观，将求其实用也。"编写旅游志应本着"经世致用"的宗旨，讲求实用，以服务于旅游学研究和有利指导地方旅游产业发展为指针。①旅游志的实用性主要是通过翔实地记载当地的旅游基础和旅游业的发展过程体现的。这其中占第一位的是资料。首轮新志的旅游志在资料方面下的功夫不够，如《富阳县志·旅游编》（1993）有富春江风景旅游线、新登风景区、龙门古镇、旅游设施等四章，仅简要地记载了富春江、鹳山、双烈园、庙山坞、新沙农家乐等旅游景点和设施的位置、景致，没有经营状况及其相关的统计数据。这样的简况仅能起到旅游指南的作用，对旅游学研究和总结旅游业的经验教训意义不大，况且在其他文献中也能方便地找到。因此，旅游志如果没有翔实的资料，将大大降低其使用价值。第三轮编修"我们应该以精品意识来要求，从志书需要什么资料出发，广泛搜集；而不是部门提供什么就写什么，也不能仅是提供个篇目，让部门照此收集就算完事。方志办公室本身也要深入考虑写什么内容，针对这些内容指导部门转换角色，站在行业、事业的角度供稿，针对部门所缺少的社会资料，让他们面向社会去广泛收集。"②另外，篇目设计、内容的选择、记述的角度、体裁的运用，等等，都会影响到旅游志功能的发挥。由此可见，旅游志的编纂绝非易事，要下苦功夫，要务实；编纂者不仅要熟悉旅游业务，而且还要有较好的学术素养。

5. 在继承的基础上大胆创新。方志代有所纂，每次纂修都有一个如何正确处理与前志关系的问题，正确的态度应是既有继承又有创新，但对不同的分志，在继承与创新的尺度上是有差异的。旧志没有旅游志，首轮新志应是以创为主。虽然总的来讲还不普遍，质量也参差不齐，但贡献颇大。二轮志书有的地方以继承为主，创新为辅，如首轮《杭州市志》（1997）第二卷设风景名胜篇、旅游篇，《杭州市志（1986—2005）》设置西湖篇、西溪篇、旅游篇；有的则以创新为主，继承为辅，如《黄埔区志》（1996）只是在第三编商业·饮食业·服务业的第八章服务业行业演变之下设置旅游业节，《黄浦区续志》（2003）改独设旅游业编，下分机构与设施、旅游景观、旅游活动、服务与产品四章。第三轮的旅游志编纂应认真研究前两轮旅游志，有因有创。如《广州市志·旅游志》（1996），先有概述，然后第一章旅游资源产品，包括风景名胜、历史文化旅游景点、公园游乐场、民俗风情旅游；第二章旅游服务，包括旅行社、旅游公司、旅游涉外宾馆酒店、旅游餐饮、旅游商品购物、旅游交通电信；第三章旅游业经营管理，包括旅游业经营、旅游业管理、旅游教育培训等。《广州市志·旅

---

① 史继忠著：《方志丛谈·专业志的编写》，贵州人民出版社，1985年，第190页。
② 王卫明：《续志内容的记述要符合时代要求》，《中国地方志》2003年第2期。

游志（1991—2000）》扩为四章：第一章旅游资源，第二章旅游服务，第三章旅游经营管理，第四章管理与队伍建设。两志均较好地体现了广州的旅游业发展状况，这样结构设置就大体可以继承。《宁波市志》（1995）把名胜与旅游合卷，以风景名胜章记载雪窦山、东钱湖、天童寺、阿育王寺、四明山等景区景点，旅游章专载旅游经营，也可资借鉴。如原来没有旅游志的，现在旅游业已经有了较好的开展的县、市，第三轮修志就应设置旅游志。应当说，旅游志创新的空间还是非常广阔的，篇目设置、体裁使用、记述方法、编纂方式、资料收集、文字表述等，都可以进行创新。

（二）定位思考

1."旅游业"应独立成志。近二十多年来，我国的旅游业得到了很大的发展，有浙江、江苏、云南、广西、贵州、四川、安徽、陕西、甘肃、辽宁、黑龙江、宁夏、新疆、重庆等24个省（直辖市、自治区）的"十五"计划把旅游业作为支柱产业或第三产业中的重点产业优先发展。2004年，全国入境过夜旅游人数4176万人次，旅游外汇收入257亿美元，位居世界第4、7位；国内旅游人数11亿人次，出境旅游人数2885万人次，旅游总收入达6840亿元人民币，占全国GDP的5.02%，我国进入世界旅游大国行列。[1]此后，随着2009年国务院发布《关于加快发展旅游业的意见》，将旅游业列为国家战略性支柱产业，以及《国民旅游休闲纲要（2013—2020年）》的实施，我国旅游业进入高速增长期。2019年，实现旅游业总收入6.63万亿元，国内旅游人数达60.06亿人次，入境旅游人数达1.45亿人次，出境旅游人数达1.55万人次[2]，旅游业对GDP的综合贡献达10.94万亿元，占GDP总量的11.05%[3]，我国成为世界第一大旅游客源国和出境旅游消费国。2024年5月，习近平总书记对旅游工作作出重要指示；我国旅游业"日益成为新兴的战略性支柱产业和具有显著时代特征的民生产业、幸福产业，成功走出了一条独具特色的中国旅游发展之路"，要"着力完善现代旅游业体系，加快建设旅游强国，让旅游业更好服务美好生活、促进经济发展、构筑精神家园、展示中国形象、增进文明互鉴"。[4]总书记的指示，既是对

---

[1] 国家旅游局：《旅游业成为国民经济新增长点》，https://www.gov.cn/ztzl/2006—01/01/content_145189.htm。

[2] 文化和旅游部：《2019年文化和旅游发展统计公报》，http://www.gov.cn/xinwen/2020—06/22/content_5520984.htm。

[3] 文化和旅游部：《2019年旅游市场基本情况》，https://www.mct.gov.cn/whzx/whyw/202003/t20200310_851786.htm。

[4] 《习近平对旅游工作作出重要指示强调着力完善现代旅游业体系加快建设旅游强国推动旅游业高质量发展行稳致远》，https://www.gov.cn/yaowen/liebiao/202405/content_6951885.htm。

我国旅游业取得成绩的肯定，又指明了旅游志设置的必要性，我们有理由相信，在未来的第三轮编修志书的热潮中，旅游志的设置将更加普遍，重要性更突出。

2. 旅游志要贯彻"大旅游"的理念。经过数十年的发展，我国已经由旅游弱国发展成了旅游大国并迈向旅游强国，由部分人参与的"精英旅游"发展成全国民参与的"大众旅游"，在景点景区内进行的"局域旅游"跨越到"全域旅游"，由最初开展的针对境外游客的入境旅游发展成入境旅游、国内旅游、出境旅游齐头并进，旅游产品从观光旅游进步成观光旅游、专项旅游、休闲度假旅游并重，出游方式由原先的跟团游发展成跟团游、自助游、自由行、定制游等共存，尤其是近年文旅融合、全域旅游上升为国家战略后，旅游消费的多元化趋势愈来愈明显，"旅游+""+旅游"的产业融合加速，旅游的外延在不断拓展。现代旅游业不仅仅是景点景区、宾馆住宿、旅行社构成的"小旅游"（传统旅游），凡是与旅游休闲相关的都属于旅游业的范畴。也就是为满足游客的出行需求，"吃、住、行、游、购、娱"六大要素的生产、供给、销售、服务、消费及产生的影响与效应所构成旅游产业链、现代旅游业体系。第三轮旅游志应当秉持"大旅游"的理念，以现代旅游业体系的视角，把旅游产业链上的每个环节的发展过程与状况记载下来。

三、"后志"与"前志"的衔接

（一）时空衔接

新方志的"前志""后志"关系，在二轮修志之初已有过广泛的讨论。选择通纪体的，衔接主要在于"复载"程度问题，讨论很少。采用断代体的，无论是从1986年或1978年写起，还是接前志的下限起，因为都要涉及上限以前是否需要溯源勾连或怎么溯源勾连的问题，所以较受关注。二轮志书多断代体，如《濉溪县志续编》（1999）从1986年记到1996年，《天台县志（1989—2000）》从1989年记到2000年，其中的旅游志也不例外。我国现代旅游业是从1978年改革开放后起步的，20世纪90年代后进入快速发展期。首轮新方志多断限在1985年，除个别外，因认识上的多种原因，许多地方没有记载旅游，有记载的，对旅游的反映也很不充分，如《徽州地区简志·旅游》（1989）除了能提供当地有哪些主要人文景观、自然景观、土特名产以及主要旅行社、宾馆外，我们无法从中收集到1987年以前的旅游出入境人数、旅游利税、旅游线路、旅游经营手段等资料。二轮修志对旅游的记载较重视，对旅游发展历程，有些反映较好，如二轮的《黄山市志》（2010）对前志断限内旅游内容就进行了全面的追记，有部分旅游志于上限前有一点点勾连，如《无锡市志（1986—2005）》在风景区介绍、运河游、太湖游、旅行社选介、旅游饭店、管理机构稍记1986年前的情况，但也存在相当部分旅游志几乎没有勾连的。三轮旅游志估计大多应是记载2005年后情况，应突破上限（县市级多数为2005年）的限制，尽量向前追溯，以明发展演变脉络。

地域性是方志重要特征，每部方志都以特定地域（现行行政区）为记载界限，无论记事、传人、载物都不能超越这一地域范围。二轮志书的断限期内，由于游客在地区间旅游者的流动加剧，旅游经营中不可避免地与域外发生联系，二轮旅游志在记载旅游线路、旅游经营单位时有的已涉及外地。二轮志书下限后，随着改革开放的深入，国内区域间经济协作交流的加快，以及全球化的推进，旅游业的改革开放都走在前列，跨县（市）、跨省，甚至跨国的旅游活动愈来愈频繁，如旅游线路会涉及外地，旅游市场营销要涉及国内外的客源地，不少旅游经济发达县、市、省还通过合资、联营、独资经营等形式在其他地区开办旅游企业，外地的也会在本地开设旅游机构，本地居民到外地旅游、出国旅游，等等。对这些发生在境外的旅游业务活动，旅游志固然需要延续前志"地域性"原则，在现行行政区域范围予以延续，但也要根据变化发展了情况，稍作变通，从本行政区的立场出发，既记载现行行政区域内之旅游业状况，又反映在现行政区域外的与本地直接相关的旅游事项。假如囿于成见而不记载，则就不能全面反映本地旅游产业的全貌。

（二）体例结构衔接

有关旅游志的框架结构，从学术研究看，颜小忠（1990）称："省旅游志的结构，按照旅游业的主体内容分类，纵分志、篇、章、节四个层次，横分五大快，即概述、旅游资源和区划、旅游设施、旅游服务、经营管理，对行业全面综而述之。"①景昆俊（1997）认为："《旅游志》的框架应是这样的：第一章，旅游资源（包括投资开发、修建等）。内设两节，第一节，自然景观；第二节，人文景观。第二章，旅游设施。内设两节，第一节，吃、住、行；第二节，游艺、工艺品、特产供购。第三章，旅游线（概况、景点、路线）。第四章，效益（收入、报刊载述）。"②张桂江（2004）提出，从旅游资源开发、旅游产业建设、旅游行业管理与体制改革三方面构建旅游志的信息结构。③从修志实践看，二轮县志的旅游志多以章、节、目安排，如《青浦县志（1985—2000）》第二十六编旅游，设资源、景点、旅游经营等3章，古建筑、自然

---

① 颜小忠：《省旅游志编写》，《史志文萃》1990年第5期。
② 景昆俊：《浅谈〈文物志〉和〈旅游志〉的编写》，《沧桑》1997年第5期。
③ 张桂江：《谈旅游志的续修》，《中国地方志》2004年第1期。

景观、古镇朱家角、经营企业等 14 节，崧泽古文化遗址、娱乐休闲、旅游产品 26 目，部分设章、节两层次，以节为撰写单元；地级市志的旅游志也多分章、节、目三层次，如《杭州市志（1986—2005）》第二十篇旅游，设旅游景区、人文资源、旅游规划与建设、旅游市场、旅游服务、旅游管理等 6 章，西湖国家级风景名胜区、旅游规划、市场开发、旅游公司（集团）、旅行社、旅游业务培训等 24 节；省志旅游志多按照编、章、节、目或编、章、节设置。编、章、节、目或编、章、节或章、节、目的结构，能层次明晰地展现旅游业的方方面面，既便于记述，又利于查阅，三轮旅游志应当继承。

与体例结构紧密相连的是篇目，篇目反映体例，体现内容。首轮、二轮市县级旅游志篇目的第一层级，有的采用"两分法"，如《奉贤县续志·旅游业》（1987）分旅游景点、旅游服务；有的属于"三分法"，如《绍兴市志·旅游》（1996）设资源、设施、经营，《南汇县续志》（2005）设旅游经济、旅游景点、旅游活动；有的是"四分法"，如《南昌市志·旅游篇》（1997）分旅游景点、旅游服务、旅游交通、旅游管理，《合肥市志·旅游（1986—2005）》旅游资源、旅游市场开发、旅游线路·旅游项目、旅游服务，《黄浦区续志》（2003）分机构与设施、旅游景观、旅游活动、服务与产品；有的为"五分法"，如《上海市浦东新区志·旅游业（1993—2009）》设管理服务、旅游景点、旅行社、旅游住宿业、旅游节庆活动，《常州市志·旅游业（1986—2010）》设旅游规划建设、旅游景区景点、旅游服务、旅游市场开发、旅游行业管理；有的是"六分法"，如《苏州市志·旅游（1986—2005）》分旅游资源、旅游开发、特色项目、旅游节庆、旅游服务、旅游管理。省级旅游志分类相对要多些，如《安徽省志·旅游志》（1999）分旅游资源、风景名胜区与历史文化名城建设、旅游饭店与旅行社、旅游市场、旅游商品、旅游研究与教育、旅游管理，采用"七分法"；《海南省志·旅游志（1988—2010）》设旅游机构、旅游资源开发与保护、旅游产品与产业、旅游企业、旅游市场开发、旅游市场管理、旅游信息化与教研、旅游重要会议与举措，属于"八分法"；《上海市志·旅游业分志（1978—2010）》分资源、规划与建设、旅行社、设施及服务、产品、市场与推广、机构团体与企业、管理、教育与研究、世博旅游、人物，属于"十一分法"。尽管各种旅游志篇目门类划分的粗细、多少不一，但都是当地旅游业状况的客观反映，其中有关旅游资源、景点景区、旅游设施、旅游服务、旅游市场、旅游管理等都是设计篇目首先要考察的。二轮修志断限后，我国的旅游业作为一种幸福产业，随着经济发展、社会进步、人们收入增加、消费的升级，在景点景区、宾馆住宿、旅行社、旅游线路等传统旅游发展的基础上，旅游业态、科技含量、产品内涵得到了不断丰富，旅游经营管理质量获得了不断提高，旅游的产业链实现了不断的延长。三轮旅游志应基于"大旅游"来设计篇目，适当考虑地区间旅游经济发达程度的差异，二轮旅游志的篇目基本上都可以衔接下来，需要增加或细化的只是程度不同而已。总的把握尺度是"基本门类延续，新增与拆分因事制宜"。

考虑到旅游业既是资源依托型的产业，跨地区协作的产业，又是个自上而下综合规划管理的产业，越是基层，其产业链就越短，宏观管理的复杂性越弱。按照方志编纂应门类齐全、内容全面的惯例，旅游志应在全面反映当地旅游产业的历史与现状的基础上，省、市、县旅游志间作适当的差异化分工。如旅游资源是旅游产业的基础，旅游资源调查评价均以县为单位进行，应由县旅游志详尽记载；旅游景点景区是主要的上市旅游产品，县里毕竟数量有限，应在市旅游志篇目中予以体现，而省旅游志则记旅游区划。又如市场宣传促销，由省、市旅游局出面组织开展的比较多，则让省、市旅游志重点记载。旅游节庆、旅游管理法规等也类似。据上所论，草拟省、市、县三级旅游志简目，以供各地参考：

《县志·旅游业志》

第一章　旅游资源

　　第一节　自然旅游资源

　　第二节　人文旅游资源

　　第三节　综合型旅游资源

第二章　旅游设施与服务

　　第一节　交通

　　第二节　餐饮

　　第三节　住宿

　　第四节　娱乐

　　第五节　购物

第三章　旅游经营

　　第一节　管理机构

　　第二节　经营企业

　　第三节　行业管理

　　第四节　经济效益

《市志·旅游业志》

第一章　旅游景区
　　第一节　中心城区景区
　　第二节　郊县景区
第二章　旅游设施
　　第一节　旅游基础设施
　　第二节　旅游专用设施
第三章　旅游机构与队伍
　　第一节　管理机构
　　第二节　服务机构
　　第三节　员工队伍
第四章　经营业务
　　第一节　产品开发
　　第二节　旅游服务
　　第三节　市场营销
　　第四节　行业管理
　　第五节　经济效益

《省志·旅游业志》

概述

大事记

卷一　旅游区划
　　第一章　都市游览区
　　第二章　乡村游览区
卷二　旅游设施与服务
　　第一章　饭店、度假村
　　第二章　旅游交通
　　第三章　旅行社、旅游公司
　　第四章　旅游公共服务
卷三　旅游开发
　　第一章　旅游规划

第二章　景点开发

第三章　线路开发

第四章　专题旅游开发

第五章　节庆开发

第六章　旅游商品开发

卷四　旅游市场

第一章　旅游者

第二章　消费行为

第三章　旅游营销

卷四　机构与企业

第一章　管理机构

第二章　行业协会

第三章　著名企业

卷五　智慧旅游建设

第一章　数据中心

第二章　智慧景区

第三章　智慧酒店

第四章　文旅资源数字化保护

卷六　行业管理

第一章　体制改革

第二章　业务管理

第三章　员工管理

第四章　旅游绩效

附录

以上篇目仅是按旅游业的通常情况设计，具体到某个地方，还应在准确把握业态的基础上进行调整，该合并的就合并，该新设的就新设，有特色的也可适当升级，具有特别重大影响的还可以单独成为一类，尽量使篇目既反映当地旅游业的实际，又具独特个性。

（三）内容记述衔接

内容记述是"前志""后志"衔接的载体，茆贵鸣曾总结出"覆盖式记述""简介式记述""浓缩式记述""追溯式记述""铺垫式记述""补充式记述""修正式记述""考注式记述"等八种方法①,对旅游志而言,基本上是都适用的,各地可结合实际情况而选择。如对二轮旅游志缺载的内容和新发现的资料,三轮旅游志应补充;二轮旅游志没有写充分的,三轮旅游志应补写充分,差错的要予以纠正;对于属于某个地方旅游基本地情的,如景点景区、地方特产、旅游设施,等等,即便是二轮旅游志已经记载,三轮旅游志也要复载,如苏州、杭州、青岛,都是我国著名的旅游胜地,《杭州市志·旅游篇(1986—2005)》《苏州市志·旅游(1986—2005)》《青岛市志·旅游与节庆会展(1978—2005)》都记载了各自的风景名胜、景点景区,假如三轮旅游志不记前志已载的风景名胜、景点景区,这不仅没有做到"无所不载",而且也无法体现三市的旅游特色。撰写单元的向前追溯勾连,应是"前志""后志"旅游内容衔接的基本做法。

四、余论

1. 创新资料收集方法。旅游志的资料主要来自有关部门的简报、工作总结、年鉴、档案、统计报表、地方报刊、宣传资料等,这些资料当然很重要,但仅有这些还不能真正体现当地旅游业的实际,从修志实践感受看,上述资料多重起始、起因、结果,过程往往记载不足,面上反映较多,细节显示不够。旅游志的编纂者更应当学习社会学的田野调查法,走出办公室,到社会上去,与游客、旅游地居民、旅游从业人员面对面访谈,就诸如游客收入、游客类型、人均花费、旅游产品兴趣度、购物花费、购物品种、消费质量与场所选择、停留时间、对服务质量评价、旅游行为对当地社会影响、旅游地居民对旅游者态度、旅游项目决策过程等等进行各种典型、抽样调查与访谈,收集社会性活资料。笔者在参与编纂旅游名镇《周庄镇志》(2016)时曾对周庄古镇核心区主要街道的商家逐一访问,对游客进行问卷调查,获得周庄旅游商业业态、游客旅游感知的第一手资料,大大丰富了《周庄镇志》(2016)的资料性与旅游特色。在互联网时代,游客发表游记作品、评论的渠道更为多样,很多互联网媒体平台开辟有游客点评区,方便游客点评互动,交流旅游体会。网络游记、网络点评是游客旅游地印象的反映,对志书记载旅游地的满意度、景点景区的好感度具有重要价值,应当重视收集。有关旅游地期刊论文、学位论文,也应该纳入收集的范围,并重视利用。

---

① 茆贵鸣:《关于第二轮省志与首轮省志衔接的几个问题:从〈第二轮江苏省志编纂方案〉说起》,《中国地方志》2011年第12期。

2. 消除部门志色彩。我国地方旅游业经营、开发状况十分复杂，涉及的主办单位也多，条块分割严重，要把当地旅游产业及其相关业务叙述清楚、全面，确实相当不易。新方志的编纂工作机制多是先按照篇目落实承编单位，承编单位完成上交志稿后，由地方志办公室进行合成总纂。旅游志多由旅游局或旅游协会来负责纂修或供稿，这样部门志色彩都或多或少存在，如《安徽省志·旅游志》（1999）在旅游管理篇以较多篇幅记载了省旅游局历史沿革、内部机构设置与职责、人员编制、历年书记、局长、副书记、副局长等名单。《内蒙古自治区志·旅游志》（2010）在旅游管理篇设置党建工作章，分机关党委和主要工作两节。[1]《甘肃省志·旅游志》（2007）中也出现了类似情况，设置有"党、团、工会组织"[2]。部门志是单独成书的一种地方志，它以部门为记载对象，凡本部门的人、事、物都要记载，而各地通常所编的旅游志均属专业分志，是以专业、行业为记载范围的，按照地方志篇目设置"事以类聚，类为一志"的原则，它应当打破部门界限，把本地与旅游相关的事务、业务都纳入记载，不管其是旅游局直属的，还是其他部门主持的，甚至外省市在本地开办的旅游企业也应记录。至于旅游局，旅游志当然要记载，只不过是从业务管理的角度来叙述，旅游局的"党建""团委""工会""计划生育""旅游职业教育"等应归入到省市县志的"地方党委""社会团体""人口""教育"等篇去记载。

3. 重视要素齐全。地方志内容记述强调的是"横不缺项，纵不断线"，相关人事物的发展历史与现状的要素需撰写齐全，旅游志也不例外。首轮、二轮旅游志的质量总体还是比较好的，但也存在一些不太如意之处，比如对旅游者的分析记载偏弱。旅游者是旅游业的主角之一，目前的旅游志多在旅游市场中"客源市场"概述客源来自何处、多少人，即入境游、国内游，很少关注本地人的出境游，也多没有记载来本地旅游的入境游客、国内游客的年龄、职业、收入、学历结构，以及消费习惯、行为特征，对本地旅游的满意度与推荐意愿。对旅游收益情况，比如入境游收入、国内游收入、旅游总收入、旅行社营业收入、宾馆的营业收入，市县志的旅游志有些付之阙如。于景点景区，也有相当部分旅游志或缺开发单位，或缺开业时间，旅游开发投资额、接待游客数、营业收入则普遍没有。于旅游企业，有的沿革不清，有的体制不明，有的缺经营业绩，对企业文化则普遍没有涉及。三轮修志应当尽量补全。

4. 妥善处理交叉重复。旅游业是个综合性的行业，旅游经营的开展要同本地的许多部门、行业发生关系，从事旅游经营的不光是旅游局所属的企业，还有其他部

---

[1] 高宏：《省级旅游志编纂研究》，中国社会科学院大学（研究生院）博士学位论文，2020年，第189页。
[2] 高宏：《省级旅游志编纂研究》，第190页。

门如文物、园林、交通、粮油、商业等管辖的企业，尤其是全域旅游开展以来，不同行业、产业、事物的旅游价值被不断挖掘，"旅游＋""＋旅游"日益普遍，旅游志与其他专业分志的交叉重复，如旅游志的"农业旅游"与农业志中的"休闲农业"，"旅游资源"与地理志中"自然资源"、文化志中的"文物"，"民俗旅游"与风俗志，"旅游设施"与服务业志中的"住宿业"，等等，也会增多。旅游志应本着保存合理必要的交叉，减少不必要的简单重复，选好角度、详略互见地处理好与其他专业分志的交叉重复问题。

第五节　方志志编纂

我国修志历史悠久，成果丰硕。自新编地方志工作开展以来，随着方志学科地位重要性的提高，地方志事业在国家文化建设中承载的使命日益重大。除了肩负着为全力打响地方文化品牌、为中外文化互鉴贡献力量的使命外，"方志人"也有义务把自己的事业记录好、总结好，"方志志"就是"方志人"创造的一种新的专业分志或专业志类型。本节以上海为中心进行探讨。

一、学术史回顾与方志志概念界定

有关方志志的研究，以 2024 年 7 月 20 日为时间点，以"方志志""方志卷""方志编""方志篇""方志分志""方志事业志"等关键词、主题词搜索中国知网、万方网、读秀等数据库，排除报道性文章，仅见两篇论文：刘改荣《方志志编纂》，收入 1996 年方志出版社出版俞红飞、程慧主编的《中国当代方志编纂学研究》。该文在论述编方志志的必要性和必然性、方志志的地位和作用的基础上，对方志志运作的基本构想进行了探讨，认为方志志"是一地修志事业和编志工作者的全史，是后人了解编志史全貌的最好资料，属于志中之志"。编纂方志志要"注意自身运作机制的整体构造"，要正确反映"方志编纂全部内容的历史轨迹"[①]。巴兆祥（2023）通过对首轮、二轮上海市志、区（县）志有关方志事业记载情况的梳理，认为第三轮上海新方志应设置方志志，方志志在记述时限上以"不完全通纪体"为宜，在事业范围

---

① 俞红飞、程慧主编：《中国当代方志编纂学研究》，方志出版社，1996 年，第 835、836、837 页。

上应多业并举,为解决交叉重复问题,市、区方志志应有明确的分工,并就编纂中应注意的问题提出看法。①

基于新方志编纂实践及前人研究,我们认为方志志(含称"方志卷""方志编纂志""地方志""地方史志")应是以一定地域的地方志事业为记述对象、遵循方志规范而编纂的专业分志或专业志,包括属于区域综合志中一部分的"方志"篇章(即"志中之志"),也包括独立成书出版的方志事业志。以辩证唯物主义和历史唯物主义为指导,全面、系统、客观、实事求是地记述该地域方志事业的发展演变与现状,反映国家和地方的政治、经济、文化、社会对方志事业发展的影响,为其基本任务。

二、新方志设置方志志已成共识

方志对一方之方志编纂的记载,以宏观的方志发展史视角推断应始于宋元。从现存宋元方志看,也能找到一点蛛丝马迹。如张铉《至正金陵新志·修志本末》:"金陵图志存者,惟唐许嵩《建康实录》,宋史正志《乾道志》,吴琚《庆元志》,周应合《景定志》,而刻板已亡,所见卷帙,类多讹缺。惟《景定志》五十卷,用史例编纂,事类灿然。"②就反映了南京在唐宋时志书修志情况。但较普遍的记述还是在明代。明代方志分别采用"旧序"汇录历代志书序文,如(嘉靖)《安庆府志》、(隆庆)《潮阳县志》、(万历)《杭州府志》、(万历)《遂安县志》、(天启)《中牟县志》等;"序志"以整理序跋资料为基础体现方志编纂历史,如(万历)《绍兴府志》卷五十"序志"以志书为条目,详尽记载从《越绝书》《吴越春秋》到(成化)《新昌志》、(嘉靖)《萧山志》等绍兴地区府县修志过程。后人评称:"序志一卷,凡绍兴地志诸书,考其源流得失,亦为创格。"③到清代又有了"前委原委",如(乾隆)《杭州府志》设置"前委原委",用来记载历代杭州府方志相继纂修之本末,"爰自周淙以下各家及州县诸志相沿可考者,列其书名、卷帙,并节其序文可采者录之,以备观览"④。乾隆间,章学诚因世人喜新弃旧之习,旧濒于失传,提出借鉴史家的传统"史家著作成书,必取前人撰述,汇而列之,所以辨家学之渊源,明折衷之有自也"⑤,在修志时编纂"前

---

① 巴兆祥:《第三轮上海方志志编纂刍议》,《上海地方志》2023 年第 2 期。
② 〔元〕张铉纂修:《至正金陵新志·修志本末》,中华书局,1990 年,《宋元方志丛刊》影印本。
③ 〔清〕徐文梅修,朱文翰纂:(嘉庆)《山阴县志》,卷二十六,民国二十五年铅印本。
④ 〔清〕郑沄修,邵晋涵纂:(乾隆)《杭州府志》,卷一百十,清乾隆刻本。
⑤ 〔清〕章学诚著,仓修良编注:《文史通义新编新注》下,商务印书馆,2017 年,第 986 页。

志列传",使后人知前志之编修原委与得失,所纂《和州志》《永清县志》《湖北通志稿》均设有"前志列传"。嘉庆时,谢启昆、胡虔修纂《广西通志》,于"艺文略"上部分经、史、子、集分类,"专载粤西人作述,以正著录之体",其中史部有《来宾县志》《武功县续志》等方志;下部则为事记、传记、地记、杂记、志乘、奏疏等,"乃游宦粤西者,据所见闻,专为纪载"①,其中"志乘"著录方志的书名、作者、存佚、序跋,体现本地的修志成果。

上海的新方志编纂源于1960年《浦东县志》《崇明县志(稿)》,20世纪70年代末80年代初,随着改革开放、文化事业的恢复与发展,全国迎来了首轮新方志编纂热潮,崇明县在上海率先成立机构编史修志,在中共上海市农委的统筹推动下,上海郊区相继开展新志编纂。1986年上海市地方志编纂委员会成立,制定了全市新方志编纂规划,积极推动郊县志、城区志、《上海市志》的编纂,迄1993年郊县志,1999年区志,2005年《上海通志》,上海市的新志综合志全部完成。到2010年,专志系列出齐,上海首轮新方志任务圆满收官。上海首轮新方志继承了我国地方志书著录修志成果的传统,大多记载了涉及地方志事业的有关内容。从表7-1可见,郊县志书有的将地方志纳入杂志,有的归入附录,有的置于文献或文献艺术、文化下,有的隶属于志余,《上海通志》(2005)归入专记,而区志基本没有方志相关的类目。说明,业内对地方志在志书设纲立目上的认识还不统一,对方志志的作用与地位还不是很看重。

表7-1 上海市新方志"方志志"相关类目设置情况表

志书名称	出版时间	方志志相关类目
《奉贤县志》	1987年	卷三十二杂志:方志提要
《奉贤县续志》	2007年	卷七中国共产党地方组织:史志工作 卷三十六艺文:史志、家谱、碑刻
《崇明县志》	1989年	附录:历代修志记略、历代《崇明县志》序言
《崇明县志（1985—2004）》	2013年	卷三十八艺文:史志、年鉴
《青浦县志》	1990年	附录:历代修志纪略、历代旧志序跋选
《青浦县志（1985—2000）》	2009年	第九编县人民政府:政务
《金山县志》	1990年	第三十三篇文献艺术:文献

---

① 〔清〕谢启昆修,胡虔纂:(嘉庆)《广西通志》,卷首,叙例,清嘉庆六年刻本。

续表

志书名称	出版时间	方志志相关类目
《金山县续志（1986—1997）》	2009 年	第三十四编文化：史志
《川沙县志》	1990 年	附录：历代修志简述
《川沙县续志》	2004 年	第三十二卷文化：档案史志、艺文
《上海市浦东新区志（1993—2009）》	2021 年	卷五十五档案地方志：地方志
《松江县志》	1991 年	第三十二卷文献：县情文献简介
《松江县续志》	2007 年	卷二十六地方史志档案：地方史志
《南汇县志》	1992 年	无
《南汇县续志》	2005 年	第三十五编文化：书刊出版
《上海市南汇区志（2001—2009）》	2021 年	第三十二卷文化：地方志
《宝山县志》	1992 年	卷三十二志余：历代县志修纂记略及序文选辑
《吴淞区志》	1996 年	无
《上海市宝山区志（1988—2005）》	2009 年	卷三十四文化：地方史志
《嘉定县志》	1992 年	第五篇文化：地方文献
《嘉定县续志》	1999 年	第三十一章文化：地方史志
《嘉定县志(简本)》	2001 年	卷二十六文化：史志档案
《上海市嘉定区志（1993—2010）》	2020 年	卷三十五文化：档案、地方史志
《上海县志》	1993 年	第三十五篇文献：地方史志资料
《上海县续志》	2021 年	第三十一卷文化：公共文化事业
《闵行区志》	1996 年	无
《上海市闵行区志（1992—2011）》	2018 年	卷七人民政府：地方志
《徐汇区志》	1997 年	无
《上海市徐汇区志（1991—2005）》	2011 年	第二十编人民政府：档案、地方志
《长宁区志》	1999 年	无
《上海市长宁区志（1993—2005）》	2010 年	第六编人民政府：地方志工作
《普陀区志》	1994 年	无
《普陀区志（1991—2003）》	2007 年	卷三十四文化：电视报纸、志鉴

续表

志书名称	出版时间	方志志相关类目
《闸北区志》	1998年	无
《上海市闸北区志（1994—2005）》	2016年	第七编人民政府：地方志工作
《虹口区志》	1999年	无
《上海市虹口区志（1994—2007）》	2011年	卷七人民政府：地方志工作
《杨浦区志》	1995年	无
《杨浦区志（1991—2003）》	2009年	第十七编人民政府：地方史志、年鉴
《黄浦区志》	1996年	无
《黄浦区续志》	2003年	无
《南市区志》	1997年	无
《南市区续志》	2003年	无
《卢湾区志》	1998年	第二十六编文化：文化活动
《卢湾区志（1994—2003）》	2008年	第三十一编文化体育：地方志
《静安区志》	1996年	无
《上海市静安区志（1993—2010）》	2016年	第二十编人民政府：档案、地方志
《上海通志》	2005年	专记：地方志编纂
《上海市志（1978—2010）》	2021年	档案方志分志：方志卷
《上海出版志》	2001年	第二篇图书：哲学社会科学类图书

　　较早结束首轮修志任务的青浦、上海、崇明等县区于1987年后相继开始编纂地方综合年鉴，为下一轮修志准备资料。上海市地方志办公室也于1996年开始编纂《上海年鉴》。大致从1998年起省级层面如河南、山东有续修启动的动向，嘉定区在上海率先开展县志续修。2000年5月1日，上海市人民政府办公厅印发《关于进一步做好上海地方志编纂工作的通知》，要求已完成编志的县、区开展续修，区县和部门要承担年鉴编纂任务，市地方志办公室要组织编纂《上海方志志》。2010年1月8日，上海市地方志工作会议召开，全面部署上海第二轮新志编修工作。至2021年，二轮规划志书218部全部完成。

　　地方志事业在上海二轮志书篇目上的体现，较首轮有了较大的变化：除《南市区续志》(2003)、《黄浦区续志》(2003)无相关类目外，也还有少数在第三层次设置的,如《青浦县志(1985—2000)》将地方志工作归入政府下之政务,《南汇县续志》(2005)把地方史志置于文化下之书刊出版,《上海县续志》分别在文化之县乡镇文化机构、公共文化事业下设县乡镇文化机构、地方志编纂。绝大部分志书均在第二层次设置,如《奉贤县续志》(1987)在中国共产党地方组织下设史志工作,《杨浦区志(1991—2003)》《上海市闵行区志(1992—2011)》《上海市徐汇区志(1991—2005)》《上海市静安区志(1993—2010)》《上海市长宁区志(1993—2005)》《上海市闸北区志(1994—2005)》《上海市虹口区志(1994—2007)》在政府下立"地方史志、年鉴""地方志""档案、地方志""地方志工作",《嘉定县续志》(1999)、《上海市宝山区志(1988—2005)》《金山县续志(1986—1997)》《川沙县续志》(2004)、《上海市嘉定区志(1993—2010)》《上海市南汇区志(2001—2009)》《普陀区志(1991—2003)》将"地方史志""史志""档案、史志""档案、地方史志""档案、党史、地方志""电视报纸、志鉴"置于文化之下,《崇明县志(1985—2004)》在艺文下立史志,《卢湾区志(1994—2003)》在文化体育下有地方志。出现了在第一层次设置"方志"篇目的新情况,如《松江县续志》(2007)设地方史志档案,《上海市浦东新区志(1993—2009)》立档案地方志,《上海市志(1978—2010)》则标档案方志分志。可见,随着上海方志事业的发展壮大,"方志志"的设立已经成为共识,甚至奉贤区还出版独立成书的地方史志事业志《奉贤史志图志》(2012)。"方志""史志""档案地方志"等类目名称的普遍使用,与修志机构和党史、档案局合并的改革、工作机构范围的变化有关。

三、方志志的记载范围

(一)关于时间范围

方志编纂都有个时间断限问题,即明确记载方志事业发展的时间上限和下限。迄今的上海方志志有两种状况:

1. 通纪型。首轮新志皆属此类。《青浦县志》(1990)附录历代修志纪略,先县志,后乡镇志,按照时序叙述各志书的修志过程及收藏处所。《宝山县志》(1992)志余为历代县志修纂纪略及序文选辑,以清、民国分节,以志书为条目。二轮志书只有《上海市志·档案方志分志·方志卷(1978—2010)》采用此体。"本卷作为首部专门记录上海地区方志编纂事业发展历程的志书,记载时限上溯事物发端,下限至2010年底，部分内容适当下延，以求记述完整。"①

2. 断代型。二轮志书基本都如此，但上下限的时间不一。《奉贤县续志》(2007)对县志仅记 1987 年版《奉贤县志》，乡镇志则从 1981 年编纂启动记至 2003 年。《崇明县志（1985—2004）》重点记载 1989 年版《崇明县志》，简述断限内的旧志影印、翻译等版本信息。

通纪型志书的优势是统合古今，详今略古，方志事业发展脉络记述完整。但由于新方志每 20 年一修，有可能会前后志简单重复，徒增篇幅。断代型的长处在于断限内方志事业发展记载详细，缺点也显而易见，就是不明原委，甚至有可能修成"断头志"。我们认为，三轮方志志采用完全的断代、通纪均不是太合适。鉴于当前技术条件下，志书不存在散佚之虞，读者更有三轮方志志保存大量新资料、新信息的要求，又兼顾每次编纂都独立成书，便于读者通览全貌，三轮方志志还是以编"不完全通纪"或"非典型通纪"型为好：方志志的每个门类还是从发端写起，一直记到下限为止，重点写第二轮志书断限后的事情。二轮断限前的，简明记述，原委清晰，不简单重复。当然，首轮二轮漏记或新发现的，还是需要较详细记入的。

（二）关于记述的事业范围

方志志的记载范围是地方志相关部门工作内容的体现，从首轮二轮志书看，其一是以地方志部门的核心事业方志、地方综合年鉴编纂为记载的主要内容。上海的首轮新志基本以记方志为主，仅个别的兼顾方志与年鉴。《奉贤县志》(1987) 提要历代县志，每个提要大致 100—500 字。《金山县志》(1990) 立地方志类，著录县志、乡镇志 32 种。《卢湾区志》(1998) 文化活动，不仅记《卢湾区志》《上海市卢湾区爱国卫生红十字会志》《卢湾区中心医院志》，而且还记民国《上海通志》和《上海市年鉴》。二轮志书也有相当一部分如此，如《普陀区志（1991—2003）》《金山县续志》《上海市长宁区志（1993—2005）》等设有地方志年鉴节。其二是多业并举，以二轮志书较普遍。《杨浦区志（1991—2003）》地方史志年鉴章，记载方志、年鉴编纂，以及区情研究、读志用志。《松江县续志》(2007) 地方史志档案，除载县志、专业志、乡镇志、年鉴编纂外，还记载松江文献丛书编纂出版，学术研讨会等重要活动。《上海市徐汇区志（1991—2005）》档案地方志章，记载地方志、年鉴编纂、其他志鉴编纂、开发利用地方志资源。《上海市志·档案方志分志·方志卷（1978—2010）》分别记述机构与管理，志书编纂，年鉴编纂，开发利用与学术研究。

---

① 上海市地方志编纂委员会编：《上海市志·档案方志分志·方志卷（1978—2010）》，编辑说明，上海古籍出版社，2021 年。

方志志记载范围的差异，应是与对方志事业范围的认识与方志部门的工作重点不无关系。首轮修志，尽管《新编地方志工作暂行规定》（1985）规定方志部门的职责主要是修志、整理旧志、编地方年鉴与概况等，但大部分地方的工作重心是修志；《"七五"期间上海地方志编纂工作规划》（1987）制定的任务为开展区县志、专志编纂，出版方志类书籍、史志期刊《上海滩》《上海研究》，志书也多断限于1985年，自然多以方志为记载核心。在二轮修志开展之前，年鉴编纂、读志用志、旧志整理、方志理论研究利用成了方志部门的中心工作。二轮修志期间，上海地方志部门的任务是修志、编鉴、整理旧志、方志资料开发利用、方志信息化、方志理论研究、地情咨询服务[①]，二轮志书也就较多关注方志的各项事业成就。

基于二轮的实践，三轮方志志的记述范围应是多业并举。至于多业到什么程度，我们认为应以《上海市地方志工作2006—2010年规划》《上海市第二轮新编地方志书编纂规划》《上海市级专志系列编纂实施方案》《上海市地方志事业发展规划纲要（2016—2020年）》《上海市乡镇街道村志及专业志编纂规划（2017—2025）》《上海市年鉴事业发展规划（2017—2020年）》《上海市地方志事业发展规划纲要（2021—2025年）》《全国地方志事业发展规划纲要（2015—2020年）》等，以及中国地方志指导小组领导讲话为指引。如《全国地方志事业发展规划纲要（2015—2020年）》要求2020年前要实现"两全目标"，推进各类专业志鉴、乡镇村志和地方史编纂，深化旧志整理、方志理论研究和学科建设、人才队伍与方志资料、方志信息化建设，扩大方志资源开发利用、学术交流与合作；《上海市地方志事业发展规划纲要（2021—2025年）》规定"十四五"期间上海方志工作有八大任务：全面推进和规范志书编修，做强年鉴编纂，推动地方综合史编写，加大方志馆建设力度，提升方志理论研究和学科水平，加大方志资源开发利用力度，促进地方志数字化转型，强化人才队伍建设[②]再从方志网站看，"中国方志网"设有"事业概况""组织机构""志书""年鉴""方志馆""地方史""科研""期刊""信息化""开发利用""学会""志苑""对外交流""方志出版""互动交流""在线服务"等栏目；"上海通"网站的"方志数据库"包括"志书""年鉴""地方史""历史文献""地情资料""地情研究""方志研究""杂志""图片"，"方志业务"包括"政务公开""年报""业务培训""工作交流""机构设置""视

---

① 《上海市人民政府办公厅关于印发〈上海市地方志工作2006—2010年规划〉的通知》，见《上海市志·档案方志分志·方志卷（1978—2010）》，上海古籍出版社，2021年，第560—563页。
② 上海市地方志办公室：《关于印发〈上海市地方志事业发展规划纲要（2021—2025年）〉的通知》，https://www.shtong.gov.cn/node70391/20210701/559909.html。

频专栏""媒体报道","上海通"包括"市情""区情""图说上海""红色足迹"等。据此,方志志应以机构体制、志书、年鉴、地方史、方志馆、地方文献整理、方志资料开发利用、方志理论研究、地情研究、信息化建设、期刊、方志学会、对外交流、志苑等十四方面为主要内容,并结合二轮断限后到第三轮官方确定下限间的各项方志事业情况确定记述范围。

四、方志志的分工

第三轮修志,上海可能会是市、区、街道(乡镇)三级联动。由于在区划上,层层统属,地域上上级政区涵盖下级政区,市、区、街道(乡镇)都有修志任务、修志成果,市、区既然都要编纂方志志,必然有交叉重复的问题。解决问题的要点在于分工。

(一)分工的原则

1. 坚持系统性。市、区方志志都应尽可能全面系统地展现全市、全区地方志事业的全貌,无论是纵向,还是横向。

2. 准确定位,各有侧重。按照《上海市实施〈地方志工作条例〉办法》的规定,上海全市地方志事业由市政府地方志工作机构主管,区县地方志工作机构主管本辖区内的地方志工作。市层面的地方志事业,不仅包括区管地方志事业,而且还有市属系统方志事业,中央在沪企事业单位的方志事业,市方志志应是全市地方志事业的整体反映。其资料取舍、篇目制定、叙述角度,均应立足全市。16个区的方志志,其视角要从区出发,按区志编纂要求载述,侧重区属。从理论层面上讲,市、区都涉及前文所提及的十四个方面,但实际上区里有的事业还是比较少的,甚至没有。如方志馆有相当多区就没有,方志理论研究有的区也只有一点点,而市里反而比较多。

(二)篇目分工

篇目设计是修志的重要一环,既属地情的体现,又反映修志者对地方志工作的理解。《奉贤县续志》(2007)将方志工作作为地方党委的常规任务,在中国共产党地方组织卷设置史志工作章,方志编纂、年鉴编纂、史料保存提供利用等3节;《上海市浦东新区志(1993—2009)》认为档案与方志工作密切,于是将档案与地方志并为一卷,其第二章为地方志,下设第一节机构,第二节地方志书编纂,第三节年鉴编纂。《上海市志·档案方志分志·方志卷(1978—2010)》先概述、大事记,末有专记、附录,正文第一篇机构与管理,包括机构队伍、规划与管理2章;第二篇志书编纂,包括区县志编纂、专志编纂、《上海通志》编纂3章;第三篇年鉴编纂,包括综合年鉴编纂、专门年鉴编纂 2 章;第四篇开发利用与学术研究,包括旧志鉴资源、开发利用、学术研究 3 章;第五篇人物,包括人物传略、人物简介、先进名录 3 章。从二轮志书看,市、区的方志志已经注意到篇目分工。

考虑到二轮、三轮修志期间区级方志事业的发展,区方志志一般不独立成书出版,篇目建议采用"三大基础"(志、鉴、用)或"四驾马车"(志、鉴、史、用)分类,如有方志馆的,可以"五驾马车"(志、鉴、史、馆、用)进行分门别类,章、节、目三层结构。市方志志可以篇、章、节、目四层结构,建议大致可以设置上海方志源流、机构与队伍、决策与规划、市志编纂、区县志编纂、街镇农场村志编纂、年鉴编纂、地方史撰写、志鉴收藏与传播、方志资源开发利用(地情文献整理、地情书籍编写、读志用志活动)、基础建设(方志馆、陈列馆、信息化、资料库)学科建设(学术队伍、学术机构、期刊、学术活动、研究成果)事业管理(规章制度、发展经费、对外交流、先进表彰、志办文化)、人物等门类。

(三)内容的分工

随着 2015 年 8 月国务院办公厅《全国地方志事业发展规划纲要(2015—2020年)》的颁布,中国地方志指导小组积极推动"地方志转型升级",以及《上海市地方志事业发展规划纲要(2021—2025年)》等的实施,上海的地方志事业也与全国同步,从"两本书"型全面转向志、鉴、库、馆、网、用、会、刊、研、史"十业并举"。"十四五"期间,上海地方志事业的总体目标是"推进志书编修、年鉴编纂、地方史编写、方志馆建设、地方志理论研究、地方志资源开发、地方志数字化转型、地方志人才队伍建设取得新成绩,推动地方志立法取得新进展,加强和完善地方志编修体系、理论研究和学科建设体系、质量保障体系、资源开发利用体系、工作保障体系'五位一体'的综合体系,力争建设成为党和政府想得起、用得上、靠得住的存史'志库'、育人'知库'和资政'智库'"[1]。第三轮方志志当然要记载这"五位一体"的"十业举",但区地方志系统毕竟人员有限,"库、网、会、刊、研"等事业也难免不够完整,或有但不丰富,所以区方志志对"库、网、会、刊、研"等事业可根据实际情况,不立目,在其他相关的章节适当记载,以示不缺。市方志志应当全面记载,尤其在区里属于微不足道或内容偏少或暂未设类立目的某项方志事业,如学术研究,或刊物,或对外交流,或旧志整理,等等,更应在相应的类目下着重反映。对于方志人物,区方志志重以事带人,反映方志人贡献,而市方志志除

---

[1] 上海市地方志办公室:《关于印发〈上海市地方志事业发展规划纲要(2021—2025 年)〉的通知》,https://www.shtong.gov.cn/node70391/20210701/559909.html。

以事带人外，更应为地方志做出重要贡献的人物立传、做简介或先进名录。

（三）记述方式的分工

对地方志事业的发展与成就进行全面系统的反映，是方志志基本职能，但市、区的方志志如何去呈现，认识并不一致。从首轮、二轮志书看，记述方式可归纳为六种：一是提要型，对相关成果作提要。如《嘉定县志》（1992）地方文献卷，分别对古代迄1987年编修的县志、乡里志、专业志作简要介绍。《上海市长宁区志（1993—2005）》地方志工作章，对《长宁区志》（1999）及街道（镇）志、部门志、《长宁年鉴》作了提要。二是概貌型。如《上海县志》（1993）卷三十五之地方史志资料，先概述县志编纂历史，次列县志、乡镇志、专业志书目。《普陀区志（1991—2003）》电视报纸、志鉴章，简述首轮区志及乡镇、街道、部门志、普陀年鉴编纂概况，并提及二轮区志的启动情况。三属于书目型。如《徐汇区志》（1997）、《南汇县续志》（2005）。四为提要为主、脉络为辅型。如《卢湾区志（1994—2003）》地方志章，分别对《卢湾区志》（1998）《卢湾区军事志》《卢湾公安志》《卢湾区卫生志》作提要，对《卢湾年鉴》的发展进行简要勾勒。《上海市志·档案方志分志·方志卷（1978—2010）》有关事业发展脉络的记述主要在概述、大事记、各编无题述，以及需要论述的章节，成果提要主要集中在第二编志书编纂，第三编年鉴编纂，第四编之第一章旧志鉴资源、第二章之第三节地情书籍、第四节特色志、第三章之第四节刊物与论著，等等。五是脉络为主、提要为辅型。如《上海通志》（2005）专记之第二章地方志编纂，第一节先概述宋至民国时期府县志、乡镇志的发展，次分上海市地方志、松江府地方志、松江县地方志、上海县地方志、青浦县地方志、奉贤县地方志、金山县地方志、嘉定县地方志、宝山县地方志、崇明县地方志，按志书叙述，犹如提要。第二节解放后地方志编纂，分编纂规划、机构、队伍、重要活动、工作制度、出版物，分别概述发展脉络，对新编地方志则以表的形式反映修志书目。六为脉络与提要并重型。如《奉贤县续志》（2007）卷七的史志工作章之第二节方志编纂，先记1987年版《奉贤县志》启动到出版、影响、获奖全过程，后依次综述1981—2003年乡镇志、乡镇简史概况及25部成果名单，（光绪）《重修奉贤县志》、（民国）《奉贤县志稿》的整理情况，奉贤修志部门的其他成果；第三节年鉴编纂，概述1999年起的年鉴编纂；第四节史料保存提供利用，概述县志办编印《奉贤县志资料》、摘录县史资料，以及为相关史志部门编纂图书提供资料，开展读志用志。卷三十六的史志家谱碑刻章之第一节史志资料，对新编《奉贤县志》（1987）、乡镇志、专业志、部门志逐一提要。

提要型能体现方志事业主要成果的核心内容，便于读者逐一了解成果，也便于编者撰写，不足是无法考察方志事业发展脉络。概貌型能提供方志事业发展简要脉络，但因较简略，无法了解相关各成果的主要内容。书目型的优势在于成果的名称、版本明了，但内容残缺。提要为主、脉络为辅型，脉络为主、提要为辅型，均兼顾到了方志事业发展脉络与成果内容的展现，但各自的侧重点不同。脉络与提要并重型对方志事业发展脉络与成果内容的揭示均力求实现读者需要的目标，尽可能将二者记载清晰。第三轮方志志倘若延续前志的定位，于上述诸类型均可沿用或借鉴。如从全面系统地反映地方志事业的发展历程、保存事业成果资料考虑，应选择脉络与提要并重型，或提要为主、脉络为辅型，或脉络为主、提要为辅型。鉴于尽量减少市、区方志志不必要的交叉重复，建议区方志志应是事业发展脉络与成果记载并重，对"志、鉴、史、用"成果尽可能逐一介绍或提要。市方志志的站位是全市，要把市级层面方志事业与各区的方志事业融会贯通，着重叙述全市方志事业的发展脉络，对市级层面的"志、鉴、史、用、库、研"等方面的成果尽可能逐一介绍或提要，对区里成果除特别优秀或重要的外，其余以一览表的形式呈现。

五、方志志编修应注意的问题

前述探讨的是方志志的一些原则性想法，在具体实践中需要面向与思考的问题还会很多，下面应是要重点关注的：

1. 要全面体现上海方志事业的特色。上海是方志文化发达之区，民国间创立市志《上海市自治志》，成立新型修志机构，编纂现代色彩浓郁的《上海通志稿》，首轮新方志《奉贤县志》（1987）、《松江县志》（1991）等郊县志的总体设计与区域修志协作成为各地学习的榜样，《静安区志》（1996）的"静安古寺"开篇成为改变"千书一面"的新尝试，全市按照"一纲三目"规划方志体系，为国内独有。上海首轮、二轮区县志于此反映不是太明显，《上海市志·档案方志分志·方志卷（1978—2010）》体现得比较多，然也有些遗漏。如方志资料整理方面，上海领先全国。早在1961年上海市文物保管委员会就辑录出版了《上海地方志物产资料汇辑》，1999年汉语大词典出版社出版复旦大学戴鞍钢、黄苇主编《中国地方志经济资料汇编》，该书属于首部全国地方志经济资料类编，研究社会经济史必备参考书，就没有记载。2010年以后，上海方志事业进入快速发展期，有很多走在全国的前列，如市志、市级专志、区县志系列"一步成志"，及《上海市志（1978—2010）》（140部）"小篇分志分卷平列体"的顶层设计；村志编纂，金山区村志全覆盖；《上海府县旧志丛书》及《补遗》，整理方式不同其他地方，学术性强；《上海滩丛书》《上海地情普及系列丛书》《方志上海微故事丛书》等的出版，尽显"知库"优势；方志理论学术研讨会连续举办与方志学博士研究生培养,使上海成为方志学学科建设的高地,等等。三轮方志志应尽可能地去总结、提炼,并予以系统记载。

2. 要传扬首轮二轮方志志的好做法。上海自首轮修志以来地方志事业取得举世瞩目的成就,"十业"并举,亮点不断,市、区的方志志以各自的定位进行了反映,尽管详略、呈现方式不一,但都积累了不少成功经验与做法。如表的使用,《上海通志》(2005)专记之地方志编纂,用《上海市新编县志情况表》《上海市新编区志情况表》《上海市新编专志情况表》《上海市各区县新编乡镇志、街道志、专业志情况表》《上海市新编行业志、部门志情况表》,简明地呈现1987—2002年10种县志、12种区志、96种专志的概貌。《上海市宝山区志(1988—2005)》所作《1990—2005〈宝山年鉴〉出版情况表》,分别就年鉴年份、文字(万)、部类(个)、栏目(个)、条目(个)、彩色插页、出版社及出版年月、主要编审人员等进行统计,学术价值高,为《上海市闸北区志(1994—2005)》《上海市徐汇区志(1991—2005)》提供了借鉴。在撰述方式上,如《青浦县志(1985—2000)》第九编政务章之地方志工作,有关志书编纂,先记首轮新编《青浦县志》(1990)编纂出版经过,次述乡镇志与专业志编纂成绩;有关年鉴编纂,纵述1986年首编《青浦县年鉴》以来的年鉴编纂情况;有关地情资料编印,除概述外,重点介绍《青浦地名小志》《青浦旅游画库》《青浦姓氏》《青浦之最》《崧泽文化》《青浦经济概览与展望》《青浦人》;撰述简明,面、线、点相结合。专记,仅见《上海通志》(2005)、《上海市志·档案方志分志·方志卷(1978—2010)》使用,第三轮区方志志建议可根据情况撰写一两个。柱状图、统计表,节(目)下附,也可适当穿插。

3. 要重视对志书收藏与流传的记载。方志历史悠久,因多种因素的关系,保存与流传下来十分的不易,近年来对方志收藏与传播的研究得到重视,除论文外,也出版多部著作。方志志中专设相关篇章的还是很少见,《浙江通志·地方志专志》(2018)可能属于首创。该志第七章设志书收藏与传播,分志书收藏、志书传播两节,一个专记"中国现存最早的私家藏书楼:宁波天一阁方志收藏",记载历代官府、公共藏书机构、方志机构以及私人藏书家,如陆心源的皕宋楼、丁申和丁丙的八千卷楼、刘承幹的嘉业堂、浙江方志馆等的地方志收藏情况,一些重要志书的传承刊刻与流传海外的情况,以及20世纪90年代后浙江省的"旧志还家"行动。上海地区历史上也是名志辈出,近代又成为地方志(包括民国年鉴)流通的重要集散地,目前是仅次于北京的地方志收藏中心。对于方志收藏与流传,首轮、二轮方志志的记载都是很不够的,区(县)志仅见《青浦县志》(1990)有点滴记载,《上海市志·档案方志分志·方志卷(1978—2010)》在第三篇第二章开发利用中设置一个目"志书收藏",重点记载上海通志馆,概述上海图书馆、华东师范大学图书馆等4家单位方志收藏数,缺乏对各馆收藏特色、扩大馆藏路径,上海本地旧志在国内各地的收藏与流传海外情况,珍稀志书在上海的传抄刊刻等的记述,建议第三轮市方志志专设一篇,区方志志设一节。

4.要多种途径积累与收集资料。资料是志书的基础,现在机构管理中都强调流程管理"留痕迹",各修志机构在开展方志业务过程都会形成很多文件、档案,这应当是第三轮方志志的主干资料,各修志机构应及时归档上架,妥善保管,建立查阅制度,方便方志志编纂时查阅利用。同时,组织参加修志单位及时总结修志经验体会。这方面上海做了不少表率性工作,如《上海郊县修志十年》(1992)、《上海市年鉴编辑20年》(2004)、《上海市志(1978—2010)编纂十二年》(2022)、《上海市级专志编纂十二年》(2022)等,后面最好能进一步系列化,各区、街道镇、部委局也都能各自组织编写,汇编成册。对参与修志工作时间比较长领导、专家、编写人员,尤其是退休人员,各级方志机构应有计划地开展修志口述历史工作,为方志志编纂积累第一手资料。各级方志机构在做好组织领导与策划设计的前提下,还应拓展工作方法思路,积极利用社会力量帮助收集资料,如与高校共建实践基地,请高校学生帮助收集报刊网络上有关修志的报道评论资料,委托专家学者开展修志口述历史,等等。

此外,还要重视资料性与著述性的有机结合,注意下限时间的统一,处理好与《艺文志》《出版志》等分志的分工协调问题。

主要参考文献目录

一、古籍、方志、资料汇编（按字母排序）

[1]《蚌埠市志》，蚌埠市地方志编纂委员会编，方志出版社，1995年。

[2]《编修地方志档案选编》，辽宁省档案馆编，辽沈书社，1983年。

[3]《东北方志序跋辑录》，柳成栋、宋抵编，哈尔滨工业大学出版社，1993年。

[4]《东北乡土志丛编》，辽宁省图书馆，1985年。

[5]《（光绪）宁灵厅志》，〔清〕佚名编撰，胡建东校注，宁夏人民出版社，2008年。

[6]（嘉庆）《广西通志》，〔清〕谢启昆修，胡虔纂，清嘉庆六年刻本。

[7]《贵州地方志序跋凡例选录》，龙尚学编，贵州省地方志办公室，1984年。

[8]《国家图书馆藏乡土志抄稿本选编》，国家图书馆分馆编，线装书局，2002年。简称《乡土志选编》。

[9]《黄山市屯溪区志》，黄山市屯溪区地方志编委会编，方志出版社，2012年。

[10]《黄山市志》，黄山市地方志编纂委员会编，黄山书社，2019年。

[11]（崇祯）《嘉兴县志》，〔明〕汤齐、罗炌修，李日华、黄承昊纂，明崇祯十年刻本。

[12]《建德市志》，《建德市志》编纂委员会编，浙江人民出版社，2010年。

[13]（乾隆）《江南通志》，〔清〕尹继善等修，黄之隽等纂，台湾商务印书馆1986年《景印文渊阁四库全书》本。

[14]《江西地方志序跋凡例选录》，江西省省志编辑室，1986年。

[15]《辽宁省地方志书序跋选》，辽宁省地方志办公室，1985年。

[16]《明代论著丛刊》，台湾伟文图书出版社，1976年。

[17]《明实录》，台湾"中研院"历史语言研究所，1962年。

[18]《钦定大清会典事例》，中华书局，1991年。

[19]《清人文集地理类汇编》，谭其骧主编，浙江人民出版社，1986年。

[20]《清实录》，中华书局，1985年。

[21]《日本藏中国罕见地方志丛刊》，书目文献出版社，1990—1992年。

[22]《日本藏中国罕见地方志丛刊续编》，殷梦霞选编，北京图书馆出版社，2003年。

[23]《上海市志·档案方志分志·方志卷（1978—2010）》，上海市地方志编纂委员会编，上海古籍出版社，2021年。

[24]《水城县（特区）志》，水城县地方志编纂委员会编，贵州人民出版社，1994年。

[25]《苏州市志（1986—2005）》，苏州市地方志编纂委员会编，江苏凤凰科学技术出版社。2014年。

[26]《天一阁藏明代方志选刊》，上海书店出版社，1981—1982年。简称《天一阁选刊》。

[27]《天一阁藏明代方志选刊续编》，上海书店出版社，1990年。简称《天一阁选刊续编》。

[28]（万历）《望江县志》，〔明〕罗希益修，龙子甲纂，明万历二十二年刻本。

[29]（康熙）《望江县志》，〔清〕马骏修，沈镐纂，清康熙五十四年刻本。

[30]（乾隆）《望江县志》，〔清〕郑交泰等修，曹京等纂，《方志丛书》本。

[31]《文史通义新编新注》，〔清〕章学诚著，仓修良编注，商务印书馆，2017年。

[32]《象山县志》，象山县地方志编纂委员会编，方志出版社，2019年。

[33]《萧山市志》，杭州市萧山区人民政府地方志办公室编，浙江人民出版社，2013年。

[34]《新修方志丛刊》，台湾学生书局，1967—1969年。

[35]《休宁县志》，休宁县地方志编纂委员会编，安徽教育出版社，1990年。

[36]《修文县志》，修文县地方志编纂委员会编，方志出版社，1998年。

[37]（崇祯）《郾城县志》，〔明〕李振声纂修，明崇祯十二年刻本。

[38]《运城市志》，运城市地方志编纂委员会编，中华书局，2017年

[39]《章氏遗书》（又名《章学诚遗书》),〔清〕章学诚著,文物出版社,1985年。

[40]《中国方志丛书》，台湾成文出版社，1960—1989年。简称《方志丛书》。

[41]《中国方志文献汇编》，中国地方志指导小组办公室编，方志出版社，1999年。

[42]《中国方志文献辑存》，中国地方志指导小组办公室编，方志出版社，2012年。

[43]《中国古代藏书与近代图书馆史料（春秋至五四前后）》,李希泌、张椒华编,

中华书局，1982年。

[44]《中国旧志名家论选》，朱士嘉编，《史志文萃》编辑部，1986年。

[45]《中国历代书目题跋丛书》，上海古籍出版社，2005年。

[46]《中华大典·历史地理典·总论分典》，钱林书、巴兆祥、安介生主编，西泠印社出版社，2012年。

二、工具书

[1]《东北地方志考略》，郝瑶甫编著，辽宁人民出版社，1984年。

[2]《东京大学东洋文化研究所汉籍分类目录》，东京大学东洋文化研究所编，汲古书院，1981年。

[3]《东洋文库所藏汉籍分类目录·史部》，东洋文库，1986年。

[4]《方志考稿（甲）》，瞿宣颖编著，上海书店，1990年。

[5]《国立北平图书馆方志目录》，谭其骧编，国立北平图书馆，1933年。

[6]《河南地方志提要》，刘永之、耿瑞玲编著，河南大学出版社，1990年。

[7]《建国前内蒙古方志考述》，忒莫勒撰，内蒙古大学出版社，1998年。

[8]《江苏旧方志提要》，徐复、季文通主编，江苏古籍出版社，1993年。

[9]《京都大学人文科学研究所汉籍目录》，京都大学人文科学研究所编，人文科学研究协会，1980年。

[10]《辽宁地方志考录（增订本）》，陈加、郭君、孙仁奎编著，辽宁省图书馆，1982年。

[11]《陇右方志录》，张维编著，大北印书局，1934年。

[12]《美国国会图书馆藏中国方志目录》，朱士嘉编，中华书局，1989年。

[13]《美国哈佛大学哈佛燕京图书馆藏善本方志书志》，李坚、刘波编著，国家图书馆出版社，2015年。

[14]《美国哈佛大学哈佛燕京图书馆藏中国新方志目录》（全7册），龙向洋编，广西师范大学出版社，2015年。

[15]《民国时期总书目（1911—1949）·历史·传记·考古·地理》，北京图书馆编，书目文献出版社，1995年。

[16]《民国时期总书目（1911—1949）·综合性图书》，北京图书馆编，书目文献出版社，1995年。

[17]《明代方志考》，林平、张纪亮编著，四川大学出版社，2001年。

［18］《庆应义塾大学图书馆中国地方志目录》，巴兆祥编，(日)《史学》70卷3、4期抽印本，2001年。

［19］《庆应义塾图书馆史》，三田情报中心，1972年。

［20］《日本九州大学文学部书库汉籍目录》，周彦文编，台北文史哲出版社，1995年。

［21］《四库全书总目》，〔清〕纪昀等撰，中华书局，1965年。

［22］《宋朝方志考》，顾宏义著，上海古籍出版社，2012年。

［23］《天春园方志目》，任凤苞编，天春园，1936年。

［24］《天一阁藏明代地方志考录》，骆兆平编著，书目文献出版社，1982年。

［25］《天一阁藏明代方志选刊人物资料人名索引》，华东师范大学图书馆古籍部编，上海书店出版社，1997年。

［26］《稀见地方志提要》，陈光贻编著，齐鲁书社，1987年。

［27］《修志续知》，浙江省地方志编辑室编，浙江人民出版社，1986年。

［28］《续修四库全书提要》(史部地理类，都会郡县之属)，王云五主持，台湾商务印书馆，1972年。

［29］《早稻田大学图书馆所藏汉籍分类目录》，早稻田大学图书馆，1991年。

［30］《浙江方志考》，洪焕椿编著，浙江人民出版社，1984年。

［31］《中国地方志联合目录》，中国科学院北京天文台编，中华书局，1985年。

［32］《中国地方志论文论著索引（1913—2007）》，中国地方志指导小组办公室编，方志出版社，2014年。

［33］《中国地方志宋代人物资料索引》，沈治宏、王蓉贵编，四川辞书出版社，1997年。

［34］《中国地方志综览（1949—1987）》，来新夏主编，黄山书社，1988年。

［35］《中国地方志综录（增订本）》，朱士嘉编，商务印书馆，1958年。

［36］《中国地方志总目提要》，金恩晖、胡述兆主编，台湾汉美图书有限公司，1996年。

［37］《中国古方志考》，张国淦编著，中华书局，1962年。

［38］《中国新编乡镇志书目提要（上海通志馆藏）》，吕志伟、吴一峻编著，复旦大学出版社，2021年。

［39］《中国新方志10000种书目提要（上海通志馆藏）》，朱敏彦主编，上海辞书出版社，2016年。

三、著作、论文集

[1]《〈永乐大典〉及其辑佚书研究》，顾力仁著，台湾文史哲出版社，1985年。
[2]《陈桥驿方志论集》，陈桥驿著，杭州大学出版社，1997年。
[3]《当代方志学概论》，刘柏修、刘斌主编，方志出版社，1997年。
[4]《当代世界邪教与反邪教》，郭安著，人民出版社，2003年。
[5]《档案学概论》，吴宝康主编，中国人民大学出版社，1998年。
[6]《地方志与现代科学》，杨静琦、于希贤主编，河南大学出版社，1989年。
[7]《方豪六十自定稿》及《补编》，方豪著，台湾学生书局，1969年。
[8]《方志编纂系论》，林衍经著，安徽大学出版社，2001年。
[9]《方志丛谈》，史继忠著，贵州人民出版社，1985年。
[10]《方志发展史》，沈松平著，浙江大学出版社，2013年。
[11]《方志论集》，黄苇著，浙江人民出版社，1983年
[12]《方志体例古今谈》，王晓岩著，巴蜀书社，1989年。
[13]《方志学》，黄苇等著，复旦大学出版社，1993年。
[14]《方志学》，李泰棻著，商务印书馆，1935年。
[15]《方志学发微》，王葆心著，湖北省地方志编纂委员会，1984年。
[16]《方志学概论》，来新夏主编，福建人民出版社，1983年。
[17]《方志学简论》，梅森著，黄山书社，1997年。
[18]《方志学两种》，黎锦熙、甘鹏云著，岳麓书社，1984年。
[19]《方志学史》，吕志毅著，河北大学出版社，1993年。
[20]《方志学综论》，林衍经著，华东师范大学出版社，1988年。
[21]《方志演变概论》，王晓岩著，辽沈书社，1992年。
[22]《傅振伦方志文存》，傅振伦著，黄山书社，1989年。
[23]《梁启超论清学史二种》，朱维铮校注，复旦大学出版社，1985年。
[24]《民国通志馆与近代方志转型》，曾荣著，社会科学文献出版社，2018年。
[25]《民俗学》，陶立璠著，学苑出版社，2003年。
[26]《民俗学概论》，钟敬文著，上海文艺出版社，1998年。
[27]《民俗学与民俗旅游》，刘丽川著，同济大学出版社，1990年。
[28]《明代南直隶方志研究》，张英聘著，社会科学文献出版社，2005年。
[29]《目录学概论》，武汉大学、北京大学合编，中华书局，1982年。
[30]《目录学文献学论文选》，中国图书馆学会编，书目文献出版社，1991年。

［31］《宁夏旧志研究》，胡玉冰著，上海古籍出版社，2018年。

［32］《清代台湾方志研究》，陈捷先著，台湾学生书局，1996年。

［33］《上海续志编纂研究》，上海市地方志办公室编，上海社会科学院出版社，2005年。

［34］《上海洋场竹枝词》，顾炳权编，上海书店出版社，1996年。

［35］《史学概论》，白寿彝著，宁夏人民出版社，1983年。

［36］《文献编纂与"大一统"观念——〈大清一统志〉研究》，王大文著，社会科学文献出版社，2018年。

［37］《新方志编纂实践》，李明著，上海人民出版社，1988年。

［38］《新方志编纂学》，沈松平著，浙江大学出版社，2014年。

［39］《修志方法论集》，毛一波主编，方志研究会（台湾），1954年。

［40］《续志编纂说略》，林衍经著，安徽大学出版社，2009年。

［41］《张国淦文集三编》，杜春和编，北京燕山出版社，2004年。

［42］《浙江方志源流》，魏桥、王志邦等著，浙江人民出版社，1988年。

［43］《中国当代方志编纂学研究》，俞红飞、程慧主编，方志出版社，1996年。

［44］《中国地方史志论丛》，中国地方史志协会编，中华书局，1984年。

［45］《中国地方志流播日本研究》，巴兆祥著，上海人民出版社，2007年。

［46］《中国地方志论集（1911—1949）》，中国地方史志研究组编，吉林省地方志编纂委员会、吉林省图书馆学会，1985年。

［47］《中国地理学史（清代）》，赵荣、杨正泰著，商务印书馆，1998年。

［48］《中国方志发展报告（2015）》，冀祥德主编，方志出版社，2015年。

［49］《中国方志简史》，彭静中著，四川大学出版社，1990年。

［50］《中国方志两千年通鉴》，诸葛计编著，广西师范大学出版社，2016年。

［51］《中国方志学概要》，刘光禄著，中国展望出版社，1983年。

［52］《中国方志学通论》，傅振伦著，商务印书馆，1935年。

［53］《中国古代礼俗》，赵丕杰著，语文出版社，1996年。

［54］《中国近代方志学》，许卫平著，江苏古籍出版社，2002年。

［55］《中国近代史学思潮与流派·二十世纪初的新史学思潮》，胡逢祥、张文建著，华东师范大学出版社，1991年。

［56］《中国历代地理学家评传》，谭其骧主编，山东教育出版社，1990年。

［57］《中国民俗旅游新编》（第2版），巴兆祥主编，福建人民出版社，2013年。

［58］《中国民俗学》，乌丙安著，辽宁大学出版社，1985年。

［59］《中国民俗学教程》，苑利、顾军著，光明日报出版社，2003 年。

［60］《中国民俗学论文选》，王文宝编，中国民间文艺出版社，1986 年。

［61］《中国民俗学史》，王文宝著，巴蜀书社，1995 年。

［62］《中国民俗与民俗学》，张紫晨著，浙江人民出版社，1986 年。

［63］《中日地方史志比较研究》，来新夏、（日）斋藤博主编，南开大学出版社，1996 年。

［64］《宗教学导论》，王晓朝、李磊著，首都经济贸易大学出版社，2006 年。

［65］《宗教学概论》（第 2 版），苏彦荣、祝心越著，军事谊文出版社，2004 年。

［66］《宗教与文明》，潘显一、冉昌光著，四川人民出版社，1999 年。

四、期刊论文、学位论文

［1］《爱国之道，始自一乡：清末民初乡土志书的编纂与乡土教育》，王兴亮，复旦大学博士学位论文，2007 年。

［2］《重新审视宗教篇在第二轮志书中的地位》，郑世晟，《中国地方志》2010 年第 2 期。

［3］《从〈盐城市志〉编修实践探讨三轮修志模式的转变》，赵丽、潘其锐，《江苏地方志》2021 年第 1 期。

［4］《地方特点与科学性》，李德辉，《广西地方志》1988 年第 2 期。

［5］《地方志应全方位反映地方特色》，邬福民，《中国地方志》1990 年第 5 期。

［6］《〈大清一统志〉的初修与方志学的兴起》，乔治忠，《齐鲁学刊》1997 年第 1 期。

［7］《对新修上海市地方志工作的几点建议》，邹逸麟，《上海市地方志编纂委员会成立大会会刊》1987 年。

［8］《对新编方志工作的几点意见》，邹逸麟，《中国地方志》2000 年第 5 期。

［9］《对续修和重修的一些看法》，吕志毅，《中国地方志》2000 年第 6 期。

［10］《二轮志书编纂应注意的若干具体问题》，王广才，《上海地方志》2017 年第 3 期。

［11］《方志如何把握地方特点》，宫栾鼎，《中国地方志通讯》1985 年第 1 期。

［12］《方志遗产的目录学总结——谈〈中国地方志综录〉〈中国古方志考〉及其他》，胡道静，《中文工具书参考资料选辑》，华东师范大学图书馆学系，1983 年。

［13］《关于第二轮省志与首轮省志衔接的几个问题：从〈第二轮江苏省志编纂

方案〉说起》，茆贵鸣，《中国地方志》2011 年第 12 期。

［14］《关于新方志地方特色的思考》，任金炎，《中国地方志》1992 年第 1 期。

［15］《关于续修志书篇目设置的几个问题》，林加榕，《中国地方志》2000 年第 2 期。

［16］《广东通志馆与民国〈广东通志〉之编纂》，林子雄，《广东史志》2001 年第 4 期。

［17］《广义的续修是传统方志的主要形式》，魏桥，《中国地方志》2000 年第 6 期。

［18］《近代方志学的经典之作——写在通读〈龙游县志〉之后》，劳乃强，《浙江方志》1999 年第 5、6 期合刊。

［19］《经验与启示：地方志事业的走向——兼谈第三轮地方志发展规划纲要》，李秋洪，《广西地方志》2019 年第 1 期。

［20］《论期刊目录学》，叶树声，《四川图书馆学报》1992 年第 3 期。

［21］《论续修方志的模式选择和基本要求》，林衍经，《河北方志》2002 年第 1 期。

［22］《旅游志编写刍议》，陈云华，《中国地方志》2012 年第 3 期。

［23］《民国时期方志纂修述略》，傅登舟，《文献》1989 年第 4 期。

［24］《民俗志范式的反思》，黄龙光，《西北第二民族学院学报》2007 年第 5 期。

［25］《明代方志质疑》，张升，《中国地方志》2000 年第 3 期。

［26］《明代文渊阁地方志收藏考述》，李艳秋，《图书与情报》1998 年第 2 期。

［27］《千锤百炼著佳章———新志续修的一些想法》，仓修良，《浙江方志》2001 年第 3、4 期合刊。

［28］《浅谈〈文物志〉和〈旅游志〉的编写》，景昆俊，《沧桑》1997 年第 5 期。

［29］《浅谈宗教志的编纂：从北京、青海两部宗教志的比较谈起》，李泰年，《中国地方志》2015 年第 8 期。

［30］《浅议县志反映地方特点之不足及其对策》，王广才，《中国地方志》1990 年第 1 期。

［31］《任凤苞与地方志收藏》，江庆柏，《中国地方志》1999 年第 4 期。

［32］《如何编修好第三轮志书的几点思考》，汪德生，《新疆地方志》2023 年第 3 期。

［33］《社会转型与宗教管理模式的转变：以上海为例》，张化，《上海市社会主义学院学报》2006 年第 2 期。

［34］《省级旅游志编纂研究》，高宏，中国社会科学院大学（研究生院）博士学位论文，2020 年。

[35]《省级志书 二轮与首轮衔接之简析》,梅森,《江苏地方志》2010年第5期。

[36]《省旅游志编写》,颜小忠,《史志文萃》1990年第5期。

[37]《试伦两届志书的连接》,纪飞,《中国地方志》1999年第4期。

[38]《谈第三轮志书宗教门类编纂》,詹跃华,《新疆地方志》2020年第4期。

[39]《谈旅游志的续修》,张桂江,《中国地方志》2004年第1期。

[40]《谈谈民俗志》,钟敬文,《文史知识》1998年第7期。

[41]《新编地方志资源开发与利用集例》,诸葛计,《中国地方志》2000年增刊。

[42]《新编县志对宗教的记述简析:以广西第一轮、第二轮县志为例》,李秋洪,《中国地方志》2022年第5期。

[43]《新时代人人入志的构想——第三轮修志的探索》,莫艳梅,《上海地方志》2021年第4期。

[44]《续修方志的模式和编纂构想》,孙其海,《中国地方志》2000年第6期。

[45]《续修方志与前志的关系及其处理》,林衍经,《中国地方志》2004年第7期。

[46]《续修三议》,薛奇达,《江苏地方志》1998年增刊。

[47]《续修县志的思考》,黄德权,《中国地方志》1996年第1期。

[48]《续修志书中的"纠"字说》,诸葛计,《中国地方志》2001年第1、2期合刊。

[49]《续志内容的记述要符合时代要求》,王卫明,《中国地方志》2003年第2期。

[50]《续志七题》,黄勋拔,《中国地方志》2002年第5期。

[51]《续志三议》,荀德麟,《江苏地方志》1998年增刊。

[52]《严守学术规范,彰扬人文特色》,徐国利,《学术界》2002年第5期。

[53]《雍正年间方志的纂修》,陈国生,《史志研究》1999年第4期。

[54]《由爱乡而爱国:清末广东乡土教材的国家话语》,程美宝,《历史研究》2003年第2期。

[55]《在全国续志篇目设置理论研讨会上的讲话》,王忍之,《中国地方志》2000年第5期。

[56]《〈中国地方志联合目录〉的特点及存在的问题》,庄威凤,《中国地方志通讯》1984年第2期。

[57]《中国方志工具书概述》,刘刚,《中国地方志》1997年第4期。

[58]《中国近代转型期的方志研究》,邱新立,北京大学博士学位论文,2003年。

[59]《中国五六十年代地方志的编修始末及成果概述》,邱新立、王芳,《中国地方志》2000年第1期。

[60]《中国新编地方志二十年成就》,邱新立,《中国地方志》1999年第6期、2000年第3期。

[61]《宗教志编纂的若干思考:以〈安徽省志·民族宗教志〉为例》,张军,《广西地方志》2018年第3期。

[62]《宗教志编纂杂谈》,徐才金,《中国地方志》2004年第11期。

五、电子数据库、网站

[1]《雕龙中国古籍数据库》,(日)凯希多媒体公司、得泓资讯有限公司。

[2]《上海市地方志办公室》官网,https://www.shtong.gov.cn/。

[3]《中国方志库》,北京爱如生数字化技术研究中心。

[4]《中国方志数据库》,北京万方数据股份有限公司、中国科学技术信息研究所。

[5]《中国方志网》,http://difangzhi.cssn.cn/。

后 记

方志学作为一门既古老又年轻的学科，在我国越来越受到各界的关注。尤其在国务院确定二十年一修志书的制度，以及全国普遍修纂地方志的今天，方志学的研究更显其学术价值和现实意义。

十年前，笔者和三位师兄在黄苇教授领衔下合著了《方志学》一书。该书较全面、系统地论述了方志学的基本问题，构建了方志学的学科体系，得到了方志学界的肯定。但现在看来，书中有待深化和开拓的地方也不少。自1994年起，笔者因从事《江淮地区开发史》和《中华大典·历史地理典·方志总部》的编纂研究，查阅了《中国方志丛书》《中国地方志集成》《天一阁藏明代方志选刊》及其《续编》等大量地方志，搜集到了许多珍贵资料，发现了不少有价值的论题，感到有必要进一步深入研究。特别是2000年6月，我申请的《中国方志学史》课题被复旦大学批准立项，同年9月受日本庆应义塾大学的邀请和学校派遣去日本进行为期一年的访问研究，大大丰富了我的方志学资料积累，并使我有时间静下心来重新思考相关的问题。这些都为笔者重新撰写一部有新意的方志学方面的著作提供了条件。

这部书从开始构思到如今的脱稿，已有数年。其间杂务的困扰，家母的生病、住院、逝世，使得写作断断续续，停停写写，个中艰辛只有自己知道。在此，谨以诚挚的心情表达我的感激之忱。首先感谢我的硕士导师、著名方志学家黄苇教授，我的博士导师、著名历史地理学家、中国地方志指导小组成员邹逸麟教授多年来对我的教诲和关心，以及对全书的审阅，并在百忙中为本书写序，对这一成果予以肯定和鼓励。感谢复旦大学历史系领导吴景平教授、董雅华教授、黄洋教授、章清教授的关心和支持，感谢历史系、历史地理研究所的老师长年来的关心与指教。感谢日本庆应义塾大学山本英史教授、高桥智助教授、户部健先生，滋贺大学佐藤仁史先生在我访问日本期间给予我生活上、研究上的帮助和指导。特别要感谢的是上海学林出版社社长曹维劲编审，没有他的鼎力支持和无私帮助，本书恐怕难与读者见面。本书写作过程中曾参阅、借镜、引用学术界的一些论著，在此也表示我的谢意。我的硕士研究生王兴亮、叶舟、董艳为本书校对、复核了引文，王兴亮、董艳还打印了部分文稿，复旦大学图书馆、历史系资料室、历史地理所资料室，上海图书馆古籍部的老师为笔者查阅资料提供了许多方便，诸位的雅意与烦劳，也一并致谢。

本书系复旦大学三年行动计划青年重点项目的研究成果，在其付梓之际，谨向支持这一研究的复旦大学文科科研处致以衷心的感谢。

另，书中的第四章台湾地区方志编纂研究，原是我指导的研究生柳浪的硕士论文。现由柳浪提供全文，经我删削润色，改编表格，特此说明。

由于笔者水平有限，功力不逮，书中错误、疏漏在所难免。敬请方家不吝批评指正。

巴兆祥
2003 年 10 月于复旦大学历史系

增订后记

不知不觉,拙著《方志学新论》出版至今已经 20 年。由于受到方志界、高校师生的首肯,该书于 2006 年荣获第八届上海市哲学社会科学优秀成果著作三等奖,被不少地方的地方志培训班和高校相关课程选为教学参考书。市面上早已脱销,方志界的不少同仁和授课学生多次建言再版,或改写为《方志学十讲》出版。我也曾有过修订再版的打算,然终因杂事缠身而作罢。去年 5 月,三晋出版社的张仲伟老师来微信,提出希望能出版该书的增订本,我欣然应允。

《方志学新论》出版后,我的研究重心主要集中在中国地方志的海外流播、晚清民国汉籍的外流、方志学的现代化等方面,申请并完成了"中国地方志流播日本""日本在中国的图书搜集、劫取与国人的应对研究(1895—1945)""20 世纪以来方志学的现代转型"等国家社科基金和省部级课题的研究工作;同时这 20 年又是我国第二轮新方志的编纂期,因担任中国方志学会学术委员、第六届中国地方志指导小组成员、上海市地方史志学会副会长的关系,有相当部分精力投入到了二轮修志中去,不仅成了修志实践的参与者,而且更是二轮续修志书理论的关注者、研究者。按照国家有关地方志 20 年一修的规定,第三轮新方志的编修,有部分地方已先行启动,全国范围的普遍编修应该为时不远,对其中涉及的一些理论与实践问题也进行了一点思考。上述学术研究与实践经验,为《方志学新论》的增订作了学术积累。

这次增订延续原书的研究思路,基本保留原书框架,主要调整、变化在以下几方面:(1)将原书第三章第四节分拆为"新方志编修的盛况与成就""新方志选评"两节,根据新资料重写首轮、二轮新方志发展盛况,新添 3 篇志评;(2)在原书第五章增加一节"张国淦与《中国古方志考》";(3)新写一章"第三轮志书编纂研究",表达我对三轮修志的新认识;(4)删除原书第四章"台湾地区方志编纂研究",第三章第四节中"《修文县志》"书评不再完整保留;(5)原书其他部分,依据新成果、新资料或进行修订,或作适当充实;(6)丰富参考文献,并作分类排序。此外,还对个别地方的文字作了修饰。这些增订是否合适,还恳请读者批评指正。

本次增订能顺利完成,得力于诸多朋友的帮助与支持。三晋出版社张仲伟老师在本书的出版申请、编校过程中出力最多，付出了大量辛劳。我的博士生苏卢健、陈郑云、王笑杭、张晨帮助编排参考文献，校对改动较大或新写的章节。复旦大学人文社会科学传世之作学术精品项目（2021CSJP003）将本书增订纳入资助。在进行三轮修志前期调研中，上海市地方志办公室和上海市社科基金办公室给予了经费支持（项目号：2023VFZ002）。地方志研究是复旦大学历史系的学术特色之一，这一学术研究传统的传承，并保持全国的领先地位，与历史系的长期支持是分不开的。在此，谨对《方志学新论》初版、增订版给予热情帮助、大力支持的领导、老师、朋友、同学一并致以衷心的感谢！

拙著初版，恩师黄苇教授、邹逸麟教授分别赐序予以鼓励。如今，两位恩师已相继谢世，在此书增订完成即将再版之际，谨此感谢先师的培养，缅怀他们对方志学科发展所做出的重要贡献。

巴兆祥

2024年8月于复旦大学上海市地方志发展研究中心

图书在版编目（CIP）数据

方志学新论/巴兆祥著． -- 增订本．太原：三晋出版社，2025.3． -- ISBN 978-7-5457-2882-8

Ⅰ．K290

中国国家版本馆 CIP 数据核字第 2025AR0747 号

方志学新论（增订本）

著　　者：巴兆祥
责任编辑：张仲伟
助理编辑：梁富正
责任印制：李佳音　王立峰
装帧设计：段宇杰
出　　品：潇文工作室

出 版 者：山西出版传媒集团·三晋出版社
地　　址：太原市建设南路 21 号
电　　话：0351-4956036（总编室）
　　　　　0351-4922203（印制部）

经 销 者：新华书店
承 印 者：山西新华印业有限公司

开　　本：787mm×1092mm　　1/16
印　　张：25.75
字　　数：400 千字
印　　数：1-4000 册
版　　次：2025 年 3 月　第 1 版
印　　次：2025 年 4 月　第 1 次印刷
书　　号：ISBN 978-7-5457-2882-8
定　　价：88.00 元

如有印装质量问题，请与本社发行部联系　电话：0351-4922268